考古学集刊

Papers on Chinese Archaeology

第23集

主　　编　朱岩石
副 主 编　洪　石
特约编辑　新　华

社会科学文献出版社
SOCIAL SCIENCES ACADEMIC PRESS (CHINA)

内容简介

本书共收录15篇文章，内容涉及考古调查与发掘、专题研究、科技考古和国外考古等方面。考古调查与发掘简报共5篇，主要为先秦遗址、新石器时代墓葬、战国楚墓、唐代墓葬和明清时期窑址的考古调查与发掘资料。论文包括对石器微痕、铃的起源、商代中原地区中小型城邑、弓形器与钻木取火、汉代枝灯、东晋墓出土铜銙带、四川资中西岩五代毗沙门天王大像窟等方面的专题研究。科技考古方面的论文主要对安徽蚌埠双墩一号春秋墓白土功用进行了分析与探讨。本书还报道了国外考古的新进展，即斯里兰卡贾夫纳阿莱皮蒂遗址2018年考古新发现。另外，随着考古学研究领域的不断拓展，实验考古方法逐渐被广泛应用，本书收录对于贾湖遗址出土绿松石器微孔工艺的分析与实验一文，以期促进相关研究。

本书可供历史学、考古学方面的专家学者和大专院校相关专业师生参考、阅读。

图书在版编目（CIP）数据

考古学集刊. 第23集 / 朱岩石主编. — 北京：社会科学文献出版社，2020.11

ISBN 978 - 7 - 5201 - 7635 - 4

Ⅰ.①考… Ⅱ.①朱… Ⅲ.①考古学—中国—丛刊 Ⅳ.①K87-55

中国版本图书馆CIP数据核字（2020）第230073号

考古学集刊　第23集

主　　编 / 朱岩石
副 主 编 / 洪　石
特约编辑 / 新　华

出 版 人 / 王利民
责任编辑 / 奚亚男　郑彦宁
责任印制 / 王钠鑫

出　　版 / 社会科学文献出版社（010）59366563
　　　　地址：北京市北三环中路甲 29 号院华龙大厦　邮编：100029
　　　　网址：www. ssap. com. cn
发　　行 / 市场营销中心（010）59367081　59367083
印　　装 / 三河市东方印刷有限公司

规　　格 / 开　本：787mm × 1092mm　1/16
　　　　印　张：22　插　页：2　字　数：487千字
版　　次 / 2020年11月第1版　2020年11月第1次印刷
书　　号 / ISBN 978-7-5201-7635-4
定　　价 / 258.00元

考古学集刊

第23集

目　　录

○**考古与科技**

○**实验考古**

○**国外考古**

KAOGUXUE JIKAN

(Papers on Chinese Archaeology)

No. 23

Contents

安徽寿县西北部先秦遗址考古调查简报

安徽省文物考古研究所
中山大学南中国海考古研究中心

关键词：安徽寿县　考古调查　先秦时期

内容提要：2011年，对寿县西北部进行考古调查，新发现18处遗址，其中10处采集遗物较为丰富，能大致反映该地区先秦时期的文化特征。刘家岗头遗址采集陶器以夹蚌陶为主，器形有鼎、罐、盆、钵、器盖和豆等，时代和文化性质基本可归入双墩文化系统，另有少量龙山时代晚期和周代遗存。龙王庙台、点将台、丁家孤堆、青莲寺、斗鸡台、刘备城、张飞台、禹临城和古城遗址均为包含龙山时代晚期和周代遗存的复合型遗址。其中龙山时代晚期陶器均以侧装扁三角形足鼎为突出特点，也有部分正装扁凿形足鼎，陶器显示的主体文化特征兼具王油坊类型和煤山文化的因素，而鬼脸式鼎足和黑陶高柄杯则说明山东龙山文化的影响；周代陶器以较为典型的"淮式鬲"为主，还有甗、盆、罐等，时代主要为西周中晚期。这次调查的成果进一步深化了我们对江淮地区先秦遗址的分布和堆积特征的认识，也为进一步探讨安徽江淮西部地区先秦考古学文化的面貌和文化序列等问题提供了重要材料。

寿县位于安徽省中部、淮河南岸的八公山南麓，现隶属淮南市辖区，东邻长丰县、淮南市，西与霍邱县依淠水为畔，南与肥西县、六安市相接，北与凤台、颍上二县隔淮相望，面积2986平方公里，人口约140万。据寿县志载：夏禹定九州，寿地属扬州，殷商如制；西周为州来地，后吴略州来，蔡迁都州来后称下蔡；楚灭蔡后春申君经营寿春，考烈王迁都寿春后为楚都，曰寿郢；秦时属九江郡，置寿春县，为郡治；西汉时为淮南国都府，国除后为九江郡治所；此后又有名曰寿阳、睢阳、寿州等。受秦岭纬向构造控制，县境地处江淮分水岭中段、徐淮坳陷南侧及大别山断褶区不同单元的复合地带。地势东南高、西北低，由东南向西北呈现岗地、平原、山地三种地貌。县内及流经县内的河湖均系淮河水系，淠河、陡涧河、东肥河、瓦埠湖皆自南向北流入淮河，安丰塘、淠东、瓦东、瓦西干渠等星罗棋布，纵横交错。寿州古时有"水陆辐辏，漕运四通"之称。

对寿县地区开展的考古工作开始较早，20世纪30年代，李景聃、王湘等史语所考古组人员在勘查李三孤堆大墓之余，首次对寿县瓦埠湖及其周边地区展开了考古调查工作，发现了斗鸡台、刘备城、张飞台等12处古代遗址[1]。20世纪50年代，华东文物工作

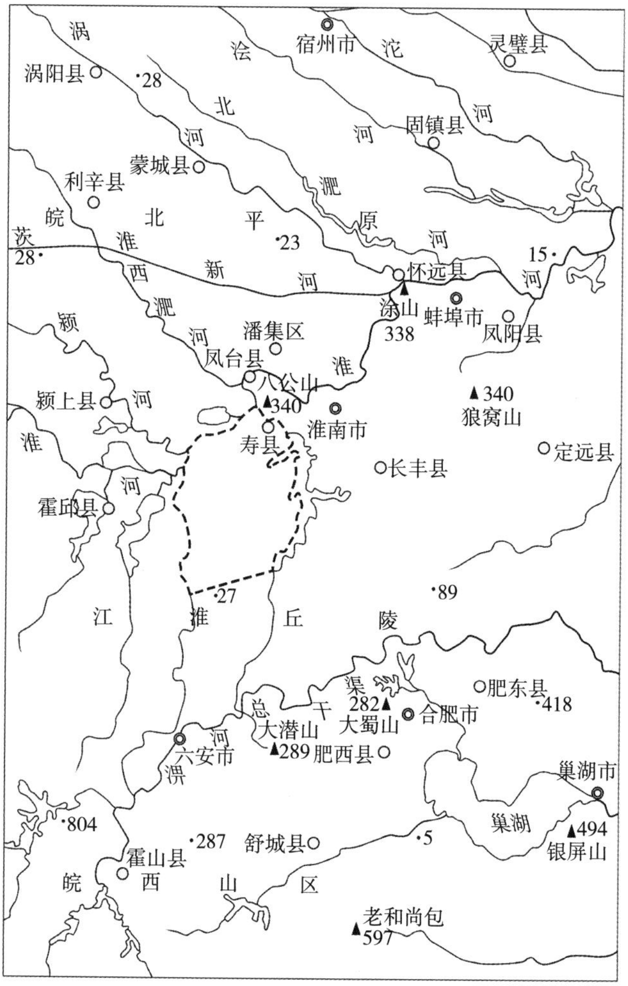

图1　寿县位置及调查区域示意图

队和安徽省博物馆等单位在该地区做过零星的考古调查[2]。至80年代，北京大学和当时的安徽省文物工作队对六安、霍邱和寿县地区进行了大规模的调查与试掘工作，尤其是对斗鸡台和青莲寺遗址的试掘[3]，取得了丰富的考古材料和研究成果[4]，并提出了"斗鸡台文化"的命名。为进一步了解寿县地区先秦时期考古学文化的面貌和文化序列，尤其是寻找新石器时代早、中期遗存和探索"斗鸡台文化"相关遗址的分布状况等，2011年11～12月，安徽省文物考古研究所联合中山大学南中国海考古研究中心对寿县西北部地区进行了重点考古调查。

根据此次调查的学术目的，我们将调查范围划定为：北以淮河干流为至，东及瓦埠湖西岸，南至安丰塘、迎河一线，西以淠河为界，行政区划包括双桥、堰口、丰庄、正阳关等十个乡镇（图1）。调查对象限定的时代范围与类型为新石器时代至汉代的遗址，由于双桥地区是战国晚期楚国中等贵族墓葬的集中分布区，故不在考虑范畴。在调查方法上，仍以传统调查方法为主，同时也借鉴和吸收了近年来流行的区域系统调查方法的部分内容，即开展半地毯式的地面踏查。在查阅近年"三普"资料的基础上，确定了"扩点成面、连面成片"的调查思路，即以已知遗址点为中心点，考古队员一字排开呈放射状向外沿扩展，直至基本覆盖整个调查区域。

在高度发展的农耕地区，地表遗物后期的人工搬运是不得不考虑的问题，在实际调查过程中，我们曾多次在地垄、沟渠旁边发现了成堆出现陶片等遗物的情况，我们认为仅依据地表陶片的分布范围来判定遗址的面积是存在风险的。有鉴于此，我们安排了1至2名钻探技工参与全程调查，对遗址分布面积的判定，采用的标准为钻探得出的文化层分布范围。经过约50天的野外调查，共计复查和新发现遗址18处，时代包括新石器时代中期、龙

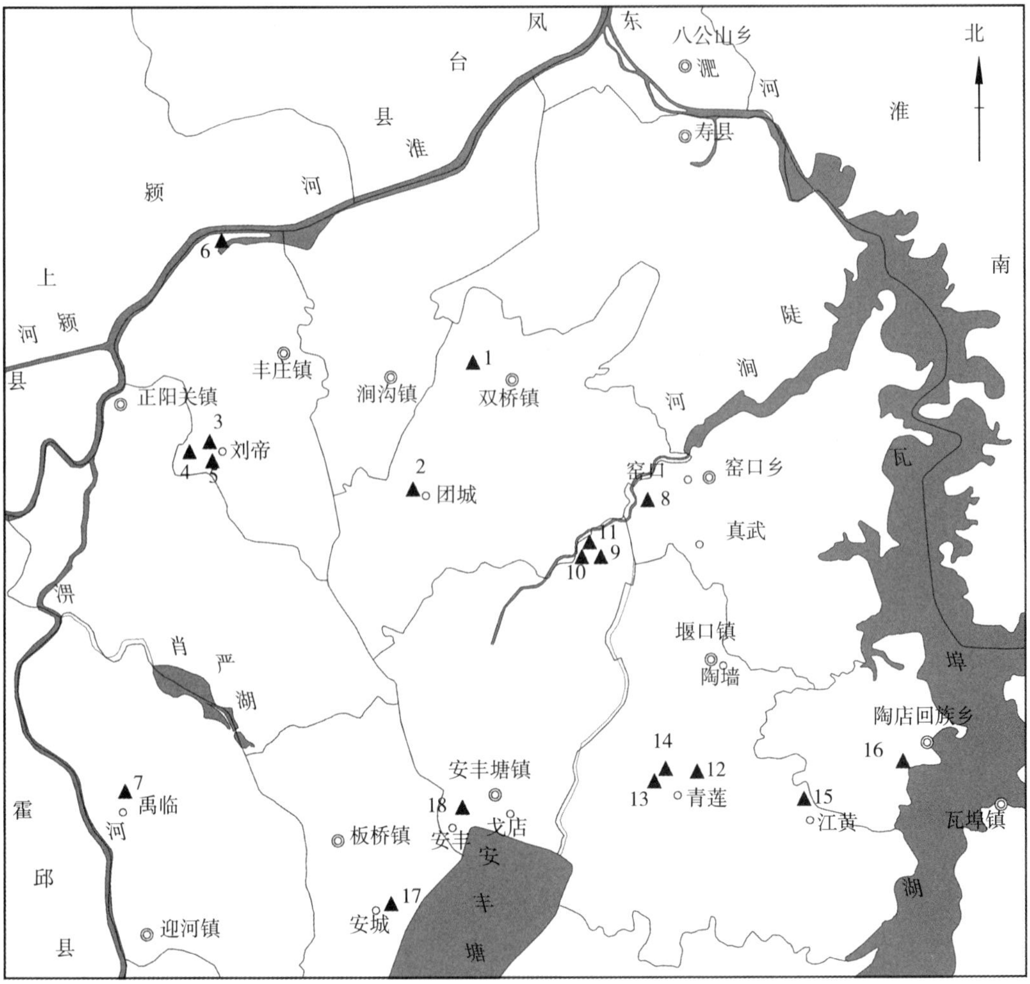

图2　遗址分布示意图

1～18.斗鸡台、团城子、刘备城、张飞台、南岗头、冯家圩、禹临城、刘家岗头、常山台、点将台、戈台、青莲寺、丁家孤堆、门朝西、古城遗址、龙王庙台、安城子、安丰塘县城遗址

山时代晚期、二里头文化时期、周代及汉代（图2）。本文择要对其中属先秦时期的10处遗址按时代顺序简报如下。

一、刘家岗头遗址

遗址位于窑口镇真武村刘家岗头村民组西部，属陡涧河上游东岸的高岗台地，西北距陡涧河河道约300米。地表呈南高北低的不规则漫坡状，最高处高出地面约1米。地表植被以杨树林为主，夹杂部分耕种植物，如小麦等。在遗址主体部分未发现理想的剖面，仅在地头田埂水渠处隐约可见有较大块的红烧土堆积，在地表采集到大量遗物，以陶片为主，约有248片（件），另有少许动物骨骼。根据地表陶片的分布范围再结合钻探可知，该遗址现存面积约20000平方米。通过对采集陶片的整理，我们认为该遗址的主体内涵为新石器时代中期遗存，另外也包含部分龙山时代晚期和少量周代遗存。

（一）新石器时代遗存陶器

质地以夹蚌陶为主，所占比例约60.6%，泥质陶次之，约占31.9%，还有极少量的夹砂陶。陶器以红褐陶最多，约占56.9%，红陶次之，约占38.8%，灰陶较少。器表多以素面为主，纹饰以弦纹和附加堆纹居多，另有少量戳刺纹和篦划纹。器形有鼎、罐、盆、钵、器盖、瓮和豆等，绝大部分为手制，少量为轮制，多数陶器经磨光处理。在泥质陶中，部分器物口部和颈部装饰有红色或红褐色陶衣，并经过磨光处理。

鼎足　数量最多。根据器物形制的不同，可分为三型。

A型：圆锥柱形，呈羊角状，横截面呈圆形，足、身尺寸相差较大。多数磨光，素面，部分足根部饰横条状附加堆纹，堆纹上饰摁窝。LJGT：44，夹蚌红褐陶。形制较粗大，足尖部残。残高8.9厘米（图3，7）。LJGT：46，夹蚌红褐陶。形制较规整粗大，足尖部残。残高8.2厘米（图3，5）。LJGT：3，夹蚌红褐陶。足尖部残。足根外侧饰横条状附加堆纹，堆纹上饰摁窝。残高9.5厘米（图3，8）。LJGT：5，夹蚌红褐陶。足尖部残。足根外侧饰横条状附加堆纹。残高9.4厘米（图3，4）。LJGT：45，夹蚌红褐陶。足尖部残。足根外侧饰横条状附加堆纹。残高9.6厘米（图3，9）。LJGT：4，夹蚌红陶。器表磨光。据足根接器腹形态可知其为底装，平足尖微残。高7.2厘米（图3，1）。LJGT：57，夹蚌红褐陶。形制较细长，微弧，足根部残，平足尖。残高8.6厘米（图3，3）。LJGT：10，夹蚌红褐陶。形制较小，足根部残，足尖较锐。残高5.2厘米（图3，2）。

B型：扁锥柱形，横截面呈椭圆形，足尖捏制成铲状。足、身尺寸相差较大。多数抹光为素面，也有部分足根外侧饰横条状附加堆纹，堆纹上饰摁窝。LJGT：7，夹蚌红褐陶。形制较规整粗大，足根部残，足尖捏痕明显。残高10.7厘米（图3，10）。LJGT：55，夹蚌红褐陶。足根部残，尖部捏痕明显、微残。残高7.3厘米（图3，11）。LJGT：62，夹蚌红褐陶。足根部残。残高7.3厘米（图3，12）。LJGT：2，夹蚌红陶。足身较细长。足根外侧饰横条状附加堆纹，堆纹上饰摁窝，足尖捏痕明显、微残。残高8.9厘米（图3，6）。

C型：足身较矮小，足尖捏制凸起，外撇。夹细砂红陶。表面磨光。据足根接器腹形态可知均为底装。LJGT：12，残高4.5厘米（图3，13）。LJGT：72，足尖部残，足身外撇。残高4.2厘米（图3，14）。

罐　陶器质地的不同关系到其功能性的划分，需要区别对待，但由于没有完整器物作比照，鼎、罐口沿无法准确区分，为行文方便，暂以罐概之。该期陶罐依据质地不同，可分为夹蚌陶和泥质陶两种，以下分别予以介绍。

夹蚌陶罐　均为红褐陶。依据口沿形态的不同，可分为三型。

A型：侈口罐。根据形态差异，又可分为三个亚型。

Aa型：折沿罐。圆唇。LJGT：19，折沿较宽，鼓腹，肩部附鸡冠状錾。肩部有一道凸棱。口径26.4厘米（图4，1）。LJGT：84，折沿较窄。内外壁饰弦纹。口径25厘米（图4，3）。

Ab型：卷沿罐。圆唇，斜肩，垂鼓腹，肩部有较宽鸡冠状錾。饰篦划纹。LJGT：22，

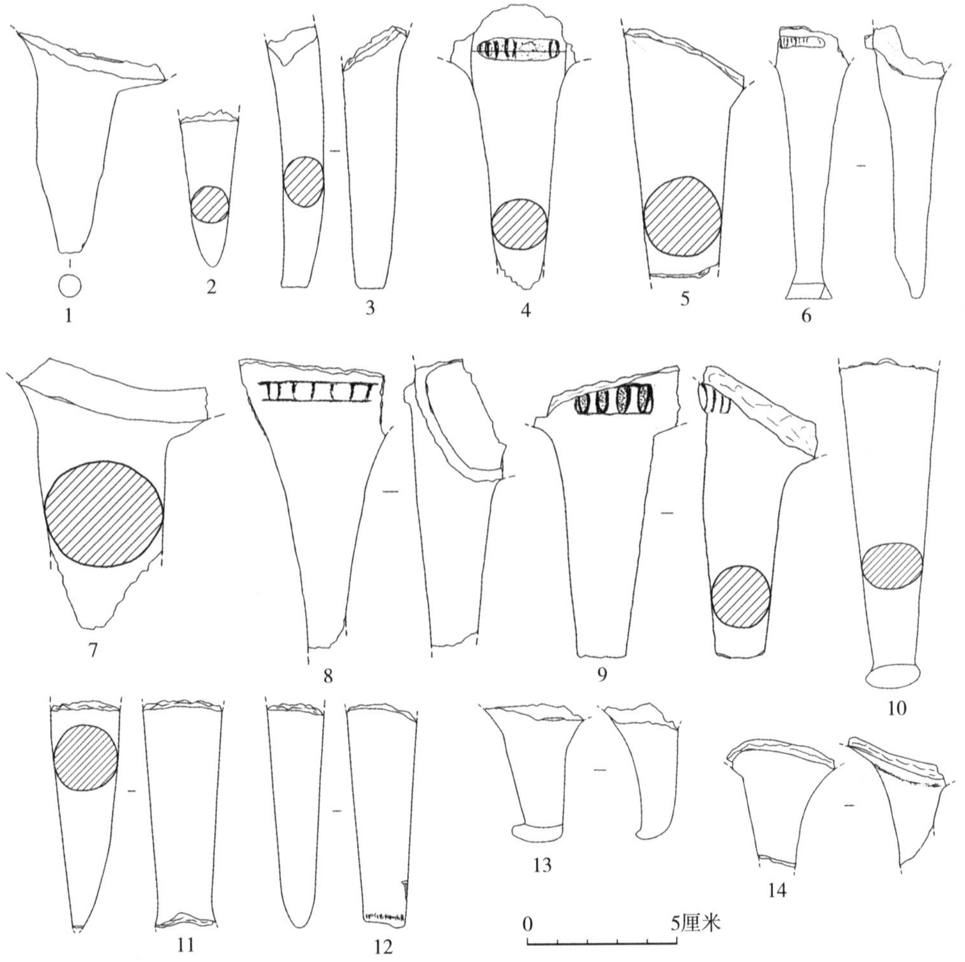

图3　刘家岗头遗址采集陶鼎足
1～5、7～9.A型（LJGT：4、LJGT：10、LJGT：57、LJGT：5、LJGT：46、LJGT：44、LJGT：3、LJGT：45）　6、10～12.B型（LJGT：2、LJGT：7、LJGT：55、LJGT：62）　13、14.C型（LJGT：12、LJGT：72）

口径31厘米（图4，7）。

Ac型：束颈罐。LJGT：88，尖圆唇，卷沿较窄，斜肩。肩部饰戳刺纹。口径26厘米（图4，2）。LJGT：93，圆唇，折沿较宽，内沿下凹。素面。口径21厘米（图4，4）。

B型：敛口罐。LJGT：20，圆方唇，卷沿近折较窄，垂腹。颈部有两道凸棱。素面。口径26厘米（图4，6）。LJGT：34，圆唇，厚卷沿较窄，垂腹。肩部有一道凸棱，饰篦划纹。口径17.2厘米（图4，9）。

C型：直口罐。LJGT：25，圆唇，沿微卷，直腹。近口部有一道横向附加堆纹，堆纹上饰摁窝（图4，5）。LJGT：114，圆唇，直腹，近口部附鸟首形耳。口径27厘米（图4，8）。

泥质陶罐　均为红陶。依据口沿形态不同，可分为两型。

A型：卷沿罐。口部有大小之分。LJGT：18，尖圆唇，小口，束颈，斜肩。肩部有三

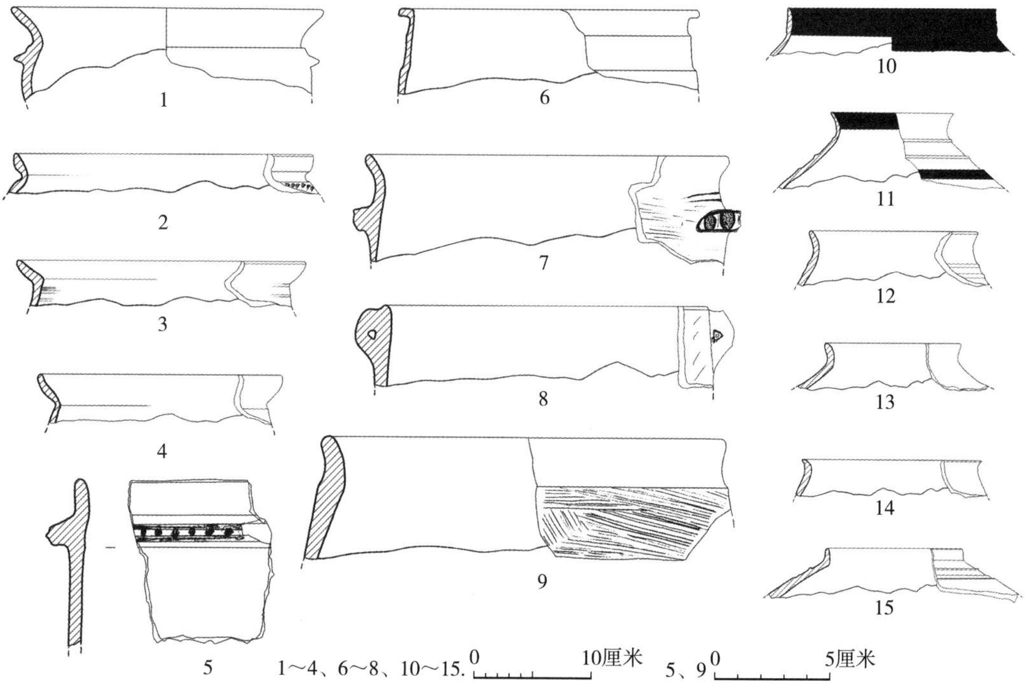

图4　刘家岗头遗址采集陶罐

1、3.Aa型夹蚌陶（LJGT：19、LJGT：84）　2、4.Ac型夹蚌陶（LJGT：88、LJGT：93）　5、8.C型夹蚌陶（LJGT：25、LJGT：114）　6、9.B型夹蚌陶（LJGT：20、LJGT：34）　7.Ab型夹蚌陶（LJGT：22）　10、15.B型泥质陶（LJGT：23、LJGT：43）　11～14.A型泥质陶（LJGT：18、LJGT：94、LJGT：86、LJGT：102）

道凸棱，内沿和肩部饰红彩。口径10.6厘米（图4，11）。LJGT：86，尖圆唇，沿较窄，斜肩。磨光。口径11.6厘米（图4，13）。LJGT：94，圆方唇，窄沿，斜肩。肩部有两道凸棱。磨光。口径14.2厘米（图4，12）。LJGT：102，尖唇，窄沿，斜肩。饰红彩。磨光。口径15.6厘米（图4，14）。

B型：直口罐。LJGT：23，尖唇，直口微敞，斜肩较宽。高领外有一道凸棱，内外领及肩部饰红彩。磨光。口径18厘米（图4，10）。LJGT：43，尖圆唇，矮直领，斜广肩。肩部有三道凸棱。磨光。口径11.6厘米（图4，15）。

盆　分为夹蚌、夹砂和泥质陶三种。

夹蚌陶盆　均为红褐陶。折沿。LJGT：21，圆唇，斜折沿，垂腹。口径20.6厘米（图5，9）。LJGT：24，方唇，平折沿内凸，直腹。饰凹弦纹（图5，11）。LJGT：91，尖圆唇，斜折沿，垂腹。口径20.4厘米（图5，10）。

夹砂陶盆　均为红陶。LJGT：95，圆唇，窄平折沿，垂腹。口径23.8厘米（图5，8）。LJGT：37，器底，斜直腹。底径16厘米（图5，7）。

泥质陶盆　均为红陶。LJGT：87，方唇，斜折沿外垂，直腹。口径28厘米（图5，12）。

钵　均为泥质陶。依据口部形态差异，可分为两型。

A型：直口钵。圆唇。LJGT：14，近直腹，近口部有一周红彩，可称“红顶钵”。残高4.1厘米（图5，3）。LJGT：78，弧鼓腹。通体磨光。口径23厘米（图5，6）。

B型：敛口钵。LJGT：15，红褐陶。方唇，弧鼓腹。近口部有一周红彩。通体磨光。口径15厘米（图5，5）。LJGT：26，红陶。圆唇，内唇加厚，弧腹。残高4厘米（图5，2）。LJGT：27，灰陶。尖圆唇，弧鼓腹。素面。残高4.7厘米（图5，1）。LJGT：80，红褐陶。圆唇，弧腹较浅。近口部有一周红彩。口径17.4厘米（图5，4）。

瓮　泥质红陶。均为敛口，斜肩。LJGT：35，尖唇，内沿下凹。饰凹弦纹。口径10.8厘米（图6，4）。LJGT：96，圆唇，矮直领。口径14厘米（图6，3）。

豆　均为泥质陶。红陶。圆唇，直口微敞，折腹，上腹微弧，下腹斜内收。上腹饰红

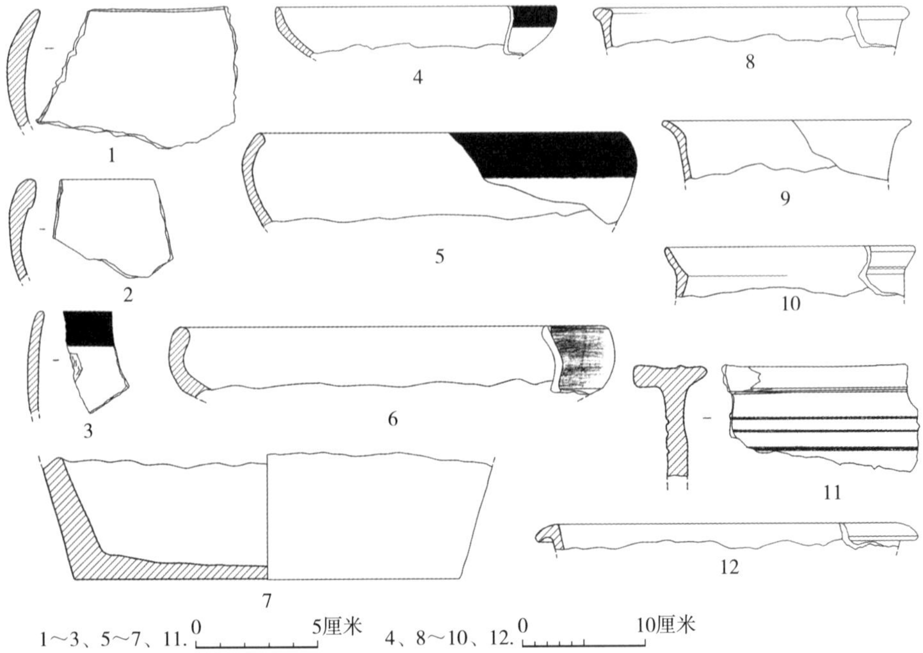

图5　刘家岗头遗址采集陶器

1、2、4、5.B型钵（LJGT：27、LJGT：26、LJGT：80、LJGT：15）　3、6.A型钵（LJGT：14、LJGT：78）　7、8.夹砂陶盆（LJGT：37、LJGT：95）　9～11.夹蚌陶盆（LJGT：21、LJGT：91、LJGT：24）　12.泥质陶盆（LJGT：87）

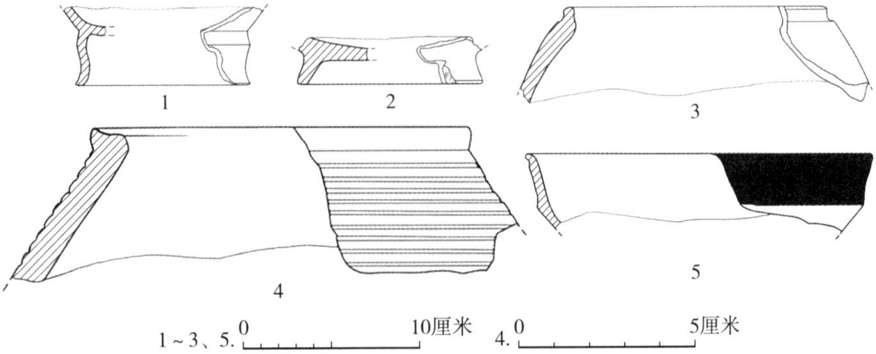

图6　刘家岗头遗址采集陶器

1、2.圈足器（LJGT：110、LJGT：108）　3、4.瓮（LJGT：96、LJGT：35）　5.豆（LJGT：17）

彩。通体磨光。LJGT：17，口径19.6厘米（图6，5）。

圈足器　LJGT：108，泥质红陶。圈足较高。足部饰红彩。磨光。依据器腹判断，应为盘。底径9.2厘米（图6，2）。LJGT：110，夹蚌红陶。足部及内底饰红彩。磨光。底径10.6厘米（图6，1）。

器盖　泥质红褐陶。环形捉手较高，斜腹。LJGT：38，捉手直径3厘米（图7，12）。

器鋬　LJGT：41，泥质红陶。半圆状，横截面呈扁圆形。宽2.5、残高6.8厘米（图7，

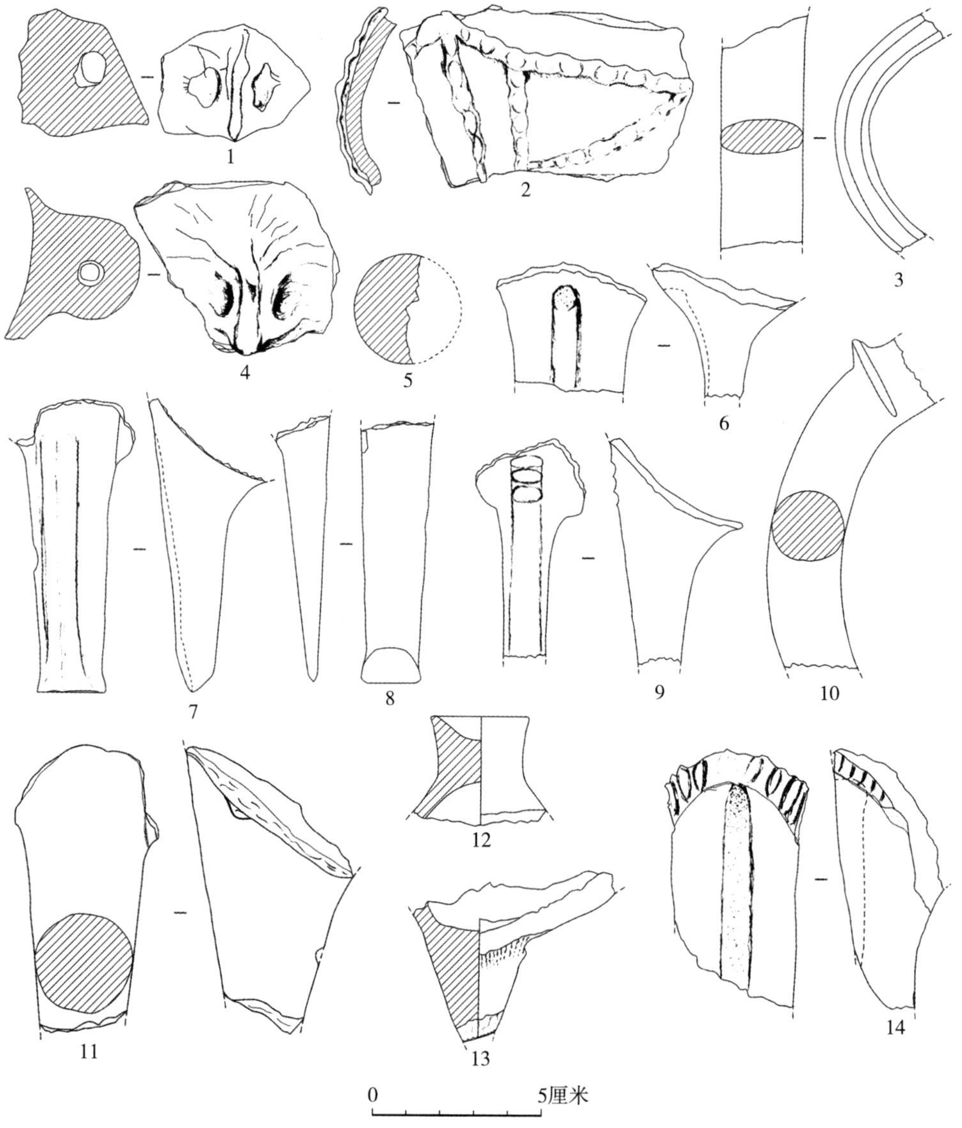

图7　刘家岗头遗址采集陶器

1、4.鸟首形耳（LJGT：28、LJGT：29）　2.器腹残片（LJGT：31）　3、10.器鋬（LJGT：41、LJGT：42）　5.陶球（LJGT：32）　6、7、14.Ab型鼎足（LJGT：6、LJGT：1、LJCT：8）　8.Aa型鼎足（LJGT：11）　9.C型鼎足（LJGT：9）　11.B型鼎足（LJGT：47）　12.器盖（LJGT：38）　13.鬲足（LJGT：13）

3）。LJGT：42，夹蚌红褐陶。半圆形，横截面呈圆形，一端有凸棱。直径2.1、残高9.5厘米（图7，10）。

鸟首形耳　泥质红陶。表面磨光。LJGT：28，残长3.8厘米（图7，1）。LJGT：29，残长4.5厘米（图7，4）。

陶球　泥质灰陶。表面磨光。LJGT：32，直径3.2厘米（图7，5）。

器腹残片　夹蚌红褐陶。弧鼓腹。表面饰多条附加堆纹，堆纹上饰摁窝纹。LJGT：31，残高5.4厘米（图7，2）。

（二）龙山时代晚期遗存

较少，主要发现一些鼎足。依据形态不同，可分为三型。

A型：正装扁凿形足。依据外侧有无凹槽，又可分为两亚型。

Aa型：素面足。夹细砂红陶。足根部残，足尖捏制成铲状。表面磨光。LJGT：11，残高7.6厘米（图7，8）。

Ab型：足根外侧饰凹槽或摁窝。LJGT：1，夹砂红陶。较完整。残高8.5厘米（图7，7）。LJGT：8，夹蚌红陶。形制较肥大，足尖部残。足根接器腹部饰摁窝，外侧饰较深凹槽。残高7.5厘米（图7，14）。LJGT：6，夹砂红陶。足尖部残。足根外侧饰摁窝和凹槽。残高3.8厘米（图7，6）。

B型：圆柱形足。夹粗砂红褐陶。足、身较肥大，足尖部残。LJGT：47，残高8.3厘米（图7，11）。

C型：侧装扁三角形足。夹细砂红褐陶。足尖部残。足根外侧饰竖行摁窝。通体磨光。LJGT：9，残高6.3厘米（图7，9）。

（三）周代遗存

仅发现少量夹砂绳纹陶片，可辨器形有鬲等。

鬲足　夹砂红褐陶。尖锥状，足尖部残，裆较低矮。饰绳纹。LJGT：13，残高4.9厘米（图7，13）。

二、龙王庙台遗址

遗址在陶店回族乡湖滨回族村陶家老圩东约500米处的瓦埠湖西岸，是一处典型的台地遗址。现存最高处高出周围地面约4～5米，远小于“三普”资料所记载的15米高，破坏较严重。台地面积仅剩约900平方米，根据地面陶片分布并结合钻探可知，遗址现存面积约为15000平方米。遗址旁的田头地垄有成堆放置的陶片，明显是人工所为。面向瓦埠湖的一侧为断崖，我们试选取一段作剖面观察。

第1层：浅灰色，质地疏松，为耕土层，厚约20厘米。

第2层：红褐色，内含密集的红烧土块堆积，向左右水平延伸，应为房址类遗迹。厚约30厘米。采集红烧土块一件，表面平整光滑，木骨泥墙痕迹明显。残长20、宽11、厚4.5厘米（图8，14）。

第3层：浅灰色，夹杂青灰色斑土和少量红烧土颗粒，厚约32厘米。出土器类有陶鼎足、罐等和部分动物下颌骨。

第4层：灰褐色，夹杂青灰色斑土和少量红烧土颗粒，厚约28～30厘米。出土器类有陶罐、钵等。

第5层：深灰色，夹杂少量红烧土颗粒，厚约25厘米。出土器类有陶高柄杯、罐等。

第6层：深灰色，夹杂少量红烧土颗粒和黑色炭屑，厚约18～30厘米。出土器类有陶钵、杯等。

第7层：浅灰色，较纯净，质地较硬，厚约30厘米。距湖面较近，水位线较高，不便钻探，该层以下堆积情况尚不清楚。

通过整理采集到的126件陶片可知，该遗址主要包含龙山时代晚期和周代两期遗存。

（一）龙山时代晚期遗存

该类遗存是遗址内涵的主体，以夹砂陶为主，泥质陶较少，红陶较多，灰陶次之。纹饰有篮纹、方格纹、弦纹和附加堆纹等。可辨器形有鼎足、罐、盆、高柄杯、钵、鬶和器盖等。

鼎足　数量最多。均为夹砂陶质。依据形制不同，可分为四型。

A型：侧装扁三角形足。依据足根外侧装饰不同，又可分为三亚型。

Aa型：足根外侧无装饰。LWMT：34，灰陶。横截面呈扁圆形。残高8.5厘米（图8，13）。LJGT：47，红陶。横截面呈扁方形。残高7.7厘米（图8，11）。

Ab型：足根或足尖外侧有摁窝。LWMT：5，红陶。足根部有一摁窝，足尖残。残高7.2厘米（图8，6）。LWMT：43，红陶。足根部有一摁窝。残高5.6厘米（图8，7）。LWMT：6，红陶。足根部竖向有两个摁窝。残高7.6厘米（图8，5）。LWMT：35，红陶。足根部竖向有两个摁窝。残高6.5厘米（图8，1）。LWMT：7，红陶。形制较宽大，足根部残，足尖有一摁窝。残高6.5厘米（图8，2）。LWMT：61，红褐陶。足尖捏痕明显，外侧有一摁窝。残高6.6厘米（图8，10）。

Ac型：外侧饰一道竖行凹槽。红陶。LWMT：1，形制较宽大，足尖部残。残高8.6厘米（图8，9）。LWMT：36，凹槽较深。残高5厘米（图8，3）。

B型：正装扁凿形足。依据外侧有无装饰，又可分为两个亚型。

Ba型：足外无装饰。LWMT：8，红褐陶。足尖残。残高6.8厘米（图8，16）。

Bb型：足外侧饰数量不等的竖行凹槽。LWMT：9，红陶。饰一道凹槽。残高6.2厘米（图8，19）。LWMT：21，灰黑陶。饰一道凹槽。残高5.6厘米（图8，4）。LWMT：12，红陶。足尖捏制成铲状。饰一道弧形凹槽。残高4.5厘米（图8，18）。LWMT：55，灰褐陶。饰一道凹槽，足尖捏痕明显。残高6.5厘米（图8，12）。LWMT：2，红陶。足根饰摁窝和宽凹槽，器腹饰宽篮纹。残高8.7厘米（图8，15）。LWMT：14，红陶。饰三道凹槽。残高7.1厘米（图8，8）。LWMT：49，红陶。饰四道凹槽。残高4.1厘米（图8，17）。

C型：锥柱形足。根据足根外有无摁窝，又可分为两个亚型。

Ca型：无摁窝。红陶。LWMT：10，残高6厘米（图9，5）。LWMT：62，横截面呈圆形。残高5厘米（图9，6）。

Cb型：有摁窝。LWMT：3，红褐陶。饰一个摁窝。残高7.7厘米（图9，7）。

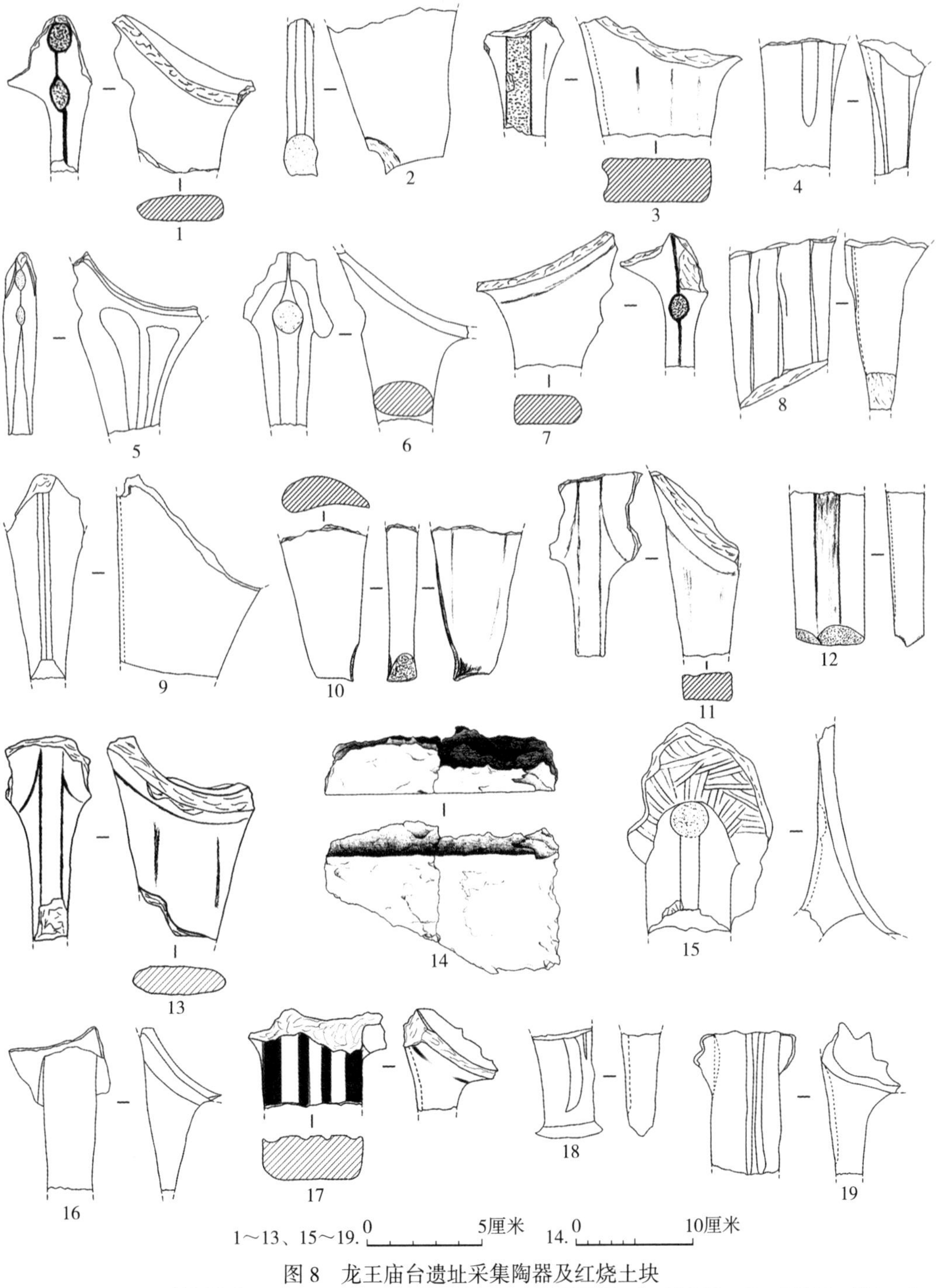

图8　龙王庙台遗址采集陶器及红烧土块

1、2、5～7、10.Ab型鼎足（LWMT：35、LWMT：7、LWMT：6、LWMT：5、LWMT：43、LWMT：61）　3、9.Ac型鼎足（LWMT：36、LWMT：1）　4、8、12、15、17～19.Bb型鼎足（LWMT：21、LWMT：14、LWMT：55、LWMT：2、LWMT：49、LWMT：12、LWMT：9）　11、13.Aa型鼎足（LWMT：47、LWMT：34）　14.第2层红烧土块　16.Ba型鼎足（LWMT：8）

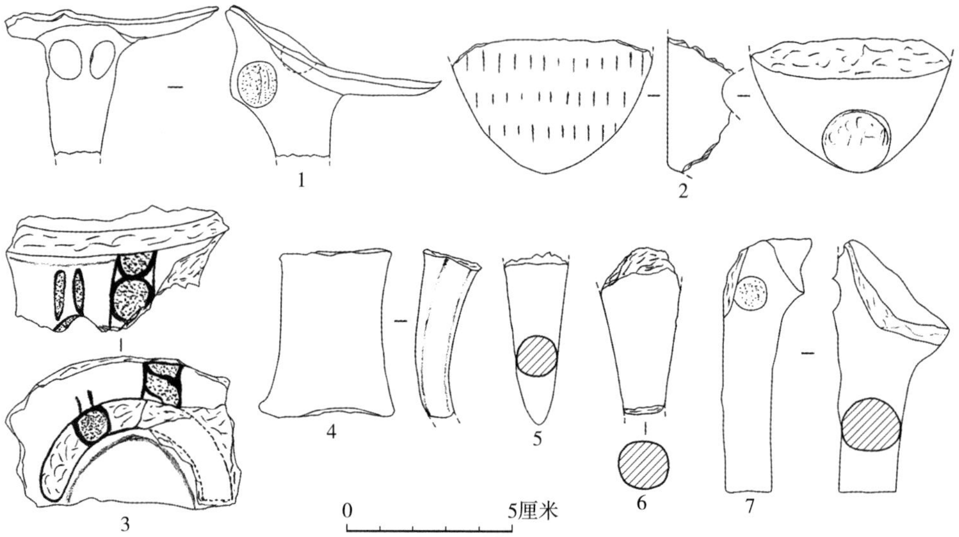

图9　龙王庙台遗址采集陶器
1、7.Cb型鼎足（LWMT：17、LWMT：3）　2、4.器鋬（LWMT：77、LWMT：75）　3.D型鼎足（LWMT：52）　5、6.Ca型鼎足（LWMT：10、LWMT：62）

LWMT：17，红陶。足根饰对称两个摁窝。残高4.7厘米（图9，1）。

D型：鬼脸式足。红褐陶，盆形鼎。双眼之间饰竖行附加堆纹，堆纹上饰摁窝。LWMT：52，残高3.7厘米（图9，3）。

器鋬　LWMT：75，夹砂灰陶。弧条状。残高5厘米（图9，4）。LWMT：77，夹砂红陶。正面呈桃心形。上饰平行刻划纹。残高4厘米（图9，2）。

罐　依据口沿形态不同，可分为三型。

A型：折沿罐。LWMT：13，夹砂灰陶。尖唇，窄平折沿，斜肩，垂腹，腹部有桥形横贯耳。口径10、残高7.4厘米（图10，3）。LWMT：66，泥质灰陶。厚圆唇，内沿下凹，斜肩。口径32.4厘米（图10，2）。LWMT：71，夹砂灰黑陶。厚方唇，唇外有凸棱，内沿下凹，斜肩。口径30.4厘米（图10，1）。

B型：敞口罐。泥质灰陶。LWMT：70，方唇，束颈。颈部饰弦纹。口径15.6厘米（图10，6）。LWMT：117，圆方唇，高束颈。颈部饰弦纹。口径14.8厘米（图10，7）。

C型：直口罐。夹砂红陶。尖唇，子母口微残，直腹。口部下有几道凸棱，腹部饰斜篮纹。LWMT：29，口径9厘米（图10，8）。

鬶　仅发现鬶足和鋬。夹砂红陶。LWMT：73，空足壁较薄，足尖残。残高3.6厘米（图10，5）。LWMT：74，半圆形，外侧有凸棱。宽3.1厘米（图10，4）。

高柄杯　依据柄部形态不同，可分为两型。

A型：空心柄。LWMT：23，夹砂红褐陶。呈倒梯状，通体有凸棱。残高9.8厘米（图10，13）。LWMT：16，泥质灰黑陶。形制较小，柱状。柄径1、残高3.9厘米（图10，11）。

B型：实心柄。夹砂灰黑陶。LWMT：18，柱状。柄径2.2、残高7.4厘米（图10，14）。

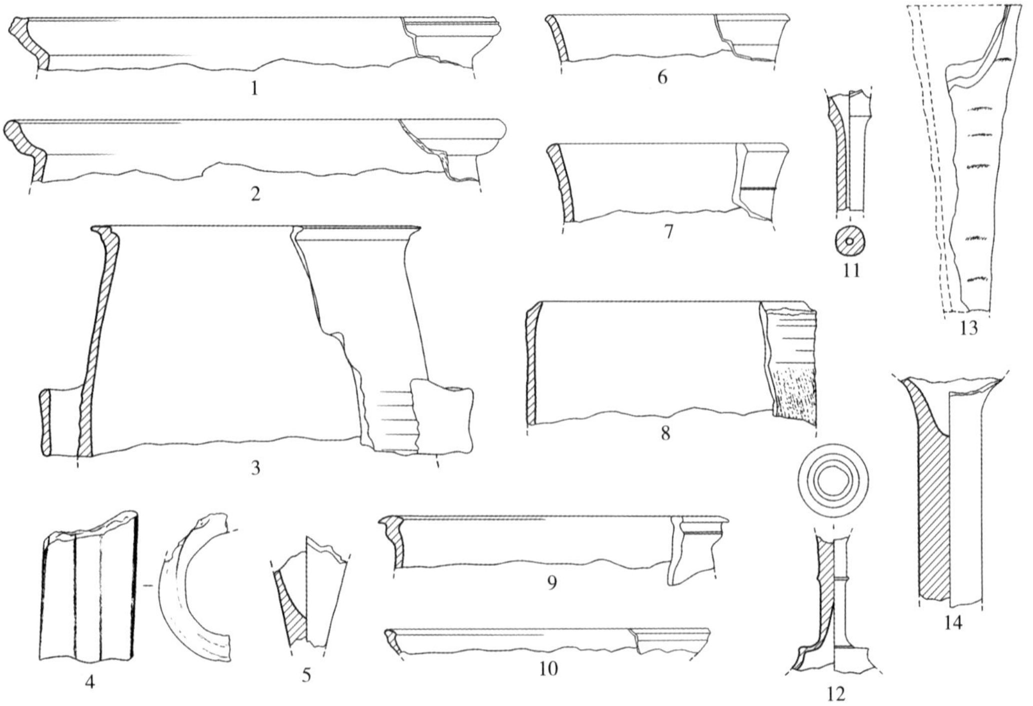

1、2、4～7、9、11～14. 0 5厘米 3、8. 0 10厘米 10. 0 20厘米

图10 龙王庙台遗址采集陶器

1～3.A型罐（LWMT：71、LWMT：66、LWMT：13） 4.鬶鋬（LWMT：74） 5.鬶足（LWMT：73） 6、7.B型罐（LWMT：70、LWMT：117） 8、C型罐（LWMT：29） 9、10.盆（LWMT：11、LWMT：69） 11、13.A型高柄杯（LWMT：16、LWMT：23） 12、14.B型高柄杯（LWMT⑤：1、LWMT：18）

LWMT⑤：1，形制较小。柱形柄中间有一道凸棱，圈足外撇。柄径0.9、残高4.2厘米（图10，12）。

盆 夹砂灰黑陶。LWMT：11，直口微敛，卷沿，内沿下凹，垂腹。外沿有一道凸棱。口径30厘米（图10，9）。LWMT：69，直口微敞，唇部加厚内凸，斜腹。口径42.8厘米（图10，10）。

钵 LWMT④：2，泥质黑陶。圆唇，斜弧腹。残高3.7厘米（图11，8）。LWMT⑥：1，泥质红陶。圆唇，直口微敛，弧腹斜内收。饰弦纹。口径27.4厘米（图11，3）。

器盖 LWMT：25，夹砂灰黑陶。圆饼形盖钮，斜直腹。钮径5、残高2厘米（图11，11）。LWMT：65，夹砂黑陶。圆饼形盖钮，斜直腹残。钮径2.5厘米（图11，6）。LWMT：114，夹砂红陶。尖圆唇加厚内凸，斜直腹。残高1.5厘米（图11，9）。

缸 仅发现底部残片。LWMT：26，夹砂红褐陶，胎壁较厚。斜腹，平底，近底部有手抹凹槽痕。残高5.3厘米（图11，7）。

（二）周代遗存

发现较少，可辨器类有鬲足、甗腰、盆和罐底等。

鬲足 依据形态不同，可分为两型。

A型：锥柱状。LWMT：4，夹砂红陶。鬲裆较矮，足尖微残，着地面较大。饰绳纹。残高5.5厘米（图11，12）。LWMT：19，夹砂灰陶。实足较矮，着地面较大。通体饰绳纹。残高5厘米（图11，15）。

B型：鼎式鬲足。夹砂红陶。实心柱足，横截面呈扁圆形。饰绳纹。LWMT：20，残高5.5厘米（图11，13）。

空足器　夹砂红陶。实足尖较矮，着地面较大。上部饰斜行戳刺纹，近底部捏痕明显。LWMT：22，残高4.7厘米（图11，14）。

甗腰　夹砂红陶。腰隔部有一周摁窝，甗身饰细绳纹。LWMT：28，残高3.6厘米（图11，10）。

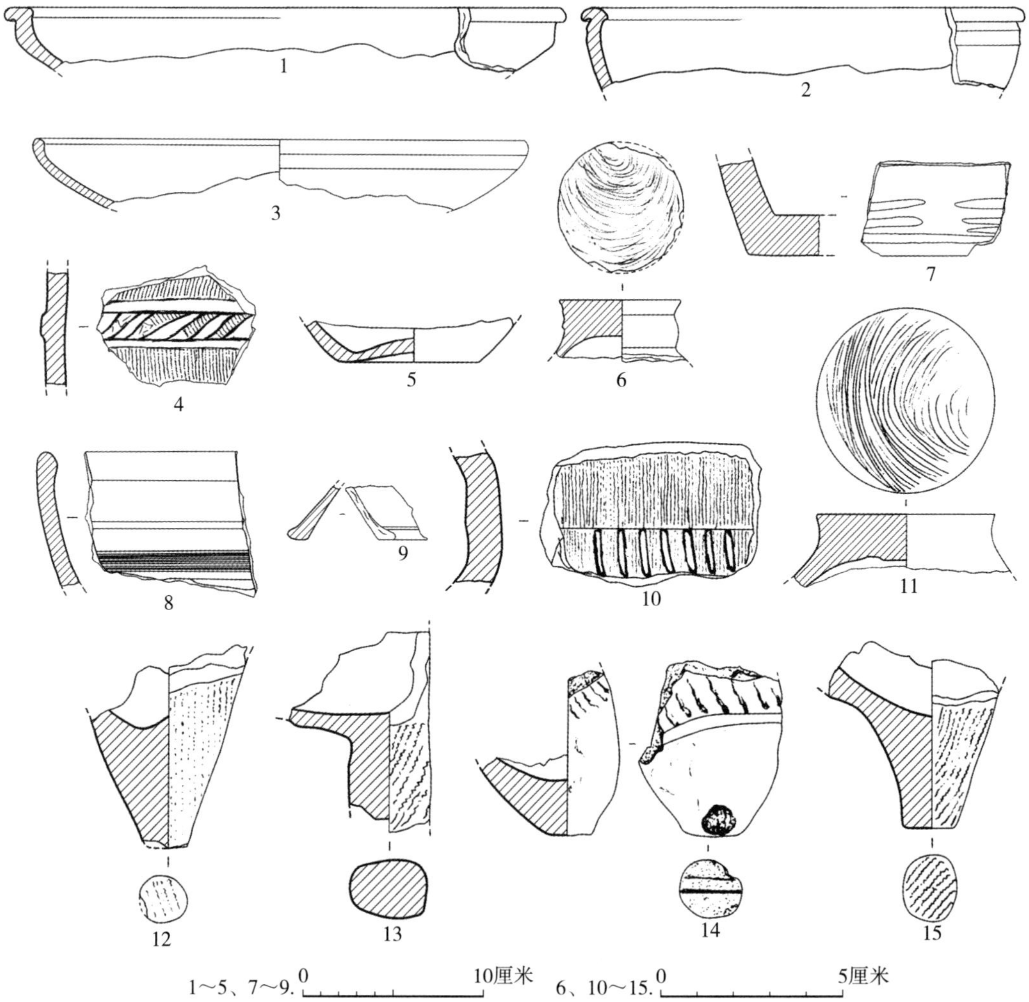

图11　龙王庙台遗址采集陶器

1、2.盆（LWMT：119、LWMT：80）　3、8.钵（LWMT⑥：1、LWMT④：2）　4.器腹残片（LWMT：27）　5.罐底（LWMT：115）　6、9、11.器盖（LWMT：65、LWMT：114、LWMT：25）　7.缸（LWMT：26）　10.甗腰（LWMT：28）　12、15.A型鬲足（LWMT：4、LWMT：19）　13.B型鬲足（LWMT：20）　14.空足器（LWMT：22）

盆　LWMT：80，夹砂灰陶。圆唇加厚，截面呈伞状，敛口，弧腹内收。饰弦纹。口径24.2厘米（图11，2）。LWMT：119，泥质灰陶。唇部加厚外凸，直口，折腹内收。口径29厘米（图11，1）。

罐底　泥质灰陶。斜腹，平底内凹。LWMT：115，底径7.6厘米（图11，5）。

器腹残片　夹砂灰陶，胎壁较厚。饰隔断绳纹加附加堆纹，堆纹上饰斜行压纹。LWMT：27，残高6.1厘米（图11，4）。

三、点将台遗址

遗址位于安丰塘镇申桥村戈家台村西约200米处的东西向椭圆形台地上，西侧紧邻注入瓦埠湖的陡涧河上游古河道。台地高出地面约5米，基本呈馒头状，面积约12000平方米。从高台中心的钻探推断，整个台地均有文化层堆积，其周围也有零星的浅薄文化层堆积。由于没有合适的断崖剖面，其文化层堆积的具体情况尚不清楚。通过对采集的152件陶片的整理可知，该遗址为一处包含龙山时代晚期和周代两类文化遗存的重要复合型遗址。

（一）龙山时代晚期陶器

夹砂陶为主体，约占61%，泥质陶次之，约占39%；红褐陶和灰陶较多，分别占33%和31.4%。纹饰有篮纹、方格纹、绳纹和刻划纹等。器形有鼎足、罐、盆、鬶、瓮、器盖和豆等。

鼎足　均为夹砂质。依据形制不同，可分为三型。

A型：侧装扁三角形足。依据足根外侧有无摁窝，又可分为两亚型。

Aa型：无摁窝。DJT：5，灰陶。足尖残。器腹饰绳纹。残高8厘米（图12，10）。DJT：6，红陶。足身显瘦窄，足尖捏痕明显。残高10.5厘米（图12，6）。DJT：62，红褐陶。足尖捏痕明显。残高9.8厘米（图12，3）。DJT：73，红陶。足尖部残。残高6.3厘米（图12，4）。

Ab型：有摁窝。DJT：2，灰陶。竖行有两个摁窝，器腹饰绳纹。残高8.9厘米（图12，8）。DJT：3，红褐陶。足身显肥大，足根有一个摁窝，足尖捏痕明显。残高12厘米（图12，1）。DJT：4，红陶。有一个摁窝。残高7.5厘米（图12，7）。DJT：59，灰陶。竖行有两个摁窝，器腹饰篮纹。残高8.4厘米（图12，11）。DJT：61，灰陶。竖行有两个摁窝。残高9.1厘米（图12，2）。

B型：正装扁凿形足。DJT：1，红褐陶。足身宽扁，正面饰三道竖向深凹槽。残高7.3厘米（图12，12）。DJT：70，红褐陶。饰一道竖向凹槽。残高5.3厘米（图12，14）。DJT：72，红褐陶。足根部残，足尖捏制成铲状。残高5厘米（图12，16）。

C型：鬼脸式足。红褐陶。盆形鼎。双眼之间饰竖行附加堆纹，堆纹上饰指窝纹。DJT：49，残高5.2厘米（图12，15）。

鬶足　锥形。夹砂红褐陶。DJT：7，实足部分较高，足尖平且微外撇。残高6.5厘米（图12，5）。DJT：10，实足部分较高。残高6.4厘米（图12，13）。DJT：13，实足部分稍矮，足尖残。残高6.7厘米（图12，9）。

罐　部分罐与鼎依据口沿不易区分，于此且统以罐名之。依据口部形态不同，可分三型。

A型：折沿罐。DJT：23，夹砂灰陶。方唇，内沿下凹，微束颈，斜肩。饰斜篮纹。口

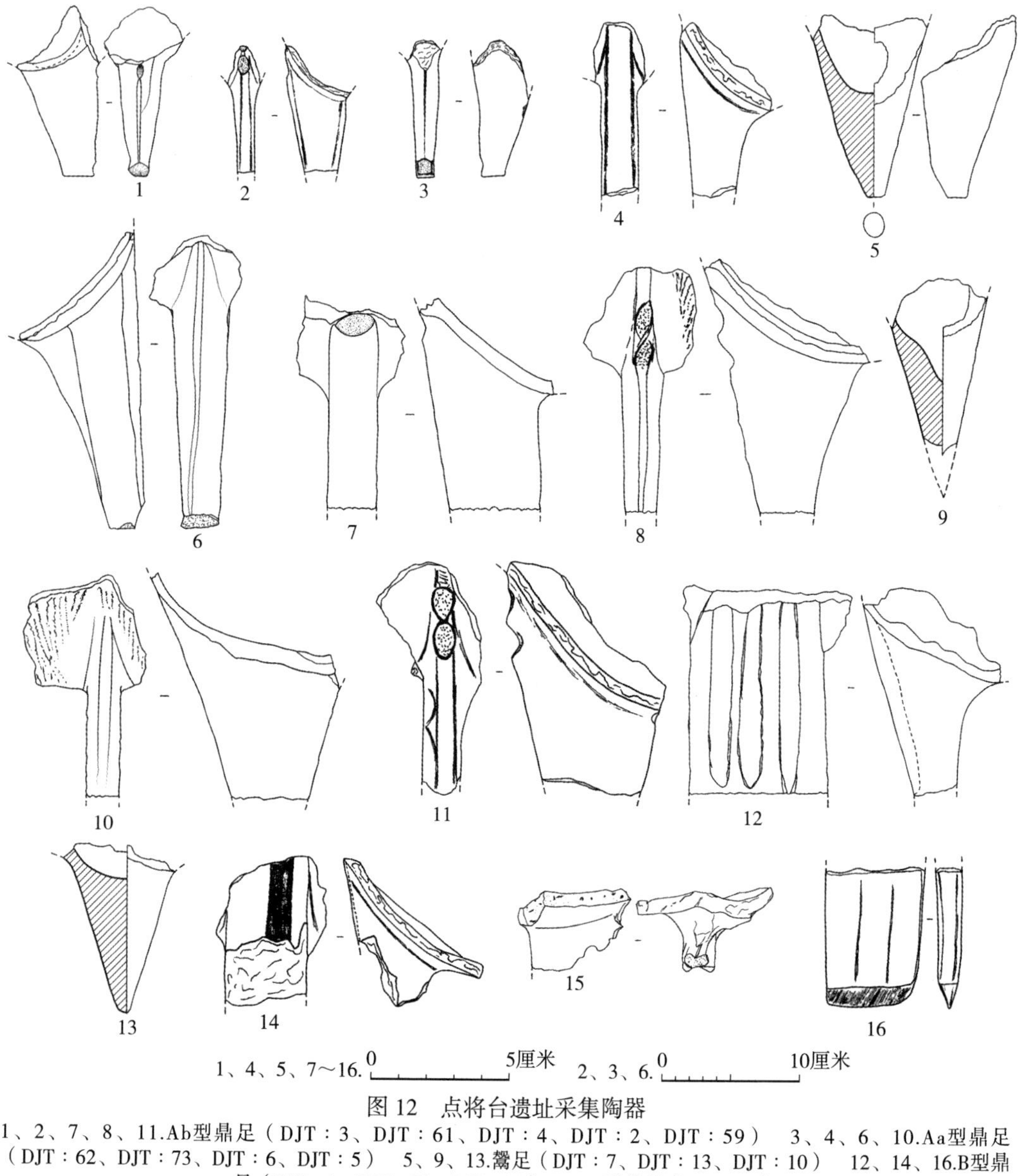

图 12　点将台遗址采集陶器
1、2、7、8、11.Ab型鼎足（DJT：3、DJT：61、DJT：4、DJT：2、DJT：59）　3、4、6、10.Aa型鼎足（DJT：62、DJT：73、DJT：6、DJT：5）　5、9、13.鬶足（DJT：7、DJT：13、DJT：10）　12、14、16.B型鼎足（DJT：1、DJT：70、DJT：72）　15.C型鼎足（DJT：49）

径16.4厘米（图13，2）。DJT：43，夹砂灰陶。方唇，内沿下凹，束颈，垂肩。饰弦纹。口径17.6厘米（图13，9）。DJT：29，夹砂灰陶。尖圆唇，内沿微凹且有凸棱，斜肩。饰弦纹。口径19.2厘米（图13，10）。DJT：94，夹砂灰黑陶。尖圆唇，口沿内伸上翘，内沿一道凸棱明显，斜肩。口径20厘米（图13，1）。DJT：100，泥质灰陶。圆唇，斜折沿较宽，口沿内伸且有凹槽，斜肩。口径30厘米（图13，3）。

B型：卷沿罐。夹砂红褐陶。方唇，内沿下凹，斜肩。素面。DJT：99，口径20.4厘米（图13，4）。

C型：直敞口罐。DJT：31，夹砂灰陶。圆唇外凸，垂腹微鼓。饰弦纹。口径13.8厘米（图13，8）。DJT：42，泥质灰陶。尖圆唇外凸。素面。口径19.6厘米（图13，11）。

瓮　依据领部形态不同，可分为两型。

A型：高领瓮。DJT：45，夹砂红褐陶，胎壁较厚。圆唇外翻，广肩。领部饰弦纹。残高6厘米（图13，20）。DJT：126，夹砂灰陶。高竖领，广肩。饰篮纹。口径17.4厘米（图13，15）。

B型：矮领瓮。夹砂灰陶。DJT：21，敛口，斜肩。外领有三道凸棱，中间凸棱上饰摁窝，肩以下饰斜篮纹。口径20厘米（图13，5）。DJT：39，厚方唇，广弧肩。饰弦纹（图13，17）。

盆　DJT：18，夹砂灰陶。直口微敛，唇部加厚有凸棱，近口部外侧有一道宽凸棱，斜

图13　点将台遗址采集陶器

1～3、9、10.A型罐（DJT：94、DJT：23、DJT：100、DJT：43、DJT：29）　4.B型罐（DJT：99）　5、17.B型瓮（DJT：21、DJT：39）　6、7、16.盆（DJT：18、DJT：53、DJT：20）　8、11.C型罐（DJT：31、DJT：42）　12、13、21.器盖（DJT：116、DJT：119、DJT：46）　14、18、19.壶（DJT：113、DJT：123、DJT：124）　15、20.A型瓮（DJT：126、DJT：45）

直腹。饰宽斜篮纹。残高6厘米（图13，6）。DJT：20，夹砂灰陶。直口微敛，方唇内凹，窄斜折沿，垂腹。口径23厘米（图13，16）。DJT：53，泥质灰陶。盆底，斜直腹，平底。近底部饰弦纹。底径15.2厘米（图13，7）。

器盖　DJT：46，泥质红陶。方唇，近唇部外壁内凹，斜直腹。素面。残高3.9厘米（图13，21）。DJT：116，夹砂红陶。圆饼状钮，斜腹。钮径6厘米（图13，12）。DJT：119，夹砂红褐陶。圈足状钮，斜直腹。钮径6.4厘米（图13，13）。

壶　DJT：113，夹砂灰黑陶。为瓶身的箍棱部分。箍径10.2厘米（图13，14）。DJT：123，泥质红褐陶。饰四道凹弦纹。直径10厘米（图13，18）。DJT：124，夹砂红褐陶。尖唇，直敞口，外壁有三道箍棱。口径8厘米（图13，19）。

甗腰　夹砂灰陶。饰方格纹。DJT：130，腰径14厘米（图14，1）。

豆盘　夹砂红褐陶。斜腹，圜底。DJT：161，柄径4.8厘米（图14，21）。

器鋬　泥质红陶。半圆形桥状，外侧有凹槽。DJT：48，残高5.2厘米（图14，8）。

网坠　泥质红陶。长圆形，有一横两纵三周凹槽。DJT：47，长3.5、厚1.5厘米（图14，9）。

（二）周代遗存

以夹砂陶为主，占71.4%，泥质陶占28.6%；灰陶最多，占46.8%，红褐陶次之，占28.1%，红陶最少。纹饰有绳纹、附加堆纹、几何形纹和摁窝等，可辨器类有鬲、鬲足、罐、盆、钵、甗和豆等。

鬲　均为夹砂质。依据口沿形态不同，可分为两型。

A型：卷沿。DJT：28，灰黑陶。方唇，鼓肩。饰中粗绳纹（图14，20）。DJT：105，灰黑陶。方唇，微束颈，弧鼓腹。颈部饰中粗绳纹。口径26.2厘米（图14，3）。DJT：107，红褐陶。方唇内凹，斜肩，鼓腹。饰中粗偏细绳纹。口径32厘米（图14，2）。

B型：折沿。DJT：101，灰陶。方唇，内沿下凹，微束颈，斜肩。饰中粗绳纹。口径22.8厘米（图14，5）。DJT：131，灰黑陶。颈部饰弦纹，腹部饰中粗偏粗绳纹。颈径9.5厘米（图14，4）。

鬲足　均为夹砂陶。依据形态不同，可分为三型。

A型：锥形。DJT：8，灰陶。尖锥状，实足部分较高，足尖残。素面。残高5.5厘米（图14，10）。DJT：9，灰陶。实足部分较矮，着地面稍大。饰中粗绳纹。残高6.5厘米（图14，6）。DJT：11，灰褐陶。尖锥状，鬲裆较矮。通体饰中粗绳纹。残高4.6厘米（图14，16）。

B型：锥柱形。DJT：14，红褐陶。实足部分较高，着地面呈椭圆形。通体饰中粗绳纹。残高5.5厘米（图14，15）。DJT：37，红褐陶。实足部分较高，足尖部残。饰中粗偏细绳纹。残高6.5厘米（图14，7）。DJT：83，灰陶。空足较深，实足与空足分界稍显，足尖部残。饰中粗绳纹。残高5.8厘米（图14，12）。

C型：柱形。DJT：12，红陶。实足部分较瘦高，着地面较大。饰中粗绳纹。残高6.6厘米（图14，17）。DJT：15，红褐陶。足身显肥大，空足较深，着地面呈圆形。通体饰中粗绳纹。残高7厘米（图14，19）。DJT：17，灰陶。空足较深，着地面较大。通体饰中粗绳纹。残高5厘米（图14，11）。DJT：76，红褐陶。空足较深，着地面呈圆形。通体饰中粗

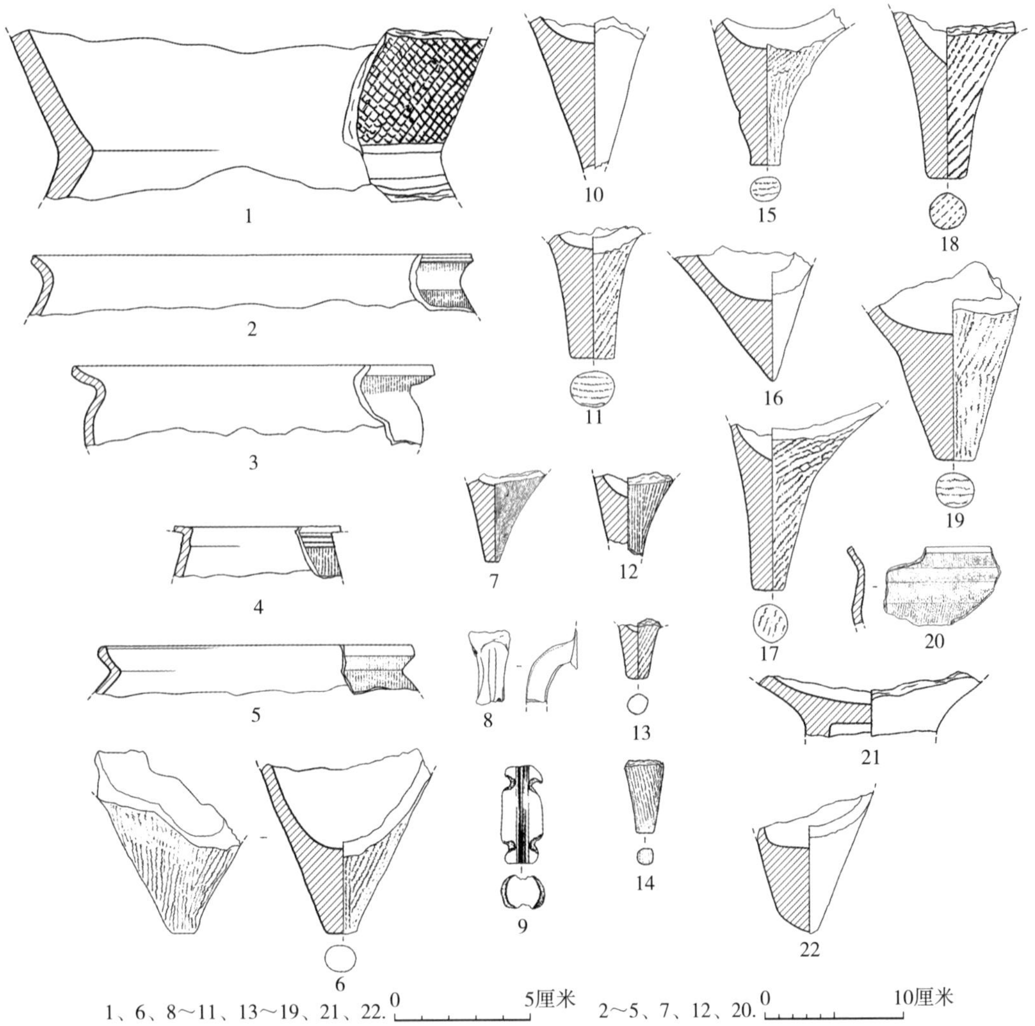

图14　点将台遗址采集陶器

1.甗腰（DJT：130）　2、3、20.A型鬲（DJT：107、DJT：105、DJT：28）　4、5.B型鬲（DJT：131、DJT：101）　6、10、16.A型鬲足（DJT：9、DJT：8、DJT：11）　7、12、15.B型鬲足（DJT：37、DJT：83、DJT：14）　8.器鋬（DJT：48）　9.网坠（DJT：47）　11、13、14、17～19.C型鬲足（DJT：17、DJT：81、DJT：77、DJT：12、DJT：76、DJT：15）　21.豆盘（DJT：161）　22.不明空足器（DJT：16）

偏粗绳纹。残高6厘米（图14，18）。DJT：77，红褐陶。实足部分较高，着地面较大。通体饰中粗绳纹。残高5.2厘米（图14，14）。DJT：81，灰陶。空足较深，实足部分较矮，着地面较大。饰中粗偏粗绳纹。残高4.2厘米（图14，13）。

不明空足器　夹砂红陶。空足较深，实足部分较矮，足尖捏痕明显。素面。DJT：16，残高5.4厘米（图14，22）。

罐　依据口沿形态不同，可分为两型。

A型：折沿。DJT：25，夹砂红褐陶。圆唇，内沿近唇部下凹，微束颈，斜肩。饰抹断中粗绳纹。口径26.8厘米（图15，6）。DJT：54，泥质红陶。斜直腹，平底，通体饰中粗绳纹。底径12.6、残高10.2厘米（图15，10）。DJT：129，夹砂灰陶。垂鼓腹。饰绳纹，肩部饰一道附加堆纹，堆纹上饰压印绳纹。颈径17.2厘米（图15，5）。

B型：直口广肩。泥质灰陶。DJT：132，束颈，斜广肩。饰弦断中粗绳纹。颈径14.4厘米（图15，4）。DJT：133，长束颈，圆广肩，鼓腹。素面。颈径13.2厘米（图15，3）。

盆　泥质灰陶。DJT：30，大口，圆唇，斜折沿，折腹。饰竖行中粗绳纹。口径36.8厘米（图15，1）。DJT：52，折沿外翻，直口微敞，斜弧腹。饰弦纹。口径28.8厘米（图15，2）。

钵　依据口部形态不同，可分为三型。

A型：敛口。DJT：19，夹砂红褐陶。尖唇，外沿内凹，鼓腹内收。饰中粗偏粗绳纹。口径13.6厘米（图15，16）。DJT：91，夹砂灰陶。方唇，弧鼓腹。上腹饰凹弦纹，下腹饰中粗绳纹。口径16厘米（图15，9）。

B型：直口。夹砂红褐陶。方唇，下腹斜内收。上腹饰弦纹，下腹饰斜行中粗偏粗绳纹。DJT：90，口径23厘米（图15，7）。

C型：敞口。泥质灰陶。圆唇，斜弧腹。素面。DJT：92，口径19.4厘米（图15，8）。

甗腰　DJT：34，夹砂灰陶。饰中粗偏粗绳纹。腰径15厘米（图15，12）。DJT：35，

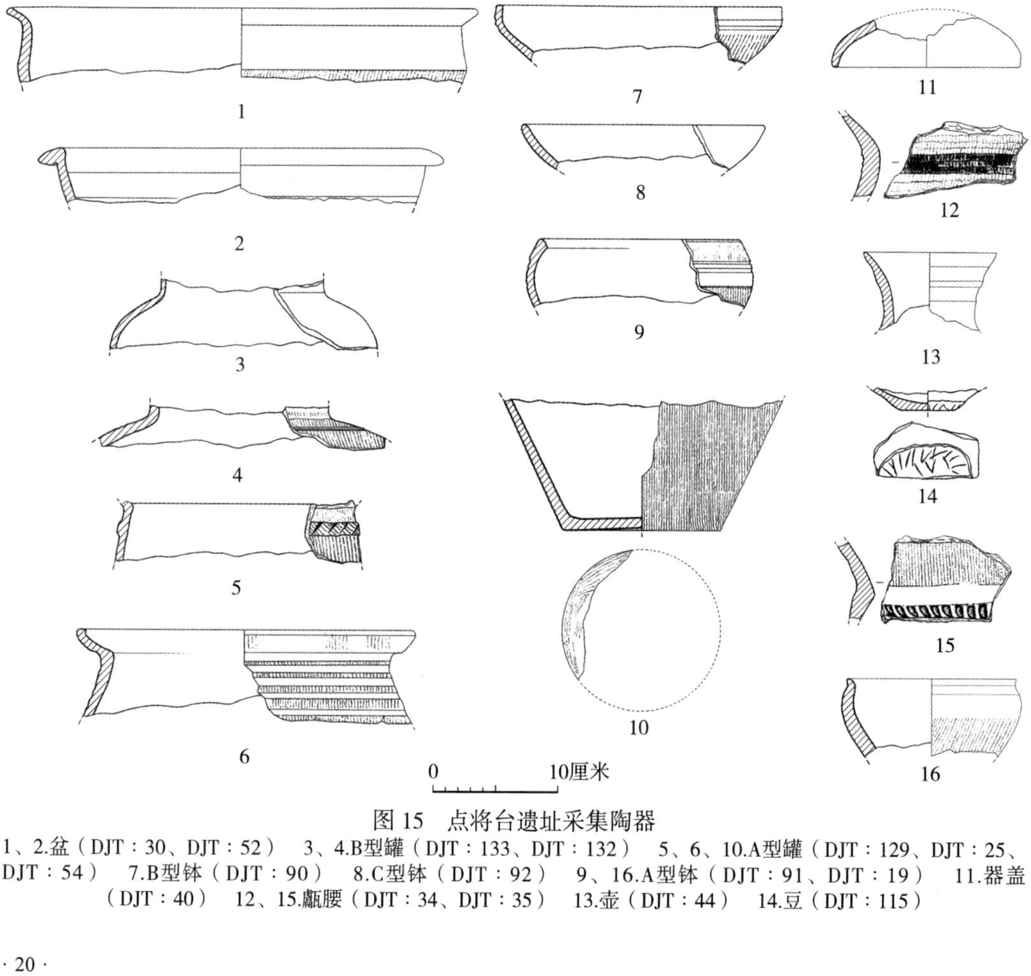

图15　点将台遗址采集陶器

1、2.盆（DJT：30、DJT：52）　3、4.B型罐（DJT：133、DJT：132）　5、6、10.A型罐（DJT：129、DJT：25、DJT：54）　7.B型钵（DJT：90）　8.C型钵（DJT：92）　9、16.A型钵（DJT：91、DJT：19）　11.器盖（DJT：40）　12、15.甗腰（DJT：34、DJT：35）　13.壶（DJT：44）　14.豆（DJT：115）

夹砂红褐陶。上腹饰中粗绳纹，腰隔饰摁窝一周。腰径12厘米（图15，15）。

器盖　泥质灰陶。方唇，直口，弧鼓腹。素面。DJT：40，口径15厘米（图15，11）。

壶　硬陶，灰褐色。尖唇，敞口，束颈。颈部有箍棱。DJT：44，口径10.8厘米（图15，13）。

豆　豆盘残件。泥质灰陶。斜腹，圜底。柄部有刻划纹。DJT：115，残高1.8厘米（图15，14）。

四、丁家孤堆遗址

又名“丁家堌堆”，遗址位于堰口镇青莲村丁家孤堆郢子村民组，为一不规则圆形台地，残高约3米，东北距离青莲寺遗址约3.5公里。台地面积约7000平方米，周围地面陶片分布的面积约12000平方米，大都文化层较薄。在地面和断面共采集陶片109件，遗址的主体内涵为商周时期遗存，也包括较多龙山时代晚期遗存。

（一）龙山时代晚期遗存

主要发现有鼎足和盆。

鼎足　均为夹砂陶。依据形态不同，可分为两型。

A型：侧装扁三角形足。DJGD：1，红陶。足身较宽扁，根部外侧饰竖行三个摁窝。残高7.7厘米（图16，1）。DJGD：2，红褐陶。足身较窄厚。残高7.3厘米（图16，11）。DJGD：31，较厚，足根部残，足尖捏痕明显。残高4.9厘米（图16，8）。DJGD：33，红褐陶。足身较瘦小。残高4.2厘米（图16，9）。

B型：正装扁凿形足。DJGD：11，红陶。横截面呈方形，外侧有一道竖向凹槽。残高4.6厘米（图16，3）。DJGD：12，红陶。上下等宽，较薄，足尖捏痕明显（图16，2）。DJGD：32，红褐陶。较短小。残高5.5厘米（图16，10）。

盆　泥质黑陶。窄折沿外垂，内沿下凹，内部近口部有凸棱。外壁饰弦纹，磨光。DJGD：18，口径11、残高4.3厘米（图16，7）。

（二）周代遗存

较为丰富，陶器中夹砂陶居多，占64.3%，泥质陶较少，占35.7%；灰陶最多，占45.6%，红褐陶次之，占30.7%。纹饰有绳纹、弦纹和附加堆纹等。器形有鬲、鬲足、罐、甗、钵、豆和器盖等。

鬲　DJGD：21，夹砂灰黑陶。方唇，卷沿，斜肩，鼓腹。饰中粗偏粗绳纹（图16，17）。

鬲足　均为夹砂陶。依据形态差异，可分为三型。

A型：锥形。DJGD：13，灰陶。尖锥状，空足较深，实足部分较矮。饰中粗绳纹。残高5.4厘米（图16，16）。DJGD：42，灰陶。空足较矮，着地面较小。通体饰中粗绳纹。残高4.8厘米（图16，4）。DJGD：41，灰陶。实足部分较矮，着地面较小。通体饰中粗绳纹。残高5.5厘米（图16，14）。DJGD：7，红褐陶。空足较深，着地面较小。通体饰中粗绳纹。残高6.2厘米（图16，15）。

B型：锥柱形。DJGD：6，红陶。空足较深，实足部分较矮，着地面稍大。通体饰粗

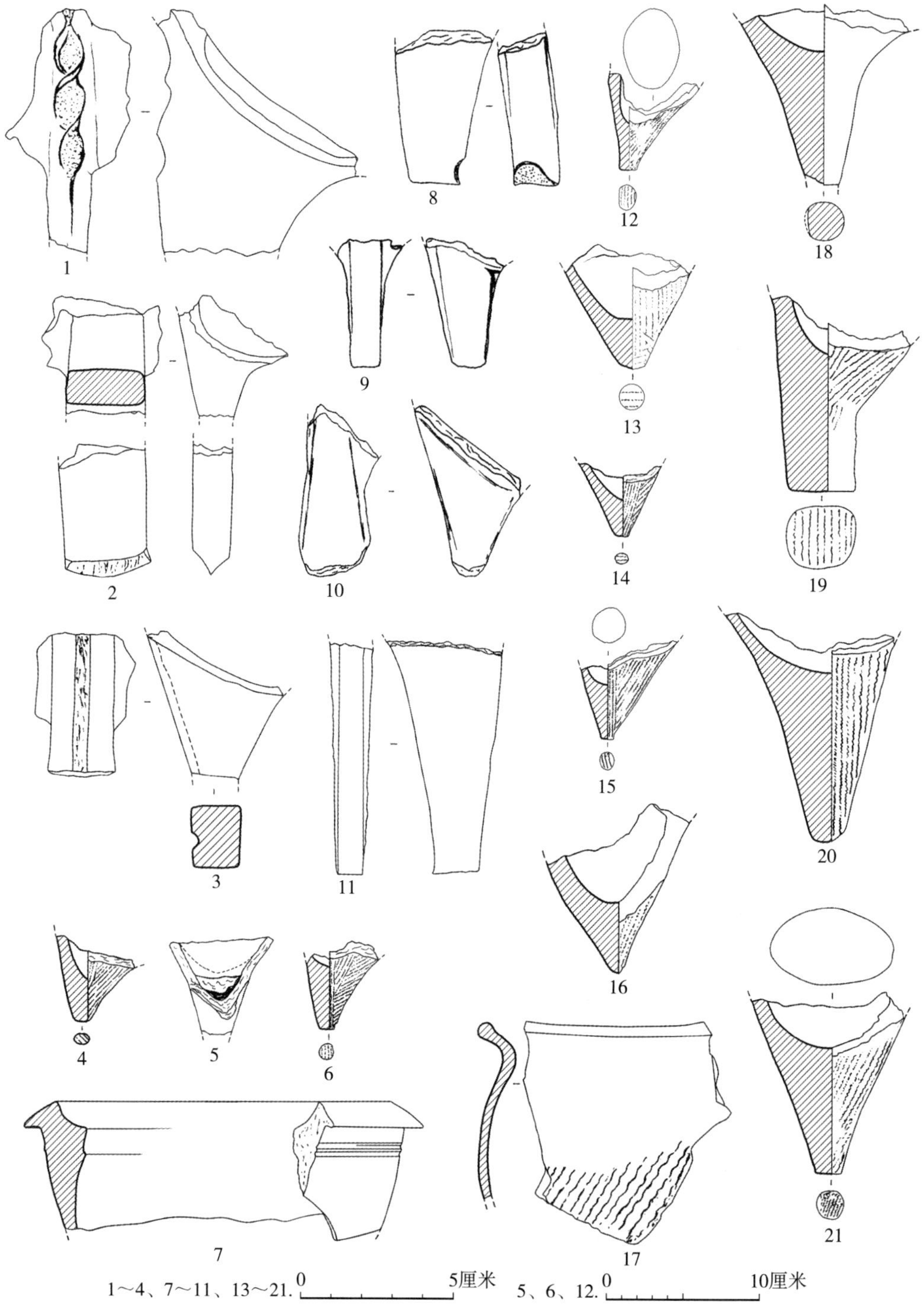

图16　丁家孤堆遗址采集陶器

1、8、9、11.A型鼎足（DJGD：1、DJGD：31、DJGD：33、DJGD：2）　2、3、10.B型鼎足（DJGD：12、DJGD：11、DJGD：32）　4、14～16.A型鬲足（DJGD：42、DJGD：41、DJGD：7、DJGD：13）　5、18、20、21.C型鬲足（DJGD：37、DJGD：4、DJGD：3、DJGD③：2）　6、12、13、19.B型鬲足（DJGD：38、DJGD：9、DJGD：6、DJGD：5）　7.盆（DJGD：18）　17.鬲（DJGD：21）

绳纹。残高8厘米（图16，13）。DJGD：5，红褐陶。实足部分较高，着地面较小。通体饰中粗偏细绳纹。残高5.6厘米（图16，19）。DJGD：9，灰陶。着地面较大。通体饰中粗绳纹。残高6.1厘米（图16，12）。DJGD：38，灰陶。空足较深，着地面较小。饰中粗绳纹。残高5.5厘米（图16，6）。

C型：柱形。DJGD：3，红陶。实足部分较高。饰中粗绳纹。残高7.2厘米（图16，20）。DJGD：4，红褐陶。实足部分较高，足尖部残。素面。残高5.9厘米（图16，18）。DJGD③：2，灰陶。实足部分较高，着地面较大。饰中粗绳纹，内侧纹饰被抹平。残高6.4厘米（图16，21）。DJGD：37，红褐陶。断面显示系采用包制法制成。空足较深。素面。残高6.1厘米（图16，5）。

罐　依据口部形态不同，可分为三型。

A型：折沿。DJGD：23，夹砂灰陶。圆唇，微束颈，斜肩。内沿有一道凸棱。口径17.2厘米（图17，11）。DJGD：45，泥质灰黑陶。圆方唇，内沿微凹，斜肩。口径12.6厘米（图17，1）。

B型：敞口。DJGD：19，夹砂红褐陶。圆唇有凹槽，束颈。饰抹平中粗绳纹。口径24厘米（图17，6）。DJGD：20，泥质红褐陶。圆方唇，束颈。近唇部饰抹平中粗绳纹。口径27厘米（图17，10）。

C型：高领。DJGD：8，夹砂红褐陶。方唇，卷沿，束颈，斜广肩。颈部饰抹平中粗绳纹，肩部饰凹弦纹。口径13.2厘米（图17，2）。DJGD：25，夹砂灰黑陶。圆唇，内沿有一

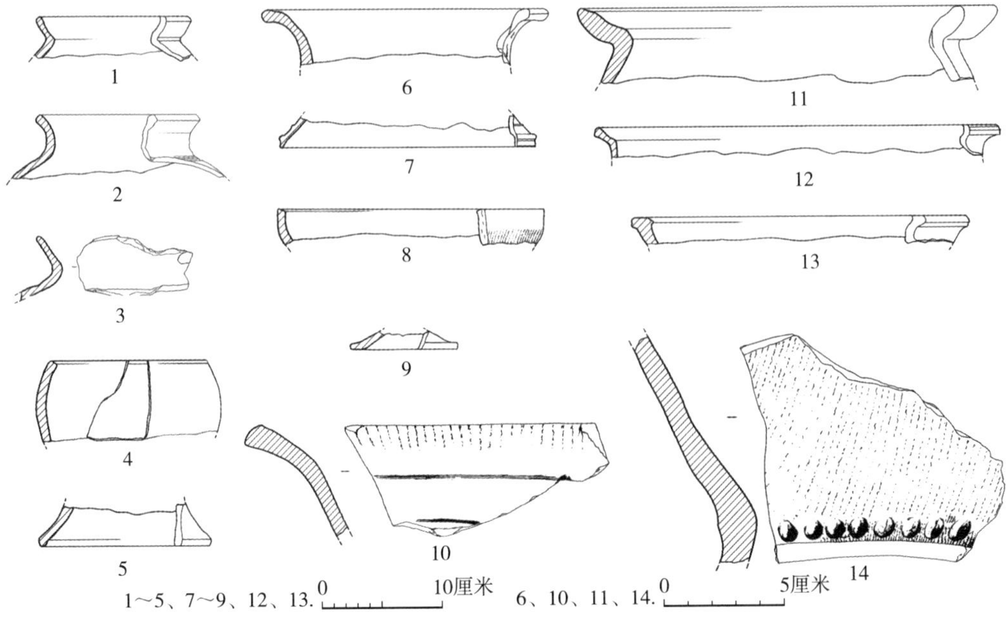

图17　丁家孤堆遗址采集陶器

1、11.A型罐（DJGD：45、DJGD：23）　2、3.C型罐（DJGD：8、DJGD：25）　4、8.钵（DJGD：56、DJGD：69）　5、9.豆（DJGD：53、DJGD：55）　6、10.B型罐（DJGD：19、DJGD：20）　7.器盖（DJGD：54）　12、13.盆（DJGD：49、DJGD：44）　14.甗腰（DJGD：10）

道凹槽，卷沿，束颈，斜肩。肩部有一道凸棱。口径19.6厘米（图17，3）。

甗腰　夹砂灰陶。饰中粗绳纹，腰隔一周指窝纹。DJGD：10，残高9.3厘米（图17，14）。

盆　DJGD：44，夹砂灰陶。厚方唇，斜直腹内收。口径28厘米（图17，13）。DJGD：49，泥质灰陶。圆唇，上有一道凸棱，斜折沿，内沿下凹，垂腹。口径33厘米（图17，12）。

钵　DJGD：56，泥质灰陶。圆唇上有一道凹槽，敛口，弧鼓腹。素面。残高6.4厘米（图17，4）。DJGD：69，夹砂灰陶。方唇，直口，弧腹内收。饰中粗绳纹。口径22.4厘米（图17，8）。

豆　均为圈足底座。DJGD：53，泥质红陶。圆唇，斜弧腹。圈足径14.4厘米（图17，5）。DJGD：55，泥质红陶。方唇，内沿平伸，斜直腹。圈足径9厘米（图17，9）。

器盖　泥质灰陶。尖唇，近唇部有一道宽凸棱，似子母口，斜直壁。DJGD：54，口径21.4厘米（图17，7）。

五、青莲寺遗址

遗址位于堰口镇青莲村，紧邻寿县六公路，东距瓦埠湖约12公里，地势较周围高约2～3米。根据对遗址的简单钻探可知，其南北长约300米，面积约90000平方米。20世纪80年代，北京大学等单位对其进行过调查和试掘，已发表过相当丰富的材料[5]。本文仅对其作简单介绍，我们选择性采集陶片86件，包含龙山时代晚期和周代两个时期遗存。

（一）龙山时代遗存

较少，主要是部分鼎足和罐类器。

鼎足　均为夹砂陶。依据形制不同，可分为三型。

A型：侧装扁三角形足。QLS：1，红陶。足根外侧饰竖行三个摁窝。残高7.5厘米（图18，1）。QLS：2，红褐陶。较厚，横截面呈长方形。残高8.3厘米（图18，2）。QLS：4，灰陶。较宽扁。残高5.6厘米（图18，8）。QLS：5，红陶。较薄，根部饰一摁窝。残高5.1厘米（图18，4）。QLS：24，灰陶。较窄。根部饰一个摁窝。残高6.5厘米（图18，7）。

B型：正装扁凿形足。QLS：3，红陶。上下等宽，外侧有一道竖向凹槽。残高5.3厘米（图18，6）。QLS：30，红褐陶。上宽下窄，外侧有一道凹槽。残高5.4厘米（图18，5）。

C型：正装柱形足。红陶。横截面呈圆形。QLS：31，残高4.1厘米（图18，3）。

罐　QLS：15，夹砂红褐陶，胎壁较厚。方唇下凹，斜窄折沿，垂腹。饰弦纹。口径12厘米（图19，2）。QLS：41，夹砂红褐陶。折沿，垂腹。饰宽篮纹（图19，1）。QLS：50，夹砂灰陶。方唇内凸，折沿，斜肩。口径8.3厘米（图19，6）。

（二）周代遗存

发现较多，陶器以夹砂陶为主，泥质陶较少。其中灰陶居多，占55.9%；红褐陶次之，占22.3%。纹饰有绳纹、附加堆纹等。可辨器形有鬲、鬲足、罐、盆和甗等。

鬲　均为夹砂陶。依据口沿形态不同，可分为两型。

A型：卷沿。QLS：17，灰陶。方唇，束颈。饰中粗绳纹（图19，3）。QLS：40，灰

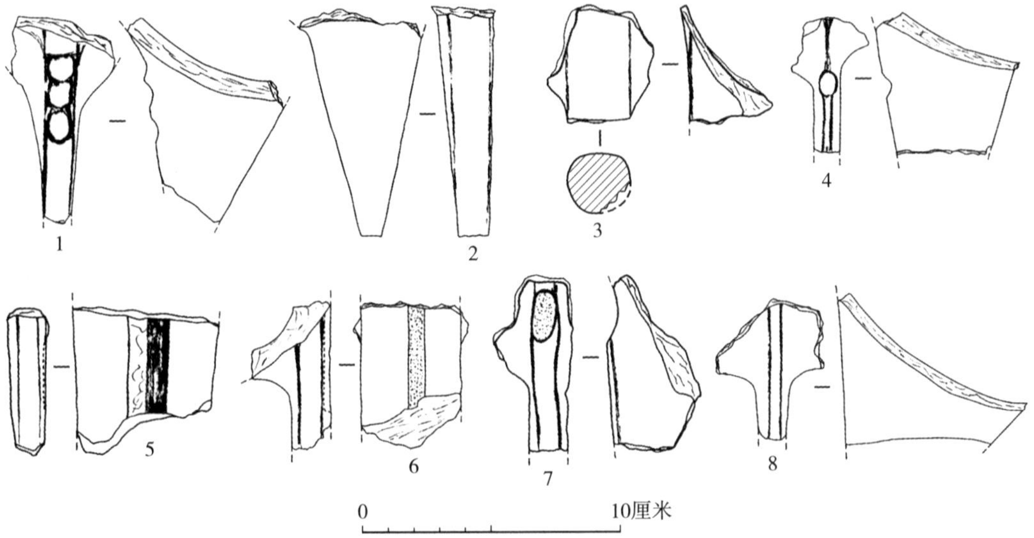

图 18　青莲寺遗址采集鼎足

1、2、4、7、8.A型（QLS：1、QLS：2、QLS：5、QLS：24、QLS：4）　3.C型（QLS：31）　5、6.B型（QLS：30、QLS：3）

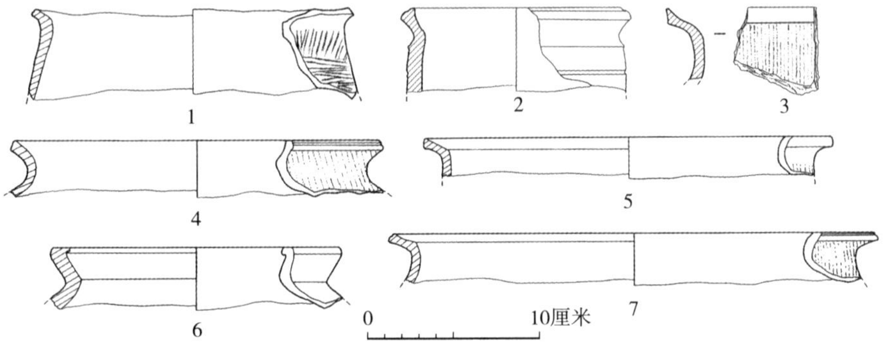

图 19　青莲寺遗址采集陶器

1、2、6.罐（QLS：41、QLS：15、QLS：50）　3、4、7.A型鬲（QLS：17、QLS：40、QLS：45）　5.B型鬲（QLS：52）

陶。方唇有凹槽，微束颈，斜肩。饰中粗偏粗绳纹。口径32厘米（图19，4）。QLS：45，灰陶。方唇有凹槽，内沿下凹，束颈。饰中粗绳纹。口径28厘米（图19，7）。

B型：折沿。红陶。圆方唇，斜折沿，束颈。饰中粗绳纹。QLS：52，口径23.6厘米（图19，5）。

鬲足　均为夹砂陶。部分断面显示包制痕迹明显。依据形态不同，可分为三型。

A型：锥形。红陶。实足根较高，足尖残。素面。QLS：7，残高7.4厘米（图20，2）。

B型：锥柱形。红褐陶。空足较深，实足根较矮，着地面较小。通体饰中粗绳纹。QLS：9，残高4.2厘米（图20，6）。

C型：柱形。QLS：6，灰陶。空足较深，着地面较大。通体饰中粗绳纹。残高6.1厘米（图20，4）。QLS：8，红褐陶。实足根较高，着地面较大。通体饰中粗绳纹。残高6.5厘米

（图20，3）。

甗　夹砂灰陶。QLS：13，饰中粗绳纹，腰隔饰一周捺窝。腰径14.8厘米（图20，5）。QLS：38，束腰。饰中粗绳纹，腰隔饰一周捺窝。腰径18.4厘米（图20，1）。

盆　泥质灰陶。方唇有凹槽，斜折沿，弧腹斜内收。素面。QLS：10，口径22厘米（图21，1）。

罐　泥质灰黑陶。圆唇，敞口，高领，广肩。QLS：12，残高4厘米（图21，4）。

钵　夹砂红陶。圆唇加厚内凸，敛口，弧鼓腹。QLS：49，口径11厘米（图21，5）。

器盖　泥质灰陶，胎壁较厚。方唇，折腹。QLS：19，口径16厘米（图21，3）。

圈足　泥质灰陶。QLS：48，陶色泛白。较矮小。圈足径8.6厘米（图21，6）。QLS：51，圈足较高。有两道箍棱。圈足径11.6厘米（图21，2）。

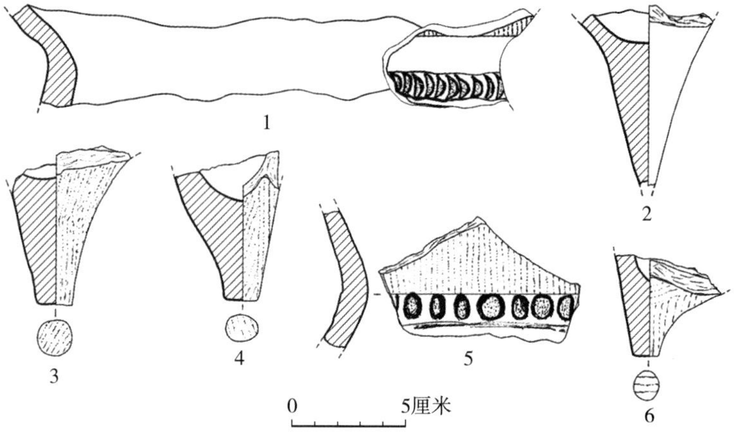

图20　青莲寺遗址采集陶器
1、5.甗（QLS：38、QLS：13）　2.A型鬲足（QLS：7）　3、4.C型鬲足（QLS：8、QLS：6）　6.B型鬲足（QLS：9）

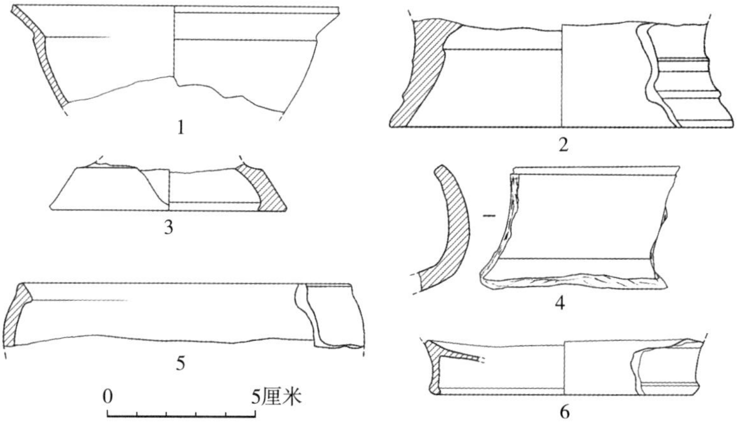

图21　青莲寺遗址采集陶器
1.盆（QLS：10）　2、6.圈足（QLS：51、QLS：48）　3.器盖（QLS：19）　4.罐（QLS：12）　5.钵（QLS：49）

六、斗鸡台遗址

遗址位于双桥镇大郢村邸家小郢自然村以东约400米，南距寿县至霍邱公路约200米，为一高出地面约3米的土墩，现存面积约9000平方米。与青莲寺遗址一样，北京大学等单位曾在遗址做过调查与试掘[6]，获得了一批丰富的文化遗物，并发表过详细资料。本文仅就此次调查所采集到的新材料报道如下。

本次调查新采集到5件可辨器形的标本，包括石器1件、陶器4件。

石锛　青灰色。梯形，有段。通体磨光。DJiT：2，残长5.8、宽3～3.4厘米（图22，2）。

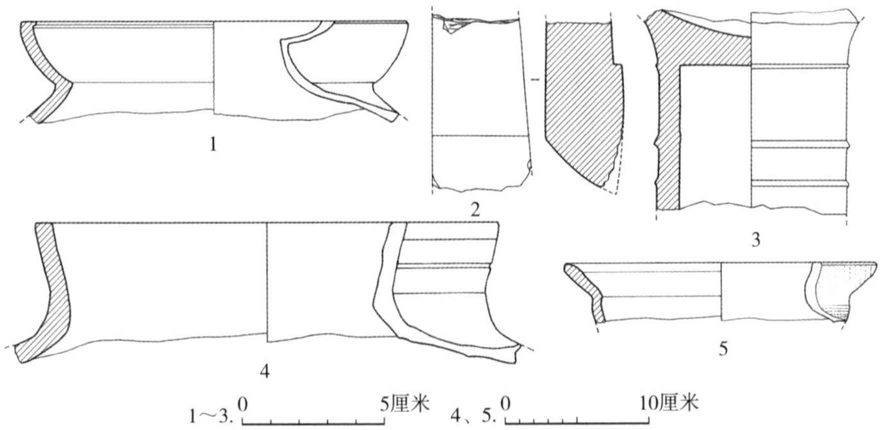

图22　斗鸡台遗址采集遗物
1.B型陶罐（DJiT：4）　2.石锛（DJiT：2）　3.陶豆柄（DJiT：1）　4.A型陶罐（DJiT：3）　5.陶盆（DJiT：5）

豆柄　泥质灰陶。盘底平。柄部饰凸棱。DJiT：1，柄径6.6厘米（图22，3）。

陶罐　均为夹砂陶。依据口部形态不同，可分为两型。

A型：高领。红褐陶，胎壁较厚。方唇，直敞口，斜广肩。颈部饰弦纹。DJiT：3，口径32厘米（图22，4）。

B型：折沿。灰陶。口部变形，方唇，内沿下凹，微束颈，斜肩。DJiT：4，口径13.4厘米（图22，1）。

盆　泥质红陶。圆唇，宽斜沿，斜腹内收。饰中粗绳纹。DJiT：5，口径21.2厘米（图22，5）。

七、刘备城遗址

遗址位于丰庄镇湖沿村刘备城村民组，属高岗型台地遗址，现大部分已被民居房屋所覆盖，只保留了西北部的一部分。当地传说三国时期刘备曾率兵驻扎于此，故而得名“刘备城”。方形台地的四边均有类似于城门的缺口，其具体时代尚不清楚。根据地表采集遗物范围再结合钻探可知，城址的范围约160000平方米，未被村庄所占的部分仅剩约5000平方米。在遗址中采集陶片117件，包括龙山时代晚期和周代两个时期遗存。

（一）龙山时代晚期陶器

以夹砂陶为主，泥质陶较少；红褐陶居多，红陶次之，还有一定数量的灰陶。纹饰以篮纹为主，有一定数量的绳纹。可辨器形有鼎、鼎足、鬶、罐等。

鼎　夹砂红褐陶。方唇，宽斜折沿，束颈，斜肩，鼓腹。饰横篮纹。LBC：11，口径12.8厘米（图23，5）。

鼎足　均为夹砂红褐陶。依据形制不同，可分为三型。

A型：侧装扁三角形足。LBC：1，足身较宽大，足尖捏痕明显。器腹饰绳纹。残高12.6厘米（图23，11）。LBC：2，足根饰一摁窝，足尖捏制成凿形。残高8厘米（图23，8）。

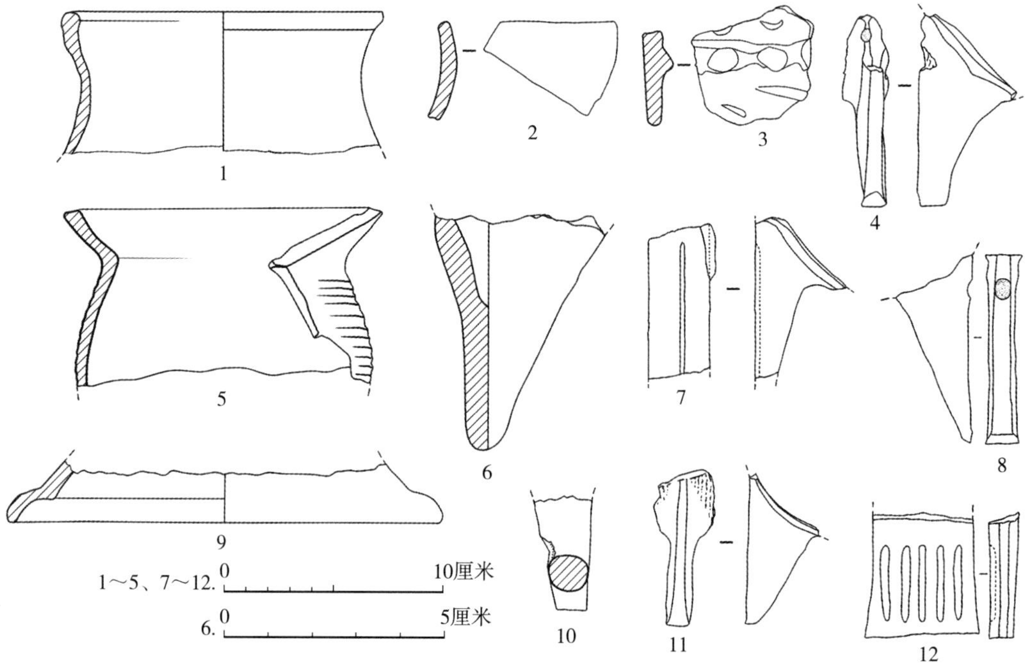

图 23　刘备城遗址采集陶器

1.罐（LBC：7）　2.钵（LBC：43）　3.器腹残片（LBC：40）　4、8、11.A型鼎足（LBC：3、LBC：2、LBC：1）　5.鼎（LBC：11）　6.鬶足（LBC：5）　7、12.B型鼎足（LBC：4、LBC：9）　9.器盖（LBC⑫：1）　10.C型鼎足（LBC：12）

LBC：3，足身较宽大，足根部饰一摁窝，足尖捏痕明显。残高16.2厘米（图23，4）。

B型：正装扁凿形足。LBC：4，上下等宽，正面有一道竖向深凹槽。残高6.8厘米（图23，7）。LBC：9，足身较宽扁，足尖稍大。外侧饰平行五道竖向凹槽。残高5.1厘米（图23，12）。

C型：锥柱形足。LBC：12，横截面呈圆形。残高4.8厘米（图23，10）。

鬶　仅发现鬶足。夹砂红褐陶。尖锥状实足部分较矮。素面。LBC：5，残高4.9厘米（图23，6）。

罐　夹砂黑陶。圆唇有凹槽，敞口，束颈，斜肩。LBC：7，口径14厘米（图23，1）。

钵　泥质红褐陶。方唇内凸，敛口，鼓腹。下腹饰绳纹。LBC：43，口径14.6厘米（图23，2）。

器盖　泥质红褐陶。圆唇，敞口，折腹。LBC⑫：1，口径19厘米（图23，9）。

器腹残片　LBC：40，夹砂红陶。宽篮纹上饰附加堆纹，堆纹上饰压印纹（图23，3）。

（二）周代遗存

发现较少，仍以夹砂陶为主，泥质陶较少；灰陶较多，红褐陶次之。纹饰主要是绳纹。可辨器形有鬲足、甗、盆和器盖等。

鬲足　依形态不同，可分为两型。

A型：锥柱形。LBC：8，夹砂灰陶。空足较深，实足部分较矮，着地面较大。通体饰中粗绳纹。残高4.1厘米（图24，6）。

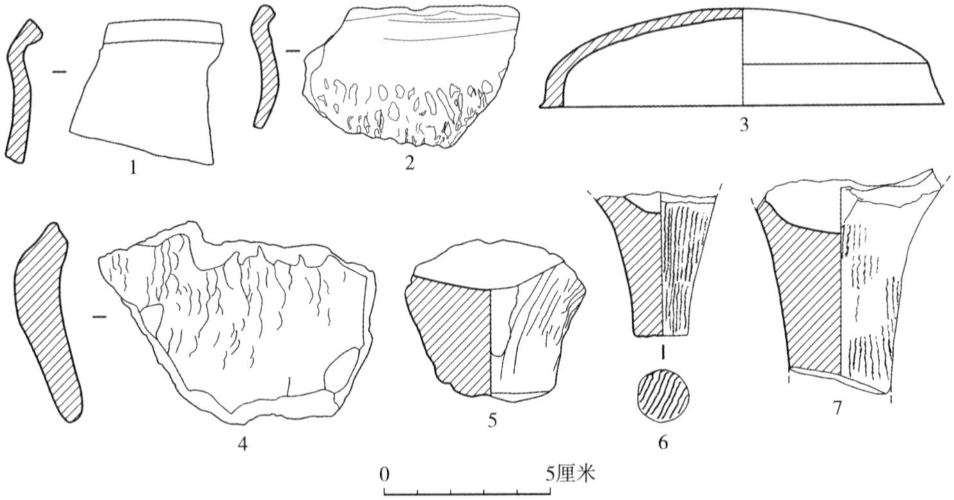

图24　刘备城遗址采集陶器

1、2.盆（LBC：35、LBC：38）　3.器盖（LBC：10）　4.甗腰（LBC：28）　5、7.B型鬲足（LBC：26、LBC：6）　6.A型鬲足（LBC：8）

B型：柱形。LBC：6，夹砂灰陶。空足较深，足根较粗大。饰中粗绳纹。残高6.2厘米（图24，7）。LBC：26，夹砂红褐陶。空足较深，足根较粗。饰中粗绳纹。残高3.7厘米（图24，5）。

甗腰　夹砂灰陶。饰中粗偏粗绳纹。LBC：28，残高6厘米（图24，4）。

盆　LBC：35，泥质灰陶。圆唇，窄折沿，斜弧腹。素面。口径19.2厘米（图24，1）。LBC：38，夹砂红褐陶。折沿，弧鼓腹。饰中粗偏粗绳纹（图24，2）。

器盖　泥质灰陶。方唇，直口，弧鼓腹，圜底。LBC：10，口径12、高3厘米（图24，3）。

八、张飞台遗址

遗址位于丰庄镇湖沿村刘备城村民组，即刘备城遗址西约600米处的漫坡上。当地群众传说其原名“葬妃台”，取刘备葬妃于此之意，并介绍说该遗址原有5～6米的高台，后在农业建设中被推平，现今漫坡高度只有约0.5米。根据地表陶片的分布并结合一定钻探得知，现有约5000平方米的范围。在东部有一条南北向横穿遗址的水渠，渠内发现成片堆积的陶片等遗物，显系人工所为。根据采集到的165件陶片遗物可知，遗址主体为周代遗存，另有少量龙山时代晚期遗存。

（一）龙山时代晚期遗存

较少，主要发现部分鼎足和篮纹、方格纹陶片。器形以鼎足为主。

鼎足　侧装扁三角形足，均为夹砂陶。ZFT：1，红褐陶。足根外侧有一摁窝。残高5.8厘米（图25，3）。ZFT：3，红褐陶。足身较瘦窄。残高4.8厘米（图25，2）。ZFT：10，灰陶。足根外侧有竖行两个摁窝。残高5.2厘米（图25，6）。ZFT：23，红褐陶。足根外侧有一摁窝。残高5.5厘米（图25，4）。ZFT：25，红褐陶。残高5.5厘米（图25，5）。

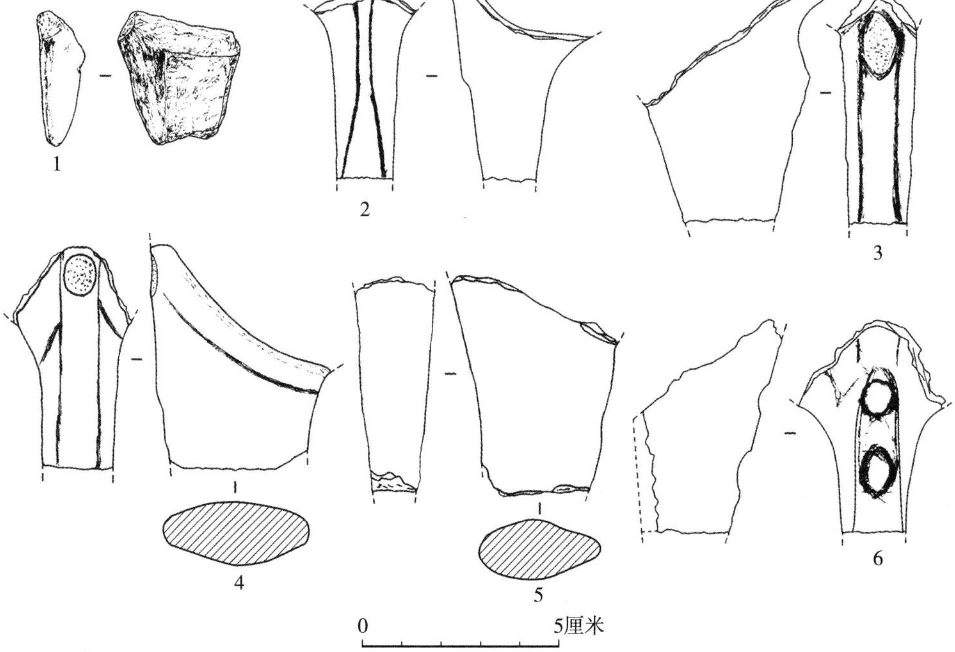

图 25　张飞台遗址采集遗物

1.石器（ZFT：38）　2～6.陶鼎足（ZFT：3、ZFT：1、ZFT：23、ZFT：25、ZFT：10）

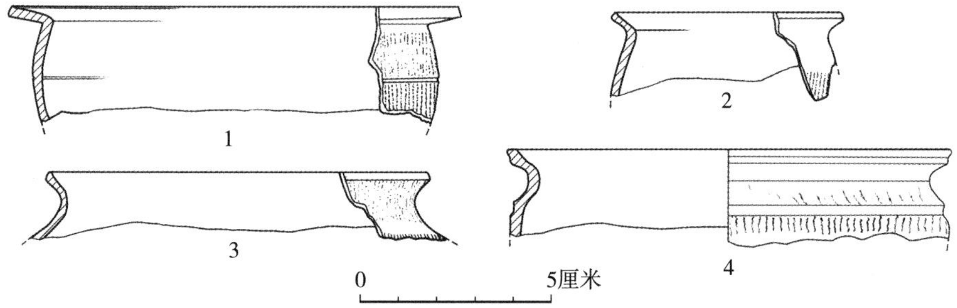

图 26　张飞台遗址采集陶鬲

1.B型（ZFT：39）　2～4.A型（ZFT：33、ZFT：35、ZFT：7）

（二）周代遗存

较丰富，除少量石器外，陶器较多，其中以夹砂陶为主，占77.6%，泥质陶较少，占22.4%；灰陶居多，占50.7%，红褐陶次之，占26%。纹饰除绳纹外，还有附加堆纹、乳钉纹、戳刺纹和印纹硬陶。可辨器形有鬲、鬲足、罐、甗和豆等。

石器　浅灰色。梯形，多面形。一面磨光，疑为研磨器。ZFT：38，长6.5厘米（图25，1）。

鬲　均为夹砂陶。依据口沿形态不同，可分为两型。

A型：卷沿。灰陶。ZFT：7，圆唇，束颈，鼓肩近折。肩部有一道凹槽，饰中粗绳纹。口径23.2厘米（图26，4）。ZFT：33，方唇，斜肩，微鼓腹。饰中粗绳纹。口径12厘米（图26，2）。ZFT：35，方唇，束颈，鼓肩。饰中粗绳纹。口径20厘米（图26，3）。

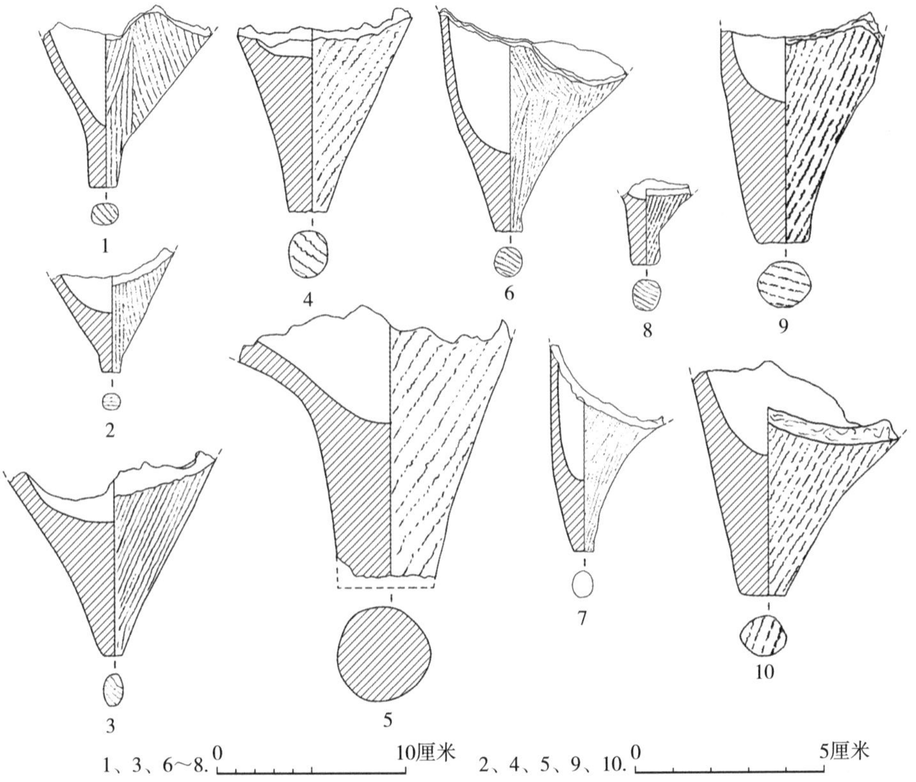

图 27　张飞台遗址采集陶鬲足

1、5、8.C型（ZFT⑤：2、ZFT：13、ZFT：21）　2、3.A型（ZFT：18、ZFT：20）　4、6、7、9、10.B型（ZFT：9、ZFT：2、ZFT：4、ZFT：29、ZFT：28）

B型：折沿。灰陶。方唇，内唇有一道凹槽，弧鼓腹。饰中粗绳纹。ZFT：39，口径23.6厘米（图26，1）。

鬲足　均为夹砂陶。依据形态不同，可分为三型。

A型：锥形。ZFT：18，红褐陶。空足较深，着地面较小。通体饰中粗绳纹。残高6.3厘米（图27，2）。ZFT：20，灰陶。实足部分较矮，着地面较小。饰中粗偏细绳纹。残高5.2厘米（图27，3）。

B型：锥柱形。ZFT：2，灰陶。空足较深，显肥大，着地面稍大。通体饰中粗绳纹。残高11.1厘米（图27，6）。ZFT：29，灰陶。实足部分稍矮。饰中粗绳纹。残高6厘米（图27，9）。ZFT：4，红褐陶。空足较深，着地面稍大。饰中粗绳纹。残高10.6厘米（图27，7）。ZFT：9，红褐陶。饰中粗绳纹。残高5.2厘米（图27，4）。ZFT：28，红褐陶。空足较深。饰中粗绳纹。残高6厘米（图27，10）。

C型：柱形。ZFT⑤：2，灰陶。空足较深，实足部分较矮，着地面稍小。通体饰中粗偏粗绳纹。残高9.4厘米（图27，1）。ZFT：21，灰陶。实足部分较矮，着地面稍大，捏痕明显。饰中粗绳纹。残高4.4厘米（图27，8）。ZFT：13，红褐陶。实足根部分粗矮，足尖部残。饰粗绳纹。残高7厘米（图27，5）。

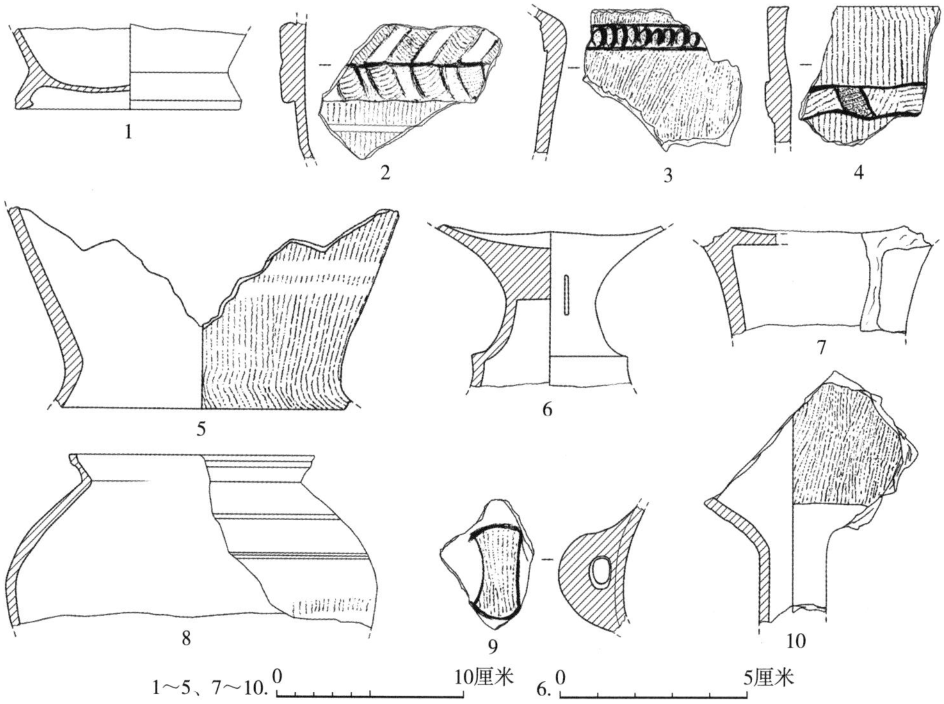

图28　张飞台遗址采集陶器
1.圈足（ZFT：16）　2、8、9.罐（ZFT：11、ZFT：5、ZFT：14）　3、5.甗腰（ZFT：8、ZFT：36）
4.缸（ZFT：15）　6、7.豆（ZFT：17、ZFT：58）　10.盉流（ZFT：19）

罐　夹砂灰陶。ZFT：5，方唇，斜窄折沿，斜肩，鼓腹。饰弦纹。口径13.2厘米（图28，8）。ZFT：14，半环形罐耳。饰绳纹。残长6.9厘米（图28，9）。ZFT：11，腹部残片。饰两周附加堆纹，堆纹上饰压印绳纹（图28，2）。

甗腰　ZFT：8，夹砂灰陶。饰中粗绳纹，腰隔饰一周附加堆纹，堆纹上饰摁窝（图28，3）。ZFT：36，夹砂灰陶。饰抹断中粗绳纹。腰径15厘米（图28，5）。

缸　夹砂红陶。方唇，直口，直腹。饰中粗偏粗绳纹，近口部饰一周附加堆纹，堆纹上饰压印绳纹。ZFT：15，残高7厘米（图28，4）。

豆　ZFT：17，夹砂灰陶。豆柄较短。柄部一周有三个镂孔。残高4.1厘米（图28，6）。ZFT：58，泥质灰陶。豆柄较粗，上腹圜底近平。残高5.5厘米（图28，7）。

圈足　夹砂红褐陶。斜腹，圜底近平，圈足微内凹。ZFT：16，圈足径12厘米（图28，1）。

盉流　泥质灰陶。直流。腹部饰中粗绳纹。ZFT：19，流径3.6、残长12厘米（图28，10）。

九、禹临城遗址

遗址位于迎河镇禹临村民组西北部的一处高台上，西距淠河约2公里，现存部分最高约3.5米。遗址上仍有民居，且多处有明显的取土破坏现象。根据地表陶片分布和局部钻探可知，遗址现存面积仅约3000平方米。遗址东北部有一人工开挖的土坑，其内陶片遗落丰富，还提供了可资利用的剖面。经过对剖面的初步清理，可知遗址的文化堆积如下。

第1层：灰黄色，沙性土，表土层。厚约30厘米。

第2层：深灰色，夹杂较多青灰色斑土和少量炭屑，呈细沙性层累堆积层，内包含丰富的螺壳、蚌壳等。厚约65～90厘米。

第3层：深灰色，夹杂青灰色和灰白色斑土，包含少量螺壳。该层内可划分出若干平行的小层，各小层间以依细沙土隔开，显系河水浸满而成。厚约25厘米。

第4层：浅灰色，夹杂较多青灰泛黄色斑土和少量红烧土颗粒，沙性较硬。厚约25厘米。

第5层：灰褐色，夹杂青灰色斑土、少量红烧土颗粒和较多炭屑，沙性较硬，包含少量螺壳。厚约35厘米。

第6层：深灰褐色，夹杂少量青灰色斑土、红烧土颗粒和炭屑，沙性较硬。厚约15厘米。

第7层：浅灰褐色，夹杂较多青灰色斑土和红烧土颗粒，含沙量较小，较硬。厚约0～20厘米。

第8层：深灰色，夹杂大量炭屑和红烧土颗粒，较硬。厚约20厘米。

第9层：浅灰色，夹杂少量红烧土颗粒和炭屑，较硬。剖面暴露厚度18厘米，向下深度约1米，可能为灰坑类遗迹。

第10层：浅灰色较淡，夹杂灰白色斑土和红烧土颗粒，较硬。厚约60厘米，或可再细分小层。

根据对采集到的104件陶片等遗物的整理分析可知，遗址的主体内涵为周代遗存，另有少量龙山时代晚期和战国至汉代遗存。

（一）龙山时代晚期遗存

仅发现有鼎足、鬶残片、石器和部分篮纹、方格纹陶片。

鼎足　夹砂红陶。侧装扁三角形足，仅剩足根部分。YLC：1，残高5.4厘米（图29，3）。

鬶　夹砂红陶。为空袋足部分残片，胎壁较薄直。素面。YLC：21，残高5厘米（图29，1）。

石器　灰黄色。磨制。扁方形。YLC：5，残长8.3、厚0.6厘米（图29，2）。

（二）周代遗存

较丰富，以陶器为主，另出土较多螺壳、蚌器和兽骨等。陶器以夹砂陶为主，泥质陶较少；以灰陶居多，占51.3%，红褐陶次之，占13.9%。纹饰以绳纹为主，另有少量弦纹和附加堆纹等。器形有鬲足、罐、钵和豆等。

鬲足　均为夹砂陶。依据形态不同，可分为两型。

A型：锥形。灰陶。YLC：14，空足较深，实足部分较矮，足尖残。饰中粗绳纹。残高3.3厘米（图29，7）。YLC：2，实足部分较矮，着地面较小。饰中粗绳纹。残高5.6厘米（图29，5）。YLC⑧：1，空足较深，着地面稍大。通体饰中粗绳纹。残高5.5厘米（图29，4）。

B型：锥柱形。灰陶。YLC：3，实足部分较高，着地面稍大。素面。残高5.6厘米（图

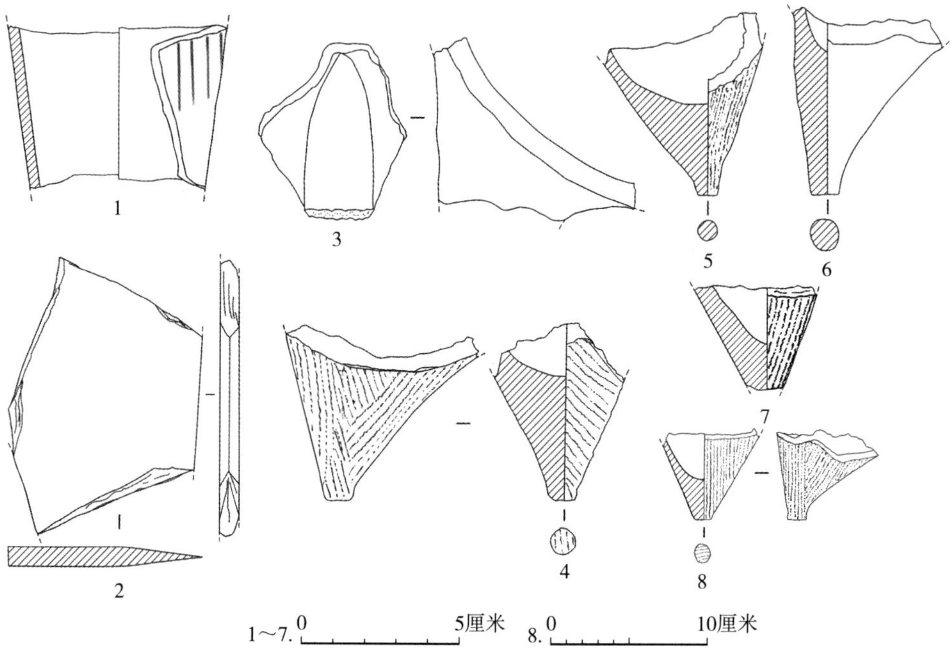

图 29　禹临城遗址采集遗物

1.陶鬶（YLC：21）　2.石器（YLC：5）　3.陶鼎足（YLC：1）　4、5、7.A型陶鬲足（YLC⑧：1、YLC：2、YLC：14）　6、8.B型陶鬲足（YLC：3、YLC③：1）

29，6）。YLC③：1，空足较深，实足部分较矮，着地面稍大。通体饰中粗绳纹。残高5.5厘米（图29，8）。

罐　均为夹砂陶。依据口沿形态不同，可分为两型。

A型：卷沿。灰陶。YLC：4，圆唇，束颈，斜肩。素面。口径22.5厘米（图30，3）。YLC②：1，圆唇加厚，沿较宽，束颈，斜肩。饰中粗绳纹。口径18.8厘米（图30，1）。

B型：折沿。YLC：15，灰黑陶。方唇，斜折沿，微束颈，斜肩。饰中粗绳纹。口径18.4厘米（图30，5）。YLC③：2，红褐陶。垂鼓腹。饰凹弦纹和中粗绳纹（图30，7）。YLC：7，灰陶。斜腹内收，平底。饰中粗绳纹。底径7厘米（图30，8）。

钵　泥质红褐陶。方唇，敛口，鼓腹内收。饰凹弦纹。YLC⑤：1，口径19.8厘米（图30，6）。

豆　泥质灰陶。豆盘平底。柄部饰箍棱和镂孔。YLC：19，柄径7.4、残高2.3厘米（图30，4）。

圈足器　泥质灰褐陶。圈足较矮，器腹底平。YLC：20，圈足径9.6厘米（图30，2）。

蚌壳　灰白色。YLC：8，扁长形，质地坚硬，器体较大，边刃锋利。长14.5、宽4.9厘米（图31，1）。YLC：9，宽扁形，质地坚硬，器体稍小。长6.7、宽5.3厘米（图31，5）。YLC②：2，宽扁形，表面有较多小乳突。长7.5、宽6.8厘米（图31，2）。

螺壳　灰白色，质地晶莹坚硬，形体较大。旋锥形。YLC③：4，长4.9厘米（图31，6）。

兽骨　有下颌骨，残剩6颗牙齿，骨及牙质地均坚硬。YLC：10，残长11.9厘米（图

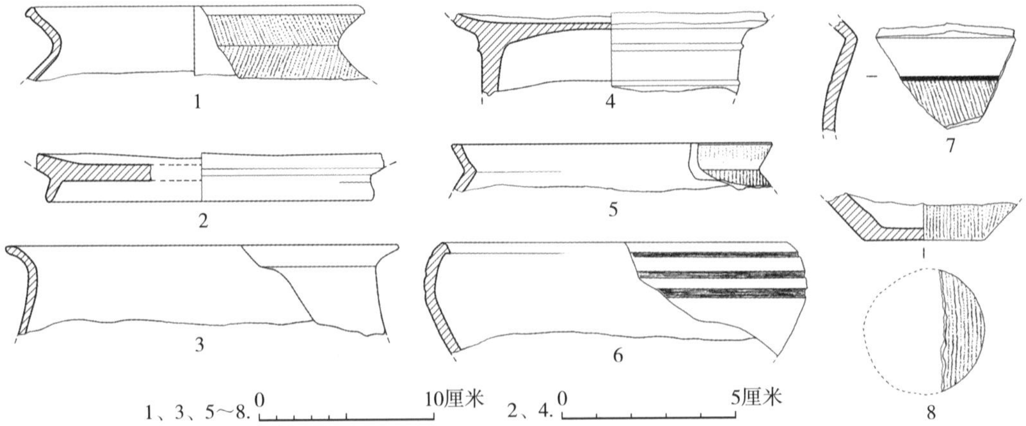

图 30 禹临城遗址采集陶器
1、3.A型罐（YLC②：1、YLC：4） 2.圈足器（YLC：20） 4.豆（YLC：19） 5、7、8.B型罐（YLC：15、YLC③：2、YLC：7） 6.钵（YLC⑤：1）

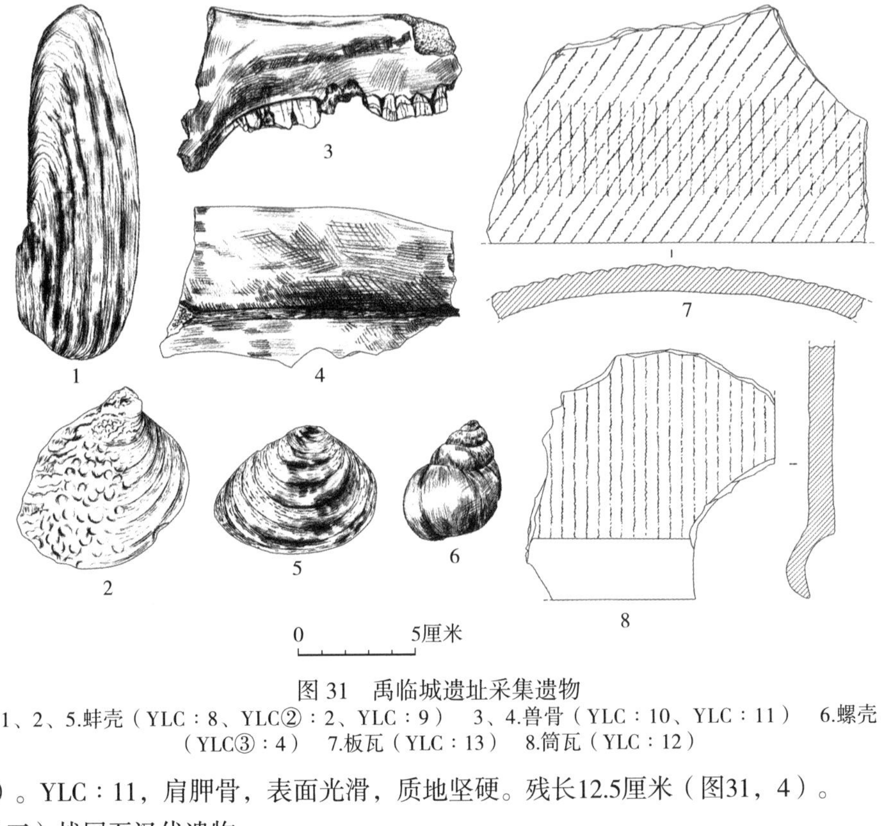

图 31 禹临城遗址采集遗物
1、2、5.蚌壳（YLC：8、YLC②：2、YLC：9） 3、4.兽骨（YLC：10、YLC：11） 6.螺壳（YLC③：4） 7.板瓦（YLC：13） 8.筒瓦（YLC：12）

31，3）。YLC：11，肩胛骨，表面光滑，质地坚硬。残长12.5厘米（图31，4）。

（三）战国至汉代遗物

主要为板瓦和筒瓦残片等。

筒瓦 夹砂灰陶。饰粗绳纹。YLC：12，残长10.1厘米（图31，8）。

板瓦 夹砂灰陶。饰粗绳纹。YLC：13，残长9.5厘米（图31，7）。

一〇、古城遗址

遗址位于堰口镇江黄村古城村民组北约200米处的不规则阶梯形台地上，东距瓦埠湖约5～6公里，现存高度约5米。遗址西北部被挖出一个大水塘，水塘深约3米，西南壁有明显被破坏的文化层堆积。台地现存面积约6000平方米，周围地表陶片分布面积合计约16000平方米。第一级台地高约2米，第二级台地西侧有可供利用的断面，其文化堆积如下。

第1层：浅灰色，质地疏松，为耕土层。厚约30厘米。

第2层：灰褐色，夹杂灰白色斑土，质地疏松。厚约40厘米。

第3层：深灰色，夹杂少量红烧土颗粒，较疏松。厚约16厘米。

第4层：深灰色，夹杂较多红烧土颗粒，质地稍硬。厚约50厘米。

第5层：深红色，为密集的红烧土块和颗粒堆积，推测为房址类遗迹。厚约12厘米。H1开口于第5层下，打破第6层。填土为灰褐色，夹杂少量红烧土颗粒，质地疏松。深约22厘米。

第6层：浅灰色，夹杂灰白色斑土，质地较硬。厚约18厘米。以下为生土。

通过对采集到的87件陶片等遗物的整理可知，遗址主要包含龙山时代晚期和周代两个时期的遗存。

（一）龙山时代遗存

较少，主要发现有侧装扁三角形鼎足和部分篮纹、方格纹陶片。

鼎足　均为夹砂陶。GC：3，夹粗砂红陶。足身宽大。残高8.8厘米（图32，6）。

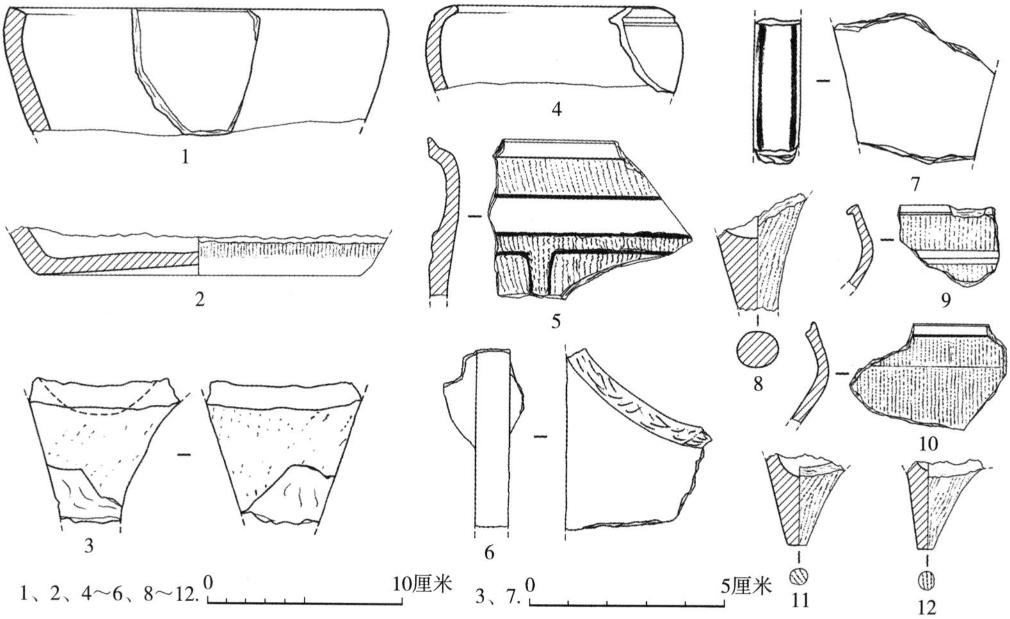

图32　古城遗址采集陶器

1、4.钵（GC：14、GC：15）　2、5.盆（GC：21、GC：6）　3、11、12.A型鬲足（GC：8、GC：4、GC：2）　6、7.鼎足（GC：3、GC：7）　8.B型鬲足（GC：1）　9、10.鬲（GC：23、GC：5）

GC：7，红陶。足身瘦窄。残高3.2厘米（图32，7）。

（二）周代遗存

较丰富，应为该遗址的主体遗存，陶器以夹砂陶为主，灰陶较多。纹饰以绳纹为主，另有少量几何印纹和弦纹等。可辨器形有鬲、鬲足、盆和钵等。

鬲　均为夹砂陶。卷沿。GC：5，红陶。方唇下凹，束颈，斜肩。饰中粗绳纹（图32，10）。GC：23，灰陶。方唇外凸，束颈，斜肩。饰中粗绳纹（图32，9）。

鬲足　均为夹砂陶。依据形态不同，可分为两型。

A型：锥柱形。GC：2，灰陶。实足部分稍高，着地面较小。通体饰中粗绳纹。残高4.5厘米（图32，12）。GC：4，空足较深，着地面较小。通体饰中粗绳纹。残高4.4厘米（图32，11）。GC：8，红陶。足尖残。饰中粗绳纹。残高3.5厘米（图32，3）。

B型：1件（GC：1）。柱形。灰陶。实足部分较高，足尖部残。饰中粗绳纹。残高5.9厘米（图32，8）。

盆　夹砂灰陶。GC：6，敞口，卷沿，直腹微鼓。近口部饰中绳纹，腹部饰中粗绳纹和交叉压印附加堆纹（图32，5）。GC：21，斜腹，平底内凹。饰中粗绳纹。底径16.4厘米（图32，2）。

钵　敛口。GC：14，泥质灰陶。方唇，斜腹。素面。口径19厘米（图32，1）。GC：15，泥质红陶。圆唇，弧鼓腹。近口部饰凹弦纹。口径10.2厘米（图32，4）。

一一、结　　语

从调查采集的材料来看，该区域内以刘家岗头遗址为代表的遗存时代最早，其主体遗存与蚌埠双墩遗址[7]时代相近或稍晚，属新石器时代中期。周边与之文化面貌相近的遗址还有霍邱扁担岗[8]、凤台峡山口[9]、淮南小孙岗[10]和翻咀顶[11]等，遗存面貌主体均属双墩文化系统，似为淮河中游地区特有之因素。而以“红顶钵”为代表的彩陶因素应是受到中原地区尤其是后岗一期文化的影响。

以点将台、龙王庙台和刘备城等遗址为代表的龙山时代遗存代表了该地区考古学文化的第二阶段，除刘备城发现有大汶口文化晚期遗存外，主要以龙山时代晚期遗存为主体。侧装扁三角形鼎足是王油坊类型的典型特征，而主要分布于嵩山以南汝颍地区的煤山文化也属鼎系文化系统，除了极具特色的矮乳足鼎外，高扁足鼎也有相当数量；王油坊类型主要分布于豫东、皖北和鲁西南地区，虽然学界对该文化的研究尚存在争议，但主体文化面貌可辨无疑，至于本区域所出该形制足鼎性质究竟如何，尚需进一步讨论。固镇孟诚[12]、宿州芦城孜[13]和王楼[14]等遗址的情况反映出正装扁宽扁凿形饰凹槽的鼎足在皖北地区较为流行，而在禹州瓦店[15]和郾城郝家台[16]等遗址也出土有较多此类鼎足，孰为主次的问题也有待探讨。而鬼脸式鼎足和黑陶高柄杯等则当为山东地区龙山文化因素。

王迅认为以斗鸡台遗址为代表的“斗鸡台文化”形成的主体是本地区龙山时代晚期遗存，而箍状堆纹鼎、花边口沿罐、鸡冠耳盆和觚形杯等则源自中原二里头文化，另有岳石文化和长江下游文化系统的影响。但就本次调查的材料来看，我们没有发现较为典型的二里头文化因素，在丁家孤堆遗址则发现了类似先商文化和岳石文化遗存的因素，其具体文化内涵和时代有待下一步的发掘工作来揭示。

此次调查新发现商代遗存较少，以周代遗存最为丰富。鉴于冯家圩遗址（苍陵城）[17]的独特地理位置——恰好位于颍河、淮河及淠河的交汇处附近，结合含山大城墩遗址文化面貌中突显出较强的商文化因素，可以推知中原商王朝对江淮地区的经略与对江汉地区类似，均为以军事驻扎为特征的强势楔入。霍邱堰台、六安堰墩[18]、庙台[19]等遗址的材料说明，该地区周代遗存除了逐渐形成的地域风格之外，主体仍受到了中原周文化的强烈影响。

通过上述小结可知，此次调查收获在一定程度上可大体反映出江淮西北部地区的整体文化面貌和基本文化序列，而从文化因素分析的角度来说，也在一定程度上反映出该地区内不同考古学文化的分布态势，说明本地区与邻近地区存在着比较活跃的文化互动，尤其是中原地区。而若从聚落考古研究的层面来考察，一是可从遗址的地理分布情况大体反映出当时的居住环境和人地关系等问题，如这些遗址以陡涧河、淮河、淠河及瓦埠湖沿岸为集中分布区，张飞台遗址地层剖面所示的较厚淤沙土层和禹临城遗址较厚的泥沙土层似可说明水患的存在，而龙王庙台遗址出土的较大红烧土墙体残块和禹临城遗址出土大量的水生物残壳为探讨居址形态和生计模式提供了新线索。二是聚落群组的聚类形式问题。此次调查的遗址中大体有三组聚落群，这三组的中心聚落址分别为刘备城、点将台和青莲寺遗址。从遗址的文化内涵来看，聚落群内似乎存在着历时性转移和演变的情况，即这三个中心遗址的时代上限均早于组内其他遗址。

附记：此次调查领队为安徽省文物考古研究所研究员张钟云，调查工作得到中山大学许永杰教授的全程指导。参与调查的人员有中山大学硕士研究生蒙长旺、蔡波涛和寿县文物局马国伟、陶良礼、李瑞，以及寿县工作站技工李阳等，资料整理由蔡波涛完成。本文插图由蔡波涛、高凡、蔡丁丁绘制。

执笔者　蔡波涛　张钟云　许永杰

注　释

[1] 王湘：《安徽寿县史前遗址的调查》，见《田野考古报告》第二册，商务印书馆，1937年；《安徽寿县史前遗址调查报告》，《中国考古学报》1947年第2期。

[2] a. 尹焕章：《从发现的文物中谈华东区古文化概况》，《文物参考资料》1954年第4期。
b. 殷涤非：《安徽地区四年来发现的考古材料》，《文物参考资料》1954年第4期。

[3] 北京大学考古系商周组、安徽省文物工作队：《安徽省霍邱、六安、寿县考古调查试掘报告》，见《考古学研究（三）》，科学出版社，1997年。

[4] 王迅：《东夷文化与淮夷文化研究》，北京大学出版社，1994年。

[5] 北京大学考古系商周组、安徽省文物工作队：《安徽省霍邱、六安、寿县考古调查试掘报告》，见《考古学研究（三）》，科学出版社，1997年。

[6] 北京大学考古系商周组、安徽省文物工作队：《安徽省霍邱、六安、寿县考古调查试掘报告》，见《考古学研究（三）》，科学出版社，1997年。

[7] 安徽省文物考古研究所、蚌埠市博物馆:《蚌埠双墩——新石器时代遗址发掘报告》,科学出版社,2008 年。
[8] 北京大学考古系商周组、安徽省文物工作队:《安徽省霍邱、六安、寿县考古调查试掘报告》,见《考古学研究(三)》,科学出版社,1997 年。
[9] 何长风:《淮南市古文化遗址调查》,见《文物研究》第 7 辑,黄山书社,1991 年。
[10] 安徽省文物考古研究所、武汉大学历史学院考古系:《皖北小孙岗、南城孜、杨堡史前遗址试掘简报》,《考古》2015 年第 2 期。
[11] 淮南市博物馆:《安徽淮南市山南地区先秦遗址调查简报》,见《文物研究》第 19 辑,科学出版社,2012 年。
[12] 朔知:《固镇孟城新石器时代遗址》,见《文物研究》第 11 辑,黄山书社,1998 年。
[13] a. 叶润清:《安徽省宿州市芦城孜遗址发掘简报》,见《文物研究》第 9 辑,黄山书社,1994 年。
b. 安徽省文物考古研究所等:《宿州芦城孜》,文物出版社,2016 年。
[14] 安徽省文物考古研究所、宿州市文物管理所:《宿州王楼遗址发掘报告》,《东南文化》2006 年第 1 期。
[15] 河南省文物考古研究所:《禹州瓦店》,世界图书出版社,2004 年。
[16] 河南省文物考古研究所:《郾城郝家台》,大象出版社,2012 年。
[17] 朱华东、王建国:《安徽寿县苍陵城出土商代青铜器年代及相关问题》,《东南文化》2019 年第 1 期。
[18] 安徽省文物考古研究所、六安市文物管理所:《安徽六安市堰墩西周遗址发掘简报》,《考古》2002 年第 2 期。
[19] 张钟云:《六安市庙台西周遗址》,见《中国考古学年鉴(2005)》,文物出版社,2006 年。该遗址材料已基本整理完毕,详细资料待刊。

The Survey of Pre–Qin Period Sites in Northwest of Shou County, Anhui

Anhui Institute of Cultural Relics and Archaeology
Archaeology Research Center of South China Sea, Zhongshan University

KEYWORDS: Shou County, Anhui   Archaeological Survey   Pre-Qin Period

ABSTRACT: In 2011, Anhui Institute of Cultural relics and Archaeology and other institution conducted archaeological survey in northwestern Shou county, and found 18 sites, in which 10 sites yielded rich collecting relics. The collection reflected pre-Qin cultural features in this area. In Liujiagangtou site, collecting pottery is mainly made of shell-tempered pottery, in shape of tripod, jar, basin, bowl, lid and *dou*. It belongs to Shuangdun culture system. In this site, there are remains of late Longshan period and Zhou dynasty. The sites Longwangmiaotai, Dianjiangtai, Dingjiagudui, Qinglian temple, Doujitai, Liubei city, Zhangfeitai, Yulin city are compound. Among them, the characteristic of the late Longshan period pottery is flat triangular tripod on the side, and some of the tripod is flat and in front. The main cultural characteristics of the pottery show both Wangyoufang type and Meishan culture, while tripod with ghost face decoration and black pottery cup with high handle indicate the influence of Longshan Culture in Shandong. The pottery of Zhou Dynasty is mainly composed of Huai style, as well as *yan*, basin, jar, etc,. The date of the pottery is mainly in mid and late Western Zhou Dynasty. The survey further deepens our understanding of the distribution and accumulation characteristics of the pre-Qin sites in the Jianghuai area and also provide important materials for discussion on the features and cultural sequence of the pre-Qin archaeological culture in the Western Jianghuai region of Anhui.

（特约编辑　新　华）

湖南宁乡市楚江流域先秦遗址考古调查简报

长沙市文物考古研究所　宁乡市文化旅游广电体育局

关键词：湖南宁乡　楚江流域　考古调查　先秦时期

内容提要：2013、2018、2019年，对楚江流域进行了三次系统调查，调查覆盖面积约300平方公里，发现大溪文化时期（堆子岭文化）、石家河文化、商周时期遗址41处。调查发现的遗址主要分布于河流两岸的二级台地上，少量分布于一级台地，受地形影响，遗址面积一般不大，保存完整的遗址面积多为10000～30000平方米，个别在30000平方米以上。遗址数量存在早晚不对称的现象，大溪文化时期遗址发现较少且与石家河文化遗址之间存在空白和缺环，石家河时期遗址数量迅速增加，文化特征也相对较为明确。罗家冲遗址的调查和发掘，为认识沩水流域夏商时期的土著文化面貌及判断其他遗址的年代提供了重要参考。本次调查为构建楚江流域考古学文化序列、探讨区域内聚落形态特征提供了基础材料。

楚江属于沩水的一条重要支流，发源于宁乡市青山桥镇扇子排，干流长49公里，流域面积约416平方公里，沿途流经青山桥、流沙河、老粮仓，在横市镇汇入沩水，青山桥集镇以下至横市之间的主体河流走向与S209省道基本一致。楚江所在的区域位于宁乡市西南部，与涟源、娄底、湘乡三市接壤，区域地貌主要为河流冲积平原和丘陵岗地。以往曾在楚江下游多次发现商周青铜器[1]，是宁乡青铜器的重要出土区域。为系统掌握沩水流域史前至商周时期的遗址分布情况，构建和完善沩水流域先秦时期文化序列以及探寻“宁乡铜器群”出土背景的更多线索，长沙市文物考古研究所自2012年组织启动了“沩水流域史前至商周时期文化遗址调查”专项课题，楚江流域考古调查是该课题工作的一部分。2013年10月下旬，调查组人员在楚江上游青山桥镇境内进行了初步的调查工作，后因罗家冲遗址的考古工作，调查工作暂停。罗家冲遗址发掘结束后，在对发掘资料进行室内整理的同时，2018年4～8月、2019年8～12月，我们在楚江流域开展了系统的考古调查工作，取得了重要收获，发现大溪文化时期、石家河文化至商周时期的遗址点41处。

一、调查方法

由于地理环境的差异，在南方地区开展区域系统调查与北方地区既有相同之处，又需根据实际情况适时调整思路和理念，这在近年来南方地区开展的调查实践中已有介绍[2]。此次调查着重吸收了周边地区以往开展区域调查所总结的经验，结合本地区的地貌特征制定具体的调查方案。

楚江连同西侧的涓水和沩水上游所在的区域由海拔约400～800米的中低山体（雪峰山及沩山余脉）围成一个平面大体呈椭圆形的山间盆地，盆地内除芙蓉山（海拔748米）、罘罳峰（又称猴子峰，海拔410.7米）、铜锣山（海拔425.9米）和集网山（海拔354.4米）等山体海拔较高外，其余区域地势相对较为平坦，海拔多在300米以下。沩水、涓水和楚江均发源于上述山体，流入黄材、横市境内后分别汇入黄材水库和沩水干流，芙蓉山、铜锣山和集网山等山体将整个

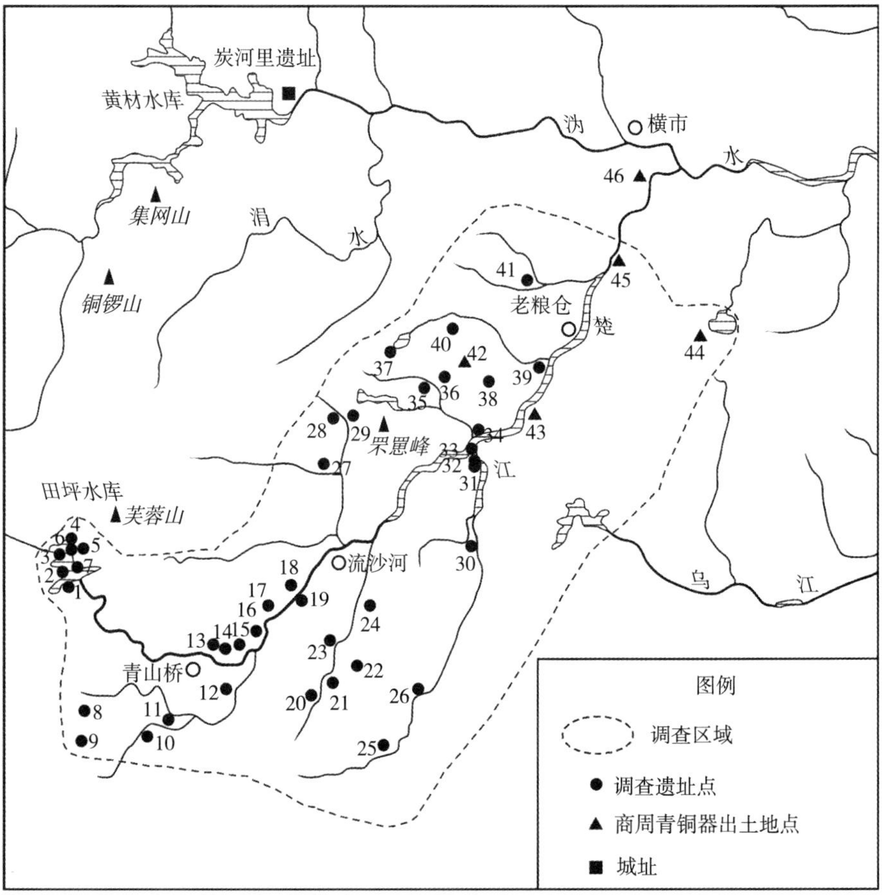

图1　楚江流域先秦遗址及商周青铜器出土点分布示意图

1.石门口遗址　2.中心林场遗址　3.聂家冲遗址　4.杨家塅遗址　5.白鹤山遗址　6.螺丝冲遗址　7.学堂坳遗址　8.花园塘遗址　9.阴三坝遗址　10.梅家湾遗址　11.堆子山遗址　12.颜家冲遗址　13.罗家冲遗址　14.石家湾遗址　15.月形山遗址　16.景德观遗址　17.兰玉山遗址　18.钦家塅遗址　19.仓上遗址　20.谢家滩遗址　21.罗家滩遗址　22.罗家咀遗址　23.田塅里遗址　24.唐家塅遗址　25.鸡里坪遗址　26.赤塅遗址　27.老屋湾遗址　28.后湾里遗址　29.白园遗址　30.华丰桥遗址　31.笋子坳遗址　32.小胡山遗址　33.向家洲遗址　34.花草坪遗址　35.大沙冲遗址　36.庙滩上遗址　37.台上湾遗址　38.金沙湾遗址　39.刘家湾遗址　40.桐子山遗址　41.划船湾遗址　42.毛公桥（铜甬钟1件）43.唐市（铜铙1件）　44.师古寨（铜铙17件）　45.北峰滩（铜铙2件）　46.滩山村（铜卣1件）

盆地分隔成三个相对独立的区域，其中又以楚江流域最为平坦开阔。

根据以往总结的遗址分布规律，结合流域内低山丘陵植被茂密、能见度低的实际情况，我们在调查时放弃了海拔200～400米之间的低山丘陵区域，重点对河流两岸分布的台地进行详细调查。调查以湖南省国土测绘管理局所绘1：10000地形图和奥维地图为参考，以道路、河流所分隔的区域为基本地理单元，对楚江及其支流两岸的台地和地势相对平坦的山前岗地进行系统踏查。由于湘中地区属高度开发的稻作农业区，地表采集遗物的概率较小，我们尽可能利用台地分布的水塘、田坎等断面进行铲刮清理，采集遗物标本，了解堆积层次，对于地势低平没有断面可供观察清理的一级台地区域主要采取钻探的方式进行调查。对于遗址面积的计算，分布于二级台地或岗地的遗址，由于台地边界较为清晰，保存相对完整的，一般以遗址所在台地或岗地的自然边界来计算遗址面积（即遗址面积上限），受到严重破坏的，只计算其现存面积；分布于河流一级台地的遗址，以钻探确认的遗存分布范围为准。

二、调查发现

这次调查的41处遗址点中（图1；附表），除11处为已往文物普查所发现，此次进行复查外，其余30处为此次调查中新发现的遗址点。这些遗址点的发现深化了对该区域内遗址分布情况的认识，为构建区域文化序列和开展进一步的聚落形态研究提供了基础材料。现对各遗址点调查情况进行逐一介绍。

（一）石门口遗址

位于宁乡市青山桥镇竹峰村六组田坪水库南侧岸边的台地上，20世纪70年代在修建水库时对遗址造成了严重破坏，现存面积约1000平方米。岸边暴露有黄褐色文化层堆积，厚约0.5米，采集的遗物有石镞、斧、铲、锛和陶鼎足。

石斧　1件（采：1）。平面呈梯形，弧顶，器身扁平，横断面呈长方形，弧刃。磨制，表面留有琢制痕迹。长9.6、宽5、厚2厘米（图2，1）。

石铲　1件（采：2）。平顶，上部有一孔，孔为单面管钻，器身扁平，双面弧刃。磨制光滑。长9.2、残宽1.8～4.2、厚0.9厘米（图2，2）。

石锛　2件。采：3，平面呈梯形，平顶，弧刃。通体磨光。长6.5、宽4.5、厚1.1厘米（图2，3）。采：4，平面呈长方形，平顶，弧背，平刃。通体磨光，表面留有琢击疤痕。长4.8、宽2、厚1.1厘米（图2，4）。

石镞　7件。采：5，锋尖及铤端残。前锋为三棱形，镞身横截面为圆形，圆锥形铤。通体磨光。残长5.3、直径0.8厘米（图2，5）。采：6，锋尖残，镞身横截面为三棱形，圆锥形铤。通体磨光，镞身中部崩损。残长6、宽1.2厘米（图2，6）。采：7，铤部残。平面呈柳叶形，镞身横截面为多棱体。通体磨光，镞身前部崩损。残长5.8、宽1.7、厚0.3厘米（图2，7）。采：8，残。平面呈柳叶形，器身扁平，一面有脊，一面脊线不甚明显。通体磨光。残长4.2、宽1.8、厚0.3厘米（图2，8）。采：9，残件。镞身横截面为菱形。表面磨光。残长3.9、宽2.6、厚0.5厘米（图2，13）。采：10，残件。镞身横截面为多棱体，扁锥形铤。表面磨光。残长3.5、宽2、厚0.4厘米（图2，12）。采：11，残件。前锋为三棱形，

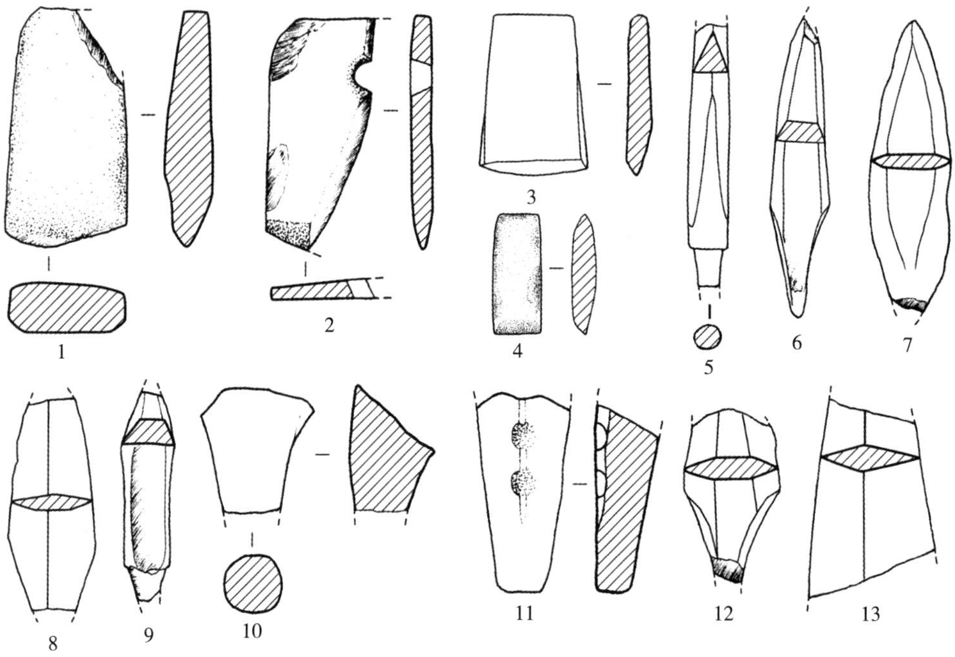

图2　石门口遗址采集遗物

1.石斧（采：1） 2.石铲（采：2） 3、4.石锛（采：3、采：4） 5~9、12、13.石镞（采：5、采：6、采：7、采：8、采：11、采：10、采：9） 10、11.陶鼎足（采：12、采：13）

镞身横截面为圆形，圆锥形铤。表面磨光。残长4.2、直径1.1厘米（图2，9）。

陶鼎足　2件。夹砂红陶。平面呈圆锥形，横截面为圆形。采：12，残高5厘米（图2，10）。采：13，正面饰按窝加刻槽。残高8厘米（图2，11）。

砺石　2件。平面呈长方形。磨痕明显。采：14，正反两面均有磨面。残长17.6、宽9.8、厚1.5~6厘米（图3，1）。采：15，正反面及侧面均有磨面。残长9.8、残宽5.2、厚3~5.3厘米（图3，2）。

石料　1件（采：16）。表面布满打击疤痕。残长7.3、宽3.3、厚1.1厘米（图3，3）。

（二）中心林场遗址

位于宁乡市青山桥镇竹峰村中心林场田坪水

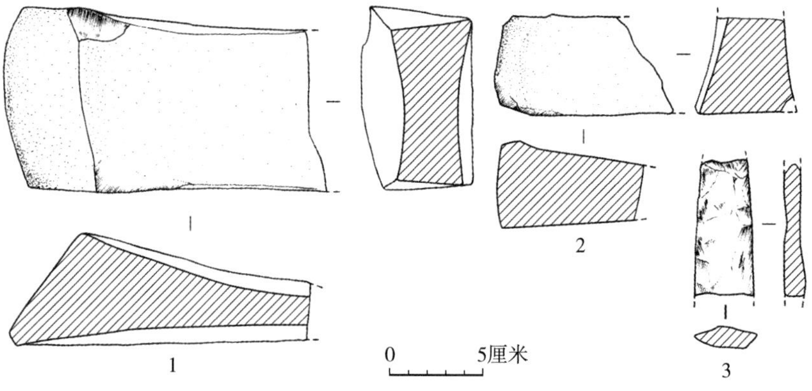

图3　石门口遗址采集石器

1、2.砺石（采：14、采：15） 3.石料（采：16）

库西侧的台地上，在20世纪70年代修建水库时已将遗址破坏殆尽，残存面积约250平方米。岸边断面暴露有黄褐色文化层堆积，厚约0.8米，采集遗物有石斧、陶圈足等。

石斧　2件。平顶，器身扁平，横断面为圆角长方形，弧刃。表面粗糙。采：1，平面呈长方形。刃部磨光。长10.8、宽5.7、厚2.1厘米（图4，1）。采：2，刃部残，平面呈梯形。未经打磨。长7.4、宽4.4、厚1.8厘米（图4，2）。

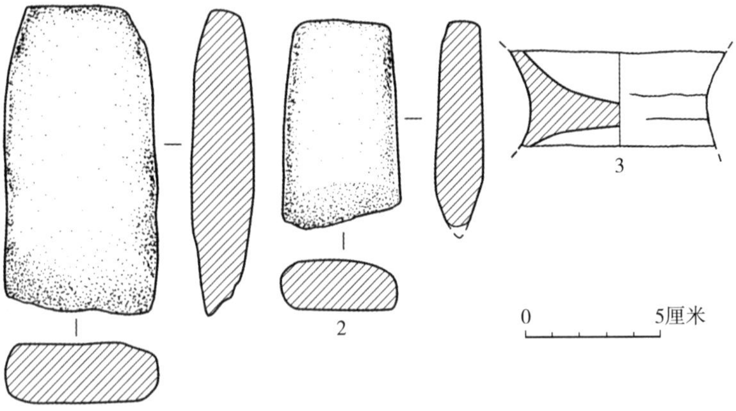

图4　中心林场遗址采集遗物
1、2.石斧（采：1、采：2）　3.陶圈足（采：3）

陶圈足　1件（采：3）。夹砂红陶。底部残。素面。残高3.4厘米（图4，3）。

（三）聂家冲遗址

位于宁乡市青山桥镇竹峰村八组田坪水库西侧的台地上（水位上涨时悬于水库中，成为孤岛），20世纪70年代修建水库时将遗址所在台地四周挖断，现存面积约10000平方米。岸边断面暴露的文化层堆积厚约1.5米，采集遗物有石斧、石锛、石镰、石镞、石料、陶鼎足以及印纹硬陶残片等。

石斧　2件。采：1，刃部残。平面呈梯形，弧顶，横截面为圆角长方形，弧刃。表面粗糙。残长9.9、宽5.6、厚2.8厘米（图5，1）。采：10，弧刃。一面磨光，一面为打制。残长4.2、宽3.8、厚1.1厘米（图5，13）。

石锛　2件。采：2，残。平面呈梯形，平顶，弧背，斜弧刃。通体磨光，表面留有琢击疤痕。长8.2、宽4.8、厚1.5厘米（图5，2）。采：4，残。平面呈梯形，上部残存一孔，孔为双面对钻，似为石铲或石钺改制而成，斜刃。通体磨光。长2.7、宽3.6、厚0.9厘米（图5，4）。

石刀　1件（采：3）。平面呈半月形，双面弧刃。通体磨光，背部留有琢击疤痕。残长6.7、宽2.8、厚0.8厘米（图5，3）。

石料　1件（采：5）。残长8.2、宽2.7、厚1.6厘米（图5，8）。

石镞　4件。采：6，锋尖及铤端残。前锋呈三棱形，镞身横截面为圆形，圆锥形铤。通体磨光。残长7.2、直径0.9厘米（图5，10）。采：7，残件。镞身横截面为圆形，圆锥形铤。通体磨光。残长4.2、直径1厘米（图5，14）。采：8，锋尖及铤端残。平面呈柳叶形，镞身横截面为菱形，两面有脊。通体磨光。残长4.9、宽2、厚1.1厘米（图5，9）。采：9，残件。平面呈柳叶形，镞身横截面为多棱体。表面磨光。残长2.9、宽2、厚0.3厘米（图5，5）。

陶鼎足　5件。采：11，夹砂红陶。平面呈梯形，背部微凹，横截面呈弧形。残高11厘

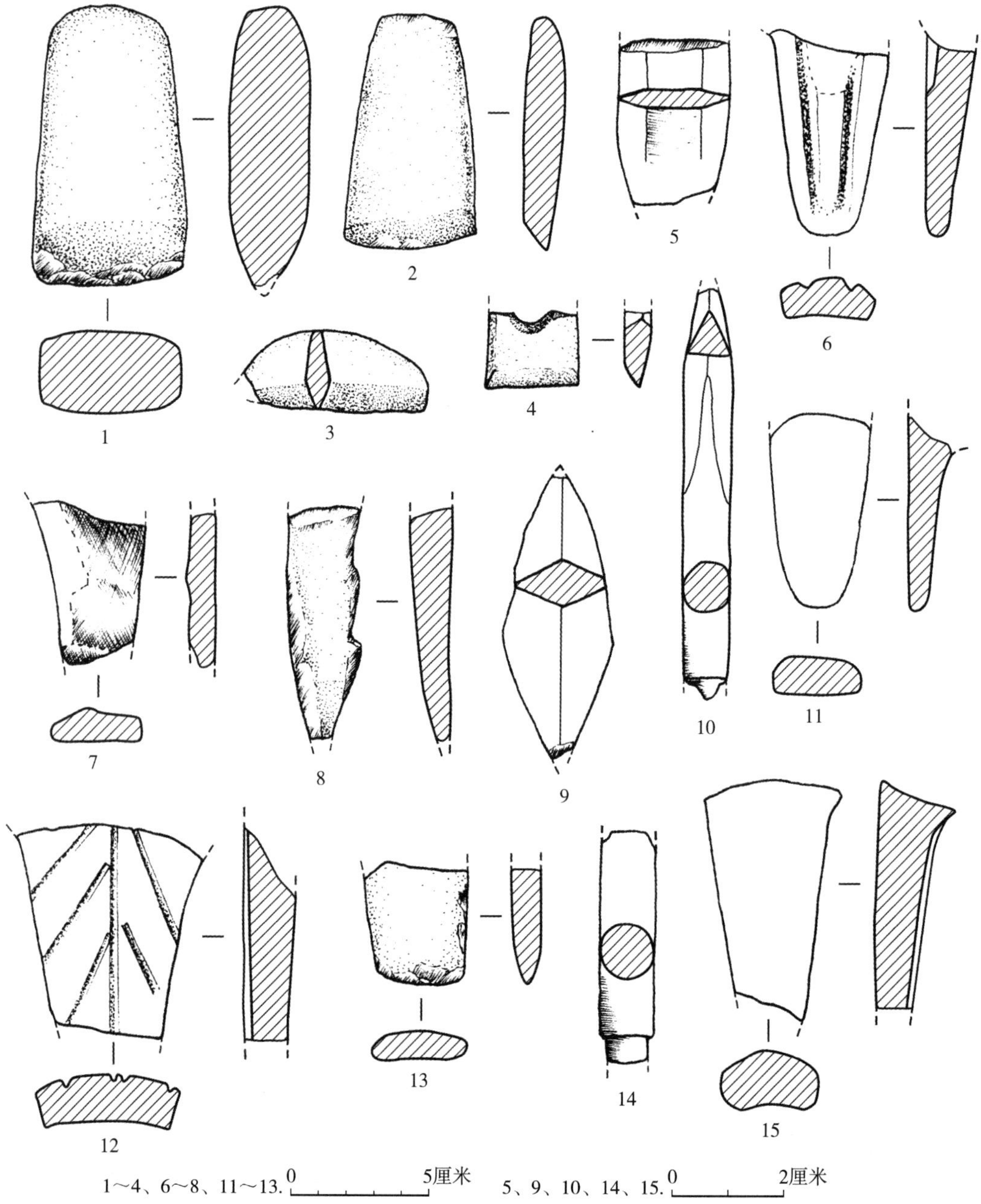

图 5 聂家冲遗址采集遗物

1、13.石斧（采：1、采：10） 2、4.石锛（采：2、采：4） 3.石刀（采：3） 8.石料（采：5） 5、9、10、14.石镞（采：9、采：8、采：6、采：7） 6、7、11、12、15.陶鼎足（采：13、采：15、采：12、采：14、采：11）

米（图5，15）。采：12，夹砂红陶。平面呈舌形，横截面扁平。残高6.8厘米（图5，11）。采：13，夹砂红陶。平面呈舌形，背部微凹，横截面扁平。正面有宽刻槽。残高7.2厘米（图5，6）。采：14，夹砂浅黄陶。平面呈梯形，横截面为弧形。正面饰叶脉状刻槽。残高7.6厘

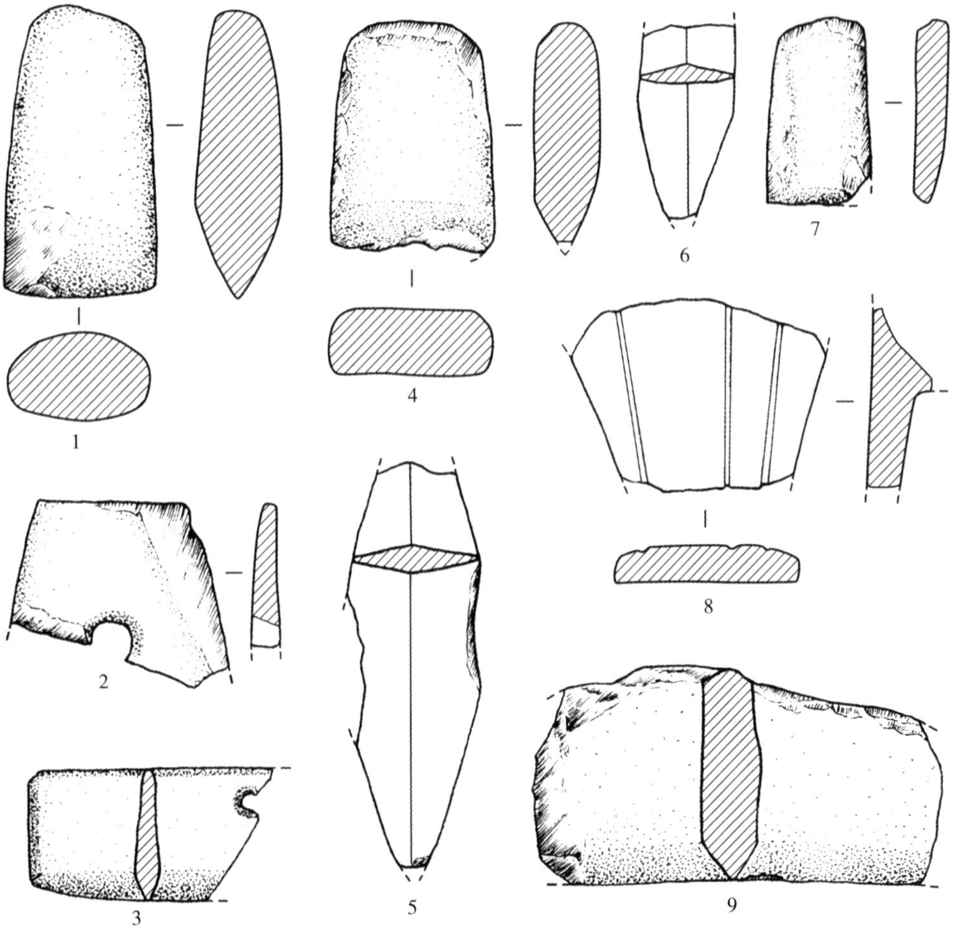

1、2、4、7、8. 0 5厘米　3、5、6、9. 0 2厘米

图6　杨家塅遗址采集遗物

1、4.石斧（采：1、采：2）　2.石铲（采：4）　3、9.石刀（采：6、采：5）　5、6.石镞（采：7、采：8）　7.石锛（采：3）　8.陶鼎足（采：9）

米（图5，12）。采：15，夹砂褐陶。平面呈梯形，横截面扁平。残高5.8厘米（图5，7）。

（四）杨家塅遗址

位于宁乡市青山桥镇田坪村二组田坪水库东北部台地上，遗址西侧在20世纪70年代修建水库时被破坏，当水位上涨时遗址即淹没于水库中，现存面积约3000平方米。岸边断面暴露的文化层堆积可分为两大层：上层为灰褐色堆积，厚约1.5～2.1米；下层为黄褐色堆积，厚约1米。采集遗物有石斧、石刀、石锛、石铲、石镞、陶鼎足等。

石斧　2件。平面呈梯形，弧刃。通体磨光。采：1，弧顶，横截面为椭圆形。表面留有琢击疤痕。长9.6、宽5.2、厚2.8厘米（图6，1）。采：2，平顶，器身扁平，横截面为长方形。残长7.5、宽5.5、厚2.2厘米（图6，4）。

石锛　1件（采：3）。平面呈梯形，平背，弧刃。通体磨光。表面留有琢击疤痕。

长6、宽3.4、厚1.1厘米（图6，7）。

石铲　1件（采：4）。顶部残件，下部残存一孔，孔为单面管钻。残长6、残宽7.2、厚1厘米（图6，2）。

石刀　2件。采：5，平面呈半月形，双面弧刃。表面磨光。残长6.8、宽3.6、厚1厘米（图6，9）。采：6，平面呈长方形，右端残存一孔，孔为双面对钻，双面弧刃，左端亦双面开刃。表面磨光。残长6.1、宽2.1、厚0.4厘米（图6，3）。

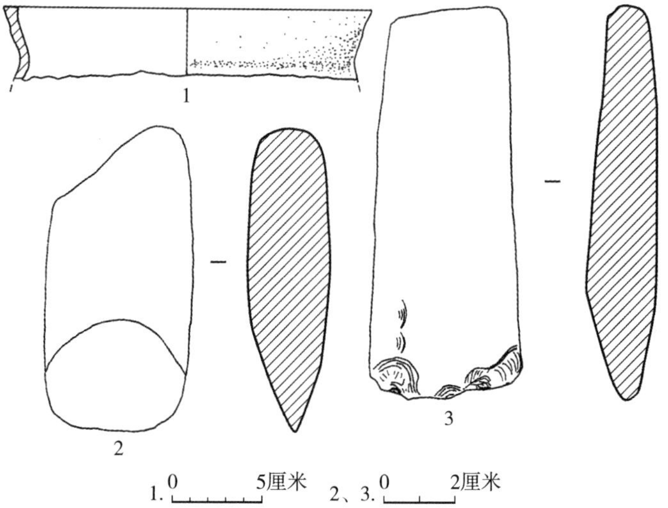

图7　白鹤山遗址采集遗物
1.陶罐（采：3）　2、3.石斧（采：1、采：2）

石镞　2件。横截面为菱形，两面有脊。采：7，平面呈柳叶形，镞身扁平。通体磨光。残长6.6、宽2.2、厚0.4厘米（图6，5）。采：8，镞身扁平。表面磨光。残长3.1、宽1.7、厚0.3厘米（图6，6）。

陶鼎足　1件（采：9）。夹砂红陶。平面呈梯形，横截面扁平。正面饰三道浅刻槽。残高6.2厘米（图6，8）。

（五）白鹤山遗址

位于宁乡市青山桥镇田坪村张家组白鹤山前的台地上，现存面积约2400平方米。在灰色泥沙层下分布有一层黄褐色文化层堆积，厚约0.6米。“二普”调查时采集的遗物有石斧、石凿、陶罐等，陶器纹饰有弦纹、篮纹、绳纹、弦断绳纹、方格纹等[3]。因客观原因，该遗址未能进行复查。

石斧　2件。通体磨光。采：1，顶部残。平面呈长方形，横截面呈扁椭圆形，弧刃。长8.3、宽4.1、厚2.3厘米（图7，2）。采：2，刃部残。平面呈长梯形，横截面近长方形。残长10.7、宽4.4、厚2厘米（图7，3）。

陶罐　1件（采：3）。夹砂红陶。直口微侈，方唇。素面。口径20.8、残高4厘米（图7，1）。

（六）螺丝冲遗址

位于宁乡市青山桥镇田坪村三组田坪水库东北部的台地上，遗址南部在20世纪70年代修建水库时被破坏，现存面积约10000平方米。水库岸边台地断面暴露的灰褐色文化层堆积厚约1米，采集遗物有石斧、石铲、石锛、石镞、陶鼎足、陶圈足等。

石斧　2件。采：1，残。平面呈梯形，弧顶，器身扁平，横截面为长方形，弧刃。通体磨光，表面留有琢制痕迹。长11.2、宽7.2、厚1.8厘米（图8，1）。采：3，平面呈梯形，器身扁平，横截面为圆角长方形，弧刃。通体磨光，表面留有琢击疤痕。长6.8、宽5、厚2厘米（图8，7）。

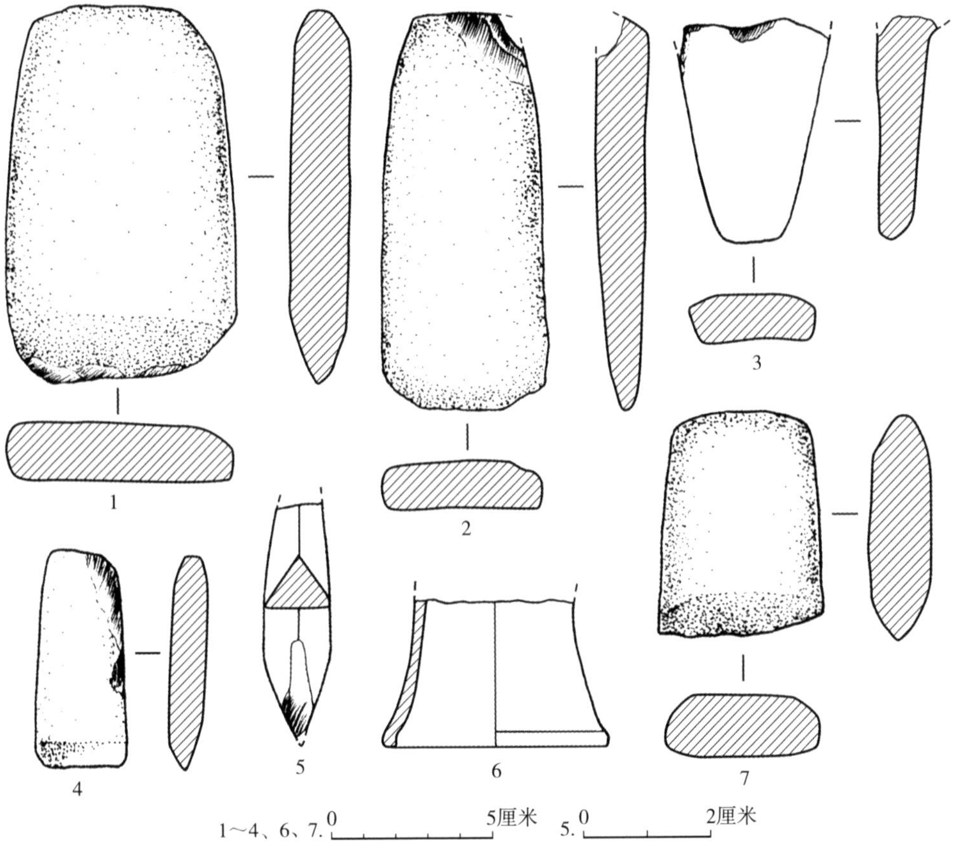

图8　螺丝冲遗址采集遗物

1、7.石斧（采：1、采：3）　2.石铲（采：2）　3.陶鼎足（采：7）　4.石锛（采：4）　5.石镞（采：5）　6.陶豆座（采：6）

石铲　1件（采：2）。平面呈梯形，器身扁平，弧刃。通体磨光。长11.8、宽5.2、厚1.6厘米（图8，2）。

石锛　1件（采：4）。平面呈梯形，顶部斜直，平背，平刃。通体磨光，表面留有琢击疤痕。长6.6、宽2.8、厚1.2厘米（图8，4）。

石镞　1件（采：5）。三棱形，圆锥形铤。表面磨光。残长3.6、宽1、厚0.8厘米（图8，5）。

陶豆座　1件（采：6）。泥质红陶。素面。残高4.4、复原底径7厘米（图8，6）。

陶鼎足　1件（采：7）。夹砂浅黄陶。平面呈梯形，横截面为扁平长方形。素面。残高6.6厘米（图8，3）。

（七）学堂坳遗址

位于宁乡市青山桥镇田坪村田坪水库东南部的台地上，遗址主体部分在20世纪70年代修建水库时被破坏，现存面积约8000平方米。水库岸边断面暴露的黄褐色文化层堆积厚约0.8米，采集遗物有陶鼎足、圈足等。

鼎足　1件（采：1）。夹砂红陶。足尖外撇，横截面为椭圆形。残高7.2厘米（图9，1）。

圈足 1件（采：2）。泥质灰陶。残高3.3厘米（图9，2）。

（八）花园塘遗址

位于宁乡市青山桥镇花园村台上组的二级台地上，台地高出周围农田1.5～2米，地面分布的民居、水塘以及农业生产活动等对遗址造成一定程度的破坏，现存面积约2000平方米。台地断面暴露的文化层堆积可分为两层：上层为黄褐色堆积，厚约0.5米；下层为灰褐色堆积，厚约0.3～0.6米。采集遗物有砺石、石器、陶鼎足等。

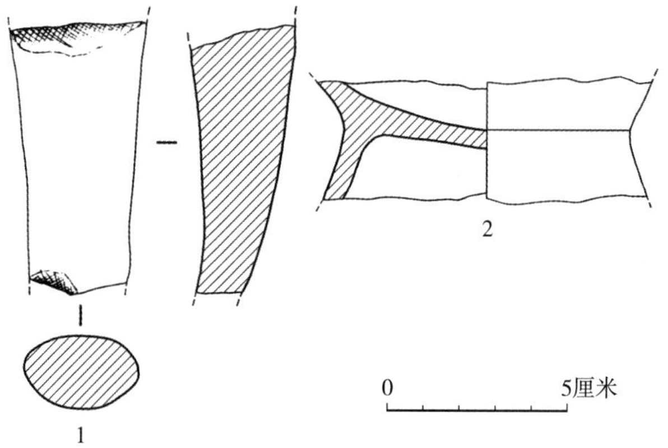

图9 学堂坳遗址采集陶器
1.鼎足（采：1） 2.圈足（采：2）

砺石 1件（采：1）。平面呈梯形，正面有磨痕。长10.8、宽5.2、厚1.3～2.5厘米（图10，1）。

石器 1件（采：2）。顶部残。平面呈梯形，器身扁薄，双面刃。通体磨光。残长3.8、宽2.5、厚0.2厘米（图10，2）。

陶鼎足 1件（采：3）。夹砂红陶。平面呈梯形，横截面为梯形。正面饰一道刻槽。残高6.5厘米（图10，3）。

（九）阴三坝遗址

位于宁乡市青山桥镇楼霞新村九组楼霞希望小学后面的二级台地上，台地高出周围地表约1米，面积约30000平方米，台地南侧断坎处暴露的黄褐色文化层堆积厚约0.3米，采集1件石斧。

石斧 1件（采：1）。平面呈长梯形，顶部微弧，背部崩损，刃部残断。表面磨光。残长11.8、宽5、厚2厘米（图10，4）。

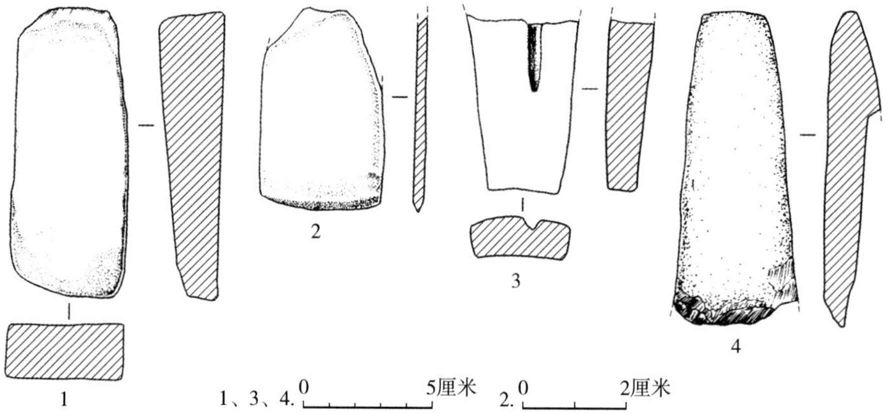

图10 花园塘、阴三坝遗址采集遗物
1.砺石（花园塘采：1） 2.石器（花园塘采：2） 3.陶鼎足（花园塘采：3） 4.石斧（阴三坝采：1）

（一〇）梅家湾遗址

位于宁乡市青山桥镇上流村技术组的二级台地上，台地高出周围地表约5米，村民建房对遗址造成了一定程度的破坏，现存面积约1000平方米。遗址西侧断面暴露的黄褐色文化层堆积厚约1米，采集遗物有石凿、陶釜鼎口沿、陶刀等。

石凿　1件（采：1）。平面呈长条形，双面刃。通体打制而成。长8.5、宽1.8、厚3厘米（图11，1）。

陶釜鼎口沿　1件（采：2）。夹砂褐陶。折沿，方唇。素面。残高4.7、残宽7.8厘米（图11，2）。

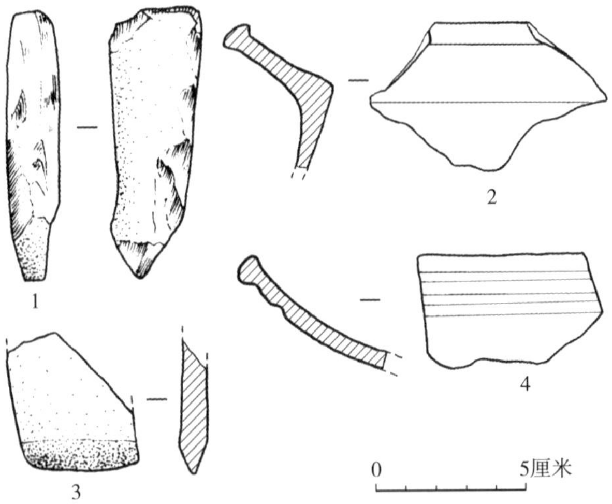

图 11　梅家湾遗址采集遗物
1.石凿（采：1）　2.陶釜鼎口沿（采：2）
3.陶刀（采：4）　4.陶豆盘（采：3）

陶豆盘　1件（采：3）。夹细砂褐陶。表面饰凹弦纹。残高3.6、残宽6厘米（图11，4）。

陶刀　1件（采：4）。夹砂灰陶。残长4.4、残宽4.3、厚1厘米（图11，3）。

（一一）堆子山遗址

位于宁乡市青山桥镇上全村上流完全小学和上流幼儿园所在的二级台地上（遗址绝大部分为学校所占压），台地高出周围农田约1.5米，面积约22000平方米。台地北部断面暴露的灰褐色文化层堆积厚约0.8米，采集的遗物有陶釜鼎口沿、圈足、鼎足等。

鼎足　2件。采：1，夹砂红褐陶。平面呈圆锥形，横截面为圆形。正面饰纵向短刻槽。残高6厘米（图12，1）。采：2，夹砂红陶。平面呈圆锥形，横截面为圆形。正面饰两短刻槽。残高6.6厘米（图12，2）。

釜鼎口沿　1件（采：3）。夹砂浅黄陶。仰折沿，圆唇，沿面微凹。腹部饰绳纹。复原口径26、残高5.6厘米（图12，4）。

圈足　1件（采：4）。夹砂红胎黑皮陶。圈足外撇。腹部饰细绳纹。圈足径12、残高4厘米（图12，3）。

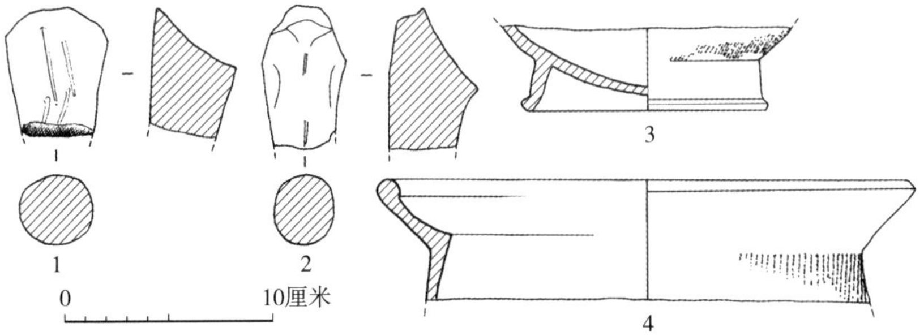

图 12　堆子山遗址采集陶器
1、2.鼎足（采：1、采：2）　3.圈足（采：4）　4.釜鼎口沿（采：3）

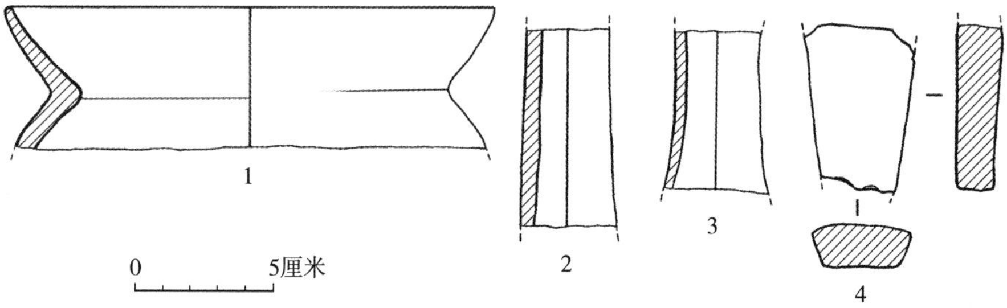

图 13 颜家冲遗址采集陶器
1.釜鼎口沿（采：1） 2、3.鬶（采：2、采：3） 4.鼎足（采：4）

（一二）颜家冲遗址

位于宁乡市青山桥镇石狮村四组楚江支流西侧的二级台地上，台地高出周围农田1.5～2米，面积约8000平方米。台地南部断面暴露的黄褐色文化层堆积厚约1.5米，采集的遗物有陶釜鼎口沿、鬶、鼎足等。

釜鼎口沿 1件（采：1）。夹砂浅黄陶。仰折沿，尖唇，沿面微凹。素面。复原口径18、残高5厘米（图13，1）。

鬶 2件。泥质红陶。颈部残件。素面。采：2，残高7厘米（图13，2）。采：3，残高5.6厘米（图13，3）。

鼎足 1件（采：4）。夹砂红陶。平面呈梯形，横截面为梯形。残高6厘米（图13，4）。

（一三）罗家冲遗址

位于宁乡市青山桥镇桥北村（现为青山社区）一组楚江北岸的二级台地上，南侧紧邻209省道，现为宁乡市市级文物保护单位。台地高出下面一级台地约5～6米，地表现为农田和菜地，当地村民建房、开挖水塘以及20世纪80年代的烧砖取土对遗址造成破坏，现存面积约25000平方米。长沙市文物考古研究所联合宁乡市文物局（现宁乡市文化旅游广电体育局）于2013年10月至2014年1月对遗址进行初步调查，于2014～2017年对其进行两次主动性考古发掘，确认遗址主体年代为新石器时代末期至商周时期[4]。

（一四）石家湾遗址

位于宁乡市青山桥镇桥北村（现为青山社区）二组楚江北岸的二级台地上，南侧紧邻209省道，台地高出下面一级台地约5～6米，地表现为农田，台地面积约20000平方米，20世纪80年代当地村民在台地区域取土烧砖对遗址造成了严重破坏。罗家冲遗址发掘期间曾组织人员对遗址所在台地进行了详细调查和钻探，未发现文化层堆积，遗址面积不详，复查时在探孔内采集到石环、在地表采集到夹砂红陶鼎足、石斧等。

石斧 2件。采：1，平面呈梯形，横截面为圆角长方形，弧刃。磨制粗糙。长9.2、宽6.6、厚2.6厘米（图14，2）。采：2，平面近似风字形，器身扁平，刃部未经加工。长17.8、宽13.6、厚3厘米（图14，3）。

石环 1件（采：4）。残长1.7、厚0.8厘米（图14，4）。

陶鼎足 1件（采：3）。夹砂红陶。横截面呈椭圆形。残高5.5厘米（图14，1）。

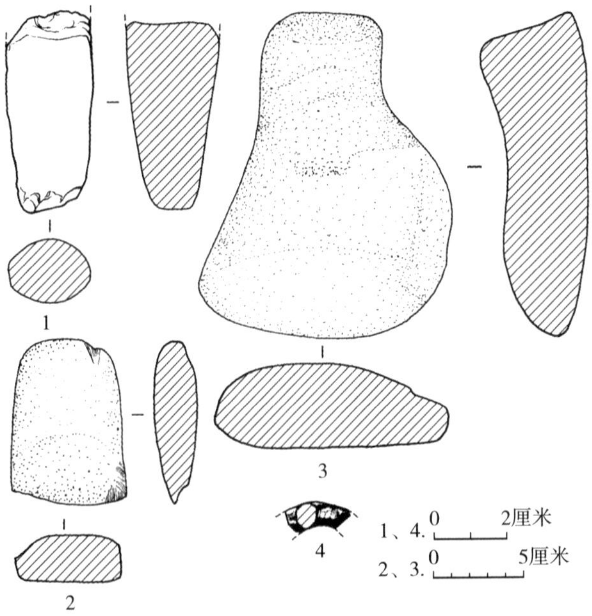

图 14 石家湾遗址采集遗物
1.陶鼎足（采：3） 2.石斧（采：1） 3.石斧毛坯（采：2） 4.石环（采：4）

（一五）月形山遗址

位于宁乡市青山桥镇桥北村（现为青山社区）二组楚江北岸的二级台地上，南侧紧邻209省道，台地高出南侧一级台地农田地面约6米。“二普”调查时登记的遗址面积为20000平方米，断面暴露的灰色文化层堆积厚约0.6～1.5米，采集的遗物有石斧、砺石，陶片26块，可辨器形有釜鼎口沿、罐、缸、尊、盆、豆柄、鼎足等，纹饰有绳纹、弦纹、方格纹、锥刺纹、镂孔等。在罗家冲遗址发掘期间曾组织人员对月形山遗址进行了详细复查，发现20世纪80年代以来当地村民烧砖取土和建房平整土地等活动对遗址造成严重破坏，文化层堆积已被破坏殆尽，复查时采集有石斧、

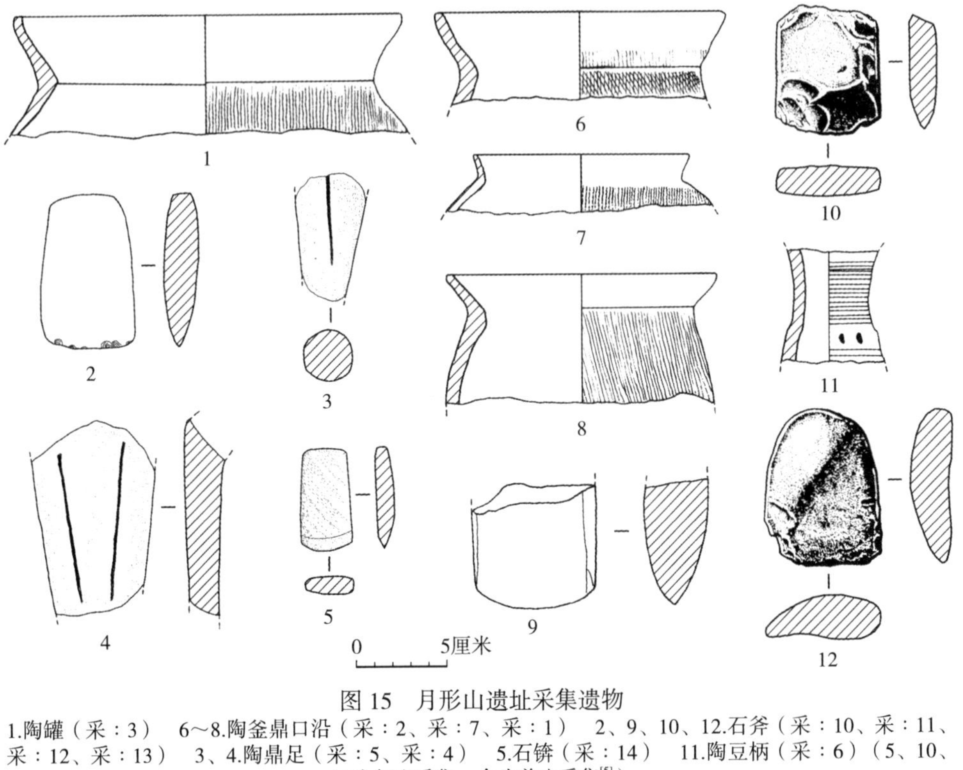

图 15 月形山遗址采集遗物
1.陶罐（采：3） 6～8.陶釜鼎口沿（采：2、采：7、采：1） 2、9、10、12.石斧（采：10、采：11、采：12、采：13） 3、4.陶鼎足（采：5、采：4） 5.石锛（采：14） 11.陶豆柄（采：6）（5、10、12为复查采集，余为普查采集[5]）

石锛，以及表面饰方格纹和弦纹加方格纹的印纹硬陶残片，可辨器形为罐口沿。

石斧　4件。采：10，刃部残。平面呈梯形，弧顶，横截面呈圆角长方形，弧刃，刃部残存有使用疤痕。通体磨光。长8.2、宽5.2、厚1.9厘米（图15，2）。采：11，顶部残断，弧刃。表面磨光。残长6.6、宽7.7、厚3.6厘米（图15，9）。采：12，平面呈长方形，横截面呈长方形，弧刃。表面磨光，刃部留有使用疤痕。残长7、宽6.8、厚0.8厘米（图15，10）。采：13，平面呈梯形，弧顶，器身一面扁平，一面呈弧形，平刃。磨制粗糙。长8.3、宽6.4、厚2.5厘米（图15，12）。

石锛　1件（采：14）。平面呈梯形，平顶，器身扁薄，弧刃。磨制粗糙。长5.5、宽2.8、厚1厘米（图15，5）。

陶釜鼎口沿　3件。采：1，夹砂橙黄陶。折沿，尖圆唇。腹部饰细绳纹。口径15、残高7厘米（图15，8）。采：2，夹砂灰陶。折沿，尖圆唇。口沿以下饰细绳纹和斜方格纹。口径16、残高4.8厘米（图15，6）。采：7，夹砂红陶。折沿，圆唇，沿面微凹。腹部饰细绳纹。口径21.6、残高6.4厘米（图15，7）。

陶罐　1件（采：3）。夹砂灰陶。侈口，尖圆唇。腹部饰细绳纹。口径12、残高3厘米（图15，1）。

陶鼎足　2件。采：4，夹砂红陶。平面呈梯形，横截面为扁平状。正面饰两道纵向浅刻槽。残高10.2厘米（图15，4）。采：5，夹砂红陶。平面呈圆锥形，横截面为圆形。正面饰一道纵向刻槽。残高6.7厘米（图15，3）。

陶豆柄　1件（采：6）。泥质红衣灰陶。表面饰弦纹及镂孔。残高6厘米（图15，11）。

陶盆　1件（采：8）。夹砂灰陶。敛口，圆唇。表面饰一道瓦楞纹。口径37.6、残高5厘米（图16，1）。

陶缸　1件（采：9）。夹砂黑陶。侈口，方唇，斜腹。腹部饰弦纹。口径38.4、残高9.2厘米（图16，2）。

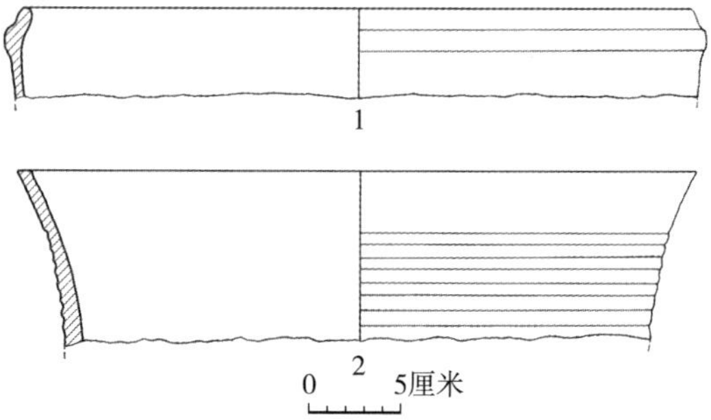

图16　月形山遗址采集陶器
1.盆（采：8）　2.缸（采：9）

（一六）景德观遗址

位于宁乡市青山桥镇桥北村（现为青山社区）六组楚江北岸的二级台地上，南侧紧邻209省道，台地高出一级台地农田约5米，地表现为民居和荒地，面积约10000平方米。台地上分布的民居和水塘对遗址造成了一定程度的破坏，复查时仅在台地东北部发现有残存的浅灰色文化层堆积，厚约0.3米。采集有石锛1件、陶片8块。陶片质地有夹砂红陶、夹砂灰陶、泥质灰陶和印纹硬陶（表面饰方格纹），可辨器形有鼎足、罐底。

石锛　1件（采：1）。顶部残件。残长3.7、宽3.7、厚1.2厘米（图17，1）。

陶鼎足　1件（采：2）。夹砂红陶。平面呈梯形，横截面为长方形。正面饰三道浅刻槽。残高5.8厘米（图17，2）。

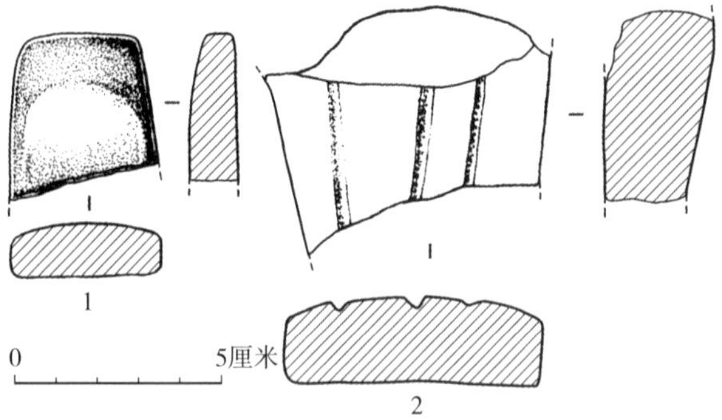

图 17　景德观遗址采集遗物
1.石锛（采：1）　2.陶鼎足（采：2）

（一七）兰玉山遗址

位于宁乡市流沙河镇合兴村兰玉山组楚江北岸的二级台地上（又称万猪塘），东侧紧邻209省道，北部有一废弃的砖窑。台地高出一级台地约6米，地表现为农田，台地上分布的水塘、早年当地村民烧砖取土以及近期修建乡村公路等生产活动对遗址造成了严重破坏，现存面积约3000平方米。水塘断面暴露的文化层堆积可分为两层：上层为灰褐色堆积，厚约0.5米；下层为浅黄色堆积，厚约0.5米。采集的遗物有砺石，陶鼎足、纺轮、器盖、鬶足等。

砺石　2件。采：1，残。平面呈长方形。正反两面均有磨面，磨痕明显。长18、宽7.2、厚2.2～3厘米（图18，1）。采：2，平面呈不规则形。正面有磨面。残长14、残宽6.2、厚3～4.2厘米（图18，7）。

陶鼎足　3件。采：3，夹砂红陶。平面呈梯形，横截面为馒头形。正面饰三道刻槽。残高15厘米（图18，8）。采：4，夹砂褐陶。平面呈梯形，横截面为宽扁形。正面饰两道浅刻槽。残高11厘米（图18，2）。采：5，夹砂红陶。平面呈梯形，横截面为长方形。正

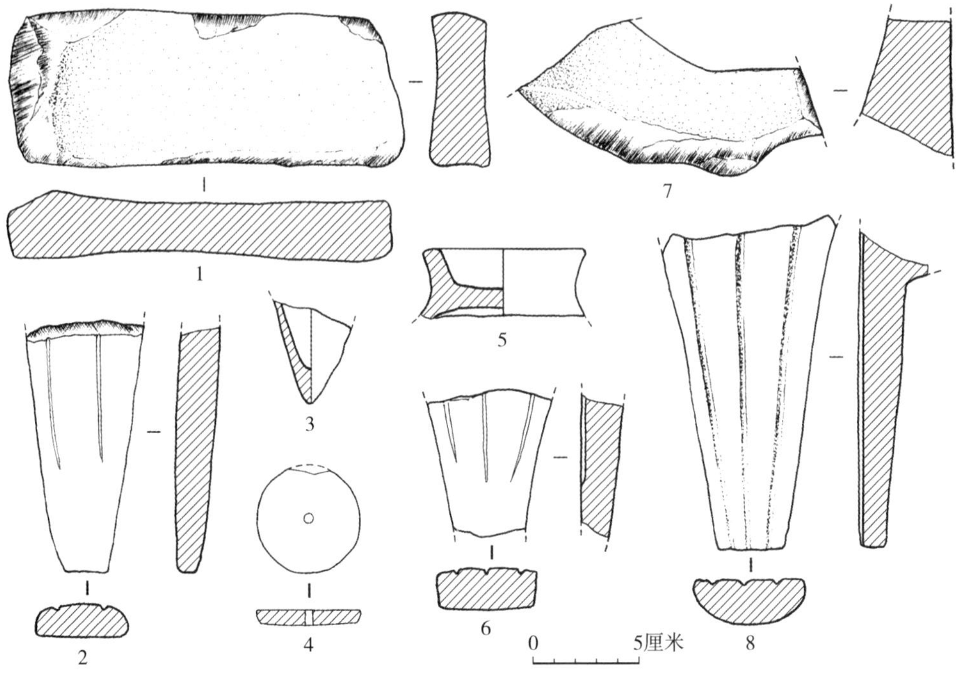

图 18　兰玉山遗址采集遗物
1、7.砺石（采：1、采：2）　2、6、8.陶鼎足（采：4、采：5、采：3）　3.陶鬶足（采：8）　4.陶纺轮（采：6）　5.陶盖钮（采：7）

面饰三道浅刻槽。残高6.6厘米（图18，6）。

陶纺轮　1件（采：6）。夹砂灰陶。圆饼形，弧边，上面小，下面大，中有一孔。素面。直径4.8、孔径0.4、厚0.7厘米（图18，4）。

陶盖钮　1件（采：7）。夹砂褐陶。素面。底径7.4、残高3厘米（图18，5）。

陶鬶足　1件（采：8）。泥质浅黄陶。残高4.7厘米（图18，3）。

（一八）钦家塅遗址

位于宁乡市流沙河镇荷叶村七组楚江北岸的二级台地上，高出一级台地约1米，南侧紧邻209省道，地表现为民居和农田。"二普"调查时确认遗址面积约10000平方米，农耕土下分布的灰褐色文化层厚约0.6米，采集遗物有石斧、石镞、石锛，陶鼎足、豆盘、釜鼎口沿、罐口沿等。复查发现遗址被开挖水塘、平整土地开田和村民建房等活动破坏严重，文化层几乎不存，采集的遗物有陶鼎足。

石矛　1件（采：16）。平面呈柳叶形，横截面呈菱形。通体磨光。长12、宽3、厚1厘米（图19，13）。

石斧　1件（采：17）。平面呈梯形，顶部斜直，器身扁平，弧刃。顶部及侧面留有打

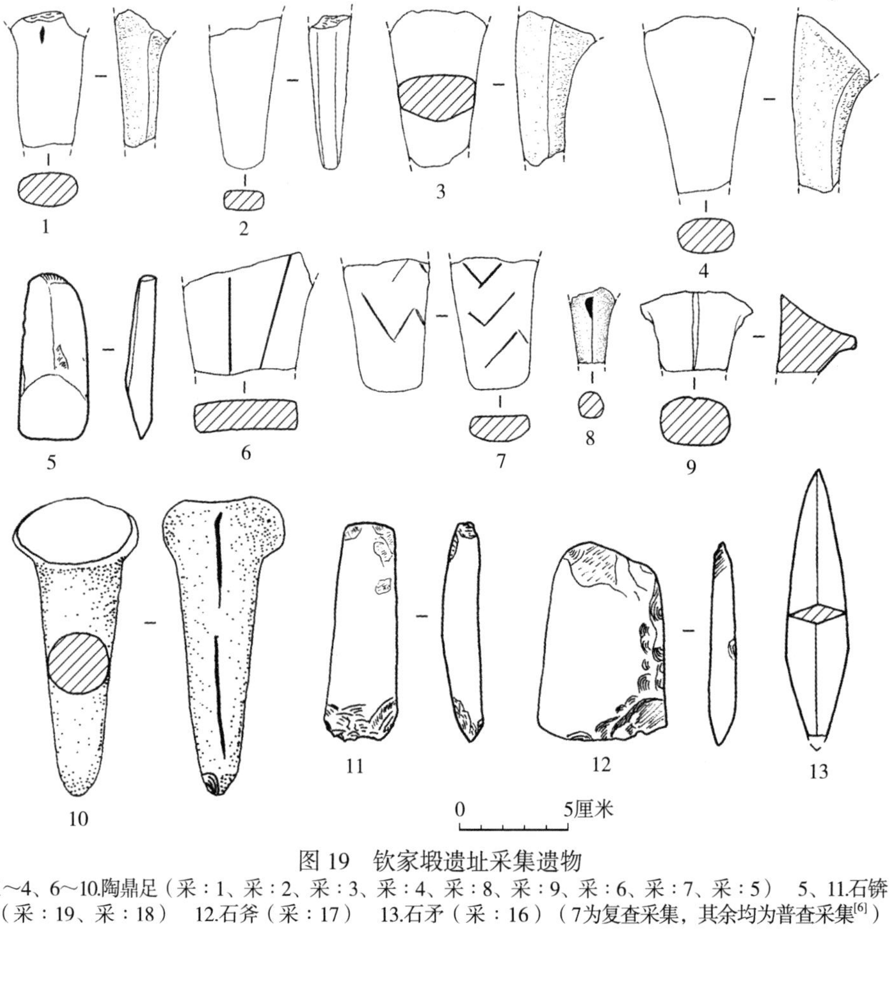

图19　钦家塅遗址采集遗物

1~4、6~10.陶鼎足（采：1、采：2、采：3、采：4、采：8、采：9、采：6、采：7、采：5）　5、11.石锛（采：19、采：18）　12.石斧（采：17）　13.石矛（采：16）（7为复查采集，其余均为普查采集[6]）

击疤痕，刃部留有使用疤痕。长9、宽6、厚1.2厘米（图19，12）。

石锛　2件。采：18，平面呈梯形，弓背，弧刃。刃部残留使用疤痕。长9.8、宽3.4、厚1.6厘米（图19，11）。采：19，平面呈梯形，平背，平刃。通体磨光。长7.5、宽3.2、厚1.2厘米（图19，5）。

陶鼎足　9件。采：1，夹砂红陶。横截面呈椭圆形。内侧饰短刻槽。残高6厘米（图19，1）。采：2，夹砂橙黄陶。平面呈梯形，横截面呈扁平状。残高6.8厘米（图19，2）。采：3，夹砂橙黄陶。横截面呈椭圆形。残高7.1厘米（图19，3）。采：4，夹砂褐陶。横截面呈椭圆形。残高7.9厘米（图19，4）。采：5，夹砂灰陶。圆锥形，横截面为圆形。正面饰纵向短刻槽。残高13.6厘米（图19，10）。采：6，夹砂红陶。圆锥形，横截面为圆形。正面饰刻槽。残高6.8厘米（图19，8）。采：7，夹砂褐陶。平面呈圆锥形。横截面为椭圆形。正面饰一道浅刻槽。残高3.4厘米（图19，9）。采：8，夹砂红陶。宽扁形。正面饰两道纵向浅刻槽。残高5.3厘米（图19，6）。采：9，夹砂橙黄陶。平面呈梯形，横截面呈扁椭圆形。正反两侧饰刻划纹。残高5.9厘米（图19，7）。

陶豆盘　1件（采：10）。泥质红陶。口径17.2、残高2.4厘米（图20，1）。

陶盆　1件（采：11）。夹砂红陶。敛口，方唇。口径30、残高2.6厘米（图20，4）。

陶罐　3件。采：12，夹砂红陶。高领，圆唇。表面饰一道凸弦纹。口径18、残高7厘米（图20，5）。采：13，泥质红陶。高领，圆唇。口径16、残高6厘米（图20，6）。采：15，夹砂红陶。翻沿，尖圆唇。腹部饰绳纹。口径20、残高5.4厘米（图20，3）。

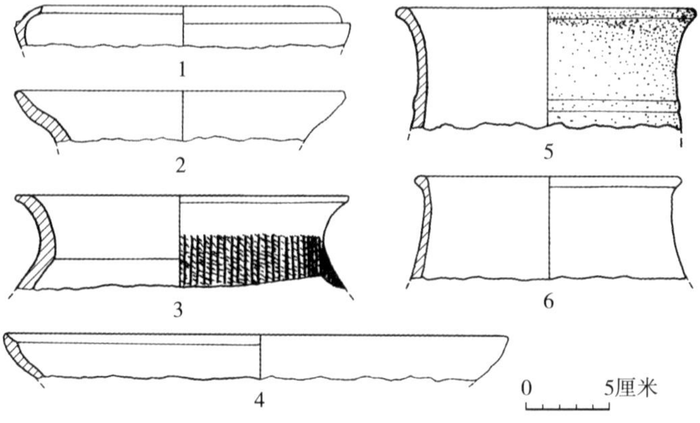

图20　钦家塅遗址采集陶器
1.陶豆盘（采：10）　2.陶釜鼎口沿（采：14）　3、5、6.陶罐（采：15、采：12、采：13）　4.陶盆（采：11）

陶釜鼎口沿　1件（采：14）。泥质红陶。侈口，尖圆唇。素面。口径19.6、残高2.8厘米（图20，2）。

（一九）仑上遗址

位于宁乡市流沙河镇鸿富村四组（原荷塘村蔡家组）楚江南岸的二级台地上，北侧紧邻楚江，与钦家塅遗址隔楚江相望，直线距离约600米，台地高出周围一级台地约5米，地表现为农田，面积约20000平方米。中部水塘断面暴露的文化层堆积可分为两层：上层为灰褐色堆积（包含大块红烧土），厚约0.4米；下层为浅黄色堆积，厚约0.6米。采集的遗物有砺石、陶鼎足、陶豆柄等，还有部分饰绳纹、方格纹的残陶片。

砺石　1件（采：1）。平面呈长方形。正面有磨面。残长7.6、宽4.6、厚3厘米（图21，1）。

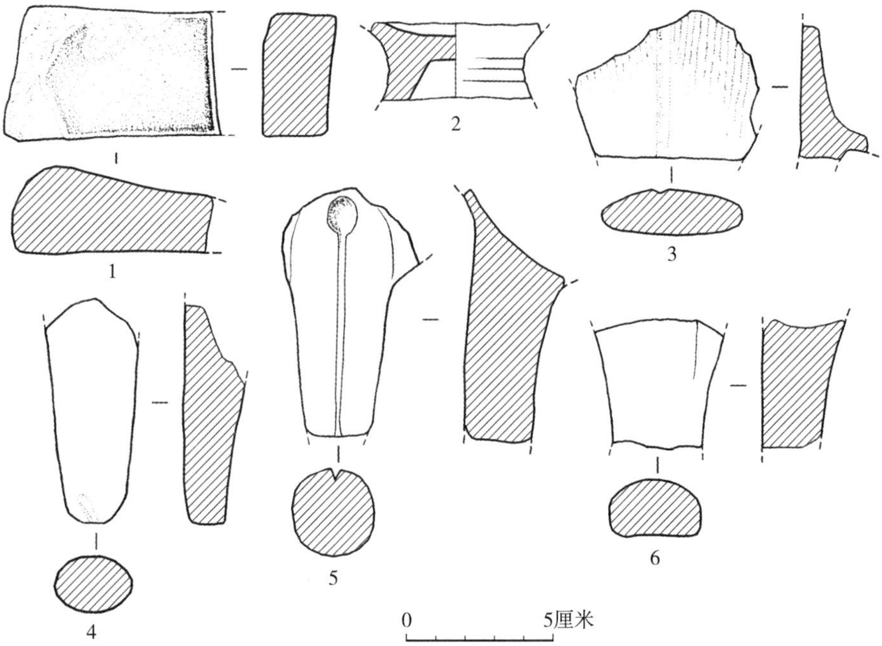

图21　仑上遗址采集遗物
1.砺石（采：1）　2.陶豆柄（采：6）　3～6.陶鼎足（采：5、采：3、采：2、采：4）

陶鼎足　4件。采：2，夹砂红陶。圆锥形，横截面为圆形。正面饰按窝加刻槽。残高8.4厘米（图21，5）。采：3，夹砂褐陶。圆锥形，横截面为椭圆形。素面。残高7.6厘米（图21，4）。采：4，夹砂褐陶。圆锥形，横截面为椭圆形。素面。残高4.4厘米（图21，6）。采：5，夹砂褐陶。横截面为宽扁形。正面饰刻槽加绳纹。残高6厘米（图21，3）。

陶豆柄　1件（采：6）。泥质红陶。表面饰细弦纹。残高2.6厘米（图21，2）。

（二〇）谢家滩遗址

位于宁乡市青山桥镇心田村尖家组的二级台地上，台地高出周围一级台地约5米，地表现为农田和荒地，面积约20000平方米。台地上分布的水塘和民居对遗址造成一定程度的破坏，北部水塘断面暴露的浅灰褐色文化层堆积厚约1米。采集的遗物有石锛、陶鼎足等。

石锛　1件（采：1）。平面呈梯形，弧顶，弓背，平刃。通体磨光，表面留有琢击疤痕。长4.2、宽3.9、厚0.9厘米（图22，1）。

陶鼎足　1件（采：2）。夹砂褐陶。平面呈梯形，横截面扁平。正面饰两道宽刻槽。残高8厘米（图22，3）。

（二一）罗家滩遗址

位于宁乡市青山桥镇心田村枫树组的二级台地上，高出周围一级台地约6米，地表现为农田。当地村民建房取土和平地开田对遗址造成严重破坏，现存面积约3000平方米。台地断面暴露的黄褐色文化层堆积厚约0.5米。采集的遗物有石镞、陶纺轮等。

石镞　3件。采：3，器身扁平，镞身横截面为多棱体。表面磨光。残长1.7、宽1.3、厚0.2厘米（图22，2）。采：4，平面呈柳叶形，镞身扁平，扁平状铤。表面磨光。残长4.2、宽1.7、厚0.3厘米（图22，4）。采：5，平面呈宽叶形，镞身扁平，扁三角形铤。通体磨光。残长4.3、宽2.3、厚0.2厘米（图22，5）。

陶纺轮　2件。圆饼形，中有一孔。采：1，泥质黑陶。弧边。下面饰几何形刻划纹。复原直径5、厚0.8、孔径0.4厘米（图22，6）。采：2，泥质褐陶。斜边。下面饰对称的几何形刻划纹。直径5、孔径0.4、厚0.9厘米（图22，7）。

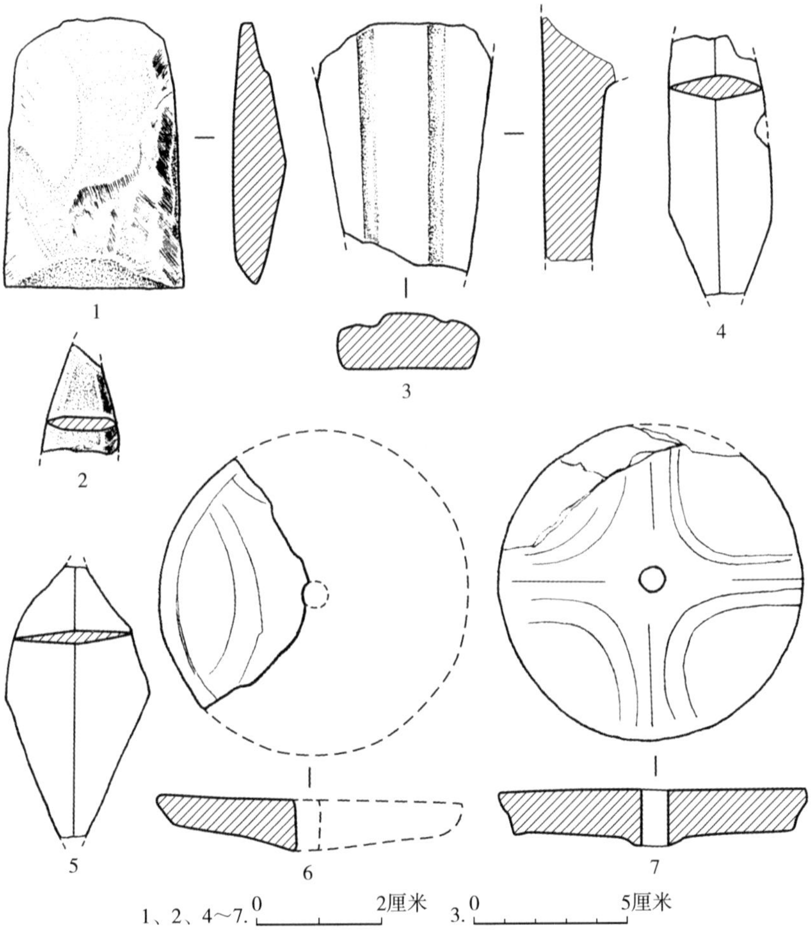

图22　谢家滩、罗家滩遗址采集遗物
1.石锛（谢家滩采：1）　2、4、5.石镞（罗家滩采：3、罗家滩采：4、罗家滩采：5）　3.陶鼎足（谢家滩采：2）　6、7.陶纺轮（罗家滩采：1、罗家滩采：2）

（二二）罗家咀遗址

位于宁乡市流沙河镇瓦子坪村十三组（原万水村茶园组）的二级台地上，台地高出周围一级台地约5米，地表现为农田，面积约7000平方米。台地上分布的民居和水塘对遗址造成一定程度的破坏，台地断面暴露的黄褐色文化层堆积厚约0.4米。采集的遗物有石斧、石锛、陶釜鼎口沿、陶鼎足等。

石锛　1件（采：2）。平面呈梯形，弧顶，平背，弧刃。局部磨光。长4.4、宽3.8、厚0.8厘米（图23，2）。

石斧　1件（采：3）。平面呈梯形，弧顶，横截面为扁椭圆形，弧刃，刃部有残损痕迹。局部磨光。长10、宽7.4、厚3厘米（图23，1）。

陶鼎足　1件（采：1）。夹砂红陶。平面呈梯形，横截面为宽扁形。素面。残高6.6厘米（图23，3）。

陶釜鼎口沿　1件（采：4）。夹砂红陶。宽折沿，沿面内凹。素面。残高4.4、残宽5厘

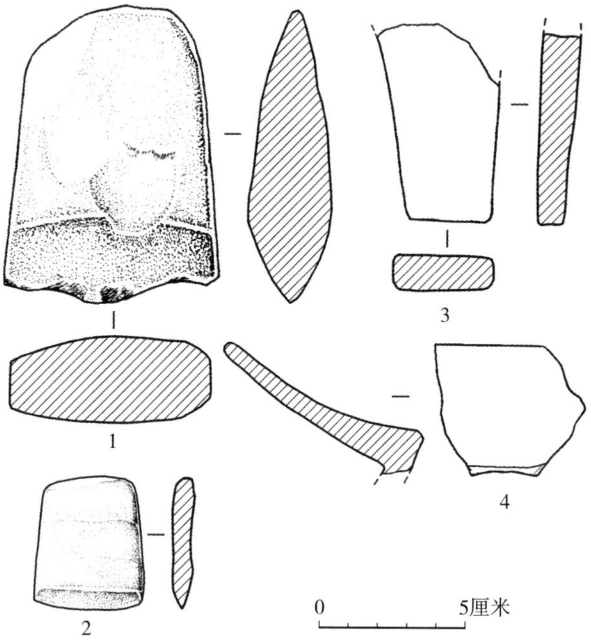

图 23　罗家咀遗址采集遗物
1.石斧（采：3）　2.石锛（采：2）　3.陶鼎足（采：1）
4.陶釜鼎口沿（采：4）

米（图23，4）。

（二三）田塅里遗址

位于宁乡市流沙河镇桃树湾村田塅组的二级台地上，台地高出周围一级台地约3～5米，地表现为荒地，面积约15000平方米。台地中部分布的水塘对遗址造成了一定程度的破坏，台地断面暴露的灰褐色文化层堆积厚约0.3米。采集遗物有砺石、石锛、石器、石镞、陶鼎足、陶杯等。

砺石　1件（采：1）。正面有磨面，磨痕明显。残长13、残宽6.4、厚0.8～2.6厘米（图24，1）。

石锛　1件（采：2）。平面呈梯形，弧顶，器身扁平，弧背，弧刃。通体磨光，表面留有琢击疤痕。长5.7、宽3.5、厚1厘米（图24，2）。

石器　1件（采：3）。平面呈梯形，器身扁薄，双面刃。通体磨光。残长4.7、宽1.4、厚0.3厘米（图24，3）。

石镞　1件（采：4）。锋尖残件。残长2.4厘米（图24，4）。

陶鼎足　1件（采：5）。夹砂红陶。平面呈梯形，横截面为椭圆形。素面。残高6.5厘米（图24，5）。

陶杯　1件（采：6）。夹砂红陶。侈口，斜腹，矮圈足。素面。口径7、残高9.4、底径3.8厘米（图24，6）。

（二四）唐家塅遗址

位于宁乡市流沙河镇瓦子坪村唐家塅的二级台地上，台地高出周围一级台地约1.5～2米，地表现为农田和荒地，面积约6000平方米。台地东北部分布的民居和水塘以及农业生产活动对遗址造成了一定程度的破坏，台地断面暴露的黄褐色文化层堆积厚约1米。采集的遗物有石刀、陶鼎足等。

石刀　1件（采：1）。残件。残长4、残宽4.2、厚0.4厘米（图25，1）。

陶角状把手　1件（采：2）。夹砂红陶。素面。残长6厘米（图25，2）。

陶鼎足　2件。横截面为宽扁形。采：3，夹砂红陶。正面有浅刻槽。残高3.5厘米（图25，3）。采：4，夹砂红陶。正面饰雨点纹。残高4厘米（图25，4）。

（二五）鸡里坪遗址

位于宁乡市青山桥镇田心村五组的台地上，台地高出周围一级台地约3～5米，地表现为荒地，面积约15000平方米。台地西南部断面暴露的黄褐色文化层堆积厚约0.5米。采集的遗物有陶盆口沿等。

陶盆　1件（采：1）。夹砂灰陶。平折沿。腹部饰瓦楞纹。复原口径32.4、残高5厘米（图26，1）。

（二六）赤塅遗址

位于宁乡市流沙河镇赤新村赤塅组的二级台地上，高出周围一级台地约5米，台地上分布的水塘、民居以及原大田方乡人民供销社旧址对遗址造成严重破坏，现存面积约700平方米。台地断坎处暴露的灰褐色文化层堆积厚约0.4米。采集的遗物仅有少量碎陶片，表面饰绳纹和菱形填线纹，可辨器形仅有罐底。

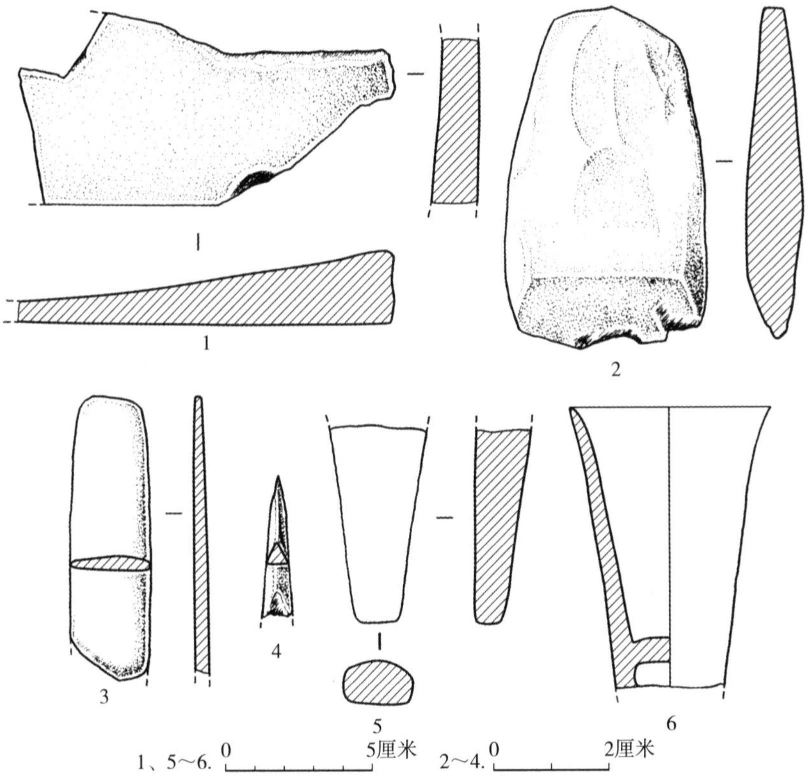

图24　田塅里遗址采集遗物
1.砺石（采：1）　2.石锛（采：2）　3.石器（采：3）　4.石镞（采：4）　5.陶鼎足（采：5）　6.陶杯（采：6）

陶罐底　1件（采：1）。泥质灰陶。平底。表面饰菱形填线纹。复原底径10、残高6厘米（图26，2）。

（二七）老屋湾遗址

位于宁乡市流沙河镇莲花桥村五亩组草冲中学背后的台地上，台地高出周围一级台地约3米，地表现为荒地，面积约23000平方米。台地上分布的民居、水塘及近现代的生产活动对遗址造成了一定程度的破坏，台地断面暴露的黄褐色文

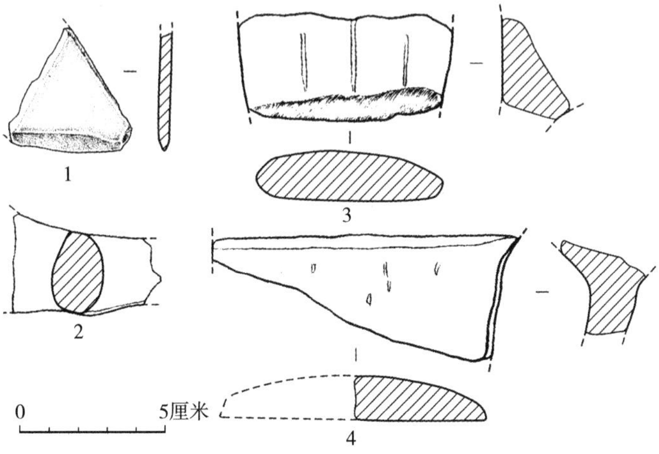

图25　唐家塅遗址采集遗物
1.石刀（采：1）　2.陶角状把手（采：2）　3、4.陶鼎足（采：3、采：4）

化层堆积厚约0.4米。采集的遗物有陶鼎足和部分残陶片，质地分为夹砂和泥质，表面饰绳纹、戳印纹等。

陶鼎足　2件。采：1，夹砂红陶。平面呈圆锥形，横截面为圆形。正面有一道深刻槽。残高3.6厘米（图27，1）。采：2，夹砂黑陶。平面呈梯形，横截面为长方形。正面饰绳纹。残高4.5厘米（图27，6）。

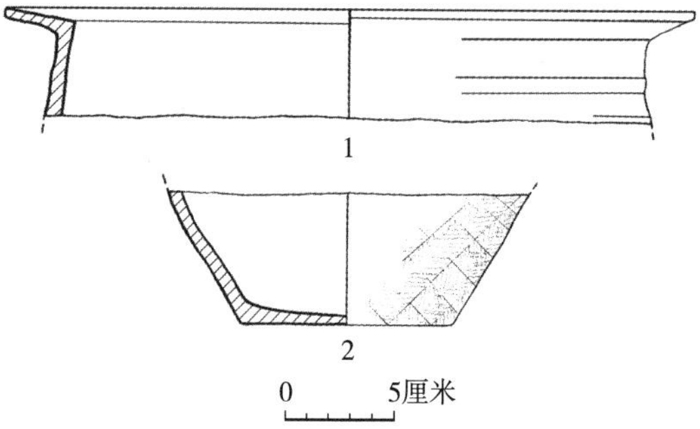

图 26　鸡里坪、赤瑕遗址采集陶器
1.盆（鸡里坪采：1）　2.罐底（赤瑕采：1）

（二八）白园遗址

位于宁乡市流沙河镇白园村木兰组（大屋组）的二级台地上，台地高出周围一级台地约2米，地表现为农田，面积约25000平方米。台地上分布的水塘、民居对遗址造成一定程度的破坏，台地断面暴露的灰褐色文化层堆积（包含红烧土颗粒）厚约0.3米。采集的遗物有少量陶片，可辨器形为鼎足、罐口沿。

陶鼎足　2件。夹砂红陶。采：1，横截面扁平。正面饰三道浅刻槽。残高5.2厘米（图27，5）。采：2，平面呈梯形，横截面为扁平长方形。素面。残高3.6厘米（图27，2）。

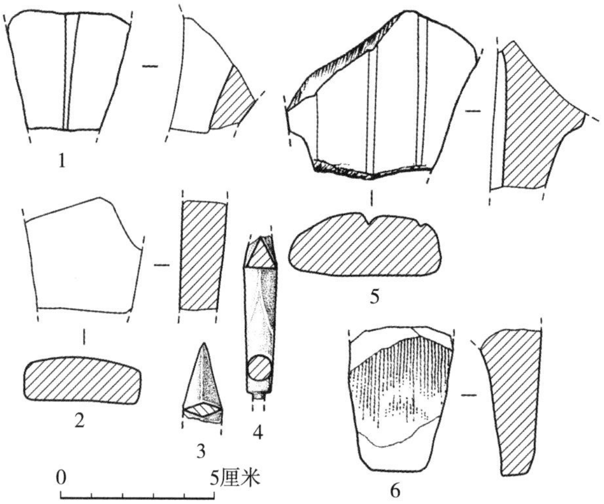

图 27　老屋湾、白园、后湾里遗址采集遗物
1、2、5、6.陶鼎足（老屋湾采：1、白园采：2、白园采：1、老屋湾采：2）　3、4.石镞（后湾里采：2、后湾里采：1）

（二九）后湾里遗址

位于宁乡市流沙河镇山林村西凤组里仁桥对面的二级台地上，台地高出周围一级台地约1.5～2米，地表现为荒地，面积约25000平方米。台地断面暴露的黄褐色文化层堆积厚约1.2米。采集的遗物有石镞、残陶片等，陶片均为夹砂陶，表面饰绳纹，器形难辨。

石镞　2件。采：1，残。前锋为三棱形，镞身横截面为圆形，圆锥形铤。通体磨光。残长5、直径1厘米（图27，4）。采：2，铤部残件。残长2.5、宽1.3、厚0.4厘米（图27，3）。

（三〇）华丰桥遗址

位于流沙河镇大田方村二组（原华丰村刘家组）华丰桥杨华江北岸的一级台地上，地表现为水稻田。据当地村民介绍，遗址东侧不远处原分布有一处砖窑，早年曾在遗址分布区域烧砖取土，对遗址造成严重破坏。经钻探确认，遗址堆积分为3层：第1层为青灰色耕土，厚约40厘米；第2层为浅黄色土，厚约30厘米；第3层为褐色粉沙土，含烧土颗粒、碎陶片、炭屑等。第3层以下为纯净的黄色沙土堆积（生土）。现存面积约2000平方米。村民回忆早年曾在遗址紧邻的杨华江河滩上采集到石斧等器物标本。本次调查仅在个别探孔采集到零星夹砂灰陶和夹砂褐陶的碎陶片（一块表面饰细绳纹）。

（三一）笋子坳遗址

位于宁乡市老粮仓镇回春堂村笋子坳组的二级台地上，台地高出周围一级台地约3米，地表现为农田，近现代的农业生产和开田取土活动对遗址造成了严重破坏，现存面积约3000平方米。台地断面暴露的灰褐色文化层堆积厚约0.5米。采集的遗物有砺石和少量残陶片。陶片质地分为夹砂红陶（一块表面饰粗绳纹）和硬陶（表面饰方格纹），可辨器形仅有圈足。

砺石　1件（采：1）。平面呈长方形。正面有磨面，磨痕明显。残长16.8、宽13.6、厚3～4厘米（图28，1）。

陶圈足　1件（采：2）。夹砂红陶。表面饰有镂孔。复原底径10、残高4.4厘米（图28，2）。

（三二）小胡山遗址

位于老粮仓镇回春堂村二组（原小胡山组）杨华江岸边的二级台地上，距笋子坳遗址直线距离约200米，遗址高出周围一级台地农田地表约2米。根据走访当地村民得知，遗址大部分区域已被烧砖取土破坏，现存区域被民居占压，面积约2000平方米。台地断面暴露的灰褐色文化层堆积厚约1米，采集有部分碎陶片，质地有夹砂褐陶、夹砂黑陶和泥质红胎黑皮陶，表面饰绳纹，可辨器形仅有器耳、罐口沿。

器耳　1件（采：1）。夹砂褐陶。绳索状。宽8.8、高6.8厘米（图28，4）。

（三三）向家洲遗址

位于宁乡市老粮仓镇回春村（原向前村）倒座组楚江南岸的一级台地上，与花草坪遗址隔楚江相望，直线距离约200米。地表现为水稻田，经钻探确认，面积约60000平方米。

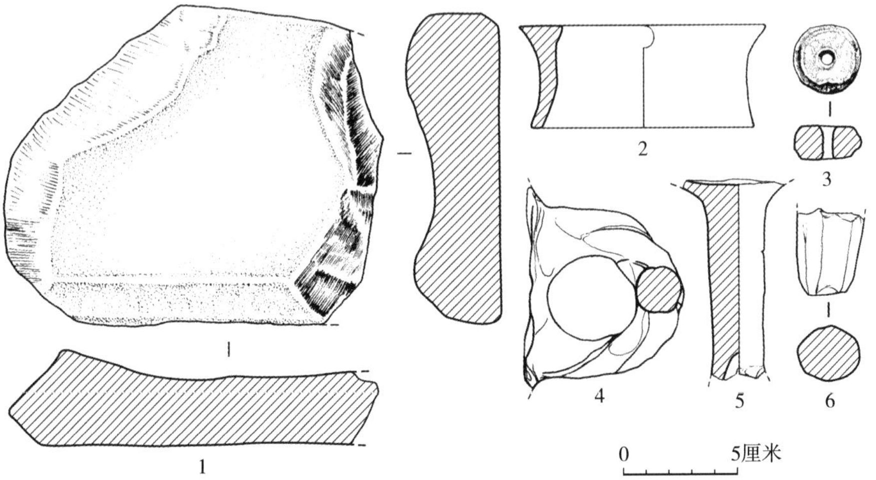

图28　笋子坳、小胡山、向家洲遗址采集遗物
1.砺石（笋子坳采：1）　2、6.陶圈足（笋子坳采：2、向家洲采：2）　3.石纺轮（向家洲采：1）　4.陶器耳（小胡山采：1）　5.陶豆柄（向家洲采：3）

遗址堆积分为2层：第1层为青灰色耕土层，厚约0.3米；第2层为灰褐色文化层堆积，厚约0.7米，包含炭屑、烧土颗粒、碎陶片等。第2层以下为黄褐色生土堆积。在探孔中以及西南部水塘断面上采集到陶鼎足、豆柄及印纹硬陶残片（表面饰小方格纹）等遗物。

石纺轮　1件（采：1）。圆饼形，弧边，中有一孔。底径3、孔径0.5～0.6、厚1.5厘米（图28，3）。

陶鼎足　1件（采：2）。夹砂红陶。柱状。残高3.7厘米（图28，6）。

陶豆柄　1件（采：3）。泥质橙黄陶。实心柱状。残高8.4厘米（图28，5）。

（三四）花草坪遗址

位于宁乡市老粮仓镇唐市社区双新组楚江北岸的一级台地上，面积约45000平方米，现为宁乡市市级文物保护单位。2001年、2014年，湖南省文物考古研究所对其进行了两次发掘，确认为一处大溪文化时期（堆子岭文化）的聚落遗址[7]。

（三五）大沙冲遗址

位于宁乡市老粮仓镇星石村三组大沙冲（当地又称瓦家屋场）的二级台地上，台地顶部高出周围一级台地农田约7米，地表现为荒地，面积约10000平方米。台地断面暴露的文化层堆积可分为两层：上层为灰褐色堆积，厚约0.5米；下层为浅黄色堆积，厚约0.3米。采集的遗物有石镞、陶豆柄、陶鼎足、板瓦等。

石镞　1件（采：1）。平面呈宽叶形，镞身横截面为菱形，两面有脊，圆锥形铤，镞身与铤分界明显。通体磨光。残长4.7、宽1.7、厚0.7厘米（图29，5）。

陶鼎足　1件（采：2）。夹砂红陶。横截面为宽扁形。素面。残高4厘米（图29，8）。

陶豆柄　1件（采：3）。泥质红胎黑皮陶。素面。残高3.2厘米（图29，6）。

板瓦　1件（采：4）。夹砂红陶。表面饰绳纹。残长10.8、宽13.6、厚1.2厘米（图29，1）。

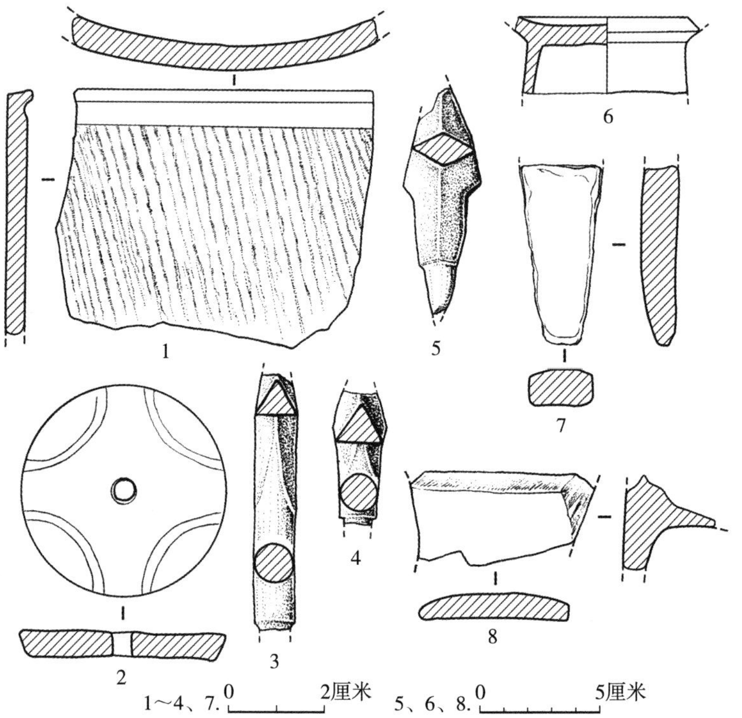

图29　大沙冲、庙滩上、台上湾遗址采集遗物

1.板瓦（大沙冲采：4）　2.陶纺轮（台上湾采：1）　3～5.石镞（庙滩上采：2、庙滩上采：1、大沙冲采：1）　6.陶豆柄（大沙冲采：3）　7、8.陶鼎足（台上湾采：2、大沙冲采：2）

（三六）庙滩上遗址

位于宁乡市老粮仓镇竹溪村十三组的二级台地上，台地高出周围一级台地约3米，地表现为农田，面积约12000平方米。台地断坎处暴露的灰褐色文化层堆积厚约0.3米。采集的遗物有石镞和部分碎陶片（质地分为夹砂红陶、黑陶和泥质灰陶，个别饰绳纹）等。

石镞　2件。残件。前锋为三棱形，镞身横截面为圆形。采：1，残长2.7、直径1.1厘米（图29，4）。采：2，残长5.3、直径0.9厘米（图29，3）。

（三七）台上湾遗址

位于宁乡市老粮仓镇毛公村十组（原红山村仙竹组）青年水库边的二级台地上，台地高出周围一级台地约4米，地表现为农田和荒地，面积约7000平方米。根据断面清理和钻探确认遗址地层堆积可分为2层：第1层为黄褐色表土，厚约0.4米；第2层为褐色沙土，含红烧土块、炭屑、碎陶片等，厚约0.8～1米，为文化层堆积。第2层以下为红褐色生土堆积（含粗沙颗粒）。采集的遗物有陶纺轮、鼎足及少量陶片（泥质黑皮陶）。

陶纺轮　1件（采：1）。夹砂褐陶。圆饼形，上面小，下面大，中有一孔。下面饰对称的几何形弧线纹。直径4.4、孔径0.4、厚0.6厘米（图29，2）。

陶鼎足　1件（采：2）。夹砂红陶。平面呈梯形，横截面为长方形。残高7.5厘米（图29，7）。

（三八）金沙湾遗址

位于宁乡市老粮仓镇金洪村金胡组楚江支流西南的二级台地上，台地高出周围一级台地约3～5米，地表现为农田和荒地，面积约11000平方米。通过清理断面和钻探确认遗址堆积分为2层：第1层为黄褐色耕土，厚约0.4米；第2层为灰褐色堆积（包含红烧土），厚约0.55厘米。第2层以下为黄褐色生土。采集有陶釜鼎口沿、鼎足、鬶及少量陶片等。

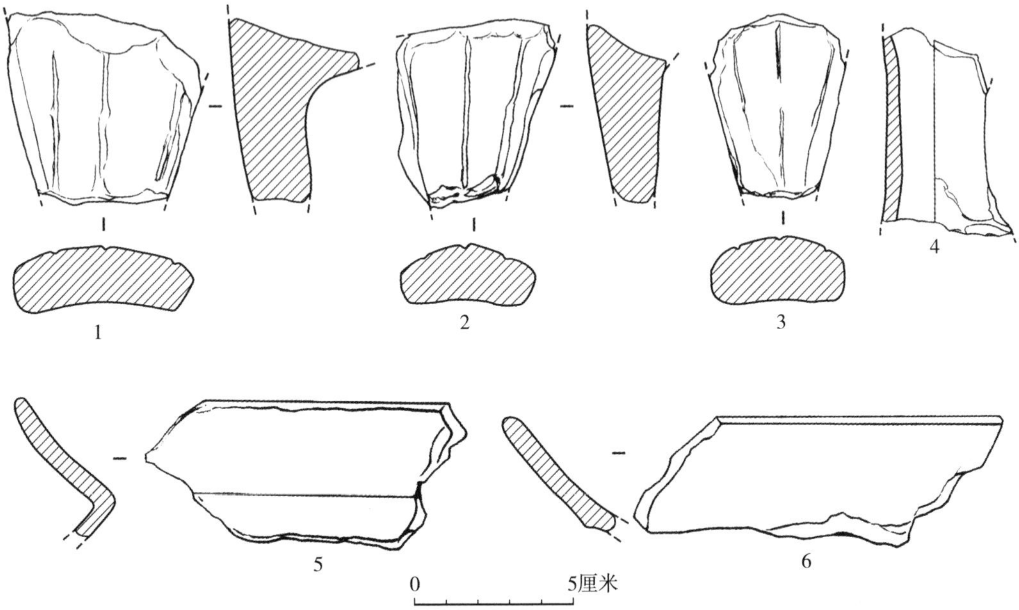

图30　金沙湾遗址采集陶器
1～3.鼎足（采：1、采：2、采：3）　4.鬶（采：4）　5、6.釜鼎口沿（采：5、采：6）

陶鼎足　3件。采：1，夹砂红陶。正面饰三道浅刻槽。残高6厘米（图30，1）。采：2，夹砂红陶。正面饰三道浅刻槽。残高5.5厘米（图30，2）。采：3，夹砂红陶。正面饰三道浅刻槽。残高5.5厘米（图30，3）。

陶鬶　1件（采：4）。泥质红陶。颈部残件。残高6.1厘米（图30，4）。

陶釜鼎口沿　2件。采：5，夹砂褐陶。宽折沿，方唇。素面。残宽10、残高4.8厘米（图30，5）。采：6，夹砂褐陶。宽折沿，方唇。素面。残宽4、残高11.2厘米（图30，6）。

（三九）刘家湾遗址

位于宁乡市老粮仓镇金洪村（原粮丰村）刘家湾组，地处楚江北岸的一级台地上，地表现为水稻田，面积约30000平方米。本次复查时通过观察遗址中心区域一户村民修建化粪池挖出的土，发现遗址文化层堆积为包含大量红烧土块的灰褐色堆积，结合稻田区域钻探，确认遗址中心区域文化层堆积厚约1米，"二普"调查时采集有陶鼎、鬲、罐、豆以及石斧等器物，本次复查时采集到陶豆柄、石锛、陶鼎足等。

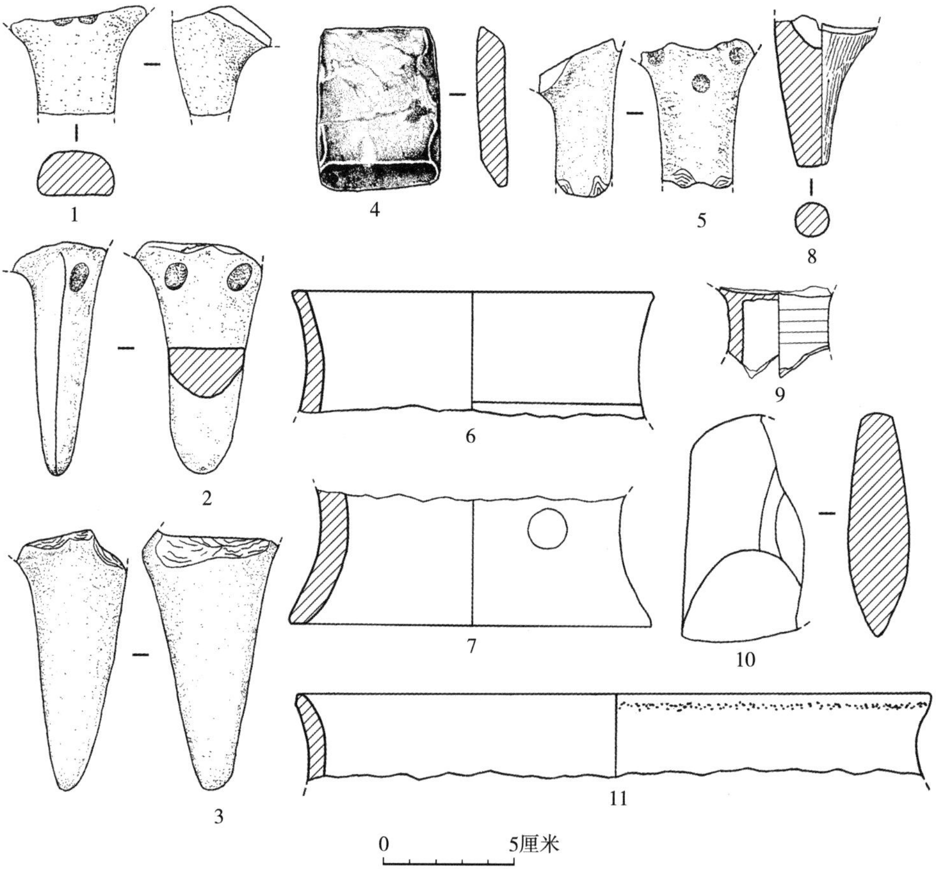

图31　刘家湾遗址采集遗物

1～3、5.陶鼎足（采：4、采：2、采：1、采：3）　4.石锛（采：11）　6、11.陶罐（采：7、采：9）　7.陶圈足（采：6）　8.陶鬲足（采：5）　9.陶豆柄（采：10）　10.石斧（采：8）　（4、9为复查采集，其余为普查采集[8]）

陶鼎足　4件。采：1，夹砂橙黄陶。圆锥形。残高9.7厘米（图31，3）。采：2，夹砂橙黄陶。圆锥形。足根部有按窝。残高8.7厘米（图31，2）。采：3，夹砂褐陶。足根部有按窝。残高5.7厘米（图31，5）。采：4，夹砂橙黄陶。横截面呈扁椭圆形。足根部有按窝。残高4.3厘米（图31，1）。

陶鬲足　1件（采：5）。夹砂红陶。柱足。表面饰绳纹。残高5.7厘米（图31，8）。

陶圈足　1件（采：6）。夹砂橙黄陶。表面饰镂孔。底径14.3、残高5厘米（图31，7）。

陶罐　2件。高领，直口微侈。素面。采：7，泥质黑陶。口径14.2、残高4.8厘米（图30，6）。采：9，口径25、残高3.2厘米（图31，11）。

陶豆柄　1件（采：10）。夹砂褐陶。表面饰弦纹。底径4、残高3.5厘米（图31，9）。

石斧　1件（采：8）。平面呈梯形，弧顶，横截面呈扁椭圆形，弧刃。通体磨光。高8.5、残宽4.7、厚2.4厘米（图31，10）。

石锛　1件（采：11）。平面呈长方形，平背，斜刃。刃部磨光。长6.2、宽4.8、厚1.1厘米（图31，4）。

（四〇）桐子山遗址

位于宁乡市老粮仓镇金洪村（原仙洪坝村）五组楚江支流南岸的二级台地上，益娄高速公路自遗址中部穿过，地表现为荒地，面积约9000平方米。为配合益娄高速公路建设，2014年11～12月，湖南省文物考古研究所、宁乡县文物局对遗址进行了考古发掘，确认遗址第6层及部分打破该层的遗迹的年代为商时期[9]。

（四一）划船湾遗址

位于宁乡市老粮仓镇双藕村双江组的二级台地上，台地高出周围一级台地约2～3米，地表现为农田和荒地及民居等。据走访当地村民得知，早年曾在遗址区域烧砖取土，发现有石器、陶片等。当地村民烧砖取土和建房等生产活动对遗址地貌造成了一定的破坏，现存面积约12000平方米。台地断面暴露的灰褐色文化层堆积厚约1米。采集的遗物有陶鼎足、陶罐口沿等。

陶鼎足　2件。采：1，夹砂橙黄陶。平面呈长方形，横截面呈扁椭圆形。正面饰三道浅刻槽。残高10厘米（图32，1）。采：2，夹砂红陶。平面呈圆锥形，横截面为圆形。正面有按窝及浅刻槽。残高6.6厘米（图32，2）。

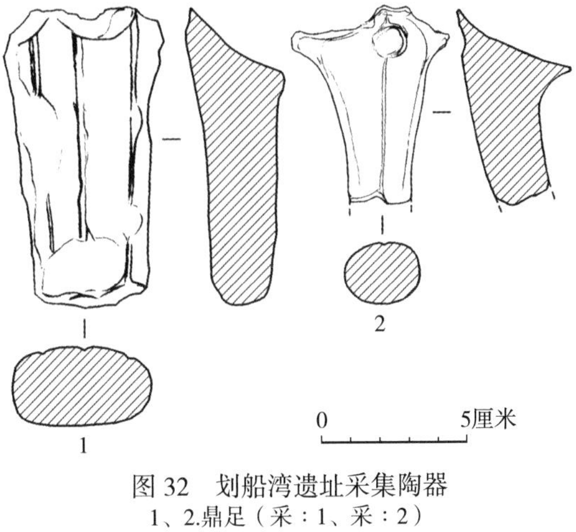

图32　划船湾遗址采集陶器
1、2.鼎足（采：1、采：2）

三、初步认识

（一）遗址年代及文化序列

区域系统调查方法实施的前提之一，是调查区域的考古学文化谱系清晰，为讨论区域的聚落变迁建立大致的年代框架[10]。由于该区域内考古学文化序列尚未建立，对其文化面貌缺乏足够的认识，尤其是夏商时期文化遗存年代和属性的判断，因缺乏清晰的参考标尺存在一定困难。对于调查遗址年代和文化属性的判断，主要是参考湘江流域所构建的文化序列[11]而进行大致的推断。

1.大溪文化时期

目前楚江流域的文化遗存最早可追溯至大溪文化时期，代表性遗址仅有花草坪遗址1处。据发掘者介绍[12]，遗址文化内涵属堆子岭文化的一个地方类型。

2.石家河文化

罗家冲遗址是楚江流域目前唯一一处经过系统发掘的包含丰富石家河文化遗存的遗址点，且遗址主体年代自新石器时代末期延续至商周时期，堆积序列相对完整，为认识其他遗址点的年代和文化内涵提供了重要参考。罗家冲遗址早期遗存中的陶盆形鼎、折腹豆、圈足杯、斜腹杯、鬶、器盖、宽扁长方形鼎足、红陶大口缸等表明其与石家河文化中心区典型器物面貌较为接近，正面饰刻槽、按窝等纹饰的陶圆锥形鼎足、盂形器、圆饼形器盖捉手、长颈壶等器物和以绳纹为主的装饰风格，表明其与邻近的岱子坪遗址二、三期遗存关系密切，同时也有正面饰刻槽的宽扁形陶鼎足、饰几何形刻划纹的陶纺轮、敛口束颈陶罐、喇叭口陶罐、绳索状陶器耳等为代表的地域性文化因素[13]。

调查表明，此类遗存在楚江流域有广泛的分布，参照岱子坪遗址、罗家冲遗址石家河文化遗存的特征，可将石门口遗址、聂家冲遗址、杨家塅遗址、螺丝冲遗址、学堂坳遗址、花园塘遗址、堆子山遗址、颜家冲遗址、月形山遗址、景德观遗址、兰玉山遗址、钦家塅遗址、仑上遗址、谢家滩遗址、罗家滩遗址、罗家咀遗址、田塅里遗址、唐家塅遗址、老屋湾遗址、白园遗址、小胡山遗址、大沙冲遗址、台上湾遗址、金沙湾遗址、刘家湾遗址、划船湾遗址这26处遗址的主体或部分年代推断为石家河文化。庙滩上遗址、后湾里遗址，根据调查采集的三棱形石镞[14]，推测年代也应属于该时期。

白鹤山遗址虽采集标本较少，参考采集陶片的纹饰特征，推测其年代大致属于石家河文化时期或稍晚。中心林场、阴三坝、梅家湾、鸡里坪和华丰桥5处遗址点因标本较少或特征不典型，时代有待进一步确定。

3.夏商周时期

目前对于沩水流域夏商时期的文化面貌认识还较为模糊，罗家冲遗址出土有陶筒形器、马鞍形石刀、陶双沿罐、陶甗形器等夏商时期具有地域文化传统因素的器物[15]，如筒形器在湘东地区新石器时代末期至商时期的遗存中一直存在[16]，双沿罐主要发现于赣鄱及鄂东南地区新石器时代末期至商周时期的遗存中[17]，马鞍形石刀是吴城遗址土著文化因素中最具代表性的器物之一[18]，甗形器是赣东地区万年文化的器物组合之一，代表了赣鄱地区土著居民固有的文化传统[19]，吴城文化及费家河文化中所见的甗形器均是受其影响的产物。上述器物的出土表明罗家冲遗址内存在该时期的遗存，其他未经发掘的遗址，因缺少典型标本作参考，暂时无法做出准确的判断。

赤塅遗址采集的泥质灰陶罐底表面饰菱形填线纹（叶脉纹）的特征，表明其年代大致应为商周时期。

根据罗家冲遗址晚期遗存中出土的大口绳纹陶鬲口沿及柱状陶鬲足、陶豆等[20]，刘家湾遗址采集的夹砂红陶柱状鬲足，大沙冲遗址采集的绳纹板瓦，向家洲遗址采集的泥质橙黄陶实心豆柄等典型遗物，表明这几处遗址内应存在周时期的文化遗存，可能已受到楚文化的影响。

从目前调查的情况看，除少数遗址从新石器时代末期延续至商周时期外，多数遗址堆积性质较为单纯，遗址年代的共时性较强，文化面貌具有高度的一致性。值得注意的是，区域内遗址年代序列并不完整，遗址分布存在早晚不对称的现象，早期遗址点较为少见，在大溪文化至石家河文化之间存在空白和缺环。虽然不排除有尚未发现的可能性，但从整个宁乡地区已掌握的普查资料看，仍然较为罕见。有学者曾指出："堆子岭文化之后，湘江流域有过一段文化空白。约在距今5000～4500年间，形成一支面貌更为复杂的文化，湘乡岱子坪一期为其典型代表。"[21]楚江流域早期遗址点的缺失或许也是这种文化空白的反映。

（二）遗址分布规律

目前调查发现的遗址点主要分布于楚江及其大小支流沿岸背靠低矮山包、地势平坦的二级台地上（即山包向一级台地过渡的山前台地或岗地上），一般高出周围一级台地1～2米至5～7米不等，山包海拔大致在150～300米。仅有4处遗址点分布于一级台地，这种现象可能也与一级台地地势低平，可供观察的断面较少，遗址发现的难度较大不无关系。限于地形，遗址面积一般不大，保存完整的遗址面积多在10000～30000平方米。

"聚落的存在不仅与自然地理相关，也与周边聚落有着十分密切的关系。聚落群是由时空特征相近，具有密切关系的一组聚落构成，往往距离相近，年代相同是考察聚落的基本条件。"[22]分布于田坪水库周围的7处遗址点，直线距离大约500～900米不等，罗家冲遗址与周边的石家湾遗址、月形山遗址、景德观遗址、兰玉山遗址彼此之间的直线距离约300～900米不等，钦家塅遗址与仓上遗址直线距离约700米，白园遗址与后湾里遗址直线距离约750米，笋子坳遗址与小胡山遗址直线距离约200米。这些遗址点距离相近，文化内涵基本相同，已基本具备构成同一聚落群的条件，参照江西地区发现的先秦时期聚落群的分布特征和规律[23]，我们认为可以将其视为同一聚落遗址群。

附记：本文为长沙市文物考古研究所"沩水流域史前至商周时期文化遗址调查"课题成果之一。课题的实施得到了长沙市文化旅游广电局（长沙市文物局）的大力支持。项目领队为何佳，参加调查的人员有曹栋洋、李义红、胡明武、曾心鑫等，孙明、何晓亮参加了2013年的前期调查和2016年罗家冲遗址发掘期间对石家湾、月形山和景德观三处遗址的复查工作。本文线图由尚金山、曾心鑫绘制，整理工作由曹栋洋完成。

执笔者　曹栋洋　何　佳

注　释

[1] a. 先后于1959年在老粮仓镇师古寨山顶出土铜铙5件，1974年在老粮仓镇唐市陈家湾楚江岸边出土铜铙1件，1978年在老粮仓镇望北峰山麓北峰滩出土铜铙2件，1987年在老粮仓镇毛公桥乡寺塘村出

土铜甬钟1件，1993年在老粮仓镇师古寨山顶出土铜铙2件、西北坡（在栗山坡）出土铜铙10件，1996年在横市镇滩山村金塘组楚江岸边台地上出土商代铜提梁卣1件。

b. 炭河里遗址管理处、宁乡县文物管理局、湖南大学岳麓书院：《宁乡青铜器》，岳麓书社，2014年。

c. 李乔生：《湖南宁乡县横市镇出土一件商代提梁卣》，《考古》1999年第11期。

[2] a. 湖北省文物考古研究所：《大洪山南麓史前聚落调查——以石家河为中心》，《江汉考古》2009年第1期。

b. 江西省文物考古研究所、江西樟树市博物馆：《江西清江盆地区域考古调查简报》，《南方文物》2012年第4期。

c. 湖北省文物考古研究所、中央民族大学民族学与社会学学院、武汉大学历史学院：《大洪山南麓陶家湖——笑城区域系统调查》，《江汉考古》2017年第5期。

[3] 长沙市文物工作队（现长沙市文物考古研究所）内部调查资料：《宁乡县古文化遗址调查资料汇编》，1989年。

[4] a. 长沙市文物考古研究所发掘资料。

b. 长沙市文物考古研究所：《宁乡罗家冲遗址2014～2015年发掘情况简报》，见《湖南省博物馆馆刊》第12辑，岳麓书社，2016年。

[5] 长沙市文物工作队（现长沙市文物考古研究所）内部调查资料：《宁乡县古文化遗址调查资料汇编》，1989年。

[6] 长沙市文物工作队（现长沙市文物考古研究所）内部调查资料：《宁乡县古文化遗址调查资料汇编》，1989年。

[7] 湖南省文物考古研究所等：《宁乡县花草坪新石器时代遗址》，《中国考古学年鉴（2015）》第259页，中国社会科学出版社，2016年。

[8] 长沙市文物工作队（现长沙市文物考古研究所）内部调查资料：《宁乡县古文化遗址调查资料汇编》，1989年。

[9] 湖南省文物考古研究所等：《宁乡县桐子山商代遗址》，《中国考古学年鉴（2015）》第259～260页，中国社会科学出版社，2016年。

[10] 中国国家博物馆、安徽省文物考古研究所：《安徽省当涂县姑溪河流域区域系统调查简报》，《东南文化》2014年第5期。

[11] a. 湘江流域新石器时代的文化序列为：黄家园类型→大塘文化→堆子岭文化→岱子坪一期文化→磨山晚期、舵上坪类型（或岱子坪类型）。

b. 郭伟民：《湘江流域新石器文化序列及相关问题》，《华夏考古》1999年第3期。

c. 尹检顺：《湘江流域原始文化初论》，《南方文物》1999年第4期。

d. 湘江下游青铜文化序列为：铜鼓山一期遗存、樟树塘类遗存→费家河文化→炭河里文化→越人墓葬遗存→楚文化遗存。

e. 向桃初：《湘江流域商周青铜文化研究》第26～208页，线装书局，2008年。

[12] 湖南省文物考古研究所等：《宁乡县花草坪新石器时代遗址》，《中国考古学年鉴（2015）》第259页，中国社会科学出版社，2016年。

[13] 长沙市文物考古研究所、宁乡市文物局：《湖南宁乡罗家冲遗址石家河文化遗存发掘简报》，《考古》待刊。

[14] a. 有学者研究表明：石家河文化晚期及后石家河文化阶段，江汉地区三棱镞分布较为普遍，基本覆盖了石家河文化的整个分布范围，看不出明显分区，在随枣走廊一带稍显密集。值得注意的是，石家河

文化早期即出现了石质的三棱镞，且以后本区域三棱镞一直以石质为主。石家河文化鼎盛时期曾对湘中和赣鄱一带古文化产生了较大影响，三棱镞之所以能远波到桂北地区，可能肇始于江汉地区族群向东向南的文化辐射。

b. 王清刚：《试论龙山时期的三棱镞》，《江汉考古》2017 年第 5 期。

[15] 长沙市文物考古研究所等:《湖南宁乡罗家冲遗址 1 号建筑基址发掘简报》,《中原文物》2020 年第 4 期。

[16] a. 主要发现于岱子坪遗址三期遗存、株洲攸县黄家坳遗址、浏阳樟树塘遗址上层遗存、茶陵独岭坳遗址晚期遗存中。

b. 湖南省博物馆：《湘乡岱子坪新石器时代遗址》，见《湖南考古辑刊》第 2 辑，岳麓书社，1984 年。

c. 株洲市博物馆、攸县文物管理所：《湖南攸县商周遗址调查报告》，见《湖南考古辑刊》第 6 辑，求索杂志社，1994 年。

d. 湖南省文物考古研究所：《湖南浏阳城西樟树塘遗址发掘的主要收获》，《考古》1994 年第 11 期。

e. 席道合:《试论独岭坳与磨山遗址的分期、年代与文化属性》,见《湖南考古辑刊》第 7 辑,求索杂志社,1999 年。

[17] a. 主要发现于大冶蟹子地、阳新大路铺、湖口城墩坂新石器时代末期遗存和铜鼓平顶垴遗址商周时期的遗存中。

b. 湖北省文物考古研究所、黄石市博物馆：《湖北大冶蟹子地遗址 2009 年发掘报告》，《江汉考古》2010 年第 4 期。

c. 湖北省文物考古研究所等：《阳新大路铺》第 43、44 页，文物出版社，2013 年。

d. 石钟山文物管理所：《江西湖口城墩坂新石器时代遗址》，《南方文物》1991 年第 3 期。

e. 江西省文物考古研究所、铜鼓县秋收起义纪念馆：《江西铜鼓平顶垴遗址发掘简报》，《文物》2012 年第 6 期。

[18] a. 除吴城之外主要在浏阳樟树塘遗址上层、萍乡禁山下三期遗存、修水山背遗址群（凌源遗址）和阳新大路铺遗址商周时期的遗存中有所发现，以吴城遗址最为丰富。

b. 江西省文物考古研究所、樟树市博物馆：《吴城：1973 ～ 2002 年考古发掘报告》第 117、118、411 页，科学出版社，2005 年。

c. 湖南省文物考古研究所：《湖南浏阳城西樟树塘遗址发掘的主要收获》，《考古》1994 年第 11 期。

d. 江西省文物考古研究所、萍乡市博物馆：《江西萍乡市禁山下遗址的发掘》，《考古》2002 年第 12 期。

e. 江西省文物管理委员会：《江西修水山背地区考古调查与试掘》，《考古》1962 年第 7 期。

f. 湖北省文物考古研究所等：《阳新大路铺》第 295、296 页，文物出版社，2013 年。

[19] 赵东升：《试论江西万年文化的年代、分期及相关问题》，《东南文化》2009 年第 2 期。

[20] 长沙市文物考古研究所等:《湖南宁乡罗家冲遗址 1 号建筑基址发掘简报》,《中原文物》2020 年第 4 期。

[21] 尹检顺：《湘江流域原始文化初论》，《南方文物》1999 年第 4 期。

[22] 江西省文物考古研究所等:《江西抚河流域先秦时期遗址考古调查报告Ⅰ(乐安县·宜黄县)》第 352 页，文物出版社，2015 年。

[23] a.1961 年江西省文物管理委员会在修水县山背村山间盆地内东西长 5、南北宽 4 公里的范围内调查发现遗址 43 处，遗址间距 50 ～ 200 米不等，面积最大的约 2250 平方米，最小的约 200 平方米。遗址主要含有两种遗存，一种是“印纹硬陶”遗存，时代为商周时期，一种是“红陶”遗存，时代为新石器时代晚期后段（山背文化），且多数遗址都包含这两类遗存。

b. 江西省文物管理委员会：《江西修水山背地区考古调查与试掘》，《考古》1962 年第 7 期。

c.2014 年江西省文物考古研究所等单位在江西抚河流域调查时，在乐安县发现的双牛山遗址群、松山遗址群和在宜黄县发现的崇仙亭遗址群。

d. 江西省文物考古研究所等:《江西抚河流域先秦时期遗址考古调查报告Ⅰ(乐安县·宜黄县)》第352、353页,文物出版社,2015年。

附表　　楚江流域先秦遗址调查统计表

序号	遗址名称	位置	中心坐标			面积(平方米)	地貌	时代	备注
			北纬	东经	海拔				
1	石门口	青山桥镇竹峰村	27° 58'44.28"	112° 00'10.05"	244	现存1000	山前台地	石家河文化	
2	中心林场	青山桥镇竹峰村	27° 59'01.61"	112° 00'07.35"	247	现存250	山前台地	不详	
3	聂家冲	青山桥镇竹峰村	27° 59'18.20"	112° 00'04.15"	244	现存10000	山前台地	石家河文化	
4	杨家塅	青山桥镇田坪村	28° 00'01.37"	112° 00'22.77"	245	现存3000	山前台地	石家河文化	
5	白鹤山	青山桥镇田坪村	不详	不详		现存2400	山坡台地	石家河文化?	"二普"
6	螺丝冲	青山桥镇田坪村	27° 59'31.80"	112° 00'09.21"	248	现存10000	山前台地	石家河文化	
7	学堂坳	青山桥镇田坪村	27° 59'09.76"	112° 00'24.70"	245	现存8000	山前台地	石家河文化	
8	花园塘	青山桥镇花园村	27° 56'21.61"	112° 01'04.40"	208	2000	二级台地	石家河文化	
9	阴三坝	青山桥镇楼霞新村	27° 55'35.44"	112° 01'12.52"	212	30000	二级台地	不详	
10	梅家湾	青山桥镇上流村	27° 55'42.46"	112° 02'42.27"	168	现存1000	山前台地	不详	
11	堆子山	青山桥镇上全村	27° 55'54.18"	112° 02'58.57"	160	22000	山前台地	石家河文化	"二普"
12	颜家冲	青山桥镇石狮村	27° 56'35.12"	112° 04'13.79"	158	8000	山前台地	石家河文化	
13	罗家冲	青山桥镇桥北村	27° 57'30.88"	112° 03'35.69"	158	现存25000	山前台地	石家河文化、商周	"二普""三普"
14	石家湾	青山桥镇桥北村	27° 57'16.77"	112° 04'08.08"	154	不详	山前台地	石家河文化、商周	"三普"
15	月形山	青山桥镇桥北村	27° 57'19.04"	112° 04'23.47"	151	20000	山前台地	石家河文化、商周	"二普"
16	景德观	青山桥镇桥北村	27° 57'34.73"	112° 04'51.66"	151	10000	山前台地	石家河文化、商周	"三普"
17	兰玉山	流沙河镇合兴村	27° 58'16.06"	112° 05'08.31"	147	现存3000	山前台地	石家河文化	
18	钦家塅	流沙河镇荷叶村	27° 59'01.03"	112° 05'47.75"	134	10000	二级台地	石家河文化	"二普"
19	仑上	流沙河镇鸿富村	27° 58'47.52"	112° 06'08.76"	140	20000	山前台地	石家河文化	
20	谢家滩	青山桥镇心田村	27° 56'48.42"	112° 06'09.14"	162	20000	二级台地	石家河文化	

续附表

序号	遗址名称	位置	中心坐标			面积（平方米）	地貌	时代	备注
			北纬	东经	海拔				
21	罗家滩	青山桥镇心田村	27° 56'51.77"	112° 06'39.54"	146	现存 3000	山前台地	石家河文化	
22	罗家咀	流沙河镇瓦子坪村	27° 57'22.69"	112° 07'31.26"	147	7000	山前台地	石家河文化	
23	田塅里	流沙河镇桃树湾村	27° 57'52.84"	112° 07'01.67"	141	15000	山前台地	石家河文化	
24	唐家塅	流沙河镇瓦子坪村	27° 58′43.33″	112° 7′39.45″	133	6000	山前台地	石家河文化	“二普”
25	鸡里坪	青山桥镇田心村	27° 55'03.60"	112° 07'14.11"	188	15000	山前台地	不详	
26	赤塅	流沙河镇赤新村	27° 56'53.90"	112° 09'19.32"	149	现存 700	山前台地	商周	
27	老屋湾	流沙河镇莲花桥村	28° 01'15.81"	112° 06'51.99"	144	23000	山前台地	石家河文化	
28	白园	流沙河镇白园村	28° 02'21.71"	112° 07'17.12"	155	25000	二级台地	石家河文化	
29	后湾里	流沙河镇山林村	28° 02'24.09"	112° 06'48.47"	150	25000	山前台地	石家河文化	
30	华丰桥	流沙河镇大田方村	27° 59'43.26"	112° 10'14.81"	123	现存 2000	一级台地	不详	
31	笋子坳	老粮仓镇回春堂村	28° 01'17.81"	112° 10'23.92"	122	现存 3000	二级台地	石家河文化	
32	小胡山	老粮仓镇回春堂村	28° 01'26.86"	112° 10'31.76"	118	现存 2000	二级台地	石家河文化	
33	向家洲	老粮仓镇回春堂村	28° 01'52.73"	112° 10'28.31"	115	60000	一级台地	商周	
34	花草坪	老粮仓镇唐市社区	28° 02'00.02"	112° 10'32.15"	116	45000	一级台地	堆子岭文化	2001 年
35	大沙冲	老粮仓镇星石村	28° 03'00.81"	112° 09'11.33"	132	10000	山前台地	石家河文化、商周	
36	庙滩上	老粮仓镇竹溪村	28° 03'27.14"	112° 09'41.15"	138	12000	山前台地	石家河文化	
37	台上湾	老粮仓镇毛公村	28° 03'47.38"	112° 08'12.25"	152	7000	山前台地	石家河文化	
38	金沙湾	老粮仓镇金洪村	28° 03'21.14"	112° 10'52.08"	127	11000	山前台地	石家河文化	
39	刘家湾	老粮仓镇金洪村	28° 03'11.93"	112° 11'56.66"	109	30000	一级台地	石家河文化、商周	“二普”
40	桐子山	老粮仓镇金洪村	28° 04'26.0"	112° 09'58.5"	129	9000	二级台地	商	2013 年
41	划船湾	老粮仓镇双藕村	28° 05'04.89"	112° 11'49.53"	113	12000	二级台地	石家河文化	

The Survey of Pre–Qin Period Sites in Chujiang River Basin of Ningxiang City, Hunan

Changsha Municipal Institute of Cultural Relics and Archaeology, Ningxiang Bureau of Culture, Tourism, Radio, Television and Sports

KEYWORDS: Ningxiang, Hunan   Chujiang Basin   Archaeological Survey   Pre-Qin Period

ABSTRACT: In 2013, 2018 and 2019 Changsha Municipal Institute of Cultural Relics and Archaeology and other institution conducted three systematic surveys. The surveys covered an area of about 300 sq km and they found 41 sites including Daxi Culture (Duiziling Culture), Shijiahe Culture, Shang and Zhou dynasties. The sites found in the surveys mainly distributed on the secondary platform on both sides of the river, and a small amount of the sites are distributed in the first level platform. Affected by the topography, the area of the sites is small. The well-preserved sites mostly cover an area of 10000-30000 sq m, and a few of them are more than 30000 sq m. The number of sites of the early period is different from the later ones. The number of Daxi Culture sites is smaller than Shijiahe Culture site. There are gaps between the two culture sites. The number of Shijiahe sites increased rapidly and cultural characteristics are clear. The survey and excavation of Luojiachong site provide an important reference for understanding the local features of Xia and Shang periods along the Wei river area and judging the age of other sites. This survey provides basic materials for constructing the archaeological cultural sequence of the Chujiang basin and exploring the settlement morphological characteristics in the region.

（特约编辑　新　华）

四川西昌市李家湾遗址新石器时代与唐代墓葬

四川省文物考古研究院
重庆师范大学西南考古与文物研究中心
凉山彝族自治州博物馆　西昌市文物管理所

关键词： 四川西昌　李家湾遗址　瓮棺葬　新石器时代　唐代

内容提要： 2017年2～6月，重庆师范大学西南考古与文物研究中心等对李家湾遗址进行了考古发掘，发现先秦及唐代的灰坑、灰沟、房址、柱洞、墓葬等遗迹600余处。其中新石器时代晚期瓮棺葬10座，平面形状均呈椭圆形，均为一大一小两陶瓮对扣斜置，个别瓮底中部有一圆形穿孔，瓮棺内人骨均不存，共出土陶瓮19件。唐代墓11座，均为竖穴土坑式，平面形状均呈长方形，墓内人骨均不存，随葬品一般放置在墓室南端，出土陶鼎7件、盆5件、罐2件、釜3件、钵2件，另外还有1件石刀和2枚铜钱。这两类遗存都系安宁河流域首次发现的新的遗存类型，为研究安宁河流域新石器时代晚期的考古学文化面貌、唐代埋葬习俗以及安宁河河谷与云南、川西北唐时期的文化交流提供了重要的实物资料。

一、发掘概况

李家湾遗址位于四川省西昌市礼州镇琅环乡五星村6组，地处安宁河中游西岸二级台地，地理坐标为东经102° 9'21"、北纬28° 4'40"，海拔1560米（图1）。2017年，为配合成昆铁路扩能改造工程峨眉至米易段建设，重庆师范大学和四川省文物考古研究院联合对李家湾遗址进行考古勘探与发掘。此次发掘，共布探方22个，其中10米×10米探方19个、5米×10米探方2个、10米×5米探方1个，编号为2017XLL（X为西昌，L为礼州，L为李家湾），发掘面积共计2020平方米，发现了新石器时代晚期至唐代的灰坑、灰沟、房址、柱洞、墓葬等遗迹600余处，出土铜器、陶器、石器等遗物1300余件。

李家湾遗址的地层可统一划分为四层，以TN01E02南壁剖面（图2）为例，简述如下。

第1层：灰褐色黏土，土质较疏松，包含大量植物根系、石块，出土有现代砖瓦和少量陶、瓷片。厚5～12厘米。

第2层：黄褐色沙土，土质较疏松，包含较多白色沙状颗粒、小砾石及植物根系，

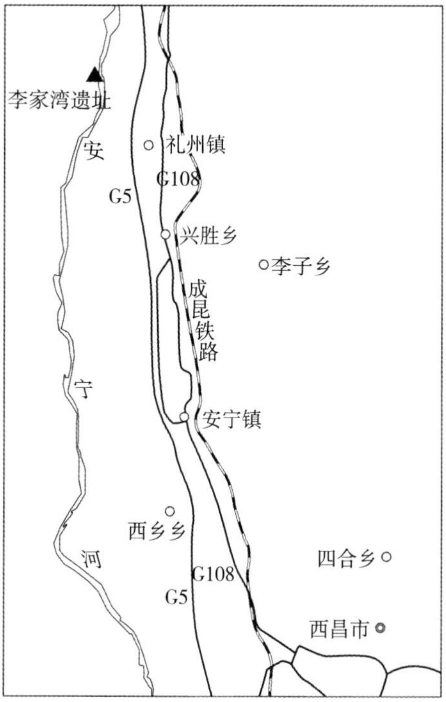

图1　遗址位置示意图

还有少量夹砂红陶片、青灰瓦片、青瓷及青花瓷片。出土石器有盘状砍砸器、刮削器、刀、网坠和锛等。此层下开口的墓葬有M1和M5。距地表深5～12、厚35厘米。

第3层：黑灰色沙质黏土，土质较致密，包含大量陶片、红烧土块、石器。陶片有口沿、肩部、腹部和器底等，可辨器形有瓮形器、碗（钵）、罐、壶、器盖等。纹饰以素面为主，器底多饰叶脉纹，少量饰绳纹、划纹和附加堆纹等。出土石器有网坠、砍砸器和刀，均为打制而成，刀刃部打磨光滑。此层下开口遗迹有瓮棺葬W1。距地表深23～35、厚43厘米。

第4层：青灰色沙土颗粒堆积，土质疏松、较纯净，包含少量石块。距地表深37～47、厚25厘米。

第4层以下为生土。

所有墓葬均位于发掘区南半部，共发现瓮棺葬和土坑墓21座，二者错杂分布，其中瓮棺葬分布范围略偏北（图3）。发现的两类墓葬遗存均系安宁河流域首次发现的新的遗存类型[1]，现简报如下。

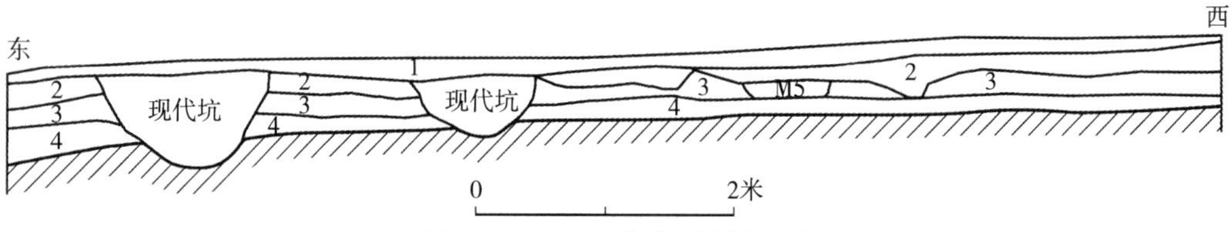

图2　TN01E02南壁地层剖面图
1.灰褐色黏土　2.黄褐色沙土　3.黑灰色沙质黏土　4.青灰色沙土颗粒

二、瓮棺葬

（一）墓葬形制

瓮棺葬共10座，编号为W1～W10，均开口于第3层下，打破第4层及生土。平面形状均呈椭圆形，均为一大一小两陶瓮对扣斜置，个别瓮底中部有一圆形穿孔。瓮棺内人骨均不存。残长0.5～1.22、残宽0.4～0.8米（附表1）。现以W1、W7为例介绍如下。

W1　平面形状呈椭圆形，弧壁较陡，底部平缓。墓葬填土为黑灰色沙土，土质疏松，包含少量沙石颗粒。不见人骨和随葬品。长0.96、宽0.6、残深0.44米（图4；图版一，2）。

W7　平面形状呈椭圆形，弧壁较陡，坡底。墓葬填土为黑灰色沙土，土壤颗粒较大，

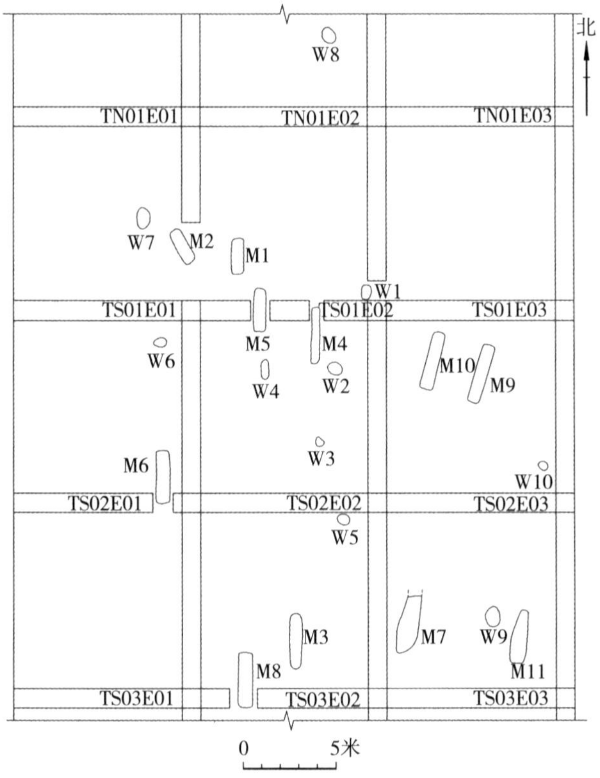

图 3　遗址墓葬分布图

土质疏松，包含少量沙石颗粒、砾石及红烧土。不见人骨和随葬品。长1.1、宽0.7、残深0.36～0.6米（图5；图版一，1）。

（二）出土遗物

陶瓮　19件。均为瓮棺葬具。夹砂黄褐陶或夹砂红褐陶。纹饰以细绳纹为主，另有附加堆纹、戳印纹及弦纹等。根据口径与腹径比例不同，可分为两型。

A型：5件。口径大于腹径。W4：1，夹砂黄褐陶。手制，器内壁保留有按压痕迹。敞口，方唇，束颈，鼓腹，最大腹径位于上腹部，下腹部斜收接平底。唇部饰横向细绳纹，颈部饰一周细附加堆纹，颈部及颈部以下满饰竖向及斜向细绳纹，其中竖向细绳纹占大多数。口径38.8、腹径

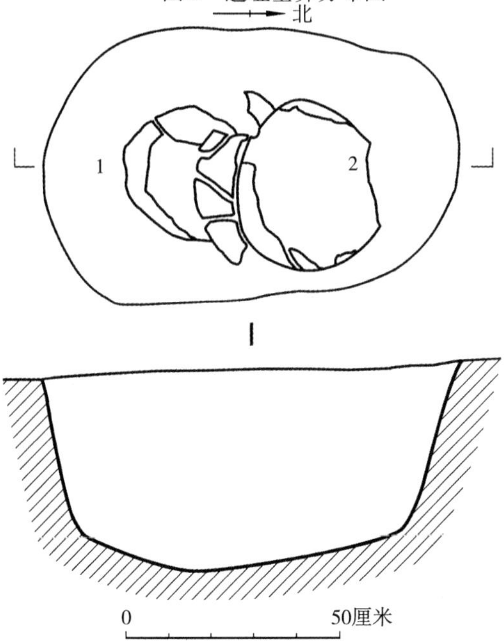

图 4　W1 平面、剖视图
1、2.陶瓮

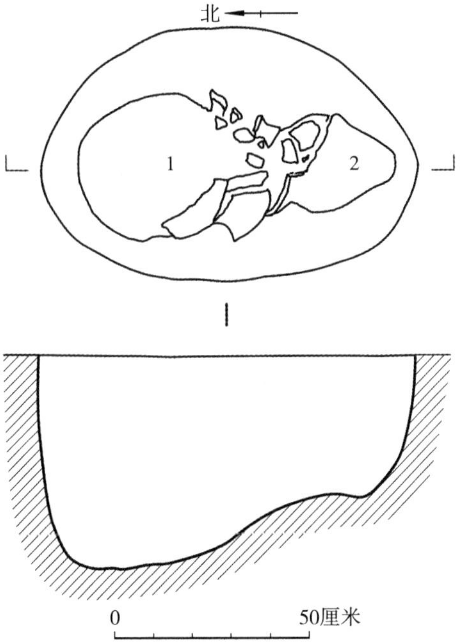

图 5　W7 平面、剖视图
1、2.陶瓮

35.4、底径14.4、高40.8厘米（图6，1；图版二，2）。

B型：5件。口径小于腹径。根据口沿不同，又可分为两亚型。

Ba型：1件（W9：1）。花边口沿。下腹及底部残缺。夹砂红褐陶。泥条盘筑。敞口，束颈，溜肩。唇部按捺一周形成花边口沿，颈部饰一周附加堆纹，器表满饰斜向细绳纹，局部绳纹缺失。口径34、残高27厘米（图6，2）。

Bb型：4件。素面口沿。W1：1，夹粗砂黄褐陶。器内有按压后留下的凹凸不平的痕迹。敞口，方唇，束颈，鼓腹，最大腹径位于上腹部，下腹部斜收接平底。颈部饰一周细附加堆纹，部分脱落。腹部及其以下满饰竖向及斜向细绳纹，竖向绳纹占大多数。口径31.4、腹径33.4、底径11.8、高36.2厘米（图6，4；图版二，3）。W7：2，夹粗砂黄褐陶。敞口，方唇，束颈，鼓腹，最大腹径位于上腹部，下腹部斜收接平底。颈部饰一周细附加堆纹。颈部附加堆纹及以下满饰竖向及斜向细绳纹，竖向绳纹占大多数。底部中央有一椭圆形小孔。口径31、腹径30.2、底径10.8、高34、底部孔径1.8～2.2厘米（图6，3；图版二，4）。

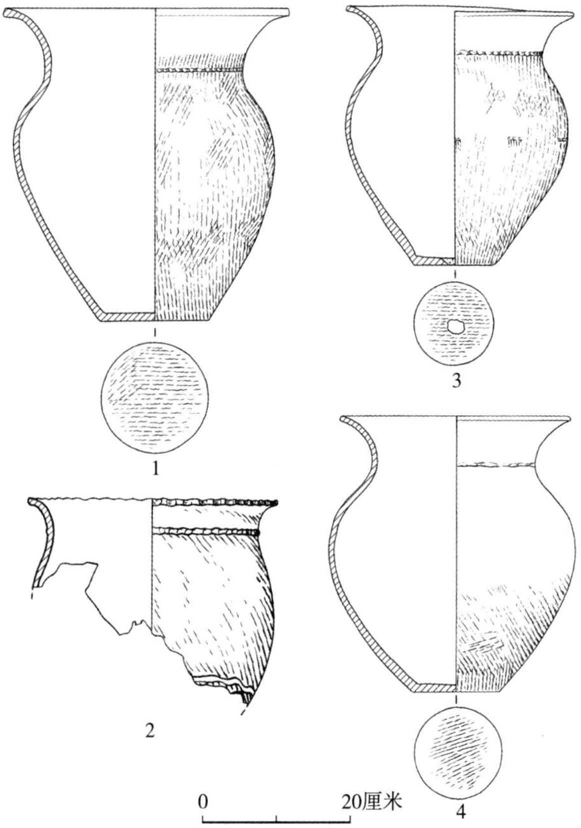

图6 瓮棺葬出土陶瓮

1～4.W4：1、W9：1、W7：2、W1：1

三、土坑墓

（一）墓葬形制

土坑墓共11座，编号为M1～M11，均开口于第2层下，打破第3层。平面形状均呈长方形，长1.86～3、宽0.42～1.04、深0.25米。墓向大致均为南北向。墓中人骨均不存，都有随葬品。随葬品一般放置在墓室南端，包括陶器两件，器形有鼎、盆、釜、钵、罐等（附表2）。

M1　平面形状呈长方形，四壁陡直，底部平缓。墓向0度。墓葬填土为黑灰色，土质疏松，包含较多沙石颗粒及少量红陶碎片。墓底南端出土2件陶器，东西并排，东为单耳陶鼎，西为双耳陶罐。长1.86、宽0.7、残深0.25米（图7；图版二，1）。

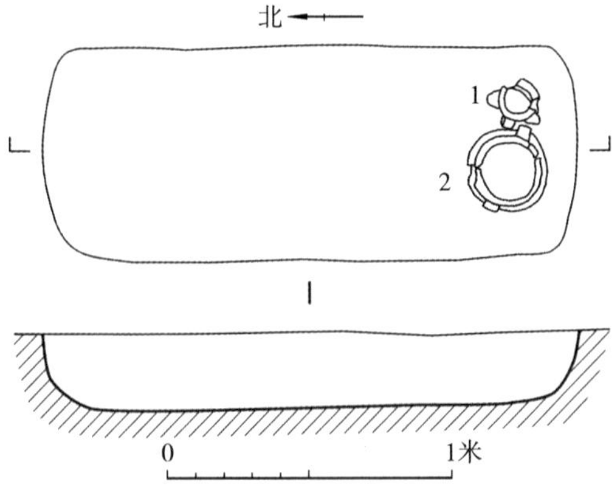

图7　M1平面、剖视图
1.陶单耳鼎　2.陶双耳罐

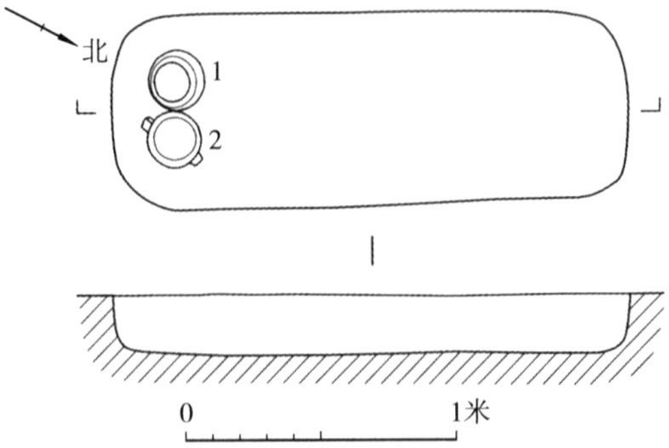

图8　M2平面、剖视图
1.陶钵　2.陶双耳罐

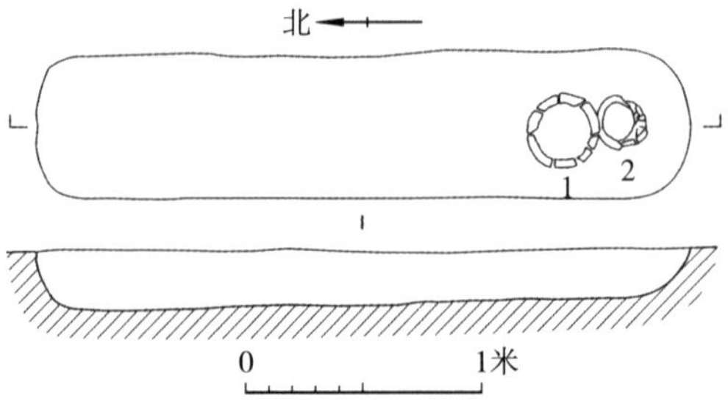

图9　M3平面、剖视图
1.陶盆　2.陶鼎

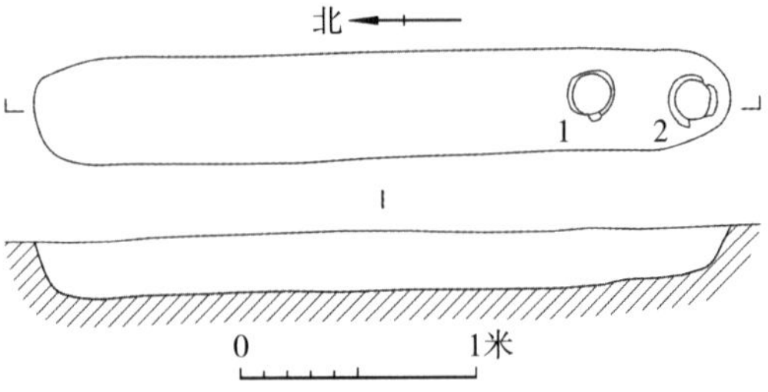

图10　M4平面、剖视图
1.陶三耳釜　2.陶盆

M2　平面形状呈长方形，四壁陡直，底部平缓。墓向332度。墓葬填土为黑灰色，土质紧实，包含较多沙石颗粒及少量红陶碎片。墓葬填土中出土1件石刀，墓底南端出土2件陶器，东西并排，东为双耳陶罐，西为陶钵。长1.9、宽0.7、残深0.2米（图8）。

M3　平面形状呈长方形，四壁陡直，底部平缓。墓向0度。墓葬填土为黑灰色，土质紧实，包含较多沙石颗粒及少量红陶碎片。墓底南端出土2件陶器，南北并列，南为陶鼎，北为陶盆。长2.8、宽0.62、残深0.24米（图9；图版三，1）。

M4　平面形状呈长方形，四壁陡直，底部平缓。墓向13度。墓葬填土为黑灰色，土质紧实，包含较多沙石颗粒及少量红陶碎片。墓底南端出土2件陶器，南北并列，南为陶盆，北为陶三耳釜。长2.96、宽0.42、残深0.22米（图10）。

M5　平面形状呈长方形，四壁陡直，底部平缓。墓向0度。墓葬填土为黑灰色，土质紧实，包含较多沙石颗粒及少量红陶碎片。墓底南端出土2件陶器，东西并排，均为陶釜。长2.24、宽0.68、残深0.21米（图11）。

M10　平面形状呈长方形，四壁陡直，底部平缓。墓向15度。墓葬填土为灰褐色亚黏土，土质疏松，包含零星夹砂泥质陶片、红烧土颗粒、炭屑等。墓葬中部出土2枚“开元通

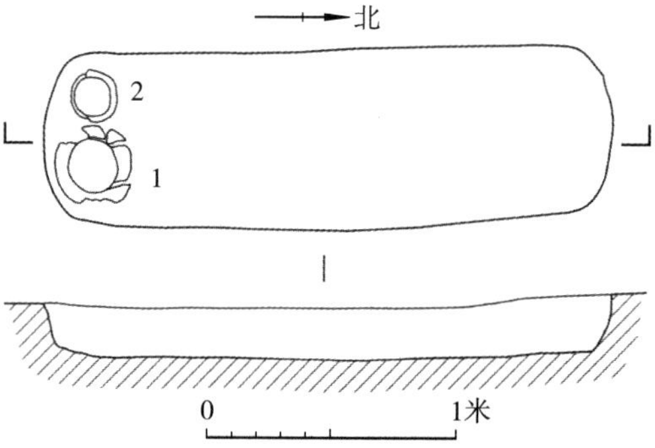

图 11　M5 平面、剖视图
1、2.陶釜

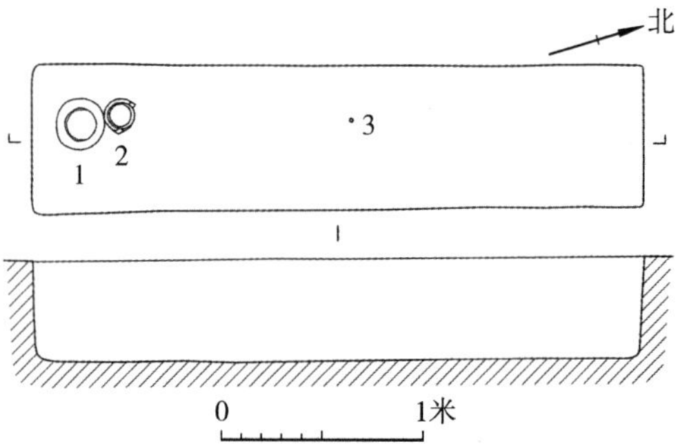

图 12　M10 平面、剖视图
1.陶钵　2.陶鼎　3.铜钱

宝”钱币；墓底西南端出土2件陶器，南北并列，南为陶钵，北为陶鼎。长3、宽0.66～0.7、残深0.48米（图12；图版三，2）。

（二）出土遗物

出土遗物共计23件，包括陶器20件、铜钱2枚、石刀1件。

1.陶器

陶质有夹砂和泥质两类，绝大多数为夹砂陶。陶色包括红、红褐、黄褐和灰褐等，以红褐为主，大多陶色不均匀。纹饰有绳纹、网格纹、弦纹、水波纹等，以绳纹为主。制法多为手制，多经过轮修，少量轮制。器类以鼎、盆、釜为主，钵、罐较少。

鼎　7件。可纳入类型分析的有6件，其余1件残损严重。根据有无器耳，可分为两型。

A型：2件。有耳。M1∶1，夹细砂黄褐陶。手制。敞口，尖圆唇，束颈，垂腹接三足，圜底。器足仅存根部，其横截面呈椭圆形。口、腹部接一器耳，接痕明显。颈、腹部饰竖向粗绳纹，底部饰交错绳纹形成的网格纹。口径17.6、残高13、耳宽3.2厘米（图13，1；图版四，1）。

B型：4件。无耳。依据腹部形态不同，又可分为两亚型。

Ba型：3件。垂腹。M8∶1，夹细砂红褐陶。泥条盘筑。敞口，圆唇，束颈，垂腹接三足，圜底，器足仅存根部，其横截面呈椭圆形。颈、腹部饰竖向粗绳纹，底部饰交错绳纹形成的网格纹。口径20.8、最大腹径19.6、残高15.2厘米（图13，2）。

Bb型：1件（M6∶2）。鼓腹。夹细砂红褐陶。手制，轮修。敞口，尖圆唇，束颈，鼓腹接三足，圜底。器足下半部残缺，其横截面呈椭圆形。颈、腹部饰竖向粗绳纹，底部饰交错绳纹形成的网格纹。口径18.8、最大腹径17.2、残高13.4厘米（图13，3；图版二，5）。

盆　5件。根据肩部形态差异，可分为两型。

A型：4件。鼓肩。M7∶2，夹细砂红褐陶。手制，轮修。敞口，尖圆唇，束颈，腹斜收接平底。器表上半部素面无纹，下半部饰竖向和斜向粗绳纹，底部饰交错绳纹组成的网格纹。口径28.8、腹径25.2、底径18、高18.2厘米（图13，5）。

B型：1件（M6∶1）。溜肩。夹细砂黄褐陶。轮制，器外壁保留有明显轮制痕迹。敞

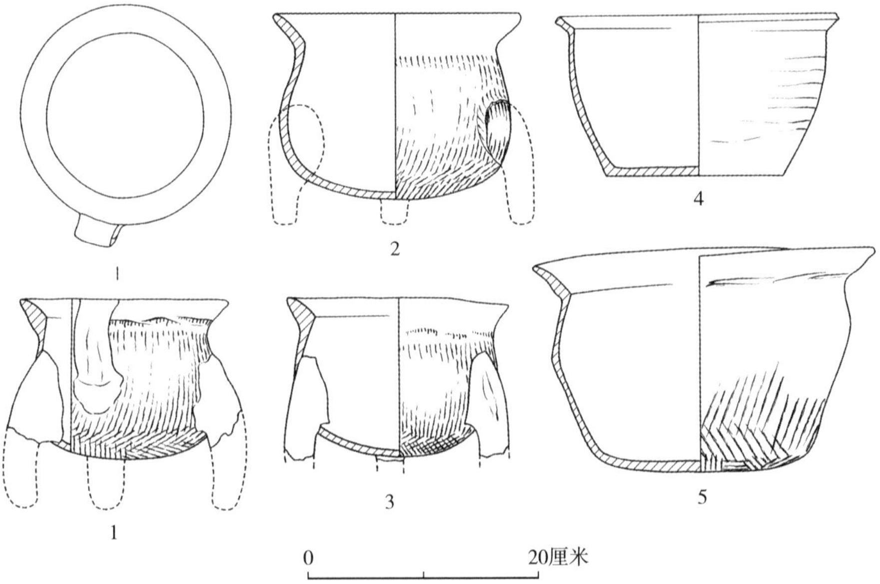

图 13　土坑墓出土陶器
1.A型鼎（M1：1）　2.Ba型鼎（M8：1）　3.Bb型鼎（M6：2）　4.B型盆（M6：1）　5.A型盆（M7：2）

口，方唇，束颈，下腹斜收接平底。通体素面。胎体厚度较均匀，制作规整。口径23.7、底径14.8、高13.4厘米（图13，4；图版四，4）。

釜　3件。根据有无器耳，可分为两型。

A型：1件（M4：2）。有耳。夹细砂红褐陶。手制，轮修。敞口，束颈，垂腹接圜底。口、腹外侧接三个等距泥质长条形耳，接痕明显。口、颈以下饰竖向粗绳纹，底部饰交错绳纹形成的网格纹。器耳上半部为素面，下半部饰竖向粗绳纹。口径20～22、腹径21.4、高16.4、耳宽4.6～5厘米（图14，1）。

B型：2件。无耳。根据口沿及腹部形态差异，又可分为两亚型。

Ba型：1件（M5：1）。口沿略内收，垂腹程度大。夹细砂红褐陶。手制，轮修。敞口，束颈，圜底。口、颈以下饰竖向粗绳纹，底部饰交错绳纹形成的网格纹。口径26.6、最大腹径26、高19.6厘米（图14，4）。

Bb型：1件（M5：2）。口沿外翻，垂腹程度小，近鼓腹。夹细砂红褐陶。手制，轮修。敞口，束颈。口、颈以下饰竖向粗绳纹，底部饰交错绳纹形成的网格纹。口径20、最大腹径18.6、高14.8厘米（图14，7；图版四，2）。

双耳罐　2件。根据口径与肩径比例差异，可分为两型。

A型：1件（M2：1）。口径略等于肩径。夹细砂红褐陶。手制，轮修，器内外壁按压痕迹明显。敞口，尖圆唇，束颈，鼓肩，腹斜收接平底，底略鼓。口、肩部置两对称泥质长条形器耳，接痕明显。口、颈以下饰竖向粗绳纹，底部饰交错绳纹形成的网格纹。口径20.2、最大腹径20.4、底径12.6、高13.8、耳宽3.7厘米（图14，2；图版四，5）。

B型：1件（M1：2）。口径小于肩径。手制，轮修，器内外壁按压痕迹明显。微敞口，圆唇，束颈，鼓肩，腹斜收接平底，底略鼓。口、肩部置两对称泥质长条形器耳，接痕明显。口、颈以下饰竖向粗绳纹，底部饰交错绳纹形成的网格纹。口径18.2、最大腹径21、底径13.8、高15.8、耳宽5厘米（图14，3；图版四，3）。

钵 2件。根据肩、腹部差异，可分为两型。

A型：1件（M2：2）。鼓肩。泥质红陶。轮制，器表形态略微变形。敛口，方唇，肩部上鼓，斜弧腹接平底，底中部略凹。上腹及肩部饰三周弦纹，弦纹之间填两周水波纹，水波纹部分打破弦纹。口径14、最大腹径22、底径15、高13.6厘米（图14，6；图版四，6）。

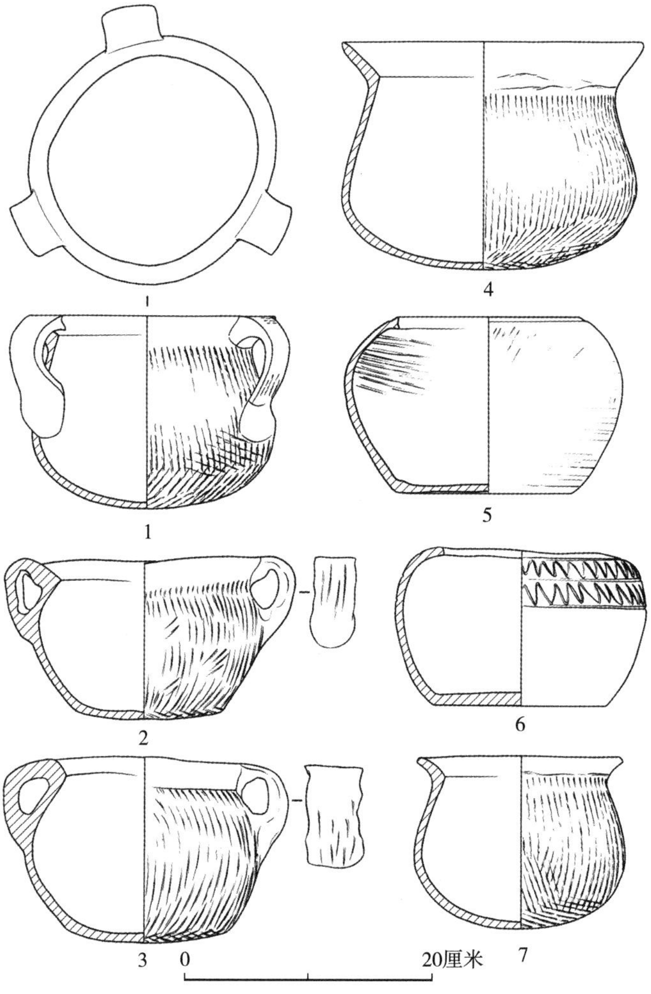

图 14　土坑墓出土陶器

1.A型釜（M4：2）　2.A型双耳罐（M2：1）　3.B型双耳罐（M1：2）　4.Ba型釜（M5：1）　5.B型钵（M10：1）　6.A型钵（M2：2）　7.Bb型釜（M5：2）

B型：1件（M10：1）。鼓腹。轮制，器内外壁轮制痕迹明显。方唇，敛口，平底，底中部微凹。口径15.8、最大腹径25.2、底径16、高14.8厘米（图14，5）。

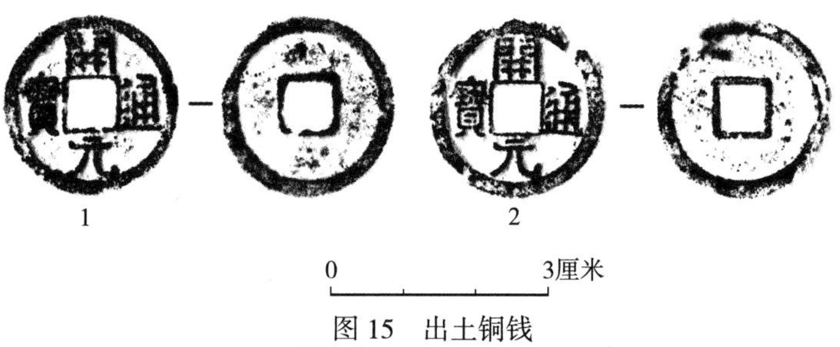

图 15　出土铜钱

1、2.铜钱（M10：3-1、M10：3-2）

2.铜钱

2枚。保存较好，轮廓规整，字迹清晰，大小一致。正面为“开元通宝”四字。直径2.5、郭宽0.2、穿边长0.65厘米（图15，1、2）。

3.石刀

1件（M2填土：1）。由青黑色细砂岩磨制而成。残体平面呈扇形，剖面呈三角形。单面直刃，刃部较宽，部分有锯齿状崩损，顶部有一穿孔，管钻对穿。刃部打磨部分呈绛红色。残长10.7、宽5、厚1.7、孔径1.3厘米（图16）。

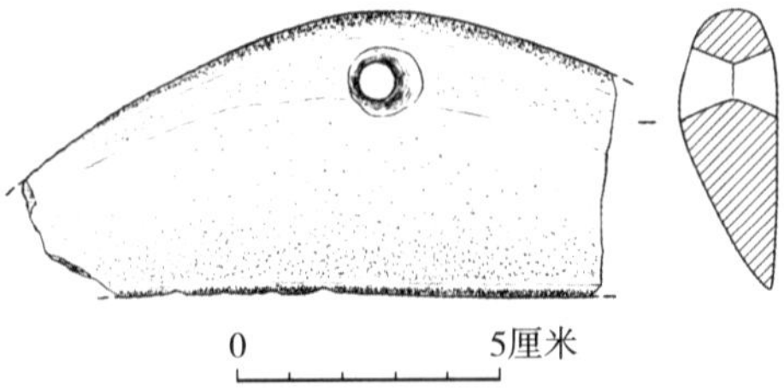

图16　出土石刀（M2填土：1）

四、结　　语

安宁河流域目前发现的新石器时代遗存主要有横栏山文化和董家坡类型[2]。李家湾遗址瓮棺葬出土的陶瓮形制不一，年代上可能略有早晚，但是陶瓮特征、风格一致。陶瓮均为夹砂红褐或黄褐陶，颈部多装饰一周细附加堆纹，部分陶瓮腹部也装饰有斜向细附加堆纹，腹部及其以下满饰竖向及斜向细绳纹。其中，附加堆纹作风与横栏山文化陶罐上的附加堆纹作风较为相似。二者区别是李家湾遗址瓮棺葬出土陶瓮附加堆纹细小、精致一些，主要装饰在瓮的颈部和腹部；横栏山文化陶罐上的附加堆纹更显粗糙、粗肥，而且主要装饰在陶罐的口沿上。腹部上的竖向及斜向细绳纹也是四川盆地周缘新石器时代晚期遗存的特征之一，所以李家湾遗址瓮棺葬年代应属于新石器时代晚期。横栏山遗址第4、3层碳十四测年数据经树轮校正后的年代分别为公元前2575～前2480年和公元前2150～前2030年。李家湾遗址瓮棺葬年代应当不出这个范围。横栏山文化和董家坡类型目前均只发现有居址遗存，不见墓葬遗存，所以李家湾遗址瓮棺葬与这两类遗存是什么关系，目前还不清楚。

李家湾遗址土坑墓出土遗物在安宁河系首次发现。随葬陶器形制多样，随葬品组合差异较大，可分为八组（表1）。这些土坑墓年代可能略有早晚，但是釜、鼎、罐基本都为夹细砂红褐陶，饰粗绳纹，多数口和肩部有宽厚的鋬等特征一致，年代相差应该不会很大。M10随葬有“开元通宝”钱币表明，这批墓葬年代上限不超过唐高祖武德四年（公元621年）。M7填土采集木炭的碳十四测年数据，经树轮校正后的年代为公元588～658年。总体来看，这批墓葬的年代可能为唐代。

表1　　李家湾土坑墓随葬品组合表

组别	随葬品	墓号
一	陶双耳罐1、单耳鼎1	M1
二	陶双耳罐1、钵1	M2
三	陶盆1、鼎1	M3、M6、M7
四	陶盆1、三耳釜1	M4
五	陶釜2	M5
六	陶钵1、鼎1，铜钱2	M10
七	陶盆1、残器底1	M11
八	陶鼎1	M8、M9

安宁河谷发现唐代墓葬极少，1985年在西昌泸山脚下清理过一座长方形砖室墓，因早年破坏严重，没有出土遗物[3]，无法对比。李家湾遗址土坑墓出土陶器源头可能在云南洱海地区，比如和云南大理喜洲镇西晋墓M2出土的陶釜和双耳罐[4]的风格就比较相似。尤其值得注意的是，李家湾遗址土坑墓出土陶器和大理州博物馆展出的金梭岛出土的一件单耳罐[5]风格十分相似，均为夹砂灰褐陶、整体器形为釜形、满饰粗绳纹、宽厚鋬等。李家湾遗址土坑墓出土的三耳、双耳罐的作风与炉霍县呷拉宗遗址Y1二号人骨：6单耳罐[6]也有相似之处。已有研究者指出，呷拉宗遗址窑内上部堆积包含两具人骨及其随葬品，性质当为墓葬，年代为唐代早中期，族属可能是吐蕃[7]。由此可见，李家湾遗址发现的这类遗存可能继续北上，并与吐蕃发生了关系。

总之，李家湾遗址发现的瓮棺葬和土坑墓遗存均系安宁河流域首次发现的新的遗存类型，这两类遗存为研究安宁河流域新石器时代晚期的考古学文化面貌、唐代埋葬习俗以及唐代安宁河河谷与云南及川西高原的文化交流提供了重要的实物资料。

附记：参加勘探发掘的有冯锋、甄宏达、刘晓亮、谢小波、文皓月、李毛宁，本文插图由赵健、杨亚宁绘制，照片由甄宏达、冯锋拍摄。本文为国家社科基金项目（18BKG005）成果之一，同时得到重庆市高等学校优秀人才支持计划项目“峡江地区与川西地区先秦时期考古学文化的交流与互动”的资助。

执笔者　蒋　刚（重庆师范大学）　谢小波　周科华　陈　苇

注　释

[1] 李家湾遗址发现的非墓葬遗迹、遗物十分丰富，相关简报另行发表。

[2] 左志强：《安宁河流域新石器文化初论》，见《成都考古研究（二）》，科学出版社，2013 年。

[3] 刘弘：《丛山峻岭中的“绿洲”：安宁河谷文化遗存调查研究》，巴蜀书社，2009 年。

[4] 大理州文管所、大理市博物馆：《云南大理市喜洲镇发现两座西晋纪年墓》，《考古》1995 年第 3 期。

[5] 大理州博物馆展牌上标识为新石器时代，年代明显有误。

[6] 四川省文物考古研究院、日本九州大学等：《四川炉霍县呷拉宗遗址发掘简报》，《四川文物》2012 年第 3 期。

[7] 席琳、王蔚、余小洪：《四川炉霍呷拉宗吐蕃墓研究》，《文博》2017 年第 1 期。

附表 1　　瓮棺葬统计表　　（长度单位：厘米）

墓号	墓向（度）	开口层位	形制（厘米）	瓮数量（陶器）
W1	0	开口于第 3 层下，打破第 4 层	长 96、宽 60、残深 44	瓮 2
W2	40	开口于第 3 层下，打破第 4 层	残长 80、残宽 50、残深 14	瓮 2
W3	345	开口于第 3 层下，打破第 4 层	长 50、宽 46、残深 22	瓮 2
W4	0	开口于第 3 层下，打破第 4 层	长 122、宽 60、残深 30	瓮 2
W5	0	开口于第 3 层下，打破第 4 层	长 100、宽 60、残深 26	瓮 2
W6	0	开口于第 3 层下，打破第 4 层	长 74、宽 58，残深 20 ～ 42	瓮 1

续附表 1

墓号	墓向（度）	开口层位	形制（厘米）	瓮数量（陶器）
W7	0	开口于第 3 层下，打破第 4 层	长 110、宽 70、残深 36 ～ 60	瓮 2
W8	0	开口于第 3 层下，打破第 4 层	长约 86、宽 80、残深 30	瓮 2
W9	0	开口于第 3 层下，打破第 4 层	长 112、宽 82、残深 6 ～ 38	瓮 2
W10	0	开口于第 3 层下，打破第 4 层	长约 56、宽 40、残深 25	瓮 2

附表 2　　土坑墓统计表　　（长度单位：厘米）

墓号	墓向（度）	开口层位	形制（厘米）	随葬品（陶器）	备注
M1	0	开口于第 2 层下	长 186、宽 70、残深 25	双耳罐 1、单耳鼎 1	2 件陶器东西并置于墓底南端
M2	332	开口于第 2 层下	长 190、宽 70、残深 20	双耳罐 1、钵 1	2 件陶器东西并置于墓底南端，填土中发现石刀 1 件
M3	0	开口于第 2 层下	长 280、宽 62、残深 24	盆 1、鼎 1	2 件陶器南北并置于墓底南端
M4	13	开口于第 2 层下	长 296、宽 42、残深 22	盆 1、三耳釜 1	2 件陶器南北并置于墓底南端
M5	0	开口于第 2 层下	长 224、宽 68、残深 21	釜 2	2 件陶器东西并置于墓底南端
M6	0	开口于第 2 层下	长 220、宽 50、残深 12	盆 1、鼎 1	2 件陶器南北并置于墓底南端
M7	10	开口于第 2 层下	长 280、宽 104、残深 11 ～ 20	盆 1、鼎 1	2 件陶器南北并置于墓底南端
M8	0	开口于第 2 层下	长 300、宽 74、残深 25	鼎 1	1 件陶器位于墓底南端
M9	10	开口于第 2 层下	长 300、宽 66 ～ 70、残深 42	鼎 1	1 件陶器位于墓底南端
M10	15	开口于第 2 层下	长 300、宽 66 ～ 70、残深 48	钵 1、鼎 1，铜钱 2	2 件陶器南北并置于墓底南端
M11	10	开口于第 2 层下	长 264、宽 80、残深 9 ～ 16	盆 1、残器底 1	陶器位于墓底南端

The Excavation of Burials of the Neolithic Period and Tang Dynasty in Lijiawan Site of Xichang City, Sichuan

Sichuan Institute of Cultural Relics and Archaeology
Southwestern Archaeology and Cultural Relics Research Center, Chongqing Normal University
Museum of Liangshan Yi Autonomous Prefecture
Xichang Municipal Institute of Cultural Relics

KEYWORDS: Xichang City, Sichuan Lijiawan Site Urn Burials Neolithic Period Tang Dynasty

ABSTRACT: From February to June of 2017, Sichuan Institute of Cultural Relics and Archaeology conducted excavation to Lijiawan site and recovered about 600 remains including ash pits, ash ditches, house foundations, column bases and burials. 10 urn burials were found of the late Neolithic age, all of which were in oval shape, with one big urn and a small urn fastening oppositely and obliquely. There is a circular perforation in the middle of bottom of several urns. No human bones are found in the coffin. A total of 13 pottery urns are unearthed. 11 Tang tombs are found, all of which are earthen shaft pit tombs, in shape of rectangular. No human bones are found in the tombs. Grave goods were placed on the south of the tomb chamber, including 7 *ding*, 5 basin, 3 *fu*, 2 *bo*, one stone knife and 2 coins. The remains of the Neolithic period and Tang dynasty unearthed in this excavation are the first time recovered in the Anning river region. The excavation provided important archaeological data for the research on Neolithic archaeological culture along Anning river and Tang dynasty burial custom and cultural interaction between Anning river valley, Yunnan province and northwestern Sichuan during the Tang Dynasty.

（责任编辑　新　华）

湖北荆州市七星堰战国楚墓发掘简报

荆州博物馆

关键词： 湖北荆州市　拍马山墓群　七星堰墓地　战国墓葬

内容提要： 七星堰墓地位于荆州区纪南镇三红村四组，距离荆州古城西北约5公里，距楚故都纪南城西南约9公里。2013年，荆州博物馆对七星堰墓地进行了第一次抢救性考古发掘，共发掘墓葬127座，时代包括战国、东汉、唐、宋、明、清。其中战国墓葬有83座，形制主要分为两类。一类是带墓道的“甲”字形墓，共有13座；另一类是长方形竖穴土坑墓，共有70座，可分为有壁龛与无壁龛两种，其中带壁龛墓葬有9座。墓葬中的人骨及葬具皆腐烂无存。随葬遗物有陶器、铜器、铜铁结合器、铁器、玉石器等。陶器出土153件，均为泥质灰陶，烧制火候不高，保存较差，主要有鼎、敦、壶、罐、豆、缶、鬲、簠、匜、罍、盉、盂等。根据用途可分为礼器、生活用器、兵器等。铜器主要有礼器、兵器、生活用器等，礼器有鼎、敦、壶、盘、匜、勺等，兵器有剑、戈、矛、戈鐏、矛镦、箭镞等。铜铁结合器共计4件，主要有礼器、兵器，礼器为鼎，兵器为剑、矛。铁器共计7件，主要有兵器、饰件和工具。此次发掘出土的一批较为重要的遗物，为楚文化的研究提供了新的、必要的考古学资料。

七星堰墓地位于湖北省荆州市荆州区纪南镇三红村四组，距离荆州古城西北约5公里，距楚故都纪南城西南约9公里，南临太湖港，海拔35～38米，属县级文物保护单位，中心地理坐标为北纬30° 21′ 38.6″、东经112° 07′ 49.3″。根据1996年荆州区文物局编制的《荆州区古墓葬核查登记表》，七星堰墓地存在12处封土墓葬，2010年为配合南水北调中线引江济汉工程，荆州博物馆发掘了该墓地中的艾家冢[1]（图1）。

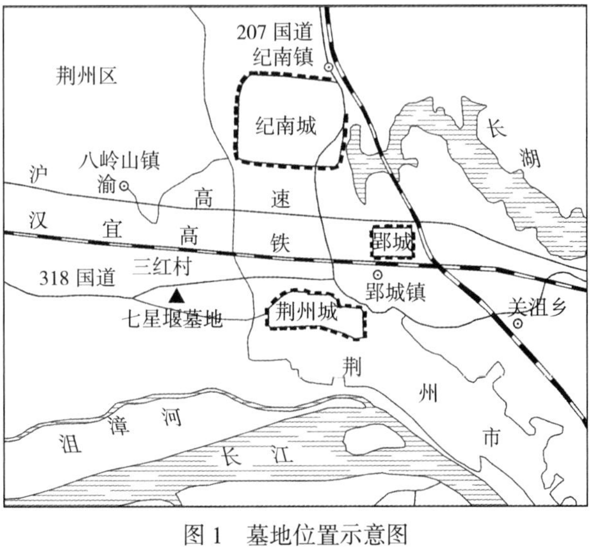

图 1　墓地位置示意图

2013年7月1日至9月30日、11月1日至12月30日，为配合“卓尔·荆州国际城”的建设，荆州博物馆组织

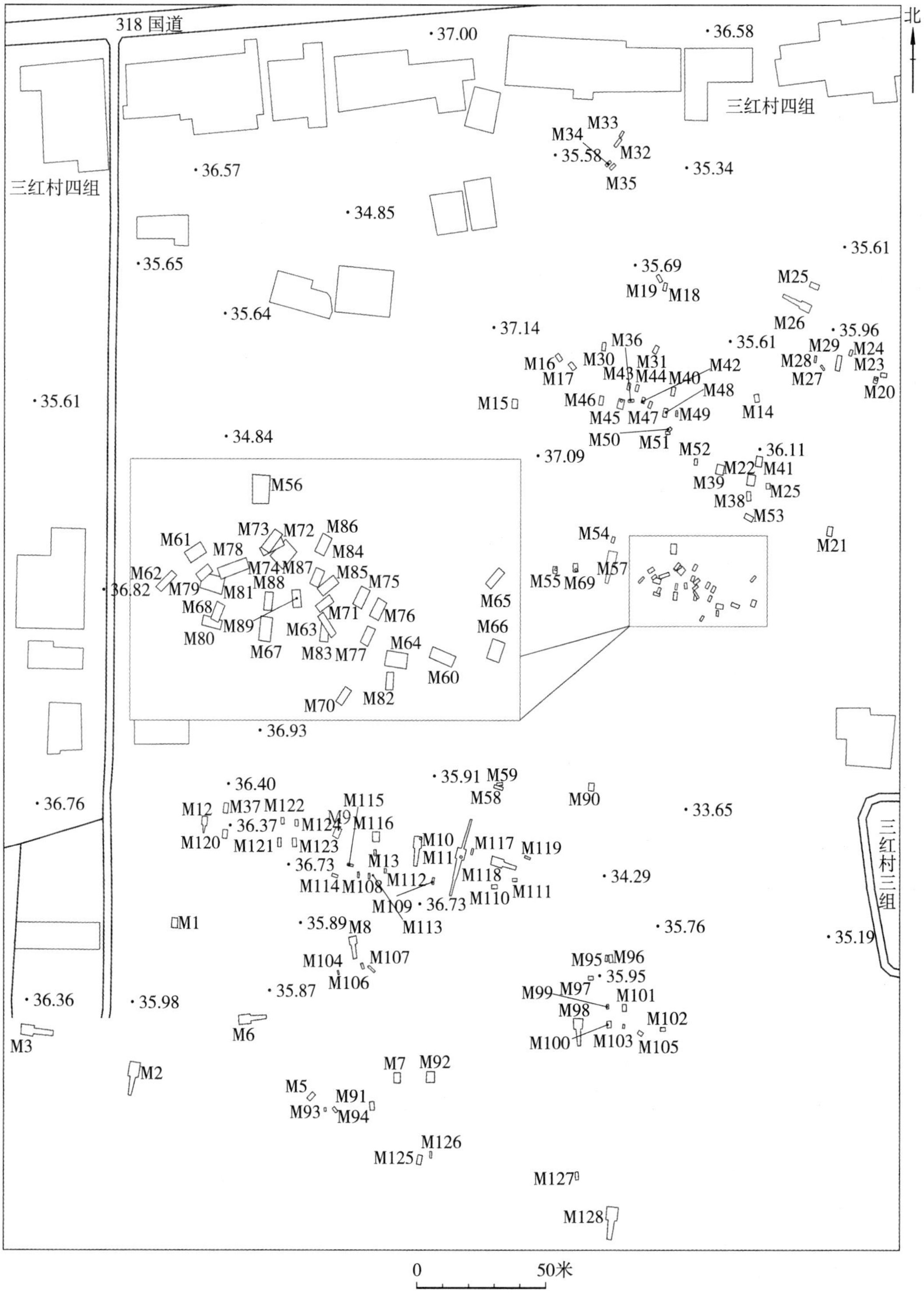
318 国道
北
·37.00
·36.58
三红村四组
M33
M34
M32
·35.58
M35
·36.57
·35.34
三红村四组
·34.85
·35.61
·35.65
·35.69
M25
M19
M18
·35.64
M26
·37.14
·35.96
M36
·35.61
M29
M24
M16
M30
M31
M28
M23
M17
M43
M44
M40
M42
M27
M20
M48
M15
M46
M45
M47
M49
M14
·35.61
·34.84
M50
M51
M52
·36.11
·37.09
M22
M41
M56
M39
M25
M38
M53
M61
M73
M72
M86
M54
M21
M78
M84
M62
M74
M87
M85
M57
M55
M69
M75
·36.82
M79
M81
M88
M65
M68
M71
M76
M89
M63
M66
M80
M67
M83
M77
M64
M60
M70
M82
·36.93
·35.91
M59
M58
M90
·36.40
M12
M37
M122
M115
·33.65
M9
M116
·36.37
M124
M120
M121
M123
M10
M117
M119
M11
三红村三组
·36.73
M13
M118
M114
M108
M112
·34.29
M109
·36.73
M110
M111
M1
·35.89
M8
M113
·35.76
·35.19
M95
M96
M104
M107
M106
·35.95
M99
M97
M101
·35.87
·36.36
·35.98
M98
M102
M6
M3
M100
M103
M105
M2
M7
M92
M5
M91
M93
M94
M126
M125
M127
M128
0
50米

图 2　墓地墓葬分布图

考古队对七星堰墓地进行抢救性考古发掘，共发掘墓葬127座，时代包括战国、东汉、唐、宋、明、清，其中战国墓葬83座（图2；附表），现将战国墓的发掘情况简报如下。

一、墓葬形制

此次发掘的战国墓葬形制可分两类：一类是带墓道的“甲”字形墓，共13座；一类是长方形竖穴土圹墓，共70座，其中带壁龛墓葬9座。因埋藏条件所限，发掘的战国墓葬中的人骨及葬具皆腐烂无存。

（一）“甲”字形竖穴土坑墓

共有13座，分别为M2、M3、M6、M8、M10、M11、M12、M26、M29、M57、M98、M118、M128，除M128未遭盗掘外，其余12座除M57随葬器物未被盗之外，其余11座均遭盗掘。因工程建设影响，墓葬的封土均遭到很大程度的破坏。从墓葬形制上看，墓道略呈梯形，墓坑四壁陡直，壁面光滑，有人为修整痕迹。墓坑四角均为直角，坑底为长方形，底面平整。墓坑填土为五花土，土色以红、黄、褐、灰、白为主，土质结构紧密，有人为夯筑痕迹，填土中未见包含物。因地下水位及土壤成分等影响，墓葬

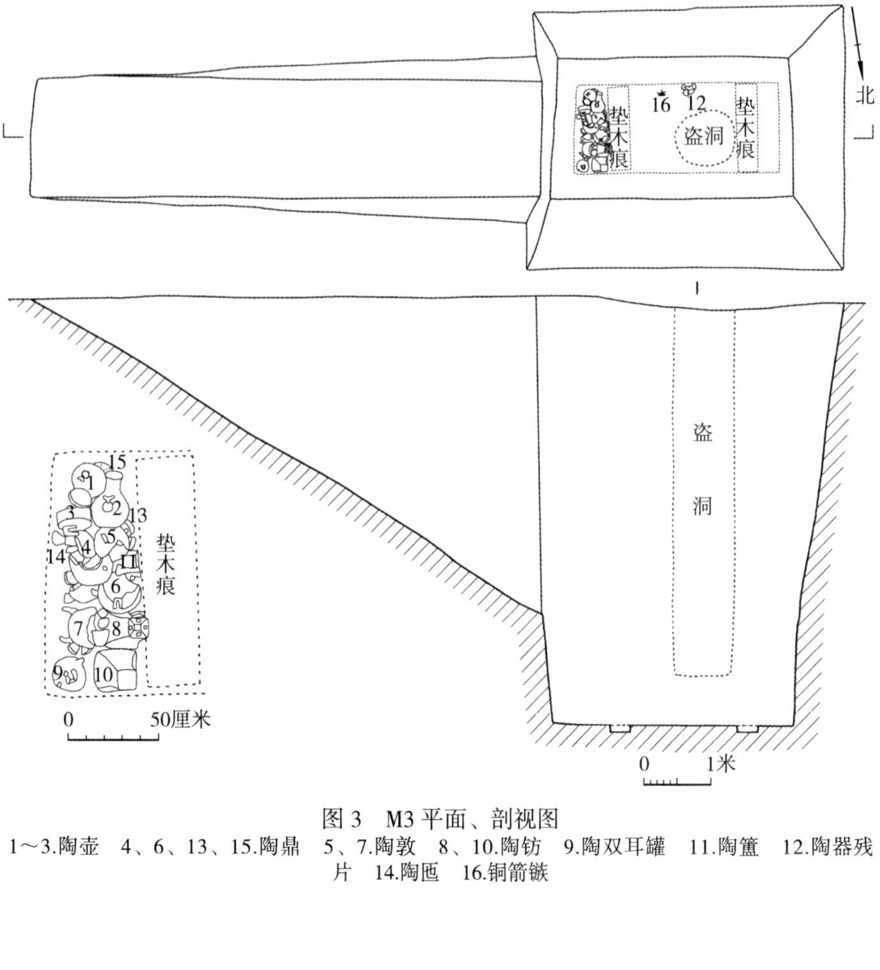

图3　M3平面、剖视图
1～3.陶壶　4、6、13、15.陶鼎　5、7.陶敦　8、10.陶钫　9.陶双耳罐　11.陶簠　12.陶器残片　14.陶匜　16.铜箭镞

葬具及人骨均腐烂殆尽。

M3　墓向为95度。墓坑西部有一直径0.9米的盗洞，墓道朝东。墓口距地表深3.5、墓坑深6.24米，墓口长4.8、宽3.8米，墓底长3.62、宽2.1米。墓道长7.7、上口宽1.72～2.42、下端宽1.76、深4.64、坡道长9米。葬具仅余少量棺与垫木痕迹，垫木痕长1.28、宽0.3米。随葬器物放置于墓坑底部东端（图3）。

M6　墓向为87度。墓坑东北、西部各有一处直径0.7米的盗洞，墓道朝东。墓口距地表深3.75、墓坑深5.74米，墓口长4.54、宽3.5米，墓底长3.34、宽2米。墓道长6.24、上口宽1.4～2、下端宽1.4、深4.3、坡道长7.6米。葬具多已腐烂，仅存垫木痕迹，垫木痕长1.84、宽0.36米。因被盗扰，墓中随葬器物仅存1件铜戈（图4）。

M26　墓向为295度。墓室中部偏南处有直径为0.9米的盗洞，墓道朝西。墓口距地表深1.5～1.7、墓坑深6.7米，墓口长4.12、宽3.16米，墓底长3.38、宽1.6米。墓道长7.24、上口宽1.2～1.9、下端宽1.8、深6.66、坡道长8.9米。随葬品放置于墓室底部西端（图5）。

M57　墓向为12度。墓坑中部有一直径0.8米的盗洞，墓道朝南。墓口距地表深0.5～0.7、墓坑深7.1米，墓口长4.56、宽3.34米，墓底长3、宽1.22米。墓道长7.54、上口宽

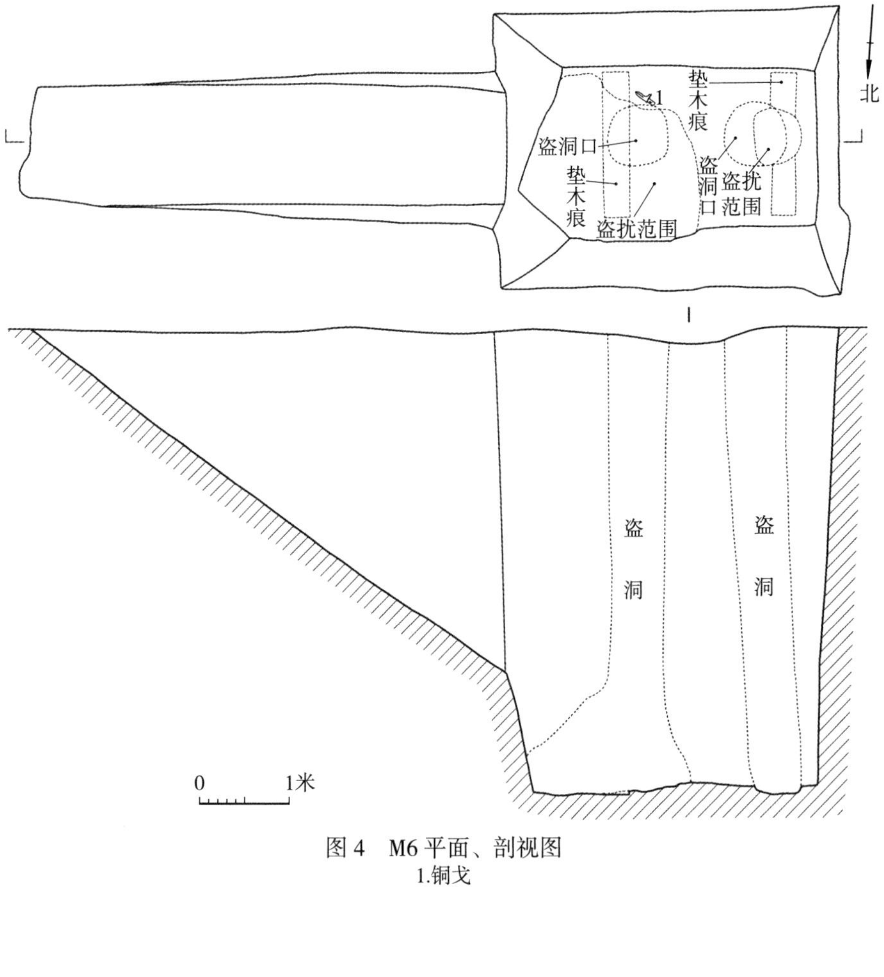

图4　M6平面、剖视图
1.铜戈

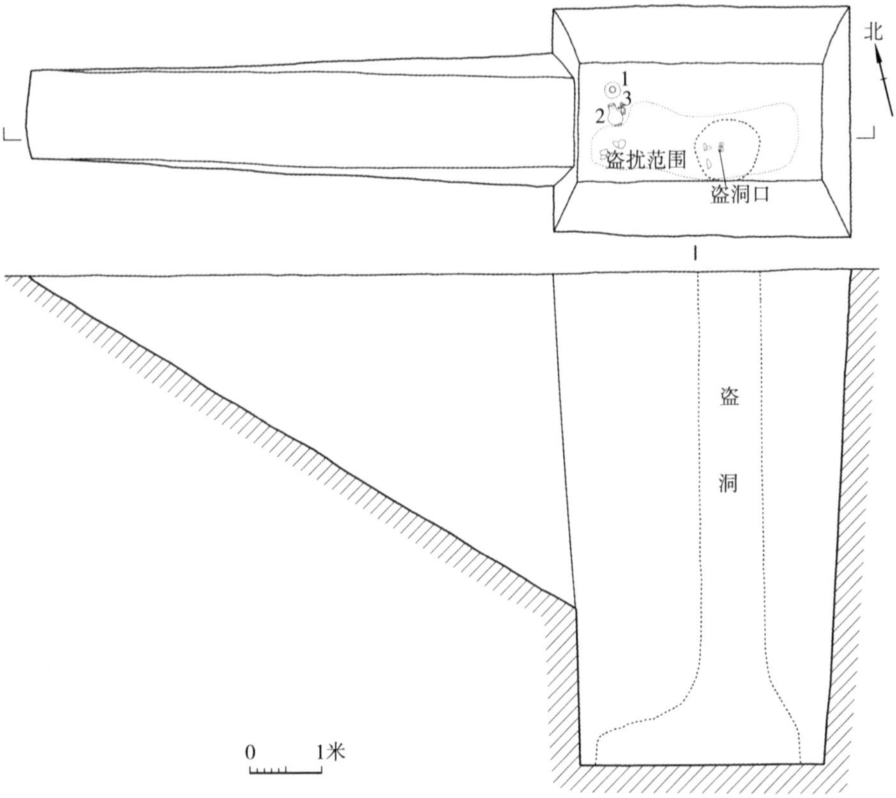

图5　M26平面、剖视图
1、2.陶壶　3.铜环权

1.26、下端宽1.8、深4.7、坡道长9.1米。墓底有生土二层台，宽0.4、高0.7米。随葬器物放置于墓坑底部北端，中南部被盗扰（图6；图7）。

（二）长方形竖穴土坑墓

有70座，可分为无壁龛和有壁龛两类。墓坑四壁较陡直，收分较小，壁面较光滑，有人工修整痕迹。墓坑四角为直角，坑底为长方形，底面平整。墓坑内填土为五花土，土色以红、黄、褐、灰、白为主，土质结构紧密，有人为夯筑痕迹。人骨及葬具已腐朽无存。

1.无壁龛墓

58座，分别为M14、M15、M16、M25、M44等。

M15　平面呈长方形，墓向为182度。墓口距地表深0.2～0.3、墓深5.68米，墓口长3.62～3.66、宽2.5～2.54米，墓底长2.88、宽1.44～1.54米。随葬品大多放置于墓底南端，铜戈及戈鐏放置于墓底西侧（图8）。

M25　平面呈长方形，墓向302度。墓口距地表深0.8、墓坑深5.52米，墓口长3.56、宽1.92米，墓底长3.12、宽1.38米。填土中发现陶豆一件，随葬品集中放置于墓底西侧（图9）。

2.有壁龛墓

共12座。分别为M83、M88、M89等。

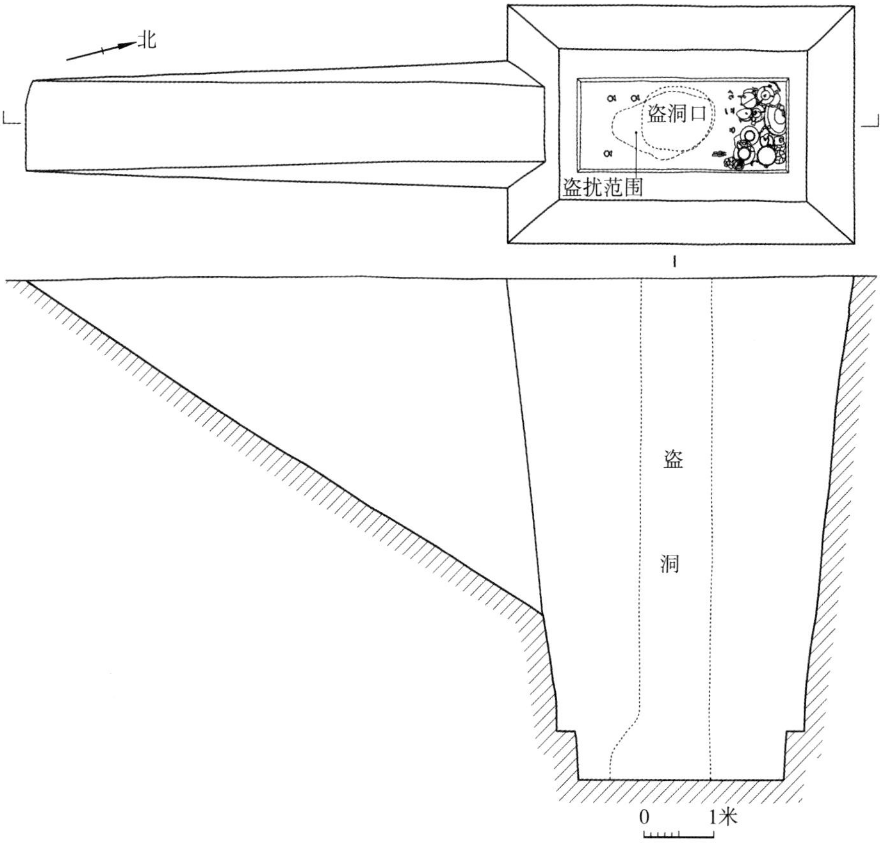

图6　M57平面、剖视图

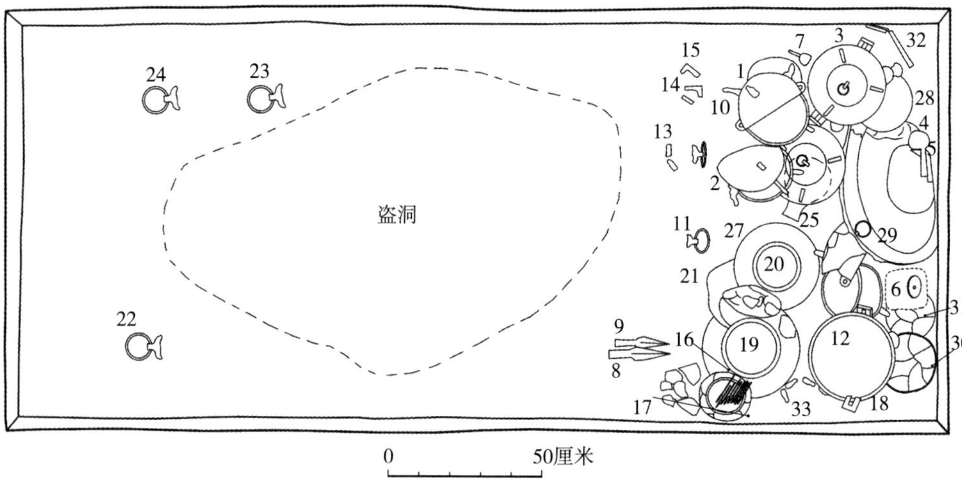

图7　M57随葬器物分布图

1、2、12.铜敦　3、25.铜鼎　4、5、7.铜勺　6.铜器盖　8、9.铜矛　10、11、22～24.铜铺首　13～15、21.铁构件　16.铜箭镞　17.陶罍　18、30.陶鼎　19、20.陶壶　26、28.铜壶　27.铜匜　29.铜洗　31.陶敦　32.铜杆形器　33.铜卮足

图9 M25平面、剖视图
1、6.陶壶 2.铜镜 3、4.陶敦 5.玉璧 7、8.陶鼎

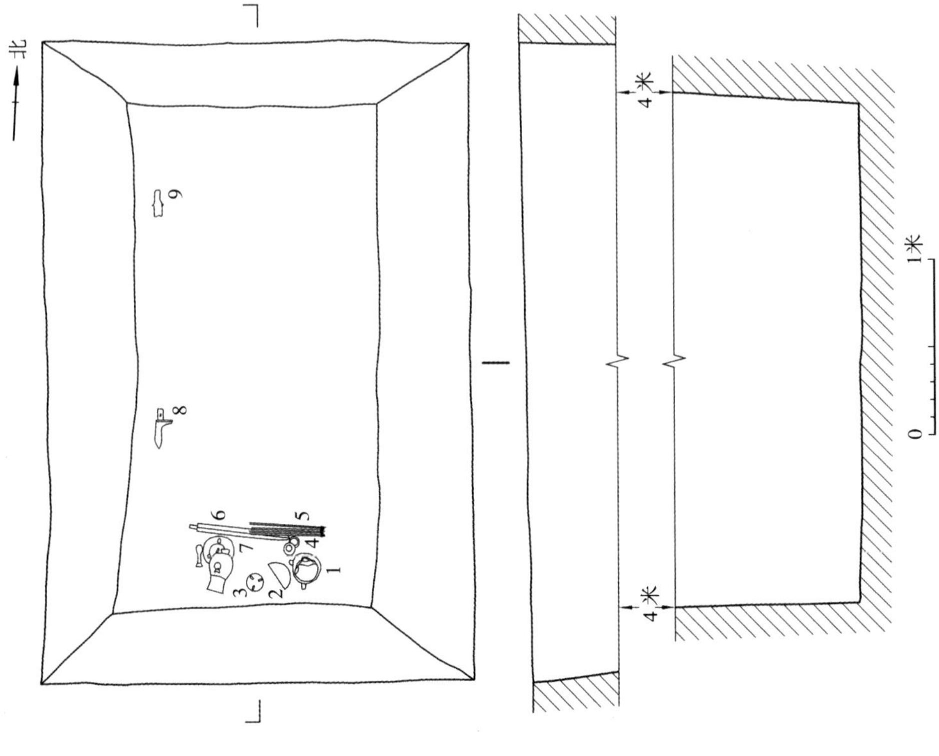

图8 M15平面、剖视图
1.陶鼎 2.陶壶 3、5.铜带钩 4.铜杈环 6.铜剑 7～9.铜戈

M83　平面呈长方形，方向为192度。墓口距地表深0.8、墓坑深4.08米，墓口长2.54、宽1米，墓底长2.32、宽0.82米。墓坑南壁上置一壁龛，壁龛距墓底0.4米，龛宽0.82、高0.28、进深0.24米。填土中未见包含物。随葬品主要藏于壁龛内，铜箭镞置于墓底东部（图10）。

M88　平面呈长方形，方向为186度。墓口距地表深0.3、墓坑深2.84米，墓口长2.36、宽0.76米，墓底长2.22、宽0.56米。墓坑南壁置一壁龛，龛底与墓底在一个平面，龛宽0.62、

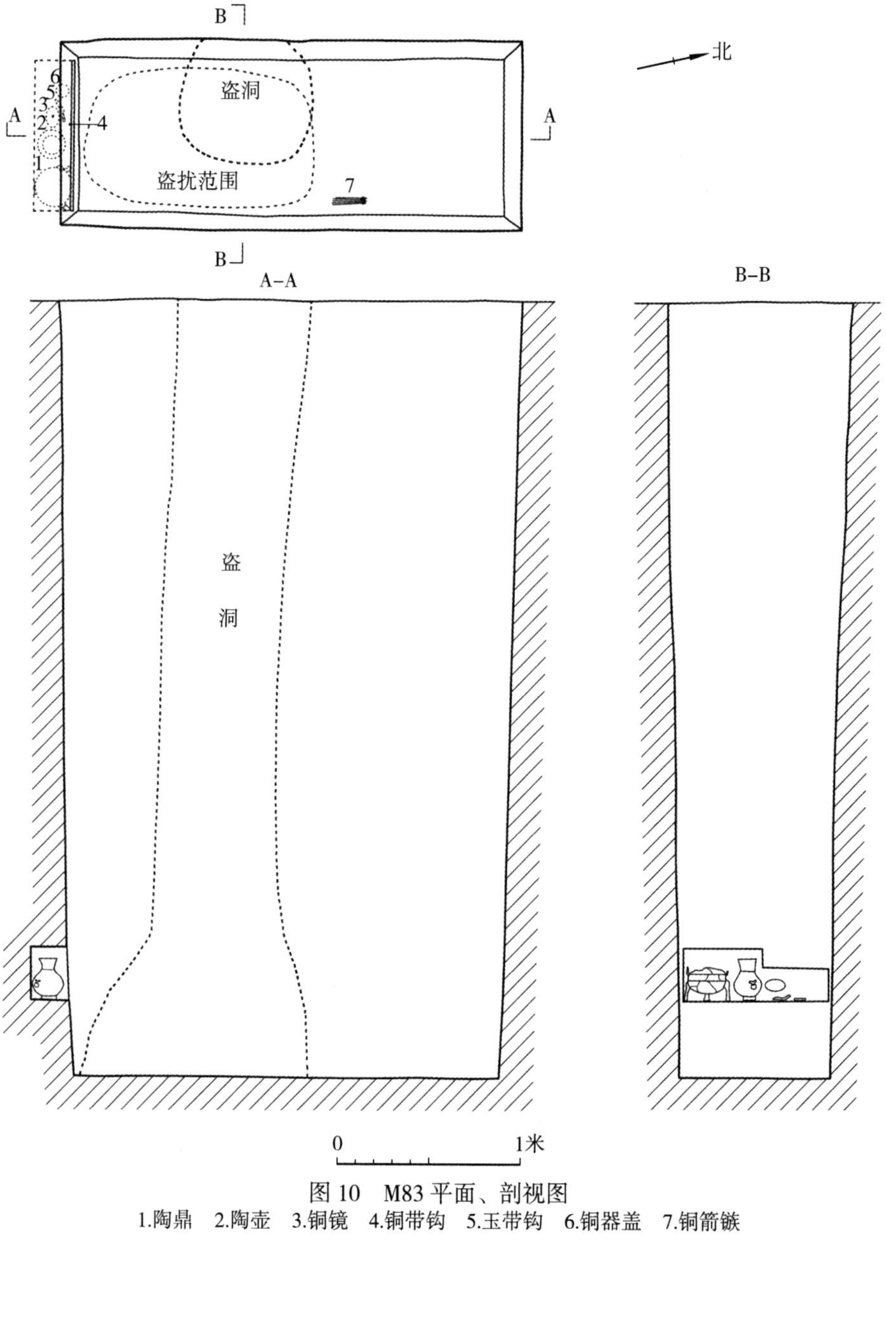

图 10　M83 平面、剖视图
1.陶鼎　2.陶壶　3.铜镜　4.铜带钩　5.玉带钩　6.铜器盖　7.铜箭镞

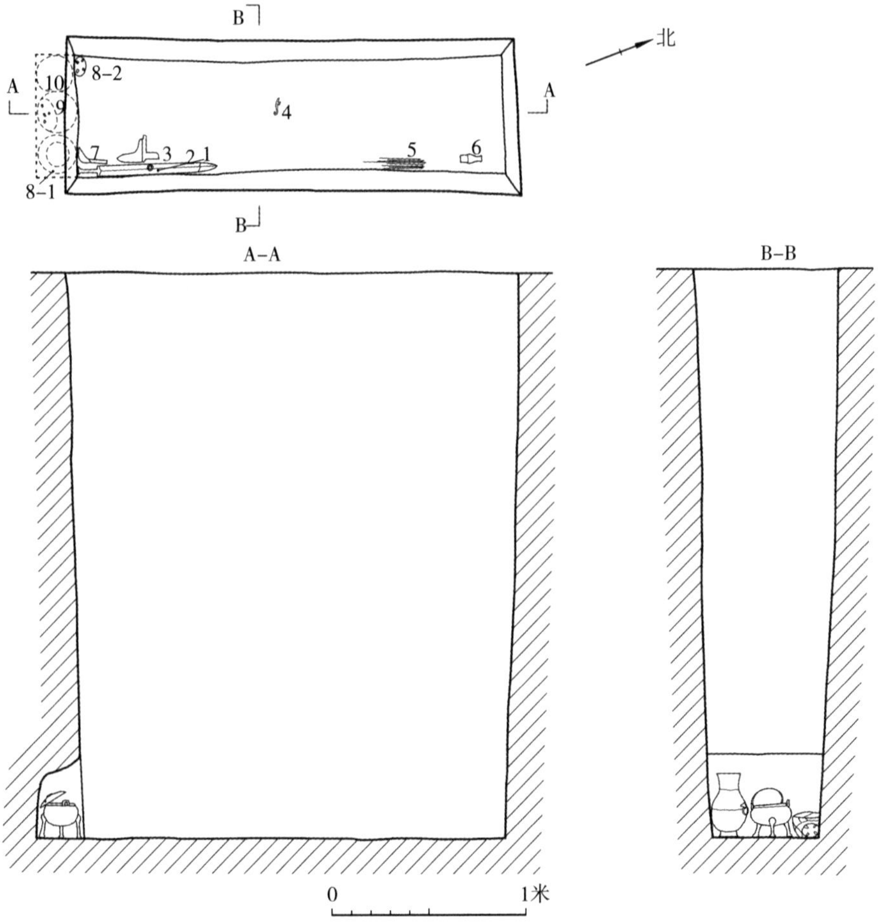

图 11　M88 平面、剖视图

1.铜环　2.铁剑　3、6.铜戈　4.铜带钩　5.铜箭镞　7.铜勺　8.铜壶　9.铜鼎　10.铜器

高0.38、进深0.24米。填土中未见包含物。随葬兵器置于墓底东部靠近坑壁处，铜器藏于壁龛内，铜带钩位于墓底中部（图11）。

二、随葬遗物

随葬遗物按质地可分为陶器、铜器、铜铁结合、铁器、玉石器等，按用途可分为礼器、生活器、兵器等。

（一）陶器

共出土153件，均为泥质灰陶，烧制火候不高，保存较差。器形主要有鼎、敦、壶、罐、豆、缶、鬲、簠、匜、罍、盉、盂等。

鼎　46件。器身轮制，耳、足模制。总体特征为方耳，鼎近沿处多有一周方棱凸起以承盖，口沿处自然形成母口，深腹，圜底。根据腹与足部差异，可分为两型。

A型：8件。耳直立略外翻，腹较深，腹壁近直。根据腹部形状与足外撇程度，又可分为三式。

Ⅰ式：3件。腹呈长椭圆状，蹄形足中空外撇明显。M25：8，腹中部饰两道凹弦纹。口径15.4、腹径20、足高11.9、通高22.9厘米（图12，1）。M47：1，腹中部饰两道凹弦纹，足内侧刻槽。口径18.4、腹径18.4、足高12.6、通高23厘米（图12，2）。M57：18，足内侧刻槽。口径22、腹径26.5、足高19、通高33.2厘米（图12，3）。

Ⅱ式：4件。深腹略呈球状，蹄形足外撇。盖面隆起，顶部有一桥形钮，盖缘附三个环形钮。中部饰两道凸弦纹，腹中部饰两道凹弦纹。M17：2，口径15.4、腹径19、足高14.7、通高24.6厘米（图12，4）。M25：7，子口承盖。口径15.6、腹径20、足高12.4、通高23.2厘米（图12，5）。M83：1，子口承盖。口径15.6、腹径19.4、足高14.1、通高24.9厘米（图12，6）。M110：4，口径16、腹径19.4、足高13.5、通高25.4厘米（图12，7）。

Ⅲ式：1件（M16：1）。深腹近方，足直立内收。子口承盖，盖面隆起，盖缘附三个环状钮。上腹部饰两道凹弦纹，盖中部饰两道凸弦纹。口径14.4、腹径17.8、足高15、通高24.8厘米（图12，8）。

B型：11件。腹壁弧度成为其自身的明显特征。根据腹部形状与足外撇程度，又可分为三式。

Ⅰ式：2件。盖面隆起，方耳外翻，深弧腹略方，足外撇明显。盖缘附三个环状钮。上腹部饰两道凹弦纹，盖面饰两道凸弦纹。M31：4，失耳，盖顶部附一桥形钮，足膝部饰兽面纹。口径16.8、腹径21.2、足高15.3、通高26.7厘米（图13，1）。M127：2，足膝部饰卷云纹。口径17.6、腹径22、足高13.9、通高25.2厘米（图13，2）。

Ⅱ式：6件。盖面隆起，方耳外翻，深弧腹呈椭圆形锅底状，足外撇。M5：1，失盖，

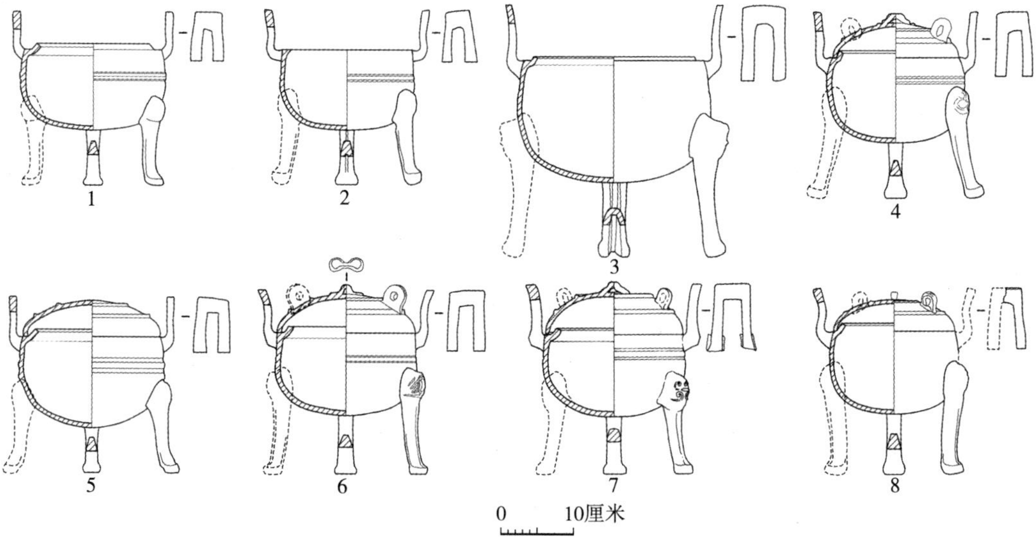

图12 出土陶鼎

1～3.A型Ⅰ式（M25：8、M47：1、M57：18） 4～7.A型Ⅱ式（M17：2、M25：7、M83：1、M110：4） 8.A型Ⅲ式（M16：1）

腹中部饰两道凸弦纹。口径17、腹径22.2、足高15.7、通高25厘米（图13，3）。M48：5，盖顶部附一桥形钮，已残。腹中部饰两道凹弦纹，盖中部饰两道凸弦纹。口径14.6、腹径19.8、足高14.2、通高25.5厘米（图13，4）。M97：1，失耳，盖缘附三个环状钮。腹中部饰一道凹弦纹，盖中部饰两周凸弦纹。口径14.6、腹径18.4、足高12、通高21.4厘米（图13，5）。M108：1，盖顶部附一桥形钮，盖缘附三个环状钮。腹中部饰两道凹弦纹。口径15.6、腹径20、足高13、通高22.8厘米（图13，6）。M122：4，盖顶部附一桥形钮，盖缘附三个环状钮。腹中部饰两道凹弦纹，盖中部饰两道凸弦纹。口径16、腹径20.4、足高13.2、通高25.2厘米（图13，7）。M123：1，盖顶部附一桥形钮，盖缘附三个环状钮。上腹部饰两道凹弦纹，足膝部饰卷云纹，盖中部饰两道凸弦纹。足面有三道竖向凹槽。口径16.8、腹径21.2、足高14、通高24.8厘米（图13，8）。

Ⅲ式：3件。深腹弧壁，圜底近平，足外撇程度小而近直立。M3：6，盖面隆起，盖缘附三个环状钮。上腹部饰一周凸弦纹，膝部饰兽面纹，盖饰两道凸弦纹。口径22、腹径27.6、足高17.8、通高29.2厘米（图13，9）。M3：13，上腹部饰一道凸弦纹，足膝部饰卷云纹。口径21.3、腹径25.5、耳高10.1、足高17.5、通高30.1厘米（图13，10）。M3：15，上腹部饰一道凸弦纹，足膝部饰卷云纹。口径21.6、腹径24.8、足高17.1、通高31.2厘米（图13，11）。

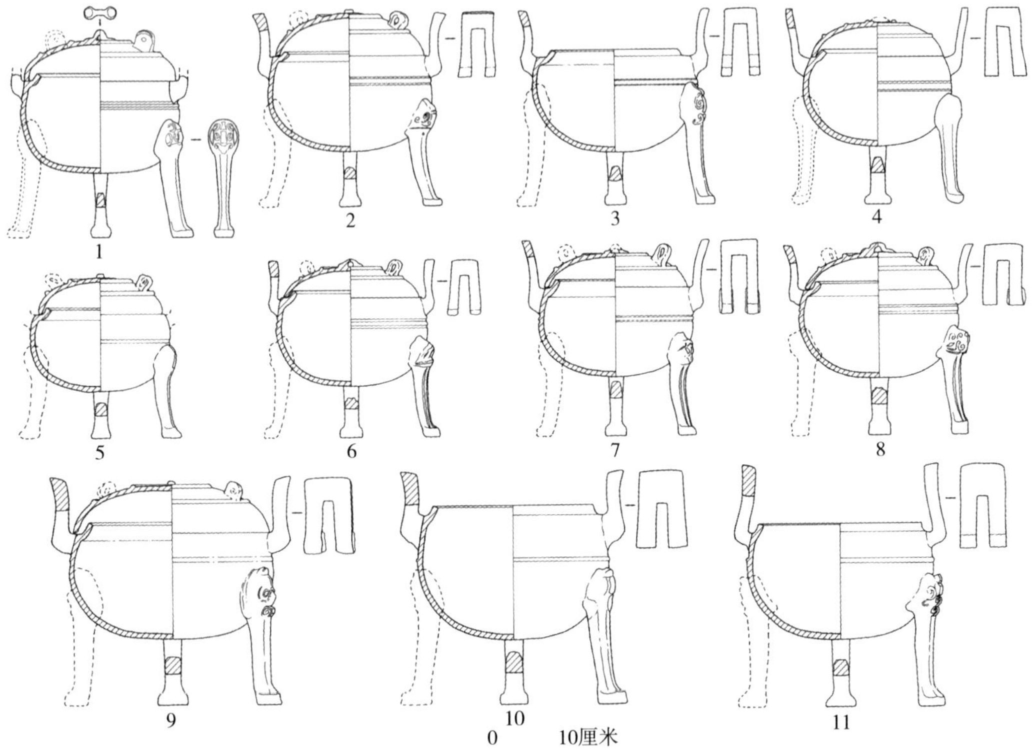

图13　出土陶鼎
1、2.B型Ⅰ式（M31：4、M127：2）　3～8.B型Ⅱ式（M5：1、M48：5、M97：1、M108：1、M122：4、M123：1）　9～11.B型Ⅲ式（M3：6、M3：13、M3：15）

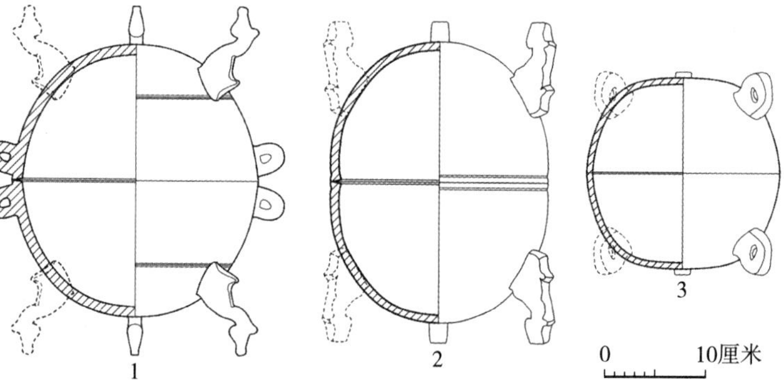

图14 出土陶敦
1～3.M57∶12、M128∶1、M39∶1

敦 12件。器身轮制，足模制。器盖扣合呈圆形、椭圆形，敞口，弧壁，圜底。M39∶1，环形足。素面。口径19、通高19.2厘米（图14，3）。M57∶12，龙形足，两对称圆形钮。腹部饰凹弦纹。口径24.4、通高33.5厘米（图14，1）。M128∶1，龙形足。中部饰凹弦纹。口径21.6、通高30.6厘米（图14，2）。

壶 46件，修复23件。侈口，束颈，溜肩，鼓腹，肩饰对称衔环辅首。根据颈、腹、圈足的差异，可分为二式。

Ⅰ式：20件。圜底，矮圈足微外撇。M1∶1，颈下部、腹中部饰一组凹弦纹。盖面隆起，盖缘立三个尖状钮。口径10、腹径16.8、底径11、高29.4厘米（图15，1）。M16∶2，口、颈、上腹部饰五组凹弦纹。口径10.2、腹径15.8、底径10.6、高25.5厘米（图15，2）。M26∶1，上腹部饰四组凹弦纹。口径10、腹径17.3、底径10.4、高27.6厘米（图15，3）。M53∶1，口沿外侧、颈、中腹部饰四组凹弦纹。口径12、腹径18.6、底径12.6、高28.6厘米（图15，4）。M83∶2，颈与上腹部饰四组凹弦纹。口径10.2、腹径18、底径11.8、高25厘米（图15，5）。M103∶4，盖面微隆，盖缘立三个钮。口外侧、颈下部、腹中部饰四组凹弦纹。口径10、腹径15.6、底径10.4、高25.2厘米（图15，6）。M113∶5，颈与腹部饰四组凹弦纹。口径9.6、腹径16.4、底径9.8、高22.4厘米（图15，11）。M114∶2，盖面隆起，盖缘立三个等距尖状钮。口外侧、颈下部、腹上部饰五组两圈一组的凹弦纹。口径10.2、腹径17.6、底径11.2、高30.2厘米（图15，8）。

Ⅱ式：3件。平底，假圈足。M125∶11，颈、中腹部饰两组凹弦纹。口径12.4、腹径22.8、底径14.2、高32.4厘米（图15，9）。M125∶13，铺首衔环残缺。颈、中腹部饰两组凹弦纹。口径9.6、腹径16.4、底径13.8、高31.6厘米（图15，10）。

钫 2件。直口呈方形，缩颈，弧壁，平底。口外侧饰宽带凸棱。M3∶8，假圈足。肩部饰四个铺首衔环。盖呈四棱台状，饰四个鸟状钮。口径12.2、腹径22.4、底径14.8、通高39.6厘米（图15，7）。M3∶10，口径10.8、腹径21.4、底径12、通高29.2厘米（图15，12）。

罐 出土12件，修复9件。根据颈、腹的差异，可分为二型。

A型：8件。侈口，束颈，溜肩，圆鼓腹。根据束颈、底的变化，又可分为三式。

Ⅰ式：5件。方唇，短束颈，凹圜底。M13∶2，折沿微翘，上腹饰竖向绳纹，腹底部饰紊乱绳纹。口径14.4、腹径18、底径7.2、通高18.8厘米（图16，1）。M90∶7，平折沿。颈部饰绳纹被抹平，上腹部饰间断绳纹，下腹部饰紊乱斜向绳纹。口径14.4、腹径20.2、底径

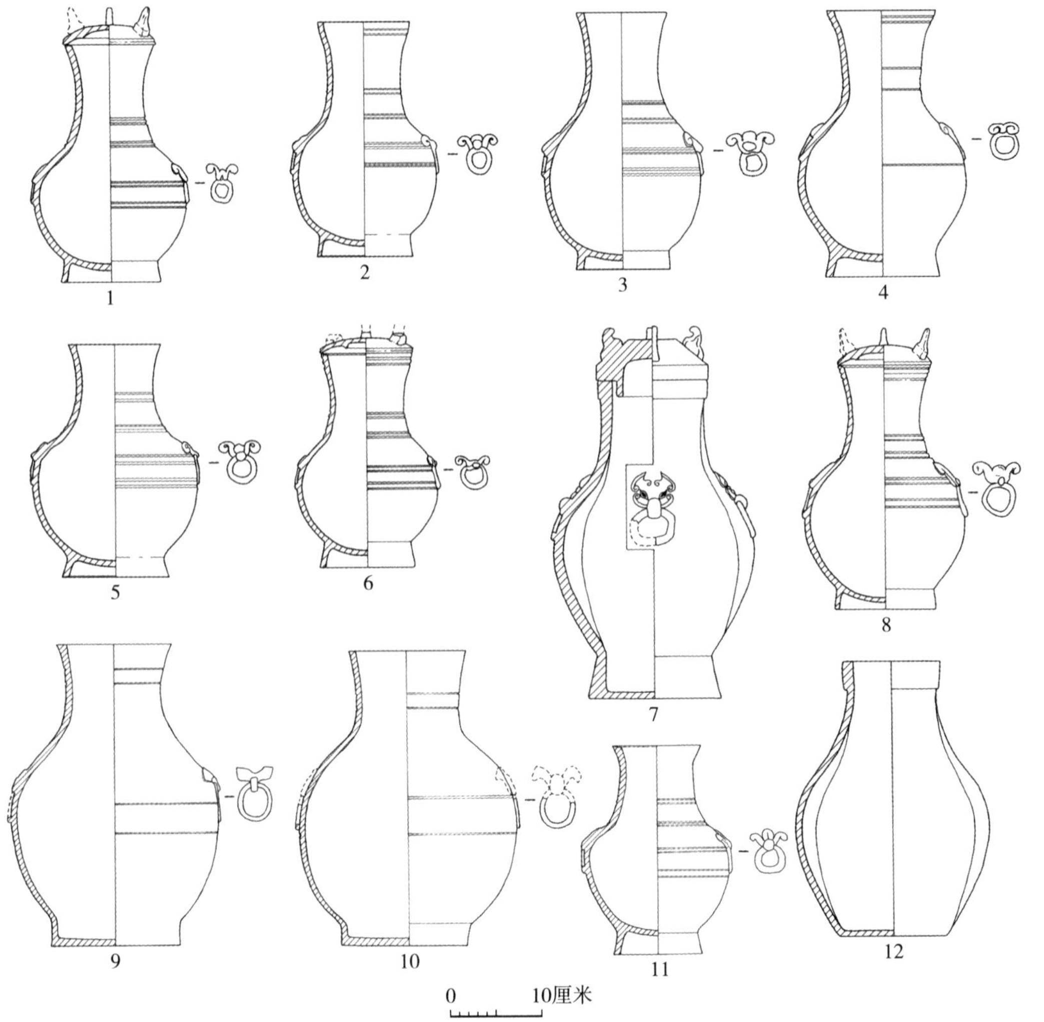

图 15　出土陶器

1～6、8、11. Ⅰ式壶（M1：1、M16：2、M26：1、M53：1、M83：2、M103：4、M114：2、M113：5）　7、12.钫（M3：8、M3：10）　9、10. Ⅱ式壶（M125：11、M125：13）

6.8、高22厘米（图16，2）。M90：8，折沿略倾。上腹部饰竖向间断绳纹，下腹部饰紊乱斜向绳纹。口径15.3、腹径20.2、底径9.2、高21.4厘米（图16，3）。M93：2，平折沿。颈部饰数道凹弦纹，上腹部饰竖向绳纹，下腹饰紊乱绳纹。口径14.4、腹径18.4、底径7.6、通高21.9厘米（图16，7）。

Ⅱ式：1件（M115：1）。方唇，缩颈，鼓腹，平底。腹中部饰两道凹弦纹，肩部压印铭文“彀”。口径13.6、腹径17.8、底径12.4、高17.6厘米（图16，4）。

Ⅲ式：2件。长束颈。M48：3，折沿上翘，方唇。上腹部饰间断绳纹，下腹部饰紊乱斜向绳纹。口径17、腹径13.7、底径6.6、高21.5厘米（图16，6）。M124：2，折沿微翘，长颈内缩。腹部饰竖向绳纹，底部饰紊乱绳纹。口径17.2、腹径17.6、底径9、通高26.3厘米（图16，5）。

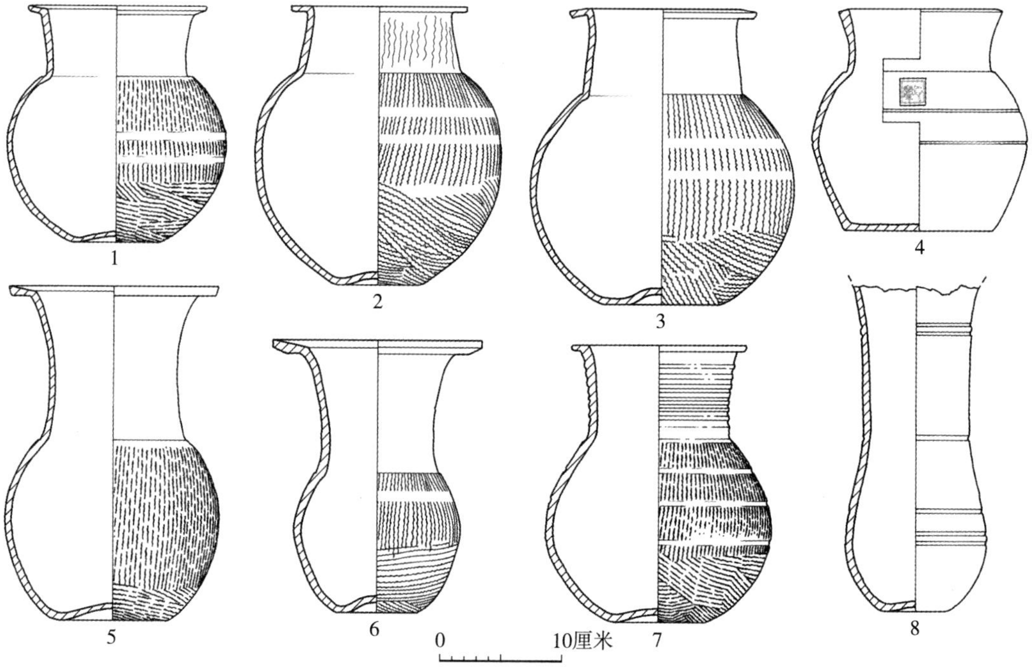

图16 出土陶罐

1～3、7.A型Ⅰ式（M13：2、M90：7、M90：8、M93：2） 4.A型Ⅱ式（M115：1） 5、6.A型Ⅲ式（M124：2、M48：3） 8.B型（M91：2）

B型：1件（M91：2）。侈口，长颈，溜长腹，凹圜底。颈、腹部饰六组凹弦纹。腹径11.6、底径5.2、残高25.8厘米（图16，8）。

豆 出土22件，修复9件。根据盘、柄的差异，可分为二型。

A型：8件。浅盘，长柄，喇叭形底座。M45：2，口径12.2、圈足径7.6、高14.3厘米（图17，1）。M45：3，口径13.6、圈足径8、高15.6厘米（图17，2）。M45：4，口径13.5、圈足径7.3、高16.2厘米（图17，3）。M92：7，口径11.6、圈足径6、高12.4厘米（图17，4）。M115：2，口径12.8、圈足径7.6、高13.6厘米（图17，5）。M127：4，口径11.2、圈足径5.6、高13厘米（图17，6）。M127：5，口径11.2、圈足径6.4、高13.4厘米（图17，7）。

B型：1件（M113：1）。口微敛，深盘，短柄，弧壁下收，喇叭形底座。口径16.4，圈足径9.6、高14.8厘米（图17，8）。

缶 1件（M57：20）。轮制。子口，缩颈，鼓腹，平底，圈足斜直。颈与腹部饰凹弦纹，肩部附四个环形钮。口径13、腹径26.4、圈足径15.6、高38.3厘米（图18，1）。

鬲 2件。形制相近。敛口，仰折沿，方唇，束颈，弧壁，联裆。M91：1，柱状足。肩部饰两道凹弦纹，上腹饰竖向绳纹，下腹饰紊乱绳纹。口径16、腹径23.3、通高22.4厘米（图18，2）。M93：1，截锥足。肩部饰两道凹弦纹，上腹饰竖向绳纹，下腹饰紊乱绳纹。口径18、腹径24、通高23厘米（图18，3）。

簠 2件。M3：11，器盖与身扣合呈长方体，口呈长方形，方唇，斜直壁，弧底近平，足外张。口外侧边缘饰一道宽带凸棱。口长24、宽20、底长18、宽14、通高22厘米（图18，12）。

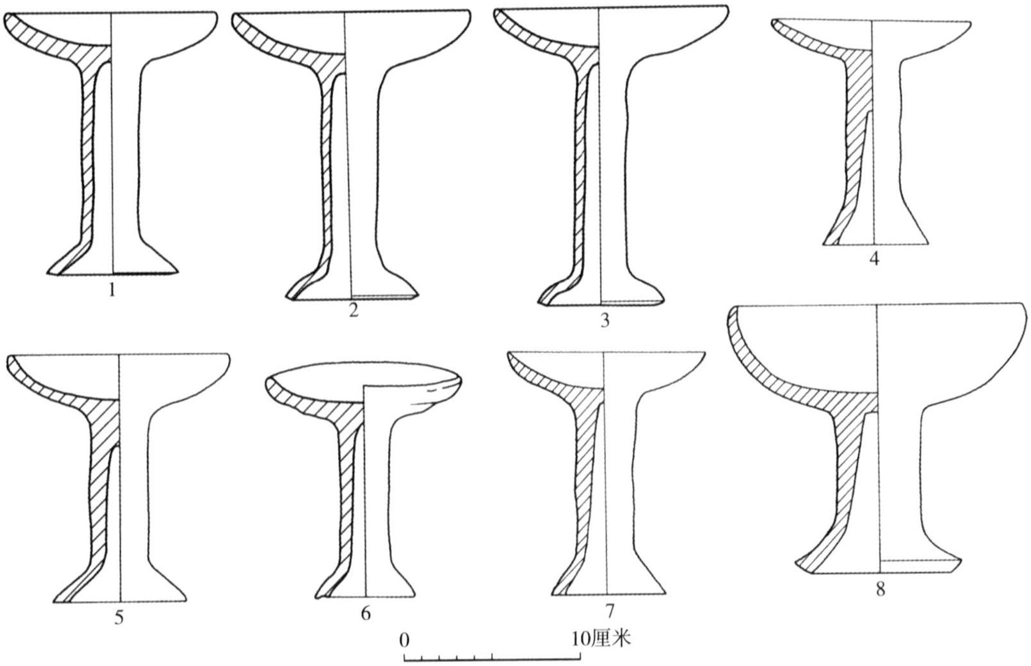

图 17　出土陶豆

1～7.A型（M45：2、M45：3、M45：4、M92：7、M115：2、M127：4、M127：5）　8.B型（M113：1）

匜　1件（M3：14）。器形似瓢状，流微翘，弧壁，圜底微内凹。长18.8、宽14.4、底径6、高7厘米（图18，7）。

罍　2件。M11：1，敛口，圆唇，斜肩，弧壁近直，平底微凹。上腹饰两道凹弦纹，附对称两耳。口径8.4、腹径17、底径13.2、高13.2厘米（图18，8）。M57：17，敛口，矮颈，广肩，弧壁，圜底，圈足外撇。附两对环形钮衔环，上腹部饰两道凹弦纹。口径9.6、腹径19、底径11.4、高17厘米（图18，11）。

盉　1件（M11：2）。敛口，圆唇，扁圆腹，圜底，蹄形足，提梁残缺。口径6.8、腹径11.6、残高8.4厘米（图18，6）。

盂　4件。M13：1，敞口，折沿微翘，圆唇，折肩，弧壁下收，圜底微内凹。口径18、底径4、高5.2厘米（图18，9）。M91：3，口微敛，折沿微翘，圆唇，折肩，弧壁，圜底微内凹。肩下部饰两道凹弦纹。口径19.6、底径5、高7.8厘米（图18，5）。M93：3，口微敛，折沿微翘，圆唇，折肩，弧壁，圜底。肩下部饰两道凹弦纹。口径19.7、底径3.8、高7.9厘米（图18，4）。M103：2，敞口，折沿微翘，圆唇，折肩，弧壁，圜底。口径17.2、底径6.8、高5.8厘米（图18，10）。

（二）铜器

主要有礼器、兵器、生活用器等。

1.礼器

器类包括鼎、敦、壶、盘、匜、勺等。

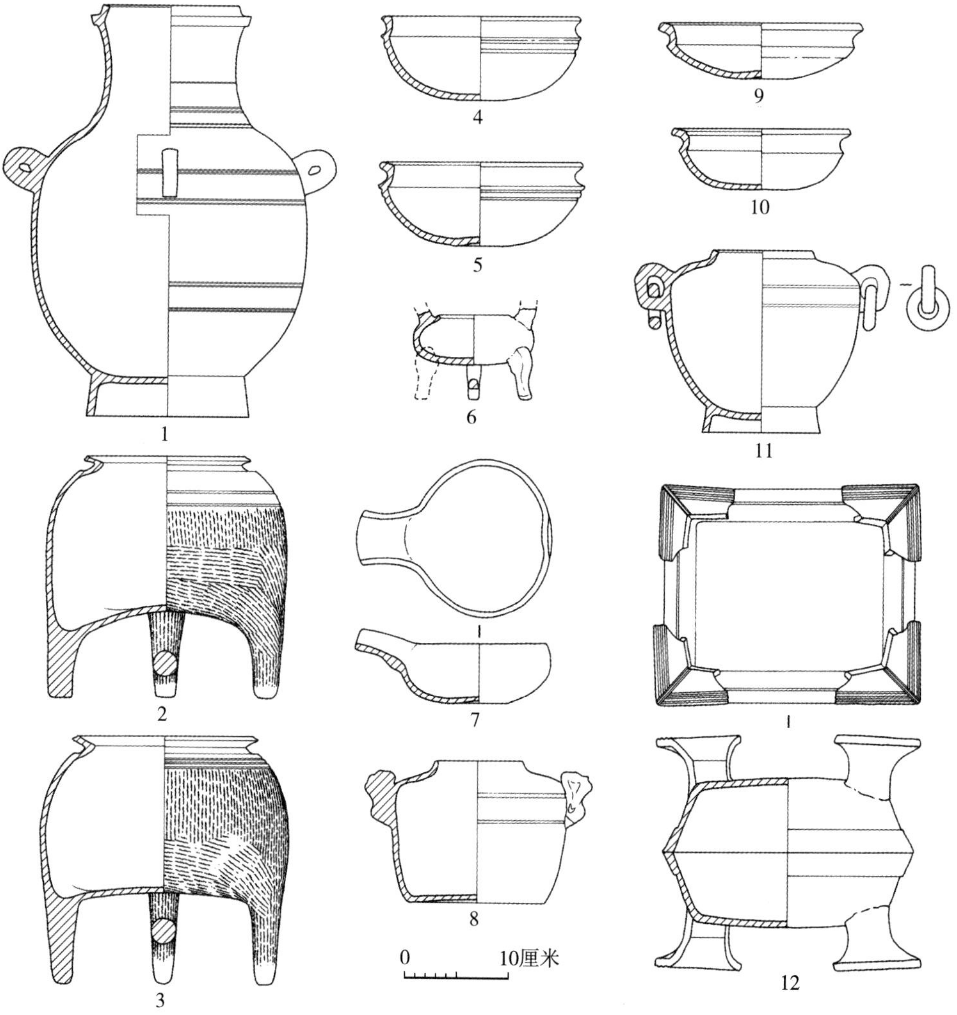

图18　出土陶器

1.缶（M57：20）　2、3.鬲（M91：1、M93：1）　4、5、9、10.盂（M93：3、M91：3、M13：1、M103：2）　6.盉（M11：2）　7.匜（M3：14）　8、11.罍（M11：1、M57：17）　12.簠（M3：11）

鼎　6件。根据口、腹、底与足的差异，可分为四型。

A型：2件。直口，上壁微弧，小平底，方形附耳，蹄形足外撇，盖面斜直。M57：3，腹部饰一组凸弦纹，足膝部饰卷云纹与冠状凸棱，底部饰三岔纹。盖顶部有一桥形衔环钮，盖面饰三周凸弦纹，圆形钮三个，钮顶部饰冠状凸棱。口径24、腹径25、底径12.6、足高18.2、通高32.2厘米（图19，1）。M57：25与M57：3形制、纹饰相同。口径24、腹径25、底径12.6、足高18.1、通高32厘米。

B型：1件（M88：9）。子口承盖，弧壁，圜底近平，圆角方形附耳，扁状足外撇。盖面隆起，折腹，附三个等距桥形钮。折腹处饰一周凸弦纹。口径16.4、腹径20.8、足高11.2、通高22.4厘米（图19，2）。

C型：2件。子口承盖，弧壁，圜底。方形附耳，蹄形足微外撇，隆顶盖。M116：2，盖上有三个圆形钮。腹部和近底处各饰一周凸弦纹。口径17、腹径19、底径8.4、足高7.6、通高16.1厘米（图19，3）。M116：5与M116：2形制、纹饰相同。口径16.8、腹径18.8、底径8.3、足高7.6、通高16厘米（图19，4）。

D型：1件（M119：2）。直口，窄平沿，方唇，弧壁，圜底，方形附耳，蹄形足外撇。口径13.2、腹径12.8、足高6.5、通高14.6厘米（图19，5）。

敦　2件。M57：1与M57：2形制、纹饰相同。M57：1，盖与身扣合呈椭圆形，各有三个“S”形钮、足，近口缘处各有两对称环形钮。足上和环形钮上均饰卷云纹。口径29.8、

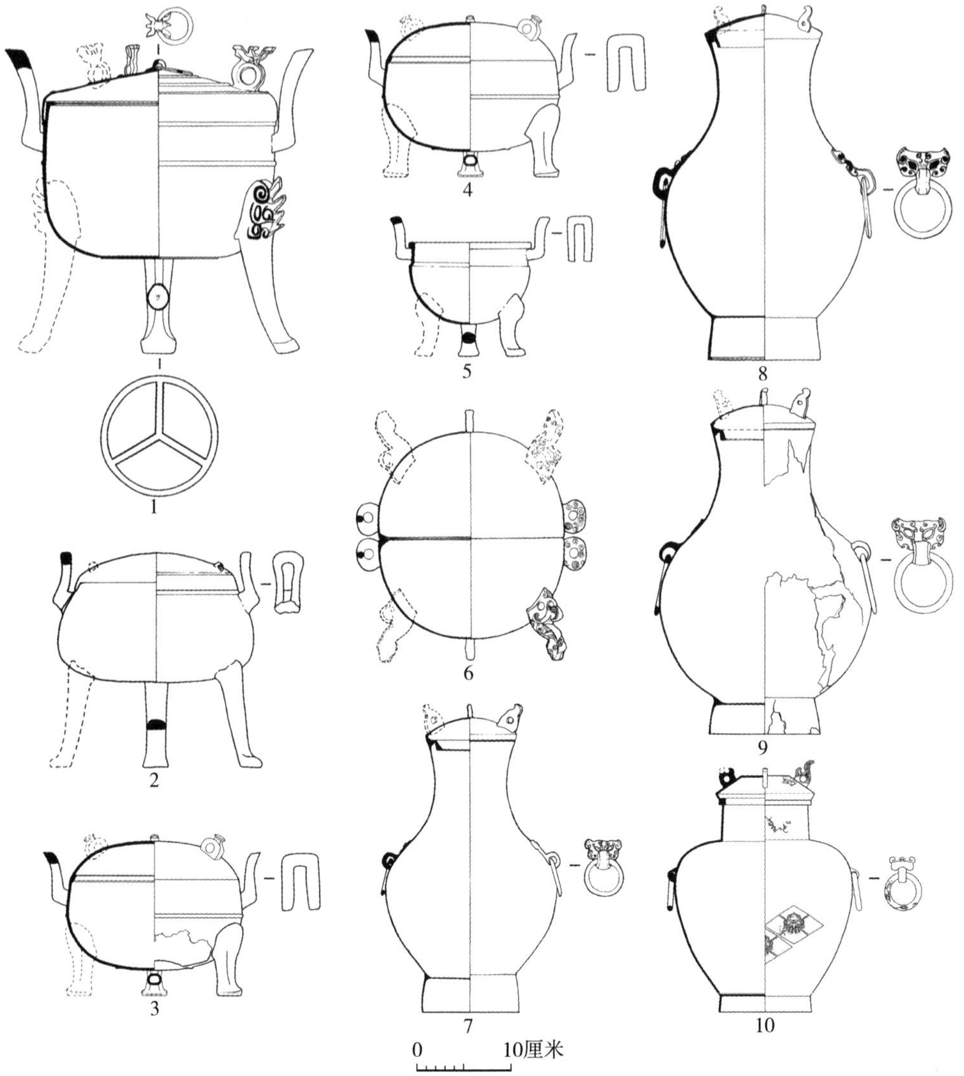

图19　出土铜礼器

1.A型鼎（M57：3）　2.B型鼎（M88：9）　3、4.C型鼎（M116：2、M116：5）　5.D型鼎（M119：2）　6.敦（M57：1）　7～9.壶（M45：1、M57：28、M92：5）　10.钫（M116：1）

通高25.8厘米（图19，6）。

壶　3件。口略侈，缩颈，鼓腹，圈足。肩附两对称衔环铺首。盖面隆起，附三个鸟状钮。M45：1，口径9.4、腹径18.4、圈足径10.4、通高32厘米（图19，7）。M57：28，口径12.4、腹径21.8、圈足径12、通高36.8厘米（图19，8）。M92：5，口径11.2、腹径22.8、圈足径12、通高36厘米（图19，9）。

钫　1件（M116：1）。方唇，口微敛，直颈，溜肩，下腹内收。肩附两对称衔环铺首，圈足。盖呈覆斗形，斜边附四个鸟状钮。盖与颈部有纹饰，已锈蚀不清，身饰菱形纹，多已锈蚀。口径10.4、腹径19.2、圈足径10、高26.1厘米（图19，10）。

盘　3件。敞口，折沿上翘，折腹下收，平底。沿下附两对称的圆形衔环。M9：1，底残。口径38、残高6.8厘米（图20，1）。M57：29，口径45、底径22.6、高9厘米（图20，2）。M116：3，口径38、底径18、高10厘米（图20，3）。

匜　1件（M57：27）。平面呈葫芦瓢形，平底，流上翘。高6.2～9.6、通长23厘米（图20，6）。

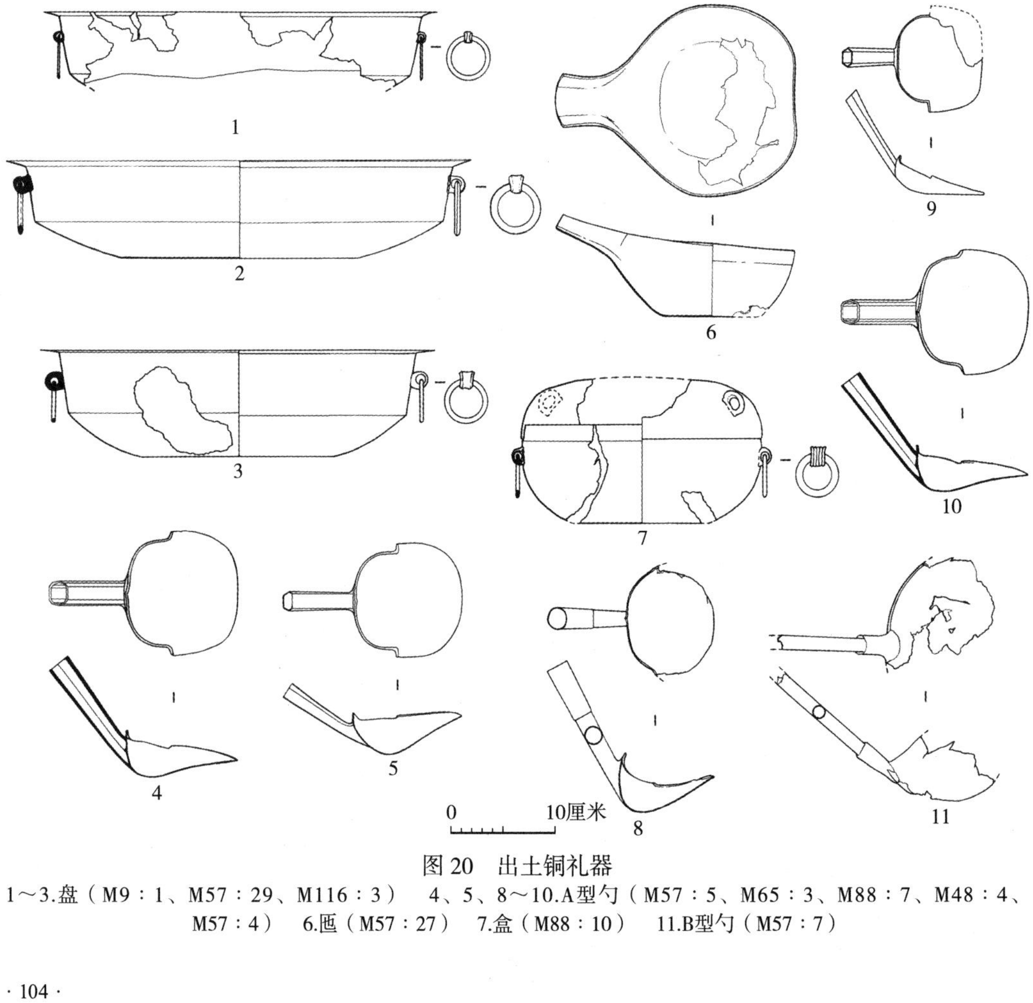

图20　出土铜礼器

1～3.盘（M9：1、M57：29、M116：3）　4、5、8～10.A型勺（M57：5、M65：3、M88：7、M48：4、M57：4）　6.匜（M57：27）　7.盒（M88：10）　11.B型勺（M57：7）

盒　1件（M88：10）。子口承盖，弧壁，平底，肩有两对称圆形衔环。盖面隆起，附三个扁圆形钮。口径22.4、腹径23.2、底径12、高13.6厘米（图20，7）。

勺　6件。根据柄与勺形制及形成的角度差异，可分为两型。

A型：5件。勺前端呈弧形，两侧向上弯折内收，柄呈六棱形，中空，柄与勺形成夹角度数较大。M48：4，长15.7、宽约20厘米（图20，9）。M57：4，长20、宽11.6厘米（图20，10）。M57：5，长20、宽11.6厘米（图20，4）。M65：3，长17.4、宽10.6厘米（图20，5）。M88：7，长18.6、宽12厘米（图20，8）。

B型：1件（M57：7）。残缺，柄呈筒形，中空。残长11.6、柄径0.6厘米（图20，11）。

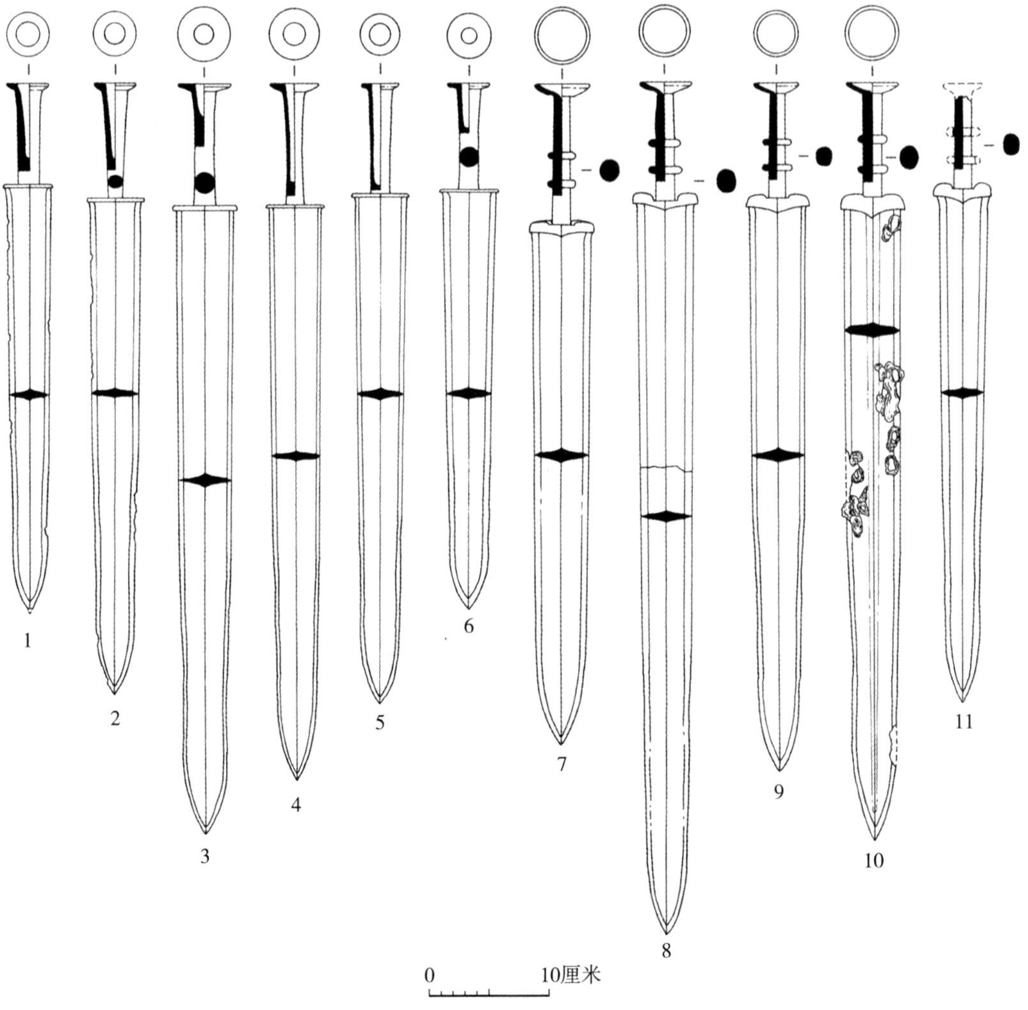

图21　出土铜剑

1～6.A型（M17：5、M48：1、M49：3、M89：1、M103：1、M122：2）　7～11.B型Ⅰ式（M28：3、M31：2、M37：1、M52：3、M65：1）

2.兵器

器类包括剑、戈、矛、戈鐏、矛镦、箭镞等。

剑　20件。根据剑格、剑茎、剑首的不同，可分为四型。

A型：6件。总体特征为圆首，圆形空茎或半空茎，窄格，无箍，剑身前窄后宽，隆脊，锋后多束腰。M17：5，长42.6、宽3.6厘米（图21，1）。M48：1，长49.4、宽4.4厘米（图21，2）。M49：3，长61.2、宽4.6厘米（图21，3）。M89：1，长56.2、宽4.4厘米（图21，4）。M103：1，长50.2、宽4.2厘米（图21，5）。M122：2，长42.5、宽4.4厘米（图21，6）。

B型：12件。剑身与A型几无差异，唯剑茎有别，圆形或扁圆形实茎，双箍，喇叭形首。根据剑格的差异，可分为二式。

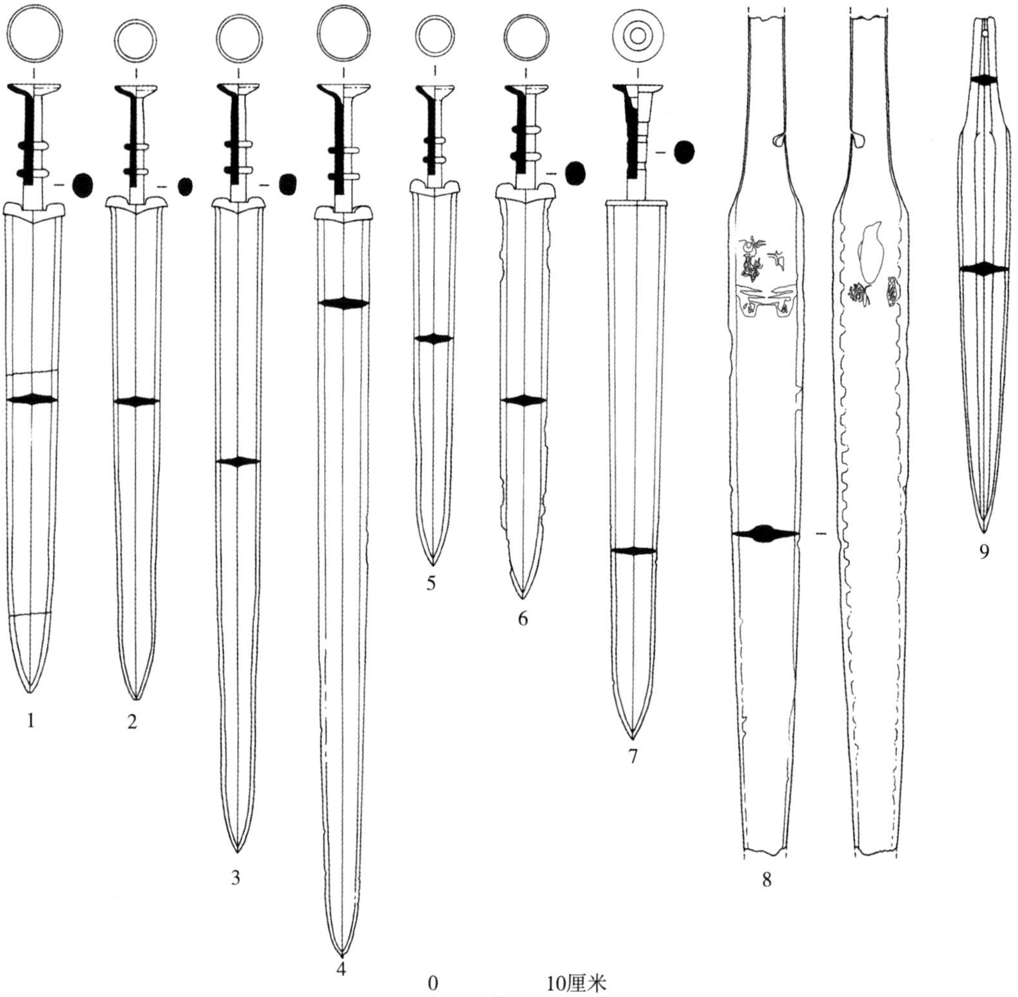

图22　出土铜剑

1～6.B型Ⅰ式（M92：1、M109：1、M110：2、M116：4、M123：4、M127：6）　7.B型Ⅱ式（M80：1）　8.C型（M12：2）　9.D型（M90：14）

Ⅰ式：11件。广格。M28：3，长53.6、宽4.4厘米（图21，7）。M31：2，长69、宽4.5厘米（图21，8）。M37：1，长55.4、宽4.6厘米（图21，9）。M52：3，剑身锈蚀严重。长61.2、宽4.6厘米（图21，10）。M65：1，长50.1、宽4厘米（图21，11）。M92：1，长48.5、宽4.4厘米（图22，1）。M109：1，长48.8、宽4厘米（图22，2）。M110：2，长49、宽4厘米（图22，3）。M116：4，长69.4、宽4.4厘米（图22，4）。M123：4，长38、宽3.6厘米（图22，5）。M127：6，长50、宽4.2厘米（图22，6）。

Ⅱ式：1件（M80：1）。窄格。长52、宽4.8厘米（图22，7）。

C型：1件（M12：2）。残缺，身前窄后宽，隆脊，刃尾端圆角，茎饰鸟、鱼纹饰，刃内侧饰波折纹，茎上宽下窄。残长67.2、宽6.2厘米（图22，8）。

D型：1件（M90：14）。柳叶形剑。身作柳叶状，锐锋隆脊，刃尾端圆角，茎前宽后窄，近尾处有圆形铆孔。长41.2、宽4.4厘米（图22，9）。

戈　9件。根据戈援、胡、内的变化，可分为四式。

Ⅰ式：5件。援、内较宽实，援略上扬，脊无棱线，胡较短。M6：1，锐锋，隆脊三角形刃，内末端呈弧形，栏侧三穿，内上一穿，胡下方角。援长16.8、胡长11.4、通长25.8厘米（图23，1）。M17：3，锋缺失，内末端呈弧形，栏侧四穿，内上一穿。援长12.5、胡残长10.8、通长19.7厘米（图23，2）。M88：3，内刃弧线平缓，缺尾端下角，栏侧三穿，内上一穿，胡下圆角。援长11.8、胡长11.5、通长18.6厘米（图23，3）。

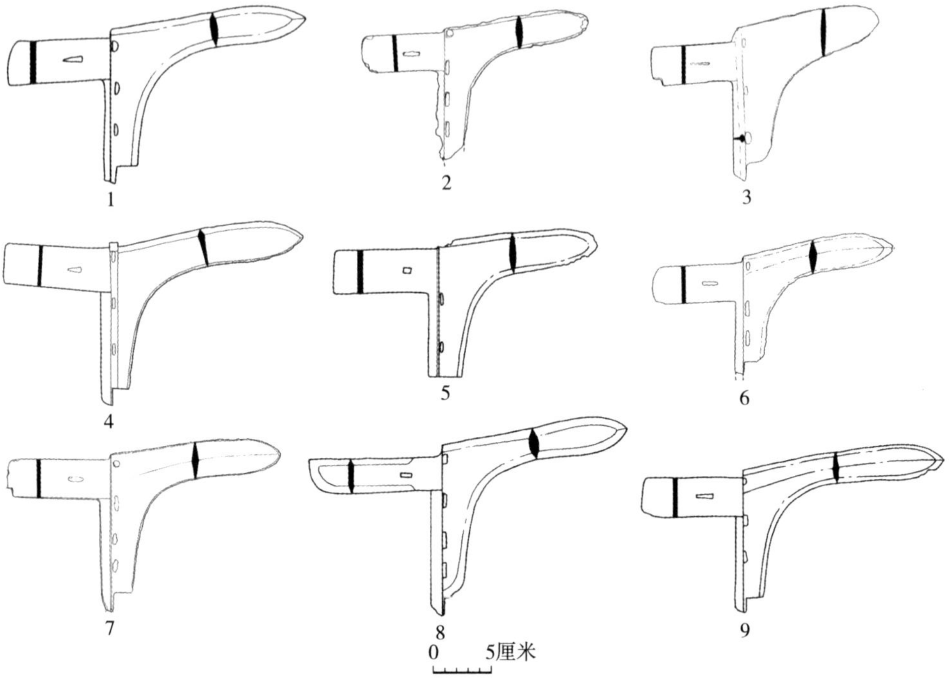

图23　出土铜戈

1～5.Ⅰ式（M6：1、M17：3、M88：3、M108：3、M116：6）　6、7.Ⅱ式（M15：8、M45：5）　8.Ⅲ式（M92：2）　9.Ⅳ式（M122：2）

M108：3，栏侧三穿，内上一穿，胡下方角。援长15.9、胡长11.7、通长25.7厘米（图23，4）。M116：6，锋圆钝，栏侧两穿，内上一穿，胡下方角。援长13.6、胡长10.6、通长22.6厘米（图23，5）。

Ⅱ式：2件。援多为隆脊、尖锋，胡较长，胡下为方角。M15：8，栏侧三穿，内上一穿。援长13、胡长8.7、通长18.6厘米（图23，6）。M45：5，栏侧四穿，内上一穿。援长14.6、胡长11.4、通长23.6厘米（图23，7）。

Ⅲ式：1件（M92：2）。戈援细瘦，内长，锋尖锐，锋后束腰。内缩平脊三角形刃，末端与两侧有刃，内上一穿，栏侧四穿，胡下圆角。援长16、胡长12.8、通长27.6厘米（图23，8）。

Ⅳ式：1件（M122：2）。戈援更显细瘦厚实，胡特长。锐锋，援上扬，棱脊，锋后束腰，内呈长方形，末端下角有缺，栏侧三穿，内上一穿，胡下方角。援长17.2、胡长10.6、通长26厘米（图23，9）。

戈鐏　14件。根据鐏形体变化，可分为三式。Ⅰ式又可分为二亚式。

Ⅰa式：1件（M38：1）。鐏粗短，截面近椭圆形，中空，中部有一圆形穿孔。长7.6、宽3.2厘米（图24，1）。

Ⅰb式：9件。上部呈扁圆筒形，尾较短，尾端细短或呈蹄状。M9：2，中部有一圆形凸箍，下部束腰截面呈六棱形，尾端平直，箍的下侧与腰间各有一圆形铆孔。长11.2、宽2～3.4厘米（图24，2）。M15：9，中部有鸟形凸箍，箍上侧有圆形铆孔，下部束腰呈圆形，锈蚀较重。残长12.1、宽1.9～3.2厘米（图24，3）。M17：7，凸箍，箍下有一圆形辖孔，下部座呈八棱形内缩，尾端呈弧形。长10.4、宽2.3～3.2厘米（图24，4）。M88：6，锈蚀较重，中部有鸟形凸箍，下部束腰，尾端呈弧形。残长9、宽2.2～3.3厘米（图24，5）。M92：3，中部有反向鸟形凸箍，箍上下各一有圆形穿孔，尾端缩细，尾端呈弧形。长11、宽2～3厘米（图24，6）。M116：10，中部有一圆形凸箍，箍下有一圆形穿孔，尾部细长，截面呈圆形。长9.6、宽2～3.2厘米（图24，7）。M116：11，中部有一圆形凸箍，上下均饰菱形卷云纹，尾部细长。长8.9、宽2.8～3.3厘米（图24，10）。M118：4，中部有一圆形凸箍，尾端缩细呈圆形，无铆孔。长11、宽2.4～3.2厘米（图24，9）。M122：1，中部有一圆形凹箍，箍上有一圆形穿孔，尾部细长，截面呈圆形。长14.6、宽2.8～3.8厘米（图24，14）。

Ⅱ式：1件（M67：1）。扁筒状中部有一圆形穿孔。饰菱形卷云纹。长13.4、宽2.1～3.4厘米（图24，11）。

Ⅲ式：3件。上部呈扁圆形，尾端细长。M12：1，上部有一凸棱，中上部有一穿孔，左右各有凸起，形似神兽，尾部细长。身饰卷云纹。长13.1、径1～2.8厘米（图24，12）。M45：6，中部呈扁八棱台形后内收，下部呈正八棱形向前微收，尾端呈弧形。通体中空。长13.3、宽1.9～2.7厘米（图24，13）。M98：3，上部饰鸟状纹饰，中部有一穿孔，尾部细长。长17.1、宽1.4～2.7厘米（图24，8）。

戟刺　1件（M7：1）。由叶、骹构成，刺叶呈两面坡状，截面近菱形，叶上端尖圆，两侧三角形刃，底端圆锋，骹作筒状，截面为扁圆形，口呈弧形内凹。宽4、通长21.6厘米

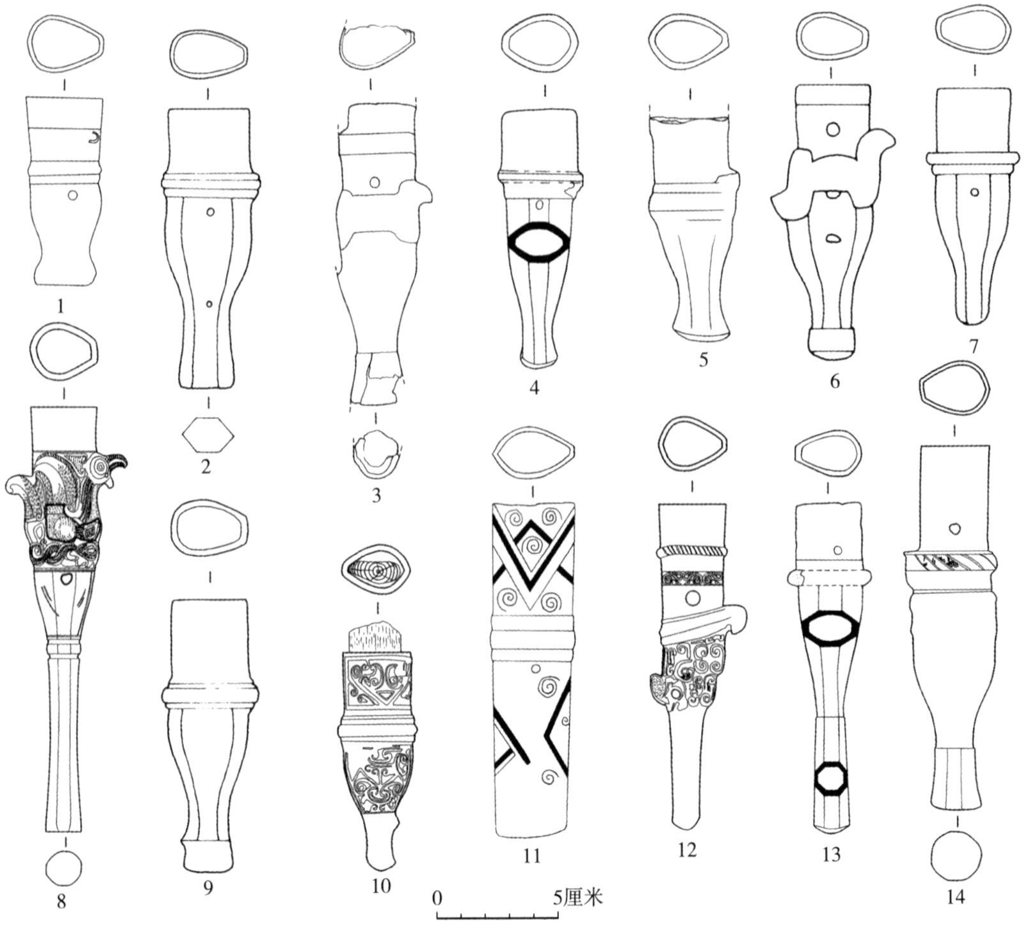

图24　出土铜戈鐏

1. Ⅰa式（M38：1）　2～7、9、10、14. Ⅰb式（M9：2、M15：9、M17：7、M88：6、M92：3、M116：10、M118：4、M116：11、M122：1）　8、12、13. Ⅲ式（M98：3、M12：1、M45：6）　11. Ⅱ式（M67：1）

（图25，1）。

矛　5件。根据脊、叶、骹的变化，可分为两型。

A型：4件。棱脊，两叶较长且宽，叶末圆弧内收，叶面血槽较深。圆骹中空，直透前锋，骹上有一桥形穿鼻。M29：1，宽3.6、通长17.6厘米（图25，2）。M48：2，宽3、通长15.8厘米（图25，3）。M57：8，宽3.7、通长19厘米（图25，4）。M57：9，宽4、通长20.4厘米（图25，5）。

B型：1件（M90：1）。柳叶形矛。叶呈柳叶状，锋尖圆隆脊，骹呈筒状，口平直。宽3.1、通长21厘米（图25，6）。

矛镦　2件。形制相近。圆筒状，末端作三角锥状。M21：1，中空。长11.6、径2.4厘米（图25，7）。M29：2，中部有一椭圆形穿孔。长20.6、径2.1厘米（图25，8）。

箭镞　35件。根据镞头的形状差异，可分为四型。

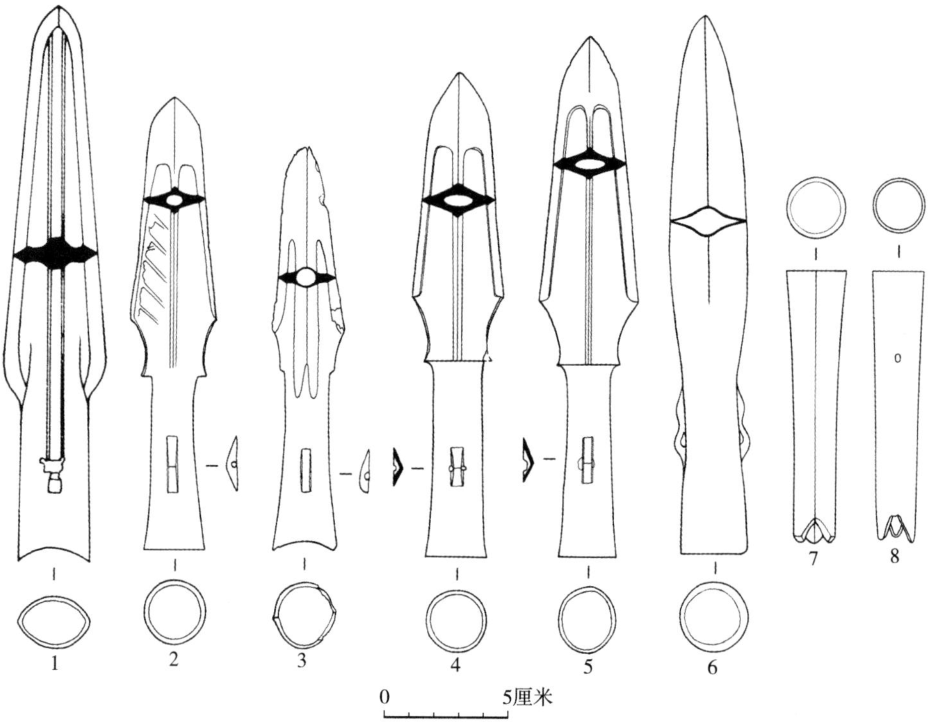

图 25　出土铜兵器

1.戟刺（M7：1）　2～5.A型矛（M29：1、M48：2、M57：8、M57：9）　6.B型矛（M90：1）
7、8.矛镦（M21：1、M29：2）

A型：15件。平头式镞。镞为圆锥体，铤呈圆柱形，均残缺。M37：4-1，残长26.8、径0.7厘米（图26，1）。M57：16-1，残长7、径0.6厘米（图26，2）。M57：16-2，残长8.7、径0.5厘米（图26，3）。M57：16-3，残长10.6、径0.5厘米（图26，4）。M57：16-4，残长14.8、径0.5厘米（图26，5）。M57：16-5，残长13.2、径0.5厘米（图26，6）。M57：16-6，残长14.2、径0.6厘米（图26，7）。M57：16-7，残长13.4、径0.5厘米（图26，8）。M57：16-8，残长13.5、径0.5厘米（图26，9）。M57：16-9，残长11.7、径0.5厘米（图26，10）。M114：6，残长18.9、径0.5厘米（图26，12）。M116：13-1，残长16.5、径0.5厘米（图26，14）。M116：13-2，残长18.4、径0.5厘米（图26，15）。M116：13-3，残长17.9、径0.5厘米（图26，17）。M116：13-4，残长16.3、径0.5厘米（图26，18）。

B型：12件。三棱形镞。主要特征为在中脊上凸起三棱成刃，三刃前聚成锋。根据刃部变化，又可分为二式。

Ⅰ式：3件。直刃，后锋略折收，铤为圆柱形。M48：6-2，长4.5、身长1.8厘米（图26，16）。M49：5，残长5.8、身长2.4厘米（图26，13）。M99：2，残长7.4、身长2.8厘米（图26，11）。

Ⅱ式：9件。镞身极短小，铤特长。M28：1，残长23.1、身长1.9厘米（图26，19）。M37：4-2，残长17、身长2.4厘米（图26，20）。M37：4-3，残长24、身长2.2厘米（图

26，21）。M37：4-4，残长22.2、身长1.9厘米（图26，22）。M37：4-5，残长23、身长1.8厘米（图26，23）。M37：4-6，残长30.6、身长2.3厘米（图26，24）。M37：4-7，残长31、身长2.4厘米（图26，25）。M48：6-1，残长20.1、身长1.8厘米（图26，26）。M52：4，残长21.8、身长1.8厘米（图26，27）。

C型：2件。镞体短小厚实，两翼呈等腰三角形。M92：8-1，残长10.6、身长2.6厘米（图26，28）。M92：8-2，残长5.4、身长2.2厘米（图26，29）。

D型：6件。镞体略呈扁三角形，两翼有后锋。根据刃部不同，又可分为二式。

Ⅰ式：4件。两翼平直无刃，镞截面呈菱形，铤上附桥形钮。M48：6-3，通长8.6厘米（图26，30）。M99：2，通长8.9厘米（图26，31）。M116：9-1，残长8.8厘米（图26，32）。M116：9-2，残长10.8厘米（图26，33）。

Ⅱ式：2件。两翼弧刃，镞截面扁长，后锋带刃。M90：5-1，长5.8厘米（图26，34）。M90：5-2，残长4.6厘米（图26，35）。

3.生活器

器类包括斧、削刀、带钩、环权、卮、铺首、印章、镜、构件等。

带钩　14件。根据形状差异，可分为四型。

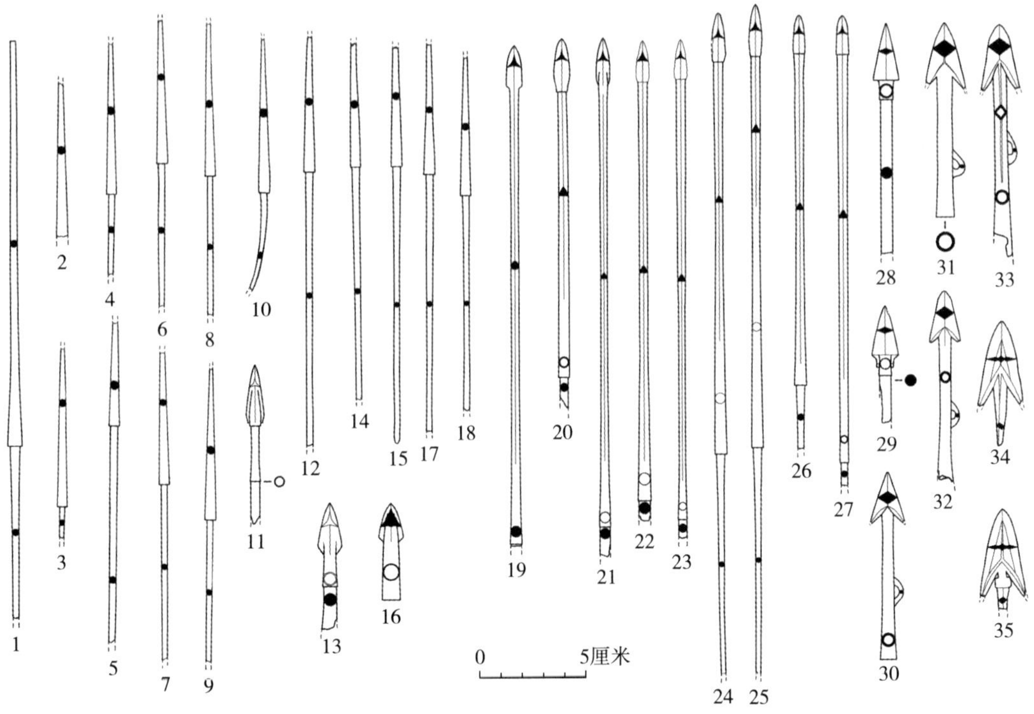

图26　出土铜箭镞

1～10、12、14、15、17、18.A型（M34：4-1、M57：16-1～9、M114：6、M116：13-1～4）　11、13、16.B型Ⅰ式（M99：2、M49：5、M48：6-2）　19～27.B型Ⅱ式（M28：1、M37：4-2～7、M48：6-1、M52：4）　28、29.C型（M92：8-1、M92：8-2）　30～33.D型Ⅰ式（M48：6-3、M99：2、M116：9-1、M116：9-2）　34、35.D型Ⅱ式（M90：5-1、M90：5-2）

A型：2件。身呈细长圆柱状。M16：3，钩缺失。残长5.8、宽0.55厘米（图27，1）。M16：5，钩呈“S”形。长8.3、宽0.7厘米（图27，2）。

B型：8件。身作琵琶形。M1：3，长5.8、宽0.5厘米（图27，3）。M39：9，钩残。饰卷云及三角直线纹。残长8.2、宽1.3厘米（图27，4）。M49：4，钩似鸭嘴状，残。长5.6、宽1.1厘米（图27，5）。M52：5，残长7.6、宽2.1厘米（图27，6）。M52：8，残长7.5、宽2.1厘米（图27，7）。M83：4，残长3.2、宽0.9厘米（图27，8）。M83：5，钩呈鸭嘴状。长4.4、宽1厘米（图27，9）。M88：4，钩呈鸭嘴状。饰云纹。长8.2、宽1.2厘米（图27，10）。

C型：2件。钩身平面呈梯形。M37：2，残长5.2、宽1厘米（图27，11）。M89：2，残长4.7、宽1.1厘米（图27，12）。

D型：2件。钩为动物造型。M59：2，钩缺失，身作鹿形，昂首曲身，前肢跪地，后肢半蹲，身饰圆点纹。残长6.3、宽3.1厘米（图27，13）。M90：13，钩作兽头状，身呈狗形，昂首曲身卷尾。宽3.5、通长8.1厘米（图27，14）。

斧　1件（M90：4）。弧刃，两侧外侈，上端中空。长12.7、宽7.8厘米（图28，1）。

削刀　2件。M17：4，体瘦长，背略呈弧形，柄呈长条形，尾残。残长18.4、宽1.3厘米（图28，6）。M90：15，体较宽，弧背，柄前端宽，后端窄，尾部附一扁圆形环。残长21.1、宽2.4厘米（图28，7）。

环权　3组。圆环形，截面呈圆形。M15：4，共9件。4-1，直径6.4厘米。4-2，直径5厘米。4-3，直径3.8厘米。4-4，直径3.2厘米。4-5，直径2.6厘米。4-6，直径2厘米。4-7，直径1.5厘米。4-8，直径1.5厘米。4-9，直径1厘米（图28，3）。M26：3，共7件。3-1，直径5厘米。3-2，直径3.8厘米。3-3，直径3厘米。3-4，直径2.3厘米。

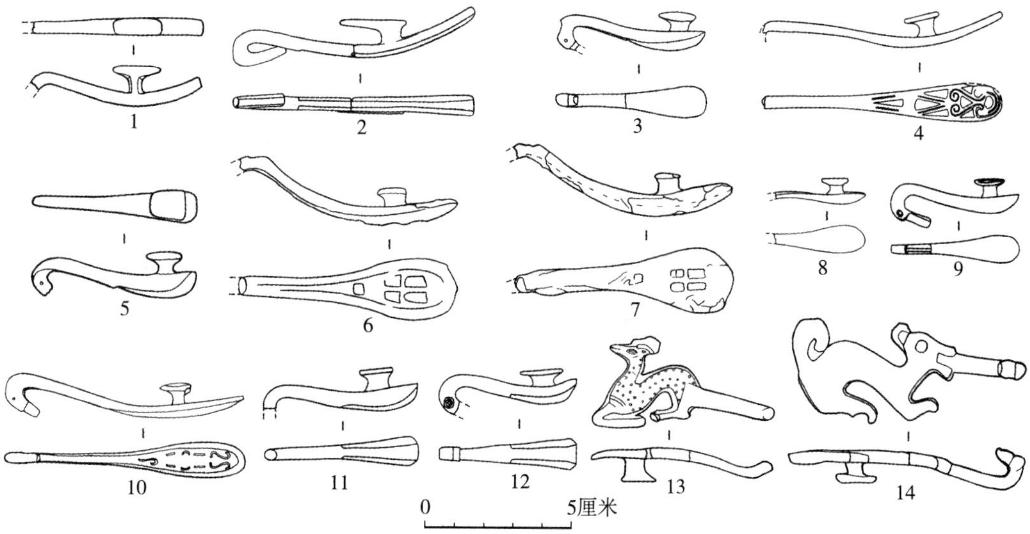

图27　出土铜带钩

1、2.A型（M16：3、M16：5）　3～10.B型（M1：3、M39：9、M49：4、M52：5、M52：8、M83：4、M83：5、M88：4）　11、12.C型（M37：2、M89：2）　13、14.D型（M59：2、M90：13）

3-5，直径1.8厘米。3-6，直径1.4厘米。3-7，直径1.15厘米（图28，4）。M37：3，共6件。3-1，直径6.3厘米。3-2，直径5厘米。3-3，直径3.8厘米。3-4，直径3厘米。3-5，直径2.4厘米。3-6，直径2厘米（图28，5）。

卮足　3件。蹄形。M57：33-1，高4.5厘米。M57：33-2，高4.5厘米（图28，8）。M57：33-3，高4.5厘米（图28，9）。

铺首　14件。形制相同，大小不一。首呈虎头状，饰勾连云纹，衔环。M57：10，首宽9.8、通高13.5、环径9厘米（图28，10）。M57：11，首宽3.7、通高5.8、环径3.6厘米。M57：22，环截面呈扁圆形。首宽6.1、通高12、环径8.4厘米（图28，2）。M57：23，首宽6、通高11.9、环径8.3厘米。M57：24，首宽6、通高12、环径8.4厘米。

印章　3件。M5：5，印面呈大半圆形，背面有一执手。印面绘有图案（图29，1）。M110：5，方形，桥形钮。印面刻有“田”字样。边长1、高0.8厘米（图29，2）。M114：3，方形，桥形钮。印面图案已模糊。边长1.2×1.3、高0.9厘米（图29，3）。

镜　7件。平面呈圆形，缘边斜直，桥形钮。素面。M28：2，残。直径6.3、厚0.1厘米（图30，1）。M92：4，残。直径9.2、厚0.2厘米（图30，2）。M117：1，直径7.5、厚0.1厘米（图30，4）。M124：1，背有一周小凸棱。直径9.8、厚0.2厘米（图30，5）。

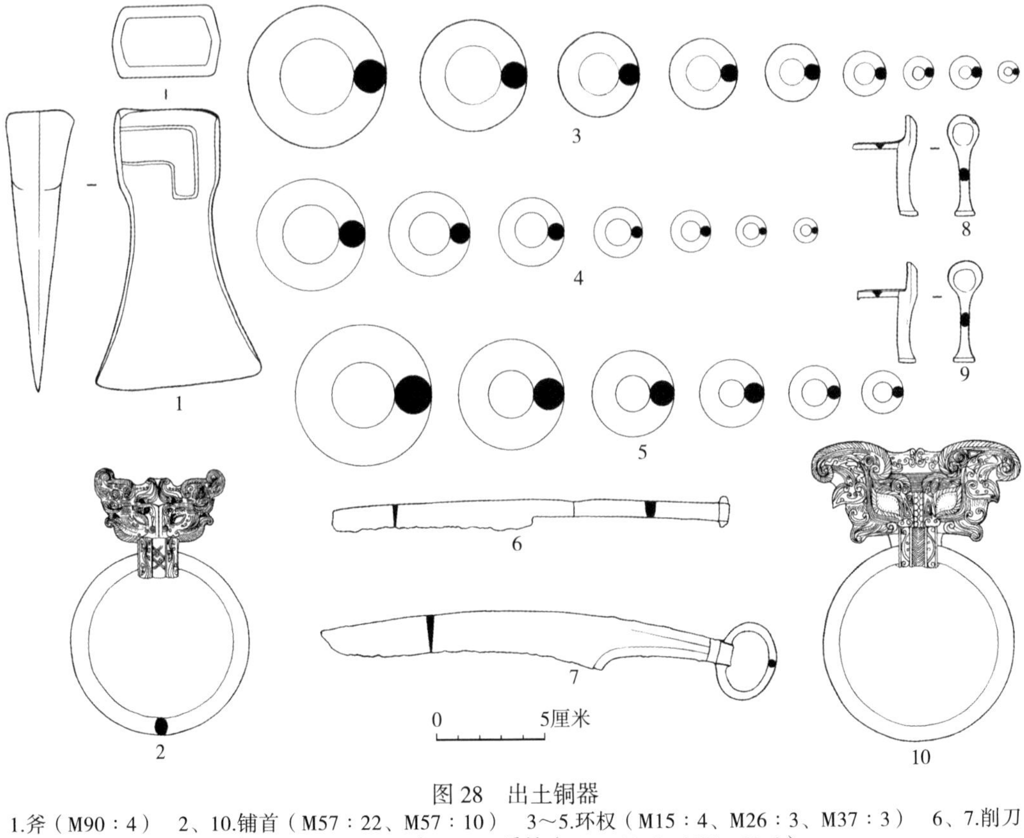

图28　出土铜器
1.斧（M90：4）　2、10.铺首（M57：22、M57：10）　3～5.环权（M15：4、M26：3、M37：3）　6、7.削刀（M17：4、M90：15）　8、9.卮足（M57：33-2、M57：33-3）

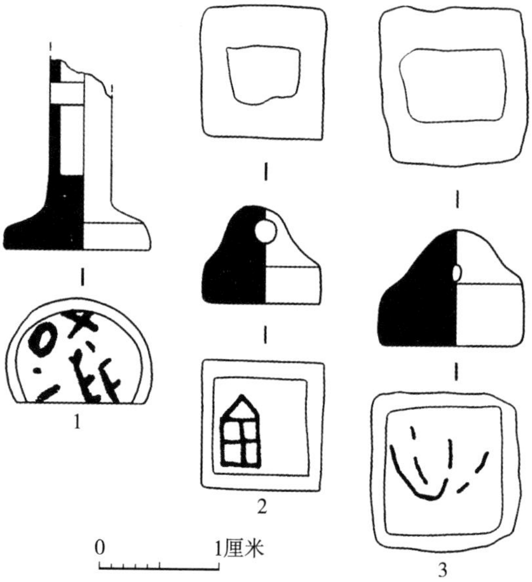

图 29　出土铜印章
1～3.M5：5、M110：5、M114：3

M125：10，残。桥形钮已残。直径10.3、厚0.1厘米（图30，8）。

杆　3件。M57：32-1，筒状，末端呈圆台形，一桥形钮。直径0.6、残长8.4厘米（图30，7）。M57：32-2，直径0.6、残长9.2厘米（图30，3）。M57：32-3，直径0.7、残长13.5厘米（图30，9）。

构件　1件（M57：14）。用途不详。残长6.3、残宽6厘米（图30，6）。

（三）铜铁结合器

共计4件，主要有礼器、兵器，礼器有鼎，兵器有剑、矛。

鼎　2件。铁足，盖与身为铜制。M65：2，子口承盖，弧壁，平底，环形附耳，蹄形足。中腹部饰一周凸弦纹。盖面隆

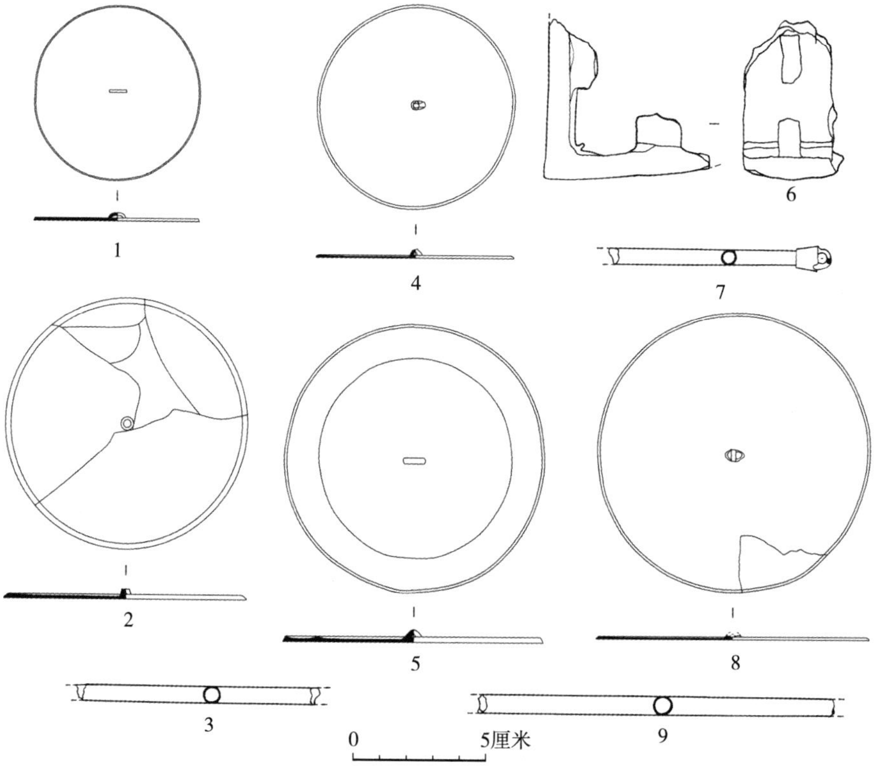

图 30　出土铜器
1、2、4、5、8.镜（M28：2、M92：4、M117：1、M124：1、M125：10）　3、7、9.杆（M57：32-2、M57：32-1、M57：32-3）　6.构件（M57：14）

起，附三个方形钮。饰一周凸弦纹。口径14、腹径16.4、残高20.6厘米（图31，1）。M115：3，子口承盖，弧壁、平底，环形附耳，蹄形足锈蚀。中腹部饰一周凸弦纹。盖面隆起，顶部有一桥形钮衔环，附三个半圆形钮。盖饰两周凸弦纹。口径16.6、腹径19.2、通高22厘米（图31，2）。

剑　1件（M15：6）。锈蚀严重。格与首铜质，身与茎为铁质，身前窄后宽，菱形脊，宽格，茎上粗下细，圆形首。残长84、宽5.4厘米（图32，1）。

矛　1件（M110：1）。铜矛、镦，铁柲。矛棱脊外凸，骹呈圆形，其上有一凸起桥形饰，铁柲截面呈长方形。镦呈圆筒形，中部微凸。饰凸棱一周，上部饰彩绘纹饰。柲两端分别与矛、镦套接。总长182厘米（图32，2）。

（四）铁器

共计7件，器形主要为兵器、饰件、工具。

剑　1件（M88：2）。锈蚀严重。身前窄后宽，菱形脊，扁茎上宽下窄。残长63、宽4.6厘米（图32，3）。

构件　4件。近椭圆形，一端残存方形凸起。M57：13-1，残长6.2、残宽2.7、厚0.5厘米（图32，4）。M57：13-2，残长6、残宽2.5、厚0.6厘米（图32，5）。

臿　2件。M116：12，锈蚀严重。凹字形，銎部的下方及两边均有凹槽，便于安柄。刃两端外侈呈弧形。上部残宽7.9、刃部残宽10、高7.3厘米（图32，6）。

（五）玉石器

共计15件，器形主要有佩、璧、玛瑙环、印章。璧多为滑石器。

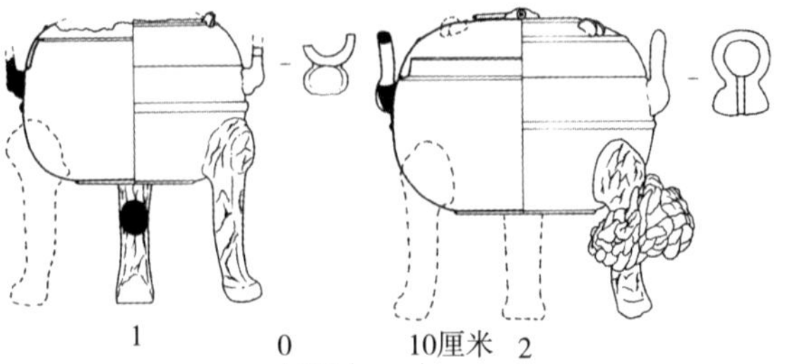

图31　出土铜铁结合器

1、2.鼎（M65：2、M115：3）

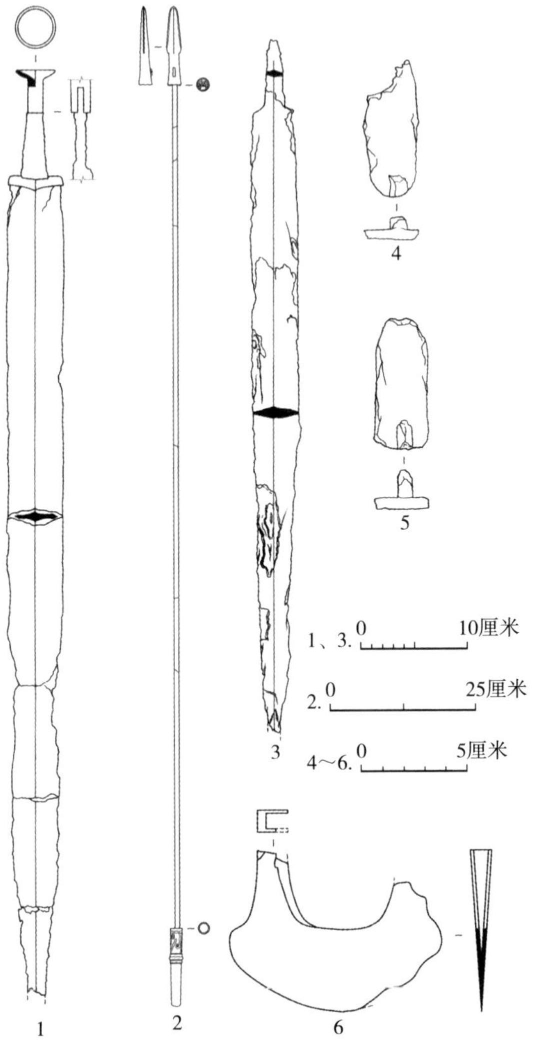

图32　出土遗物

1.铜、铁剑（M15：6）　2.铜、铁矛（M110：1）　3.铁剑（M88：2）　4、5.铁构件（M57：13-1、M57：13-2）　6.铁臿（M116：12）

滑石璧　9件。多饰圈点纹。M5：3，残。外径12、内径5、厚0.55厘米（图33，1）。M25：5，外径7.3、内径4.4、厚0.3厘米（图33，2）。M46：1，残。外径8.7、内径4、厚0.35厘米（图33，3）。M69：5，外径9.3、内径4.5、厚0.3厘米（图33，4）。M92：10–1，残。外径10、内径5.1、厚0.35厘米（图33，5）。M92：10–2，复原外径9.8、内径5、厚0.3厘米（图33，6）。M123：3，残。外径8.3、内径3.2、厚0.4厘米（图33，7）。M125：9，残。复原外径6.3、内径2.6、厚0.3厘米（图33，8）。M127：8，残。复原外径6.8、内径3、厚0.3厘米（图33，9）。

玉佩　1件（M90：12）。透雕。作龙形，头俯视下方，曲身卷尾。通体饰卷云纹。长12.2、宽10.1厘米（图33，10）。

玛瑙环　3件。磨光。内圆有棱，截面似锥形。M18：2，外径3.2、内径1.6、厚0.6厘米（图33，12）。M18：3，外径3.1、内径1.7、厚0.7厘米（图33，14）。M65：1，外径6.2、内径4、厚0.8厘米（图33，11）。

玉印章　1件（M89：4）。印面呈半圆形，背面有一执手，执手下端留一榫窝。印面图案较为抽象。直径1.7、高1.9厘米（图33，13）。

琉璃珠　1件（M117：2）。球形，饰蛇形纹饰。直径1.7厘米（图33，15）。

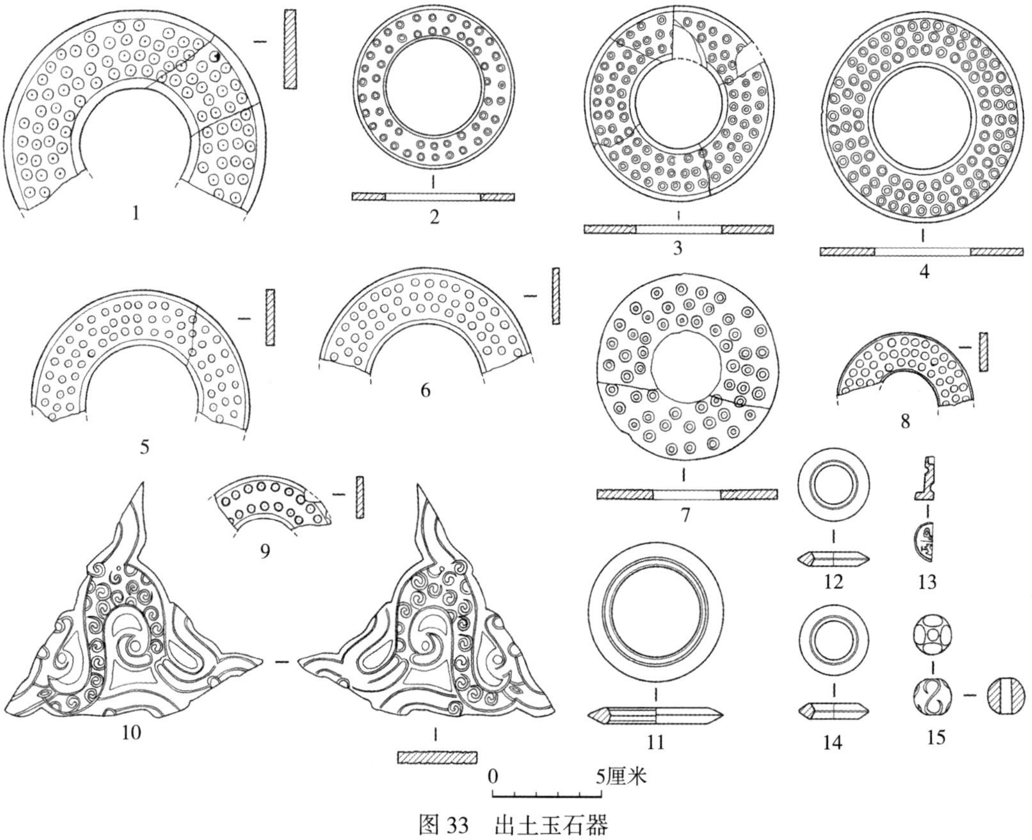

图33　出土玉石器

1～9.滑石璧（M5：3、M25：5、M46：1、M69：5、M92：10–1、M92：10–2、M123：3、M125：9、M127：8）　10.玉佩（M90：12）　11、12、14.玛瑙环（M65：1、M18：2、M18：3）　13.玉印章（M89：4）　15.琉璃珠（M117：2）

三、结　　语

七星堰墓地战国时期墓葬基本分布于封土冢、高台地、高岗地之上及其周边，其中封土冢之下的墓葬规模最大，级别最高；高台地及高岗地之下一般存在1座或2座带有墓道的“甲”字形墓，在其周边分布数量不等的小型墓葬，很有可能属于家族式埋葬，墓葬规模按身份、等级有所区别。

（一）墓葬形制

通过对七星堰墓地的考古发掘可知，该墓地战国时期墓葬形制主要为两类：一是带墓道的“甲”字形墓，墓道一般朝北、南、东，数量较少；另一种是长方形竖穴土坑墓，占绝大多数。长方形竖穴土坑墓又可分为两种，即带龛与不带龛。带龛墓葬在墓地中规模最小，一般墓坑长1.5～2、宽0.8～1米的墓葬存在头龛或壁龛，随葬器物置于龛中；而墓坑开口长2.7～3.4、宽度在1.5米以上的墓葬，均无龛；一些规模较小的墓葬也无龛。

除去被破坏无随葬陶器的墓葬，七星堰战国墓葬随葬日用陶器组合主要为鬲、盂、罐组合；鬲、盂、豆组合；鼎、盂、罐组合。陶礼器组合主要为鼎、敦、壶一套组合（或加豆）；鼎、敦、壶两套组合（或加豆）；鼎、敦、壶一套、罐组合（或加豆）；鼎、敦、壶两套、盘、匜组合。

除去被破坏、无随葬品的墓葬外，绝大多数墓葬随葬品的摆放呈现一定的规律性，单棺墓（暂时认定为规模最小的墓葬）的随葬品一般放置于头龛或者壁龛中，也有少量单棺墓的随葬品放置于人骨或棺木左右两侧（人骨及棺木腐烂无存，根据痕迹判断）及头端。几乎所有随葬品都集中并按顺序摆放，每件器物都有自己固有的摆放位置，一些陶或铜礼器的放置基本上是鼎、敦、壶成双放置，个别有混乱，盘与匜出土位置相邻，如M57即是如此。无论是单棺带龛墓，还是规模稍大的墓葬，陶豆的摆放位置无规律性，一般出土于头龛或者壁龛中，或是墓坑底部四角位置，也有的放置于其他器物（盂）内。

随葬品中以陶器为大宗，就陶系而言，陶质有夹砂、泥质之分，泥质陶器占绝大多数，夹砂陶器极少。陶色可分为褐陶、灰陶，以灰陶为主，褐陶较少。纹饰以绳纹和凹弦纹为主，还有极少量的刻画纹。陶器制法多为轮制，附件和足为手制。日用陶器多为泥质灰陶，配以绳纹及凹弦纹，而陶礼器多为泥质红胎黑皮陶，以凹弦纹为主。在陶器组合上，呈现比较稳定的组合，日用陶器数量和陶礼器数量大致相近，二者同时出现在墓葬中，说明其是配套下葬的。

参考江陵九店东周墓等墓地的材料来判断七星堰墓地的年代。此次发掘的83座战国墓葬，除去没有发现随葬品的墓葬（含被盗墓），我们根据其填土、形制、葬式与随葬器物相比较，来判断七星堰墓地的年代。七星堰墓地A型陶鼎、陶敦、陶罐与江陵九店东周墓乙组丙类三期五段器物一致[2]，陶鬲、陶壶与江陵九店东周墓乙组丙类四期六段[3]器物类似，江陵九店东周墓乙组墓三期五段为战国中期晚段，四期六段为战国晚期早段，结合其他器物类型，判断七星堰墓地战国墓葬的年代大致为战国中期至晚期。

（二）墓主身份

无论从墓葬规模、埋藏深度及随葬品情况来看，“甲”字形墓墓主级别都要高于普通长方形竖穴土坑墓墓主。七星堰墓地主要属于战国时期“士”一级人员的墓地，而带墓道墓葬墓主地位应该高于一般的“士”，或者是领导“士”一级人员的官员。

在未被破坏的墓葬中，多数墓葬均有铜剑、矛、戈、匕首、箭镞等兵器出土，一方面反映了战国时期楚人尚武的风气，另一方面也有楚人“尚巫”及“辟邪护椁”之意。此外，M80出土一柄铁剑（M80：2），据《史记·范雎蔡泽列传》记载，秦昭王曾经向秦相范雎表示过如下忧虑：“吾闻楚之铁剑利而倡优拙。夫铁剑利则士勇，倡优拙则思虑远，夫以远思虑而御勇士，吾恐楚之图秦也。”秦昭王当时这样赞扬楚国生产的铁剑之锋利，甚至成为“楚之图秦”之威胁，说明当时楚国铸造的铁剑确是驰名天下的，而七星堰墓地出土的铁剑对于研究楚国当时的冶铁及兵器制造技术都有重要的意义。

在未被破坏的战国墓中，多组合出土铜剑、铜戈（矛）、箭镞（弓弩腐朽无存），说明楚国军力强大，兵员充足，楚国有带甲（或作持戟）百万，车千乘，骑万匹，这在《战国策·楚策》、《战国策·秦策》和《史记·楚世家》等文献中均有记载。墓地出土的兵器为研究战国中后期楚国士兵的制式装备与其他六国的区别提供了新资料。据《荀子·议兵》所载“魏氏之武卒，以度取之，衣三属之甲，操十二石之弩，负服矢五十个，置戈其上，冠胄带剑，赢三日之粮……”，此次发掘出土兵器，与魏武卒装备较为相似，其原因也许是战国时期楚魏战事较多，因而吸收魏之经验，抑或是因吴起的到来，对楚国的军事装备加以改进。此外，墓地出土一柄铁杆铜矛，整只长矛的矛与镦属铜质，矛杆属铁质，三部分铸造一起。以往出土长柄类兵器，柄部多为木质，此次出土铁质长柄兵器，较为少见，墓主极有可能是有一定级别的军官且骁勇善战。

除出土楚国兵器外，七星堰墓地也出土了巴蜀风格的兵器，柳叶形铜剑、柳叶形铜矛以及M88：9越式铜鼎的出土，说明当时楚文化与巴蜀之文化、越文化间的交流也较为频繁。此外，七星堰墓地遭盗掘严重，损失了大量信息，对于楚文化研究是一个重大的损失。

附记：此次发掘领队为贾汉清，参加发掘的有王家鹏、王家正、王家益、刘中义、金先国、王刚。本文插图由王家鹏、朱枫绘制。发掘工作得到了荆州市文化和旅游局、荆州区文化和旅游局的大力支持，在此一并致谢！

执笔者　刘建业　朱　枫

注　释

[1] 荆州博物馆：《荆州艾家冢墓地发掘简报》，见《南水北调湖北省考古报告集》第五集，文物出版社，2014年。

[2] 湖北省文物考古研究所：《江陵九店东周墓》第399页，科学出版社，1995年。

[3] 湖北省文物考古研究所：《江陵九店东周墓》第400页，科学出版社，1995年。

附表　　七星堰墓地战国楚墓登记表　　（长度单位：米）

序号	墓号	形制	规格	随葬器	是否被盗
1	M1	长方形竖穴土坑墓	长 3.6、宽 2.22、深 5.08	Ⅰ式陶壶 1、鼎 1，B 型铜带钩 1	是
2	M2	“甲”字形土坑墓	墓口长 5.56、宽 4.16、深 6.16，墓道长 7 ～ 8.56	无随葬品	是
3	M3	“甲”字形土坑墓	墓口长 4.8、宽 3.8、深 6.24，墓道长 7.7 ～ 9	B 型Ⅲ式陶鼎 3、钫 2、鬲 1、匜 1、簠 1、壶 3、敦 2、钫 2、双耳罐 1，铜箭镞 1、铜器残片 1（盗扰）	是
4	M5	长方形竖穴土坑墓	长 3.4、宽 1.6、深 4.92	B 型Ⅱ式陶鼎 1、壶 1，铜印章 1、带钩 1，滑石璧 1	否
5	M6	“甲”字形土坑墓	墓口长 4.54、宽 3.5、深 5.74，墓道长 6.24 ～ 7.6	Ⅰ式铜戈 1	是
6	M7	长方形竖穴土坑墓	长 3.7、宽 2.54、深 6.16	铜戟刺 1、铜器残片 1、箭镞 1	是
7	M8	“甲”字形土坑墓	墓口长 3.66、宽 2.4、深 6.4，墓道长 5.1 ～ 7	陶罐 1、壶 1、鼎 1	是
8	M9	长方形竖穴土坑墓	长 3.74、宽 2.42、深 5.22	陶豆 1，铜盘 1、Ⅰ b 式戈鐏 1、箭镞 1	是
9	M10	“甲”字形土坑墓	墓口长 4.34、宽 3.12、深 6.64，墓道长 6.54 ～ 8.26	无随葬品	是
10	M11	“甲”字形土坑墓	墓口长 4.3、宽 3.42、深 6.32，墓道长 7.7 ～ 9.3	陶罍 1、盉 1	是
11	M12	“甲”字形土坑墓	墓口长 4.16、宽 3.12、深 5.44，墓道长 5.7 ～ 6.92	C 型铜剑 1、Ⅲ式戈鐏 1	是
12	M13	长方形竖穴土坑墓	长 2.44、宽 0.72、深 2.42	A 型Ⅰ式陶罐 1、盂 1、鼎 1	否
13	M14	长方形竖穴土坑墓	长 3.7、宽 2.7、深 5.74	陶器残片	是
14	M15	长方形竖穴土坑墓	长 3.6、宽 2.5、深 5.68	陶鼎 2、敦 1、壶 1，Ⅱ式铜戈 1、Ⅰ b 式戈鐏 1、环权 1 件套，铜柄铁身剑 1、B 型Ⅱ式箭镞 1	否
15	M16	长方形竖穴土坑墓	长 3.06、宽 1.38、深 4.46	A 型Ⅲ式陶鼎 1、Ⅰ式壶 1，A 型铜带钩 2、镜 1	否
16	M17	长方形竖穴土坑墓	长 3.14、宽 1.66、深 4.9	A 型Ⅱ式陶鼎 1、壶 1，A 型铜剑 1、Ⅰ式戈 1、Ⅰ b 式戈鐏 1、削刀 1、B 型Ⅱ式箭镞 1	否
17	M18	长方形竖穴土坑墓	长 2.7、宽 1.22、深 4.55	陶罐 1，铜饰片 1，玛瑙环 2	否

续附表

序号	墓号	形制	规格	随葬器	是否被盗
18	M19	长方形竖穴土坑墓	长 3、宽 1.32、深 4.84	无随葬品	是
19	M20	长方形竖穴土坑墓	长 2.64、宽 1、深 4.32	无随葬品	是
20	M21	长方形竖穴土坑墓	长 2.56、宽 1.14、深 4.1	铜矛镦 1	是
21	M22	长方形竖穴土坑墓	长 3.4、宽 1.74、深 5.6	陶器残片	是
22	M25	长方形竖穴土坑墓	长 3.56、宽 1.92、深 5.52	A 型Ⅰ式陶鼎 1、A 型Ⅱ式鼎 1、壶 2、敦 2，铜镜 1，滑石璧 1	否
23	M26	“甲”字形土坑墓	墓口长 4.12、宽 3.16、深 6.7，墓道长 7.24 ～ 8.9	Ⅰ式陶壶 2，铜环权 1 件套	是
24	M28	长方形竖穴土坑墓	长 2.52、宽 0.88、深 3.1	B 型Ⅰ式铜剑 1、B 型Ⅱ式箭镞 1，镜 1	否
25	M29	“甲”字形土坑墓	墓口长 4.64、宽 3.5、深 7.84，墓道长 6.8 ～ 8.38	A 型铜矛 1、矛镦 1、铺首 11，铁鼎足 1	是
26	M30	长方形竖穴土坑墓	长 3.3、宽 1.9、深 5.1	陶器碎片	是
27	M31	长方形竖穴土坑墓	长 3.16、宽 1.8、深 5.1	B 型Ⅰ式陶鼎 1、壶 1，B 型Ⅰ式铜剑 1、箭镞 1	是
28	M37	长方形竖穴土坑墓	长 2.48、宽 0.8、深 3.26	B 型Ⅰ式铜剑 1、A 型箭镞 1、B 型Ⅱ式箭镞 6、C 型带钩 1、环权 1 件套、铜器残片 1	否
29	M38	长方形竖穴土坑墓	长 3.86、宽 2.94、深 5.66	Ⅰ a 式铜戈鐏 1	是
30	M39	长方形竖穴土坑墓	长 3.92、宽 2.66、深 5.88	陶敦 1、壶 1，B 型铜带钩 1、铺首 6	是
31	M40	长方形竖穴土坑墓	长 3.3、宽 1.9、深 6.1	陶壶 1、豆 2，铜鼎 1、铃 1、环 1，水晶珠 1	否
32	M43	长方形竖穴土坑墓	长 2.4、宽 1.04、深 3.7	无随葬品	是
33	M44	长方形竖穴土坑墓	长 2.8、宽 1、深 3.5	无随葬品	是
34	M45	长方形竖穴土坑墓	长 3.58、宽 2.46、深 6.56	A 型陶豆 3，铜壶 1、Ⅱ式戈 1、Ⅲ式戈鐏 1、勺 1	是
35	M46	长方形竖穴土坑墓	长 3.24、宽 1.54、深 5.96	滑石璧 1	是

续附表

序号	墓号	形制	规格	随葬器	是否被盗
36	M47	长方形竖穴土坑墓	长 2.56、宽 1、深 4.2	A 型Ⅰ式陶鼎 1、壶 1、豆 2	是
37	M48	长方形竖穴土坑墓	长 3.08、宽 1.48、深 5.06	B 型Ⅱ式陶鼎 1、A 型Ⅲ式罐 1，A 型铜勺 1、A 型剑 1、A 型矛 1、B 型Ⅰ式箭镞 1、B 型Ⅱ式箭镞 1、D 型Ⅰ式箭镞 1	否
38	M49	长方形竖穴土坑墓	长 2.5、宽 0.98、深 3.8	陶鼎 1、壶 1，A 型铜剑 1、B 型Ⅰ式箭镞 1、B 型带钩 1	否
39	M52	长方形竖穴土坑墓	长 2.54、宽 1.1、深 3.76	陶鼎 1、壶 1，B 型Ⅰ式铜剑 1、B 型Ⅱ式箭镞 1、B 型带钩 2、环 1、镜 1	否
40	M53	长方形竖穴土坑墓	长 3.4、宽 2、深 5.82	Ⅰ式陶壶 1、鼎 2	是
41	M55	长方形竖穴土坑墓	长 2.94、宽 1.52、深 5.1	铜镜 1	是
42	M56	长方形竖穴土坑墓	长 3.66、宽 2.38、深 6.16	无随葬品	是
43	M57	“甲”字形土坑墓	墓口长4.56、宽3.34、深7.1，墓道长 7.54 ～ 9.1	A 型Ⅰ式陶鼎 1、敦 1、缶 1、罍 1、壶 2、敦 2，A 型铜鼎 2、敦 2、壶 1、盘 1、匜 1、A 型勺 2、B 型勺 1、A 型矛 2、A 型箭镞 9、卮足 3、铺首 14、杆 3、构件 1，铁构件 4	未盗扰成功
44	M59	长方形竖穴土坑墓	长 3.42、宽 1.34、深 4.82	陶鼎 2、敦 2、壶 2，D 型铜带钩 1、器盖 1	否
45	M65	长方形竖穴土坑墓	长 3.20、宽 1.58、深 5.2	A 型铜勺、B 型Ⅰ式剑 1、镜 1，铁足铜身鼎 1，玛瑙环 1	否
46	M67	长方形竖穴土坑墓	长 2.86、宽 1.46、深 4.46	Ⅱ式铜戈鐏 1	是
47	M69	长方形竖穴土坑墓	长 3.42、宽 1.9、深 6.32	陶鼎 2、敦 2、壶 2，滑石璧 1	是
48	M80	长方形竖穴土坑墓	长 2.7、宽 1.04、深 4.34	B 型Ⅱ式铜剑 1，陶壶 1	否
49	M81	长方形竖穴土坑墓	长 3.22、宽 1.86、深 4.82	陶器残片	是
50	M83	长方形竖穴土坑墓（带龛）	长 2.54、宽 1、深 4.08	A 型Ⅱ式陶鼎 1、Ⅰ式壶 1，B 型铜带钩 2、镜 1、器盖 1、箭镞 1，玉带钩 1	否
51	M88	长方形竖穴土坑墓（带龛）	长 2.36、宽 0.76、深 2.84	B 型铜鼎 1、盒 1、A 型勺、Ⅰ式戈 1、Ⅰb 式戈鐏 1、B 型带钩 1、壶 1、环 1、箭镞 1，铁剑 1	否
52	M89	长方形竖穴土坑墓（带龛）	长 2.34、宽 0.76、深 2.74	陶鼎 1、盂 1、壶 1，A 型铜剑 1、C 型带钩 1、环 1，玉印章 1	否

续附表

序号	墓号	形制	规格	随葬器	是否被盗
53	M90	长方形竖穴土坑墓	长 3.2、宽 1.2、深 3.9	A 型Ⅰ式陶罐 2，D 型铜剑 1、B 型矛 1、D 型Ⅱ式箭镞 2、D 型带钩 1、斧 1、削刀 1、錾 2、铺首 1，玉佩 1、玉料 1，料珠 1	否
54	M91	长方形竖穴土坑墓	长 3.16、宽 1.66、深 3.52	B 型陶罐 1、盂 1、鬲 1	否
55	M92	长方形竖穴土坑墓	长 3.58、宽 1.76、深 6.1	A 型陶豆 1，铜壶 1、B 型Ⅰ式剑 1、Ⅲ式戈 1、Ⅰb 式戈鐏 1、C 型箭镞 2、镜 1、鼎 1、匕 1，滑石璧 2	否
56	M93	长方形竖穴土坑墓	长 2.36、宽 0.7、深 2.28	A 型Ⅰ式陶罐 1、盂 1、鬲 1	否
57	M97	长方形竖穴土坑墓	长 2.8、宽 1.14、深 4.22	B 型Ⅱ式陶鼎 1（盗扰）	是
58	M98	“甲”字形土坑墓	墓口长 4.2、宽 3.24、深 5.46，墓道长 6.48 ～ 7.62	陶鼎 1、壶 1，Ⅲ式铜戈鐏 1、铜器残片 1、环 1（盗扰）	是
59	M99	长方形竖穴土坑墓（带龛）	长 2.3、宽 0.7、深 4.72	陶鼎 1、壶 1，B 型Ⅰ式铜箭镞 1、D 型Ⅰ式箭镞 1、匕首 1	否
60	M100	长方形竖穴土坑墓	长 3.08、宽 1.48、深 4.62	陶器残片（盗扰）	是
61	M101	长方形竖穴土坑墓	长 3.46、宽 1.94、深 5.84	铜壶盖 1（盗扰）	是
62	M102	长方形竖穴土坑墓	长 3.74、宽 2.6、深 5.64	陶豆 1，铜器残片 2（盗扰）	是
63	M103	长方形竖穴土坑墓（带龛）	长 2.36、宽 0.76、深 2.42	Ⅰ式陶壶 1、盂 1、鼎 1，A 型铜剑 1	否
64	M105	长方形竖穴土坑墓	长 2.82、宽 1.14、深 4.06	未见随葬器物	否
65	M108	长方形竖穴土坑墓（带龛）	长 2.52、宽 0.82、深 5.48	B 型Ⅱ式陶鼎 1、壶 1，Ⅰ式铜戈 1、戈鐏 1	否
66	M109	长方形竖穴土坑墓（带龛）	长 2.56、宽 0.72、深 3.3	陶壶 1、鼎 1、敦 1，B 型Ⅰ式铜剑 1、带钩 1	否
67	M110	长方形竖穴土坑墓	长 2.72、宽 1、深 4.78	A 型Ⅱ式陶鼎 1、壶 1，B 型Ⅰ式铜剑 1、印章 1，铁柲铜矛 1	否
68	M113	长方形竖穴土坑墓	长 2.4、宽 0.76、深 3.88	Ⅰ式陶壶 1、B 型豆 3、鼎 1	否
69	M114	长方形竖穴土坑墓	长 2.6、宽 1.1、深 5.16	Ⅰ式陶壶 1、鼎 1，铜印章 1、带钩 2、A 型箭镞 1	否

续附表

序号	墓号	形制	规格	随葬器	是否被盗
70	M115	长方形竖穴土坑墓（带龛）	长 2.38、宽 0.78、深 4.4	A 型Ⅱ式陶罐 1、A 型豆 1，铁足铜身鼎 1	否
71	M116	长方形竖穴土坑墓	长 3.8、宽 2.4、深 7.72	C 型铜鼎 2、钫 1、盘 1、B 型Ⅰ式剑 1、Ⅰ式戈鐏 2、Ⅰb 式戈鐏 2、A 型箭镞 4、D 型Ⅰ式箭镞 2、勺 1，铁臿 2，滑石璧 1	否
72	M117	长方形竖穴土坑墓（带龛）	长 2.36、宽 0.8、深 4.26	铜镜 1，琉璃珠 1	否
73	M118	“甲”字形土坑墓	墓口长 4.4、宽 3.3、深 7.32，墓道长 5.72 ～ 7.9	Ⅰb 式铜戈鐏 1、勺 1、洗 1，滑石璧 1	是
74	M119	长方形竖穴土坑墓	长 2.84、宽 0.82、深 3.86	D 型铜鼎 1、壶 1、豆 2	否
75	M120	长方形竖穴土坑墓	长 3.34、宽 1.54、深 5.14	无随葬器物	是
76	M121	长方形竖穴土坑墓	长 3.72、宽 1.5、深 3.84	陶豆 1、壶 1、鼎 1，铜构件 1	否
77	M122	长方形竖穴土坑墓（带龛）	长 2.6、宽 1.04、深 4.2	B 型Ⅱ式陶鼎 1、壶 1，A 型铜剑 1、Ⅳ式戈鐏 1、Ⅰb 式戈鐏 1、环权 1	否
78	M123	长方形竖穴土坑墓	长 3.2、宽 1.6、深 5.32	B 型Ⅱ式陶鼎 1、壶 1，B 型Ⅰ式铜剑 11、带钩 1，滑石璧 1	否
79	M124	长方形竖穴土坑墓（带龛）	长 2.54、宽 1.2、深 4.3	A 型Ⅲ式陶罐 1、陶豆 1，铜镜 1	否
80	M125	长方形竖穴土坑墓	长 3.54、宽 1.66、深 4.92	Ⅱ式陶壶 2、鼎 1、敦 1，铜铺首 8、削刀 1、镜 1，滑石璧 1，料珠 1	否
81	M126	长方形竖穴土坑墓（带龛）	长 2.52、宽 0.72、深 2.68	陶壶 1、豆 2	否
82	M127	长方形竖穴土坑墓	长 3.04、宽 1.5、深 5.3	B 型Ⅰ式陶鼎 2、A 型豆 3，B 型Ⅰ式铜剑 1、环权 1，滑石璧 1	否
83	M128	“甲”字形土坑墓	墓口长 5.14、宽 4.32、深 7.7，墓道长 7.06 ～ 9.36	陶敦 1、鼎 1、壶 2、簠 1、罐 1	否

The Excavation of Chu Burials of the Warring-States Period in Qixingyan Jingzhou City, Hubei

Museum of Jingzhou

KEYWORDS: Jingzhou City, Hubei Paimashan Burials Qixingyan Cemetery Warring-States Period Burials

ABSTRACT: Qixingyan cemetery is located in the fourth team sanhong village Jinan town of Jingzhou district, ancient city. In 2013 Museum of Jingzhou conducted rescue excavation to Qixingyan cemetery and recovered 127 burials those were estimated as Warring-States period, Eastern Han, Tang, song, Ming and Qing dynasties. There were 83 burials of Warring-States period and were divided to two types. One type is *jia*甲 shape burial with passage, with a total of 13 burials. The other type is rectangular earthen shaft pit burials, in number of 70, which can be divided with niches and no niches. 9 burials belong to the latter style. The human bones and burial utensils in the tombs are decayed. The burials yielded rich grave goods, including pottery wares, bronze, iron wares, jades and stone objects. The pottery wares, in total 153 pieces, are argillaceous grey pottery. The firing temperature is not high and in poor preservation. The pottery wares include *ding, dui*, pot, jar, *dou, fou, li, fu, yi, lei, he, yu* ect,. According to the function, the pottery can be divided into ritual wares, daily necessities, and weapon. The bronze can be divided into the three purposes. The bronze ritual wares include *ding, dui*, pot, plate, *yi*, spoon etc,. The weapon include sword, dagger-axe, spear, dagger-axe *zun*, spear *dun* arrow head. Four wares with copper and iron were unearthed, include *ding* as ritual ware, sword and spear as weapon. There are 7 iron wares including weapon, decoration and tools. The large amount grave goods unearthed from the burials provide new materials for the research of Chu Culture.

（特约编辑　新　华）

河南新乡市金灯寺明清时期窑址发掘简报

河南省文物局南水北调文物保护办公室
河南省文物考古研究院　驻马店市文物考古管理所

关键词： 河南新乡市　金灯寺遗址　制陶作坊　陶窑　明清时期

内容提要： 2006年，对金灯寺遗址进行了考古发掘，共发现窑洞式作坊5座，分布集中，洞体保存较好，均在生土层开挖而成，由洞门和洞室两部分组成。每处窑洞的洞门有3个、2个和1个不等，均用卵石块砌成。洞室底部平面呈长方形，可相互通联，且各自功能不同。另外，还清理了2座陶窑、2座沉泥池、1眼水井、9个灰坑和2条灰沟，出土一批陶轮盘、刮刀等制陶工具和陶灯台、盆、炉、罐等烧制产品，以及瓷碗、罐、灯盏等生活用品。通过发掘遗迹分析，该遗址是集采土、洗浆、制坯、晾坯、烧制成品于一处的多功能窑址。根据地层叠压和出土的窑工生活用品、铜钱及还未使用的大量陶盆、罐、灯台等遗物推断，该遗址是明代晚期至清代早中期烧制民间日用陶器的制陶作坊，属中原地区首次发现，为研究该时期陶器特征及其制作工艺流程、窑址布局和形态等提供了翔实的资料。

金灯寺遗址位于河南省新乡市凤泉区潞王坟乡金灯市村西北部，地处孤山东南与金灯寺河之间的坡地上，南距新乡市2公里，西距潞王坟乡2.5公里（图1）。遗址西、北两面环山，东面临水，地势西高东低，海拔106米。由于现代砖窑厂取土，遗址遭到严重破坏，四周形成深达数十米的深沟、断崖，致使遗址成为“孤岛”。遗址现存平面为不规则形，面积近6000平方米，地表为旱作梯田，可分四级台地，相邻台地之间落差1～2米。南水北调中线干渠从遗址东部呈西南-东北向穿过。

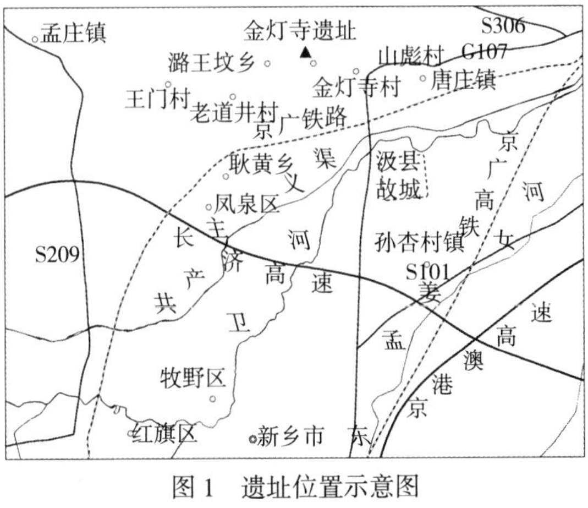

图1　遗址位置示意图

2006年6～12月，驻马店市文物考古管理所受河南省文物局南水北调文物保护办公室及河南省文物考古研究所（今河南省文物考古研究院）的委托，对该遗址进行了考古发掘。鉴于遗址地貌复杂，采用虚拟坐标，从遗址西南部按5米×5米和5米×10米的探方进行布方，发掘面积3800

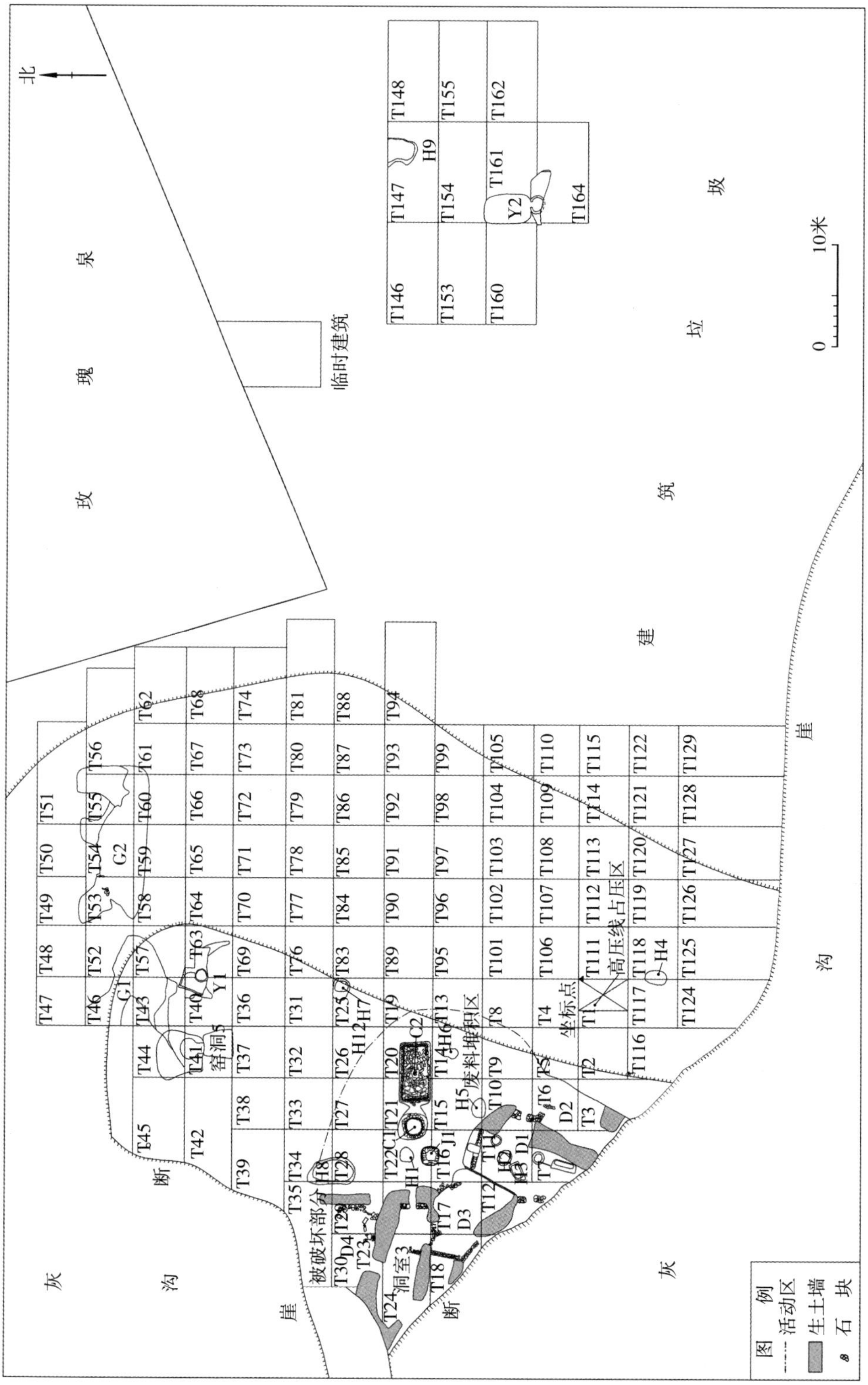

图2　遗迹分布图
（T75、T82未发掘）

平方米（图2；图版五，1），共发现窑洞式作坊5座、陶窑2座、沉泥池2座、水井1眼、灰坑9个、灰沟2条，出土了一批重要遗物。现将该遗址的发掘情况简报如下。

一、地层堆积

遗址原为西高东低的斜坡状，受自然和农耕活动的破坏，形成多级台地，从发掘情况来看，发掘区地层堆积简单，各级台地之间出现断层。文化层堆积厚约1～3米，局部深达5米。二、三级台地之间落差0.7～1.5米，二级台地的第2层在三级台地中出现断层，二级台地的第3层与三级台地的第2层为同一时期地层。现以二级台地T14及三级台地T13、T95北壁剖面（图3）为例介绍如下。

第1层：耕土层。灰褐色土，土质较软，结构疏松，包含较多植物根系和近现代杂物。厚0.25～0.3米。

第2层：近代扰层。灰黄色土，土质软，结构疏松，包含少量的陶片和石块。该层分布于整个二级台地，深0.2～0.5、厚0.2～0.5米。

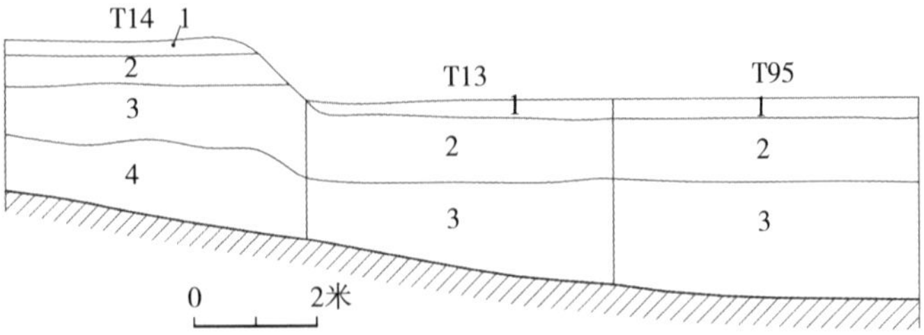

图3　T14、T13、T95北壁剖面图

1.灰褐色土　2.灰黄色土　3.黄灰色土　4.黄褐色土

第3层：清代层。黄灰色土，土质较软，结构较致密，包含少量的红烧土块、料礓颗粒、碎石块及大量陶片。该层分布于整个发掘区。深0.6～0.9、厚0.6～0.8米。陶片胎体较厚，主要为泥质灰陶和黑陶，另有极少量褐陶，可辨器形有盆、灯台、罐、转盘、刮刀等。该层还出土少量瓷片，有白釉、褐釉、酱釉等，可辨器形有碗、碟等。

第4层：明清之际层。黄褐色土，土质较硬，结构致密，包含有红烧土、料礓颗粒和少量陶片。该层分布于整个发掘区，深1～2.3、厚0.9～1.7米。陶片可辨器形主要有罐等。该层还出土少量白釉、褐釉、酱釉瓷片等，可辨器形有碗、罐等。

第4层以下为生土。

二、遗　　迹

遗迹主要是窑洞式作坊、灰坑、沉泥池、陶窑和水井等，可分为制陶区和烧造区两部分。其中制陶区包括窑洞式作坊、沉泥池、水井和灰坑，烧造区包括陶窑、部分灰坑及灰沟。

（一）窑洞式作坊

共发现5座，集中分布于发掘区西南部二级台地的斜坡上，均开口于第3层下，打破生土。洞体总体保存较好，均在生土层开挖而成，由洞门和洞室两部分组成。每座窑洞的洞门有3个、2个和1个不等，均用卵石块砌成。洞室底部平面呈长方形，其中D1～D4面积较大，可相互通联，共用洞外活动面。洞顶均已坍塌，南部破坏较为严重

（图4；图版五，2）。D5体量较小，保存完整。从出土遗物情况来看，这些窑洞各自功能不同，分工比较明确。其中D1用于制陶和存放成品，D2用于堆放废品，D3用于存放陶坯，D4用于腐泥、揉泥，D5则是晾坯的地方。整个窑洞结构严谨，布局合理。现以D1、D5为例进行介绍。

D1 位于发掘区的西南部边缘，分布于T7、T10、T11、T12、T15和T16内，南部已被破坏，周围残留生土墙壁，有洞门3个，门前均有活动面（图5；图版六，1）。洞内填土无明显分层，土色较杂，整体呈红褐色，夹杂大量黄色斑块，土质较硬，结构致密，较干

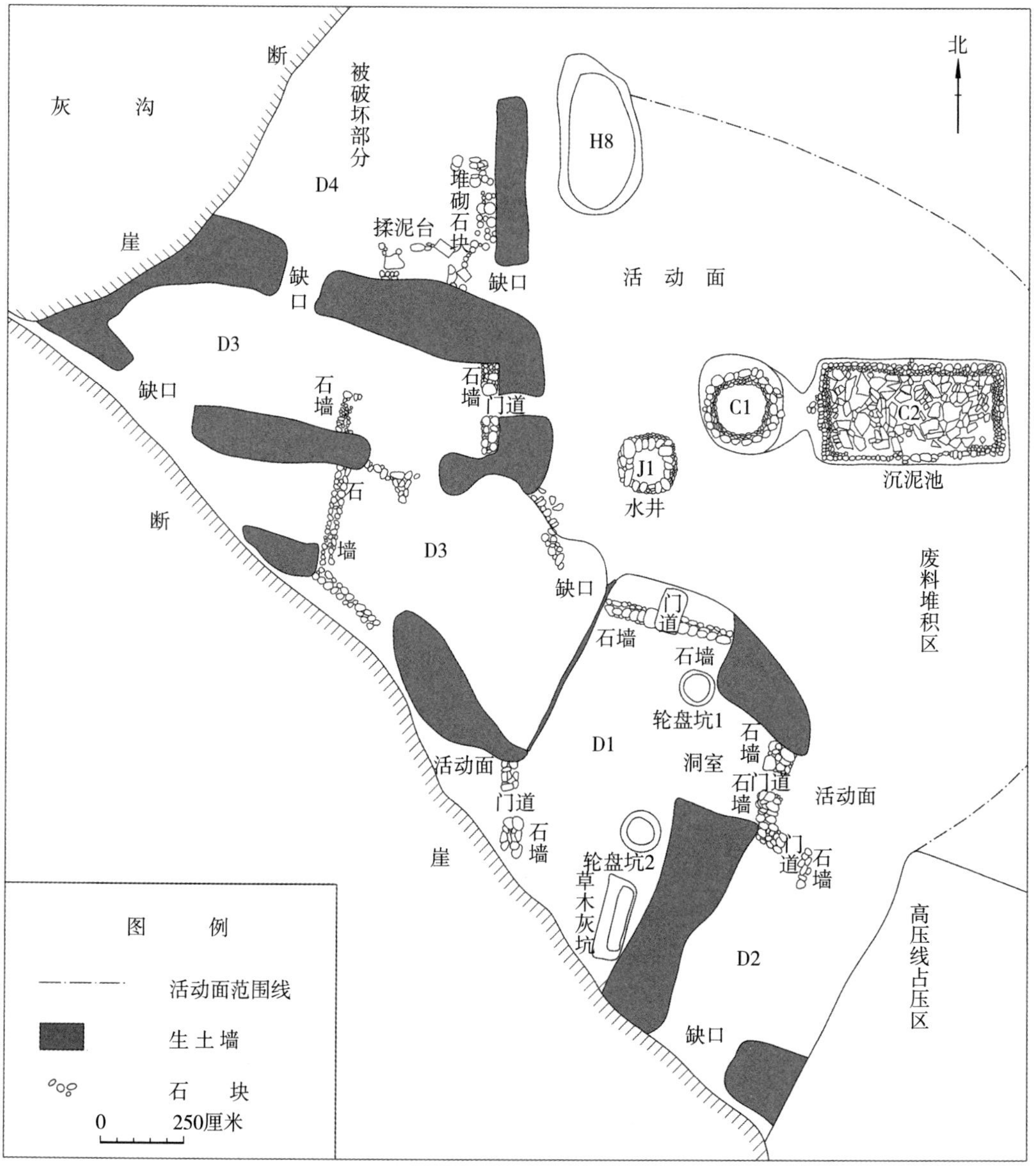

图4 窑洞式作坊平面图

燥。由于洞顶垮塌，填土内发现大量的生土块、草木灰、石块以及碎陶片等。因受破坏程度不同，残存的生土墙壁高低不一，形状各异，但都比较陡直，局部保留有掏挖洞体的镢痕。其中北壁长7.1、厚0.5～2、残高0.7米；东壁长7、厚1.5～2.5、残高1.2米；西壁破坏严重，长6.22、残厚0.05～0.1、残高0.3米；南壁生土墙被破坏，只剩石头砌的门，其中拐角处残留的洞壁上部有明显的弧度，据此推测该窑洞的高度应在2.5米左右。

洞门是先在生土内挖出较宽的过道，然后用大小不一的卵石块砌成石门墙，石墙均砌在基槽内。北门方向为38度，宽0.7、进深0.6、残高0.3～0.5米。西墙横长1.55、厚0.55、残高0.5米；东墙横长1.7、厚0.5、残高0.5米。北门内部底面有一层厚约0.1米与洞门同宽的路土，土色灰褐，土质坚硬，结构致密，路面北高南低，显然是经长期踩踏形成的。东门方向为105度，宽0.65、进深1.02、残高0.4米。北墙横长0.8～1、厚1.2、残高0.4米；南墙横长1、厚0.8、残高0.4米，拐角处与D2相连。洞室内活动面较薄，在紧靠东门处堆积了大量的陶器残片，陶片内则掺杂有大量草木灰。东门明显高于西、北两个门洞，根据清理情况推测，此门应是通往侧室的门道。西门与北门处于同一层面，门宽0.85、进深0.8、残高0.3米，门道两侧石墙仅残存两层。北墙横长1、厚0.5、残高0.3米；南墙横长1.2、厚0.6、残高0.3米。

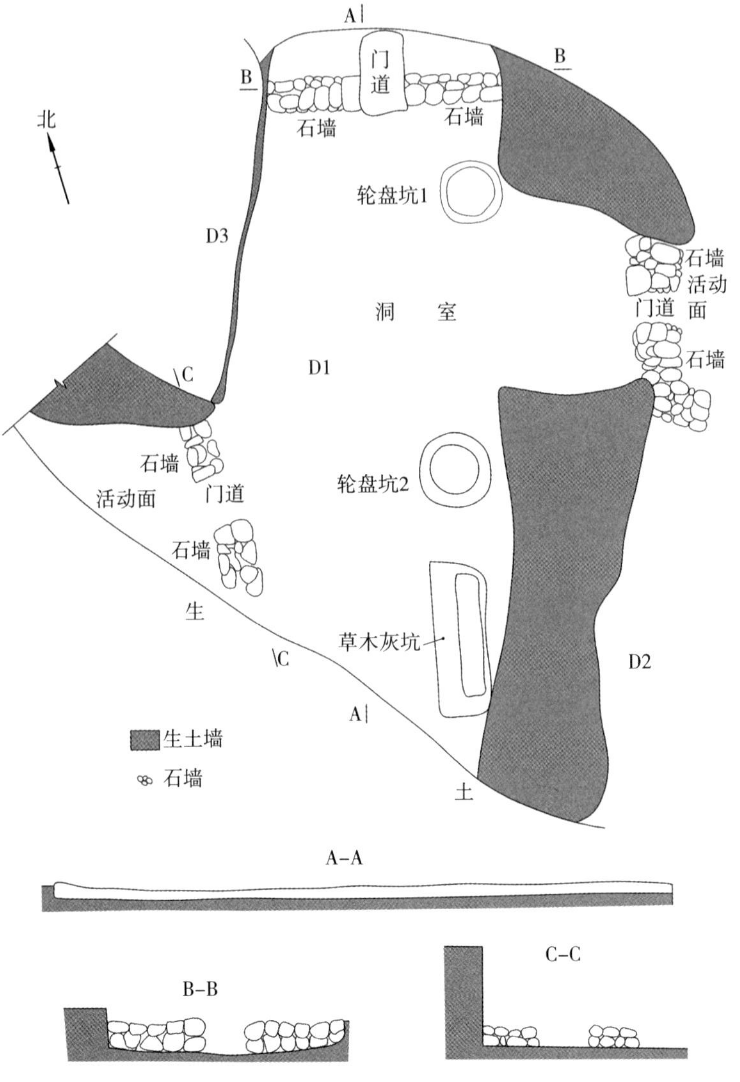

图5　D1平、剖面图

洞室底部残长12、宽4～8米，发现圆形坑2个（K1、K2）、长方形坑1个（K3）。其中圆形坑位于东门两侧，南北对应。K1与K2相距3.5米，K2与K3相距0.9米。K1、K2口部平面均为圆形，圜底，填土整体呈灰黄色，土质较软，结构疏松。K1口径1.05、深0.45米，未见包含物。K2口径1.2、深0.5米。口部贴有4块陶片，均为灰陶盆残片。从形状判断，K1与K2应是制作陶器时安放轮盘的基坑。K3口部平面呈长方形，斜壁，平底。长2.5、宽0.9、深0.5米。坑内填满草木灰，应是为防止成品泥坯底部粘连而置。

洞室内外均有活动面，分为室内和室外两部分，土质坚硬，结构致密，显然是经长期踩踏形成。其中室外活动面因受破坏，保存较少，东门外的活动面则与D2共用，未发现铺垫痕迹，只是在原地层面上踩踏而成，土色整体呈褐色，局部偏灰白色，较薄，厚约0.08米，未见包含物。西门外的活动面面积较大，土色整体呈灰黄色，表面分布有一层较薄的草木灰，厚0.15米，包含陶坯残片，应是用制陶废弃物掺杂后铺垫而成。洞内部活动面土色较杂，整体呈黄褐色，其中北半部含有大量的料礓石颗粒，南半部则包含大量的草木灰，厚0.3～0.35米。

D5　位于T41、T45内，整体保存较好，有洞门1个，门前有活动面（图6；图版六，2）。洞内填土无明显分层，整体呈黄褐色，土质硬，结构致密，含少量陶片。陶片均为泥质灰陶，素面，可辨器形有盆、灯台、罐等。

洞门位于洞室南部，方向为170度。洞门为拱形，门道两侧有生土壁，其中东壁较直，西壁稍斜。洞门宽1、进深0.7、高1.7米。洞口两侧各以一排卵石块砌成护墙，宽0.3、残高0.4米。过洞门可入洞室，洞顶呈拱形，洞壁光滑，保存完好。洞室底部呈椭圆形，长径2.5、短径2.1、高1.9米。地面较硬，表面撒有一层草木灰，未发现夯打痕迹，也是经长期踩踏所致。洞前活动面呈长方形，长3.6、宽1.9～2.8米，四周均被破坏，地表堆积有大量陶片，显然是窑洞废弃后堆积的废弃物。

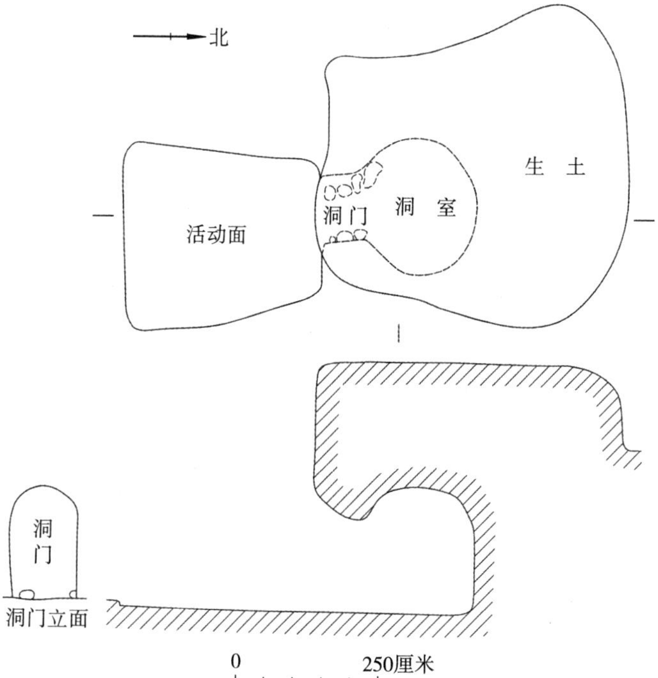

图6　D5平、剖面图

（二）沉泥池

2座（C1、C2），两池相连，均用卵石块砌成（图7；图版七）。开口于第3层下，向下打破第4层及生土，口部距地表深1.2～1.3米。斜直壁，底部较平，口大底小。

C1　位于T21中部，口部呈圆形，口部内径1.6、外径2.3米，底部内径1.3、外径1.6、深1.5米。池内填土呈黄褐色，土质软，结构疏松，含有大量的料礓石颗粒，未发现其他遗物。

C2　位于C1东边，T20中部。口部平面呈长方形，口部长5、宽2.2米，底部长4.8、宽2.2、深1.1米。周壁局部受挤压向内倾斜，底部平铺一层形状各异的片状石块，局部已被破坏，露出生土。片石厚约0.06米。池内填土呈黄褐色，是沉淀之后的细泥，含大量塌落的卵石块。

从清理的情况看，C1应是将泥土过水粗滤，然后流入C2内，以备使用。

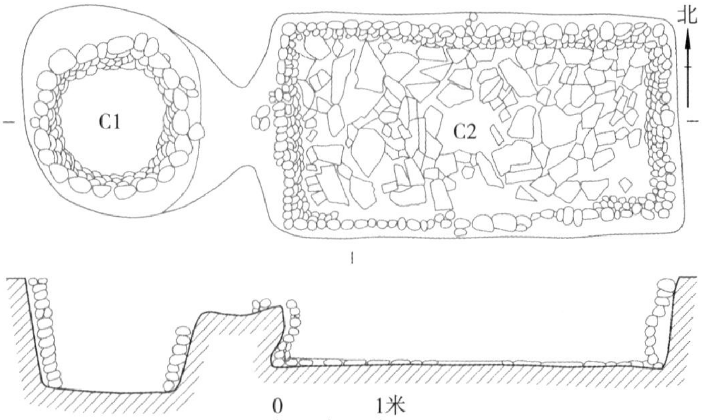

图7　C1、C2平、剖面图

（三）水井

共发现两眼，其中J2为近代井。

J1　位于发掘区的东南部，T22南部，开口于第3层下，打破第4层和生土，口部距地表深0.5米。平面呈圆形，斜壁，底部较平，整体呈袋状，周壁用卵石砌成。口内径1、外径1.85米，底内径1.15、外径1.8、深1.75米。填土整体呈灰色，土质较软，结构疏松，未发现包含物。J1距沉泥池较近，应为沉泥时蓄水所用（图8）。

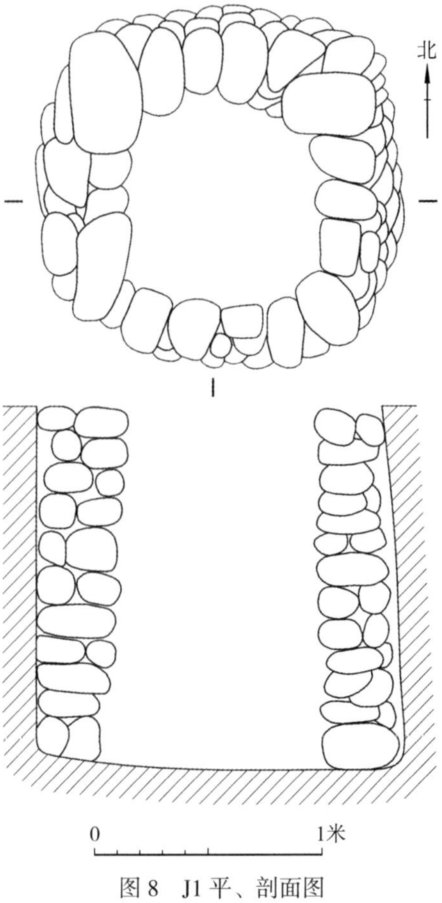

图8　J1平、剖面图

（四）灰坑

9个，分布较为分散，均开口于第3层下。根据坑口形状可分为近圆形、椭圆形、不规则形和近长方形四种。坑壁有直壁、斜壁和弧壁，主要是斜壁。坑底多为平底，另有少量圜底。

1.近圆形灰坑

1座，即H1，位于T22中北部，打破第4层。弧壁，平底。坑口距地表深1.26米。口径1.06、底径1、深0.2米。填土呈褐色，土质较软，结构疏松，含少量红烧土颗粒和陶片。陶片均为泥质灰陶，可分为深灰和浅灰两种，多为素面，有少量弦纹，可辨器形有盆、灯台等（图9）。

2.椭圆形坑

4座，包括H2、H4、H5、H8，以H2为例介绍。

H2　位于T11北部，打破D1填土，坑口距地表深1.1米。斜壁，平底。口长径1.5、短径1.15米，底长径1.1、短径1、深0.9米。填土中含少量红烧土颗粒、兽骨及陶片。陶片均为泥质灰陶，以素面为主，也有少量弦纹及绳纹，可辨器形有盆、灯台、罐等（图10）。

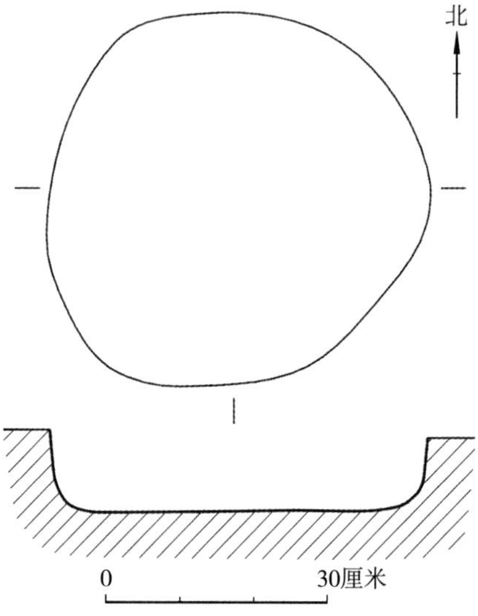

图 9　H1 平、剖面图

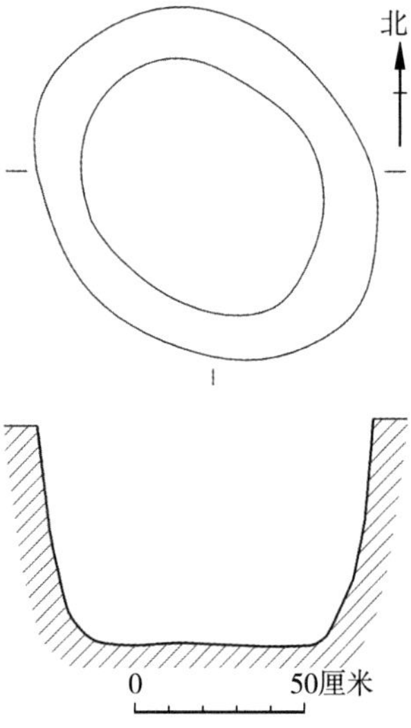

图 10　H2 平、剖面图

3.近长方形灰坑

1座，即H3，位于T11南部，打破D1填土。斜直壁，平底。坑口距地表深1.1米，口长1.5～1.8、宽0.86～1.02米，底长1.3、宽0.7、深0.8米。坑内填土整体呈黑灰色，土质较软，结构疏松，含少量红烧土颗粒、兽骨及陶片。陶片均为泥质灰陶，可分为深灰和浅灰两种，以素面为主，可辨器形有盆、灯台、罐等（图11）。

4.不规则形灰坑

3座，包括H6、H7、H9，以H6、H7为例介绍。

H6　位于T14东北部，打破第4层。斜壁，平底。坑口距地表深1.7米，口部最长1.5、最宽0.9、深0.2米。填土整体呈黄灰色，土质较软，结构疏松，含大量陶片。陶片均为泥质灰

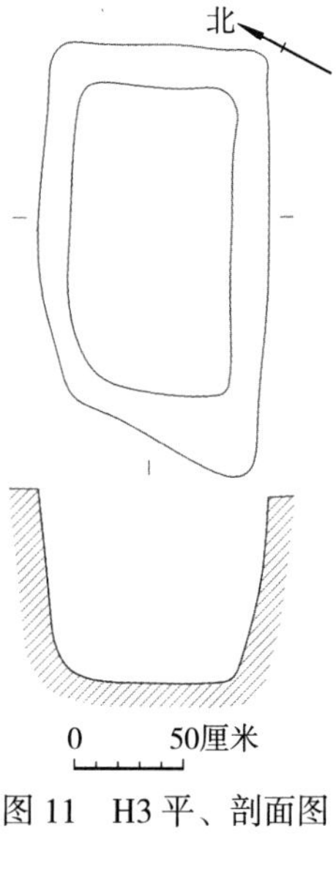

图 11　H3 平、剖面图

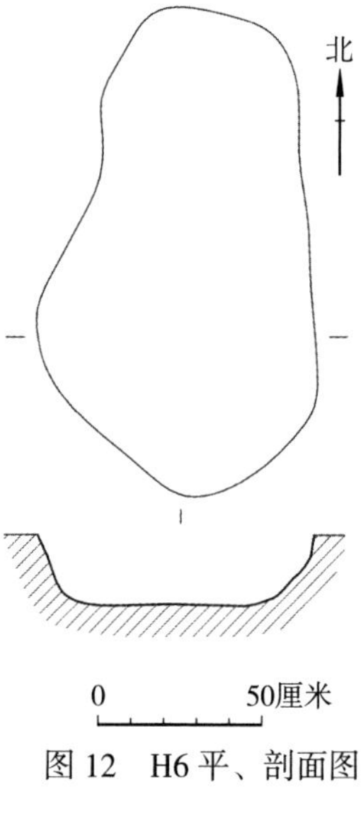

图 12　H6 平、剖面图

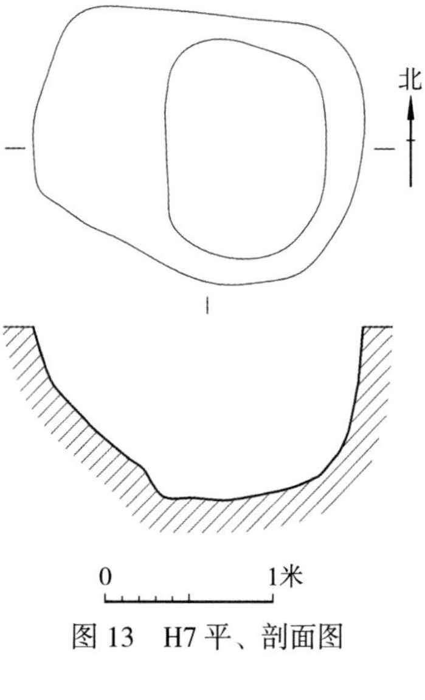

图 13　H7 平、剖面图

陶，以素面为主，也有少量弦纹和绳纹，可辨器形有盆、灯台、罐等（图12）。

H7　位于T25东北部，打破第4层。斜壁，圜底。坑口距地表深1.3米，口部最长2、宽1.2～1.5、深1米。填土整体呈深灰色，土质较软，结构疏松，含少量红烧土颗粒和陶片。陶片均为泥质灰陶，以素面为主，也有少量弦纹，可辨器形有盆、灯台、罐等（图13）。

（五）灰沟

2条，均呈不规则形，坑壁有陡有缓，底部凸凹不平，面积较大，初步分析应为制作陶器的取土坑（见图2）。

（六）陶窑

2座，均遭不同程度破坏，以Y2为例介绍。

Y2　位于发掘区的东部、T161西部，开口于第2层下，打破第3层及生土，窑室南部被现代扰坑破坏。口部距地表深0.8～0.95米，方向为345度。口部残长5.7、最宽4米。由操作坑、窑门、火膛、窑室四部分组成。操作坑平面呈长方形，斜弧壁，斜坡底。长4、宽2.5、深0.9～1.7米。窑门顶部不存。宽0.45、进深0.15、残高1.1米。火膛位于窑室北部，底部平面略呈圆形，斜壁，平底。上部直径1～1.2、底部直径0.8～0.85、深1.25米。窑室位于火膛南部，顶部坍塌，结构不明，底部平面呈长方形，残长0.2～1.8、宽3.4、残高0.5米。窑室四壁内部烧结面为深灰色，外壁呈红褐色。内壁烧结面厚0.1～0.3米。窑内填土整体呈灰褐色，土质较软，结构较疏松，含红烧土块、窑壁残块以及草木灰等。出土有少量陶片，均为泥质灰陶，多为素面，也有少量弦纹，可辨器形有灯台、罐、盆等（图14）。

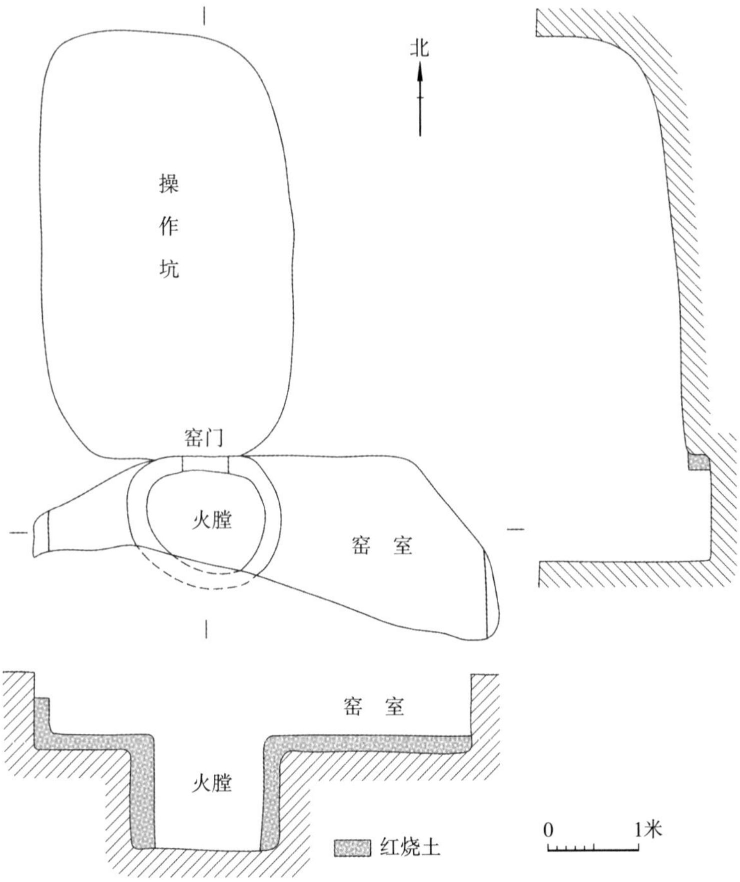

图14　Y2平、剖面图

三、出土遗物

出土遗物器形不甚丰富，但数量较多，根据质地不同，可分为瓷器、陶器、石器和铁器及铜钱五类。其中陶器残片较多，少量为完整器，绝大部分无使用痕迹，可分为生活用具、制陶工具、烧制品三类；瓷器则均为生活用器。

（一）瓷器

出土的数量不多，主要器形有碗、碟、罐、灯盏等，均为轮制。

碗可分为大小两类。

大碗　14件。内底有涩圈，圈足底内素胎无釉，底部中央有凸起。根据腹部形态的不同，可分为四型。

A型：5件。曲腹。白胎。敞口，尖圆唇，平底。内壁均满施白釉。T31④：3，外壁施酱色釉不及底。口径16、圈足径5.6、高7.2厘米（图15，2）。T32④：1，外壁施酱色釉不及底。口径16.8、圈足径6、高6.8厘米（图15，4；图版八，6）。T85③：1，外壁施白釉及底，外沿至口饰一周黑色条带纹，内底墨书“赵记”二字。口径17.6、圈足径5.6、高7厘米（图15，1；图版八，3～5）。G1：1，残，外壁施酱色釉不及底，内底墨书“□记三号”。口径17.2、圈足径6、高7.8厘米（图15，5；图版九，3、4）。T24②：1，外壁施白釉及底，并绘有褐色草叶纹。口径17.6、圈足径6.4、高7.2厘米（图16，1；图版八，1、2）。

B型：3件。弧腹。白胎。口部均残，平底。内壁均满施白釉。T97③：2，外壁施白釉不及底，上腹饰黑釉条纹带。圈足径6、残高6.4厘米（图15，3）。T89③：1，外壁施酱色釉不及底。口径16.4、圈足径6、高7厘米（图16，4）。T107③：2，外壁施白釉不及底。圈足径6、残高5.4厘米（图16，5）。

C型：2件。斜腹。灰白胎。底均残，敞口。内壁均满施白釉。T51③：1，外壁施酱色釉。口径16.8、残高6厘米（图16，2）。T61③：1，外壁施白釉，外沿下有一周较宽的黑色条纹带。口径18、残高7.6厘米（图16，10）。

D型：4件。垂腹。口部均残。近底部似有折痕，形成垂腹和大平底。内壁均满施白釉。T98②：1，灰胎。外壁施褐色釉不及底。圈足径8、残高6.8厘米（图15，7）。T17③：1，白胎。外壁施酱色釉不及底。圈足径5.6、残高5.6厘米（图15，8）。T86③：2，灰胎。外壁施酱色釉不及底。圈足径6、残高2.8厘米（图15，6）。T65③：1，灰胎。外壁施酱色釉不及底。圈足径6、残高5.8厘米（图16，3）。

小碗　2件。器形较小。白胎。敞口，平底，底部有圈足。内壁均满施白釉，圈足素胎无釉，内外底均有四个支钉痕。T58②：1，外壁施釉不及底，釉层内含青斑。口径8、圈足径4、高4厘米（图15，9）。T64③：1，尖圆唇，外壁施白釉不及底。口径9.6、圈足径4、高5厘米（图15，10；图版九，1、2）。

碟　1件（T85③：3）。灰胎。敞口，圆唇，斜壁，折腹，平底，底部有圈足。内外壁均施褐釉，外壁施釉不及底，圈足素胎无釉。口径11.2、圈足径4.8、高3.8厘米（图15，11）。

灯盏　2件。灰白胎。敛口，鼓腹，平底，内底中部有一圆形灯柱，中空，侧面有孔，便于安装灯芯。内外壁均施黑釉，外壁施釉不及底，足部素胎无釉。D1：2，灯柱残，矮圈足。口径6.6、圈足径4.8、高2.8厘米（图16，6；图版九，5）。D1：1，胎较厚，饼形足。

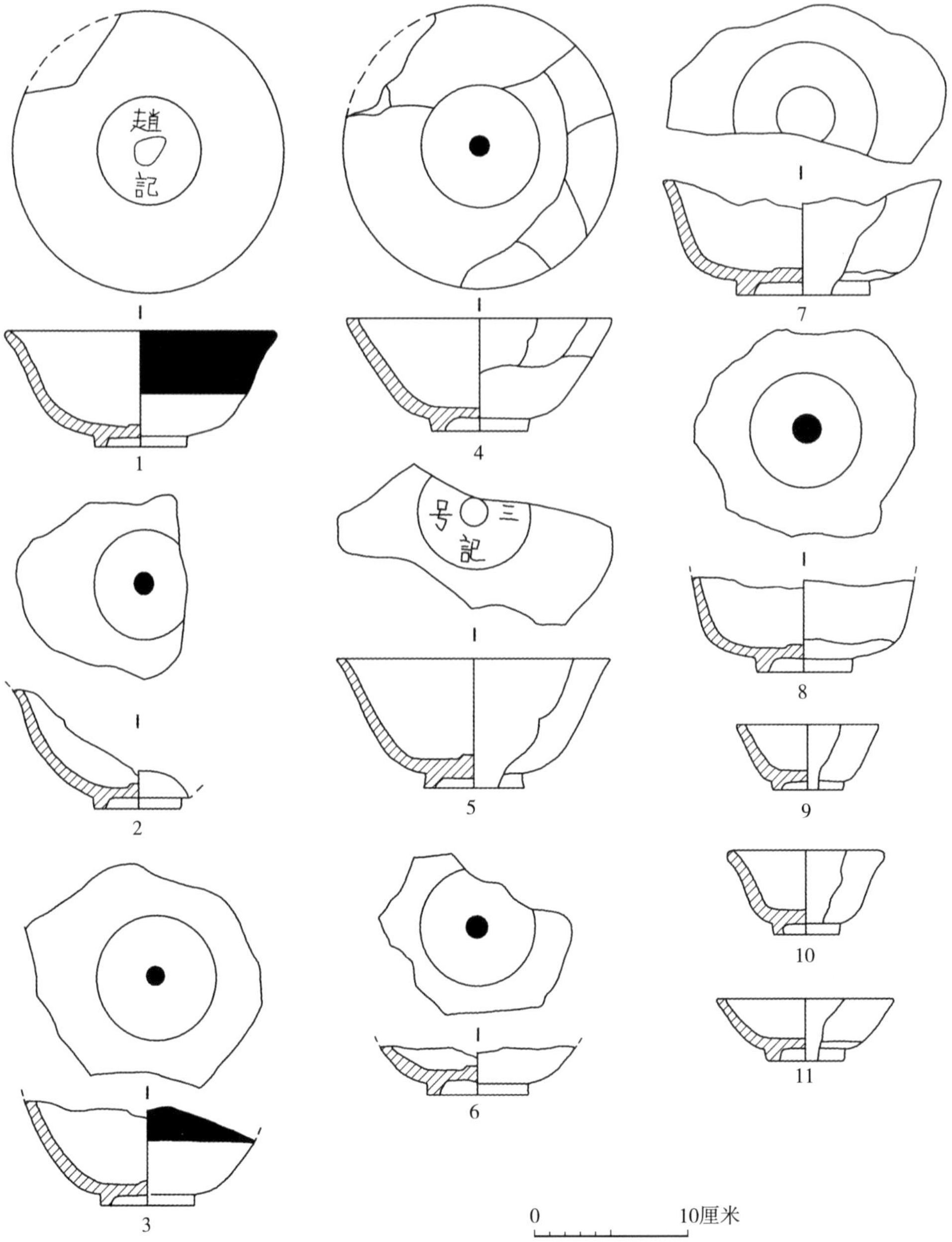

图 15　出土瓷器

1、2、4、5.A型大碗（T85③：1、T31④：3、T32④：1、G1：1）　3.B型大碗（T97③：2）　6～8.D型大碗（T86③：2、T98②：1、T17③：1）　9、10.小碗（T58②：1、T64③：1）　11.碟（T85③：3）

口径6、圈足径4.8、高2.6厘米（图16，7）。

小缸　1件（T36④：4）。白胎。直口，方唇，上腹较直，下腹弧收至底，平底。内壁及外底素胎无釉，外壁施黑釉不及底。口径11.2、底径6.8、高10厘米（图16，11；图版

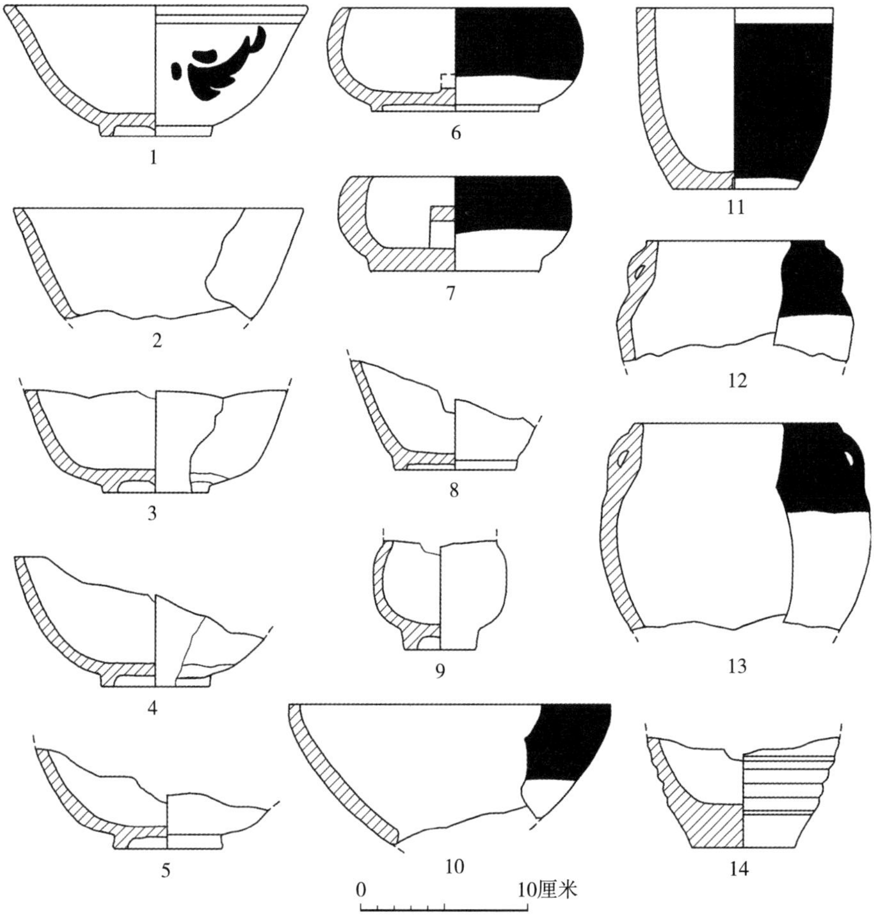

图16　出土瓷器

1.A型大碗（T24②：1）　2、10.C型大碗（T51③：1、T61③：1）　3.D型大碗（T65③：1）　4、5.B型大碗（T89③：1、T107③：2）　6、7.灯盏（D1：2、D1：1）　8、14.罐底（T83③：2、T31③：1）　9.垂腹罐（T101③：4）　11.小缸（T36④：4）　12、13.双系罐（T95③：2、T66③：1）

九，6）。

罐　5件。残存状况不一。根据残存形态可知有双系罐、垂腹罐，另有罐底2件。

双系罐　2件。灰白胎。底残，直口微敛，方圆唇，沿外两侧饰对称的桥形耳。外壁施酱色釉不及中腹。T95③：2，上腹微折。口径10、残高6.6厘米（图16，12）。T66③：1，鼓腹。口径12、残高11.6厘米（图16，13）。

垂腹罐　1件（T101③：4）。灰白胎。口残，垂腹，小圈足。外壁施酱色釉不及底，内壁满施酱色釉，圈足底内素胎无釉，底部中央有凸起。圈足径4、残高6厘米（图16，9）。

罐底　2件。T83③：2，白胎。斜腹，平底，底部有矮圈足。内壁满施黑釉，外壁及圈足素胎无釉。圈足径7.2、残高6厘米（图16，8）。T31③：1，灰白胎。弧腹，腹饰瓦楞纹，平底，饼形足。外壁施褐色釉不及底，内壁及足素胎无釉。圈足径5.6、残高6厘米（图

16，14）。

（二）陶器

器形较为丰富，有炉、盆、灯台、罐、碗、轮托盘、刮刀等。陶质有泥质陶和夹砂陶两类，泥质陶占总数的92%，器形有盆、罐、灯台等；夹砂陶占总数的8%，器形有罐、炉等。陶色以灰陶为主，另有少量黑陶和褐陶。器表多素面，另有少量弦纹、附加堆纹和圆圈纹，个别陶器有镂孔。

罐　16件，均为泥质陶。多数仅残存口部。依口部不同特征，可分为三型。

A型：5件。直口。直领，上腹较鼓。素面。T41③：1，灰陶。方唇，肩部有对称双耳。口径20、残高9厘米（图17，1）。T71②：1，灰陶。圆唇。口径22.4、残高9.2厘米（图17，2）。T15③：1，黑陶。方唇，肩部有对称双耳。口径26、残高8.4厘米（图17，12）。T36④：1，灰陶。圆唇。口径16、残高5.4厘米（图17，13）。T91③：1，黑陶。方

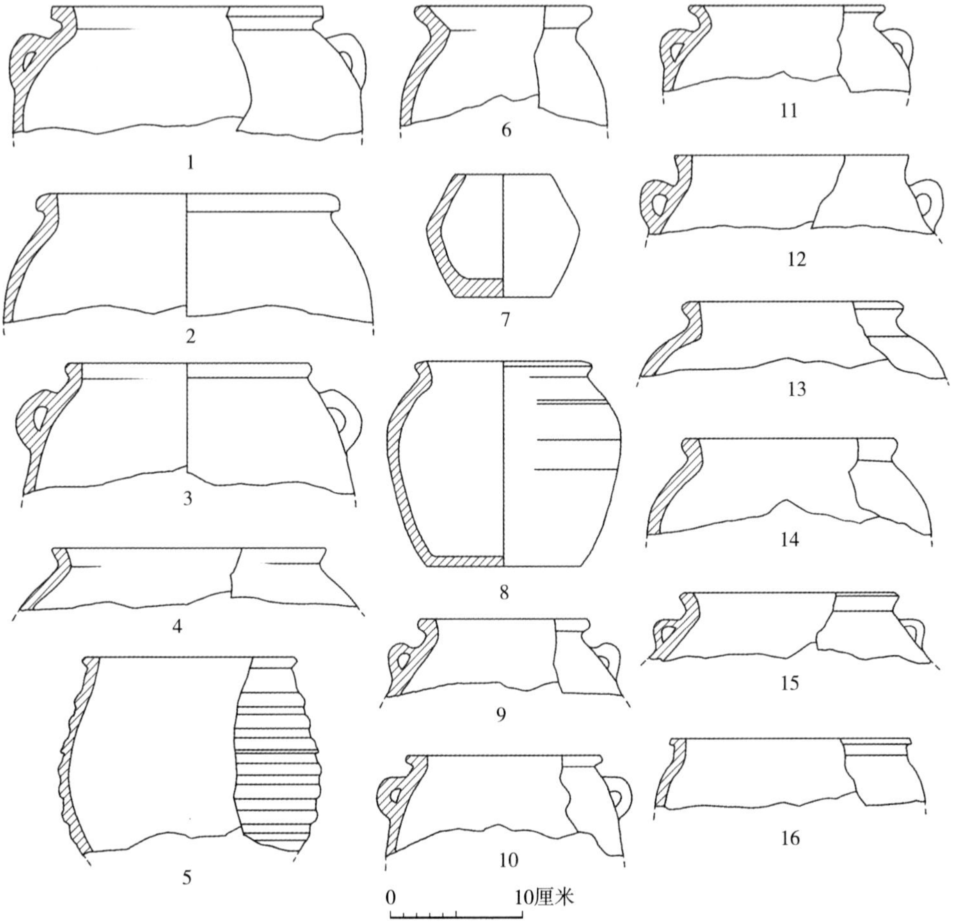

图17　出土陶罐

1、2、12、13、16.A型（T41③：1、T71②：1、T15③：1、T36④：1、T91③：1）　3、8、14.Ba型（T58②：3、T112③：1、T105②：1）　4、6、11、15.Bb型（T86②：1、T107③：3、T38③：2、D1：4）　5.Cb型（D3：1）　7.Ca型（T101②：1）　9、10.Bc型（T68②：1、T30②：1）

唇。口径26、残高7.2厘米（图17，16）。

B型：9件。侈口。上腹较鼓。根据沿部的差异，可分为三个亚型。

Ba型：3件。卷沿。圆唇。T58②：3，灰陶。肩部有对称双耳。素面。口径18、残高9.2厘米（图17，3）。T112③：1，黑陶。平底。腹饰三周凹弦纹。口径25.6、底径22、高31.2厘米（图17，8；图版一〇，1）。T105②：1，灰陶。素面。口径16、残高7厘米（图17，14）。

Bb型：4件。折沿。尖圆唇。素面。T107③：3，灰陶。口径20、残高10厘米（图17，6）。T38③：2，灰陶。口径14、残高6厘米（图17，11）。T86②：1，褐陶。口径35、残高6.6厘米（图17，4）。D1：4，黑陶。口径16、残高5厘米（图17，15）。

Bc型：2件。平沿。灰陶。圆唇，肩部有对称双耳。T68②：1，口径19、残高8.4厘米（图17，9）。T30②：1，口径22、残高10.8厘米（图17，10）。

C型：2件。敛口。根据腹部的不同，可分为两个亚型。

Ca型：1件（T101②：1）。折腹。黑陶。圆唇，斜肩，平底，器表粗糙。素面。口径7、底径6.8、高8.8厘米（图17，7）。

Cb型：1件（D3：1）。鼓腹。褐陶。平折沿，圆唇，底残。通体饰凸弦纹。口径23.4、残高22厘米（图17，5）。

镂孔罐　6件。均为泥质陶，绝大多数为黑陶，极个别为灰陶。敛口，圆唇，沿面外贴于口部，圆鼓腹，平底。D2：1，上腹饰四组呈三角形排列的镂孔。口径11.2、底径10.4、高10.4厘米（图18，2；图版一〇，2）。D2：2，上腹饰上下两排交错的镂孔。口径12.4、底径10.8、高10.4厘米（图18，1）。T98③：4，沿下饰上下两排交错的镂孔。口径13.6、残高7.2厘米（图18，3）。T103③：1，沿下饰两组呈三角形排列的镂孔和两组单个的小圆孔。底残。口径11.2、残高4厘米（图18，4）。T103③：2，沿下饰对称四组呈三角形排列的镂孔。口径17、残高8.4厘米（图18，6）。T153②：1，灰陶。沿下有一周凸棱，上腹饰对称四组呈三角形排列的镂孔。底残。口径7.2、残高4.5厘米（图18，5）。

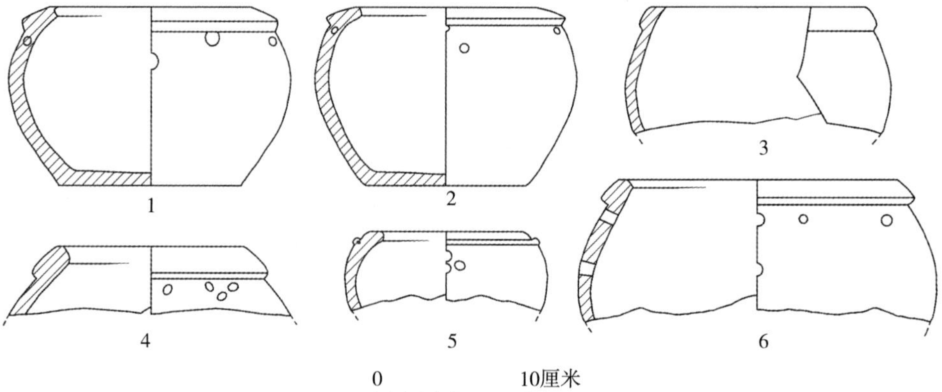

图18　出土陶镂孔罐

1～6.D2：2、D2：1、T98③：4、T103③：1、T153②：1、T103③：2

炉　15件。均为泥质陶。束颈，鼓腹，平底。素面。由于保存状况不一，分为完整炉和残口炉两类。

完整炉　9件。依口部差异，可分为两型。

A型：3件。盘口。尖圆唇。T32④：4，灰陶。口径12、底径7.2、高6厘米（图19，1）。T125③：2，灰陶。口径12、底径6.4、高6.2厘米（图19，4）。T125③：3，褐陶。口径10.4、底径6.4、高6.2厘米（图19，8）。

B型：6件。侈口。宽折沿，方圆唇。T31④：1，灰陶。口径10.8、底径6.4、高6厘米（图19，2）。T107③：5，黑陶。口径12、底径8、高6厘米（图19，3）。T107③：6，灰陶。口径11、底径7.6、高6.4厘米（图19，5）。T109③：2，灰陶。口径10.8、底径6.8、高6.8厘米（图19，6）。T106③：2，灰陶。口径10.8、底径6.84、高6.8厘米（图19，12）。T103③：6，褐陶。口径12、底径6.4、高7.4厘米（图19，14；图版一〇，3）。

残口炉　6件。根据腹部的不同，可分为三型。

A型：4件。中腹较鼓。T70③：1，灰陶。器形较大。腹径15.6、底径10.8、残高11厘米（图19，7）。T41③：1，黑陶。器形较小。底径8、残高5厘米（图19，9）。T109③：1，黑陶。器形较小。底径7.6、残高5厘米（图19，10）。T166②：1，灰陶。器形较大。底径

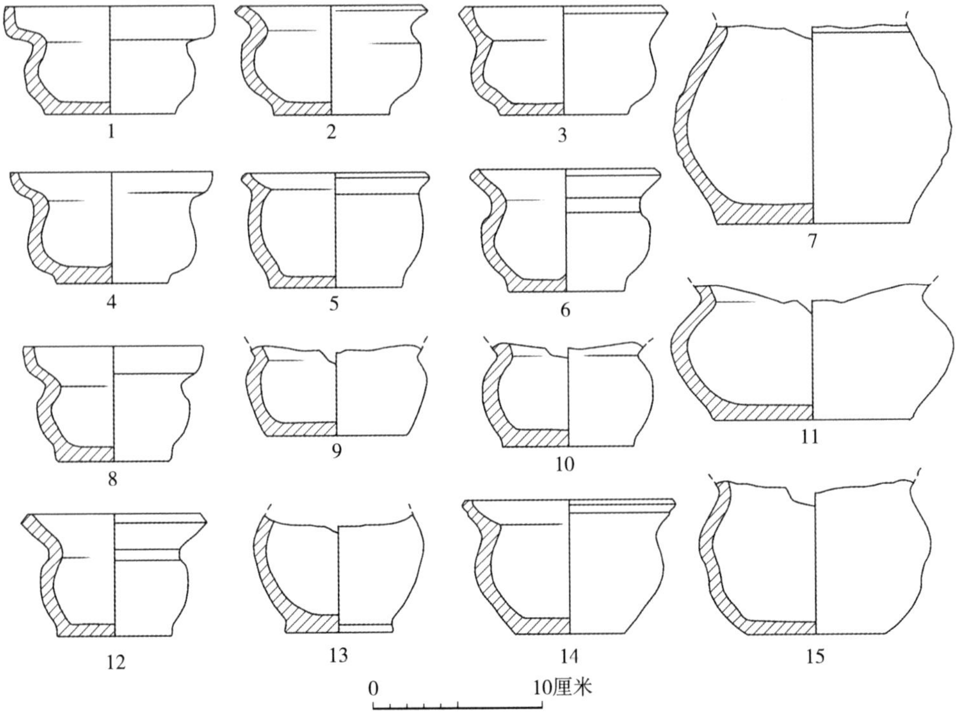

图19　出土陶炉

1、4、8.A型完整炉（T32④：4、T125③：2、T125③：3）　2、3、5、6、12、14.B型完整炉（T31④：1、T107③：5、T107③：6、T109③：2、T106③：2、T103③：6）　7、9～11.A型残口炉（T70③：1、T41③：1、T109③：1、T166②：1）　13.B型残口炉（T108③：1）　15.C型残口炉（D1：3）

10.8、残高7.4厘米（图19，11）。

B型：1件（T108③：1）。上腹较鼓。灰陶。器形较小。底径6、残高6.6厘米（图19，13）。

C型：1件（D1：3）。曲腹。灰陶。器形较大。底径8、残高8.4厘米（图19，15）。

灯台 喇叭状中柱中空至底，盘口均为直口。素面。根据灯盘的多少，可分为两型。

A型：4件。三层盘。均为泥质灰陶。顶盘直口，三层盘均为方唇，底盘为平底。素面。T97③：1，中盘直口微敞，底盘敞口。顶盘口径8.8、中盘口径13.6、底盘口径13.2、高17.2厘米（图20，1）。G1：2，底盘残。中盘直口微敞。顶盘口径10、中盘口径14、残高18厘米（图20，3）。T36④：4，三层盘均残。中柱上部饰一周凸弦纹。残高20.4厘米（图20，7）。T36④：5，顶盘和底盘残。中盘敞口。中盘口径12.8、残高20厘米（图20，8）。

B型：4件。二层盘。上层盘直口，下层盘直口微敞。T78④：3，泥质褐陶。上层盘口径9.2、下层盘口径14.4、高20厘米（图20，2；图版一〇，4）。T103③：2，泥质灰陶。中柱上部饰两周凸弦纹。上层盘口径10.4、下层盘口径14.4、高23.2厘米（图20，4）。T109③：3，泥质黑陶。中柱上部饰两周凸弦纹。上层盘口径9.6、下层盘口径13.6、高25厘米（图20，5；图版一〇，5）。T78②：1，泥质灰陶。上层盘口径9.6、下层盘口径13.6、

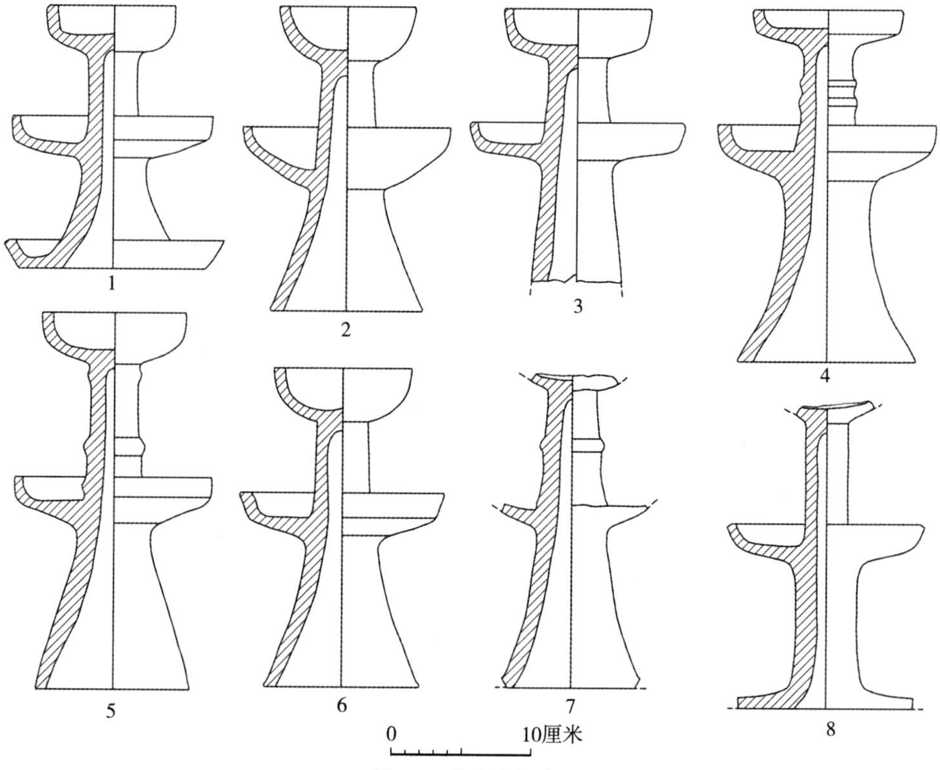

图20 出土陶灯台

1、3、7、8.A型（T97③：1、G1：2、T36④：4、T36④：5） 2、4～6.B型（T78④：3、T103③：2、T109③：3、T78②：1）

高21.2厘米（图20，6；图版一一，1）。

杯　2件。筒状，平底。依腹部形态差异，可分为两型。

A型：1件（T107③：4）。斜腹。泥质黑陶。敞口，方唇，沿微向外撇。内外壁均饰瓦楞纹。口径14、底径9.2、高13.4厘米（图21，1）。

B型：1件（T32④：2）。直腹。泥质灰陶。口部残，假圈足。素面。底径13、残高5.2厘米（图21，6）。

筒形器　5件。均为泥质灰陶。上口均残，束腰，平底，假圈足。素面。依腹部形态差异，可分为两型。

A型：2件。弧腹。T70③：2，底径9.2、残高7.6厘米（图21，2）。T91③：2，腰部有一周凸棱。底径10.6、残高7.6厘米（图21，3）。

B型：3件。曲腹。上腹斜直，下腹微鼓。T109③：2，内底不平，有凸台。底径9.2、残高7厘米（图21，4）。T63②：1，腰部有一周凸棱。底径10.4、残高14.8厘米（图21，5）。T41③：2，腰部有一周凸棱。底径8、残高10厘米（图21，7）。

碗　6件。均为泥质灰陶。弧腹，底部有圈足。素面。依底部形态差异，可分为两型。

A型：3件。圈足底部有凸起。T37④：2，敞口，尖圆唇。口径10.4、圈足径5、高5.8厘米（图22，1）。T20③：2，口部残。圈足径4.8、残高2.4厘米（图22，3）。D5：1，口部

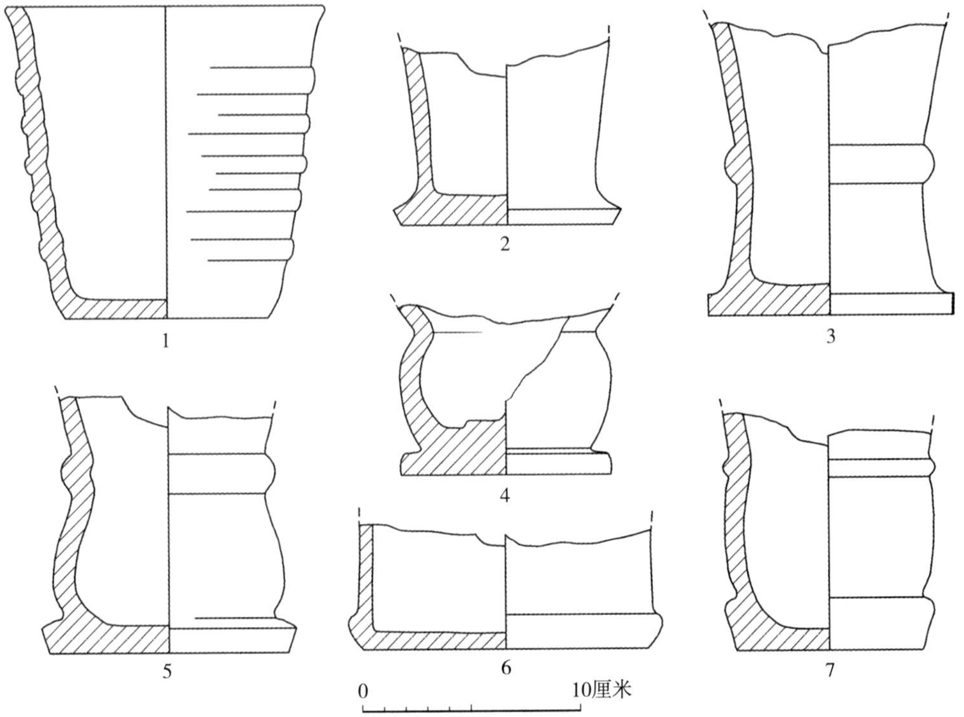

图21　出土陶器

1.A型杯（T107③：4）　2、3.A型筒形器（T70③：2、T91③：2）　4、5、7.B型筒形器（T109③：2、T63②：1、T41③：2）　6.B型杯（T32④：2）

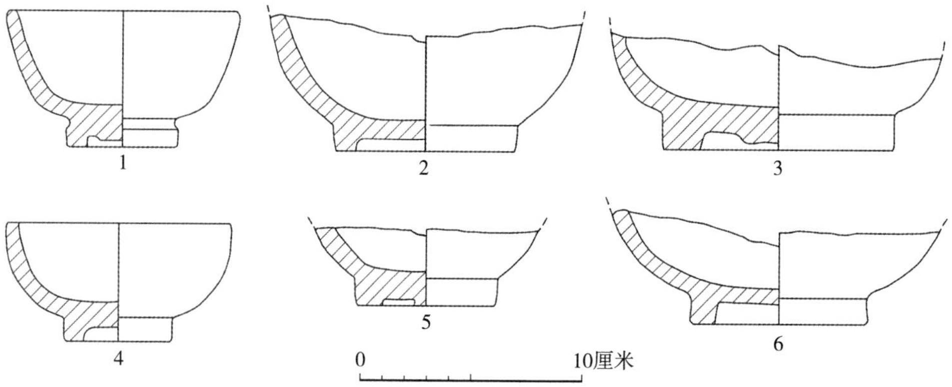

图22 出土陶碗

1、3、5.A型（T37④：2、T20③：2、D5：1） 2、4、6.B型（T66②：2、T36④：3、T546②：1）

残。素面。圈足径6、残高3.2厘米（图22，5）。

B型：3件。圈足底部较平。T66②：2，口部残。圈足径5.6、残高5.6厘米（图22，2）。T36④：3，敞口，尖圆唇，器表光滑。口径9.6、圈足径4.4、高4.8厘米（图22，4）。T54②：1，口部残。圈足径7.2、残高4.4厘米（图22，6）。

小口瓶 7件。均为泥质陶。残。直领，溜肩。根据领部的不同，可分为两型。

A型：4件。高领。根据口部的不同，可分为两个亚型。

Aa型：3件。斜直口。方圆唇。T70③：3，褐陶。领部饰一周凸弦纹。口径7.2、残高8.4厘米（图23，5）。T25④：3，灰陶。口径较小。口径2.6、残高4.8厘米（图23，8）。T103③：7，黑陶。唇面外翻，贴于口上。口径6、残高4.8厘米（图23，10）。

Ab型：1件（T98③：3）。盘口。微折沿，沿面微凹，尖圆唇。口径6.4、残高7.6厘米（图23，7）。

B型：3件。矮领。均为泥质灰陶。方圆唇。T39③：1，口径7.6、残高7.2厘米（图23，6）。T39②：1，口径6.8、残高6厘米（图23，4）。T109③：4，口径8.4、残高6 厘米（图23，11）。

喷瓶 8件。均为泥质灰陶。残，分为喷头和瓶身两部分。

喷头 3件。平面呈椭圆形，空腔，顶面镂出不规则的圆形小孔，下部有管状颈，颈部以下残。T31④：2，直径9.6、残高5.2厘米（图23，1；图版一一，3）。T107③：1，直径9.2、残高6.4厘米（图23，12）。T48②：1，直径9.6、残高4.4厘米（图23，9）。

瓶身 5件。长颈，溜肩，深鼓腹，平底，近底部有一圆孔。T76④：1，颈部残。底径10、圆孔直径2.5、残高22厘米（图23，2）。T69③：1，细长颈，底残。残高17.4厘米（图23，13）。T41③：3，细长颈。颈部饰两周凸弦纹。残高13.2厘米（图23，3）。D1：7，残存下腹和底。底径9.6、圆孔直径3、残高10.2厘米（图23，14）。T41③：4，残存颈部及上腹。曲颈，呈葫芦状。残高18厘米（图23，15）。

盆 出土的完整器较多，且均无使用痕迹。均为敞口。依沿部形态差异，可分为

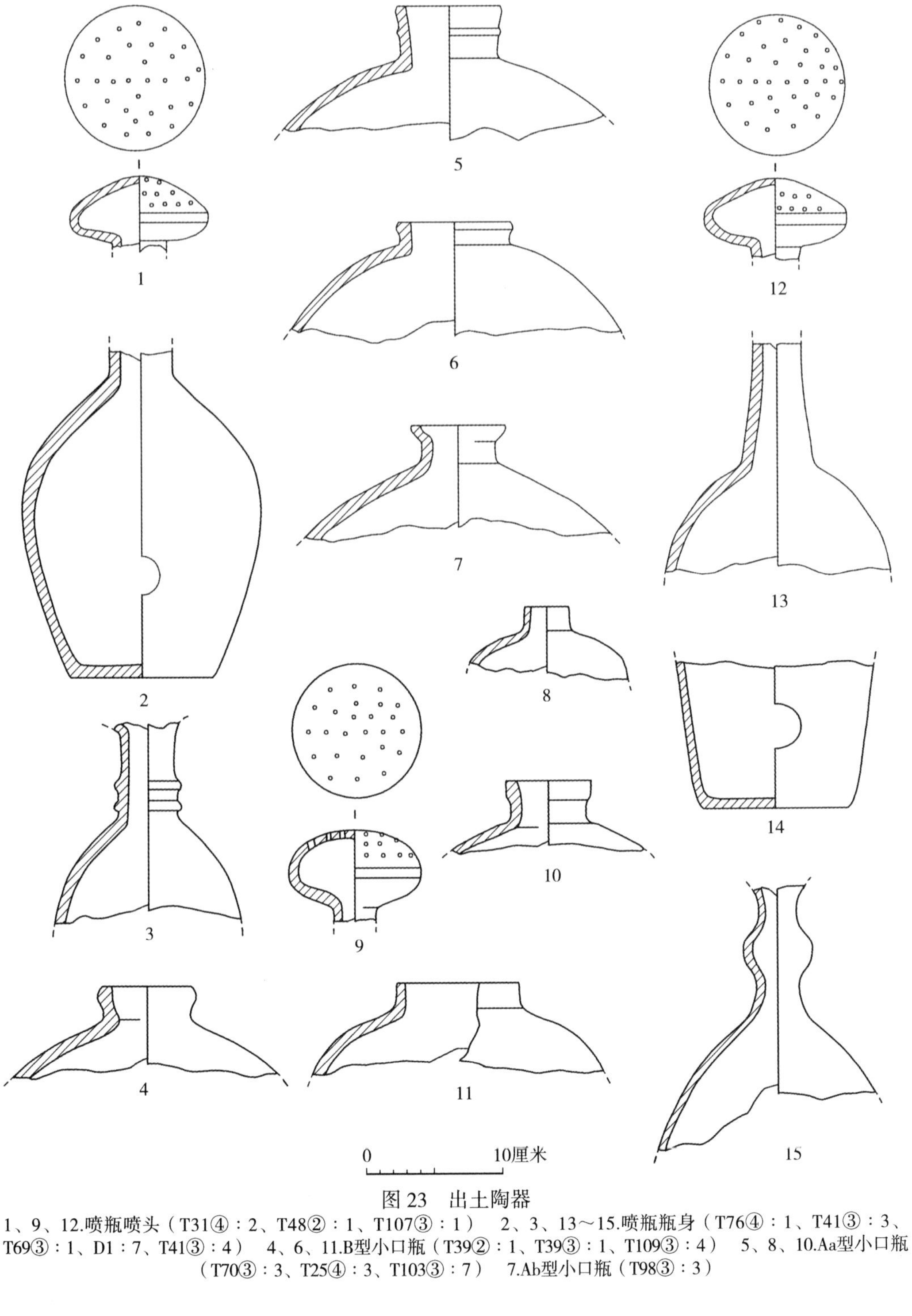

图23 出土陶器

1、9、12.喷瓶喷头（T31④：2、T48②：1、T107③：1） 2、3、13～15.喷瓶瓶身（T76④：1、T41③：3、T69③：1、D1：7、T41③：4） 4、6、11.B型小口瓶（T39②：1、T39③：1、T109③：4） 5、8、10.Aa型小口瓶（T70③：3、T25④：3、T103③：7） 7.Ab型小口瓶（T98③：3）

三型。

A型：11件。卷沿。胎体较厚。口沿外翻卷成一体，沿中留有一小孔，大平底。依腹部不同，可分为四个亚型。

Aa型：4件。斜弧腹。D1∶5，黑陶。素面。口径21.2、底径12、高8厘米（图24，1）。T39②∶2，褐陶。素面。口径21.2、底径12.4、高7.8厘米（图24，4）。T41③∶2，灰陶。腹饰四周凸弦纹。口径21.2、底径12.4、高8厘米（图24，7；图版一一，4）。T164③∶1，灰陶。素面。口径20.8、底径12.6、高8厘米（图24，10）。

Ab型∶3件。弧腹。均为灰陶。素面。T118③∶1，口径21.6、底径12、高7.6厘米（图24，2）。D1∶6，口径19.2、底径10.4、高7厘米（图24，5）。T56③∶1，口径19.2、底径10.4、高8厘米（图24，8；图版一一，5）。

Ac型：3 件。斜直壁。均为素面。D1∶7，灰陶。口径20、底径12.4、高7.6厘米（图24，3）。T98③∶1，灰陶。口径22.4、底径14、高8.4厘米（图24，6；图版一二，6）。T39②∶4，褐陶。口径20.4、底径12、高8.2厘米（图24，9；图版一二，4）。

Ad型：1件（T26③∶1）。曲腹。灰陶。素面。口径24、底径12、高7厘米（图24，11）。

B型：7件。折沿。均为泥质灰陶。方圆唇。依沿部形态差异，可分为两个亚型。

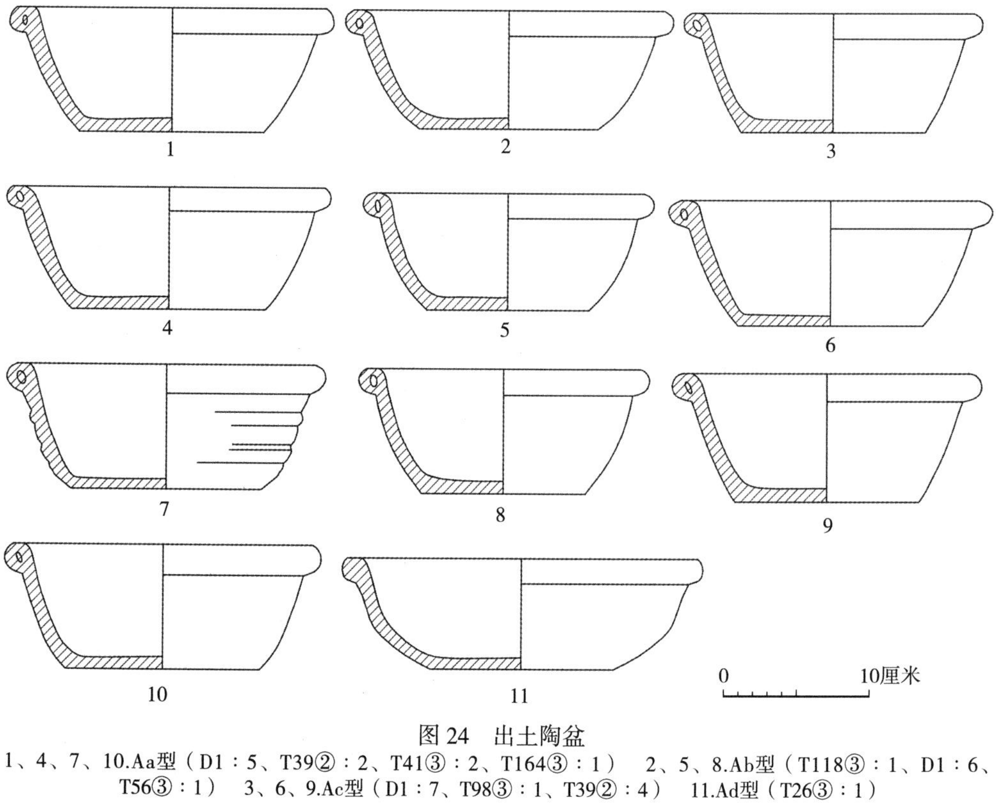

图24　出土陶盆

1、4、7、10.Aa型（D1∶5、T39②∶2、T41③∶2、T164③∶1）　2、5、8.Ab型（T118③∶1、D1∶6、T56③∶1）　3、6、9.Ac型（D1∶7、T98③∶1、T39②∶4）　11.Ad型（T26③∶1）

Ba型：5件。宽折沿，斜度较大，沿面微凹。浅斜腹，大平底。T76③：2，腹部饰三周凹弦纹。口径30、底径18、高8.4厘米（图25，10）。D3：2，素面。口径25.6、底径14.8、高7厘米（图25，7）。T103③：5，腹部饰三周凹弦纹。底残。口径20、残高6厘米（图25，6）。T39②：3，底部残。素面。口径15、残高5.4厘米（图25，5）。D3：3，底部残。素面。口径30、残高6厘米（图25，8）。

Bb型：2件。窄折沿，斜度较小。深弧腹。T109③：6，上腹饰附加堆纹，下腹饰五周凹弦纹。口径36、底径19.2、高19.2厘米（图25，1）。T41③：6，底部残。通体饰弦纹，中腹饰一周扭索状附加堆纹。口径38、残高14厘米（图25，2）。

C型：3件。叠沿。均为泥质灰陶。平沿，叠唇，深弧腹。根据口部特征，可分为两个亚型。

Ca型：2件。沿下有一周凸棱。平底。H11：2，口径25、底径24.4、高9.6厘米（图25，

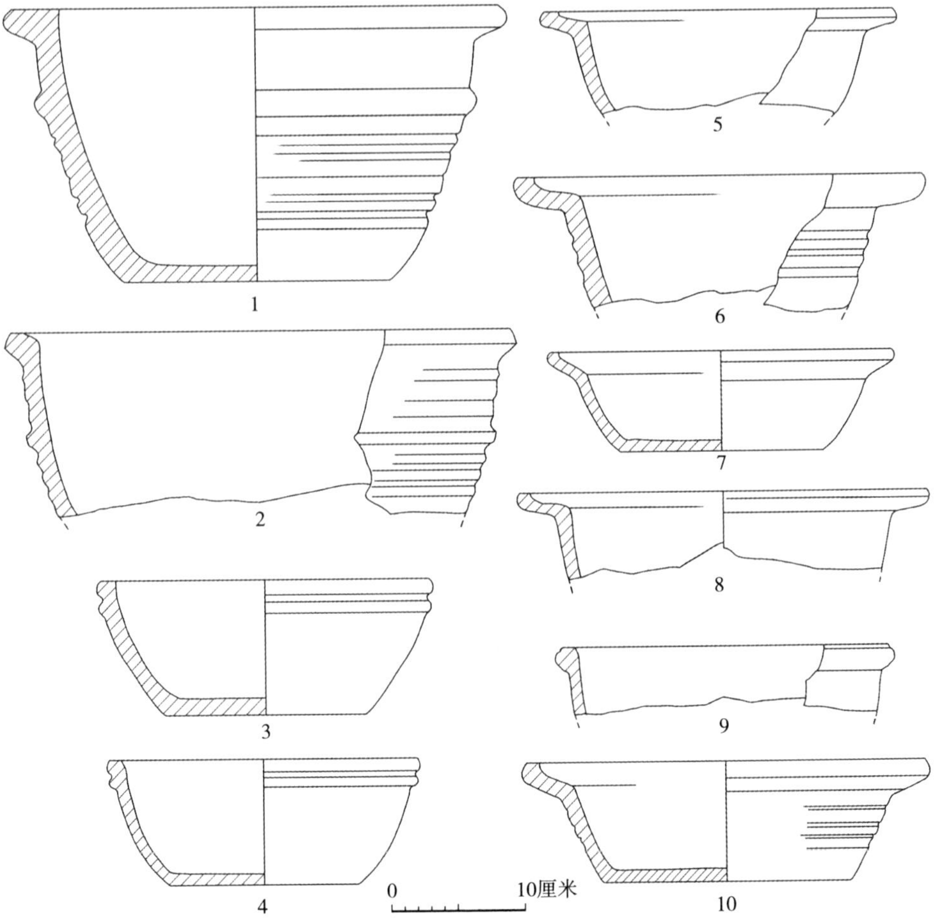

图25　出土陶盆

1、2.Bb型（T109③：6、T41③：6）　3、4.Ca型（H11：2、T36④：6）　5～8、10.Ba型（T39②：3、T103③：5、D3：2、D3：3、T76③：2）　9.Cb型（T30②：1）

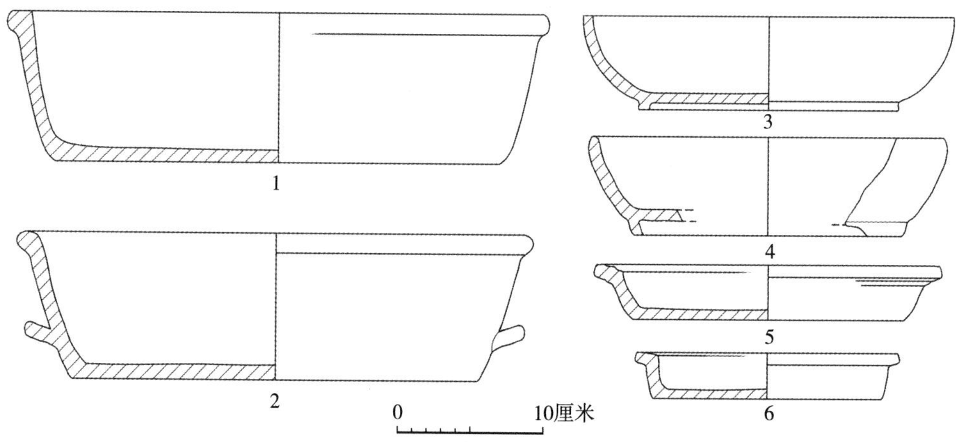

图26　出土陶盘
1、2.Ba型（T42②：1、D1：8）　3、4.A型（T102③：1、T75②：1）　5、6.Bb型（T119③：1、T101③：3）

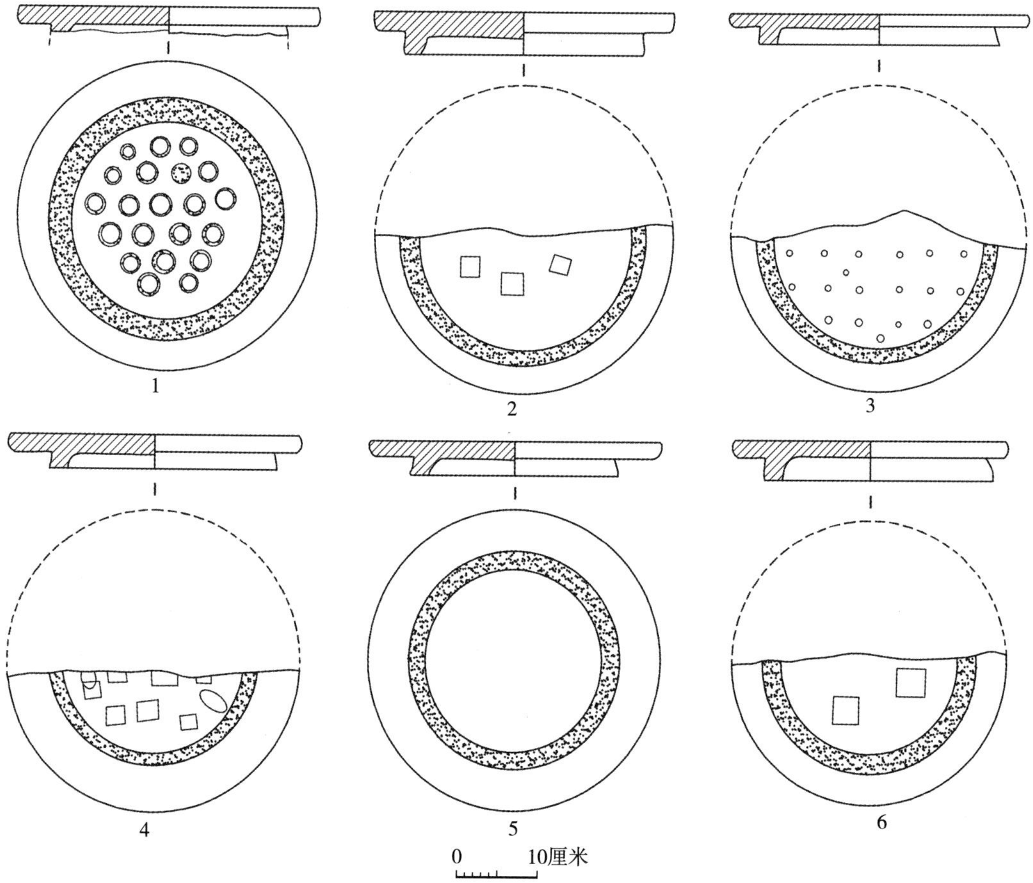

图27　出土陶转盘
1、3、5.B型（T59③：1、T37④：1、T86③：3）　2、4、6.A型（T97③：2、T109③：7、T65③：3）

3）。T36④：6，器身倾斜。口径22.8、底径13.2、高8.8～10厘米（图25，4）。

Cb型：1件（T30②：1）。双唇，唇面有窝状花边。底残。口径38、残高7.2厘米（图25，9）。

盘　6件。均为泥质陶。敞口。根据底部形态差异，可分为两型。

A型：2件。圈足盘。尖圆唇，弧腹，平底，底部有矮圈足。素面。T102③：1，灰陶。口径25.4、圈足径17.6、高5.8厘米（图26，3）。T75②：1，褐陶。圈足向内斜收。口径24、圈足径18、高6.4厘米（图26，4）。

B型：4件。平底盘。素面。根据口沿和腹部差异，可分为两亚型。

Ba型：2件。卷沿，圆唇，深腹。T42②：1，口径36、底径30、高9.6厘米（图26，1）。D1：8，下腹饰对称双錾。口径34.2、底径27、高9.4厘米（图26，2）。

Bb型：2件。折沿，方唇，浅腹。T119③：1，口径23.2、底径18、高3.5厘米（图26，5）。T101③：3，器身倾斜，应为残次品。口径17.8、底径15.6、高3.2厘米（图26，6）。

转盘　制陶工具，出土数量较多。盘面均呈圆形，底部附矮圈足。磨损程度大，盘面光滑，均为泥质灰陶。根据盘底印章差异，可分为四型。

A型：3件。底面有印章。印章呈不同形状，印文字体均为小篆。均残。T97③：2，底面残留三枚方形印章，可辨印文为“举彰”。直径33、高4.2厘米（图27，2）。T109③：7，底面残留九枚印章，有方形、圆锥形两种，可辨印文有“宫竹堂”“举彰”（图28，1、2）。直径32、高3.6厘米（图27，4）。T65③：3，盘面内凹，底面残留两枚方形印章，印文模糊不清。直径30、高3.8厘米（图27，6）。

B型：4件。底面戳印连珠纹。T59③：1，器形完整。底面圈足内连珠纹不规整。直径33、高2.5厘米（图27，1；图28，5、6；图版一二，3）。T37④：1，残。底面圈足内连珠纹未经修整，大小不一。直径33、高3厘米（图27，3；图28，3）。T86③：3，器形完整。底面圈足内连珠纹不规整。直径31.6、高3.6厘米（图27，5；图版一二，1）。T95③：1，残。底面圈足内连珠纹呈梅花状。直径31.6、高3.6厘米（图29，5）。

C型：3件。底面刻画有文字和符号。均残。T32④：3，阴刻“大夫十”三字。直径30、高4厘米（图29，3）。T83③：1，阴刻“五”字。直径33.6、高2.7厘米（图29，

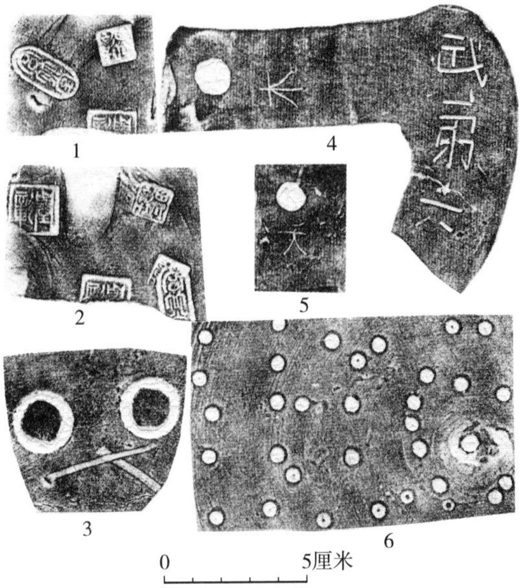

图28　印文、陶文拓本
1、2.A型转盘印文（T109③：7）　4.B型刮刀陶文（D3：4）　3、5、6.B型转盘连珠纹（T37④：1、T59③：1）

2）。D1：9，阴刻“吉”字。直径38、高3.6厘米（图29，1）。

D型：2件。素面。均残。T41③：7，直径33、高4.2厘米（图29，4）。T9③：1，直径31.2、高3.2厘米（图29，6）。

器盖　9件。均为泥质陶。依形制不同，可分为三型。

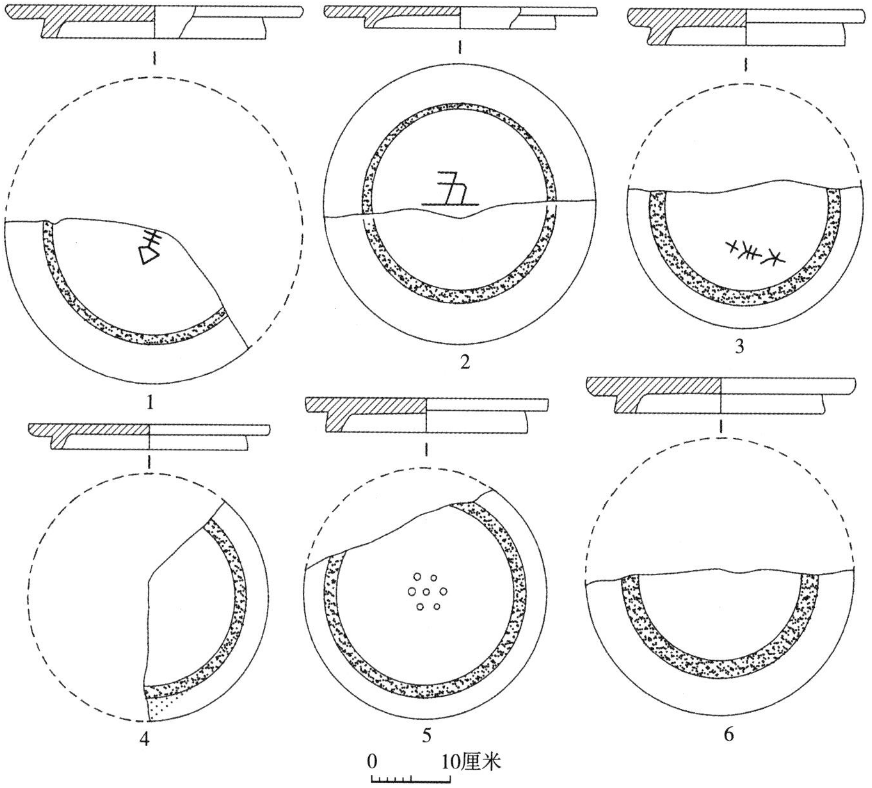

图 29　出土陶转盘

1～3.C型（D1：9、T83③：1、T32④：3）　4、6.D型（T41③：7、T9③：1）　5.B型（T95③：1）

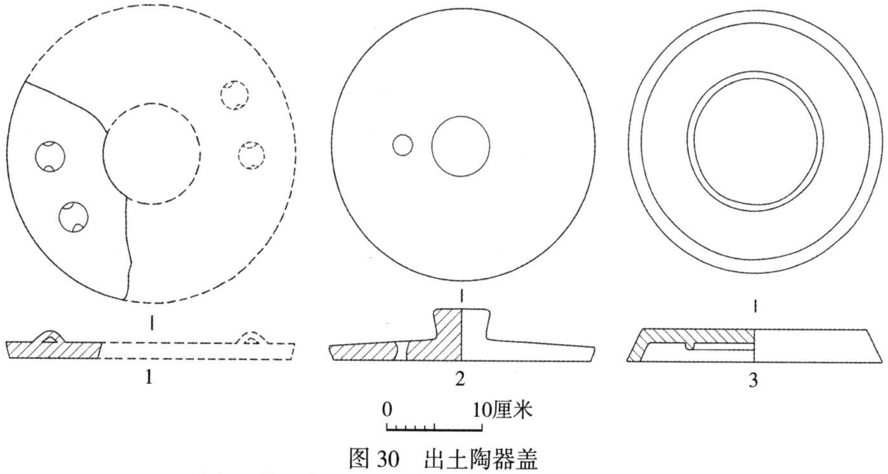

图 30　出土陶器盖

1.Aa型（T89③：2）　2.Ab型（T108③：3）　3.B型（T108③：4）

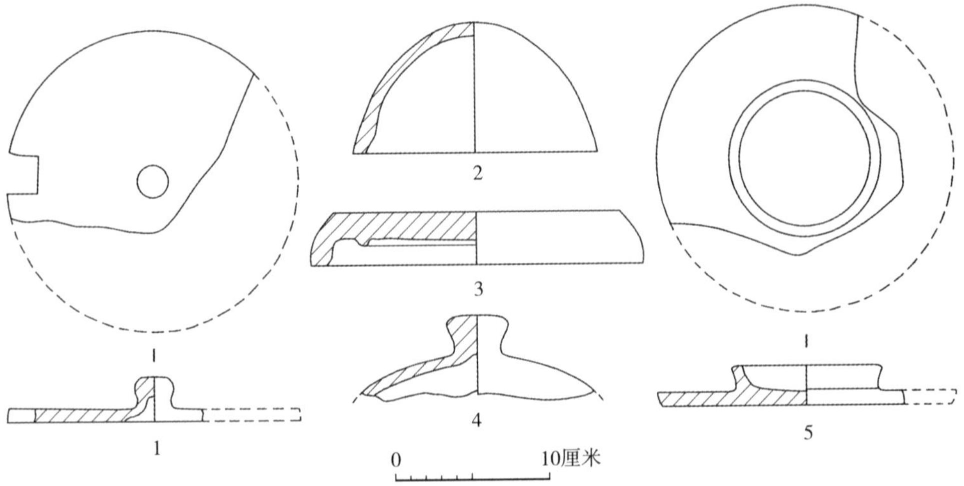

图31　出土陶器盖

1.Ab型（T13③：2）　2.Ca型（T78④：2）　3.B型（T34③：1）　4.Cb型（T64③：1）　5.Ac型（T76④：2）

A型：5件。圆饼形。底面较平，上部有钮。根据钮的差异，可分为三个亚型。

Aa型：1件（T89③：2）。桥形钮。灰陶。器身中部有圆孔，孔外两侧各有两个桥形钮，仅存一侧。盖直径22、中部孔径7.6、厚1.6厘米（图30，1）。

Ab型：3件。柱状钮。均为灰陶。T48③：1，残。钮两侧盖面刻划两道凹槽。钮径3.2、高4、盖直径19.2、厚0.7厘米。T108③：3，柱钮一侧有一圆形透气孔。钮径4.8、高2.8、盖直径22.8、厚4.4厘米（图30，2）。T13③：2，残。盖底钮处有凹窝，盖面边沿有一方形透气孔。钮径2、高2、盖直径18、厚2.8厘米（图31，1）。

Ac型：1件（T76④：2）。圈足式钮。灰陶。钮为矮圈足式。钮直径9.6、高1.6、盖直径9.2、厚0.8厘米（图31，5）。

B型：2件。覆盘形。敞口，方唇，外部顶面较平。内部顶面有一周凸棱。无钮。T108③：4，灰陶。斜腹。顶面直径19.2、口径22.4、高2.8厘米（图30，3）。T34③：1，黑陶。弧腹。顶面直径18、口径 20.4、高3.2厘米（图31，3）。

C型：2件。覆钵形。敞口，弧腹。根据钮的有无，可分为两个亚型。

Ca型：1件（T78④：2）。无钮。黑陶。方唇。口径15.2、高8厘米（图31，2）。

Cb型：1件（T64③：1）。柱状钮。口残。灰陶。盖中部有一云形透气孔。钮直径3.2、高2.4、残高4.8厘米（图31，4）。

刮刀　制陶工具，多为泥质灰陶，极个别为黑陶。形制丰富，应是为修整陶器的不同部位而特制的工具，刃部均有不同程度的磨损。依其整体形制差异，可分为四型。

A型：8件。长条形。直背，弧顶，双面直刃。器表有制作时留下的指纹。均残。T83③：3，残长5.8、宽3.4、厚0.2～1.2厘米（图32，1）。T39②：5，残长11、宽3.2、厚0.2～1.2厘米（图32，2）。T32③：3，残长14、宽3.4、厚0.4～1.2厘米（图32，3）。T113②：1，残长6、宽3.8、厚0.2～1.2厘米（图32，5）。G1：5，残长7、宽3.4、厚

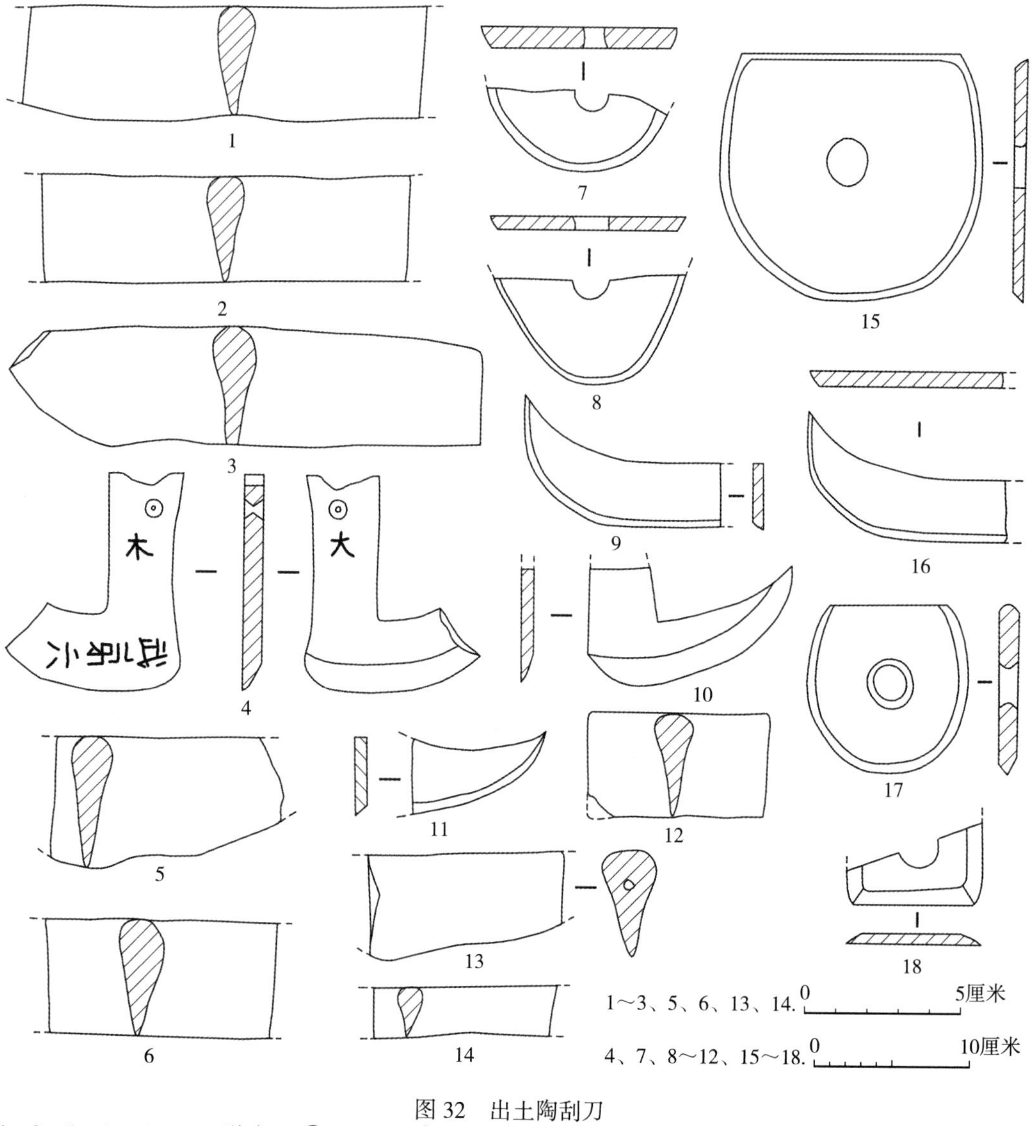

图32　出土陶刮刀

1～3、5、6、12～14.A型（T83③：3、T39②：5、T32③：3、T113②：1、T103③：1、G1：5、G1：4、G1：3）　4、9～11、16.B型（D3：4、T32③：1、T15③：2、D1：11、T32③：2）　7、8、15、17.C型（T71③：1、G1：6、D1：10、T26④：2、）　18.D型（D1：12）

0.2～1.4厘米（图32，12）。T103③：1，残长11、宽3、厚0.2～1.6厘米（图32，6）。G1：3，残长11、宽3、厚0.2～1.6厘米（图32，14）。G1：4，器身上有一横向孔。残长5.8、宽3、厚0.2～1.5厘米（图32，13）。

B型：5件。镰刀形。有柄，单面弧刃，弧背。均残。T32③：2，柄及刃部后端均残。残长9.6、宽3.6、厚0.8厘米（图32，16）。D3：4，完整。呈“L”形。柄部顶端有一小圆孔，孔下两面分别阴刻一个“木”字和“大”字。“木”字下部阴刻“武第六”三字。残长12.6、宽10.4、厚1.2厘米（图28，4；图32，4；图版一一，2）。

T32③：1，柄及刃部后端均残。残长9.8、宽4、厚0.8厘米（图32，9）。T15③：2，黑陶。呈“L”形，刃部完整，柄残。残长12、宽6.8、厚0.6厘米（图32，10）。D1：11，柄及刃部后端均残。残长8.8、宽4、厚0.8厘米（图32，11）。

C型：4件。半圆形。均为泥质灰陶。整体形状为圆形的三分之二强，一边较直，其余则为弧边，周边皆单面刃，中间有一圆孔。T71③：1，直边残。直径11.6、中心孔径2、厚1厘米（图32，7）。G1：6，直边残。直径11、中心孔径2、厚0.8厘米（图32，8）。D1：10，完整器。直径15.6、直边长14、中心孔径2.4、厚0.6厘米（图32，15）。T26④：2，完整器。直径

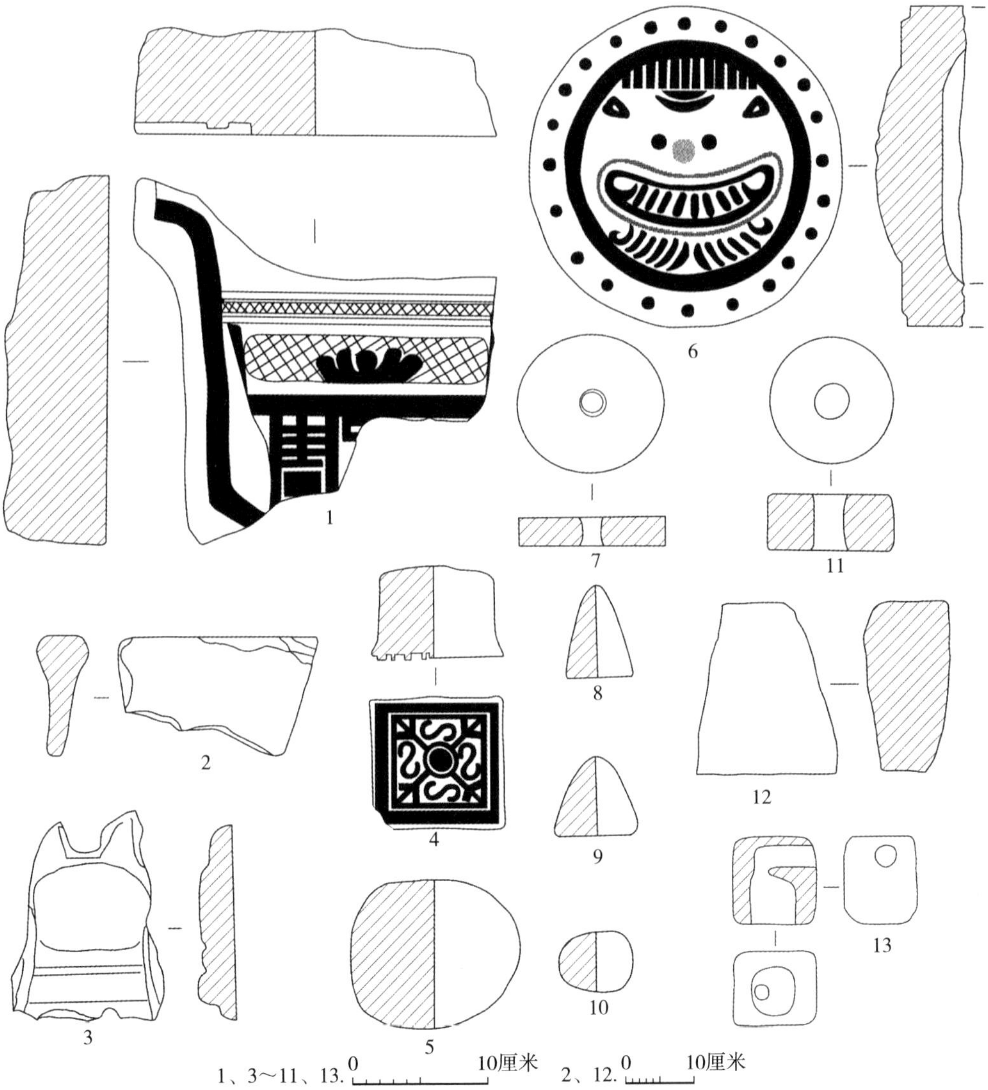

图33 出土遗物

1.陶模具（T39②：6） 2.磨石（D1：15） 3.陶塑（T103③：5） 4.陶印戳（T6③：4） 5、10.泥丸（T35②：2、D1：14） 7、11.陶纺轮（T13③：4、T61③：4） 6.瓦当（T105③：1） 8、9.陶支钉（T21②：1、D1：13） 12.陶窑具（T105②：2） 13.陶烟锅（T84③：2）

9.6、直边长7.2、中心孔径2.8、厚1.2厘米（图32，17；图版一二，5）。

D型：1件（D1：12）。方形。泥质灰陶。四周皆单面刃。残长8、宽4.18、厚0.6厘米（图32，18）。

瓦当　1件（T105③：1）。泥质灰陶。圆形，近沿处一周凸弦纹把当面分为二区，外缘饰一周乳钉纹，内缘模印兽面纹向外鼓凸，面目狰狞，圆目突鼻，咧口龇牙，口下有须，飘向两侧。直径11、厚3.2厘米（图33，6）。

纺轮　2件。泥质褐陶。圆形，中间有对钻镂孔。T13③：4，直径4.8、孔径0.4、厚1厘米（图33，7）。T61③：4，直径2.2、孔径0.6、厚0.8厘米（图33，11）。

烟锅　1件（T84③：2）。泥质灰陶。中空。烟斗呈方形，侧面为圆筒形烟道，烟道孔内残留有木质烟杆痕迹。长3、宽2.5、厚3厘米（图33，13）。

泥丸　2件。泥质。未经烧制。椭圆球形。T35②：2，直径6厘米（图33，5）。D1：14，直径0.6～1.2厘米（图33，10）。

支钉　2件。均为泥质褐陶。锥形。素面。T21②：1，底径2.4、高3.2厘米（图33，8）。D1：13，底部有一小孔。底径3、高2.8厘米（图33，9）。

模具　1件（T39②：6）。泥质灰陶。外侧凸凹不平，并留有手掌压印痕迹，内侧为凸出的菱形花纹和吉祥文字，整体印纹规整清晰。残长17、厚3.6厘米（图33，1；图版一二，2）。

印戳　1枚（T6③：4）。泥质，未经烧制。正方体。印体素面，上部有指窝。印面为方形，纹饰皆凸起，整体印纹规整清晰。中央有乳钉，乳钉外有一周凸弦纹，由中心四出对角射线至周边界框，将印面分为四组，每组之间饰以“∽”纹。长4.6、宽4.6、厚3.2厘米（图33，4）。

陶塑　1件（T103③：5）。泥质灰陶。底面较平，正面模制兽头，面目模糊，四边的边线明显，应是粘贴于陶器上的装饰品。长7.4、宽5.4、厚1.4厘米（图33，3）。

窑具　1件（T105②：2）。泥质灰陶。柱状。素面。残长9、宽9、厚6厘米（图33，12）。

（三）石器

磨石　1件（D1：15）。青石质，石质细腻。长方形，下部残，双面有明显的磨痕，应是修磨陶质刮刀的工具。长14.4、宽5.2～8.4、厚1.2～3.6厘米（图33，2）。

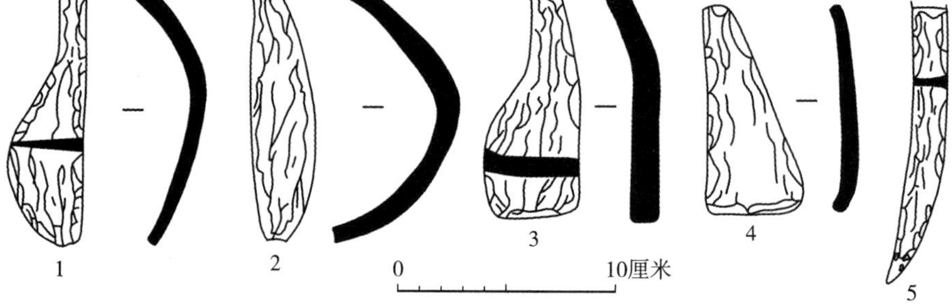

图 34　出土铁器

1～5.D4：1、T125②：3、T125②：2、T21②：1、T18③：2

（四）铁器

5件。均为修制陶器的铁刮刀，锈蚀严重。皆为片状，单面刃。D4：1，纵剖面呈弧形。长11.2、厚0.1～0.6厘米（图34，1）。T125②：3，纵剖面呈“V”形。长11.4、宽3.2、厚0.8厘米（图34，2）。T125②：2，纵剖面呈弧形。长10、宽4.4、厚1厘米（图34，3）。T21②：1，整体呈三角形，纵剖面较直。长8.8、宽4.4、厚0.4厘米（图34，4）。T18③：2，残。尖头，弧形。长14、宽3.2、厚0.4厘米（图34，5）。

（五）铜钱

10枚。圆形方孔，大部分锈蚀严重，钱文多数不可辨识，可辨识者有4枚。

康熙通宝　2枚。T28③：1，钱径2.7、穿边长0.6、厚0.13厘米（图35，1）。T25③：1，钱径2.6、穿边长0.6、厚0.13厘米（图35，2）。

雍正通宝　1枚（T11②：1）。钱径2.4、穿边长0.4、厚0.11厘米（图35，3）。

乾隆通宝　1枚（T17②：1）。钱径2.5、穿边长0.5、厚0.11厘米（图35，4）。

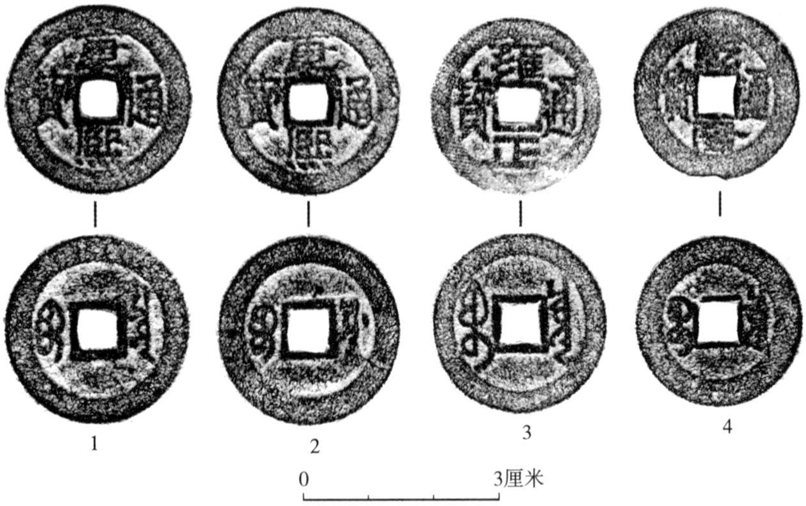

图35　出土铜钱拓本

1、2.康熙通宝（T28③：1、T25③：1）　3.雍正通宝（T11②：1）　4.乾隆通宝（T17②：1）

四、结　语

（一）窑址年代

该遗址出土的器物兼具明清两代的风格。如D形碗（T98②：1、T17③：1、T86③：2），近底部似有折痕，形成垂腹和大平底，是明代同类器的典型特征。在河南及周边的明代墓葬和瓷窑遗址中均有发现，如山东淄博周村汇龙湖明代中晚期墓地（M2：4、5）[1]、宝丰清凉寺汝窑明代遗存[2]等。双系瓷罐（T66③：1）却与附近的金灯寺墓地（M18：1、M19：1）[3]、百泉墓地（M34：2）[4]、卫辉大司马（M29：1、2）[5]清代墓葬出土的同类器几乎一致，表明其时代应该基本同时。根据上述墓葬出土铜钱的钱文判定，金灯寺M18的年代不早于康熙年间，金灯寺M19和百泉M34的年代不早于乾隆年间，而卫辉大司马M29的年代则不早于嘉庆年间。镂孔罐的整体形制和北京顺义区高丽营镇于庄清代墓葬[6]出土同类器（M6：3）较为一致。鼓腹罐（T112③：1）则与该墓地M9出土的同类器（M9：1）类似。

上述资料表明，该遗址出土器物的年代大体在明代晚期至清代中期，因此，我们将该陶窑遗址的年代大体推定为始建于明代晚期，清代早期继续使用，到清乾隆以后开始废弃。

（二）窑址性质

该窑址出土器物主要有陶器和瓷器两类，其中瓷器主要出土在制陶窑洞附近，应是当时陶工的生活用器。陶器出土数量较多，除窑洞内发现制陶工具以外，其他多为产出的日用生活用器，且主要出土在陶窑周边，如灯台、罐、炉、盆、花洒等。遗址内发现的窑址数量不多，且容量较小。以上说明，金灯寺窑址是生产民用生活器的小型制陶作坊。个别轮托盘（T109③：7）上有印文，其中“举彰”或是陶工名字，而“宫竹堂”则可能是制陶作坊的商号名称，说明当时已形成了自己特有标识的商标，但也不排除这是为某些商号在此定制陶器而制作的专用戳印。准此，则该窑址的产销模式不仅是自产自销，也可能兼有对口定制模式。

（三）布局及作坊形态

该窑址发现的遗迹基本涵盖了制陶的所有工序流程，可分为制陶区和烧造区，二者规划较为合理。其中制陶区遗存可分为制备和制作两类，制备区包含沉泥池和水井，制作陶器均在窑洞内进行，二者集中分布，便于协作。污染较重的烧造区则与前者相距较远，相对较为独立。Y1附近的窑洞（D5）为单体式，且洞室面积较小，不同于其他通联式窑洞，也未发现和制陶有关的遗存，D5应该是司窑者工作场所，与Y1相距较近，目的是便于及时控制窑温。

作为民间日用陶器的烧造窑厂，其生产规模较小，经济实力较弱，利用自然山体掏挖窑洞进行制陶作业即可见一斑。这种窑洞式遗存在河南焦作修武县的当阳峪窑[7]和山西河津窑遗址[8]均有发现。当阳峪窑是宋代北方地区一处重要的民间瓷器生产基地，属磁州窑系，2003年11月至2004年6月间，对该窑址进行了第一次大规模考古发掘，清理出5座窑洞式建筑作坊，方向都是坐西向东，窑洞顶部俱已坍塌。其中以第5座窑洞式建筑作坊保存较好，现存长13.8、宽5、残高1.7米。窑洞地面残留一层釉料，西边地面上有2个柱洞，南壁对应处有上下4行壁洞。发掘者认为这是晾坯的遗迹[9]。2013年又发现了1处形似地道的晾坯洞，晾坯洞前部开口处已坍塌，仅存后部。残长6.7米，保存残长4.8米。山西河津窑是晋南地区宋金时期重要的瓷窑场之一，2016年对其进行考古发掘时，发现了一处窑洞式作坊（F4）。F4南部底部有不规整的石板铺地，顶部坍塌。底部南北最长近6.6米，东西最宽约3.5米，残高2.7米。上述窑址均在浅山丘陵地区，土层深厚，具备掏挖窑洞的基础条件，且有丰富的制陶原料，窑址所处的自然环境决定了制陶作坊的基本形态。时至今日，这种窑洞式的作坊形态在新乡本地和山西洪洞[10]仍可见到。

附记：此次发掘领队为余新宏，参加发掘和整理工作的有李安娜、齐雪义、刘阳、王志华、李海、张延立、杨俊杰、谢巍、刘新民等。绘图、摄影由齐雪义、王志华、刘文革完成，器物拓本由张华、郑刚、李娜制作。本文在写作过程中得到河南省文物考古研究院孙凯先生的大力帮助和支持，尤其是在器物分型和参考比对方面，给予了十分中肯的建议，在此表示衷心的感谢！

执笔者　齐雪义

注　释

[1] 南开大学考古学与博物馆学系、淄博市文物事业管理局等：《山东淄博周村汇龙湖明代墓地发掘简报》，《中国国家博物馆馆刊》2015年第2期。

[2] 河南省文物考古研究院：《宝丰清凉寺汝窑遗址2014年发掘简报》，《华夏考古》2019年第1期。

[3] 河南省文物局：《新乡金灯寺墓地》第104、106页，科学出版社，2016年。

[4] 河南省文物局：《百泉、郭柳与山彪》第90页，科学出版社，2010年。

[5] 河南省文物局：《卫辉大司马墓地》第195页，科学出版社，2015年。

[6] 北京市文物研究所：《北京顺义区高丽营镇于庄明清墓葬发掘简报》，《北京文博文丛》2015年第1期。

[7] a. 赵志文：《河南修武当阳峪窑址考古获新发现》，《中国文物报》2004年8月13日第1版。
b. 刘岩：《河南修武当阳峪窑分期研究》，北京大学硕士论文，2005年。

[8] 山西省考古研究所、河津市文物局：《山西河津市固镇瓷窑址金代四号作坊发掘简报》，《考古》2019年第3期。

[9] 赵德才、罗火金、张丽芳：《2013年当阳峪窑调查简报》，《文物世界》2015年第5期。

[10] 山西省临汾市洪洞县万安镇现存有窑洞式制缸作坊。

The Excavation of Ming and Qing Dynasties Site of Jindeng Temple in Xinxiang City, Henan

Office of South-to-North Water Diversion Cultural Relics Protection, Henan Cultural Relics Administration Bureau,
Henan Institute of Cultural Relics and Archaeology
Zhumadian Municipal Institute of Cultural Relics and Archaeology

KEYWORDS: Xinxiang, Henan　Jindeng Temple Site　Pottery Workshop　Pottery Kiln　Ming and Qing Dynasty

ABSTRACT: In 2006, the excavation in Jindeng temple site was conducted. 5 workshops in shape of cave dwelling were found. The five workshops were close to each other and well preserved. They were all dug in the raw soil layer and composed of two parts, the door and room of the cave. Each cave has three, two or one doors, all of which were made of pebble stones. The bottom plane of the cave room is rectangular, which is connected to other caves and has different functions. Several remains were recovered including 2 pottery kilns, 2 mud basins, 1 well, 9 ash pits and 2 ash ditches. From this excavation, several pottery wheel plates, scrapers and other tools for making pottery wares were unearthed. There were pottery lamp holders, basins, furnaces, jars and other products for burning. Daily necessities were unearthed as porcelain bowls, jars and lamps. According to the analysis of the remains, this is a multi-functional kiln site which contains several steps, such as collecting soil, washing, making slabs, drying and firing. According to the stratigraphy and unearthed kiln workers' daily necessities, coins, and a large number of unused pottery basins, jars, lamp stands, it is inferred that the site is pottery workshop for folk daily-use potter from Ming dynasty to the early and mid-Qing dynasty. It is the first time recovered in the central plains. It provides materials for the study of the characteristics of pottery, production process, kiln site layout and shape of the kiln.

（特约编辑　新　华）

也谈石器研究中的微痕分析

仪明洁　余官玥

关键词： 微痕分析　石器功能　史前时期

内容提要： 微痕分析通过对石器表面使用痕迹的分析为石器功能的解读提供较为客观、直接的途径，大体可分为两类：一类是实验性研究；一类是针对具体遗址的考古标本研究，是在考古学研究框架和问题导向下的微痕研究。目前国内的微痕分析以第一类研究为主，第二类研究较少。石器是古人类行为的载体，在史前考古的“透物见人”中，微痕研究是石器分析的手段，借助微痕分析推测石器功能，实际运用中应将之置于考古学问题框架之下和宏观考古学推理的需求中，架起从考古遗存到人类行为、进而到古代社会之间的桥梁，在解决农业起源、人类的生存策略选择、生产专业化、社会组织与结构等大的学术问题上发挥作用，进而就相关学术问题做更深层次的阐释。

石器是史前人类的生产生活用具，承载着关于史前社会的许多信息，史前史的重建离不开对石器的研究。通过对石器功能的分析，我们不仅能够获得对史前社会的工具使用、生计方式的直观认识，还能够在此基础上进一步讨论古人的行为特点、对环境的适应与改造、生存模式等问题。传统的石器功能研究依赖于对石器的形态特征、技术特点和加工方式的判断，在功能假定的基础上划分类型，主观性较强[1]。虽然石器的功能与形态可能有一定相关性，但两者之间没有必然的联系，形态不同的工具完全可能具备相同的使用功能，形态相同的工具却可能有不同的用途[2]。

随着学科的发展，考古学研究的范式由文化历史考古发展为多种范式共存，特别是在史前考古的研究中，过程考古学从文化系统的各个角度探讨人类行为的变迁，强调科学的考古材料和严格的研究方法，产生民族考古、实验考古等微观层次上的考古学推理方法[3]。新考古学重视考古材料的客观性，反对将考古材料视为古代社会原封不动的遗存，要求重视考古材料的形成过程[4]。在石器研究中，为了消除根据形态判断石器功能的主观臆测性，实验模拟、微痕分析、残留物分析等实证性的研究方法应运而生，为研究石器功能提供了较为客观、直接的途径。微痕分析摆脱了传统的石器研究对石器终极状态的关注，强调通过实验的手段了解石器功能，重建石器的生命史，丰富了我们对于过去的认识。

微痕分析从理念的提出到今天已经走过了约百年的发展历程，国内外的应用日渐广

作者：仪明洁、余官玥，北京市，100872，中国人民大学历史学院。

泛。本文是对微痕分析及其在国内石器研究中应用情况的梳理，在此基础上指出微痕分析的局限性及其在国内微痕分析应用中存在的问题，提出在考古学推理的框架下运用该手段，希望引起学者们的反思，在下一步运用中将之与考古学学术问题密切关联，推动国内石器研究的进步和史前史的重建。

一、方法与历史

广义的“微痕”指非肉眼所能鉴别的自然或人工的微小痕迹，狭义的“微痕”特指石质工具上产生的使用痕迹。“微痕分析”是通过对考古遗址出土的石器标本作系统的显微观察判断石器的功能，进而对考古文化特点、人类行为方式、生态资源条件做出综合阐释，其意义在于将过去被忽略的考古信息通过新的手段揭示出来[5]。通过对使用痕迹的观察，辨别工具的使用方式、加工对象，从而提供判断石器功能的依据，有助于实现考古学研究从主观到客观、经验到实证的转变。微痕分析的作用不止于此。石器作为古代社会文化系统中的有机组成部分，不可避免地与系统中的其他文化因素发生联系，微痕分析能够在一定程度上帮助我们阅读这些信息，对当时的社会有更多认识，比如将微痕分析反映的石器功能和石器在遗址中的分布情况结合起来探讨经济生产的专业化问题，将微痕分析结果和聚落人口、环境变迁结合起来研究古人面对环境变化采取的生存策略及社会组织形式等。

微痕分析的原理是石器使用时会发生不可逆的物理变化，并且不同的使用方式、不同的加工对象在工具上留下的磨光、条痕和破损痕迹不同[6]。正因如此，开展石器制作和使用的模拟实验，对实验标本进行显微观察，可以把握使用痕迹产生和变化的一般规律。通过微痕实验建立起一套参考标准，将出土标本的使用痕迹与实验标本进行对比，从而得出对考古标本的使用方式和加工对象的认识。

具体到对使用痕迹的观察，微痕分析的主要方法包括高倍法和低倍法。高倍法利用金相显微镜，可放大100～500倍，利用物镜机体内发出光束直射或45度角斜射于底盘的反光面所产生的照明效果进行观察。低倍法利用体视立体显微镜，可放大10～100倍，若是换上成倍数的物镜和目镜，低倍法也能作200～400倍的显微观察，利用镜体外附加光源随意选取照射角度，有极好的折射光和对比度。高倍法和低倍法具有各自的优势和局限性，因而要对石器的微痕进行准确判断，需要将两种方法合理地结合起来。有学者建议，最理想的结合方式应该是，“先用低倍法对出土的大量标本逐一进行观察，全面掌握了标本的基本情况之后，选取代表标本，用高倍法的扫描式观察确认加工对象”[7]。

微痕分析最早可以追溯到19世纪60年代威廉·格林韦尔对旧石器时代端刮器的观察；19世纪80年代到20世纪30年代，斯伯雷尔等人开始进行模拟实验，并对实验中产生的使用痕迹加以观察[8]。西蒙诺夫（Semenov）对使用痕迹系统的显微观察的研究成果——《史前技术》[9]发表以后，微痕分析才开始得到广泛的关注。20世纪70年代，三个系列全面的实验[10]在三大洲同时展开，体视显微镜和金相显微镜应用到微痕分析中来，分别产生了低倍法和高倍法。1977年 “第一届使用痕迹分析研究大会”的举办汇集了该领域的研究成果[11]，勾勒了美好的发展前景。20世纪80年代到90年代，高倍法和低倍法之间展开了激烈的争论，盲测结果的不准确性也加剧了学界对微痕分析方法本身的可靠性的质疑，20世纪90年代后期微痕分析完成整合发展，研究者们逐渐意识到应该发挥高倍法和低倍法各自的优势[12]，以实现对微痕的准确判断，微痕分析这一方法在考古学研究中也得到了更多的应用。

继《史前技术》发表之后，我国科学代表团即赴苏参观，并于1959年发表《史前时代技术的研究》译文[13]，将微痕分析研究方法介绍到国内。但20世纪60～80年代，微痕研究一度处于搁置状态。20世纪80年代学界恢复对微痕的关注，童恩正[14]和张森水[15]分别撰文介绍了低倍法和高倍法。90年代侯亚梅[16]进行了微痕分析的首次实践，同时吕遵谔先生指导了一批微痕分析工作，包括黄蕴平[17]、夏竞峰[18]、王幼平[19]、李卫东[20]、顾玉才[21]等，但随着该批研究生的毕业，微痕研究又趋于停滞。进入21世纪，师承奥德尔（Odell）低倍法的沈辰、在日本阿子岛香实验室学习的王小庆回国介绍了微痕分析方法，并分别进行了微痕研究实践[22]。2004年，高星和沈辰发起的我国首届“石器微痕分析培训研讨班”及2008年该培训班成果的发表[23]将微痕分析的实验研究又向前推进了一步。近年来，微痕分析在考古学中的应用逐渐增多，呈现出较好的发展势头。

二、应用现状

根据目前所见的微痕分析案例，按照其研究目的和意义可以分为两个大的类别：一类是实验性研究，一类是以考古学问题为导向的针对考古遗址出土标本的研究。

（一）实验性研究

实验性研究的目的在于了解一类石器在不同运动方式、不同加工对象条件下的使用痕迹，从而为该类石器的微痕研究提供一个参考体系。以王幼平对雕刻器的研究为例，他根据雕刻器刃口的几何形态、体积重量，认为其适合的运动方式有钻、刮、刻三种。实验中选取燧石这一中国常见的雕刻器石料制作石器，分别以上述几种运动方式加工木、骨、竹、皮等几种原始人类可能接触到的物质，观察其产生的不同磨光、条痕、疤痕类型；同时以可能具有相同功能的其他石制品（如石片、尖状器、钻）作对比实验，探讨其工作效率，最终得出关于其功能的认识，并在此基础上对传统的雕刻器的内涵和分类问题进行了重新界定，提出了更为可靠的标尺。通过实验，王幼平确认磨光面对加工材料、条痕对运动方式的指示意义，指出利用实验与微痕观察研究中国的雕刻器是可行的。这类研究总体比较系统，有利于加深研究者对微痕分析基本原理的理解，同时注意与中国的考古材料相结合，选取遗址中的常见石料，有利于为石器的微痕研究积累基础数据，便于其他研究者参考和借鉴。

（二）对出土标本的研究

基于对考古遗址出土标本的初步观察，第二类研究有针对性地进行石器制作和使用实验，将实验标本产生的使用痕迹与遗址出土的考古标本进行对比，从而对考古标本的功能进行判断，有的还在此基础上进一步得出关于古代人类的经济生态、行为方式的认识，比如陈淳、沈辰通过对小长梁遗址石制品的微痕分析，认为遗址的经济活动主要为处理肉类及植物，并结合遗址中存在大量的动物碎骨及骨骼上观察到的较高频率的食肉类齿痕，推断小长梁遗址居民可能以食腐为生[24]；刘莉、陈星灿等对牛鼻子湾石磨盘、磨棒的微痕与残留物分析，以及对寨根、班沟出土裴李岗晚期石磨盘功能分析，表明这类工具主要的加工对象是野生植物，进而提出新石器时代早期谷物栽培的初期阶段，广谱经济仍然占有优势[25]。

在对海城仙人洞遗址出土钻器的微痕研究中[26]，顾玉才选择脉石英钻器为研究对象，采用相同的加工方式模拟制作同类器物，用这些器物在骨骼、牙齿、贝壳等遗址中所见的穿孔装饰品材料上进行穿孔实验，观察它们的使用痕迹，进而将出土标本与实验标本对比，最后发现它们中的一部分使用痕迹特征与实验标本一致，进而推断出土标本的钻器属性。顾玉才注意到制作疤与使用微痕的区别，指出通过微痕分析可以将两者区别开。他还强调了脉石英钻器与燧石钻器使用微痕的差异性，认为这可能与石英的结构易剥落碎屑而形成微疤，因而不利于擦痕和磨光面的形成，即使已形成的擦痕和磨光面也可能因此消失，石英的反光性强也可能影响显微镜对擦痕和磨光面的观察。

总体来讲，对遗址出土的考古标本的微痕分析有利于解答工具的使用方式、加工对象、古人的生计方式等方面的问题，同时在这个过程中研究者对于微痕分析这一方法也有了更多理解和反思。比如，侯亚梅在利用扫描电镜观察标本的过程中指出："利用扫描电镜观察'晶体破损'与否，可能是鉴定石制品是否经过使用的一种行之有效的方法"[27]；陈淳、沈辰等在小长梁遗址中发现具有使用痕迹的标本比例较低[28]，从而启示我们，微痕分析观察到的使用痕迹可能比古人使用工具实际产生的使用痕迹少得多。

三、问题与反思

微痕分析通过模拟实验来获得对使用痕迹的一般规律的认识，由此建立起一个参考体系，将考古标本与之对比，从而推断考古标本的功能。这是中程理论下的具体研究方法，目的在于通过实验的手段建立考古材料和古代社会的联系，实现考古学透物见人的目标。它最大的问题也正在于此，就是控制变量的实验的简单性和工具所反映的使用痕迹的复杂性之间的矛盾。

首先，从石器上能够观察到的微痕是有限的。石器的使用位置、运动方式、加工对象这三方面的属性并不总能表现并保留在石器上。经实验发现，考古标本观察到的使用微痕可能低于实际的使用率。造成这种状况的原因可能是古人类对部分石制品的使用时间不长，未能留下明显的使用痕迹被废弃。另一方面，石制品在埋藏的过程中受各种自然因素的影响，表面的使用痕迹难以保存，同时还可能伴随着埋藏痕迹的产生，妨碍对使用痕迹的观察。

其次，石器在古代社会的环境下，其使用方式和加工对象可能是多样化的。实验模拟通常假设石器的功能单一，对特定使用方式下加工一类材料产生的使用痕迹进行观察。此外，实验者性别偏差、实验时间长短、使用石器时力度的大小、石器刃部与加工物之间的角度、石器刃部的形状等多种因素[29]都可能影响实验结果的准确性。要解决实验的简单性和实际使用过程中的复杂性之间的矛盾，还是要回到实验本身上来。微痕分析的模拟实验可分为三类[30]：第Ⅰ类实验石器刃缘简单，加工对象多样，运动方式可选，目的是观察特定使用微痕产生的过程；第Ⅱ类实验以经过修理的石器为工具，有意识地选择与考古材料相似的石料及加工对象，有一定针对性，目的是认识在各种条件下微痕产生的复杂性。第Ⅲ类实验对一件石器进行不同运动方式或加工对象的实验操作，或者对实验标本在使用前和使用后进行风吹、雨淋、掩埋、踩踏等自然改造或修理、加工等人为改造，目的是复原原始石器使用行为的多样化和复杂性。目前所进行的实验多数是第Ⅰ、Ⅱ类，解决上述问题需要在第Ⅲ类实验上开展更多工作，将更多的变量纳入实验的考察范围。之前的一些工作已经取得了一些进展，比如研究者对于因废弃、埋藏过程而引起的石制品表面的变化“PSDM（post-depositional surface modification）”中的辉斑、埋藏光泽等已经有比较清楚的认识[31]。

微痕分析是从国外引进的考古学研究方法，国内的微痕分析更多的是对这一方法的套用，而缺乏对理论的建设和反思。不同遗址出土的石器在原料、加工对象、使用环境等方面有自身的特点，所以结合遗址的具体情况对微痕分析的理论与实践加以拓展是必要的。我们更应注意到，虽然当前微痕分析在国内应用很广泛，但是大多数研究成果尚停留在对痕迹的观察与判断的层面上。微痕分析能为考古学研究做什么？判断使用痕迹的性质、器物功能，是不是就是微痕分析的终极目标呢？

四、考古学推理中的微痕研究

考古学推理中“透物见人”的基本环节大致可分为五个层次：何谓考古材料，考古材料的形成过程，从材料到人类行为，人类行为、文化、社会的研究，考古学的哲学基础理论[32]。考古学研究的目的不局限于探讨考古发现了什么、过去发生了哪些人类行为，对于古代人类行为模式、这些模式与当时环境的关系、人类行为演化规律等方面的探索是考古学家希望解决的更深层次的问题。田野考古为研究者提供的是一些现象性质的信息，包括遗物、遗迹、器物组合、聚落形态等多种类型。当今西方考古学已由过去对器物、现象的重视转变为以考古遗存为基础，进而探索遗存的时空关系、考古材料的形成机制、文化变化的机制等具有普遍性意义的问题，强调透物见人，这恰是中国考古学研究的薄弱之处[33]，有大量研究止步于透物见人的第一个环节。文化历史考古自中国考古学研究兴起之初便成为其基本范式，在20世纪80年代发生了功能主义转型，出现以确定器物功能为目的、关注古代社会经济方式的研究，其中包括实验考古、微痕分析等方法的运用，但都没有明确的不同于文化历史考古的概念纲领，因而仍是文化历史考古的范式[34]。若要发掘材料背后的人类及其行为与思想、社会组织结构、社会习俗、社会发展状态与过程等信息，需要更深度地推理解读。

考古学家用推理的方式把考古材料中可读的信息表达出来，概括来说，宏观上的考古推理有三种形式：演绎、归纳和类比[35]。无论何种形式，尽管其过程都会有主观性因素的影响，但考古推理仍然在尝试实现从已知的考古材料到未知的考古学阐释的合理有据解读，这是在绝对的主观条件下力求实现相对的客观，在不可绝对复原的困境中尝试相对复原和重建的探讨。考古遗址中能够保存下来的信息是有限的，在客观埋藏条件等自然因素及盗扰等人为因素的影响外，总体上时间越久远的遗址保留的信息越少。尽管田野考古工作者严格按照相关操作规程、不断改进工作方法、引入新的技术手段以保证信息的全面提取，但不可否认，遗址的发掘、提取过程是信息的又一个丢失过程。因此，考古学者的研究实际上是利用有限的信息对古代文化、社会做尝试性的推理解读，就像是利用不完整的拼图碎片去复原图片内容。年代越久远的遗址，保留的拼图碎片数量越少，实现复原的难度越大，缺失的信息就需要借助归纳、演绎、类比等手段来尝试复原。如何推理、怎样表达、怎么让更多人理解考古学的推理，这些问题值得当代考古工作者思考。

在石器研究中，石器是古人类行为及其模式的载体，对石器功能的破译是人类行为解读的基础。与此同时，研究理念中更应贯彻的是，石器材料属古代社会的一部分，对整个社会组织而言，石器是一种有机存在。在对史前考古“透物见人”中，从石器的层面能够反映什么信息？如何理解石器的作用？微痕分析作为石器功能的判断方法，已经有较广泛的运用，但如何看待微痕分析？怎样将之在考古学研究中更好地利用？

微痕研究是石器分析的手段，而非目的，实际运用中应将它置于考古学问题的研究框架之下，据其结果论证石器的使用者、使用方式、加工对象、使用的时间和空间等问题，与其他考古学材料信息结合，架起从考古遗存到人类行为、进而到古代社会之间的桥梁。微痕研究应运用到宏观考古学推理的需求中，服务于考古学，在解决农业起源、人类的生存策略选择、生产专业化、社会组织与结构等大的学术问题上发挥作用，通过对考古材料的观察，借助微痕分析判定石器的功能，进而就相关学术问题做更深层次的阐释。

国际上在此方面的成熟应用并不缺乏。举例来说，在对卡霍基亚遗址的微型钻头进行的微痕研究中，研究者耶基斯（Yerkes）通过与实验标本的对比，确认了卡霍基亚遗址的微型钻头大多数是用来专门加工贝类材料的，在此基础上，耶基斯还从储存设备、原料产地、原料获取、产品分布等几个方面分析了卡霍基亚遗址的手工业专门化，并认为该遗址出土的微型钻头虽然确定是一种专门化的生产工具，但不一定出现了以生产贝珠为全职的手工艺人[36]。奥德尔的研究[37]也是如此，他在研究伊利诺伊斯河谷的史前人群流动性时提出一个假说，即随着狩猎采集人群流动性降低，一定时空范围内的资源压力增大，在技术上需要更加坚固可靠的工具，而装柄能够很好地满足这一需求。在这一假想下作者对标本进行微痕分析，发现装柄痕迹的确呈上升趋势，相应地，手握痕迹逐步减少，这一假想得到证实，从而建立了采集狩猎人群的流动性和装柄的复合工具之间的联系。通过对工具的加工对象和使用方式的统计分析，奥德尔也指出工具使用的强度随着狩猎采集人群的定居而减弱。结合伊利诺伊斯河谷的气候环境状况，研究者还进一步指出，炎热干燥的气候下，伊利诺伊斯河谷的环境得天独厚，吸引了人群逐渐走向定居。在这项研究中，奥德尔利用微痕分析对使用痕迹的历时性变化进行了观察，并且将这种微观上的痕迹变化和人群流动性结合起来考察，非常富有创新性。

具体到中国的材料，丁山（Williams）[38]在研究青铜时代晚期中国东北地区生计模式的转变中，从聚落形态、人口变化、人工制品分布、微痕观察、环境变迁等多个角度来分析彰武地区青铜时代早期和晚期南北生计方式的变化。通过对调查区域内采集的122件青铜时代的石制品的条痕、磨光、磨圆、微疤四种使用痕迹的分析，他发现该地区南部和北部都既有切割植物的石制品，也有加工动物的石制品，并且南部以植物加工为多，北部则以动物加工更盛。结合人工制品分布、环境变迁等其他方面的信息，他认为不论是青铜时代早期还是晚期，彰武地区始终是动植物混合经济，没有出现经济生产的专门化、单一化。文章明确指出，尽管微痕分析自身对于南北的经济生态有一定的指向意义，但在整个文章的主题中，微痕分析只是对其他数据的一个补充。

对于考古学研究来说，在考古学推理中的应用才是微痕分析本来应有的位置，它和其他的方法一样，是考古学研究的手段之一，是解决相关学术问题的一把钥匙。

微痕分析应石器功能实证性研究的需要而产生，它通过实验的手段为判断考古标本的功能提供了参考标尺。微痕分析是研究石器功能的手段，它是对石器的使用者、使用方式、加工对象、使用的时间和空间等各种信息的综合反映。我们可以通过微痕分析获知石器被用来干了什么，但不应到此止步，而要在此基础上进一步探讨古人的生计方式，讨论古人的行为特点、古人对环境的适应和改造等问题。微痕分析能够揭露的也只是古代社会的部分面貌，要实现对古代社会的重建，需要将微痕分析与考古材料反映的其他信息充分结合起来。归根到底，微痕分析只是获取考古材料信息的一种途径，它是服务于考古学研究的，只有对这一方法在考古学研究中的位置有清醒的认识和定位，才能合理地利用微痕分析来解决考古学的实际问题。

附记：本研究为国家社会科学基金青年项目（15CKG006）阶段性成果。

注　释

[1] 高星、沈辰：《石器微痕分析的考古学实验研究》，科学出版社，2008 年。

[2] D·戈尔耶夫：《史前时代技术的研究》，《考古》1959 年第 1 期。

[3] 陈胜前：《考古推理的结构》，《考古》2007 年第 10 期；《当代西方考古学研究范式述评》，《考古》2011 年第 10 期。

[4] 陈胜前：《思考考古学》，科学出版社，2014 年。

[5] 高星、沈辰：《石器微痕分析的考古学实验研究》，科学出版社，2008 年。

[6] 王小庆：《石器使用痕迹显微观察（高倍法）的研究》，《农业考古》2005 年第 1 期。

[7] 谢礼晔：《微痕分析在磨制石器功能研究中的初步尝试——二里头遗址石斧和石刀的微痕分析》，《中国文物报》2005 年 11 月 25 日。

[8] 夏竞峰：《燧石刮削器的微痕观察》，《中国历史博物馆馆刊》1995 年第 1 期。

[9] Semenov S.A., *Prehistoric Technology: An Experimental Study of the Oldest Tools and Artefacts from Traces of Manufacture and Wear*, London: Cory, Adams & Mackay, 1964.

[10] a. Odell G.H., *The Application of Micro-wear Analysis to the Lithic Component of an Entire Prehistoric Settlement: Methods, Problems and Functional Reconstructions*, PhD dissertation, Department of Anthropology, Harvard University, 1977.

b. Keeley L.H., *Experimental Determination of Stone Tool Uses: A Microwear Analysis*, University of Chicago Press, Chicago, 1980.

c. Kamminga J., *Over the Edge: Functional Analysis of Australian Stone Tools*, Occasional Papers in Anthropology, vol. 12, St. Lucia, Queensland: Anthropology Museum, University of Queensland, 1982.

[11] Hayden B., *Lithic Use-Wear Analysis*, New York: Academic Press, 1979.

[12] 乔治·奥德尔著，关莹、陈虹译：《破译史前人类的技术与行为——石制品分析》，生活·读书·新知三联书店，2015 年。
[13] D. 戈尔耶夫：《史前时代技术的研究》，《考古》1959 年第 1 期。
[14] 童恩正：《石器的微痕研究》，《史前研究》1983 年第 2 期。
[15] 张森水：《述评〈石器使用的试验鉴定——微磨损分析〉一书》，《人类学学报》1986 年第 4 期。
[16] 侯亚梅：《石制品微磨痕分析的实验性研究》，《人类学学报》1992 年第 3 期；《考古标本微磨痕初步研究》，《人类学学报》1992 年第 4 期。
[17] 黄蕴平：《沂源上崖洞石制品的研究》，《人类学学报》1994 年第 1 期。
[18] 夏竞峰：《燧石刮削器的微痕观察》，《中国历史博物馆馆刊》1995 年第 1 期。
[19] 王幼平：《雕刻器实验研究》，《考古学研究（一）》，文物出版社，1992 年。
[20] 李卫东：《燧石尖状器实验研究》，《考古学研究（一）》，文物出版社，1992 年。
[21] 顾玉才：《海城仙人洞遗址出土钻器的实验研究》，《人类学学报》1995 年第 3 期。
[22] a. 沈辰、陈淳：《微痕研究（低倍法）的探索与实践——兼谈小长梁遗址石制品的微痕观察》，《考古》2001 年第 7 期。
b. 陈淳、沈辰等：《小长梁石工业研究》，《人类学学报》2002 年第 1 期。
c. 王小庆：《石器使用痕迹显微观察（高倍法）的研究》，《农业考古》2005 年第 1 期。
d. 王小庆：《赵宝沟遗址出土细石叶的微痕研究》，见《桃李成蹊集——庆祝安志敏先生八十寿辰》，香港中文大学中国考古艺术研究中心，2004 年。
[23] 高星、沈辰：《石器微痕分析的考古学实验研究》，科学出版社，2008 年。
[24] 陈淳、沈辰等：《小长梁石工业研究》，《人类学学报》2002 年第 1 期。
[25] a. 刘莉、陈星灿等：《山西武乡县牛鼻子湾石磨盘、磨棒的微痕与残留物分析》，《考古与文物》2014 年第 3 期。
b. 刘莉、陈星灿：《河南孟津寨根、班沟出土裴李岗晚期石磨盘功能分析》，《中原文物》2013 年第 5 期。
[26] 顾玉才：《海城仙人洞遗址出土钻器的实验研究》，《人类学学报》1995 年第 3 期。
[27] 侯亚梅：《石制品微磨痕分析的实验性研究》，《人类学学报》1992 年第 3 期。
[28] 陈淳、沈辰等：《小长梁石工业研究》，《人类学学报》2002 年第 1 期。
[29] 张森水：《述评〈石器使用的试验鉴定——微磨损分析〉一书》，《人类学学报》1986 年第 4 期。
[30] 高星、沈辰：《石器微痕分析的考古学实验研究》，科学出版社，2008 年。
[31] 王小庆：《石器使用痕迹显微观察（高倍法）的研究》，《农业考古》2005 年第 1 期。
[32] 陈胜前：《考古学理论的层次问题》，《东南文化》2012 年第 6 期。
[33] 陈胜前：《考古学研究的“透物见人”问题》，《考古》2014 年第 10 期。
[34] 陈胜前：《文化历史考古的理论反思：中国考古学的视角》，《考古》2018 年第 2 期。
[35] 陈胜前：《考古推理的结构》，《考古》2007 年第 10 期；《当代西方考古学研究范式述评》，《考古》2011 年第 10 期。
[36] Yerkes R.W., Microwear, Microdrills, and Mississippian Craft Specialization, *American Antiquity*, 48(3): 499–518, 1983.
[37] Odell G.H., Prehistoric Hafting and Mobility in the North American Midcontinent: Examples from Illinois, *Journal of Anthropological Archaeology*, 13: 51–73, 1994.
[38] Williams J.T., Bronze Age Subsistence Change at the Regional and Microscopic Scales in Northeast China, *Asian Perspectives*, 56(2):166–190, 2017.

About the Use-wear Analysis on the Study of Stone Tools

Yi Mingjie and Yu Guanyue

KEY WORDS: Use-wear Analysis Function of Stone Tools Prehistoric Period

ABSTRACT: Use-wear analysis provides a more objective and direct way to interpret the function of stone tools by analyzing the traces of use on the surface of stone tools. It can be roughly divided into two categories: one is experimental research; the other is archaeological specimen research for specific sites, which is the use-wear research based on the archaeological framework and problem-oriented. At present, the domestic use-wear analysis is mainly based on the first category, and the second category is less than the first one. Stone tools are the carriers of ancient human behavior. In prehistoric archaeology study "seeing people through objects", the study of use-wear is a method of analyzing stone tools. The function of stone tools is inferred with the help of use-wear analysis. It should be placed in the framework of archaeological issues in actual use. In actual application, use-wear analysis should be placed under the framework of archaeological problems and the needs of macro-archaeological reasoning, to build a bridge from archaeological remains to human behavior, and then to ancient society. It plays a role in solving large academic issues such as the origin of agriculture, the choice of human survival strategy, production specialization, social organization and structure, and then makes a deeper interpretation of related academic issues.

（特约编辑　新　华）

铃的起源初探

邓玲玲

关键词： 铃　龟甲响器　仰韶文化　大汶口文化　新石器时代

内容提要： 中国最早的铃起源于以贾湖遗址为中心的淮河上游地区，时间早于公元前4500年。铃的最初形态为模仿龟甲响器制作的带壁穿孔的ⅠBa型铃，为悬挂使用的一种响器。目前所知最早的铃集中分布于江汉流域的仰韶文化早期遗址及大汶口遗址，但这些遗址皆非铃的原产地，也并未长时间保留铃的使用传统。借助裴李岗文化强盛期构筑的区域交流网络，铃在新石器时代晚期中心性遗址中得到了广泛传播，这既说明其具备被传播的文化价值，也说明在特定的文化区内已形成了一定的共同的价值观。铃的所有者需具备相应的社会地位才能接触并拥有如铃一般的“舶来品”，他们必然直接或间接地参与区域之间的物质文化交流或贸易，才有可能获取他地之“新事物”。铃于响器大发展的社会背景下出现，并一直延续使用至今。

公元前4500年左右，江汉流域的仰韶文化早期遗址及大汶口遗址中出现了一种全新的陶器器类——铃，它具备特殊的器形及新颖的发声特征。其出现之始，虽在地域分布上极为广阔，但在器形上已相当统一。下文将对迄今发现的最早的一批铃进行分析，从器形、分布区域及出土背景等方面对新石器时代铃的起源问题进行讨论。

一、铃的分类标准

铃是一种单击击奏体鸣器[1]，通过铃舌撞击铃壁发声。中国现已知最早的铃皆属于舌振式悬铃，出现在新石器时代晚期，约公元前4500年。新石器时代出土的铃多为陶质，仅发现一例石铃。铃出土之时器身多破碎残缺且缺少铃舌，因此在许多考古报告中常将铃认作埙、舟形器、澄滤器、筒形器等。本文所收集的舌振式悬铃需具备三个特征。第一，要具备开口式腔体[2]。第二，要有可供悬挂铃舌的结构[3]。通常表现为位于铃体顶部的悬挂孔，顶孔数量一般少于6个，一个孔以上成偶数出现；或表现为位于铃身的壁孔，壁孔多前后壁两两对称，也常见仅一面壁有穿孔的情况，壁孔数量一般少于6个。第三，铃身通高一般在10厘米以下[4]。

在公元前4500～前1800年的时间段内，已经在36个遗址发现75件铃，若加上并未

作者：邓玲玲，天津市，300350，南开大学历史学院。

明确公布信息的铃，新石器时代出土的铃的数量已过百[5]。为了规范化铃的描述方式，本文将依据铃的顶部形态、竖剖面形态和口部形态三个特征对其进行描述，具体方式如图1[6]。三个特征之中，顶部形态和竖剖面形态最能体现铃的时空变化特征，应予以格外重视。

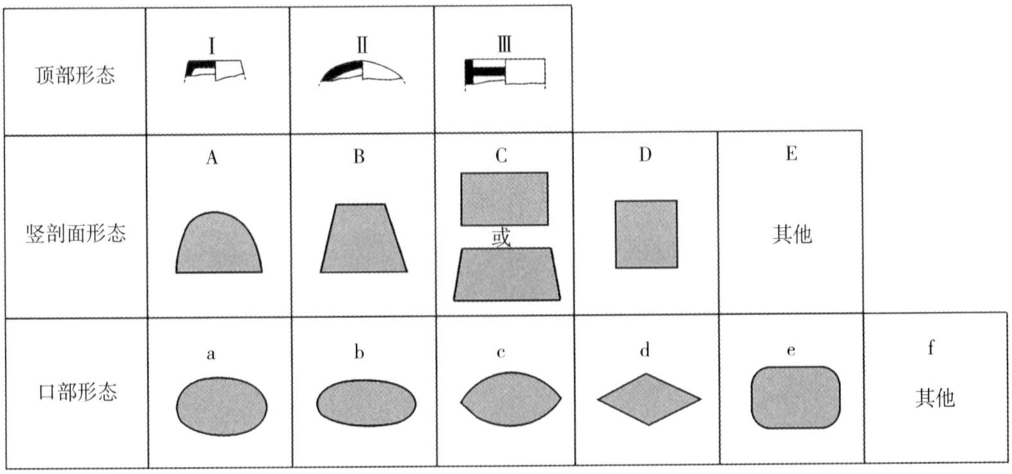

图1　铃的分类标准

（一）顶部形态

分为Ⅰ、Ⅱ、Ⅲ三类，有平顶、拱形顶和凹顶（铃壁高出顶部形成铃顶下凹的形态）。

（二）竖剖面形态

分为A、B、C、D、E五类，有覆钵形、梯形、横长方形、竖长方形和其他形态。部分竖剖面形态为C类铃口沿外敞，不单独区分，皆归于C类。

（三）口部形态

分为a、b、c、d、e、f六类，有椭圆形、扁椭圆形、合瓦形、菱形、圆角长方形和其他

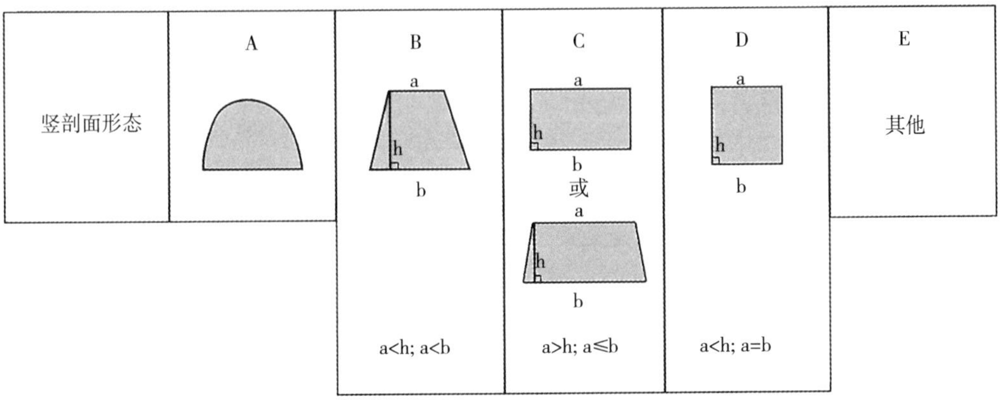

图2　铃竖剖面形态判断标准

形态。

为了更准确地判定竖剖面形态的类别，将使用铃顶部长径（a）、高（h）及底部长径（b）的相对大小对其进行判断，如图2所示。若a＜h且a＜b则为B类；若a＜h，a＝b则为D类；若a＞h，则为C类。

根据现在收集的陶铃资料，铃可分为无甬铃和甬铃两类，甬铃数量极少。无甬铃描述方式如图3。甬铃的描述方法同无甬铃基本一致，仅需在器形前加上Y以表示甬铃（图4）。

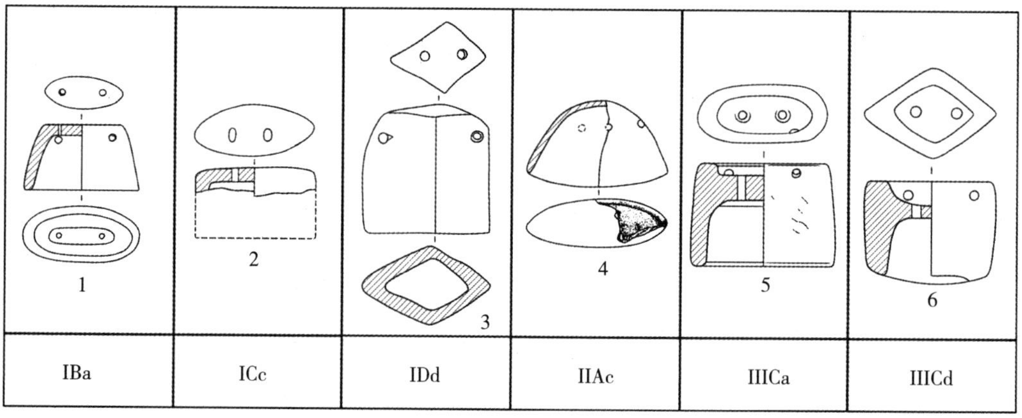

图3　无甬铃的代表器型

1.安徽蒙城尉迟寺F37：19　2.山西襄汾陶寺H340：5　3.安徽蒙城尉迟寺T3572⑤：5　4.河南淅川下王岗H169：19　5.内蒙古凉城西白玉H3：1　6.山西襄汾陶寺J301：4

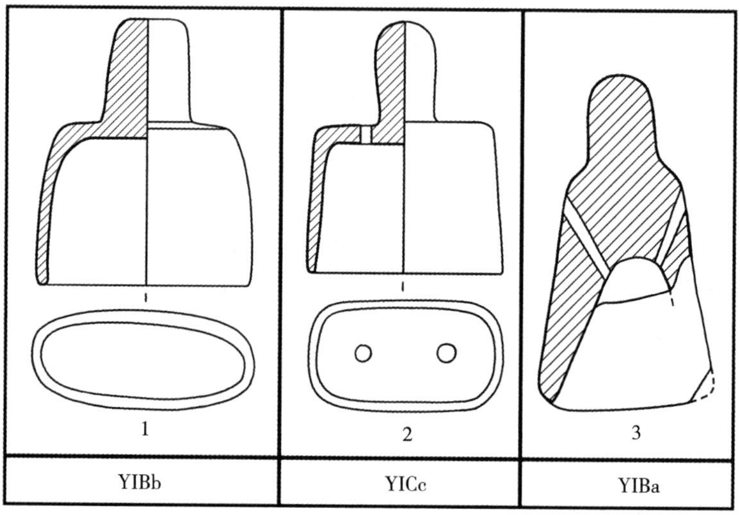

图4　甬铃的代表器型

1.湖北枣阳雕龙碑F10：1　2.陕西长安斗门镇客省庄陶铃　3.河南陕县庙底沟H387：9

二、新石器时代第一期铃

（一）概要

新石器时代的铃可分为三个主要发展阶段，第一期为公元前4500～前3500年，第二期为公元前3500～前2500年，第三期为公元前2500～前1800年。

第一期是铃出现及初步发展的时期，对于探讨铃的起源至关重要。从11个遗址中收集此期铃20件，其中无甬铃17件、甬铃3件，无甬铃出现的时间较甬铃早（图5）。无甬铃以泥质陶铃为主，仅有1件石铃，主要发现于汉水上游、渭河上游、黄河中下游、沂河流域的

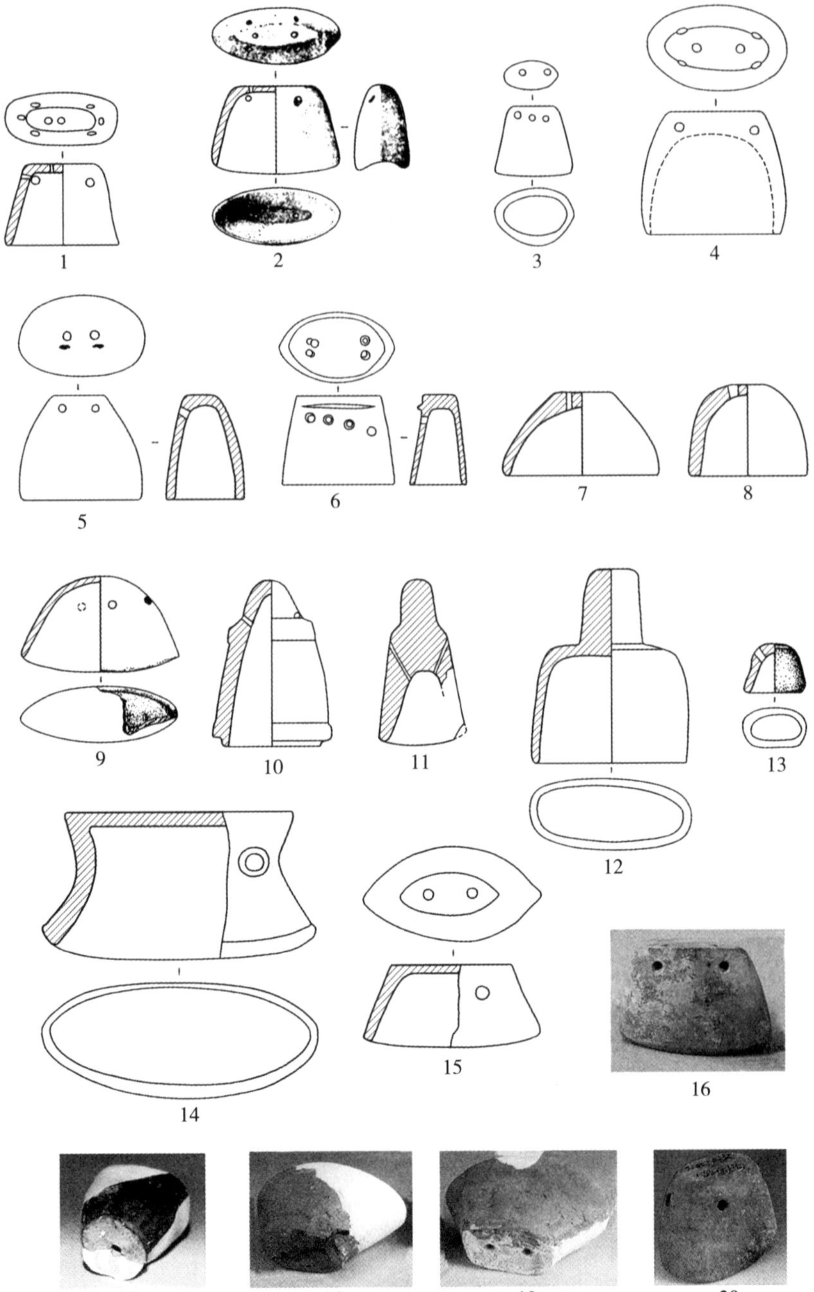

图5 第一期铃

1、7.龙岗寺M431：4、M430：2 2、9.下王岗T16⑥：193、H169：19 3.大汶口H10：1 4.刘林M118：7 5、6.大墩子M253：4、M325：1 8.大河村T5617：57 10.师赵村T111④：118 11.庙底沟H287：4 12、13.雕龙碑F10：1、T2308④A：29 14、15.大地湾T600④：9、T600②：7 16.河南博物馆征集品 17～20.岔河口1997QCH20：1、1997QCT0717G2③：14、1997QCT0717G2③：15、1998QCT4238H86围沟出土（6为石铃，余均为陶铃）

仰韶文化、北辛文化和大汶口文化遗址中。ⅠBa型铃为此期主流形态，多有壁穿孔[7]。第一期有壁穿孔铃10件，占新石器时代全部壁孔铃总数的77%。

第一期铃主要出土于灰坑、墓葬和地层之中。新石器时代铃的出土地点多为灰坑及地层等生活遗迹，灰坑出土的铃占27%，地层出土的铃占43%，而墓葬中出土的铃仅有6件，占8%（表1）。这6件铃中有5件属于第一期，仅1件属于第三期。发现于墓葬中的第三期铃为红铜质，出土于陶寺遗址晚期的小型墓葬中，是一个极具特殊性的个案。因此，在发现的新石器时代铃中，所有出于墓葬的陶铃都集中于第一期，此为继壁穿孔之外一期铃的另一独有特征。

表1　　出土铃的新石器时代遗迹统计表

	第一期	第二期	第三期	未知期属	总和	百分比
灰坑	4	2	14		20	27%
地层	6	6	20		32	43%
墓葬	5		1		6	8%
房址	1	3	3		7	9%
灰沟	3		1		4	5%
水井			1		1	1%
未知遗迹	1		3	1	5	7%
总和	20	11	43	1	75	

第一期可细分为两段，早段为公元前4500～前4000年，晚段为公元前4000～前3500年。第一期早段铃共有6件，是迄今我国发现的年代最早的一批铃（图6）。此6件铃皆为陶质，分别出自大地湾遗址、下王岗遗址、龙岗寺遗址和大汶口遗址。第一期晚段铃共有14件[8]，13件陶质、1件石质，较早段数量大为增加。除大地湾遗址继续出土铃外，出土第一期早段铃的遗址虽在文化上继续延续，但并未再出土铃。雕龙碑遗址和庙底沟遗址开始出现甬铃，从制作方式上来看，仅于铃身之上附加甬部，甬部并不承担悬挂功能。3件甬铃皆于铃肩处斜向穿透两孔用以悬挂铃身及铃舌，同无甬铃的悬挂方式一致；器形上仍为ⅠBa型（图5，11～13）。第一期晚段铃在地域分布范围上得到很大扩展，北达内蒙古中南部，南至汉水流域。出土第一期铃的遗址在经纬度上存在高度的规律性，基本上为一纵一横分布，纵、横分别为东经111度、北纬34度。第一期铃所出遗址多为区域的中心性遗址，铃的地域拓展同此期仰韶文化和大汶口文化的扩张息息相关。

（二）北辛文化及大汶口文化的铃

中国东部地区北辛—大汶口文化分布范围内发现的铃在形态上比较完整地保存了带穿

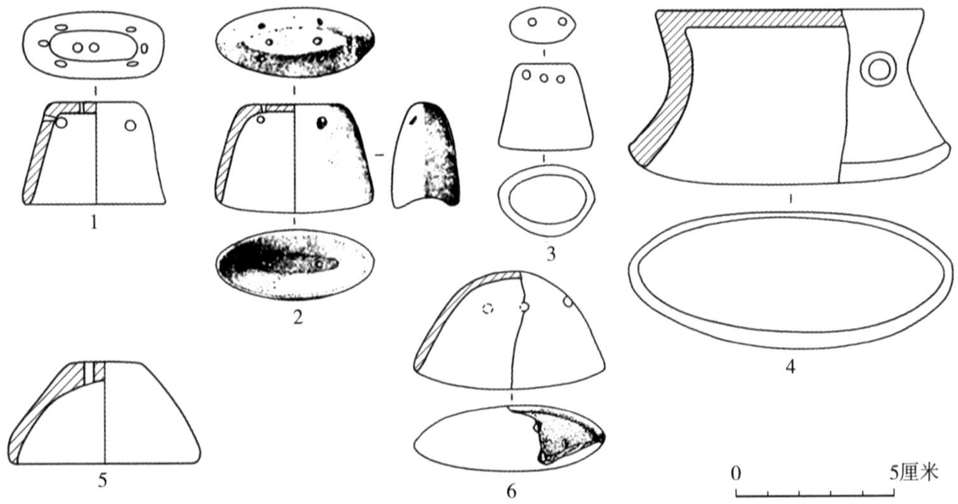

图 6　第一期早段铃
1、5.龙岗寺M431：4、M430：2　2、6.下王岗T16⑥：193、H169：19　3.大汶口H10：1　4.大地湾T600④：9

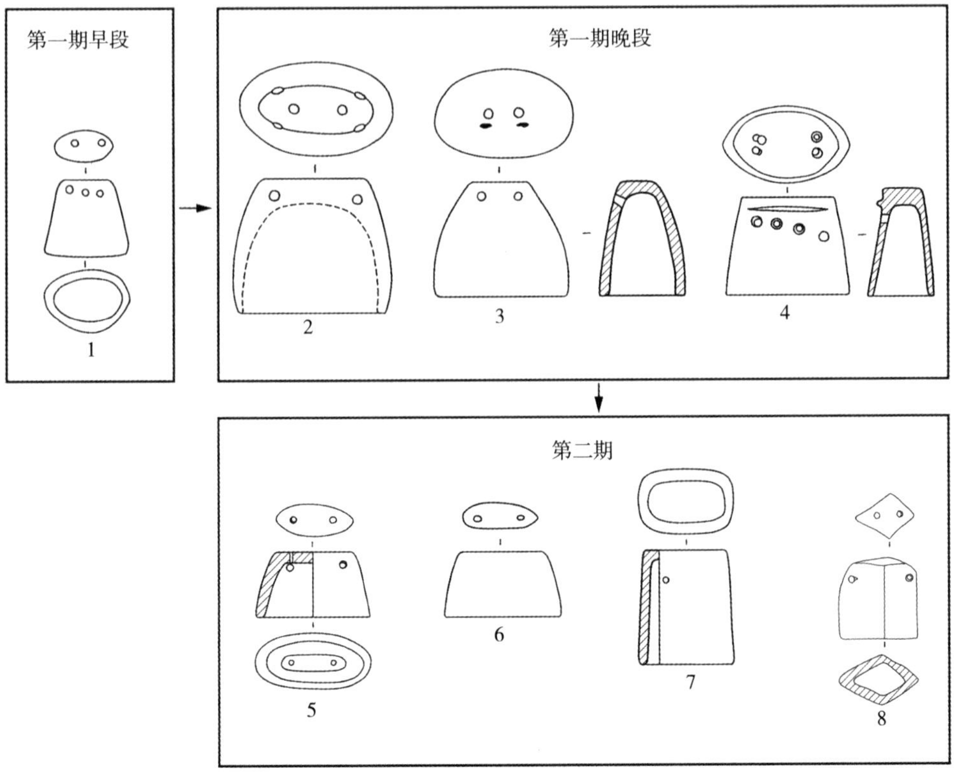

图 7　北辛文化和大汶口文化的铃
1.大汶口H10：1　2.刘林M118：7　3、4.大墩子M253：4、M325：1　5～8.尉迟寺F37：19、F33：64、F23：6、T3572⑤：5（4为石铃，余均为陶铃）

孔的ⅠBa型铃的器形。北辛文化晚期的大汶口遗址出土的第一期早段铃H10：1及大汶口文化早期刘林和大墩子遗址出土的第一期晚段的3件铃，在器形上极为相近，均为壁穿孔ⅠBa型铃，且多数仅在铃身一面穿孔（图7，1～4）。另外，大汶口文化早期的3件铃皆出自墓葬。由上文可知，新石器时代仅发现6件出自墓葬的铃，其中一半集中发现于大汶口文化遗址。大汶口文化晚期的尉迟寺遗址继续出土第二期陶铃，保留了第一期典型壁穿孔ⅠBa型铃的形态（图7，5～8）。第二期仅有3件壁穿孔铃，皆出自尉迟寺遗址。除尉迟寺遗址F33：64（图7，6）信息不全无法判断之外[9]，大汶口文化的铃均有壁穿孔，占壁孔铃总数的54%。可见，壁穿孔ⅠBa型铃在大汶口文化中存在普遍认同，因此可以在长时间内“跳跃性”出现于大汶口文化的不同遗址，这在其他考古学文化或遗址中少有发现。

三、铃的起源讨论

中国最早发现的击奏体鸣器中，龟甲器在出现的时间、地点、随葬方式及器物特征上与第一期铃关系密切，下文将从器物形态、出土地域及背景方面讨论铃与龟甲器之间的联系。

（一）龟甲器

本文谈及的龟甲器是使用完整龟甲制作的，是通过摇动发出声音的人工制品。龟甲器是中国发现的最早的击奏体鸣器之一，首先发现于公元前7000年的贾湖遗址，随后集中出现于苏北及山东中南部大汶口文化分布区域及汉水上游仰韶文化半坡类型的遗址中，出土地点集中，加工方式及随葬方式相近，在公元前4500～前3000年间承续使用。有加工痕迹的龟甲器多出于墓葬中，而房址、灰坑及地层所出龟甲多破碎，可能主要为食用遗留，暂不纳入本文的龟甲器范畴。保存较为完好的龟甲器内部多发现包含物，如小石子、骨锥，也有可能是植物籽粒[10]。龟甲内放置包含物，然后通过穿孔缀合背腹甲并使用绳索一类物体进一步绑缚龟壳，旨在使包含物碰击龟甲发声。龟甲器是一种响器[11]，陈星灿和李润权研究认为可能是与巫术和宗教有关的器具[12]。

（二）龟甲器与第一期铃的地域分布对比

龟甲器集中出土于贾湖遗址、下王岗遗址、刘林遗址和大墩子遗址的墓葬中，从龟甲器的出土概率来说，以大汶口文化最为流行。

在大规模出土龟甲器的遗址中，除贾湖遗址外皆出土铃。发现第一期铃的遗址中有45%的遗址出土龟甲器。公元前4500年之后，在所有出土龟甲器的遗址中，出土铃的遗址出现的龟甲器数量远远超过没有出土铃的遗址，出土铃的遗址所发现的龟甲器数量占龟甲器总数的85%。特别值得注意的是北辛—大汶口文化出土第一期铃的遗址中都出土龟甲器，且出土龟甲器的数量仅次于年代最早的贾湖遗址（表2）。

（三）龟甲器形态的简化

龟甲器的形态基本上为龟壳的形态，我们认为铃的形态是龟壳形态简化及抽象化的结果，借助安徽省含山县凌家滩遗址出土的玉龟状扁圆形器的简化过程，可提供龟壳向铃的器形演变的线索。

表 2　　出土龟甲器墓葬一览表

	年代（公元前）	墓葬出土龟甲器数量（副）	百分比
贾湖遗址	7000 ～ 5800	86	54%
大汶口遗址	3500 ～ 2600	20	13%
大墩子遗址	3800 ～ 3300	16	10%
刘林遗址	4300 ～ 3700	13	8%
下王岗遗址	4500 上下	9	6%
龙岗寺遗址	4500 ～ 4000	3	2%
王因	4500 ～ 3500	3	2%
大溪遗址	4000 ～ 3000	3	2%
野店	4200 ～ 2700	2	1%
何家湾	4500 ～ 4000	1	1%
圩墩	4000 上下	1	1%
尚庄	3000 上下	1	1%

说明：虚线范围内的遗址均发现第一期铃；根据陈星灿、李润权：《申论史前的龟甲响器》史前诸遗址墓葬出土实物龟甲器一览表编辑。

凌家滩遗址87M4中出土1件完整的玉龟壳，由背甲87M4：35、腹甲87M4：29（图8，1）及腹腔内的八角星纹玉板87M4：20三部分组成[13]。背甲模仿真实龟背壳形态，中脊拱起并琢磨出部分甲纹。背甲头端中央钻四个小孔，呈正方形排列，两侧各钻两个圆孔。腹甲平整，甲桥上翘，甲桥两侧各钻两个小孔，同背甲侧边孔对应。腹甲头端中央钻有一个小孔[14]。玉龟最大长度为9.4厘米[15]。凌家滩遗址07M23墓主腰部出土1件玉龟形器及2件一端平口、另一端斜口的玉龟状扁圆形器，3件器物并排放置[16]。玉龟形器07M23：123（图8，2）的材质为灰绿色阳起石，内腔中空，背甲前端平直，后端口为弧形，腹甲雕刻成龟甲状，后端截平[17]。背甲头端两侧各有一个小圆孔，腹甲头端中央钻一个圆孔，腹腔内放置2枚玉签[18]，整副龟甲高6.5厘米[19]。2件玉龟状扁圆形器材质均为灰绿色阳起石，内腔中空，上腹面呈拱形，下腹面较平，器体一端为平口，另一端为斜口，整体厚度较均匀，上腹面平口端钻有三个小孔。07M23：125腹腔内放置1枚玉签，器身高6.2厘米[20]（图8，3）。07M23：127腹腔内放置2枚玉签，器身高6.3厘米[21]（图

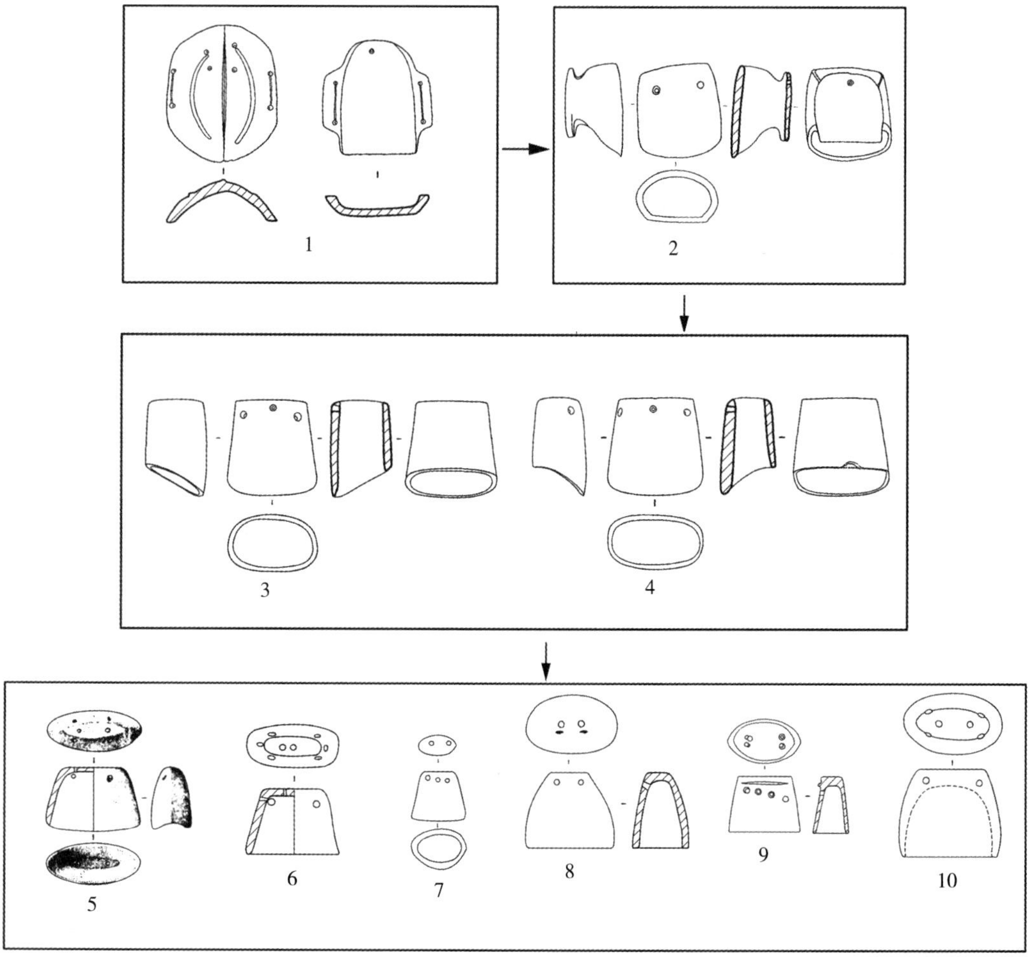

图8 龟甲器形态简化过程图

1.凌家滩玉龟87M4：35与87M4：29 2～4.凌家滩玉龟形器07M23：123、07M23：125、07M23：127 5.下王岗T16⑥：193 6.龙岗寺M431：4 7.大汶口H10：1 8、9.大墩子M253：4、M325：1 10.刘林M118：7 [1～4为仿真玉龟壳的简化过程，简化后的07M23：125及M23：127的形态同带壁穿孔的ⅠBa型铃（5～10）十分接近]

8，4）。

87M4出土的玉龟壳十分真实地还原了龟壳的形状（见图8，1）。07M23：123的形状是87M4出土玉龟壳的初步简化（见图8，2），其中最突出的简化方式是舍弃了背、腹甲分别制作的步骤，直接一体成形，这样便免去了使用过程中还需将背、腹甲捆绑连接的程序。由于不需要连接背、腹甲，M23：123甲桥上不再设孔，背甲和腹甲头端保留穿孔的目的是串连玉签。07M23：123保留了许多M4出土玉龟壳的特征，整体形态上仍为拱形背甲同平直腹甲的结合，甲桥及腹甲下端取平的传统得到保留，尺寸上缩小了2.9厘米。

07M23：125、07M23：127玉龟状扁圆形器（见图8，3、4）的器形在07M23：

123的基础上进一步简化。器身省略了甲桥的设置，使得背、腹甲彻底融为一个整体，从整体器形上看，已简化为口部略外敞的圆柱形器，但仍保留了腹甲尾端取平且短于背甲尾端的传统。腹甲穿孔省略，腔体内的玉签通过背部穿孔连接，尺寸与07M23：123大体相近。

两件玉龟状扁圆形器与第一期壁穿孔的ⅠBa型铃（图8，5～10）在器形上具有许多相同特征。从器形上看，除玉龟状扁圆形器底部为斜口且无顶之外，其他完全一致。从高度上看，两者皆高5～7厘米，且两者皆有穿孔。大墩子遗址所出2件铃与2件玉龟状扁圆形器器形相同，仅在器身一面的头端设置穿孔。从包含物来看，2件玉龟状扁圆形器内皆放置带穿孔的玉签，玉签下端露在口沿外，玉签与器身的对应位置同铃舌与铃身的对应位置完全一致。这些玉签通过顶部的穿孔可与玉龟状扁圆形器背甲顶部穿孔连接，与铃舌的安装方式也很相近。

从87M4出土的仿真玉龟壳到07M23：123玉龟形器，最后简化成07M23：125、07M23：127玉龟状扁圆形器，逐步简化过程已经十分清晰，为我们提供了龟甲器器形抽象变形的直观过程。87M4出土的仿真龟壳在出土位置、器形、钻孔方法以及腹腔包含物方面都与大汶口文化龟甲器存在许多共性[22]，可谓龟甲器的“玉质化”。玉龟形器及玉龟状扁圆形器则与带壁穿孔的ⅠBa型铃近乎一致，因此，从形态变化而言，龟甲器完全可以简化为铃。ⅠBa型铃的数量占第一期铃总数的60%，此形态为我国发现最早的铃的主流形态，由此可以认为第一期壁穿孔的ⅠBa型铃很可能是由龟甲器形态演变而来。

（四）龟甲器穿孔与铃的壁穿孔

龟甲器需要将背甲和腹甲捆绑方可使用，因此部分龟甲器上发现穿孔以便于更好缀合背甲和腹甲[23]。自贾湖遗址开始，龟甲器常于背甲颈盾和腹甲前叶及甲桥处穿孔，数量不定，一般是一到两个孔，背、腹甲穿孔位置对称。有的龟甲器也会在背、腹甲中部及尾端穿孔，如刘林遗址M44：13就在背甲尾部穿孔多达十二个，这种情况比较少见。大汶口文化遗址出土的龟甲器常于龟背甲头端或尾端穿四个呈方形排列的孔，这种穿孔方式在刘林遗址、大墩子遗址、野店遗址都可见到。凌家滩遗址出土的玉龟甲也于背甲头端设置排列成方形的四个孔，方形四孔设置应是大汶口文化龟甲器穿孔的特色之一。大墩子遗址见有将龟腹甲一端截磨的现象，陈星灿和李润权曾指出这种处理可能是为插入木柄或是取用内部骨锥而设置[24]。整体来看，穿孔龟甲器的出现概率并不高，通过穿孔捆缚龟甲并非一种必要手段[25]。北辛—大汶口文化遗址出土穿孔龟甲器的概率最大，并且在龟甲器随葬位置、穿孔方式和龟甲加工方式上表现出较为一致的传统。

第一期铃最突出的特征是壁穿孔，这一期壁孔铃的数量占新石器时代全部壁孔铃总数的77%（表3；表4）。第一期早段铃共有6件，其中壁孔铃有4件，且皆为ⅠBa型，见图6。由图9可知，从第一期早段到第三期，壁孔铃的出现概率呈直线递减趋势，第二期3件壁孔铃仅出自大汶口文化晚期的尉迟寺遗址，第三期无壁孔铃。

表 3　　新石器时代壁孔铃统计表

	第一期	第二期	第三期	合计	百分比
单面壁穿孔	5	1	0	6	46%
双面壁穿孔	5	2	0	7	54%
合计	10	3	0	13	
百分比	77%	23%	0%	100%	

表 4　　壁孔铃出土概率表

	第一期早段	第一期晚段	第二期	第三期	合计
壁孔铃数量	4	6	3	0	14
铃总数	6	14	11	44	75
壁孔铃百分比	67%	43%	27%	0%	19%

铃上设置穿孔是为了悬挂铃身及铃舌，从这个角度看，壁孔完全无存在的必要。北辛文化和大汶口文化遗址中出土的铃多存在一面壁孔（见图7；表3），这种设置并不利于铃身及铃舌的悬挂。另外，第二期除尉迟寺遗址以外的铃及第三期铃都没有壁穿孔，由此可证明铃的悬挂和使用并不依靠壁穿孔，那么为何在我国最早的铃中壁穿孔却成为一个“必要”的因素呢？我们认为，铃身壁穿孔是对龟甲器背、腹甲穿孔的一种模仿。壁孔铃皆于铃顶下方设孔，数量一般大于等于两个，位置同龟甲器背、腹甲前端穿孔一致。除大地湾遗址之外，仅大汶口文化遗址发现单面壁孔铃，这与大汶口文化龟甲器常于背甲处设孔，腹甲前端不设孔截去尾端的习俗一致。

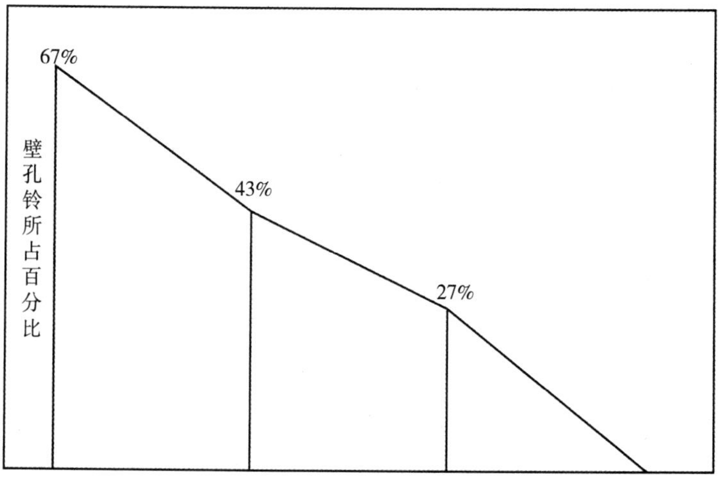

图 9　壁孔铃数量变化趋势

相较于龟甲器的制作，铃的制作是一种完全不同的思维创造过程。

龟甲器是人们在长期食用龟、使用龟的过程中对龟的习性及构造有相当的认识之后，对龟甲的功能和社会性质进行的再创造，这是有了龟甲这种物体之后才能展开的活动。铃的创造则完全相反，人们必须首先有了“铃”这个认识之后，才可能使用陶土将铃按照设计好的器形制作出来。新石器时代的铃主要载体为陶，在公元前4500年前，我们尚未发现与铃的形制和功能相近的陶器，因此铃应该并非从某种陶器形态逐渐演变而来。与此同时，第一期早段出土的陶铃器形极为相近，说明这种铃的形态必有所参照。综上所述，我们认为铃是参照龟甲器形态制作的一种“衍生器”，是以陶为介质创造性发明的一种响器。

四、龟甲器与第一期铃出土背景分析

（一）铃墓与龟甲墓

作为特殊宗教仪式物品使用的龟甲器一般出土于墓葬中，而铃主要发现于生活遗迹中，出土于墓葬的铃集中于第一期，极富时段特殊性。出土铃的墓葬发现于南郑龙岗寺遗址、邳县大墩子和刘林遗址，这三个遗址中都发现了龟甲墓[26]。以下对三个遗址的铃墓和龟甲墓进行比较，以期对第一期铃的来源和功能有所启发。

1.贾湖遗址的龟甲墓

最早发现龟甲器的遗址是河南舞阳贾湖遗址。在贾湖遗址的墓葬、房基、灰坑和地层中均发现有龟甲，其出土年代从公元前7000年一直延续到公元前5800年，涵盖了贾湖遗址的早、中、晚三期。墓葬中的龟甲响器比较完整，推测为特殊的宗教仪式用品[27]，房屋柱洞下奠基的完整龟甲及一些灰坑中出土的内含石子的完整龟甲也应与宗教活动有关，而灰坑和地层中出土的碎龟、鳖甲片应为人们食用龟鳖后的残余[28]。在贾湖遗址的349座墓中，有23座墓葬发现了龟甲，这些龟甲一般成组随葬，出土时背、腹甲扣合，龟甲内经常放置石子，数量多少不等，多出于墓主的头部、腿部附近[29]。房址和灰坑出土的龟甲碎片都保留自然形态，未见有人工加工痕迹[30]。龟甲墓一般面积较大，随葬品也比较丰富，墓中经常出土可能用于宗教仪式的骨笛以及骨叉形器[31]，享有特殊随葬品的墓主显然拥有较高的社会地位[32]。贾湖遗址未发现铃。

2.南郑龙岗寺遗址的铃墓与龟甲墓

南郑龙岗寺遗址发现了保存完整的仰韶文化半坡类型墓地，共发掘墓葬423座[33]（表5）。南郑龙岗寺遗址的铃墓和龟甲墓都发现于龙岗寺仰韶文化半坡类型墓葬之中，共有2座铃墓（M430和M431）和3座龟甲墓（M102、M118、M145），详见表6。除1座龟甲墓墓主性别不明外，其余皆为男性。铃墓皆出于第5层，而龟甲墓皆出于第6层，龟甲器的出现和使用时代都早于铃。铃墓相邻，龟甲墓M102与M118也相邻，铃墓与龟甲墓各自集中分布于固定的区域内，相互间距离较远。

以随葬陶器数量为标准将龙岗寺遗址半坡类型墓地发现的单人墓分为6个等级，分级情况如表5[34]。龟甲墓M102与M118分别属于第2等级和第3等级；龟甲墓M145为三人合葬墓，是合葬墓中出土随葬品最多的墓葬[35]，第3具人骨随葬一副龟甲，此人拥有18件随葬品，其中陶器6件[36]（表6）。铃墓M430和M431分别属于第5等级和第4等级，相较于龟甲墓，在墓室的尺寸和随葬品的级别上皆逊一筹。

表 5　龙岗寺半坡类型墓地单人墓墓葬等级统计表

墓葬等级	随葬陶器数量（件）	墓葬数量（座）	比例	铃墓等级	龟甲墓等级
第 1 等级	16～20	4	1%		
第 2 等级	10～13	17	4%		M102
第 3 等级	7～9	30	6%		M118
第 4 等级	4～6	60	13%	M431	M145
第 5 等级	1～3	117	37%	M430	
第 6 等级	0	55	39%		

说明：比例为墓葬数量/墓葬总数。

表 6　龙岗寺遗址铃墓和龟甲墓统计表

	墓号	探方号	期别	层位	墓主	随葬品数量	葬具	龟甲器随葬情况	随葬品
铃墓	M430	T38	中期	5层	30～35岁，男性	2	墓底有树皮朽灰		陶鼓腹罐、铃
	M431	T39	中期	5层	30多岁，男（？）性	12	人骨上有树皮朽灰		陶碗、小头壶、小罐、铃，玉锛，石球，骨锥5、牙饰
龟甲墓	M102	T19	中期	6层	20多岁，男性	19	无	位于墓主左脚处，龟甲无人工加工痕迹	陶碗2、钵5、尖底瓶、直腹罐、四耳罐，条形磨石2、石铲，牙饰3、乌龟，绿松石坠饰2
	M118	T20	中期	6层	成年，女（？）性	21	人骨上有树皮朽灰	位于墓主腰部	陶钵3、碗2、尖底瓶、直腹罐、盂，玉斧，石球2、磨石，骨锥6、骨刀、乌龟、牙饰
	M145（3）	T15、16	中期	6层	35岁左右，男性	19	人骨上有树皮朽灰	位于墓主两胫骨之间	陶钵2、尖底瓶、四耳罐、直腹罐、器盖，磨石2、石铲，骨锥9

说明：1.此表根据《龙岗寺——新石器时代遗址发掘报告》墓葬统计表修改。
2.随葬品中未标注件数的均为1件。

龙岗寺仰韶文化半坡类型墓葬的早、中、晚三期为一脉相承的发展关系[37]，但铃墓及龟甲墓都属中期墓葬，在早期及晚期皆未发现，加之该墓地为龙岗寺遗址唯一的墓葬分布区，可见铃与龟甲器为舶来品的可能性极大。龙岗寺仰韶文化半坡类型中期恰为该遗址与周边区域往来密切的时期，为铃和龟甲器的外来提供了时代背景。

3.邛县刘林遗址和大墩子遗址的铃墓与龟甲墓

刘林遗址进行过两次发掘，共发现墓葬197座[38]，其中铃墓1座（M118），墓主为女性；龟甲墓9座（M2、M7、M18、M25、M57、M88、M100、M158、M182），其中5座墓主为男性，2座墓主为女性（表7；表8）。刘林墓葬可分为早、晚两期，在时间上前后相承[39]。龟甲墓在早、晚期皆有发现，早、晚期发现的龟甲墓的数量基本相同（见表8）。铃墓仅在晚期发现，故龟甲墓出现的时间明显早于铃墓。龟甲墓中随葬龟甲1～3副，多有穿孔，常于背甲处布置呈方形分布的四孔，有的龟甲器内发现多个小石子[40]。龟甲器一般出于墓主的头部、胸前、腰部及腿部，出土位置多变。铃仅发现1件，出土位置未见报道。

刘林遗址墓地被分为六个墓群[41]，每个墓群皆有龟甲墓分布，且每个墓群中龟甲墓的分布相对集中。若将单个墓群视为一个家族，那么每个家族都拥有可以使用龟甲器的人。根据随葬器物的数量可将刘林遗址中的墓葬分为4级[42]（见表7），龟甲墓中M18、M57、M88、M158归属第3等级；M2、M7、M25、M100归属第2等级；M182出土随葬品32件，为刘林墓地随葬品最丰富的墓葬，为第1等级（见表8）。铃墓M118出土随葬品10件，属于第2等级墓葬[43]。龟甲墓和铃墓皆有较多随葬品。

表 7　　刘林遗址墓葬等级分类表

墓葬等级	随葬陶器数量（件）	墓葬数量	比例	铃墓数量	龟甲墓数量
第 1 等级	19 ～ 32	9	5%	无	1
第 2 等级	9 ～ 15	24	12%	1	4
第 3 等级	1 ～ 8	131	68%	无	4
第 4 等级	0	30	15%	无	无

说明：比例为墓葬数量/墓葬总数。

表 8　　刘林遗址铃墓与龟甲墓统计表

	墓号	探方号 + 墓群号	年代	墓主	随葬品数量	龟甲器随葬情况	随葬品
铃墓	M118	T412、三	晚期	20 岁左右，女性	10	未知	陶罐形鼎、钵形鼎、觚形杯、带把三足罐、铃、穿孔斧，骨锥 2、骨柶、刻花骨筒

续表 8

	墓号	探方号+墓群号	年代	墓主	随葬品数量	龟甲器随葬情况	随葬品
龟甲墓	M2	T503、一	早期	30 岁左右，女性	15	出于右腰或右腿处	龟甲，牙钩 2、牙柶 3、牙梳，陶鼎 2、豆 2、碗 2、盆、盘
	M7	T507、二	早期	30～40 岁，男性	15	头骨右侧 1、右胫骨右侧 2	穿孔龟甲 3，石斧、砺石，骨针 5、笄 2、牙饰，陶鼎、豆
	M18	T501、六	未知	男性	5	右胸前	石斧、石锛，龟甲、骨钩 2
	M25	T502、六	未知	40～50 岁，男性	10	左腰处	穿孔龟甲，石斧，骨枪头、骨钩 2、骨柶、骨匕，陶鼎、罐、杯
	M57（合葬墓）	T706、四	早期	幼童	6	未知	穿孔龟甲，牙钩 3，骨柶，陶鼎
	M88	T708、四	早期	15 岁左右，女性	8	未知	龟甲 2，石锛、砺石 2，骨锥，獐牙 2
	M100	T805、五	晚期	30～35 岁，男性	10	未知	龟甲，陶鼎 2、觚形杯 2、碗、三联杯，骨锥、骨柶、雕刻牙饰
	M158	T413、三	晚期	12 岁左右，男性	1	未知	龟甲
	M182	T413、三	晚期	15 岁左右，男性	32	一副位于腿裆部、一副位于右臂内侧，龟甲内有小石子	穿孔龟甲 2，陶鼎 14、杯 9、罐、缸，石斧，獐牙钩形器、鹿角锥、骨钏、长方形雕空骨器

说明：1.本表据《江苏邳县刘林新石器时代遗址第一次发掘》及《江苏邳县刘林新石器时代遗址第二次发掘》墓葬登记表及文中内容编辑。
2.龟甲墓部分虚线之上为刘林遗址第一次发掘出土，虚线之下为刘林遗址第二次发掘出土。
3.随葬品中未标注件数的均为1件。

表 9　大墩子遗址墓葬等级分类表

墓葬等级	随葬陶器数量（件）	刘林类型墓葬数量（座）	花厅类型墓葬数量（座）	比例		铃墓数量	龟甲墓数量	
				刘林类型	花厅类型	刘林类型	刘林类型	花厅类型
第 1 等级	＞25	4	8	2%	5%	无	3	无
第 2 等级	20～25	1	9	1%	6%	无	无	1
第 3 等级	10～19	29	37	16%	24%	无	2	1
第 4 等级	1～9	129	92	70%	59%	1	3	5
第 5 等级	0	20	10	11%	6%	无	无	无

说明：比例（刘林类型第1等级）=刘林类型第1等级墓葬数量/刘林类型墓葬总数。

大墩子遗址进行过两次发掘，共发现342座墓葬[44]，可分为两类，即刘林类型和花厅类型（表9）。花厅类型墓葬在时间上要晚于刘林类型墓葬，大墩子遗址刘林类型墓葬的年代与刘林遗址晚期墓葬相当[45]。两次发掘共发现铃墓2座（M253和M325），都属于刘林类型；龟甲墓15座，其中刘林类型有8座（M21、M44、M53、M67、M86、M102、M171、M249），花厅类型有7座（M55、M58、M63、M65、M109、M110、M207），详见表10。龟甲墓出现的时间早于铃墓，墓主皆以男性居多，分布区域相对集中，墓中一般随葬龟甲器1～2副，龟甲器多放置在墓主的腰部或手臂处。龟甲器穿孔情况未全部报道，有在背甲一端穿方形四孔并在同侧甲缘处穿多个小孔的情况（如M44出土龟甲），龟甲内偶有发现包含小石子及骨锥，其穿孔和随葬情况同刘林遗址出土的龟甲器基本一致。

根据随葬器物的数量可将大墩子遗址墓葬分为5级[46]（见表9）。铃墓皆属于刘林类型第4等级墓葬。刘林类型的龟甲墓中，第1等级3座、第3等级2座、第4等级3座。花厅类型的龟甲墓中，第2等级1座、第3等级1座、第4等级5座。从随葬品数量看，铃墓等级低于龟甲墓，刘林期龟甲器地位较花厅期高。大墩子遗址中随葬品最多的墓葬并未发现龟甲器。

龟甲墓从刘林早期开始出现，一直持续发展到花厅期。从龟甲器随葬墓葬的等级及高等级龟甲墓的出土概率而言，龟甲器的社会地位一直在变化，从刘林早期到晚期呈现上升趋势，从刘林晚期到花厅期呈现下降趋势（表11）。

在两个遗址中，龟甲器的出现时间皆早于铃，铃与龟甲器从未同时出现在同一墓葬中。相较于在遗址存续阶段持续使用的龟甲器，铃仅见于两个遗址的刘林晚期阶段，青莲岗期、刘林早期和花厅期均不见铃出土。因此，铃的使用和随葬很可能并非当地的文化传统，很可能于刘林晚期从其他地区传入，经过一段时间之后便弃之不用。刘林遗址的铃墓等级都很高，随葬品十分丰富，可见铃传入之时其使用者拥有较高的社会地位。

区域间不同文化的交流在大墩子遗址和刘林遗址中存在着明显的证据。在刘林期晚期，两个遗址中同时出现了典型的庙底沟文化的彩陶钵和盆，不论器形、施彩方式还是施彩部位均同庙底沟遗址出土同类器近乎一致，是大墩子遗址和刘林遗址同庙底沟文化存在直接交流的证据。庙底沟类型彩陶器出现的时间同铃出现的时间一致，刘林晚期应是两个遗址与周围文化存在较多文化交流的时期。

表 10　　大墩子遗址铃墓和龟甲墓统计表

	墓号	探方号	层位	类型	墓主	龟甲器随葬情况	随葬品数量	随葬品
铃墓	M253	T103	5	刘林类	中年男性	未知	6	陶觚形器、盖、钵形器、铃，猪獠牙管、獐牙
	M325	T101	5	刘林类	成年男性	未知	4	石铃，陶杯，骨柶、獐牙

续表 10

	墓号	探方号	层位	类型	墓主	龟甲器随葬情况	随葬品数量	随葬品
龟甲墓	M21	T1	4	刘林类	40余岁，男性	右肱骨上，背甲有穿孔，内有许多小石子	1	穿孔龟甲
	M44	T1	3	刘林类	30余岁，男性	两副穿孔龟甲分别放置于人骨腹部左右，分别盛有6枚粗骨针和6根骨锥。前者背甲下部有4个穿孔，排列为方形，边缘有8个穿孔，腹甲有绳索磨痕。后者背甲前后端皆有4个穿孔，腹甲一端磨去，腹甲有绳索磨痕	53	獐牙勾形器、獐牙钩4，鱼镖，骨锥13、针8、刮削器3、骨柶、管、骨帽、穿孔龟甲2，陶罐形鼎4、圈足杯4、钵形鼎2、罐、瓿、缸、三足高柄杯、彩陶盆
	M53	T3	2	刘林类	中年男性	未知	34	石铲、锛8、凿3、砾石、石球，陶鼎6，獐牙钩形器4、锥2、鱼镖、针、獐牙4、柶、约发、猪牙、猪下颌骨、龟甲
	M67（同M86为合葬墓）	T3	2	刘林类	壮年女性	右肱骨上	11	石纺轮，陶豆、鼎2、碗、罐2、杯、盖，獐牙钩形器、龟甲
	M86	T3	2	刘林类	中年男性	置于腹下	11	陶鼎3、杯，骨柶、鱼镖4、獐牙钩形器、龟甲
	M102	T4	1	刘林类	30岁左右，男性	未知	28	石斧、锛、铲、颜料石5，陶鼎10，牙约发、骨针6、猪下颌骨2、龟甲
	M171	T105	3	刘林类	男性	未知	8	石斧、锛，陶鼎3、罐2，龟甲
	M249	T101	5	刘林类	壮年男性	未知	9	石斧，陶罐、鼎、杯3，骨针、獐牙钩形器、龟甲
	M55	T103	1	花厅类	50岁左右，男性	桡骨外侧	14	石斧、环2、镯，陶豆2、罐2、盆、鼎、尊、杯，猪獠牙、龟甲
	M58			花厅类		未知	4	陶钵、罐、鼎，龟甲
	M63	T101	2	花厅类	30岁左右，男性	未知	22	石锛、砾石2、凿2，陶鼎3、罐2、杯，骨锥8、针、牙饰、龟甲
	M65	T101	2	花厅类	未知	未知	8	陶鼎4、盆、罐，骨锥、龟甲
	M109	T105	2	花厅类	壮年女性	未知	7	陶罐，獐牙钩形器2、匕首2、鹿角、龟甲
	M110	T105	2	花厅类	未知	未知	2	石铲，龟甲
	M207	T106	5	花厅类	女性	未知	9	石斧，陶罐、鼎、杯3，骨针、獐牙钩形器、龟甲

说明：1.本表据《江苏邳县四户镇大墩子遗址探掘报告》和《江苏邳县大墩子遗址第二次发掘》墓葬统计表及文中内容编辑，参考陈星灿、李润权：《申论中国史前的龟甲响器》中大墩子墓地随葬龟甲统计表。

2.龟甲墓部分虚线之上为大墩子遗址第一次发掘出土，虚线之下为大墩子遗址第二次发掘出土。

3.随葬品中未标注件数的均为1件。

表 11　　刘林和大墩子遗址高等级龟甲墓出土概率表

刘林遗址	第 1 等级	第 2 等级	第 3 等级	第 4 等级	
龟甲墓	1	4	4	0	
墓葬总数	9	24	131	30	
比例	11%	17%	3%	0%	
大墩子遗址刘林类型	第 1 等级	第 2 等级	第 3 等级	第 4 等级	第 5 等级
龟甲墓	3	0	2	3	0
墓葬总数	4	1	29	129	20
比例	75%	0%	7%	2%	0%
大墩子遗址花厅类型	第 1 等级	第 2 等级	第 3 等级	第 4 等级	第 5 等级
龟甲墓	0	1	1	5	0
墓葬总数	8	9	37	92	10
比例	0%	11%	3%	5%	0%

4.小结

通过对龙岗寺、大墩子和刘林三个遗址出土龟甲墓和铃墓的分析，可有以下认识。

（1）龟甲墓和铃墓的墓主男女皆有，但以男性为主。

（2）三个遗址的铃和龟甲器都应为外来传入，而非本地原创的物品。铃出现的时段皆为该遗址存在较多对外物质文化交流的时期。

（3）龟甲器传入的年代早于铃，两者存在同时期共存的情况。

（4）三个遗址所发现的龟甲器与铃从不出土于同一个墓葬中，两者的功能和地位有着明显区别。

（5）龟甲器和铃的使用者都拥有一定的社会地位。龟甲墓随葬品的数量多于铃墓，龟甲器的等级应高于铃。在墓葬出现明显等级分化的三个遗址中，皆有随葬品数量为所在墓区第1等级的龟甲墓，可见龟甲墓墓主拥有十分高的社会地位和相当的财富。

（6）龙岗寺遗址中龟甲墓和铃墓拥有各自的分布区域，距离较远；而刘林和大墩子遗址中铃墓与部分龟甲墓位置十分接近。

（7）铃仅短暂存在于三个遗址的某个时段内，使用时间集中，且墓葬位置也十分集中，推测其传入后仅为某个家族使用，并未在所在遗址中得到普遍推广或接纳。

龙岗寺遗址龟甲墓和铃墓的年代早于刘林及大墩子遗址的龟甲墓和铃墓，三个遗址中的龟甲器和铃却表现出了相似的随葬情况，这说明龟甲器和铃在相当长的时间内从诞生地持续向周围扩散，其扩散区域可能首先接受了龟甲器，随之接受了以龟甲器为模本的“衍生器”铃。淮河下游的大汶口文化大墩子类型遗址中较多地保存了贾湖墓葬中随葬龟、狗、骨器、牙器的传统，很可能是贾湖文化的直接后继者之一[47]。因此，在以大墩子类型为代表的大汶口文化中较为完整地保留了龟甲器的使用传统，并长时段持续使用壁穿孔 I Ba

型铃。大汶口文化中铃的长期使用可能同此地一直保留着使用龟甲器的传统有关，两者在整个大汶口文化期内持续共存，社会地位和性质也不断在发生变化。

（二）第一期早段铃的出土背景分析

1.淅川下王岗遗址出土陶铃

淅川下王岗出土了2件铃H169：19与T16⑥：193（见图6），出土于下王岗仰韶文化第二期[48]的T16中，出土时间及位置十分集中。T16第6文化层发现F27，同陶铃T16⑥：193出土地层一致，铃应为F27住户所使用，2件铃皆出自居住区范围内。下王岗遗址仰韶文化第一期至第三期地层相互叠压，年代相续，但仅第二期有2件陶铃，第一期、三期都未发现，也未见相似的同类器物，由此推测下王岗遗址的铃应由其他地方传入。下王岗第二期树轮校正年代为距今6355±190年，即公元前4548年[49]。下王岗遗址出土的2件铃是现已知年代的铃中时间最早的，因此铃出现的时代可继续往前追溯。

下王岗遗址中保存了一些贾湖遗址的文化因素[50]。借助大张庄遗址的前后连接，在三足罐鼎、折沿盆、钵等陶器器形上可以看到贾湖遗址的影响[51]。下王岗第一期有5座随葬龟的墓葬，墓主以男性为主，龟多放在手臂上[52]。此外，第一期墓葬中还发现4例殉狗现象。龟甲、狗的随葬情况同贾湖遗址十分类似。下王岗遗址地处南阳盆地，位于汉水支流丹江之畔，地理位置优越，为四方文化交汇地，易于吸收及传播其他区域的文化因素，下王岗第二期陶器上可见大溪文化、半坡、庙底沟仰韶文化的陶器特征即为一证。下王岗遗址出土的陶铃T16⑥：193同龙岗寺遗址出土的陶铃M431：4不论在陶质、器形及穿孔方式上皆相同，时间略早于龙岗寺陶铃，汉水上游的龙岗寺陶铃很可能是由下王岗遗址传入。

2.大地湾遗址出土陶铃

大地湾遗址出土的2件陶铃器形比较特殊，其竖剖面非第一期典型的梯形，乃第三期时北方地区流行的C型“横长方形”，与第一期早段其他三个遗址所出铃在器形上差距较大（见图6）。T600④：9的年代为大地湾第二期Ⅰ段，T600②：7为大地湾第三期Ⅲ段，2件铃出土于同一探方不同地层，位置接近。T600第4层发现 F603，与T600④：9出于同一探方的相同层位， T600②：7发现于F324南，位置接近，出于同一地层。F603为小型房屋，F324为中型房屋，房屋等级普通。第三期之后，虽然大地湾遗址的文化持续发展，但是再未出土铃。大地湾遗址有丰富的测年数据，第二期（仰韶文化早期）年代为距今6500～5900年，第三期年代大致为距今5900～5500年[53]。大地湾第二期Ⅰ段时代略晚于龙岗寺遗址仰韶文化半坡早期类型，两者文化性质接近，不排除大地湾铃由龙岗寺遗址传入的可能。大地湾遗址作为铃的次级传播地，陶铃的形态较最初铃的器形改变最大。

3.大汶口遗址出土陶铃

大汶口遗址北辛文化晚期H10：1陶铃，器形为第一期典型的壁穿孔ⅠBa型铃，出土于居住区的灰坑中，该灰坑东北10米处有一房屋遗迹。大汶口遗址北辛文化晚期的大汶口文化层内无铃出土。

4.小结

综上，出自生活遗迹的第一期早段铃的出土背景如下。

（1）第一期早段铃中，除龙岗寺遗址陶铃发现于墓葬外，其余陶铃皆出土于居住区内，出土地点附近（10米之内）有同期房屋分布，应为屋主日用器。

（2）陶铃在每个遗址中分布地点皆十分集中，为特定人群或家族拥有。

（3）四个遗址出土的第一期早段铃皆为“舶来品”，最早的铃的出现年代应早于仰韶文化早期。

下王岗、龙岗寺遗址所在区域曾受到贾湖文化的强烈影响，下王岗文化很可能是贾湖文化的后继文化[54]。下王岗、龙岗寺和大地湾遗址皆为所在区域的中心性大型遗址，与周围文化间存在着密切的文化往来，借助丹江、汉水和渭河及其支流之便，第一期早段铃集中出现在这三个遗址自然不足为奇。上文中谈及从下王岗至龙岗寺至大地湾出现层级传递的现象，虽然三个遗址的陶铃出现时间间隔不久，但直接传播地的陶铃器形与间接传播地的陶铃器形有比较明显的差别。北辛文化及随后的大汶口文化大墩子类型同样深受贾湖文化的影响，淮河中下游大墩子类型遗址在长时间段内保留了贾湖遗址墓内殉狗、獐牙随葬及使用龟甲器等传统，是贾湖主要后继文化之一，这也是第一期早段铃会出现于大墩子遗址及刘林遗址的原因。

贾湖遗址不论在物质还是在精神文明上都较同期其他遗址突出，具备足够的文化输出能力。在贾湖遗址生活的人群是一个极富创造力的群体。首先，他们创造了方口盆、角把罐、卷沿罐等，这些是裴李岗文化遗址中少见的陶器；其次，他们创造并成规模使用了龟甲响器、骨笛等响器及乐器。贾湖遗址出土的龟甲器、陶器、骨器和石器上发现的刻画符号反映出当时人们已经具备较为成熟的抽象化思维体系，符号和响器的发明和应用，是较为成熟的宗教观念形成的体现。贾湖遗址是现今发现的最早的且大规模使用龟甲器的遗址，同时它也是一个对于响器的发明极具意义的遗址。尽管贾湖遗址未发现铃，但第一期早段铃出现的遗址都与它存在密切的文化传承关系，从随后铃的出现区域来看，基本上沿北纬34度线东西排列，这一条线也正是贾湖人群东西迁移的方向，因此我们认为以贾湖遗址为中心的淮河上游地区应为追溯铃起源的核心区域。

五、结　　语

我国最早的铃出现于以贾湖遗址为中心的淮河上游地区，年代早于公元前4500年。最早的铃模仿龟甲器的形态制造，但在使用方式、出土遗迹及社会等级方面都与龟甲器存在较大区别。龟甲器是一种高等级的宗教仪式用品[55]，是当时集先进技术（钻孔）、珍稀原料（龟甲）及神圣宗教观念于一身的“奢侈品”，仅聚落中少数地位特殊的人群能够拥有。随着原始宗教观念及宗教仪式的发展，响器的需求必然随之增加，这与新石器时代晚期早段大量出现多种不同类型响器（龟甲器、骨笛、陶响球、铃等）的情况一致。我们推测可能是由于特殊龟种的地域分布范围有限，且龟甲难得，于是在受到龟甲器文化强烈影响，却又无法获得足够龟甲器的区域才会出现模仿龟甲器形态的ⅠBa型铃。从第一期早段铃出土的背景来看，铃是一种在日常生活中使用的器物，常出现于居住址附近，显然为所有者随身佩戴的物品。下王岗、龙岗寺、大地湾和大汶口遗址第一期早段的铃均为“舶来品”，其佩戴者需具备一定的社会地位才能够接触并拥有。此外，铃的所有者必然直接或间接地参与到区域之间的物质文化交流或贸易过程之中，才能获取他地之“新事物”。现在还没有足够的证据证明铃在模仿龟甲器的形态上还继承了龟甲器的功能，发声是第一期早段铃现可知的代表性特征，但还不足以直接将铃的性质断定为乐器，我们倾向于将陶铃称为响器。

铃出现后，以发源地为中心，通过裴李岗文化期架构的文化传播网络扩散至豫西南、汉水上游、渭河流域及泰沂地区。铃能够广泛在新石器时代晚期中心性遗址中传播，说明铃在当时具备普遍的认可且具有被传播的价值，因此才能承担文化输出的责任。铃的出现和传播与中国新石器时代中晚期贾湖文化、裴李岗文化、仰韶文化的兴起和扩张有着直接关系。随着区域间远距离物质文化的交流，在地域覆盖范围及频率上的普遍提升，强势文化中心的代表性高等级器物及其仿制品开始广泛出现在新石器时代晚期各主要文化区的中心性遗址。在这个大背景下，铃以淮河上游为中心向四周扩散，在河南北部、湖北北部、安徽北部、江苏北部、甘肃东部、内蒙古中南部的仰韶文化和大汶口文化的大型聚落中开始出现。在对史前铃的研究中，我们认为，铃的传播是一种上层文化间交流的成果，是不同文化之间主动学习的结果，仅出现于文化交汇地带和少数中心性聚落之中的铃，是证明史前几大文化区之间存在着密切的物质和文化交流的一个重要且有力的证据。

附记：本文写作完成后，黄建秋教授阅读了初稿并给予了修改意见，谨申谢忱。

注　释

[1] 按照霍恩博斯特尔—萨克斯分类法分类。

[2] 该特征由申莹莹在《中国新石器时代出土乐器研究》中首次提出（申莹莹：《中国新石器时代出土乐器研究》，音乐学院博士论文，2012年）。

[3] 该特征由申莹莹在《中国新石器时代出土乐器研究》首次提出（申莹莹：《中国新石器时代出土乐器研究》，音乐学院博士论文，2012年）。

[4] a. 该特征最早见于 Lothar von Falkenhausen, *Suspended Music- Chine-Bells in the Culture of Bronze Age China,* California: University of California Press, 1993.

b.［日］久保田慎二：《陶寺与二里头铜铃的出现背景——由对新石器时代陶铃的分析入手》，见《夏商都邑与文化（一）：“夏商都邑考古暨纪念偃师商城发现30周年国际学术研讨会”论文集》，中国社会科学出版社，2014年。

[5] 本文所用材料截至2017年。

[6] a. 中国艺术研究院音乐演技所吴钊教授最早提出根据顶部形态及横截面对陶铃进行划分的方法。

b. 高炜在《史前陶铃及相关问题》（《二十一世纪的中国考古学——庆祝佟柱臣先生八十五华诞学术文集》，文物出版社，2006年）中使用了首先根据甬的有无分为两类，后再依据顶部形态、竖断面和横断面分型的方法。

c. 久保田慎二在高炜研究的基础上，完善了铃的“属性分析理论”，同时提供了清晰的图例，使得陶铃的分类更为系统规范，本文主要采用此种分类方法。

[7] 所谓壁穿孔，是位于铃顶面之下在铃壁进行的有目的性的穿孔，它们一般为比较规整的圆形，穿孔位置靠近铃的顶部。第三期始于内蒙古老虎山文化的凹顶铃习惯于在高于铃顶面的四壁穿孔，并不纳

入此处壁穿孔的范畴。

[8] 内蒙古清水河岔河口遗址据传出土铃 20 余件，但未见详细报道，仅于段泽兴主编《中国音乐文物大系Ⅱ（内蒙古卷）》（大象出版社，2007 年）中收录 4 张照片。

[9] 尉迟寺遗址 F33：64 信息不全，并未找到具体图片，但据发掘报告，该铃与同期 F37：19 形制相同，应该具备壁穿孔。但考虑到信息不全，因此在壁孔铃统计表中未将其纳入。

[10] 陈星灿、李润权：《申论中国史前的龟甲响器》，见《桃李成蹊集——庆祝安志敏先生八十寿辰》第 74 页，香港中文大学中国考古艺术研究中心，2004 年。

[11] a. 汪宁生：《古俗新研》第 352 ～ 360 页，敦煌文艺出版社，2001 年。
b. 张居中：《舞阳贾湖遗址出土的龟甲和骨笛》，《华夏考古》1991 年第 2 期。
c. 陈星灿、李润权：《申论中国史前的龟甲响器》，见《桃李成蹊集——庆祝安志敏先生八十寿辰》，香港中文大学中国考古艺术研究中心，2004 年。

[12] 陈星灿、李润权：《申论中国史前的龟甲响器》，见《桃李成蹊集——庆祝安志敏先生八十寿辰》第 84 页，香港中文大学中国考古艺术研究中心，2004 年。

[13] 河南省文物考古研究所：《舞阳贾湖》上卷，第 47 页，科学出版社，1999 年。

[14] 河南省文物考古研究所：《舞阳贾湖》上卷，第 47 页，科学出版社，1999 年。

[15] 河南省文物考古研究所：《舞阳贾湖》上卷，第 47 页，科学出版社，1999 年。

[16] 安徽省文物考古研究所：《安徽含山县凌家滩遗址第五次发掘的新发现》，《考古》2008 年第 3 期。

[17] 安徽省文物考古研究所：《安徽含山县凌家滩遗址第五次发掘的新发现》，《考古》2008 年第 3 期。

[18] 安徽省文物考古研究所：《安徽含山县凌家滩遗址第五次发掘的新发现》，《考古》2008 年第 3 期。

[19] 都以背甲的长度计算。

[20] 安徽省文物考古研究所：《安徽含山县凌家滩遗址第五次发掘的新发现》，《考古》2008 年第 3 期。

[21] 安徽省文物考古研究所：《安徽含山县凌家滩遗址第五次发掘的新发现》，《考古》2008 年第 3 期。

[22] 蒋卫东：《斜口筒形玉器非龟壳说》，《文物》2014 年第 8 期。

[23] 关于龟甲的绑缚，陈星灿、李润权：《申论中国史前的龟甲响器》文中有详细说明，见《桃李成蹊集——庆祝安志敏先生八十寿辰》第 73、74 页，香港中文大学中国考古艺术研究中心，2004 年。

[24] 陈星灿、李润权：《申论中国史前的龟甲响器》，见《桃李成蹊集——庆祝安志敏先生八十寿辰》第 74 页，香港中文大学中国考古艺术研究中心，2004 年。

[25] 龟甲器出土时多有破碎，因此必然影响对龟甲器上是否存在穿孔的判断。

[26] 铃墓即出土铃的墓葬；龟甲墓即出土龟甲的墓葬，下文不再赘述。

[27] 河南省文物考古研究所：《舞阳贾湖》，科学出版社，1999 年。

[28] 河南省文物考古研究所：《舞阳贾湖》下卷，第 458 页，科学出版社，1999 年。

[29] 河南省文物考古研究所：《舞阳贾湖》下卷，第 456 ～ 460 页，科学出版社，1999 年。

[30] 河南省文物考古研究所：《舞阳贾湖》下卷，第 459 页，科学出版社，1999 年。

[31] 河南省文物考古研究所：《舞阳贾湖》，科学出版社，1999 年。

[32] 刘莉：《中国新石器时代：迈向早期国家之路》第 115 页，文物出版社，2007 年。

[33] 陕西省考古研究所：《龙岗寺——新石器时代遗址发掘报告》第 60 页，文物出版社，1990 年。

[34] 陕西省考古研究所：《龙岗寺——新石器时代遗址发掘报告》第 70 页，文物出版社，1990 年。

[35] 陕西省考古研究所：《龙岗寺——新石器时代遗址发掘报告》第 70 页，文物出版社，1990 年。

[36] 陕西省考古研究所：《龙岗寺——新石器时代遗址发掘报告》第 90、91 页，文物出版社，1990 年。

[37] 陕西省考古研究所：《龙岗寺——新石器时代遗址发掘报告》第 171 页，文物出版社，1990 年。

[38] a. 江苏省文物工作队：《江苏邳县刘林新石器时代遗址第一次发掘》，《考古学报》1962 年第 1 期。
b. 南京博物院：《江苏邳县刘林新石器时代遗址第二次发掘》，《考古学报》1965 年第 2 期。
[39] 南京博物院：《江苏邳县刘林新石器时代遗址第二次发掘》，《考古学报》1965 年第 2 期。
[40] 江苏省文物工作队：《江苏邳县刘林新石器时代遗址第一次发掘》，《考古学报》1962 年第 1 期。
[41] 南京博物院：《江苏邳县刘林新石器时代遗址第二次发掘》，《考古学报》1965 年第 2 期。
[42] 南京博物院：《江苏邳县刘林新石器时代遗址第二次发掘》，《考古学报》1965 年第 2 期。
[43] 南京博物院：《江苏邳县刘林新石器时代遗址第二次发掘》，《考古学报》1965 年第 2 期。
[44] 南京博物院：《江苏邳县四户镇大墩子遗址探掘报告》，《考古学报》1964 年第 2 期；《江苏邳县大墩子遗址第二次发掘》，见《考古学集刊》第 1 集，中国社会科学出版社，1981 年。
[45] 大墩子遗址刘林类型墓葬年代为刘林遗址晚期墓葬年代，下文中将统称为刘林晚期，并将刘林遗址早期墓葬年代称为刘林早期，大墩子遗址青莲岗文化层称为青莲岗期，花厅类型墓葬所在时段称为花厅期。
[46] 南京博物院：《江苏邳县大墩子遗址第二次发掘》，见《考古学集刊》第 1 集，中国社会科学出版社，1981 年。
[47] 河南省文物考古研究所：《舞阳贾湖》下卷，第 539 ～ 541 页，科学出版社，1999 年。
[48] 下文中下王岗仰韶文化一期称为下王岗一期或一期；下王岗仰韶文化二期称为下王岗二期或二期。
[49] 中国社会科学院考古研究所：《中国考古学中碳十四年代数据集》，文物出版社，1983 年。
[50] 河南省文物考古研究所：《舞阳贾湖》下卷，第 543 页，科学出版社，1999 年。
[51] 南阳地方文物队：《河南方城县大张庄新石器时代遗址》，《考古》1983 年第 5 期。
[52] 河南省文物研究所：《淅川下王岗》第 23 页，文物出版社，1989 年。
[53] 甘肃省文物考古研究所:《秦安大地湾——新石器时代遗址发掘报告》第 707 页，文物出版社，2006 年。
[54] 河南省文物考古研究院、中国科学技术大学科技史与科技考古系：《舞阳贾湖（二）》第 575 页，科学出版社，2015 年。
[55] a. 河南省文物考古研究所：《舞阳贾湖》下卷，第 976 ～ 983 页，科学出版社，1999 年。
b. 汪宁生：《试论史前器物用途的研究》，见《史前研究》，三秦出版社，1998 年。
c. 栾丰实：《大汶口文化的骨牙雕筒、龟甲器和獐牙勾形器》，见《海岱地区考古研究》，山东大学出版社，1997 年。

The Origin of the *Ling*

Deng Lingling

KEYWORDS: *Ling*   Tortoise-Shell Rattles   Yangshao Culture   Dawenkou Culture   Neolithic Age

ABSTRACT: The earliest *ling* in China originated in the upper Huaihe River area centered on the Jiahu site, dating back to 4500 BC. The original form of the *ling* was an I Ba-type bell with perforated body made by imitating the tortoise shell rattle, which is a kind of hanging ring. The earliest known *ling* is concentrated in the early Yangshao Culture and Dawenkou sites in the Jianghan River Basin, but these sites are not the origin, and the tradition of using *ling* has not been maintained for a long time. With the help of the regional communication network constructed during the strong period of Peiligang Culture, the *ling* was widely disseminated in the central site in the late Neolithic period, which not only shows that it has the cultural value of being disseminated, but also shows that common values have been formed in specific cultural areas. The owners of *ling* need to have a certain social status to be able to contact and own imported goods. They must directly or indirectly participate in material and cultural exchanges or trade between regions in order to obtain "new things" from other places. The *ling* appeared under the social background of the great development of the rattle and has been in use ever since.

（特约编辑　新　华）

商代早期中原腹地中小型城邑的形成背景研究

侯卫东

关键词：商代　中原腹地　城邑　地理环境　人文背景

内容提要：以郑州商城为中心、半径200公里的区域，是商代早期中小型城邑和青铜器出土地点分布密度最高的区域，可称为商代早期的“中原腹地”。这些中小型城邑都位于山麓高地、临河筑城、靠山向水，地理环境非常优越并具有相似性，其形成的历史人文背景分为三类。第一类位于原二里头文化中心区，如望京楼商城；第二类位于原辉卫文化分布区，如孟庄商城、府城商城；第三类位于原东下冯文化分布区，如东下冯商城与垣曲商城。这三类区域对于商王朝而言，都是新征服的区域，并且都有着深厚的本地文化传统，但与都城的空间关系有别。望京楼商城在郑州商城南部王畿之内，拱卫都城的南方门户应是其重任；孟庄商城与府城商城在都城北方不远的黄河彼岸，应承担着拱卫都城北方门户的重任；东下冯商城与垣曲商城在中条山铜矿带和盐池附近，应具有控制和经营战略资源的重任。

一、引　　言

商代早期的两座都城郑州商城[1]、偃师商城[2]位于当时文化和政治地理的“天下之中”，郑州、偃师为中心的地域在龙山文化晚期以来形成了文化和政治意义上的“中原”[3]。郑州商城为中心、半径200公里的区域，分布有新郑望京楼商城[4]、辉县孟庄商城[5]、焦作府城商城[6]、夏县东下冯商城[7]和垣曲商城[8]等商代早期中小型城邑，是商代早期中小型城邑和青铜器（高规格礼器）出土地点分布密度最高的区域，本文称之为商代早期的“中原腹地”（图1）。

偃师二里头都邑在二里头文化第二、三期之际营建了宫城城墙[9]，“中原腹地”在二里头文化第三期之初几乎同步营建了多座城邑，如新郑望京楼、郑州大师姑[10]、辉县孟庄等发现有夯土城垣。郑州商城和偃师商城相继营建之后，其代表的二里冈文化取代二里头文化成为中原腹地的主导文化，此前的城邑或继续沿用、或进行改建、或重新营建。望京楼商城、

作者：侯卫东，开封市，475001，河南大学黄河文明与可持续发展研究中心。

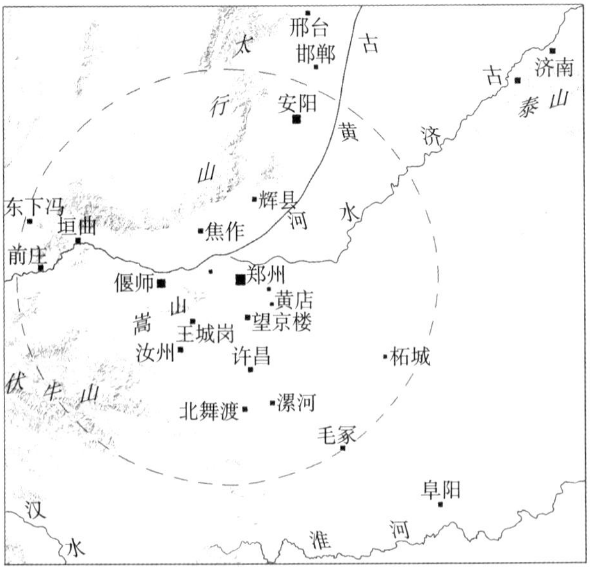

图 1　中原腹地商代早期重要遗址分布示意图

孟庄商城、府城商城、东下冯商城、垣曲商城等中原腹地的商代早期中小型城邑，成为“商城”之前都有城垣或环壕代表城邑，说明这些“商城”都有深厚的历史人文背景。因此，中原腹地商代早期每座中小型城邑成为“商城”之前的历史人文背景，与其区域的地理环境和微观地貌一样，对认识商代早期中原腹地中小型城邑的选址原则、分布规律及其性质具有重要意义。

二、望京楼商城的地理环境和人文背景

望京楼商城位于新郑市新村镇孟家沟一带的黄水河东岸，地处嵩山东麓，周围区域大多为丘陵和平原，双洎河、黄水河、溱水等从其附近流经，北方不远处是著名的古济水、古黄河、古圃田泽、古荥泽。望京楼商城周围区域物产和水资源丰富，又处于南北向交通的主线上，地理环境特别优越。望京楼商城北方约30公里是郑州商城，其北偏西约40公里是东赵二里头文化城邑[11]，其北偏西约50公里是大师姑二里头文化城邑（图2），该区域是已知二里头文化中小型城邑分布密度最高的区域，二里头文化基层聚落的分布密度也特别高[12]。

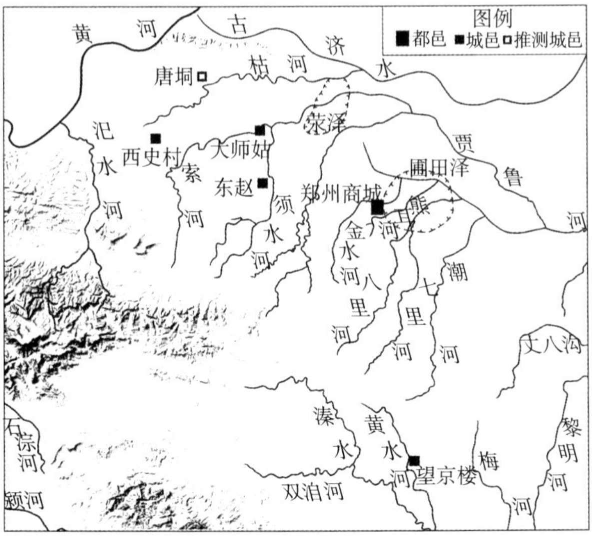

图 2　望京楼商城的地理环境和人文背景示意图
（图片改自侯卫东：《郑州商城肇始阶段王畿区域聚落变迁与社会重组》图一，《江汉考古》2018 年第 2 期）

望京楼商城所在地发现有二里头文化城邑，城垣位于望京楼商城城垣外侧，城墙外侧有城壕，城墙被二里冈文化时期城壕破坏殆尽。望京楼二里头文化城邑平面近方形，方向北偏东约10度，东城墙长625、南城墙残长41（东端）、北城墙残长32（东端）米，东城壕残长约645、北城壕残长约180、南城壕残长约220米。参考望京楼二里冈文化时期城墙的保存情况，可以将其二里头文化时期城墙的长度复原为东（西）墙约625、南（北）城墙约640米，故望京楼二里头文化城邑的面积约40万平方米[13]（图3）。

望京楼二里头文化城邑内发现有房基和窖穴等遗迹，城外围也分布有丰富的二里头文化第二、三期遗存。城外围东、南、西三面天然河沟和人工壕沟围成一个闭合空间，面积达168万平方米，发掘者认为可能存在同时期的外城和外壕（见图3）。壕沟ⅠT2G13第4层出土陶器特征为二里头文化第四期偏早或更早，说明该沟开凿于二里头文化第四期早期或更早。北外壕ⅠT2G13与内城北墙之间的探方内发现有二里头文化第三期地层堆积，说明内城外围有二里头文化的人群活动。无论望京楼二里头文化城垣外围水系围成的封闭空间是否相当于外城，城垣与封闭水系之间都是重要的活动空间，与内城形成二重结构的聚落系统。

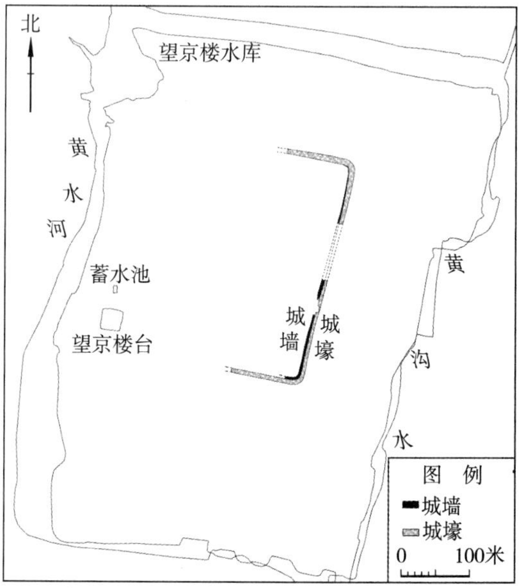

图3　望京楼二里头文化城邑布局示意图
（图片采自郑州市文物考古研究院：《新郑望京楼：2010～2012年田野考古发掘报告》图四二，科学出版社，2016年）

综上，望京楼商城处于原二里头文化的关键地域、二里头都邑的东方门户地带，周围区域二里头文化城邑和基层聚落的密度都高，望京楼商城直接以此前二里头文化城垣为基础建筑城垣，不仅具有优越的自然地理环境，还具有特别深厚的历史人文背景。

三、孟庄商城与府城商城的地理环境和人文背景

辉县孟庄商城与焦作府城商城都位于太行山东南麓的山前平原，二者直线距离约70公里，都属于沁河以东、卫河（古黄河）以西的辉卫文化的分布范围（见图1），在夏商时期同属一个文化和地理区域，故本文将二者放在一起，讨论其地理环境和人文背景。

孟庄商城与府城商城所在的太行山东南麓、沁河以东、古黄河之西的区域，背靠太行山、东南临古黄河、西南临沁河，该区域处于太行山东南麓的丘陵平原地带，众多河流从太行山上流下来，尽享山水之利。该地也是偃师二里头都邑、偃师商城、郑州商城等夏商都城与晋西南地区和豫北地区沟通交流的重要孔道，东西交通要道“太行八陉”中有两“陉”在这个区域。偃师二里头都邑主导中原腹地的二里头文化时期，太行山东南麓的辉卫文化西南邻近二里头都邑及其王畿地区，向西可与东下冯文化沟通，东方与岳石文化为邻，北方与下七垣文化（以漳河型文化为主体）相接，文化面貌呈现出周邻的多元文化因素[14]。

邹衡先生认为焦作沁河一带是“二里头文化与先商文化的交接之处”[15]，邹先生这里所说的“先商文化”指的是“先商文化辉卫型”[16]，就是张立东论证的“辉卫文化”[17]。刘绪认为沁河以西为二里头文化、沁河以东为“李固—潞王坟类型”（即辉卫文化）的分布

范围[18]。从焦作府城遗址出土的二里头文化时期（辉卫文化）陶器反映的文化面貌看，二里头文化传统的大口尊、捏口罐常见，辉卫文化传统的鬲、折肩盆常见[19]，说明二里头文化和辉卫文化在此地深度交流融合。府城商城所在的沁河流域是原二里头文化与辉卫文化的接触地带，府城商城所在地以辉卫文化为主导、具有浓郁的二里头文化因素，也受到了东下冯文化的一定影响。

孟庄商城与府城商城所在的太行山东南麓、沁河以东、古黄河之西的区域，辉卫文化聚落分布较多，除孟庄辉卫文化城邑之外，焦作府城、武陟大驾、商村[20]、东石寺[21]、修武李固[22]、郇封[23]、辉县丰城[24]、褚丘[25]、孙村[26]、张雷[27]、琉璃阁[28]、新乡王门[29]、潞王坟[30]、李大召[31]等都发现有辉卫文化遗存。杨贵金1997年提到沁河西岸的二里头文化遗址有12处，实际应当更多；沁河东岸的辉卫文化遗址有11处，实际也应当更多；尤其是焦作市西侧的月季公园辉卫文化遗址面积达12万平方米[32]，其规模与府城商城和孟庄商城相当，很值得重视。可见，在孟庄商城和府城商城成为“商城”之前，其所在的太行山东南麓有着深厚的辉卫文化基础。

在郑州商城取代二里头都邑主导中原腹地的过程中，太行山东南麓是文化互动和人群接触的关键地带。孟庄商城和府城商城二里冈下层第二期之前成为二里冈文化体系的“商城”，说明郑州商城主导的国家迅速控制了太行山东南麓的区域性中心聚落。

孟庄商城位于太行山东南麓及其支脉凤凰山南侧山脚下，古黄河从其东南约30公里处流过，其北侧的凤凰山上有多条河流、冲沟流经孟庄商城附近（见图1；图4）。孟庄商城的西方和北方有太行山和其支脉凤凰山形成的半包围式天然屏障，既有利于西北方向的防御，又减弱了西北方向的冬季寒流；东南方向既有延展空间，又享受东南方向的夏季凉

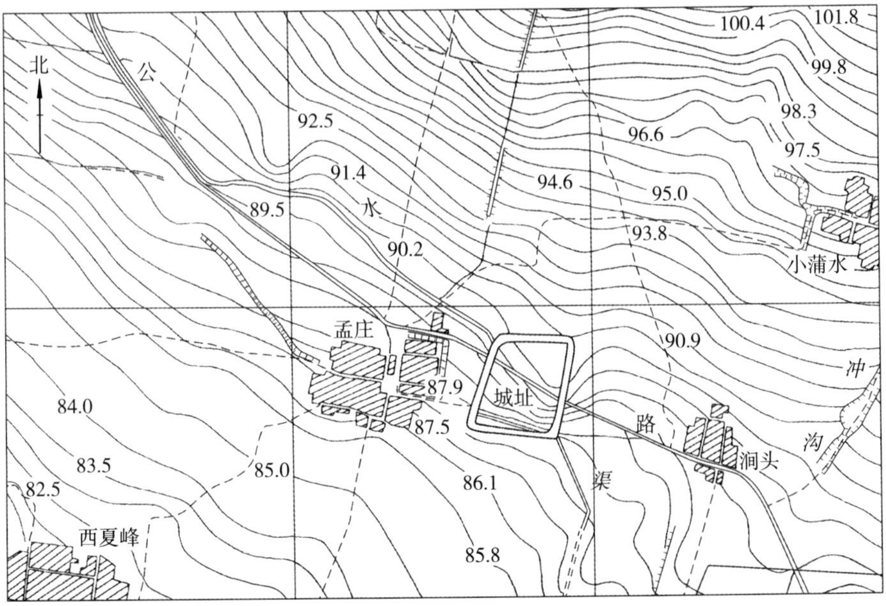

图 4　孟庄商城地貌示意图
（图片改自河南省文物考古研究所：《辉县孟庄》图二，中州古籍出版社，2003 年）

风，可谓具有得天独厚的地理环境优势。孟庄辉卫文化城邑地处原辉卫文化分布区的中心地带，直接叠压在龙山文化城址之上，平面形状同龙山文化城址一样近方形，东墙长约375、北墙约340、西墙长约330米，南墙已经被毁掉，面积约12.7万平方米（图5）。相当于二里冈下层第一期2段的时候，孟庄辉卫文化城邑纳入二里冈文化体系，直接沿用成为“商城”。

府城商城北距太行山约15、南距沁河约20公里，遗址北部有一条自西向东的小河流过，位于太行山主脉东南麓山脚下的台地上（见图1）。府城商城内发现有丰富的辉卫文化遗存，目前还难以确定其成为“商城”之前是否有城垣或环壕，但可以确知是一处重要的辉卫文化聚落。

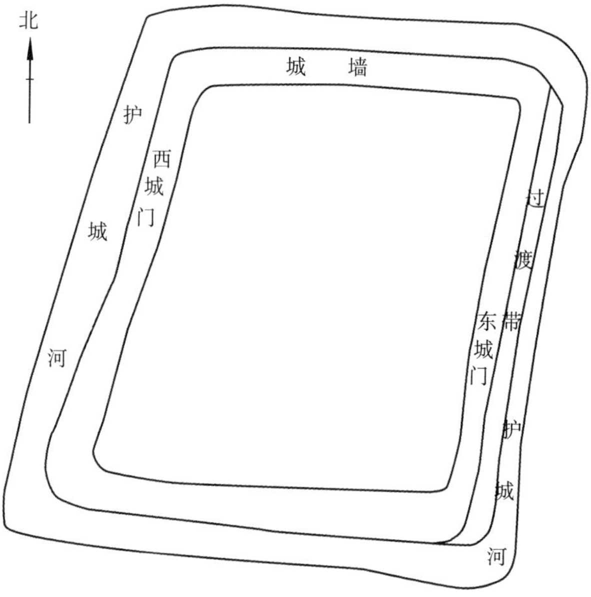

图5　孟庄辉卫文化城邑布局示意图
（图片改自河南省文物考古研究所：《辉县孟庄》图三，中州古籍出版社，2003年）

四、东下冯商城与垣曲商城的地理环境和人文背景

东下冯商城代表的二里冈文化东下冯类型主要分布于晋南汾河中、下游与涑水河流域，这里也是原东下冯文化故地[33]。垣曲商城位于中条山与王屋山相衔接的黄河北岸，在东下冯商城东偏南约50公里，处于原东下冯文化的东南边缘[34]（见图1）。在郑州商城主导中原腹地的二里冈文化时期，东下冯商城与垣曲商城代表的二里冈文化东下冯类型，由本地东下冯文化与外来的二里冈文化融合而成。东下冯商城与垣曲商城虽有中条山的阻隔，二者都曾是东下冯文化故地的环壕聚落，又都是二里冈文化东下冯类型的城邑，本文将这两座城邑放在一起讨论其地理环境和人文背景。

中条山是中国最重要的几个铜矿带之一，其西北麓的运城盆地盛产食盐，此地的重要战略资源是垣曲商城和东下冯商城营建的重要背景，甚至可能是决定性因素[35]。中国铜矿的分布广而不均，其中四个地区蕴藏了中国三分之二的铜矿，晋南的中条山地区是其中之一[36]。铅同位素比值研究表明，垣曲商城青铜冶炼的矿料来源于中条山铜矿，垣曲商城的确已成为中条山地区的青铜冶炼重地。

垣曲商城与西北方向的东下冯商城可通过中条山里的河谷曲折沟通，通过黄河河谷向东南可与黄河南岸的偃师商城、郑州商城直接沟通，向东与太行山东南麓的府城商城、孟庄商城也可直接交流，可谓扼据水陆交通要冲、占领着区域军事与经济战略要地。垣曲商城处于黄河北岸的垣曲县古城南关台地上，东、北为亳清河，南临黄河，西北方则是连绵起伏的中条山山脉，三面环水、一面靠山。垣曲商城所在的台地地势北高南低、东高西低，西部在几公里外转变成低山丘陵，本身具有依山环水、居高临下、易守难攻的地理优势。

垣曲商城所在地的地理位置在夏商时期具有非常关键的战略地位，在营建商城之前有一座较完善的东下冯文化环壕聚落，垣曲商城就是在此环壕聚落的基础上兴建的。有学者提出垣曲商城所在地在东下冯文化晚期（相当于二里头文化晚期）是由“回”字形壕沟组成的环壕聚落[37]。笔者采用发掘报告中东下冯文化的聚落形态，即由西部的南北向壕沟G1、北部的双道壕沟G26和G27以及东临的亳清河、南临的黄河组成的环壕聚落，西面壕沟南北长约250、北面壕沟东西长约400米，总面积约10万平方米。东下冯文化晚期的G1长314、宽8～9米。G27与G26位于东下冯文化聚落的北部，东西向延伸，G26是一条与G27平行的辅助性排水沟，西部与东下冯文化晚期的南北向大沟G1相通，由北向南直达台地南缘的断崖边，东部通向台地东北部的断崖冲沟中，形成西北两面的环壕[38]。台地东部断崖下有亳清河环流，台地南部更有黄河奔腾不息，故南面没有修建人工壕沟，此时该聚落利用天然的险崖流水与人工修建的深池宽壕共同组成闭合的聚落防御系统。

东下冯商城位于运城盆地东缘、东下冯村东北的青龙河之南的台地上，其东南约4公里是中条山，西南30余公里可沿青龙河河谷直达著名的盐池（图6）。东下冯商城与中条山铜矿和盐池都可以直接联系，可以直接控制和经营运城盆地的战略资源。东下冯商城营建之前，东下冯文化第Ⅲ期（相当于二里头文化三期）已经形成了平面呈“回”字形的环壕聚落（图7）。东下冯文化环壕沟槽局部被冲沟破坏掉，根据现存状况可知外壕的北沟长198、东沟长150、南沟长148、西沟长172米[39]，面积约2.5万平方米。东下冯文化环壕之外的大片空间内仍然广泛分布东下冯文化遗存，表明东下冯成为商城之前就已经形成了以“回”字形环壕为中心的高规格聚落。

图6　东下冯商城周边区域地理环境示意图
（图片采自中国社会科学院考古研究所等：《夏县东下冯》图二，文物出版社，1988年）

东下冯商城位于原东下冯文化的腹心地带，垣曲商城位于原二里头文化与东下冯文化接触的前沿要地，二者又扼控中条山铜矿带和盐池的战略资源，二里头都邑主导中原腹地的二里头文化时期，二里头文化与东下冯文化就有深度互动，这两个据点就是二里头都邑主导的国家（夏王朝）控制的战略要地。在这两个地方选址营建商城，除了优越

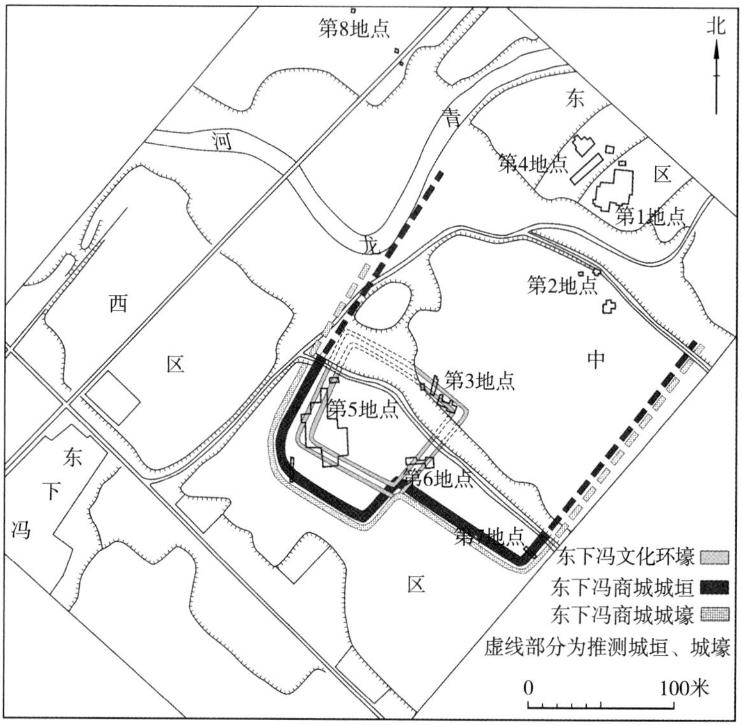

图7　东下冯商城地貌及东下冯文化环壕聚落布局示意图
（图片采自中国社会科学院考古研究所等：《夏县东下冯》图三、图一三五，文物出版社，1988年）

的自然地理环境之外，深厚的历史人文背景是最重要的因素。

五、结　语

商代早期中原腹地中小型城邑经确认的主要有望京楼商城、孟庄商城、府城商城、垣曲商城、东下冯商城等五座，都位于山麓高地、临河筑城，地貌属于高山下的平地、平地中的高地、河岸边的台地。张国硕将中原地区早期（夏商及其以前）城市建造者对地貌条件的选择总结为“择高而建”“临近河流与湖泊”“周围存在一定的自然屏障”，提出商代“城市位置多选定在地势略高而平坦、范围较大的地方，且多临近河流或湖泊，交通便利，生态环境优越”[40]，商代早期中原腹地中小型城邑选址的地貌条件也大体如此。商代早期中原腹地五座中小型城邑的选址都靠山向水，尽享山水之利，自然地理环境非常优越并且具有很大相似性，与《管子》中“营国建城”有相当一致的地理环境追求。

商代早期中原腹地五座中小型城邑的历史人文背景按分布的空间可分为三类。

第一类，望京楼商城位于原二里头文化的中心区，二里头文化三期以来就营建了城邑，拱卫着二里头都邑的东方门户，成为“商城”之后拱卫着都城郑州商城的南方门户。

第二类，孟庄商城与府城商城位于原辉卫文化分布区，是二里头文化（夏王朝）的方国或盟友[41]；孟庄在辉卫文化时期就营建了城邑，是辉卫文化的区域性中心城邑。

第三类，东下冯商城与垣曲商城位于原东下冯文化分布区，是二里头文化（夏王朝）的直辖邑或控制的区域中心[42]，二者在东下冯文化时期有环壕为中心的聚落。

这三类区域对于郑州商城主导的商王朝精英而言，都是新征服的区域，并且都有着深厚的本地文化传统，商王朝对这些空间及土著人群的镇抚和管理最初应当是最重要的任务，在相应的关键位置选址营建城邑承担镇抚和管理的重任是商初的重大问题，而这些中小型城邑恰恰营建在交通要道或二里冈文化的边缘地带。此外，三类区域与都城的空间关系有别，其选址还应当分别有其他重要原因。望京楼商城在郑州商城南部王畿之内，拱卫都城的南方门户应当是营建商城的重要原因之一；孟庄商城与府城商城在郑州商城和偃师商城北方不远的黄河彼岸，应当承担着拱卫都城北方门户的重任；东下冯商城与垣曲商城在中条山铜矿带和盐池选址营建，具有控制和经营战略资源的重任[43]。

附记：本文为河南省文物局夏文化基础研究项目“郑州商城王畿区域夏商之际的文化互动”阶段性成果。

注　释

[1] 河南省文物考古研究所：《郑州商城——1953～1985年考古发掘报告》，文物出版社，2001年。

[2] 中国社会科学院考古研究所：《偃师商城》第一卷，科学出版社，2013年。

[3] 张国硕：《中原地区早期城市综合研究》第1～3、64～66页，科学出版社，2018年。

[4] 郑州市文物考古研究院：《新郑望京楼：2010～2012年田野考古发掘报告》，科学出版社，2016年。

[5] a. 河南省文物考古研究所：《辉县孟庄》，中州古籍出版社，2003年。

b. 侯卫东、张玲：《论辉县孟庄商城的年代》，《江汉考古》2020年第1期。笔者在该文论证了孟庄商城的使用年代为二里冈文化时期。

[6] 袁广阔、秦小丽：《河南焦作府城遗址发掘报告》，《考古学报》2000年第4期。

[7] 中国社会科学院考古研究所等：《夏县东下冯》，文物出版社，1988年。

[8] a. 中国历史博物馆考古部等：《垣曲商城（一）：1985～1986年度勘察报告》，科学出版社，1996年。

b. 中国历史博物馆考古部等：《垣曲商城（二）：1988～2003年度考古发掘报告》，科学出版社，2014年。

[9] 中国社会科学院考古研究所二里头工作队：《河南偃师市二里头遗址宫城及宫殿区外围道路的勘察与发掘》，《考古》2004年第11期。

[10] 郑州市文物考古研究所：《郑州大师姑（2002～2003）》，科学出版社，2004年。

[11] a. 李政：《郑州东赵遗址发现新砦期、二里头时期、东周时期三座城址》，《中国文物报》2014年12月19日。

b. 张家强、郝红星：《沧海遗珠——郑州东赵城发现记》，《大众考古》2015年第8期。

c. 郑州市文物考古研究院、北京大学考古文博学院：《河南省郑州市索、须、枯河流域考古调查报告》，见《古代文明》第10卷，上海古籍出版社，2016年。

[12] 侯卫东：《郑州商城肇始阶段王畿区域聚落变迁与社会重组》，《江汉考古》2018年第2期。

[13] 郑州市文物考古研究院：《新郑望京楼：2010～2012年田野考古发掘报告》，科学出版社，2016年。

[14] 中国社会科学院考古研究所：《中国考古学·夏商卷》第157、158页，中国社会科学出版社，2003年。

[15] 北京大学考古专业商周组等：《晋豫鄂三省考古调查简报》，《文物》1982年第7期。

[16] 邹衡：《试论夏文化》，见《夏商周考古学论文集》，文物出版社，1980年。

[17] 张立东：《论辉卫文化》，见《考古学集刊》第10集，地质出版社，1996年。

[18] 刘绪：《论卫怀地区的夏商文化》，见《纪念北京大学考古专业三十周年论文集》，文物出版社，1990年。

[19] 袁广阔、秦小丽：《河南焦作府城遗址发掘报告》，《考古学报》2000年第4期。

[20] 中国社会科学院考古研究所河南一队、焦作市文物工作队：《河南焦作地区的考古调查》，《考古》1996年第11期。

[21] 新乡地区文管会、武陟县博物馆：《河南武陟东石寺遗址调查简报》，《考古》1990年第3期。

[22] 北京大学考古专业商周组等：《晋豫鄂三省考古调查简报》，《文物》1982年第7期。

[23] 中国社会科学院考古研究所河南一队、焦作市文物工作队：《河南焦作地区的考古调查》，《考古》

1996年第11期。
[24] 新乡市文管会、辉县百泉文管所：《河南辉县丰城遗址调查简报》，《考古》1989年第3期。
[25] 中国科学院考古研究所：《辉县发掘报告》第123～125页，科学出版社，1956年。
[26] 郑州大学历史学院考古系：《辉县孙村》，科学出版社，2012年。
[27] 新乡市文物考古研究所等：《辉县市张雷遗址发掘简报》，《中原文物》2014年第5期。
[28] 中国科学院考古研究所：《辉县发掘报告》第3～15页，科学出版社，1956年。
[29] 河南大学、新乡市文物考古研究所发掘资料。
[30] 河南省文化局文物工作队：《河南新乡潞王坟商代遗址发掘报告》，《考古学报》1960年第1期。
[31] 郑州大学历史学院考古系：《新乡李大召——仰韶文化至汉代遗址发掘报告》，科学出版社，2006年。
[32] 杨贵金：《沁水下游的夏文化与先商文化》，《中原文物》1997年第2期。
[33] 中国社会科学院考古研究所：《中国考古学·夏商卷》第196页，中国社会科学出版社，2003年。
[34] 王睿：《垣曲商城的年代及其相关问题》，《考古》1998年第8期。该文认为垣曲一期（垣曲一期约相当于东下冯遗址四期）与东下冯类型（东下冯文化）器物形制及特征接近，而与二里头类型（二里头文化）差别较大，应属东下冯类型（东下冯文化）。
[35] a. 佟伟华：《商代前期垣曲盆地的统治中心——垣曲商城》，《中国历史博物馆馆刊》1998年第1期。
b. 刘莉、陈星灿：《城：夏商时期对自然资源的控制问题》，《东南文化》2000年第3期。
c. 中国历史博物馆考古部等：《垣曲商城（二）：1988～2003年度考古发掘报告》第637页，科学出版社，2014年。
[36] a. 华觉明：《中国古代金属技术》第48、49页，大象出版社，1999年。
b. 朱训：《中国矿情：金属矿藏》第182～190页，科学出版社，1999年。
[37] 董琦：《垣曲商城始建年代研究》，《中原文物》1997年第2期。
[38] 中国历史博物馆考古部等：《垣曲商城（二）：1988～2003年度考古发掘报告》第616、617页，科学出版社，2014年。
[39] 中国社会科学院考古研究所等：《夏县东下冯》第50、51页，文物出版社，1988年。
[40] 张国硕：《中原地区早期城市综合研究》第77～80页，科学出版社，2018年。
[41] a. 张立东：《论辉卫文化》，见《考古学集刊》第10集，地质出版社，1996年。
b. 袁广阔：《二里头文化与辉卫文化的关系》，见《夏商都邑与文化（一）》，中国社会科学出版社，2014年。
[42] 中国历史博物馆考古部等：《垣曲商城（二）：1988～2003年度考古发掘报告》第637页，科学出版社，2014年。
[43] 许宏：《先秦城邑考古》第181页，金城出版社、西苑出版社，2017年。该书认为二里冈文化边缘地区的城址也是铜锡矿藏和食盐之类重要资源的分布区，可能兼具军事据点和区域性生产中心的功能。

Study on the Formation Background of the Small and Medium-Sized Cities of the Central Plain in the Early Shang Dynasty

Hou Weidong

KEYWORDS: Shang Dynasty The Heart of the Central Plains Cities Geographical Environment Cultural Background

ABSTRACT: The 200km radius area surrounding the Shang City of Zhengzhou is the area with the highest density of small and medium-sized cities and bronze objects in early Shang Dynasty. It is therefore can be called "the Heart of the Central Plains" of this period. These small and medium-sized cities are all located on the foothills and highlands, built by rivers, rested on the mountain and faced to the water, their geographical environment is very superior and similar. The historical and cultural backgrounds of their formation are divided into three categories. The first category is located in the central area of the Erlitou Culture, as the Shang City of Wangjinglou; the second category is located in the area of the Huiwei Culture, as the Shang cities of Mengzhuang and Fucheng; the third category is located in the area of the Dongxiafeng Culture, as the Shang cities of Dongxiafeng and Yuanqu. From the Shang royal dynasty's perspective, these three areas were newly conquered territories and they all had deep cultural traditions, but their spatial relation with the capital city were different. The Wangjinglou Shang City is located in the South of the royal domain surrounding Zhengzhou Shang City, and its main responsibility was to protect the southern part of the capital; Shang cities of Mengzhuang and Fucheng are located on the other side of the Yellow River not far from the capital city, and of great responsibility of guarding the northern part; Dongxiafeng and Yuanqu Shang cities are located near the copper mine belt of Zhongtiaoshan and the salt pond, and should have the responsibility to control and operate strategic resources.

（特约编辑 新 华）

弓形器与钻木取火

吕恩国

关键词： 弓形器　钻木取火器　马鞭柄　钻杆　商周时期

内容提要： 新疆出土的钻木取火器多为复合式，即木钻杆上下都有管口，下面安装木钻头，上面用木条或小木板固定和施压。还出土取火板、单体弓、引火草团等成套的钻木取火器。中原商周时期墓葬中出土的短铜管，与新疆出土的木钻杆有共同之处，实际上也是钻杆，只是下面安装的木钻头未保存下来。商周时期的铜钻杆与弓形器共存。弓形器的扁长条形器身中部有凹穴或圆凸，是专为支持钻杆而设，两边带首的长臂正好可以把握，与铜钻杆配套使用。弓形器应是弓形钻木取火稳压器。它在中原出现之后，很快传播到南西伯利亚。在中原商周时期和南西伯利亚的卡拉苏克文化时期，两地都有发达的青铜铸造业，两地的贵族使用青铜制的钻木取火器，而远离这两处政治和经济中心的广大边远地区的普通民众只能使用全木质的钻木取火器。

学界对于弓形器的用途和名称的考证，至少有十余种观点，每当新的观点见诸文字后，便会有很多不同意见，尽管都是各家高论，在我看来至今无解。弓形器出土时，经常与马鞭柄、弓箭共出。在新疆考古发掘时，偶尔也见到过这类情形，如在皮革缝制的弓箙箭囊中，除装有弓、箭外，还有1件类似马鞭柄的短木棍，有时会被认为是马鞭柄。短木棍长30余厘米，两端有加粗的管口，且用皮条加固，这些“不明用途的器物”与弓形器一样引人关注，本文欲究明其性质。

一、新疆考古发现的与钻木取火相关的木器

对于中国古代钻木取火的应用及原理，至今有不少学者予以否定。因为钻木取火用具是由草本和木本植物制成，很难保存，所以考古学界认为到目前为止还没有发现钻木取火的实物资料[1]，或是予以“检先秦典籍，没有‘钻木取火’的记载。或出于后人的伪托，或蹈袭前人的窠臼，不足为训”[2]的否定。

从文献记载看，持肯定态度的学说较多。商代钻木取火已讲究选材，当时有“五火”之说，周代沿用之。《周礼·夏官·司爟》载：“掌行火之政令，四时变国火，以救时疾。”注曰：“春取榆、柳之火；夏取枣、杏之火；季夏取桑、松之火；秋取柞之火；冬

作者：吕恩国，乌鲁木齐市，830011，新疆文物考古研究所。

取槐柼之火。”《论语》马融注“改火”：“一年之中，钻火各异木，故曰改火也。”依此看，先秦的钻木取火，不仅每个季节所用的原料不同，而且还有改火的风俗[3]。这些文献对钻木取火古已有之是肯定的。

在《宋学士文集》中，对钻木取火有生动的描述：“……夏季改火，不用桑柘，取赤樧二尺，中析之，一剜成小穴，穴侧开以小隙，一刮圆，大与穴齐，稍锐其两端，上端截竹三寸冒之，下端置穴内，以细绹缠其腰……急旋转之，二樧相轧摩，空木成尘，烟辄起。尘自隙流毛上，候其烟蓊勃，以虚掌复穴郁之，则火焰焰生矣”。在古代，钻木取火器是男子必备的工具之一。《礼记·内则》载：“……子事父母……左佩纷帨、刀、砺、小觿、金燧，右佩……大觿、木燧。”郑玄注：“金燧，可取火于日……木燧，钻火也。”文中所说的金燧就是阳燧，白天可聚日光为火，木燧就是钻木取火工具，是说日夜皆可取火[4]。

还有不少学者认为，在新疆的史前文化中，钻木取火是很普遍的现象，有关取火用具的形制及使用等问题的探讨也很多。具体如：“在长方形或长条形取火板的钻火面（有的是一面，有的是两面），钻眼多在靠近侧边的位置，排列有序，钻眼点在初次钻火前均进行过预制处理，使用刀或钻在钻眼点切削或刮挖出一个凹口，再在紧邻每个钻眼板的边上，刻出竖向的槽口，这些槽口基本与取火板两面的钻眼对应，连在一起。从现存遗物痕迹看，经久使用后，钻眼已和引火槽豁口贯通。根据相关民族学资料的对比，预制钻眼点位于切孔边的槽口，目的是使得钻杆在急速钻磨的过程中，产生的火星能够从槽口流下，使放置在槽口位置的引火材料转瞬引燃，迅捷地采到火苗，从而成功实现钻木取火，加工切出的槽口，就是引火槽。古墓沟墓地出土的长木板一侧有连续刻槽，可能为钻木取火板的预制件。新疆发现的上述钻木取火器的使用，具体的途径和方式探索起来可能比较复杂，但是从取火板、钻木杆的钻木取火残留痕迹观察，应当是通过双手或木弓形器转动钻木杆，产生火星，火星顺引火槽流出，积蓄到预置的引火材料上，引燃引火材料并成功取火”[5]。

最简单的钻木取火器仅由取火板和钻杆构成，取火板边缘一般预制凹槽（流灰槽），以收集摩擦过程中所产生的木屑。蕴藏有一定热能的木屑在流灰槽内不断堆积，由于热能不能及时散出，会导致木屑温度不断增高，当温度达到着火点时，将易燃物引燃后，即可获取火种。钻木取火有多种方式，其中徒手法是最简单、最原始的。为提高效率，可使用弓钻或绳钻来加快钻头的转速，并在钻杆顶部使用压板以增大摩擦力。由于钻木取火器出土时，未发现与之配套的弓，也未发现用于增大摩擦力的压板，而且钻杆仅有一端磨圆，并已炭化，所以推测洋海墓地的先民们使用的是徒手钻木的方法取得火种的[6]。

在大多数情况下，仅发现有取火板，如果再发现一件与其配套的钻杆或钻头，那就绝对堪称完美。也就是说，通常大家会认为，钻木取火器是由木质的取火板和钻杆组成。长期以来，由于发掘者的认知能力有限，加之木质器物不易保存，不能科学地认识和了解其工作原理及所有部件，所以研究者也局限于这样的认识。

1992年，笔者主持发掘了新疆鄯善县苏贝希遗址一号和三号墓地，在ⅢM27中出土的皮质弓箭袋中，有木箭和直木棍。木棍长30余厘米，直径约1厘米，木棍两端平齐，中心各有一竖长孔，外缠皮条加固（图1，1）。1995年，在民丰县尼雅遗址发掘的95MNⅠM4中，又发现与苏贝希三号墓地M27出土的相同器物，放置位置也相同。95MNⅠM4为箱式木棺墓，棺内有单体木弓、复合弓、直木棍，还有一套钻木取火器。取火板呈扁长条形，有不规则形柄，通长10.5、宽2、厚1.5厘米。钻杆不是直接用于钻木，而是复合式的钻柱，钻杆前端劈开的开口处，夹持着一个用细线紧绑的短小木钻头，钻杆长17、直径0.8厘米，钻头长2.5、直径0.6厘米，通长18厘米（图2）[7]。即便有这样的发现，也无法明确直木棍的用途，但可以认为，这种直木棍置于弓箭袋中，并与弓箭一起随葬，一定与弓箭有非常密切的关系，所以在之后的考古发掘中我对这种器物就特别关注。

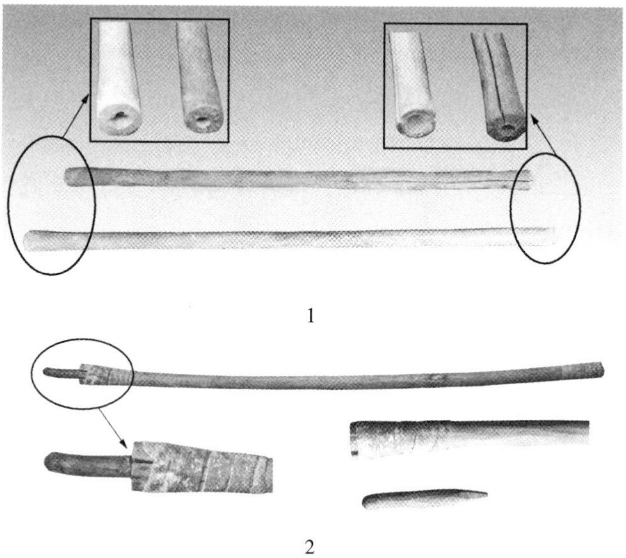

图1　新疆发现的木钻杆（两端有孔）
1.苏贝希ⅢM27出土　2.征集品

2003年，在新疆鄯善县洋海墓地发现较多相同器物，据不完全统计有15件，均为前面提到的两端都有直孔的短木棍，皮革弓箭袋保存较差，大多残存碎片，发现的钻杆一般都与弓、箭、撑板、取火板共出，有些取火板出土时还牢牢地系在弓箭袋上。如ⅡM223：8，共出的有袋扣、弓、箭、撑板和搅拌棒；ⅠM183：6和ⅡM143：6共出的除上述器物外，还各有1件短小的单体弓。后两座都是竖穴墓，同出Ⅳ式带变形涡纹的陶单耳杯，属第三期（早期铁器时代），弓都为做工精良的复合弓，这2件单体弓是例外，应该被视为钻弓。ⅠM90出土了保存完整的皮弓箭袋和木箭，皮弓箭袋上用皮绳系有1件马头形柄的角觿，这件短木棍顶端有与箭尾槽相似的凹槽，另一端有竖直孔。还有一些顶端有尾槽，另一端有烧灼痕的取火钻杆。

2011年，在发掘新疆吐鲁番加依墓地M8时，又发现了这种器物。这是一座远离主墓区的小型土墩墓，浅墓穴被石板封盖得十分严密，埋葬的中年男性上身左侧出土弓箭袋，其内有保存完好的复合弓和一束木箭，袋中还发现有木棍和箭杆。

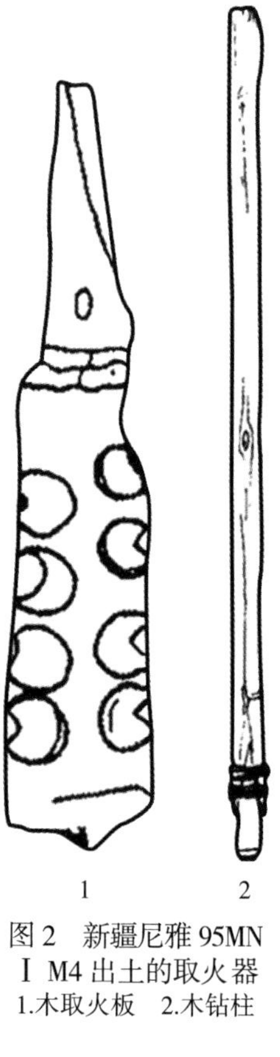

图2　新疆尼雅95MNⅠM4出土的取火器
1.木取火板　2.木钻柱

至此尚不清楚此类器的用途，破解玄机的时刻发生在2012年夏季。吐鲁番市文物局文保科接收了民间捐赠的几件木器、骨器文物，需要鉴定后才能入博物馆的文物库房。其中有1件短木棍特别醒目，就是我前面一直纠结的那种器物。木棍坚韧沉重，为绣线菊木制成，长36、中部直径1厘米，两端稍粗，有皮条缠绕加固，两端中心有孔。令人喜出望外的是，它的一端孔内插有一根木钉似的钻头，长4.5、直径0.6厘米，钻头木质松软，为铁线莲质，顶端有燃烧后残存的炭化物（图1，2）。历经20余载的苦思冥想、百思不得其解的双孔短木棍，其用途竟如此一目了然地呈现在我面前，我才恍然大悟，它竟然是取火的钻杆。在其下端插上木钉似的钻头，合称钻柱（钻头可随时更换），使用时，钻柱顶部的孔是用来固定压板的。

在新疆青铜时代和早期铁器时代墓葬的考古发掘中，取火板和钻杆比较常见，但完整组合的钻柱（钻杆加钻头）并不多见，因此，到目前为止学界对此的认知度都不高。现在再检索先前的发现，我觉得早应该明白这类器物的用途了，这也说明新疆史前钻木取火的方法其实并不简单。在吐鲁番盆地、哈密盆地、塔里木盆地，文物古迹遗存非常丰富，古墓中的易腐物质如木器等都保存较好。钻木取火器具通常是由木钻板（取火板）、木钻柱（钻杆加钻头）、引燃物（草棍团和绒芯）组成，粗略统计，仅史前吐鲁番一地就出土近

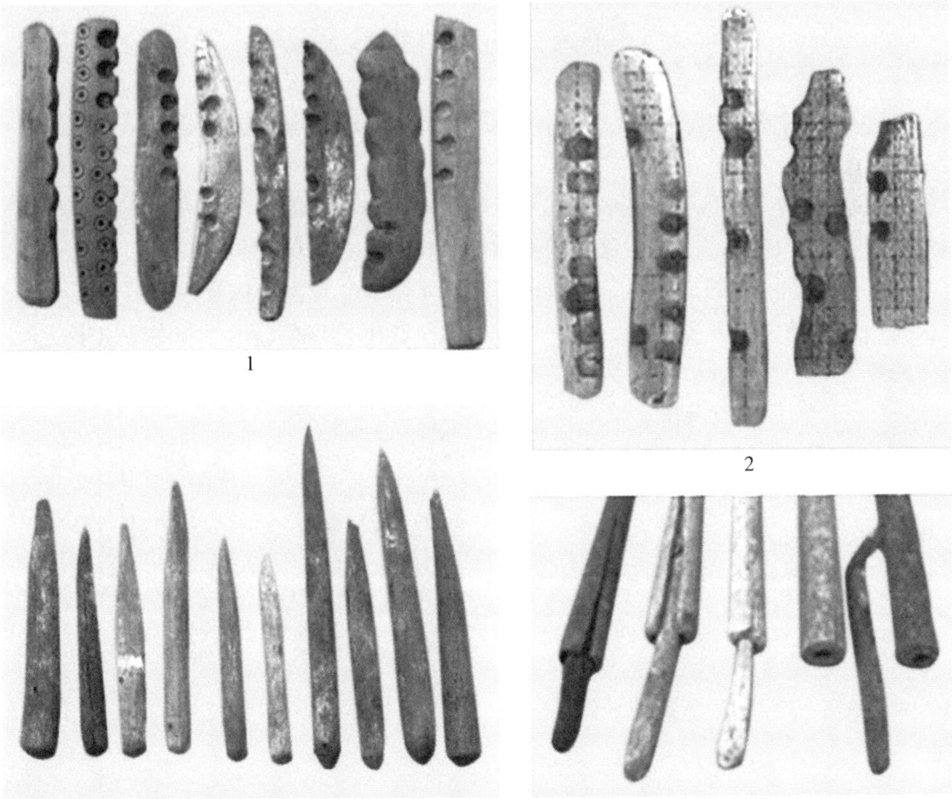

1　2　3　4

图3　新疆鱼儿沟墓地出土取火器
1、2.木取火板　3.木钻头　4.木钻柱（钻杆加钻头）

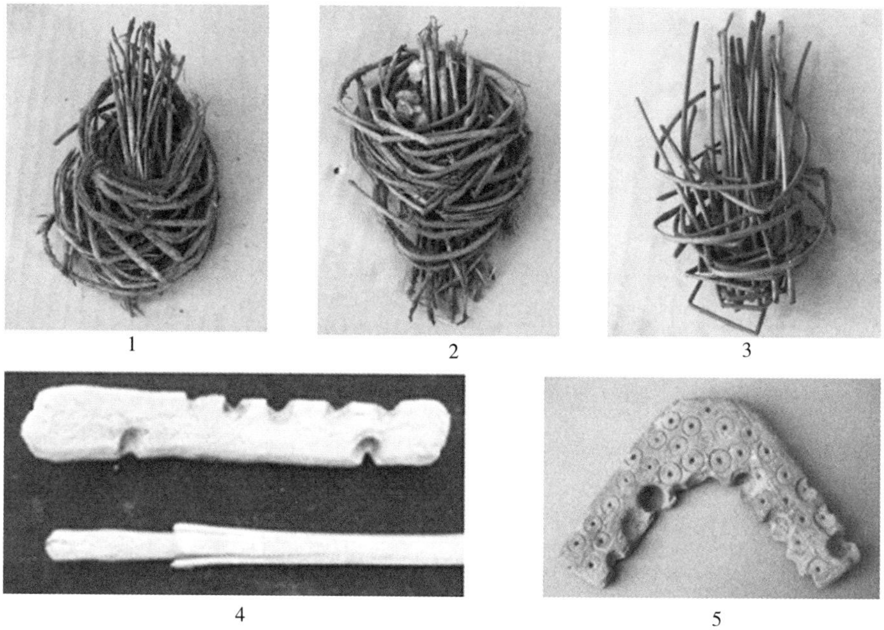

图 4　新疆鱼儿沟墓地出土的钻木取火器
1～3.引燃物　4、5.木取火板及钻柱

百件[8]。研究得知，还应包括压板、弓木、皮条绳索，可能是因为发掘者不认识这些器物，至今未能捡选出来。

我在整理1976～1978年发掘的鱼儿沟墓葬出土的木器群时，又发现了大量保存较完整的钻木取火器具（图3；图4）。鱼儿沟墓地位于托克逊县西部的阿拉沟东口，地处吐鲁番盆地的西部边缘，由于邻近山地，海拔也高，降水量显然比盆地内要多，所以随葬的器物保存状况相比盆地中部要差一些，皮、毛质衣物仅存少量碎片，木弓和木箭也多已朽残，无一件完整器。尽管如此，由于钻杆是用硬木制成的，所以大都得以保存。

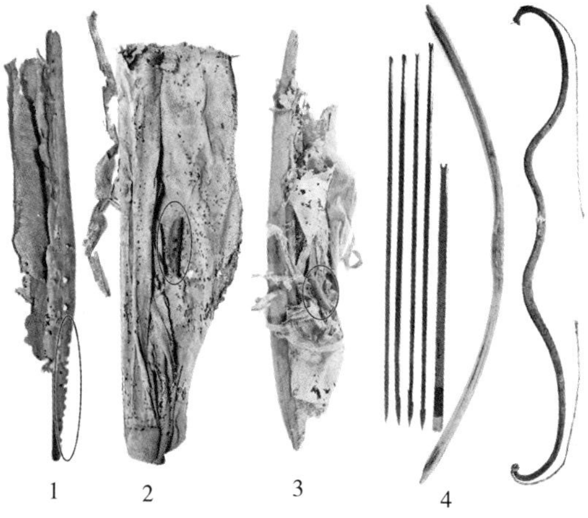

图 5　新疆洋海墓地出土皮弓箭袋与钻木取火器
1.皮弓箭袋中木撑板上成排的钻孔　2、3.取火板连接在皮弓箭袋上　4.皮弓箭袋中的木弓、箭和钻柱

特别有趣的是，新疆洋海墓地出土的这类短木棍（钻杆）比较多，我们在编写考古发掘报告时并不清楚它的确切用途，就将它们都归入马鞭柄类，因其长短、粗细和用料确实与马鞭柄相类似。无独有偶，后来发现，在商周时期墓葬和车马坑中出土的木质或铜质的取火钻杆，至今还被学者们认为是马鞭柄。

钻木取火器具和皮弓箭袋有着非常密切的关系。如有的弓箭袋木撑板上留存有成排的钻洞，说明曾被反复使用过（图5，1），当然，这是急于需要用火时的非常规之举。如果皮弓箭袋保存比较好，上面往往仍可见到用皮绳系着的木取火板（图5，2、3）。更多的实例是钻柱与弓、箭一起装在皮弓箭袋中的现象（图5，2）。甚至在考古发掘中，一旦发现弓箭袋，就会去箭囊中找钻柱和与其共出的木箭，一般不会失望。在通常情况下，整套的钻木取火器具会一直存放在弓箭袋中，因为外出时才有机会使用，居留地可以很好地保存火种，无须时常钻木取火。

钻木取火是人类最早的生火方式。在中国古代神话中有记载，有燧人见鸮鸟啄木，发出火光，感悟出钻木生火的道理。如今，黎族钻木取火技艺已列入国家级非物质文化遗产名录。所用的器具是由钻板、钻杆和弓木组成。一般先在钻板边缘刻出倒V形燃屑槽，刻燃屑槽的作用是在钻坑里钻出火星后，让火星顺着燃屑槽掉到下面的引燃物上，然后再生火。为使看不见的火星变成旺盛的火焰，必须用易燃的芯绒、芭蕉根纤维、木棉絮等引燃。用干燥的材料盘成鸟巢形状，尽量保持松软，然后垫上一层火绒，钻轴上方同样覆盖一个有凹槽的盖子握手，然后用绳索或像小号木弓形状的工具快速拉动，用磨出的木屑来引燃生火[9]。

由于钻木取火所用器具均为草、木质，这些有机物因年代久远不易保存，在考古发掘中很难发现。但在新疆部分地区情况有所不同，由于所处干燥少雨的地理环境，保存了比较丰富的钻木取火器具。全面考察这些遗存，对研究取火方法会有很大帮助。尽管所用的取火板都相同，但使用方法则有所不同。依据洋海及各相关墓地出土的钻木取火器具，可总结出以下三种不同的使用方法。

第一种，是古典式钻木取火法，也就是前面提到的“徒手法”。持此法取火的钻杆为一件较长而粗的直木棍（ⅡM92：12），双手把持钻杆快速搓转并下压，为增大钻杆和取火板之间摩擦力，磨出的碎屑就会从取火板边缘预制的V形流灰槽中流出，积聚在槽下。这种方法简单易施，比较原始，但出火时间长。

第二种，是易洛魁人的钻木取火法。在钻柱顶先刻U形槽或打孔，再穿入绳索。在钻柱中间套入横木板，绳子的两头分别固定在木板的两端，绳子缠绕在钻柱上之后，反复压动木板，使钻柱左右旋转（图6，3）。用此法取火使用的钻柱有两种，一种是在钻柱顶端刻U形槽，用于搭拌绳索，这是第一、二种方法的结合；另一种是把有U形槽的钻杆另一端放粗、加固，钻孔、插入钻头，形成复合式的钻柱（ⅠM90：9），这是第二、三种方法的结合。

图6　钻木取火法

1、2、4.经典钻木取火法　3.易洛魁人钻木取火法

1

2

图7　铁线莲的茎和花
1.铁线莲花　2.铁线莲茎

第三种，是经典的钻木取火法。两端都有直孔的钻杆（ⅠM138：7），下端插入钻头后形成复合式钻柱，上面用带凹槽的木块或带木钉的木块下压稳定，将钻柱固定在取火钻板上，再用木弓或长绳缠绕钻柱的下部，另一个人拉动弓绳或绳索。此方法被称作弓钻或绳钻，可谓既经典又快速（图6，1、2、4）。由此可见，要实施钻木取火，操作程序还是比较复杂的。成套的钻木取火器具包括取火板、钻柱（钻杆和钻头）、稳定压力板、单体弓、皮绳或毛线绳、引火草团等。

在以往的考古发现中，有些墓葬出土保存完好的皮弓箭袋，主（大）袋内装弓，附小袋内装木箭和钻杆，如前面提到的新疆鄯善苏贝希ⅢM27、民丰尼雅遗址95MN1M4、鄯善洋海墓地ⅠM90、吐鲁番加依墓地M8。发现时，这些皮革制的弓箭袋能完好地保存下来，才让我们看到了实情。比如，取火板上有烧灼过的钻孔，皮条系在弓箭袋上；木钻柱和弓箭同装在弓箭袋中，这些很大程度上说明，钻杆的所有者携弓箭袋外出狩猎时，才使用钻木取火。在特别紧急的情况下，连弓箭袋上的木撑板也可以派上用场，甚至是搅拌棒或竖琴的连杆。原始村落或驻地可以很好地保存火种，而骑马或乘车外出作战、狩猎和放牧时，却难以做到保存火种，在这种情况下，就必须要带好取火用具。上述活动都离不开弓箭，将钻木取火器具悉数保存在弓箭袋中乃明智之举，便于携带、安全保存、防潮湿、一弓两用，使用方便。

钻木取火器是新疆史前考古中常见的器物之一。其中取火板和钻头多用毛茛科铁线莲属东方铁线莲种[10]的藤蔓制成。有些也用胡杨、松杉之属。铁线莲，多年生草质藤本植物，新疆野生品种较多，喜沙质土壤，根系发达，吸水能力和抗旱能力强，生命力旺盛，多生长于低山区的丘陵灌木丛中，依附于灌木攀爬。茎棕色，别名山木通，木质松软粗糙，有纵纹和隙孔，易燃。尤其是它的绒絮，见火星即燃（图7）。从考古发现来看，一般钻杆上不插钻头，常与弓箭一起收藏于弓箭袋中，外出游牧、狩猎使用时，再即时插入。在缺少预制取火板的特殊情况下，也可以在弓箭袋的木撑板或竖琴的长颈上实施钻木取火的操作。总之，都是为了外出时得到火种。

木材学研究发现，其中一套钻木取火器的木材同为杨属（可能是胡杨），另一套中的取火杆为杨属，而取火板为云杉属。杨属、柳属、铁线莲属木材为散孔材，木质松软，摩擦时容易产生木屑。云杉属木材富含松脂，易于燃烧。上述木材均是制作钻木取火器的良好材料[11]。同时，钻木取火器易于携带，方便使用，是吐鲁番地区青铜时代晚期至早期铁器时代先民在游牧、打猎或战争中必不可少的日常用品。

长期苦苦思索的取火钻杆被确认后，再反观发掘资料，可知新疆许多发掘地点只要墓葬保存较好，都会有钻杆和钻头出现，还包括使用过的取火板，出土上述木钻杆的墓葬，时代最早为青铜时代，最晚到汉晋。在最近整理阿拉沟的墓葬发掘资料中，发现与钻木取火有关的器物特别丰富，尤其发现多个钻杆上插着钻头。钻杆都是用绣线菊木（传说中的降龙木）制作，钻头用铁线莲草本植物茎削成木钉状，插入钻杆小孔内，组成钻柱。发现的取火板的数量和比例也是所有墓地发现的历史之最。同时，还发现三个用细枝条绕成的草团（鸟窝状），里面残存少量更加易燃的绒絮。

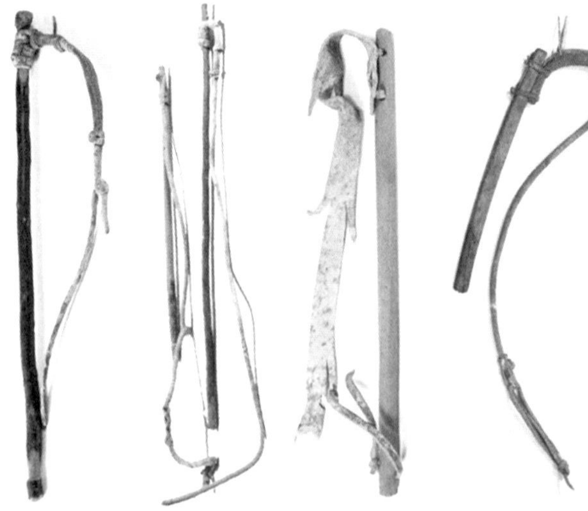

图 8　新疆洋海墓地出土马鞭（1～3 为青铜时代，将皮条打结系在鞭杆的刻槽上，4、5 为早期铁器时代）

二、马鞭和鞭杆（柄）

马鞭是由鞭杆、鞭绳和鞭梢三部分组成。在新疆的考古发现中，特别是在洋海墓地，可以清楚地区分出马鞭与钻杆（图8）。因为出土的马鞭都较完整，且带有皮鞭绳，已经延续使用数千年，甚至当代牧民还在普遍使用，所以一目了然。马鞭柄基本上都是木质的，讲究的在木质的鞭杆上包金、裹银、镶玉，但决不用金属制作，因为马鞭绳轻巧，而金属器笨重不便使用。鞭策是象征性的，有时会做成代表身份的艺术品。

在大多数墓地中，因为皮鞭绳不易保存而仅存短木棍，从几近相同的短木棍中分辨出两端有管口的是钻杆后，其余的就是马鞭柄。国内其他地区的情况与新疆有很大不同，几千年前埋入地下的木质钻柱、鞭杆以及皮鞭绳都基本无法保存，仅有质地坚硬的金属鞭柄，才得以保存，但目前发现的先秦的马鞭柄并不多。从图坦卡蒙墓、小屯M164和秦始皇陵1号铜车所见的马鞭柄来看，马鞭柄都比较长，由多节套装，柄底部有孔可穿绳，前端有刺可策马，长50余厘米。这些发现马鞭柄的墓葬规格极高，都是王墓或贵族大墓，使用的马鞭与平民有很大差别。“小屯M164曾出土一件

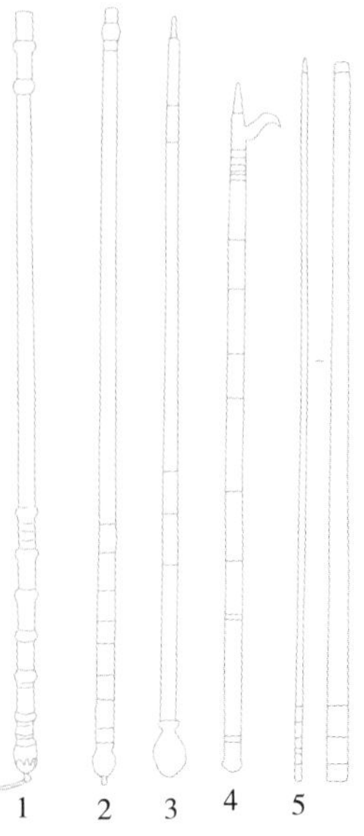

图 9　出土青铜马鞭柄
1～3.图坦卡蒙墓2号、1号、4号　4.安阳小屯M164出土　5.秦始皇陵1号铜车

玉马鞭柄，由本、末和杆三部分构成。本在下端，平顶，下部作半球形，中有孔，应是用来系绳于腰间的，长2.6厘米；末安于木杆的上端，形似戟，长8.2厘米，其向外伸出的部分，可以系皮鞭；杆用木制成，外包金叶，相当讲究。鞭柄复原后的长度为57.5厘米。”[12]这种椎状的鞭柄，延续的时间很长，在秦始皇陵1号和2号铜车上就曾发现2件相同的鞭柄[13]（图9）。

研究者认为，弓形器常与铜质或玉质的马鞭柄同出。其实不然，在我看来，学者们统计的马鞭柄中，只有小屯M164出土的是马鞭柄，而绝大多数都是取火用的钻杆。这种现象在以往的发现中有18例，也就是说，凡是有钻杆出现，就必然会发现弓形器。这18例中，弓形器均与钻杆放在一起[14]。殷代发现的钻杆质地有青铜和木质两种。木质钻杆仅见于安阳梅园庄Ml中，余皆为青铜质管状杆体。梅园庄东南M41车厢内出土的1件钻杆长23厘米，通体为一细长管，管口径0.9～1.2厘米，管状杆体一侧有一半圆形环。殷墟西区M391出土的一种管状器，两头较粗，一边有一环，长24厘米，应该也是钻杆。同样的钻杆还见于郭家庄M1和M160中。安阳大司空村M663、M539，定州北庄子M5和M80、白家坟西北地M43都出有这种钻杆。郭家庄M160钻杆与大司空村的2件同类器底部均为凸棱（与新疆洋海和鱼儿沟墓地出土的木钻杆相似）。在安阳太平庄M2、益都苏埠屯M8都出有相同长度和粗细的管状钻杆，上述所有铜钻杆都与弓形器伴出，可见二者关系密切。侯家庄M2124出土的1件钻杆伴出5件弓形器，山西灵石旌介Ml、M2都是1件钻杆伴出2件弓形器[15]。西周墓同出的情况只有岐山贺家村的M1。弓形器与管状钻杆伴出的情况，对了解弓形器的用途至关重要，二者是配套使用、不可或缺的，不用时一同装在弓箭袋中。

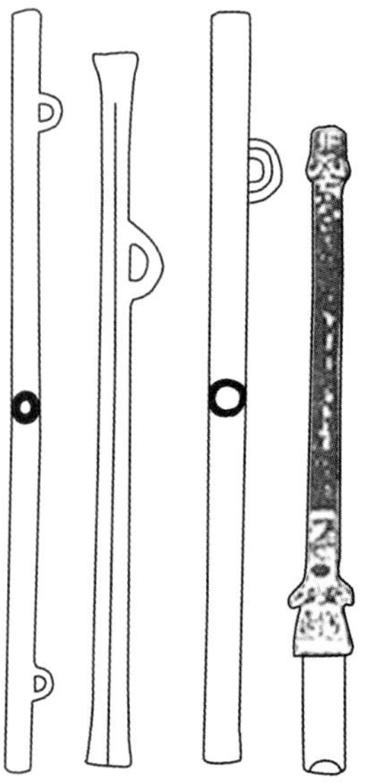

图 10　青铜钻杆
1.山西灵石旌介村西区M2：26　2.殷墟西区M391：13　3.安阳梅园庄M41：32　4.山西灵石旌介村M1：39

由此可见，马鞭柄与管状钻杆的区别非常明显。马鞭柄都较长，由多节套装，柄底有孔可穿绳，前端有刺可策马，一般长度在50 厘米以上。而取火钻杆则都较短，通体为一细长管，长度一般为18～24厘米，有些钻杆两头较粗，还有些为凸棱状，钻杆的管状杆体一侧有一半圆形环。此环可能用来将钻杆绑在某处，以防丢失或有他用，不可能是系鞭绳的，因为有些半圆形环处于管状杆体三分之一的位置，而不在前端（图10）。唯一的遗憾是，没有发现如同新疆发现的木质取火钻头。

三、“弓形器”是弓形钻木取火稳（定）压（力）器

“弓形器”基本为青铜质，器身呈扁长条形，中部稍宽且略微拱起，底部有凹槽。器身两头各伸出一条上昂复下垂的曲臂。弓形器主要出土于两大区域：一是商、周地域及其周边地区；另一个是米努辛斯克盆地及其周边地区。在商末周初，弓形器在商、周地域及其周边地区颇为盛行。这里的弓形器臂端多铸有带镂孔的铃铛，也有马头形、鸟首形，还有少数蛇

头形等，总体来看类似于商末周初的刀、剑柄首。发掘的车马坑中这类器就特别多，其中有10座出土有弓形器，且常与镞、管同出。弓形器主要在等级较高的墓葬中出土，共出的青铜礼器组合最少是一觚、一爵。如妇好墓所出的弓形器不仅纹饰精美，而且还镶嵌绿松石等。小屯M164死者腹前有弓形器，与一匹马同葬。另一个区域是米努辛斯克盆地及其周边地区。这里的考古学研究是20世纪世界考古研究的典范，有从铜石并用时代直至早期铁器时代末期诸多文化的早晚发展序列。弓形器见于卡拉苏克文化晚期的石峡期和塔加尔文化早期的巴伊诺沃期，即公元前11～前7世纪。

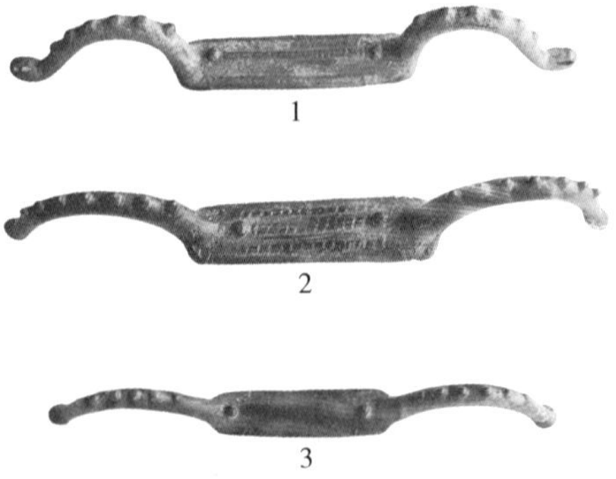

图 11　卡拉苏克和塔加尔文化青铜弓形器
1～3.俄罗斯米努辛斯克博物馆藏

南西伯利亚的弓形器，在中部板片两端接近弧臂处各有一枚乳钉形突出物（23件中17件有），可能用以固定物体（可能是木板）；部分弓形器出土时，残存织物包裹缠绕痕迹，或在其上固定什么东西。扁长条形器身上，各边有两个浅凹槽，弧臂上饰连续的乳突，臂端为扁平的蹄形装饰，与我国商周时期的弓形器不同，一般不见带镂孔的铃铛和动物首形装饰（图11）。帕乌里斯认为弓形器是“巫师法杖首”，而李普斯基假设这些物品塑造了穿着萨满装束的鹿或山羊的角。列昂季耶夫反对上述观点，他认为这些物品仅发现于男性墓中，而且基本都位于腰部，且与武器同出，他与瓦列诺夫都认为不明用途的物品被固定在腰际，与短剑共出，这种厚重的器物是像挽具一样使用的。带扣的中央板片是铠甲，为的是保护腹部，类似于斯基泰晚期的武装带，固定在腰带的木底座上[16]。在南西伯利亚各大博物馆都可见到类似的模型（图12，3）。

在出土器物的研究中，最让大家费解的就属弓形器了。宋代的王黼和清代的李光庭对其都有研究，还包括近现代考古学家梁思永、高去寻[17]、石璋如[18]、唐兰[19]、马衡、杨泓、林沄[20]、孙机[21]、乌恩、秦建明[22]、王海城、高本汉、罗樾、怀履光、林巳奈夫、原田淑人、驹井和爱、陶格林、瓦列诺夫、吉谢列夫等。这种器物的定名、用途和来源引起众多学者的兴趣，但至今也没有得出令人信服的结论。对此，王海城考证为类似挂缰钩的“前艘钠说”，这种挂缰钩不是绑缚在御马人的腰间，而是固定在车厢前阑上部栏杆上。在其博士论文《马车的起源》

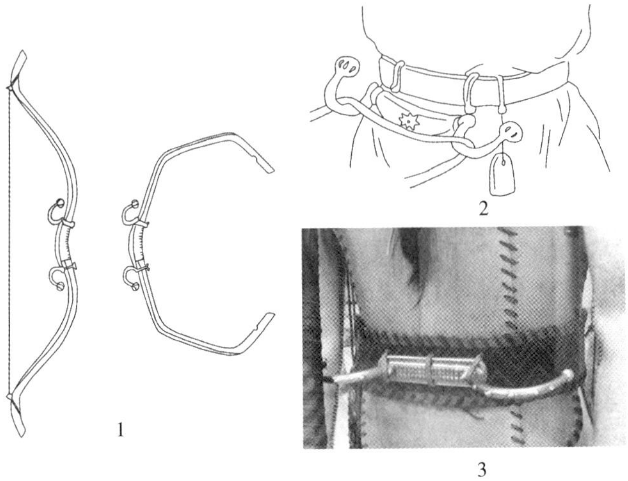

图 12　学界比较认可的两种弓形器使用方法图
1.弓柲　2.挂缰钩　3.俄罗斯哈卡斯博物馆的使用方法模型

中论述道大约有五种主要的说法。“第一，旂铃说，宋王黼（《博古图》）首倡此说，日人原田淑人、驹井和爱（《舟车马具篇》）和中国学者秦建明（1995年）均赞同。第二，是清人李光庭主张的马额饰说（《吉金志存》），后来瑞典汉学家高本汉又根据《庄子》的记载修正为‘月题’说。第三，陶格林主张的箭囊上的饰物说，罗越、梁思永和高去寻（1973年）也倾向于这一观点。第四，是弓柎或弓柲说，分别由石璋如（1950、1964年）和唐兰（1973年）首先提出，两者虽有区别，但是都主张其与弓有关（图12，1）。第五，是挂缰钩说，林沄（1980、1998、2007年）、孙机（1993年）和苏联考古学家科仁、瓦列诺夫都提出了这种观点，认为弓形器是用来系挂马缰绳以解放御者双手的，各家的论证只在细节上略有不同”。以上五种说法中，前三种说法不可信，早已有学者详细论述过（石璋如1964年）。现在学界大多同意后两种说法，孰是孰非，尚无定论。王海城又论证了后两种说法的不可信[23]，也包括他自己的“作为挂缰钩的弓形器，不是绑缚在人的腰间，而是绑缚在车箱前阑的上部”的“前軓钠说”。他的论文发表于2002年，此后再未发现和补充新的弓形器材料，但研究论文还在继续发表，至今挂缰钩之说占优势。实际上，在林沄和瓦列诺夫的复原中，弓形器都是用绳索吊挂在腰带上的（图12，2、3）。

王海城曾记述：“弓形器的制作非常精良，主要出于等级比较高的墓葬中，比如妇好墓。所以，同时它还应该是一种具有仪仗性质的器物，这种器物的数量不会像弓箭那样普遍。关于弓形器和‘马鞭柄’的关系乌恩共举6例（1994：331），林沄又补充了4例（1998：307）。王海城作了一个比较全面的材料收集，发现总共有19例这种现象。而我们目前所知道的所谓马鞭柄，总共也只有这19例。在这19件中，绝大多数‘弓形器’总与马鞭柄放在一起，与矢镞的关系却没有那么密切”。

弓形器与何种器物伴出，对了解弓形器的用途极为重要。首先，弓形器与钻杆（学者均考证为马鞭柄）伴出，就可以确定其与取火相关。其次，与铜簇、骨箭头、皮弓箭袋同出，说明随葬时装在弓箭袋中。再次，与车马器同出，可证明与外出作业相关。同时，学者们还认同一些说法，如“有策出土的墓葬和车马坑必定有弓形器”，“箭、管、弓、弓形器是相互紧密关联的一组器物”。

马车一般在狩猎、仪仗、队列出行和葬礼时使用。当马车用于军事战斗中，基本任务是充当移动的作战平台，也是军中的突击力量，上面会搭载弓箭手。在中亚和蒙古山区岩画中刻画的车夫，都装备有弓和箭袋。另外，车马坑中有殉人，人会背弓箭袋，这就是车马坑中为什么会出土弓形器和钻杆的原因。据学者论述，小屯M20的2件弓形器出土时，器身底部的凹槽中有红色朽木屑块，弓形器在器身和双臂的转折处发现有纤维或革质残存物。中国境外发现的弓形器，只在卡拉苏克文化晚期和塔加尔文化早期遗存中出现。从目前的材料看，中国最早的弓形器出现于殷墟文化中，较卡拉苏克文化晚期早。

在研究弓形器时，妇好墓的资料是最好、最完整的，1座墓就出土了6件。该墓是殷墟唯一保存完整的商代王室墓葬，虽然墓室规模不大，但随葬品极为丰富且保存完好，共出土青铜器、玉器、宝石器、象牙器1928件。墓上建有被甲骨卜辞称为“母辛宗”的享堂[24]。报告中没有具体说明弓形器的用途，但将其归入武器类，该类中还有钺、戈、鐏和镞，主张作为“弓柎”使用。

表 1　殷墟妇好墓出土弓形器统计表

出土编号	通长（厘米）	重量（克）	臂端
6	34.5	350	马头形
60	31	350	马头形
70	40.4	650	铃形
1121	34.5	300	马头形
1122	18.7	75	铃形
1123	37.7	550	蛇头形

可以肯定随葬的6件弓形器都是实用器，应该是墓主积累的自作之器，大小、重量差别很大，最短的不及长者二分之一，而重量差则超过8倍，这样的差别本身就可以否定以前的种种说法。随葬的6件弓形器重量和长度均不相同，应该是不同时间用不同的模具铸造的。在墓中分三个不同的位置埋葬，墓口1件、中部2件、墓底3件，最小的在墓底（表1），应该是妇好青少年时使用的。妇好善征战与祭祀，这两项活动都离不开火种，保存和获取火种是最大的问题。征战与祭祀都会在远离都城的荒野，尤其是征战的过程，有时是难以预料，露宿野炊为常态。商周时期的弓形器与车马、弓箭同出，这些均与妇好所经常从事的活动相关联。驾车、骑马都是为了外出，或征战或狩猎，弓箭属于武器类，与狩猎和征战相关，也与钻木取火相关。

前面详细论述了弓形器与钻杆之间的共存关系。值得进一步注意的是，几乎所有的弓形器器身凸面中心位置都有空心小圆柱，单、双圈形凸棱，圆形凹穴，坟起的圆凸等装置，这些是为适合各种型号的钻杆专门设置的。有些在中柱旁还饰以蝉纹（再生）和八角星纹（太阳）。这种在器身正中心设置的“支点”，正好契合和支撑钻柱上口的支点，用于支顶弓形器在上部施压，有这样的支撑装置，就能固定钻柱不滑动，在进行弓钻或绳钻时，还有来自侧面的动力。钻柱一般是由钻杆和钻头组成，钻杆承压并传递动力给下面连接的木钻头，因此对材质要求比较高。这里所说的钻木取火，就是钻柱带动木钻头旋转，与木取火板摩擦取火。所有这些证据表明，“弓形器”就是弓形钻木取火稳定压力器，也可称作“稳压器”。

稳压器与其他青铜容器一样，均属商周时期的礼器。青铜原料不易获取，制作工艺复杂，对技术要求高，属于稀缺物品，加上精美纹饰，在这一系列复杂的制作过程中，变成了神秘而富有宗教信仰、政治意愿和精神内涵的特定器物——礼器。商代中、晚期和西周早期国力强盛，有发达的青铜制造业，才能生产出稳压器这样的青铜重器。从考古发掘可知，稳压器都出土于规格比较高的贵族大墓中，墓主身份不同，所用的器物也就不同，比如青铜礼器的使用，王、贵族和平民就有天壤之别。在卡拉苏克文化晚期和塔加尔文化早期，也有与商周相类似的情况，青铜制造业也很发达，贵族大墓的规模与商周贵族相类。因此当时只有这两地有能力生产、有资格使用这种青铜质的取火稳压器，所有外域和边远地区庶民只能使用木质的取火器，但对他们来说，取得比较方便，也很适宜。

四、取火稳压器的使用方法

中国发现的取火稳压器，粗略统计有近百件。由于以往考证的名称众多，使用方法也是五花八门，所见图像资料也不少，但都与笔者的考证大相径庭。稳压器虽然主要出土于我国，但是国外博物馆也收藏不少，我在德国汉堡民俗博物馆、美国旧金山亚洲艺术博物馆中都见过实物。在圣彼得堡的艾尔米塔什博物馆中，除米努辛斯克出土的直平器身和底的稳压器外，也有来自中国的器身和底都呈弧形的稳压器。米努辛斯克盆地及其所在的南西伯利亚出土的稳压器共23件，均为平直器身和底的特征，在器身两端上部，接近曲臂处有2个乳钉或弯钩，器身上部表面有简单的平行线纹，曲臂上有成排均匀分布的乳钉，两臂端都有加宽的扁平状突瘤。由于出土取火稳压器的地层有明确时代，最早为卡拉苏克文化的卡拉苏克期，即公元前12世纪，所以一般都认为这里出土的稳压器是从中国起源的。

中国商周时期的稳压器，器身中部多有显著的装置，这些不同形状的装置用来调整和适应不同的钻杆管口，与之刚好相匹配，并专门为固定钻杆而设计。除此之外，在中国出土的器身和底都呈弧形的稳压器中，只有殷墟出土的5件在背部未设凹穴和圆凸，它们是侯家庄M2124所见5件中的1件，以及保存在台湾的小屯M20出土的2件和妇好墓出土的6件中的2件。其中小屯M20的2件出土时，器身底部的凹槽中有红色的朽木屑存在，而且在稳压器的器身和双臂的转折处发现有纤维或革质残存物，这可能是绳索，或者正好说明下葬时此物是放置在弓箭袋中。以笔者的分析和判断，殷墟出土的5件年代最早，是新发明时的初级形式。在这个时期，作为稳压器进行钻木取火作业时，所使用的不是凸面而是凹面。使用方法是在器身下方捆绑和固定木板，木板中间挖凹坑，用于顶住钻杆，正面的花纹和弯钩，正好可以起到加强固定取火板的作用。这种公元前13世纪末的稳压器，通过文化交流传播到南西伯利亚、外贝加尔地区，加上那里同样也有发达的铸铜业，这种以使用内面为主的稳压器得到延续、发扬和传播。

在中原地区，那种初级形式的稳压器很快在使用过程中发生改变，在变革中出现新的形式，即在器身背面设置凹穴和圆凸，还有专门制作的铜钻杆与其配套使用，并沿着这个方向发展。用青铜钻杆取代木钻杆是一个很大的进步，这是创新的结果。因为进行钻木取火作业时，施于钻杆上的下压力和旋转力都很大，木质钻杆很难承受这样的压力。以往在新疆发现的木钻杆都使用坚韧的绣线菊木就是明证。而在中原地区，无类似的硬木，或者使用何种木头不得而知，但制作青铜钻杆是商人的强项，而且与稳压器配套。

不管用哪种形式的稳压器，在进行钻木取火作业时，都是一人用双手握住两边的曲臂，稳定下压，另一人用木弓或拉动绳索（皮条），绳索缠于钻柱，带动钻柱转动，最终

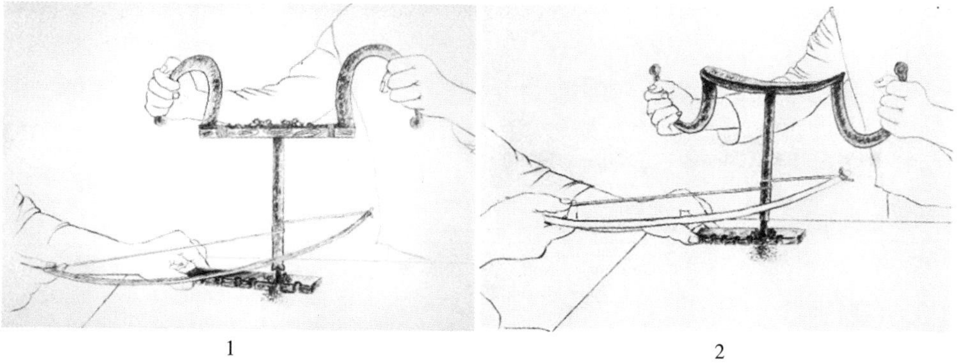

1　　2

图 13　两种类型稳压器的使用设计草图

将力施加于钻头和取火板（图13）。现代钳工中的钻杆也是专门用来传送动力的。

还有能够佐证稳压器的证据。商周时期和卡拉苏克—塔加尔时期出土较多的铜刀和短剑，这些铜器的柄端（首）大多装饰铃形和动物首形，这些柄首装饰都直接与器柄相连。稳压器臂端的铃形、动物首形装饰与刀剑上的相同，那么稳压器上连接铃形等装饰的曲臂就是实施取火操作时握手的手柄。

新疆用于钻木取火的器具都是不起眼的、比较细小的木器件，虽然这些木质器件都难以保存，但位于天山南部几个盆地中有些墓地的木质器物却保存很好，在地下埋藏数千年而不朽。吐鲁番就有一批这样的史前墓地，因此其使用方法还比较清楚。要进行钻木取火，必须有一套完整的器件，包括一端插着钻头的圆形钻杆和两边刻有V形槽的扁平状取火板。一只手能握住、大小形状要求不高的木板，用于加转木弓或皮条，还有引火用的细枝条和火绒。目前，发现最多的是取火棒和取火板，这两件器物同时出土，称为钻木取火器，单独出现称为钻杆或取火板，有时取火板也以棍状或更多的形状出现。新疆史前考古中发现的马鞭，均为木制，鞭杆多用结实有韧性的绣线菊、柽柳棍制成，两端刻槽，拴系牛皮条扣绳、皮鞭绳和鞭鞘。由于保存条件的差异，大多数皮条不存。其中有一些相同的木棍上，一根皮条系在两端，可能是用来给钻柱加速度的“木弓”，只是怀疑有这种可能性，在器物分类上仍归属木鞭杆。

五、取火稳压器的分期

在确定弓形钻木取火稳压器的名称和用途后，下面试做分期研究。在所有涉及稳压器和钻杆的报告中，对其介绍都非常含混，这毫不奇怪，更无法做出科学的分期。以往的分期主要是依据弓形钻木取火稳压器臂端装饰和器体正面花纹样式[25]，其实在器物类型学研究中，重要的是关注器物的形制和使用方式的发展变化。

稳压器的器形比较简单，形状相近，仅大小差别较大，这是由谁来使用它所决定的。例如殷墟妇好墓出土编号为1122的那件，长18.7厘米，重75克，出土时置于墓葬最底层，显然是妇好年幼时使用的器物，其余5件与别处所见略同，应该是其成年后使用的。

实施钻木取火，操作者尽管多为经常外出的军事人员、狩猎者或神职人员，但也可能是女性主妇，所以大多数的稳压器长度、重量相差无几，仅有个别较小。同时还观察到，最初的稳压器使用的是器身的凹面，必须在上面固定一块木板，用来压住钻杆钻木取火。后来，一直使用器身的凸面，用中部的乳钉、圆柱、凹穴和圆凸顶住钻杆使用。现采用考古类型学原理再结合器物年代试做型式分析和分期研究，大致可以分为两型（表2）。

A型：中国商、周代及文化波及地域出土的稳压器，器身有一定弧度，中部稍宽且略微拱起，底部有凹槽。曲臂臂端多铸出带镂孔的铃形，也有马头形、蛇头形。器身凸面有纹饰。又可以分为四式。

Ⅰ式：因为凸面有立体的动物纹装饰，所以使用的是器身的凹面，曲臂弯曲角度较大，器首偏向斜下方。如小屯宫殿区M238和M40出土器物。

表 2　　弓形取火稳压器分期表

中国			南西伯利亚		
A 型	图例	时期	B 型	图例	时期
Ⅰ式		殷墟二期			
Ⅱ式	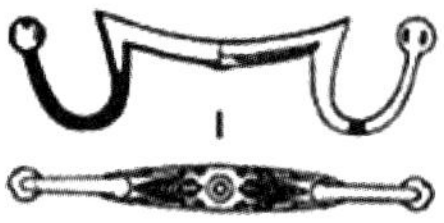	殷墟三期	Ⅰ式		卡拉苏克文化卡拉苏克期
Ⅲ式	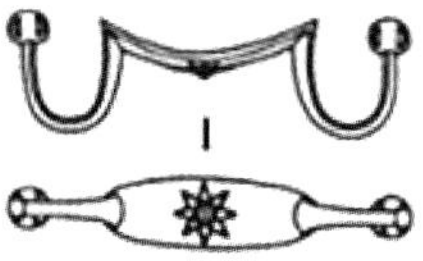	殷墟四期	Ⅱ式		卡拉苏克文化石峡期
Ⅳ式		西周早期	Ⅲ式		塔加尔文化巴伊诺沃期

Ⅱ式：包括Ⅲ式和Ⅳ式使用的都是器身的凸面，器身中部都有支撑设备（乳钉、圆凸和凹穴）。Ⅱ式的曲臂弯曲度较大，臂首微外撇，指向斜上方，器身中部支撑设备较低平。如前掌大M131出土器物。

Ⅲ式：器形工整、精美，曲臂弯曲加大，臂首微内收，呈U形，臂首指向正上方。如郭家庄M160出土器物。

Ⅳ式：器形简约，曲臂弯曲更大，加长，呈U形，支撑点突出。如贺家村M1出土器物。

B型：南西伯利亚区域出土的稳压器，商、周地域遗存中极少见。器身呈扁平长条形，上面多饰竖条纹和折线纹，曲臂上多有成排的乳突，臂端呈扁平突模样。又可分为三式。

Ⅰ式：器身宽大，其上多有装饰纹样，曲臂上有成排的乳钉。曲臂弯曲角度较大，器首指向斜下方。使用方式同A型Ⅰ式，下同。

Ⅱ式：器身无纹，仅曲臂上有乳钉。曲臂弯曲度较大，臂首微外撇，指向斜下方。

Ⅲ式：更显简约，器身和曲臂上均无纹饰和乳钉。

从时代早晚来看，A型Ⅰ式为殷墟第二期，Ⅱ式为殷墟第三期，Ⅲ式为殷墟第四期，Ⅳ式为西周早期。B型Ⅰ式、Ⅱ式为卡拉苏克文化晚期，Ⅲ式为塔加尔文化早期。在分期图表中，A型Ⅰ式栏中放入2件器物的图，其中殷墟宫殿区M238出土的这件有可能是B型稳压器的祖型，也可视为B型Ⅰ式器物的前身。因为出土于中国，所以放在A型Ⅰ式栏中。

六、结　　语

考古发现的商、周时期许多“弓形器”[26]，对其用途研究的论文很多。笔者发现，与弓形器同时期出土了许多兵器，有刀、短剑等，它们的柄首多为铃形和马头形，而弓形器的臂端也多饰铃形和马头形。兵器的柄是用来握手的，那么弓形器的曲臂也应该是握手用的，但之前没有一篇论文中的结论与用手把握的器物相关，因此还需要进一步研究。

有几篇论文中提到弓形器与马鞭柄共出，其实大多数较短的管状物都不是马鞭柄，而是钻杆，其一端刚好与弓形器上的凹穴、乳凸等设施相搭配。联系到新疆吐鲁番出土的绣线菊木制作的取火钻杆，两端有孔，一端插铁线莲质的取火头。那么在铜钻杆的一端也应该插有木质的取火头，只是在潮湿的地方保存不下来而难以发现。

商、周时期和卡拉苏克、塔加尔时期都有发达的铜器制造业，也只有此时此地能为贵族上层提供这种相对奢华的取火稳压器和铜制钻杆，而在边远地区的普通民众只能自制木质的钻木取火器。新疆发现的钻木取火器多是复合式的，钻杆上下都有管口，下面安装钻头，上面用压板。中原发现的弓形器实际上是弓形钻木取火稳压器，所谓的马鞭柄，多数较短的是取火用的钻杆，少数体长的才是马鞭柄。

钻木取火稳压器A型Ⅰ式是初始型，这个时间段使用的是凹面，用以捆绑和固定木取火板。在A型Ⅱ式时，中国所有的稳压器都使用凸面，在中轴设圆凸或凹坑。先前传入南西伯利亚的从A型Ⅰ式发展为B型Ⅰ式，即平板形体的稳压器，使用的也是底面，一直沿用到Ⅲ式；而中原发展为A型Ⅱ式及以后器身有凹凸的稳压器。

将“弓形器”定名为钻木取火稳压器，总觉得这一称谓太“现代”了，那么在商周时期它的称谓是什么呢？“番生簋”和“毛公鼎”是西周重器，铭文中都有周王赏赐的“金簟弼、鱼服”，而且二词总是相伴。经过唐兰先生周密细致的考证，认为金簟弼就是弓形器，鱼服为弓箭袋，金为铜，簟弼是弼，“金簟弼、鱼服”就是“铜弼、弓箭袋”[27]。唐先生的考证本来精准，但结论定在“铜弓柲”上，甚是遗憾。弓形器藏于弓箭袋中，还是称作“铜弼”为准。“番生簋”和“毛公鼎”是西周中、晚期的器物，似乎铜弼能沿用至此。

附记：文中图表由舍秀江、陈晓红制作。

注　　释

[1] 孔令川：《钻木取火析疑》，《东疆学刊》1995年第2期。

[2] a. 阎崇年：《钻木取火辨》，《社会科学战线》1980年第3期。

b. 孙永亮：《钻木取火质疑》，《咬文嚼字》2003年第4期。

[3] a. 裘锡圭：《寒食与改火——介子推焚死传说研究》，见《趣味考据》，云南人民出版社，2003年。

b. 汪宁生：《古俗新研》，见《改火和易水》，敦煌文艺出版社，2001年。

[4] 宋兆麟：《考古出土的钻木取火工具》，《西北民族研究》2009年第3期；《钻木取火及其在历史上的作用》，《中国历史博物馆馆刊》1992年（18～19）。

[5] 于志勇：《新疆考古发现的钻木取火器初步研究》，见《西部考古》第三辑，三秦出版社，2008年。

[6] 蒋洪恩：《吐鲁番洋海墓地出土的钻木取火器研究》，《中国文物报》2018年5月4日第6版。
[7] 新疆文物考古研究所：《尼雅一号墓地4号墓发掘简报》，《新疆文物》1999年第2期。
[8] 笔者整理研究了洋海墓地、苏贝希墓地、加依墓地和鱼儿沟墓地资料，其中洋海墓地有30件，鱼儿沟墓地有50件，其他墓地都较少，苏贝希墓地、加依墓地、阿拉沟墓地、三个桥墓地、鱼儿沟南墓地、艾丁湖墓地等合计有20件。
[9] 张寿棋：《海南岛黎族人民古代的取火工具》，《文物》1960年第6期。
[10] 中国科学院中国植物志编辑委员会：《中国植物志》第28卷，第140页，科学出版社，2004年。
[11] 蒋洪恩：《吐鲁番洋海墓地出土的钻木取火器研究》，《中国文物报》2018年5月4日第6版。
[12] 陈志达：《殷墟出土的文化遗物——玉器、石器》，见《殷墟的发现与研究》，科学出版社，1994年。
[13] 秦始皇兵马俑博物馆、陕西省考古研究所：《秦始皇陵铜车马发掘报告》，文物出版社，1998年。
[14] 王海城：《中国马车的起源》，见《欧亚学刊》第3辑，中华书局，2002年。
[15] 山西省考古研究所、灵石县文化局：《山西灵石旌介村商墓》，《文物》1986年第11期。
[16] 诺夫戈罗多娃著，杨军涛译：《古代蒙古》第186～188页，新疆人民出版社，2017年。
[17] 高去寻：《西北岗出土的殷代弓形铜器》，《东吴大学中国艺术史集刊》1973年第2期。
[18] 石璋如：《小屯殷代的成套兵器》，见《历史语言研究所集刊》第22辑，1950年；《殷代的弓与马》，见《历史语言研究所集刊》第35辑，1964年。
[19] 唐兰：《“弓形器”（铜弓柲）用途考》，《考古》1973年第3期。
[20] 林沄：《关于青铜弓形器的若干问题》《再论挂缰钩》，见《林沄学术文集》，中国大百科全书出版社，1998年。
[21] 孙机：《“弓形器”的用途和定名》，见《中国古舆服论丛》，文物出版社，1993年。
[22] 秦建明：《商周“弓形器”为“旂铃”说》，《考古》1995年第3期。
[23] 王海城：《中国马车的起源》，见《欧亚学刊》第3辑，中华书局，2002年。
[24] 中国社会科学院考古研究所：《殷墟妇好墓》，文物出版社，1980年。
[25] a. 郜向平：《略论商周青铜弓形器的形制演变》，《华夏考古》2007年第1期。
b. 滕铭予：《也谈弓形器的形制及相关问题》，《考古》2011年第8期。
c. 岳占伟、孙玲：《也论商周时期弓形器的用途》，见《三代考古》，科学出版社，2013年。
[26] 弓形器的分布范围较为广泛，东起山东中部，西抵甘肃东缘，南以淮河为界，北至河北北部，几乎包括了商和西周的全部疆域且涉及周边方国，其中尤以安阳殷墟出土最为集中。
[27] 唐兰：《弓形器（铜弓柲）用途考》，《考古》1973年第3期。

Bow Shaped Device and Drilling Wood for Fire

Lv Enguo

KEYWORDS: Bow Shaped Device　Tools of Drilling Wood for Fire　Horse Whip Handle　Drill Pipe　Shang and Zhou Dynasties

ABSTRACT: Most of the tools drilling wood for fire unearthed in Xinjiang are composite type. There are pipe openings on the top and bottom of the wooden drill pole, and a wooden drill bit is installed below, and the upper part is fixed and pressed with wooden strips or small boards. A complete set of tools of drilling wood for fire was unearthed, including making fire board, single bow and grass kindling. The short copper pipes unearthed in the tombs of the Shang and Zhou dynasties of Central Plain are similar to the wooden drill pipes found in Xinjiang. In fact, there were wooden drill bits on the top of the copper pipe but have not been preserved. In the Shang and Zhou dynasties, copper drill pipes and bow shaped device coexisted. The flat long-shaped body of the bow shaped device has a concave hole or a round convex in the center, which is specially designed to support the drill pipe. The long arm with heads on both sides can be grasped and used together with copper drill pipe. The bow shaped device is the regulator as drilling for fire. After its appearance in the Central Plains, it soon spread to southern Siberia. During the period of the Shang and Zhou dynasties of Central Plains and the Kalasuk Culture of southern Siberia, there were developed bronze casting industries in both places. The nobles of the two places used bronze drilling tools, while the ordinary people in the vast remote area far away from the two political and economic centers could only use the wooden ones.

（特约编辑　新　华）

汉代枝灯的考古学研究

宋　蓉

关键词：枝灯　礼器　明器　汉代

内容提要：枝灯是汉代墓葬中常见的随葬器物，有铜、陶、铁等不同质地。铜枝灯的结构统一，造型精巧；陶枝灯的器形有别，精粗不一；铁枝灯的数量极少，造型结构与铜枝灯近似。通过对枝灯形制、装饰、存续时间、墓中摆放方式及其流行地域、使用群体等方面的综合考察可知，铜枝灯源自战国，本为王侯所用之物，位于墓中的祭祀空间，与青铜礼乐同类，西汉武帝之后，逐渐变为奉养墓主的生活器具，并在两汉之际破除了随葬的身份限制，出现在边疆豪族墓葬之中。陶枝灯则是东汉时期流行于黄河中下游地区的随葬明器，A型陶枝灯为仿青铜枝灯而制，鲁西幽冀一带的官绅群体借此表达对身后富贵荣华的奢望。B型彩绘陶枝灯模拟神山仙界，是魂神升天观念影响下的产物，兴于两京，随后东传幽冀。

枝灯最早见于《西京杂记》中的“咸阳宫异宝”和“赵昭仪遗飞燕书”两则故事中[1]。《秦会要》又将“咸阳宫异宝”所记高七尺五寸的青玉五枝灯收入“方域·宫奇”篇[2]。可见，枝灯为古人眼中的稀奇、贵重之物，是秦汉宫廷中的珍宝。考古发现中不乏结构精巧、造型华美的铜枝灯。迄今虽未见文献中所记的青玉枝灯，但从故宫博物院藏的战国青玉豆形灯简洁优雅的造型及精雕细琢的纹饰[3]，可以窥见当时琢玉工艺的精湛与成熟，说明当时已完全具备制作玉枝灯的能力。除了材质考究的铜枝灯外，考古发现中更为多见的是制作精粗不一的陶枝灯。这些铜、陶枝灯造型别致，灯座、灯枝、灯盏装饰着各式光怪陆离的图案，研究者围绕其装饰的题材内容，就枝灯的功能，已经形成了宫廷器物说、祭祀用器说及道教法器说等不同观点。这类研究有的存在对文献的误解[4]，有的全以六朝唐宋文献考证汉代事[5]，并且对铜、陶枝灯不加区别，忽略它们在性质、结构、装饰以及存续时间等方面的差异。尤其是目前所见的枝灯，均出自墓葬中，它们是墓主生前钟爱的实用之物还是备而不用的明器？明确属性对其功能内涵的探讨至关重要。因此，笔者将分别对铜、陶枝灯进行形制分析，梳理出其结构与装饰特征，进而区分其属性。在此基础上，再从不同形制枝灯的分布地域、流行时间与使用群体出发，来探讨枝灯的功能、内涵及发展演变。

作者：宋蓉，北京市，100191，北京联合大学应用文理学院历史文博系。

一、枝灯的类型分析

汉代枝灯以陶质为大宗，制作精粗不一，大小差距悬殊，装饰繁简有别。目前已发现的陶枝灯均未见使用痕迹，且多数灯盏小而倾斜，不便容纳燃料，灯盏内也不见插放硬灯芯的支钉，或搭放软灯芯的支撑[6]，结构上全无实用性可言。同时，还有超过70%的陶枝灯器表都施有彩绘或铅釉，材质上也不具实用性。据此可见，汉墓中的陶枝灯应是专用以随葬的陶明器，而非实用的照明灯具。铜枝灯数量较少，大都制作考究，装饰精美，灯盏中心多见锥尖状的烛钎，具有照明的实用功能。另外，汉代还有数量极少的铁枝灯，完整器仅有洛阳烧沟的M1035：113一件。以下将从结构、造型和装饰等方面对铜、陶枝灯进行类型分析，同时梳理铁枝灯的特征。

（一）铜枝灯

现已发现的铜枝灯有10余件，分布极为分散，在河北定县[7]、山东招远[8]、江苏盱眙[9]、安徽巢湖[10]、江西南昌[11]、湖南长沙[12]、湖北黄冈[13]、重庆云阳[14]、云南昭通[15]、贵州赫章[16]、清镇[17]、兴仁[18]、广西合浦[19]、贵港[20]以及甘肃武威[21]等地都有发现（附表1）。这些青铜枝灯的结构基本一致，以长柄豆形灯为主体，豆盘为主灯盏，豆柄为灯柱，其外围设孔，插接灯枝，枝头承托小灯盏。灯盏有碗形、盘形和行灯形三种，其边沿常装有镂空的叶形风挡。底座富于变化，基本形态有圆饼形、浅盘形和覆钵形三种，装饰繁简不一，简单者素面无纹，精巧者装饰有山峦、祥瑞图像。灯柱和灯枝的装饰亦有繁简之别，简洁者素面，繁复者灯柱盘龙，灯枝上饰人物、鸟兽。根据青铜枝灯造型的繁简，以及灯枝的排列形式，可将其分为两型。

A型：单层短灯枝简易型。灯柱外围接一层2～4枚不等的短灯枝。器高30～75厘米。该型枝灯数量较少。典型的如赫章M8：47，浅盘形底座，灯柱中段三枚“∫”形短灯枝合抱，枝头承托浅盘形灯盏。通高66厘米（图1，2）[22]。风门岭M26：38的主体造型与赫章M8：47近似，只是灯盏、底座更为考究，灯盏为可灵活拆装的小行灯，底座的浅盘内还承托一錾刻峰峦的覆钵形小座。通高30.8厘米（图1，1）[23]。

B型：多层长灯枝繁复型。灯柱外接2～4层，每层2～4枚不等的长灯枝。形体高大，通高多在1米左右。该型铜枝灯数量略多，整器结构精巧，装饰华美，细节富于变化。典型的如罗泊湾M1：8，设3层，每层有3枚“L”形长灯枝。底座、灯柱素面无纹，灯盏造型别致，主灯盏铸成展翅的飞鸟形，其余为桃心形。通高85厘米（图1，3）[24]。又如招远大宋家村汉墓所出九枝灯，设2层，每层有4枚“∽”形长灯枝。底座镂刻两对盘绕的青龙、白虎，灯柱顶端立头顶行灯形盏的展翅朱雀。通高97厘米（图1，4）[25]。

（二）陶枝灯

已发现的陶枝灯有80余件[26]，主要集中在陕西扶风[27]、凤翔[28]、眉县[29]、西安[30]、河南灵宝[31]、陕县[32]、济源[33]、密县[34]、洛阳[35]、新乡[36]、安阳[37]、山西襄汾[38]等两京地区；山东宁津[39]、德州[40]、平原[41]、禹城[42]、长清[43]、济南[44]、章丘[45]等鲁西地区；以及河北邢台[46]、景县[47]、石家庄[48]、保定[49]、迁安[50]、唐山[51]、天津武清[52]、蓟县[53]、北京顺义[54]、平谷[55]、怀柔[56]、大兴[57]、房山[58]、通州[59]、丰台[60]、山西广灵[61]、辽宁大连[62]、抚顺[63]等

图 1　出土铜枝灯
1、2.A型（风门岭M26：38、赫章M8：47）　3、4.B型（罗泊湾M1：8、大宋家村汉墓出土）

幽冀地区。此外，在江苏徐州[64]、邗江[65]有零星分布（附表2）。与铜枝灯不同的是，陶枝灯的结构与装饰存在较大差异，据此亦可将其分为两型。

A型：以豆形灯为主体，灯柱外围插接灯枝，器表多施绿色铅釉。与铜枝灯结构相近，据其造型繁简及灯枝排列形式，又分为两个亚型。

Aa型：单层短灯枝简易型。似A型铜枝灯。灯枝2～3枚不等，多呈“L”形。形体较小，通高约40厘米。装饰简单，底座、灯枝及灯盏皆为素面无纹。典型的如河北望都M2所出三连灯，灯柱下端插接3枚“L”形短灯枝，通体施绿釉。器高38厘米（图2，1）[66]。

Ab型：多层长灯枝繁复型。似B型铜枝灯，设2～3层，每层有3或4枚“∽”形灯枝。该型形体稍大，通高40～70厘米。底座多有半月形镂孔，灯盏外沿常见镂空叶形风挡。典型的如望都M2出土的十二枝灯，灯柱外围等距插接3层，每层有4枚“∽”形长灯枝，通体施绿釉。器高62.6厘米（图2，2）。

B型：器形主体叠置形态相同、体量依次递减的2～5件豆形灯。顶层豆盘为主灯盏，其余各层为承盘，承盘边沿插接灯枝或直接贴塑灯盏。底层灯座为覆盆形，其余各层皆弱化底座，仅豆柄下端加宽作喇叭形以方便叠置。底座及各层承盘多有繁复、精美的装饰。根据灯枝的安接方式的不同，又可分为两个亚型。

Ba型：插接灯枝型。各层承盘外沿等距插接4枚或6枚“∫”形灯枝，枝头承托碗形小灯盏。器形高大，通高多在1米左右。器表装饰华美，大多施彩，灯座、灯枝和灯盏的装饰题材丰富，布局紧凑，主题突出。灯座多模印出山川峰峦或以凸棱分成上下数层，其间满塑仙人、瑞兽图像，灯枝或为龙首、凤首，有的灯枝上还塑有羽人、鸟兽，主灯盏多呈昂首展翅的凤鸟形。典型的如陕西扶风官务村M1：14，通体彩绘，三层承盘外沿插接24枚凤鸟形灯枝，其中12枚顶端承托灯盏，底座自上而下分三层贴塑28组人物和动物形象。器物通高105厘米（图2，5）[67]。此外需要说明的是，由于此型枝灯叠置的结构和高大的形体，

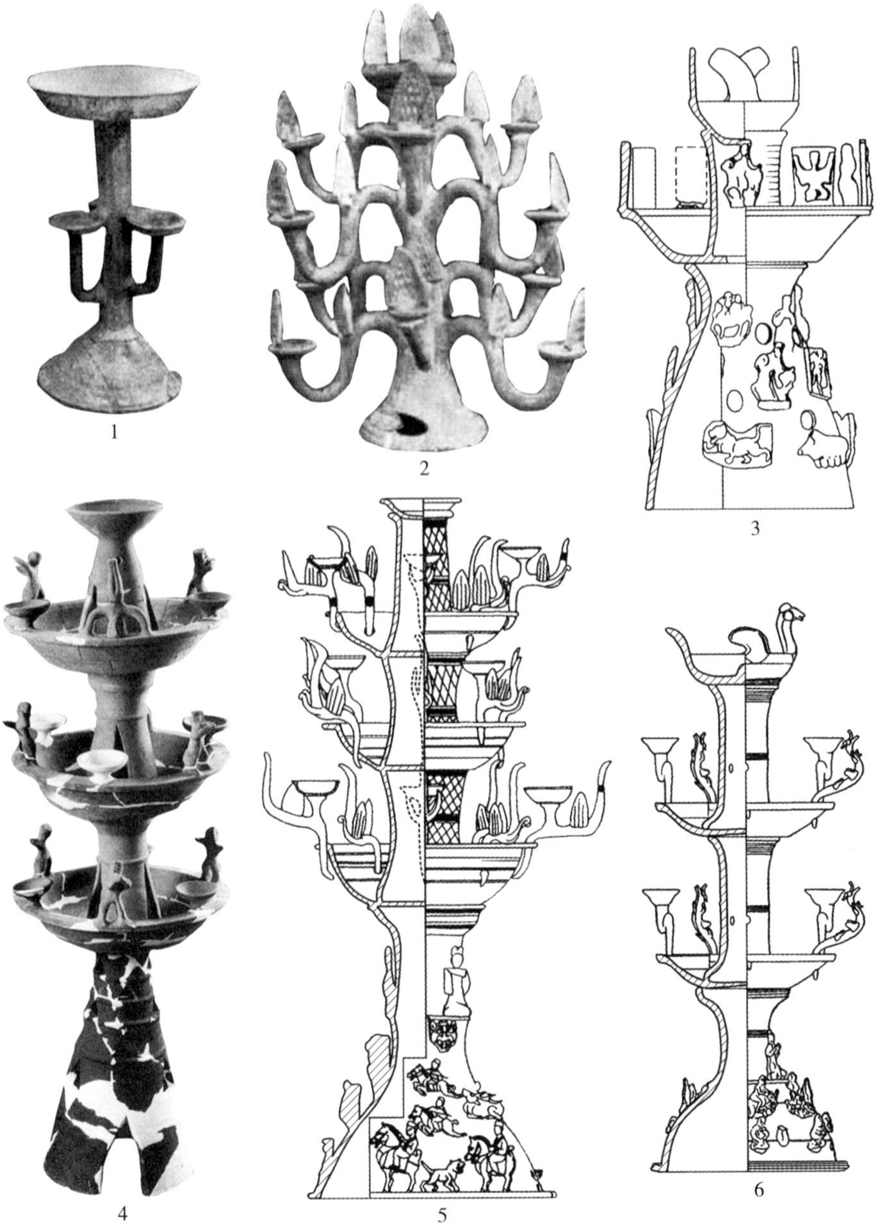

图2　出土陶枝灯
1.Aa型（望都M2出土）　2.Ab型（望都M2出土）　3、4.Bb型（燕下都高陌村M38：13、平谷杜辛庄M5出土）　5、6.Ba型（扶风官务村M1：14、陕县刘家渠M8：11、16、17）

常因发现时散落而被误认作多件陶灯，如陕县刘家渠M8：11、16、17三件陶灯实为同一件枝灯的上中下三部分（图2，6）[68]。

Bb型：贴塑灯盏型。各层承盘边沿贴塑人物形象，或再于其间穿插贴塑碗形小灯盏，省略灯枝。造型、装饰均较粗疏，多泥质灰陶，无彩，似为Ba型陶枝灯的简化式样。典型

图 3 出土铁枝灯（洛阳烧沟M1035 ：113）

的如北京平谷杜辛庄M5所出，底座饰三角形镂孔，三层承盘边沿均贴塑有乐舞人物和碗形小盏，人物捏塑成形，制作粗糙，仅有大致轮廓，不见面容、穿着细节（图2，4）[69]。又如燕下都高陌村M38：13，虽然底座贴塑人物、动物图像，但质、量均不及Ba型，承盘边沿仅有片状的模印伎乐形象，不见灯盏（图2，3）[70]。

（三）铁枝灯

目前发表的汉墓资料中，仅洛阳烧沟M1035、洛阳西工M120和密县后士郭M1三座墓出有铁枝灯（附表3）[71]。三件铁枝灯均为十二枝灯，从资料相对完整的烧沟M1035和后士郭M1看，其器形大体一致，覆盆形灯座，上接长杆形灯柱，灯柱向外伸展三层、每层4枚的“∽”形灯枝，枝头承托浅盘形灯盏，整体造型结构与B型铜枝灯近似（图3）[72]。

综上可知，汉墓中的青铜枝灯多有实用性，可能其中即有墓主生前使用之物。陶枝灯则属随葬明器。其中，A型陶枝灯仿青铜枝灯而制；B型陶枝灯的结构、装饰自成一格。整体造型上，青铜枝灯和A型陶枝灯，灯枝错落有致，灯盏边沿装饰叶形风挡，似乎意在模仿树的姿态。而B型陶枝灯，底座高大，或分层或装饰峰峦纹样，其上还有层层升高的承盘，似乎旨在营造山的意境。铁枝灯集中于洛阳及其周边区域，从造型和结构看，应也是仿B型铜枝灯而制。

二、枝灯的发展演变

不同于模式化生产的饮食、生活类器具，枝灯更具装饰性，每件器物的制作细节都有独特之处。加之各型枝灯数量有限，不宜再做式别划分。参照汉墓分期的研究成果，依据出土枝灯墓葬的期别，可大致判断各型枝灯所属时代（图4）。下面以时代为序，从分布、数量和器形三方面探讨枝灯的发展进程。

（一）西汉时期

西汉时期，仅有A、B两型铜枝灯，散布于西汉的王国及边疆地区。从图4可见，各时段的铜枝灯数量较为稳定。在器形方面，西汉早期的A型铜枝灯还具有较多豆形灯的特征。如巢湖北山头

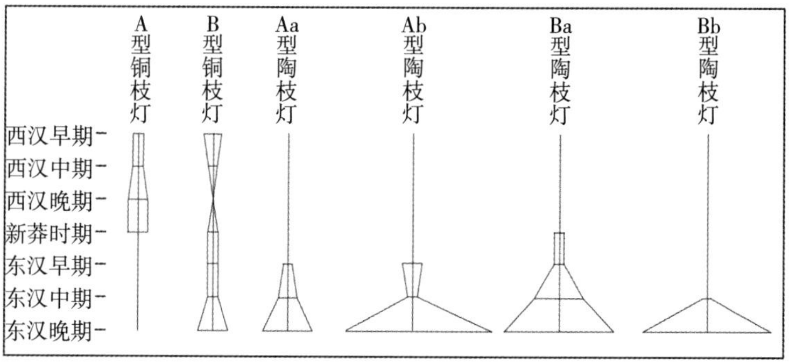

图 4 各时期枝灯数量的变化

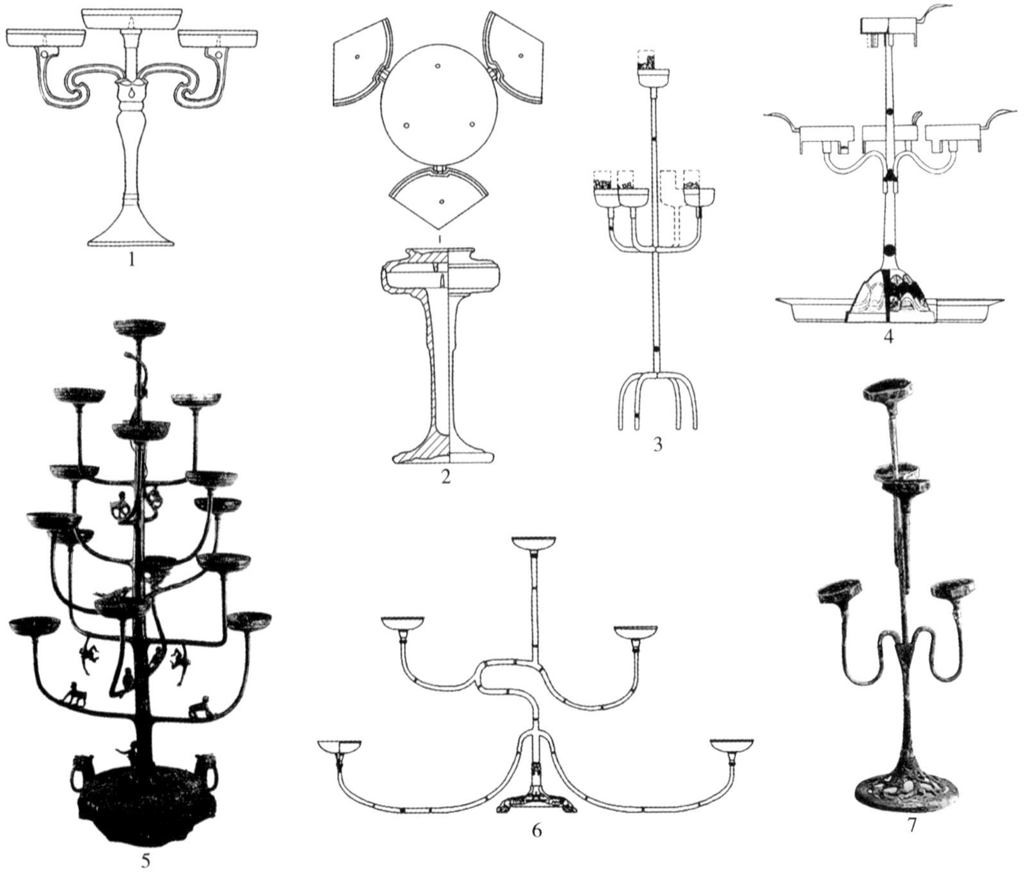

图 5　战国至西汉时期铜枝灯

1、2.巢湖北山头BM1：60、BM1：42　3、4.合浦风门岭M27：9、M26：38　5.平山三汲村M1　6.盱眙大云山M1：3707　7.南昌刘贺墓M1：1479

BM1：60，只是在豆形灯的灯柱上段挑出三枚灯枝（图5，1）。该墓出土的另一件带盖豆形铜灯（BM1：42），虽未挑出灯枝，但盖面向外翻转即可形成三枚扇形灯盏（图5，2）[73]，也是在豆形灯的基础上实现了照明效果的提升。可见，西汉早期的A型铜枝灯似还处于器形的形成阶段，形制尚不固定。相比之下，B型铜枝灯则已有了一定基础。战国时期的平山三汲村M1（公元前310年前后）所出十五枝灯，不仅结构完备，而且装饰极为精巧考究。底座上的透雕双身虎、镂刻龙纹、抛食人物以及灯枝上的群猴、金乌，灯柱上的盘龙充分突显了战国制灯工艺的高超（图5，5）[74]。与之相较，汉初的B型铜枝灯继承了其高超的工艺，器形结构依旧考究，但风格趋向简洁、实用。罗泊湾M1：8的桃心形灯盏别出心裁，大云山M1：3707的伏龟形底座形象逼真，其余灯枝、灯柱则皆为素面（图5，6）[75]。

西汉中、晚期，A型铜枝灯的灯柱趋向细高，灯枝线条更加流畅，形制结构基本稳定，形成了独立于豆形灯的自身特征。合浦风门岭M26：38（图5，4）和M27：9（图5，3）的造型已与豆形灯截然不同，前者的浅盘形底和行灯形盏，后者灯盏边沿的叶形透雕风挡均为不见于豆形灯的新元素[76]。B型铜枝灯更趋简洁，刘贺墓所出（M1：1479）除底座平面透雕抽象的线条化图案，其余部件皆无装饰（图5，7）[77]。

（二）新莽至东汉中期

铜枝灯在这一时期保持了相对稳定的发展水平。从数量和分布看，与西汉时期相差无几。仅器形上A、B两型铜枝灯的装饰风格渐趋多元。云阳风箱背M1：82，底座为羽人御辟邪（图6，2）[78]。辟邪是受外来文化影响而产生的神兽，两汉之际随着平匈奴和通西域，广为流行[79]。兴仁交乐M6：13，底座为踞坐于龟背上的裸身男子（图6，1）[80]。这类以裸身男子形象为底座装饰的铜灯在广西梧州大塘东汉墓、贵州清镇M15、云南个旧黑马井村均有发现[81]，应是汉代南方边地的区域特色。

陶枝灯从无到有，相继出现了Ba、Aa、Ab和Bb四型，数量有限，但从其变化中已

图6　新莽至东汉中期枝灯

1、2.铜枝灯（兴仁交乐M6：13、云阳风箱背M1：82）　3～5.陶枝灯（禹城火车站汉墓出土、济源桐花沟M10：36、景县大代庄M1：24）

可看出渐趋流行的发展趋势（见图4）。其中，Ba型出现最早，始见于新莽时期的京畿地区，目前仅发现扶风官务村M1：14一例。从其通体彩绘的高大器形以及底座、承盘、灯枝上繁而不乱的陶塑装饰看，彼时它已是一类内涵明确的成熟明器（见图2，5）。进入东汉，随着政治中心的转移，Ba型陶枝灯扩展至洛阳周边，并向东传播至幽冀地区。从器形看，两京地区的Ba型陶枝灯更为考究，装饰内容丰富，图案布局具有层次。如济源桐花沟M10：36～40，底座上模印山峦纹样、中层承盘内底贴塑伏龟、承盘边沿插接羽人御龙与凤鸟形灯盏，器物内涵丰富（图6，4）[82]。而幽冀所出则略显粗疏，如景县大代庄M1：24底座贴塑的纹饰均为模印泥片而非立体陶塑，灯盏已完全弱化，仅是以灯枝枝头加粗内凹的形状象征（图6，5）[83]。Aa、Ab两型均出现于东汉早期。Aa型最早见于苏中的邗江，但随后在鲁西幽冀一带更为多见，Ab型兴起与流行均集中在鲁西幽冀。这两型陶枝灯分别以A、B两型铜枝灯为蓝本，进行了极尽夸张的装饰。繁密的灯枝、近乎合抱的风挡以及灯柱顶端所立博山炉，无不表达着生者对地下世界的无尽想象（图6，3）[84]。Bb型出现最晚，始见于东汉中期，目前仅发现易县高陌村M38：13一例，其造型结构近似Ba型陶枝灯，但装饰更为粗糙简陋（见图2，3）。

（三）东汉晚期

除A型铜枝灯外，各型铜、陶枝灯均有较快发展，并出现了铁枝灯。虽然东汉墓葬中已难觅A型铜枝灯踪影，但其形象不仅见于《女史箴图》等后代画作，在南京蒋王庙东晋墓等后期墓葬中也常有出土。可见，A型铜枝灯是具有延续性的，其在东汉中、晚期的缺失应非发展中的缺环。B型铜枝灯在器形方面依然相对平稳，数量上则有小幅增长，分布区域也有所扩展，除南部边郡外，在西北和胶东地区也有发现。洛阳、密县等地还出现了仿B型铜枝灯的铁枝灯。

相较于铜枝灯，四型陶枝灯的变化更为显著。其数量均有大幅增长，尤其Ab、Bb两型增幅可达十余倍，Aa、Ba两型也有超两倍的增幅（见图4）。从分布看，以北京为中心的幽冀地区成为陶枝灯的分布中心，除Ba型陶枝灯较多发现于两京地区，近70%的陶枝灯发现于此。在器形方面，陶枝灯的造型、装饰出现了不同程度的简化，尤以Ba型陶枝灯为甚。涧西七里河M1：95，虽然装饰依然精美考究，但二、三层承盘弱化成灯柱上的两周凸棱（图7，1）[85]。而陕县刘家渠M1037：38、密县后士郭M2：108等器的底座、承盘装饰以及灯枝数量均大幅简省（图7，3、2）[86]，设计、制作远不及前期水准。目前归入东汉中晚期的西安潘家庄M169、房山窦店M25等墓的年代或可晚至魏晋[87]。另外，北京八角村魏晋墓、山西大同七里村M5、雁北师专M2以及西安韦曲M1、M2等曹魏至北朝时期墓葬中也依然可见Aa、Ab两型陶枝灯，只是其器形已有明显变化[88]。由此可见，东汉时期形成的陶枝灯随葬之风对后世影响甚久。

综上所述，汉代枝灯的发展大致可分为西汉时期、新莽至东汉中期以及东汉晚期三个阶段。第一阶段，仅有铜枝灯，西汉中期前后，其器形和装饰的风格逐步成熟完善。第二阶段，铜枝灯的装饰更趋多元，域外因素、边疆特色融入其中。与此同时，陶枝灯兴起并流行，形成了一西（Ba型）一东（A型）两个系统。第三阶段，枝灯随葬更为普遍，材质更为多样，但各型陶枝灯制作越发粗疏，渐趋流于形式。

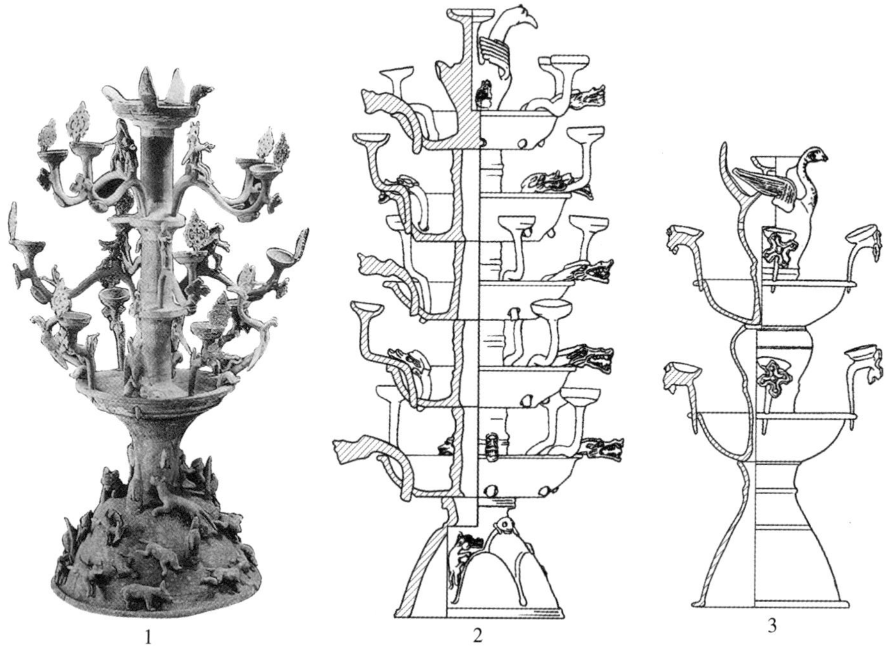

图7　东汉晚期陶枝灯
1.涧西七里河M1：95　2.密县后士郭M2：108　3.陕县刘家渠M1037：38

三、墓葬背景分析

随葬枝灯的墓葬中有墓主明确为诸侯王或列侯的高等级墓葬，也有随葬品较少的单室墓，更多的则是介于二者之间，随葬品相对丰富并有多间墓室的中等规格墓葬。根据已有汉墓等级的研究，结构简单的单室墓墓主多为普通平民，多室墓墓主多为具有一定社会地位的群体，并且其墓室数量往往与等级密切相关[89]。目前所见资料中，随葬枝灯的单室墓的墓室面积多在7～11平方米左右，属于单室墓中规模较大者，其墓主可能属平民中相对富裕的群体。随葬枝灯的多室墓年代大多集中在东汉晚期，墓葬多有不同程度的破坏，并且这一时期盛行多代合葬，墓室繁简和随葬品多寡往往会受入葬人数的影响，很难据此再对墓主身份高低进行细分，故本文将介于王侯与平民之间的墓葬归为一类。从个别有文字佐证的墓葬看，这类墓主中既有官至雁门郡守的郡级长官[90]，也有出任张掖长的县级令守[91]。同时，结合这一时期地方势力崛起的历史背景，其中当也包括了经济能力与之相当的地方士绅。枝灯在这三类墓葬中的流行情况各有不同（表1）

（一）高等级墓葬

此类墓葬主要有罗泊湾M1、大云山M1、刘贺墓、定县北庄汉墓、定县M43和大觉寺M2等为数不多的几座，墓主有诸侯王、属国封君，也有列侯，均为拥有特殊政治地位的权贵阶层。王侯墓中的随葬枝灯仅见B型铜枝灯和Ab型陶枝灯两类。其中，B型铜枝灯更为多见，约占71%，年代主要集中在战国和西汉早、中期。并且，同时期的其他墓葬均不见其随葬，B型铜枝灯是王侯墓葬的专属，这在一定程度上也印证了文献中将枝灯描述为宫廷珍宝的记载。Ab型陶枝灯则仅见于东汉晚期。此时汉室衰微、地方势力崛起，王侯实力大不如前，墓葬规模大幅缩减。东汉晚期的Ab型陶枝灯可能是作为铜枝灯的替代品随葬，以作勉强维持王侯身份之用。

表 1　　　　各类墓葬出土枝灯情况表

墓类＼器型	铜枝灯		陶枝灯				铁枝灯
	A 型	B 型	Aa 型	Ab 型	Ba 型	Bb 型	
高等级墓葬	—	71.4%	—	28.6%	—	—	—
中等级墓葬	9.8%	6.6%	13.1%	27.9%	27.9%	9.8%	4.9%
低等级墓葬	—	—	—	—	—	100%	—

说明："—"表示未见此类型枝灯，百分比表示随葬此类型枝灯的墓葬在同类墓葬中的占比。

（二）中等级墓葬

已发现的枝灯有近八成出自中等级墓葬，并且所出枝灯包含了前述全部类型，可以说，官吏士绅是汉代随葬枝灯的主要群体。从数量看，Ba和Ab两型陶枝灯是其中的主流器形，占比最高，均有近28%。两型枝灯的出现时间虽略有早晚，但均盛行不衰，应最能代表这类墓主群体的埋葬理念与身后诉求。如果说仿自B型铜枝灯的Ab型陶枝灯表达了他们对王侯生活的憧憬。那么，Ba型陶枝灯则或许传递了他们对死后世界的认知（后详）。相较于Ab型陶枝灯的流行，与之造型近似的B型铜枝灯却是各型中占比最低的一类，出现于新莽，东汉中、晚期才较多见，分布地点还均远离汉文化中心。而铜枝灯中另一类结构装饰略简的A型则表现出了较强的影响，不仅西汉早期就已出现，而且该型铜枝灯及其陶明器（Aa型陶枝灯）均为中等墓葬所特有，Aa型陶枝灯还具仅次于两类主流器形的较高占比。两型铜枝灯不同的流行状况似乎表明，A型铜枝灯及其明器应是符合中等墓葬器用制度之物，而B型铜枝灯的使用有严格的等级限制，只有在王朝势力控制薄弱的地区，或王室走向衰落的时代，才偶有使用。同时，东汉晚期洛阳及周边地区出现的仿B型铜枝灯的铁枝灯，也再次反映出铜枝灯使用限制之严格，京畿地区的官绅群体只能以铁枝灯表达对身后王侯生活的向往。此外，出现于东汉晚期的Bb型陶枝灯虽有一定量的占比，但仅见于北京地区。这其中不排除有考古发现不均衡的因素，同时可能也有当地社会环境的影响。东汉晚期正是幽冀势力崛起、战争频仍的动荡时期，京津及其周边的冀东之地是汉代幽州的核心区域，动荡的社会环境影响下，官吏士绅群体内抑或有所分化。

（三）低等级墓葬

此类墓葬数量极少且均位于北京，除个别墓葬年代为东汉中期，绝大多数集中于东汉晚期，随葬的枝灯仅Bb型陶枝灯一种。Bb型陶枝灯是Ba型陶枝灯的衍生版。一方面反映出该型枝灯所代表的生死观念逐渐向平民百姓普及。另一方面，从其粗陋的装饰和高度明器化的特点看，或许因经济能力与阶层意识的限制，Bb型陶枝灯只是厚葬之风盛行背景下，稍微富裕的普通民众丧葬行为形式上的点缀而已。同时，结合其在中等级墓葬中的出现情况，Bb型陶枝灯在低等级墓葬中的出现可能也有社会环境动荡、阶层结构变化的因素。

四、枝灯功能辨析

汉代人事死如事生，将墓葬视为死后的宅邸，为保死者的富足与安宁，墓内空间的营造和随葬品的摆放都要遵循丧葬礼仪的规范。因此，枝灯在墓中的位置、器物组合、摆放方式均关乎其功能判断，需予以综合考察。

（一）铜枝灯

战国时期，平山M1中的B型铜枝灯与铜、漆礼器共置于椁内东侧的器物库。灯座立面刻有“十祀，左使库，啬夫事敎”的铭文，因此被认为是中山国的宗庙之器[92]。西汉初，北山头M1和罗泊湾M1中的铜枝灯仍是与铜礼器组合。北山头M1：60共出的银盘内有“□升三升名戌左十今茜□□□”十三字[93]。“茜”有“礼祭，束茅加于裸圭而灌鬯酒”之意[94]，可见银盘本是祭祀所用之物，那么与之组合的铜枝灯也应具有相类的功能。有学者认为西汉时期的木椁墓已有了椁内祭祀空间与埋葬空间的明确分区[95]。从这个角度看，战国与汉初的铜枝灯均位于祭祀空间，其所象征的并非地下世界的起居生活，而是有祭祀礼仪方面的功用。

西汉武帝时期，铜枝灯的组合、位置均出现变化。大云山M1中的B型铜枝灯（M1：3707）不再与礼器组合，而是与另外14件造型各异的铜灯以及浴鼎、浴缶等共置于象征洗浴用器区的埋葬空间[96]。宣帝时期的刘贺墓亦如此，其中的B型铜枝灯（M1：1479）与20余件铜灯以及各式铜炉、铜衣镜等共置于主椁室[97]。此后的墓葬被盗破坏严重，从保存稍好的风箱背M1和桂家院子M1看，铜枝灯或与生活用器组合陈于棺前或位于砖室墓的后室棺侧[98]，亦是位于埋葬空间。可见，自武帝之后，铜枝灯已逐渐趋向世俗生活化，转变为奉养墓主地下生活的器具。

（二）陶枝灯

陶枝灯主要流行于东汉时期，均出自砖室墓。砖室墓以前、后分室的方式取代了竖穴木椁墓的椁内分区，通常以前室砌砖台或摆放陶案、盘、耳杯等明器作为祭奠之所，后室安放灵柩，象征居所。

Aa和Ab两型陶枝灯，常与陶楼、壶、罐等生活类明器组合。有的位于后室，如平谷西柏店M1，陶枝灯被置于后室西侧的棺床前[99]；有的虽被置于前室但也难以断定具有祭祀功能，如顺义临河村M1：9位于前室东侧，而该墓在前室西侧放置了大小两件陈列有圆盘和耳杯的陶案以象征祭祀区[100]。可以说，无论位于前室还是后室，Aa、Ab两型陶枝灯均处于生活空间。若细究差异，位于后室者可能意在模拟居室景象，位于前室者似乎象征了地下生活储备。由此可见，东汉时期的Aa、Ab型陶枝灯不仅模仿了铜枝灯的器形，也具有了其意涵，同样象征了对墓主死后生活的奉养。

Ba和Bb两型陶枝灯，则多与案、盘、耳杯等共置于前室的祭祀区内。洛阳涧西七里河墓保存完好，清晰而完整地呈现了Ba型陶枝灯在墓内的景象。该墓前室西侧砌砖台，台上东南角放置陶枝灯，并有一组乐舞百戏俑环绕，砖台西南角置羊头，正中置陶案，案上列三排耳杯及一件圆盘[101]。有研究指出该墓陶案前的空间为墓主而留，是以座位隐喻供奉的主体[102]。从排列位置看，陶案象征祭祀仪式的中心，陶枝灯及陶俑构成的场景盛大隆重，应是仪式的关键环节。这场仪式所展现的欢闹氛围不同于庄严的传统宗庙之礼，应有特殊意涵。下文结合Ba型陶枝灯特别的造型和装饰对其寓意稍作推断。

Ba型陶枝灯的整体造型像“山”，装饰充满想象。模印着山川峰峦的高底座上贴塑大量动物、人物形象。可辨识的动物有龙、虎、猪、羊、熊、獬豸、鹿、蝉、兔、雉、狐、猴、犬等。它们是汉代人观念中的瑞兽，常常出现在人们幻想的神仙世界中。画像石中的西王母仙境如此，《山海经》中记载的神山亦如此，如《海外南经》中的狄山“爰有熊、罴、文虎、蜼、豹、离朱、视肉、吁咽……”；《海内经》中的广都山“爰有百兽，相群爰处”[103]。而伎乐、斗兽、驾驭等人物形象亦在装扮上表现出非同凡人的样貌。Ba型陶枝灯底座所展现的“仙山”图景也非孤例，而是同时期长安地区随葬明器中较为常见的装饰纹样。如西北医疗设备厂M81、M128、方新村97M22、雅荷花园M30、M58等墓随葬的釉陶壶、樽等器的腹部都模印有这类图案[104]。此当为时代风尚，传递了人们对“仙山”的迷恋。

余英时认为西汉中期之后，经过武帝求仙的推动，“魂神升天”和“仙人不死”的观念深入人心。而泰山作为当时人所知的最高山便成为魂神登天成仙的归处[105]。吴荣曾进一步指出，镇墓文、印文中的“黄神”和“天帝使者”即是泰山神[106]。出有Ba型陶枝灯的西安潘家庄M169，墓主身侧就有一枚陶质“黄神之印”[107]。虽然这并不足以证明Ba型陶枝灯的高底座就是魂神所归的泰山，但至少可以说该型枝灯与泰山信仰彼此相容，或者就是泰山信仰的一种表现形式。另外，Ba型陶枝灯的高底座之上还有逐层升高、逐渐缩小的承盘。它们在视觉上营造出了一种遥远而缥渺的意境。承盘周边环绕的飞鸟、祥龙、羽人呈现出更为直观的仙界景象，仿佛“仙山”之巅可直通天际。在Ba型陶枝灯的传播过程中，幽冀地区深受影响，特别是以北京为中心的区域。这里是战国燕文化的中心，或许正是当地自古多方士、好神仙之术的文化传统为Ba型枝灯的落地生根提供了适宜的文化土壤。

（三）铁枝灯

随葬有铁枝灯的三座墓葬，仅烧沟M1035保存较好。该墓为横前堂双后室的砖室墓，铁枝灯位于东后室，放置于棺侧，与同时期B型铜枝灯的摆放方式完全相同，应也是为墓主的地下生活而备。青铜器表金光熠熠的色泽是铁器所无法比拟的，汉代的冶铁业虽已成熟完备，但彰显身份等级的礼器仍多以青铜为之，从这一意义上看，铁枝灯可能也是一类仿铜枝灯的低规格替代品。

五、结　　论

要言之，汉代枝灯的器形有别，功能不同。铜枝灯承继自战国，本为王侯之物，可与《西京杂记》等文献所记“七枝灯”和“青玉五枝灯”相互参照。武帝时期，伴随着汉墓葬制从重礼到尚俗的转变，墓中的青铜枝灯由祭祀空间转向埋葬空间，功能也趋于生活世俗化。两汉之际，铜枝灯随葬的身份限制逐渐被打破，但多限于边疆地区，而京畿地区直到汉室衰微的东汉晚期才偶有官吏士绅以铁枝灯聊表对王侯生活的憧憬。鲁西幽冀地区的地方官绅们则将这种对王侯生活的幻想以陶明器的形式植入墓葬，希冀身后更加富贵荣华。此前稍早，两京地区的官绅群体深受魂神升天观念的影响，创造了模拟神山仙界的Ba型陶枝灯，并东传幽冀地区。这一过程不仅影响了当地的官吏士绅，还衍生出简化样式，普及到了相对富裕的平民阶层之中。

附记：本文得到北京联合大学校级科研项目“北京及周边地区墓葬的考古学研究”资助，项目编号SK70202003。

注　释

[1]（晋）葛洪撰，周天游校注：《西京杂记》第62、140页，三秦出版社，2006年。

[2]（清）孙楷著，杨善群校补：《秦会要》第567页，上海古籍出版社，2004年。

[3] 郭灿江：《光明使者：灯具》第36、37页，上海文艺出版社，2001年。

[4] 例如持祭祀用器说的研究多以《安世房中歌》中“金支秀华，庶旄翠旌”为据，认为这赞颂了祭祀典礼上枝灯之华美。然而，《汉书》臣瓒注已明确指出“金支秀华”形容“乐上众饰”。颜注也肯定了这点，“金支秀华，瓒说是也。庶，众也。庶旄翠旌，谓析五采羽，注翠旄之首而为旌耳。”可见“金枝秀华”实为描写乐器架而非枝灯，自然也不能证明枝灯为祭祀用器。参见《汉书·礼乐志》第1046页，中华书局，1962年。

[5] 持道教法器说者多以六朝文献或唐宋道教仪式要典为据，认为汉代的枝灯即道教仪轨中的“灯树”“九卮灯”。此说问题有二：一是论证所引《汉武帝内传》等文献多成书于六朝，内容搜神猎奇，并且极有可能为道教徒伪托所作，属志怪小说，不可全部据为信史；二是，道教出现于东汉，先秦道家、阴阳家、神仙家等虽都曾汇入其中，但终有区别。后期道教流传过程中使用复古的器物，并不能说明这种器物原本就是道教法器，更没有道理说它起源于道教。况大多数类型的枝灯都出现于道教形成之前（后详）。

[6] 据孙机先生考证，汉代灯具的照明是通过点燃浸在油或脂中的灯芯实现的，麻蒸一类的硬质灯芯需插在支钉形的烛钎上，其他软灯芯则需搭在灯盏内底凸起的支撑物上。故灯盏内的烛钎与支撑物是决定灯具是否具有实用性的重要部件。参见孙机：《汉代物质文化资料图说（增订本）》第405、406页，上海古籍出版社，2011年。

[7] 河北省文化局文物工作队：《河北定县北庄汉墓发掘报告》，《考古学报》1964年第2期。

[8] 烟台文化志编纂委员会：《烟台文化志》第207页，人民出版社，1999年。

[9] 南京博物院、盱眙县文广新局：《江苏盱眙县大云山西汉江都王陵一号墓》，《考古》2013年第10期。

[10] 安徽省文物考古研究所、巢湖市文物管理所：《巢湖汉墓》第101～103页，文物出版社，2007年。

[11] 江西省文物考古研究院等：《江西南昌西汉海昏侯刘贺墓出土铜器》，《文物》2018年第11期。

[12] 湖南省博物馆：《长沙五里牌古墓葬清理简报》，《文物》1963年第3期。

[13] 洪刚、刘焰：《带你认识黄冈博物馆“镇馆之宝”》，《鄂东晚报》2017年1月24日第13版。

[14] 四川大学历史文化学院考古系等：《重庆云阳风箱背一号汉墓》，《考古学报》2018年第4期。

[15] 云南省文物工作队：《云南昭通桂家院子东汉墓发掘》，《考古》1962年第8期。

[16] 贵州省博物馆考古组、贵州省赫章县文化馆：《赫章可乐发掘报告》，《考古学报》1986年第2期。

[17] 贵州省博物馆：《贵州清镇平坝汉墓发掘报告》，《考古学报》1959年第1期。

[18] 贵州省考古研究所：《贵州兴仁交乐汉墓发掘报告》，见《贵州田野考古工作四十年》，贵州民族出版社，1993年。

[19] 广西壮族自治区文物工作队、合浦县博物馆：《合浦风门岭汉墓——2003～2005年发掘报告》第15、73～75页，科学出版社，2006年。
[20] 广西壮族自治区博物馆：《广西贵县罗泊湾汉墓》第43页，图版二二，文物出版社，1988年。
[21] 甘肃省博物馆：《武威雷台汉墓》，《考古学报》1974年第2期。
[22] 贵州省博物馆考古组、贵州省赫章县文化馆：《赫章可乐发掘报告》，《考古学报》1986年第2期。
[23] 广西壮族自治区文物工作队、合浦县博物馆：《合浦风门岭汉墓——2003～2005年发掘报告》第73～75页，科学出版社，2006年。
[24] 广西壮族自治区博物馆：《广西贵县罗泊湾汉墓》第43页，图版二二，文物出版社，1988年。
[25] 烟台文化志编纂委员会：《烟台文化志》第207页，人民出版社，1999年。
[26] a. 需要说明的是，本文中的陶枝灯不包括流行于川渝地区以成都跃进村"人马陶灯"为代表的陶灯具，这类器物虽然也是由多枚灯盏组合而成，但是不见灯枝，器形结构及装饰风格独具特色。已有研究者对其进行了专题讨论，文中不再赘述。
b. 霍巍：《四川汉代神话图像中的象征意义——浅析陶摇钱树座与陶灯台》，《华夏考古》2005年第2期。
c. 苏奎：《成都跃进村汉墓出土的人马陶灯》，《中国历史文物》2009年第1期。
[27] 周原博物馆：《陕西扶风县官务汉墓清理发掘简报》，《考古与文物》2001年第5期。
[28] 陕西省考古研究院、宝鸡市文物考古研究所、凤翔县博物馆：《陕西凤翔西白村秦汉墓葬发掘简报》，《文博》2010年第4期。
[29] 尔雅：《陕西眉县白家村东汉墓清理简报》，《考古与文物》1997年第5期。
[30] a. 西安市文物保护考古所：《西安尤家庄六十七号汉墓发掘简报》，《文物》2007年第11期。
b. 西安市文物保护考古所：《西安南郊潘家庄169号东汉墓发掘简报》，《文物》2008年第6期。此墓后又被《西安东汉墓》收录，重新编号为世家星城M169，详见该书第709～724页。名称虽有不同，但实为一墓，为免混淆，特此说明。
[31] 河南省博物馆：《灵宝张湾汉墓》，《文物》1975年第11期。
[32] 黄河水库考古工作队：《河南陕县刘家渠汉墓》，《考古学报》1965年第1期。
[33] a. 河南省文物考古研究所：《河南济源市桐花沟十号汉墓》，《考古》2000年第2期。
b. 张新斌、卫平复：《河南济源县承留汉墓的发掘》，《考古》1991年第12期。
[34] 河南省文物研究所：《密县后士郭汉画像石墓发掘报告》，《华夏考古》1987年第2期。
[35] 洛阳博物馆：《洛阳涧西七里河东汉墓发掘简报》，《考古》1975年第2期。
[36] 郭强：《新乡吕村、大官庄东汉墓所出胡人陶俑考略》，见《西部考古》第12辑，科学出版社，2017年。
[37] 郭灿江：《光明使者：灯具》第86、87页，上海文艺出版社，2001年。
[38] 李学文：《山西襄汾出土三件汉灯》，《文物》1991年第5期。
[39] 德州地区文物组、宁津县文化局：《山东宁津县庞家寺汉墓》，见《文物资料丛刊》第4辑，文物出版社，1981年。
[40] 刘振清：《齐鲁文化——东方思想的摇篮》第247页，上海远东出版社，1998年。书中将陵县神头村所出的绿釉八枝灯的年代定为东汉，但从其器形特征看，与东汉流行的Ab型陶枝灯存在一定差异，而与西安魏晋十六国时期墓葬出土的枝灯近似，其年代或可晚至魏晋。
[41] 平原县图书馆：《山东平原王韩村汉墓》，见《文物资料丛刊》第10辑，文物出版社，1987年。
[42] 山东省文物文物管理委员会：《禹城汉墓清理简报》，《文物参考资料》1955年第6期。
[43] 济南市考古研究所、长清区文物管理所：《济南市长清区大觉寺村一、二号汉墓清理简报》，《考古》

2004 年第 8 期。
[44] 济南市文化局文物处：《山东济南青龙山汉画像石壁画墓》，《考古》1989 年第 11 期。
[45] 王思礼：《山东章丘县普集镇汉墓清理简报》，《考古通讯》1955 年第 6 期。
[46] 河北省文物研究所、邢台地区文物管理所：《河北沙河兴固汉墓》，《文物》1992 年第 9 期。
[47] 衡水地区文物管理所：《河北景县大代庄东汉壁画墓》，《文物春秋》1995 年第 1 期。
[48] a. 石家庄市文物保护研究所：《石家庄市城角庄汉墓》，《文物春秋》2007 年第 6 期。
b. 河北省文物管理委员会：《石家庄市北宋村清理了两座汉墓》，《文物》1959 年第 1 期。
[49] a. 河北省文化局文物工作队：《望都二号汉墓》第 47 页，文物出版社，1959 年。
b. 定县博物馆：《河北定县 43 号汉墓发掘简报》，《文物》1973 年第 11 期。
c. 河北省文物研究所：《燕下都遗址内的两汉墓葬》，见《河北省考古文集（二）》，北京燕山出版社，2001 年。
d. 河北省文化局文物工作队：《1964 ～ 1965 年燕下都墓葬发掘报告》，《考古》1965 年第 11 期。
[50] 迁安县文物保管所：《河北迁安于家村一号汉墓清理》，《文物》1996 年第 10 期。
[51] 滦南县文物管理所：《唐山滦南发现东汉墓》，《文物春秋》2005 年第 2 期。
[52] 天津市文物管理处考古队：《武清东汉鲜于璜墓》，《考古学报》1982 年第 3 期。
[53] 天津市文化遗产保护中心、蓟县文物管理所：《天津蓟县西关汉墓 2006 年发掘简报》，《内蒙古文物考古》2010 年第 1 期。
[54] 北京市文物管理处：《北京顺义临河村东汉墓发掘简报》，《考古》1977 年第 6 期。
[55] a. 北京市文物工作队：《北京平谷县西柏店和唐庄子汉墓发掘简报》，《考古》1962 年第 5 期。
b. 北京市文物研究所：《平谷杜辛庄遗址》第 40 ～ 49、54 ～ 58 页，科学出版社，2009 年。
c. 北京市文物研究所：《平谷汉墓》第 56 ～ 76、85 ～ 106 页，科学出版社，2011 年。
[56] 北京市文物工作队：《北京怀柔城北东周两汉墓葬》，《考古》1962 年第 5 期。
[57] a. 北京市文物研究所：《北京亦庄 X11 号地考古发掘报告》第 10 ～ 17 页，科学出版社，2012 年。
b. 北京市文物研究所：《北京亦庄考古发掘报告：2003 ～ 2005 年》第 75 ～ 77、88 ～ 93、96 ～ 104 页，科学出版社，2009 年。
c. 北京市文物研究所：《北京亦庄 X10 号地》第 117 ～ 120 页，科学出版社，2010 年。
[58] a. 北京市文物研究所：《窦店与长阳》第 64 ～ 69、95 ～ 100 页，科学出版社，2013 年。
b. 北京市文物研究所：《房山南正遗址：拒马河流域战国以降时期遗址发掘报告》第 127 ～ 131、159 ～ 168、183 ～ 191 页，科学出版社，2008 年。
[59] 北京市文物研究所：《北京市通州区武夷花园二期项目遗址考古发掘报告》，见《北京考古》第二辑，北京燕山出版社，2008 年。
[60] 北京市文物研究所：《丰台王佐遗址》第 93 ～ 102 页，科学出版社，2010 年。
[61] 大同市考古研究所：《山西广灵北关汉墓发掘简报》，《文物》2001 年第 7 期。
[62] 李治亭：《关东文化大辞典》第 118 页，辽宁教育出版社，1993 年。
[63] 抚顺市博物馆：《抚顺小甲邦东汉墓》，《辽海文物学刊》1992 年第 2 期。
[64] 江苏省文物管理委员会、南京博物院：《江苏徐州十里铺汉画象石墓》，《考古》1966 年第 2 期。
[65] 南京博物院：《江苏邗江甘泉东汉墓清理简报》，见《文物资料丛刊》第 4 辑，文物出版社，1981 年。
[66] 河北省文化局文物工作队：《望都二号汉墓》第 47 页，文物出版社，1959 年。
[67] 周原博物馆：《陕西扶风县官务汉墓清理发掘简报》，《考古与文物》2001 年第 5 期。
[68] 黄河水库考古工作队：《河南陕县刘家渠汉墓》，《考古学报》1965 年第 1 期。

[69] 北京市文物研究所：《平谷杜辛庄遗址》第 47 ～ 49 页，彩版二八，科学出版社，2009 年。
[70] 河北省文化局文物工作队：《1964 ～ 1965 年燕下都墓葬发掘报告》，《考古》1965 年第 11 期。
[71] a. 中国科学院考古研究所：《洛阳烧沟汉墓》第 196、197 页，图版伍捌，科学出版社，1959 年。
b. 洛阳市文物工作队：《洛阳西工东汉壁画墓》，《中原文物》1982 年第 3 期。
c. 河南省文物研究所：《密县后士郭汉画像石墓发掘报告》，《华夏考古》1987 年第 2 期。
[72] 中国科学院考古研究所：《洛阳烧沟汉墓》第 196、197 页，图版伍捌，科学出版社，1959 年。
[73] 安徽省文物考古研究所、巢湖市文物管理所：《巢湖汉墓》第 101 ～ 103 页，文物出版社，2007 年。
[74] 河北省文物管理处：《河北省平山县战国时期中山国墓葬发掘简报》，《文物》1979 年第 1 期。
[75] a. 广西壮族自治区博物馆：《广西贵县罗泊湾汉墓》第 43 页，图版二二，文物出版社，1988 年。
b. 南京博物院、盱眙县文广新局：《江苏盱眙县大云山西汉江都王陵一号墓》，《考古》2013 年第 10 期。
[76] 广西壮族自治区文物工作队、合浦县博物馆：《合浦风门岭汉墓——2003 ～ 2005 年发掘报告》第 15、73 ～ 75 页，科学出版社，2006 年。
[77] 江西省文物考古研究院等：《江西南昌西汉海昏侯刘贺墓出土铜器》，《文物》2018 年第 11 期。
[78] 洪刚、刘焰：《带你认识黄冈博物馆“镇馆之宝”》，《鄂东晚报》2017 年 1 月 24 日第 13 版。
[79] 李零：《论中国的有翼神兽》，见《入山与出塞》，文物出版社，2004 年。
[80] a. 贵州省考古研究所：《贵州兴仁交乐汉墓发掘报告》，见《贵州田野考古工作四十年》，贵州民族出版社，1993 年。
b. 图片采自张合荣：《夜郎青铜文明探微——贵州战国秦汉青铜器研究》彩版 4，上海古籍出版社，2018 年。
[81] a. 郭灿江：《光明使者：灯具》第 94 ～ 97 页，上海文艺出版社，2001 年。
b. 贵州省博物馆：《贵州清镇平坝汉墓发掘报告》，《考古学报》1959 年第 1 期。
[82] 河南省文物考古研究所：《河南济源市桐花沟十号汉墓》，《考古》2000 年第 2 期。
[83] 衡水地区文物管理所：《河北景县大代庄东汉壁画墓》，《文物春秋》1995 年第 1 期。
[84] 山东省文物管理处、山东省博物馆：《山东文物选集（普查部分）》第 94 页，文物出版社，1959 年。
[85] 洛阳博物馆：《洛阳涧西七里河东汉墓发掘简报》，《考古》1975 年第 2 期。
[86] a. 黄河水库考古工作队：《河南陕县刘家渠汉墓》，《考古学报》1965 年第 1 期
b. 河南省文物研究所：《密县后士郭汉画像石墓发掘报告》，《华夏考古》1987 年第 2 期。
[87] 简报中将潘家庄 M169 的年代定为东汉中期或东汉晚期偏早阶段，但其随葬的跽坐俑、牛车更接近当地晋墓的风格。窦店 M25 的年代判定参见胡娟：《北京地区东汉晚期至西晋时期墓葬研究》第 57 ～ 59 页，吉林大学硕士学位论文，2018 年。
[88] a. 石景山区文物管理所：《北京市石景山区八角村魏晋墓》，《文物》2001 年第 4 期。
b. 大同市考古研究所：《山西大同七里村北魏墓群发掘简报》，《文物》2006 年第 10 期。
c. 刘俊喜：《平城考古再现辉煌——雁北师院发现一批北魏墓葬》，《文物世界》2001 年第 1 期。
d. 陕西省考古研究所：《长安县北朝墓葬清理简报》，《考古与文物》1990 年第 5 期。
[89] 宋蓉：《汉代郡国分治的考古学观察——以关东地区汉代墓葬为中心》第 52 ～ 56 页，上海古籍出版社，2016 年。
[90] 天津市文物管理处考古队：《武清东汉鲜于璜墓》，《考古学报》1982 年第 3 期。
[91] 黄展岳：《关于武威雷台汉墓的墓主问题》，《考古》1979 年第 6 期。
[92] 郭灿江：《光明使者：灯具》第 41 页，上海文艺出版社，2001 年。
[93] 安徽省文物考古研究所、巢湖市文物管理所：《巢湖汉墓》第 107 页，文物出版社，2007 年。

[94] （东汉）许慎著，（宋）徐铉校：《说文解字》第313页，中华书局，1963年。
[95] 齐东方：《阴间与阳间——墓葬与建筑》，《建筑世界》2015年第8期。
[96] 南京博物院、盱眙县文广新局：《江苏盱眙县大云山西汉江都王陵一号墓》，《考古》2013年第10期。
[97] 江西省文物考古研究院等：《江西南昌西汉海昏侯刘贺墓出土铜器》，《文物》2018年第11期。
[98] a. 洪刚、刘焰：《带你认识黄冈博物馆“镇馆之宝”》，《鄂东晚报》2017年1月24日第13版。
b. 云南省文物工作队：《云南昭通桂家院子东汉墓发掘》，《考古》1962年第8期。
[99] 北京市文物工作队：《北京平谷县西柏店和唐庄子汉墓发掘简报》，《考古》1962年第5期。
[100]北京市文物管理处：《北京顺义临河村东汉墓发掘简报》，《考古》1977年第6期。
[101]洛阳博物馆：《洛阳涧西七里河东汉墓发掘简报》，《考古》1975年第2期。
[102]a.Lukas Nickel,Some Han Dynasty Paintings in the British Museum, *Artibus Asiae*, Vol. 60, No. 1 (2000), pp. 59–78.
b. 巫鸿：《无形之神：中国古代视觉文化中的“位”与对老子的非偶像表现》，见《礼仪中的美术：巫鸿中国古代美术史文编》，生活·读书·新知三联书店，2020年。
[103]郝懿行笺疏：《山海经》第248、390页，上海古籍出版社，2015年。
[104]西安市文物保护考古所等：《长安汉墓》第36、60、70、71、156、157、267、279页，陕西人民出版社，2004年。
[105]余英时：《中国古代死后世界观的演变》，见《中国思想传统及其现代变迁》，广西师范大学出版社，2004年。
[106]吴荣曾：《镇墓文中所列的东汉道巫关系》，《文物》1981年第3期。
[107]西安市文物保护考古所：《西安南郊潘家庄169号东汉墓发掘简报》，《文物》2008年第6期。

附表1　　铜枝灯信息表

器物编号/墓葬名	墓葬信息			器物信息		
	时代	等级	墓主	器型	通高（厘米）	摆放位置
平山M1	战国晚期	高	中山王	B型	84.5	与漆、铜礼器等共置于椁室东侧的东库内
盱眙大云山M1:3707	西汉早期	高	江都王	B型	60.8	共出2件，与14件铜灯及铜礼器、容器、车具共置于南回廊西部下层
贵港罗泊湾M1:8	西汉早期	高	西瓯君	B型	85	与铜礼器及铜鼓、编钟等共置于头箱下东器物坑内
巢湖北山头BM1:60	西汉早期	中	巢县令长	A型	40.6	与铜礼器以及玉、漆器等叠置于北边箱
南昌刘贺墓M1:1479	西汉中期	高	海昏侯	B型	62.4	共出2件，位于主椁室东南角
合浦风门岭M27:9	西汉中期	中	不明	A型	46.8	椁顶
合浦风门岭M26:38	西汉晚期	中	不明	A型	30.8	与铜礼器、生活器具叠放于边箱内
赫章可乐M8:47	西汉晚期	中	不明	A型	66	随葬品扰乱严重，似与铜器共置于后室南壁附近
长沙五里牌M007	新莽时期	中	不明	B型	99	椁南侧

续附表 1

器物编号 / 墓葬名	墓葬信息			器物信息		
	时代	等级	墓主	器型	通高(厘米)	摆放位置
清镇 M15	新莽时期	中	不明	A 型	不明	葬具腐朽，似与铜容器、剑、斧等共置于棺北侧
云阳风箱背 M1	新莽时期	中	不明	A 型	74.2	与铜容器、弩机等共置于棺南侧
定县北庄 M:55～57	东汉早期	高	中山王	不明	不明	仅存灯盏及其装饰附件，被扰于盗洞之中
兴仁交乐 M6:13	东汉中期	中	地方官吏	B 型	117.2	不明
昭通桂家院子 M1	东汉晚期	中	地方豪族	B 型	残 39	棺前
武威雷台 M1:112、113	汉末	中	张掖长	B 型	146、112	共出 2 件，随葬品扰乱严重，似位于中室
招远大宋家墓	东汉晚期	中	不明	B 型	97	不明
黄冈禹王城外汉墓	东汉晚期	不明	不明	B 型	59	不明

附表 2　　　　陶枝灯信息表

器物编号 / 墓葬名称	墓葬信息		器物信息			
	时代	等级	器型	质地	通高（厘米）	摆放位置
扶风官务村 M1:14	新莽时期	中	Ba	彩绘	105	与一组陶楼共置于中室东北角
邗江甘泉汉墓	东汉早期（建武廿八年）	中	Aa	黄釉	28	不明
宁津庞家寺汉墓	东汉早期	中	Ab	绿釉	77	不明
禹城火车站汉墓	东汉早期	中	Ab	绿釉	63	共出 2 件，器物已扰乱
济源桐花沟 M10:36～40	东汉早期	中	Ba	彩绘	110	与陶案、耳杯等位于前室东北
蓟县西关 M6:1	东汉中期	中	Aa	灰陶	29.8	不明
章丘普集镇 M2	东汉中期	中	Aa	绿釉	38	中室前段近过洞口
平原王韩村墓	东汉中期	中	Ab	绿釉	74	器物位置已被严重扰乱
西安尤家庄 M67	东汉中期	中	Ba	红陶	不明	仅存灯柱及大量小陶俑灯装饰附件，散落于中室
凤翔西白村 M2:24	东汉中期	中	Ba	彩绘	68	不明
济源承留 M1:40	东汉中期	中	Ba	彩绘	142	与陶方盒、樽等位于前室西北
景县大代庄 M1:24	东汉中期	中	Ba	彩绘	残 86	器物位置已被严重扰乱
燕下都高陌村 M30:1	东汉中期	中	Ba	黄陶	41.4	不明
燕下都高陌村 M38:13	东汉中期	低	Bb	灰陶	不明	不明
石家庄城角庄 M1:23	东汉晚期	中	Aa	灰陶	40.5	位于前室后段

续附表 2

器物编号 / 墓葬名称	墓葬信息		器物信息			
	时代	等级	器型	质地	通高（厘米）	摆放位置
唐山滦南墓	东汉晚期	中	Aa	绿釉	43	不明
房山南正 M7:26	东汉晚期	中	Aa	灰陶	39	与陶罐、盘等位于前室前段
房山南正 M22:8	东汉晚期	中	Aa	灰陶	残 27.2	与陶壶、樽等位于前室前段
望都所药村 M2 三连灯	东汉晚期（光和五年）	中	Aa	绿釉	38	共 3 件，位置不明。
长清大觉寺 M2:3	东汉晚期	高（列侯）	Ab	绿釉	63	与陶壶等位于前室中部
定县 M43	东汉晚期	高（中山王）	Ab	绿釉	51	随葬品位置已扰乱
望都所药村 M2 九连灯	东汉晚期（光和五年）	中	Ab	绿釉	58	具体位置不明
望都所药村 M2 十二连灯	东汉晚期（光和五年）	中	Ab	绿釉	62.6	共 3 件，具体位置不明
济南青龙山 M1:21	东汉晚期	中	Ab	绿釉	42.5	器物位置已扰乱
济南青龙山 M1:3	东汉晚期	中	Ab	绿釉	66	器物位置已扰乱
石家庄北宋村 M1	东汉晚期	中	Ab	绿釉	47.5	器物位置已扰乱
沙河兴固汉墓	东汉晚期	中	Ab	绿釉	55	随葬品位置已扰乱，出土于中室
迁安于家村 M1:106	东汉晚期	中	Ab	绿釉	49.2	共 2 件，随葬品位置已扰乱
迁安于家庄 M1 十二枝灯	东汉晚期	中	Ab	绿釉	约 50	共 2 件，随葬品位置已扰乱
燕下都北沈村 70M1:29	东汉晚期	中	Ab	绿釉	46.4	不明
平谷西柏店 M1	东汉晚期	中	Ab	绿釉	63.5	与陶罐、壶位于后室前侧
房山窦店 M15	东汉晚期	中	Ab	绿釉	残	残存灯枝、灯盏、叶形风挡等残件，位于中室
大兴亦庄 X11 号地 M5:16	东汉晚期	中	Ab	灰陶	残 44	2 件，其中 1 件残损严重。与陶壶、楼等位于前室后段
顺义临河村 M1:9	东汉晚期	中	Ab	绿釉	49	与陶楼、壶位于前室东侧
大兴亦庄博兴路 M6:27	东汉晚期或至曹魏	中	Ab	灰陶	残	仅存灯枝，与陶方盒等位于前室后段
长清大觉寺 M1:1	东汉晚期	中	A	红陶	残 23	上半部残缺，Aa、Ab 型不明，与陶楼、井等位于前室东侧
密县后士郭 M2:108	东汉晚期	中	Ba	彩绘	117	与陶案、盘等位于中室西侧
陕县刘家渠 M1037:38	东汉晚期	中	Ba	绿釉	83	随葬品扰乱严重
陕县刘家渠 M8:11、16、17	东汉晚期	中	Ba	彩绘	约 120	与陶方盒、罐、楼等位于前室东北

续附表 2

器物编号 / 墓葬名称	墓葬信息		器物信息			
	时代	等级	器型	质地	通高（厘米）	摆放位置
涧西七里河 M1:95	东汉晚期	中	Ba	彩绘	85	与陶案、耳杯等位于前室东南，其周有乐舞俑环绕
眉县白家村汉墓	东汉晚期	中	Ba	彩绘	不明	残存灯枝、灯座及大量装饰附件，随葬品位置已扰乱
徐州十里铺汉墓	东汉晚期	中	Ba	彩绘	残	残存 2 件底座及 1 件环绕灯枝的灯柱，与陶案、耳杯等位于前室东侧室，灯座周边有乐舞俑
武清鲜于璜墓	东汉晚期（延熹八年）	中	Ba	彩绘	96	随葬品位置已扰乱
灵宝张湾 M3:2	东汉晚期	中	Ba	绿釉	110	与陶案、耳杯等位于前室
西安潘家庄 M169:2、世家星城 M169:2	东汉晚期或至曹魏	中	Ba	彩绘	82.8	与陶耳杯、壶、盘等位于前室
大兴亦庄 X10 号地 M64:10	东汉晚期	中	Ba	彩绘	残	仅存底座、承盘、装饰附件，位于后室前段
顺义临河村 M1:4	东汉晚期	中	Bb	彩绘	52	与陶盆等位于前室东侧
平谷西杏园 M2:4	东汉晚期	中	Bb	灰陶	残	仅存承盘、灯柱、装饰附件，位于前室后段
平谷西杏园 M5:1、3、5	东汉晚期	中	Bb	灰陶	残	仅存承盘、灯盏等，散落棺床附近
平谷兴谷河道 M20:45	东汉晚期	中	Bb	灰陶	残	仅存承盘，位于前室前段
平谷兴谷河道 M21:1～7	东汉晚期	中	Bb	灰陶	残	仅存承盘、装饰附件，散落于前室北侧
广灵北关 M49:34	东汉晚期	中	Bb	彩绘	53.2	不明
平谷杜辛庄 M10:7、8	东汉晚期	低	Bb	灰陶	92	随葬品位置已扰乱
平谷杜辛庄 M5:22、28、29、46	东汉晚期	低	Bb	灰陶	110.9	与陶灶、仓等位于墓室前段
平谷西杏园 M3:15	东汉晚期	低	Bb	灰陶	残	仅存承盘，位于墓室前段
平谷兴谷河道 M3:7	东汉晚期	低	Bb	灰陶	残 50	与陶方盒等位于墓室前段
丰台王佐 M5:14	东汉晚期	低	Bb	灰陶	残	仅存承盘，与陶奁、壶等位于墓室东侧
通州武夷花园 M5	东汉晚期	低	Bb	灰陶	残	仅存承盘、灯盏、叶形风挡，位于棺床前
大兴亦庄博兴路 M3:22	东汉晚期	低	Bb	灰陶	残	仅存承盘，位于棺床前
大兴亦庄 80 号地 M76:9	东汉晚期	低	不明	彩绘	残	仅存底座、灯盏等，位于墓室前段
林州出土	东汉	不明	Ba	彩绘	104	河南博物院藏，墓葬信息不明
襄汾出土	东汉	不明	Ba	绿釉	75.3	缴获品，墓葬信息不明

续附表 2

器物编号 / 墓葬名称	墓葬信息		器物信息			
	时代	等级	器型	质地	通高（厘米）	摆放位置
新乡吕村 M12	东汉	不明	Ba	红陶	不明	仅余灯座装饰附件，墓葬信息不明
新乡大官庄 M2	东汉	不明	Ba	红陶	不明	墓葬信息不明
德州陵县汉墓	东汉	不明	Ab	绿釉	63	墓葬信息不明
怀柔城北 M1 绿釉多枝灯	东汉晚期	中	不明	彩绘	不明	无器物图，似位于前室
房山南正 M15:8	东汉晚期	低	不明	红陶	残	仅存 1 枚承托灯盏的灯枝，位于棺床前
房山窦店 M25:6、10	东汉晚期或至曹魏	低	不明	红陶	残	仅存灯盏、叶形风挡，位于墓室前段
抚顺小甲邦 M3:12	东汉晚期	低	不明	绿釉	79.5	无器物图，随葬品已扰乱，似位于墓室东南角
抚顺小甲邦 M2:5	东汉晚期	低	不明	绿釉	60	无器物图，随葬品已扰乱
大连营城子 M2	东汉晚期	中	不明	彩绘	残 26.8	无器物图，位置不明

附表 3　　铁枝灯信息表

器物编号 / 墓葬名	墓葬信息		器物信息
	时代	等级	
洛阳烧沟 M1035:113	东汉晚期	中	十二枝灯，通高 73 厘米，出土于后室棺侧
洛阳西工 M120:6	东汉晚期	中	十二枝灯，无器物图片，随葬品已扰乱
密县后士郭 M1	东汉晚期	中	仅存灯座以及灯柱、灯枝、灯盏等残件，从出土灯盏数量判断应为十二枝灯，出土时散落于前室

Archaeological Research on Branch Lamps in Han Dynasty

Song Rong

KEYWORDS: Branch Lamp Ritual Object Burial Object Han Dynasty

ABSTRACT: The multi-branched lamp is a funerary object in the tombs of the Han Dynasty. There are three materials of multi-branched lamps, bronze, pottery and iron. The Bronze branch lamps have a uniform structure and ingenious shape, but the structure of the pottery lamp is different, and some are made with exquisite or rough. The number of iron lamp is extremely small, and the modeling structure is similar to that of bronze lamp. Through the comprehensive analysis of the shape, decoration and duration of the lamps, and the way they are placed in the tombs, the popular areas and the use groups. This paper concludes that the bronze branch lamp originated from the Warring-States period. It was the exclusive thing of royal. It was the same funerary object as the bronze sacrifice vessels. During the period of Emperor Wu, it gradually became the living utensils of the tomb owner. During the Xin Dynasty, the magnates of bordering counties were also buried with bronze branches. The pottery branch lamps are special utensils for funeral, which were popular in the middle-class in middle and lower reaches of the Yellow River in the Eastern Han Dynasty. The shape of the A-type glazed pottery lamp is imitation of the bronze branch lamp, and the affluent class in the west of Shandong and middle of Hebei areas expressed its hope for wealth and prosperity after death. The B-shaped painted pottery lamp simulates the immortal mountain, which is the product of the influence of immortal idea. It is appeared in the middle-class of Luoyang and Chang'an areas, and then spreads to Hebei areas.

（特约编辑　新　华）

广州大刀山与武汉熊家岭东晋墓出土鎏金铜銙带的比较研究

刘德凯

关键词： 广州大刀山　武汉熊家岭　晋式銙带　东晋墓

内容提要： 通过对广州大刀山晋墓和武汉熊家岭晋墓所出土銙带的比较分析，可以揭示两者在部件形制和组合等方面所具有的同一性。这种同一性在魏晋时期的銙带中具有鲜明的地域性特征，是晋式銙带发展演变中的一个支系，也是不同文化势力格局和历史背景的缩影。其同一性说明了晋式銙带在东晋时期的南方地区产生了新的制作范式。一方面继承了西晋的銙带制作工艺，另一方面在新的社会格局中，酝酿出具有地域特征的支系。这种制作范式在部件形制上以圭形銙和琵琶形銙为显著特征，在纹样上创造了单瓣莲花纹和葡萄纹，在錾刻技法上出现了不同于其他晋式銙带的加工方式。通过微痕分析，厘清了銙带的制作方式和使用方法，并进一步探析该时期的金属加工工艺。

广州市西村大刀山晋墓和武汉市汉阳熊家岭晋墓同为东晋墓葬，墓葬形制和出土遗物特征都具有相似性，且都出土了鎏金铜銙带。目前学界对于魏晋时期銙带的研究有较大空白，认识尚不清晰。诸如宜兴周处墓、安乡刘弘墓、洛阳曹休墓和南京薛秋墓等出土的銙带，都表现出类似的特征和丰富的内涵。以这两套銙带作为研究案例，不仅可以认识魏晋时期銙带的制作工艺和特征，还可以探索东晋时期南方的銙带面貌。笔者立足于考古材料，从比较的视角出发，观察这两套金属带具的形制与纹样特征，以及系结方式、金属工艺和所蕴含的文化背景。

一、研究概况

广州市西村大刀山晋墓发掘于1931年12月，该墓保存较完好，且出土多种型式的墓砖、青瓷器和金银器，根据纪年砖推断，墓葬年代为东晋太宁二年（公元324年）[1]。武汉熊家岭87HXM14发掘于1987年7月，由于遭到施工破坏且出土遗物被工人取出，导致墓葬的具体形制和遗物的分布位置都不甚清晰[2]。

在以往研究中，关于大刀山晋墓出土銙带的讨论较少。最早的是1957年，罗宗真在江

作者：刘德凯，日本早稻田大学文学学术院。

苏宜兴一号墓（即周处墓）的发掘报告中，将周处墓出土的M1：178与之进行简单的比较，认为“鎏金铜带饰的形式、花纹和出土位置完全相同，当为死者束腰的大带上的饰件”[3]。当时他并没有看到，除了这两套銙带的带扣和带头形制相似外，其部件构成、纹样构图和材质等均具有较大差别，而且由于年代久远，周处墓发掘报告在引用大刀山晋墓发掘报告时，将后者文献的名称也弄错了。同年，冈崎敬在论及洛阳西郊24号晋墓出土的銙带（M24：6）时，将大刀山晋墓例一语带过，未经深入研究就得出结论，认为日本奈良新山古坟出土銙带是元康元年（公元291年）东夷十七国归附东夷校尉后，通过中日文化交流由大陆传入的舶来品[4]。

在大刀山晋墓的发掘报告中，将带扣和带头、鉈尾、琵琶形銙、圭形銙分别命名为鎏金板带、带附属物a、b、c种（表1）。1972年，夏鼐在讨论周处墓銙带材质问题时，曾提及大刀山晋墓銙带，并依据《新唐书・车服志》的部分记载，对銙带部件重新进行了命名，名称依次为鉸具、鉈尾、琵琶形饰、钩悬多角片的銙和钩悬心形饰的带銙[5]。当时，学界对晋式銙带的部件和系结方式的认识尚不清晰，夏鼐将带头和鉈尾分别当作鉈尾和带銙的看法应是值得商榷的。1994年，田立坤在辽宁朝阳奉车都尉墓的发掘报告中指出，大刀山晋墓銙带和奉车都尉墓銙带的形制完全相同，只是装饰纹样略有差异，还通过类比推断出奉车都尉墓的年代[6]。田先生虽然察觉到二者纹样的差异，却忽略了銙带部件形制和组合的不同，而这种差异有可能意味着两套銙带分别属于不同的制作体系和文化背景。同年，刘森淼发表了武汉熊家岭晋墓的材料，提道：“晋代大型带扣，在宜兴周处墓、洛阳西郊晋墓、广州东晋太宁二年墓均有出土，当时使用比较广泛”[7]。

国外的研究中，1997年韩国学者朴淳发对首尔市梦村土城例、南京大学北园东晋墓例和武汉熊家岭晋墓例进行了比较研究，认为梦村土城例是汉城期百济与中国交涉的反映[8]。2004年，日本学者东潮将这一类晋式带金具进行简要概括，得出结论认为梦村土城例是西晋时期从中国流入朝鲜半岛的例证[9]。2014年，藤井康隆根据东亚地区銙带的纹样构图和錾刻技法，将这两套銙带归为同一系统[10]。

对于魏晋时期銙带，国内最为系统的研究者是孙机。他考证了该类型銙带的来源和系结方式，更是创造性地概括为“晋式带具”[11]。只是他在论述中未涉及大刀山晋墓和熊家岭晋墓的銙带，而且在讨论部件的形制时，也似乎回避了圭形銙和琵琶形銙这两者独特的意匠。此外，孙机还原的晋式銙带的系结方式，忽视了扣舌的作用。

从上述研究可以得知，大刀山晋墓有明确纪年，出土的銙带也被用来与同类器物比较，甚至被当作断代标尺。这些研究都是只言片语便将大刀山晋墓銙带和新出土銙带默认为同一种金属工艺品，并没有进行深入研究。这两者的錾刻技法、制作技术和系结方式等问题仍然没有得到解决。学界对于熊家岭晋墓銙带更是鲜有问津者。有鉴于此，2019年12月笔者对武汉熊家岭晋墓出土銙带进行了实测和摄影。

二、两墓出土銙带分析

作为金属工艺品，魏晋时期銙带部件的形制、纹样和组合，在长达两百年的时间内，因社会背景和地域差异而表现出不同的特征。这种相对稳定的特征，反映了在一定时间和区域范围内形成了新的制作体系，这也是下文考察两套銙带异同的出发点。

（一）广州大刀山晋墓出土銙带

该副銙带由带扣、带头、带銙、鉈尾构成，带銙有圭形銙和琵琶形銙两种。一套銙带共计19件，材质为鎏金铜，具体分述如下（见表1）[12]。

表 1　　大刀山晋墓出土銙带

名称	报告名称	夏鼐命名	部位	纵长	横宽	厚度	纹样
带扣	板带	鉸具	——	4.2	8	纹样板 1	龙纹、禽鸟纹
						边框 2.5	
带头	板带	鉈尾	——	4.2	8	纹样板 1	龙纹
						边框 2.5	
琵琶形銙	带附属物 a 种	琵琶形饰	銙板	3.5	2	1	——
			圆环	直径 1.5	——	2	
鉈尾	带附属物 b 种	钩悬多角片的銙	燕尾形板	1.5 ～ 2.5	6.5	0.5	芝草纹
			曰字形板	1.5 ～ 1.6	1.5		
			圭形板	1.9 ～ 2.2	2.5		
圭形銙	带附属物 c 种	钩悬心形饰的带銙	銙板	銙板 4.8	0.9	1	复线波纹
			垂饰	垂饰 2	2.2	——	复线波纹

说明：长宽单位为厘米，厚度与铆钉直径单位为毫米。圭形銙15件、琵琶形銙1件、其余各1件。

带扣　1件。由纹样板、边框、扣舌、固定扣舌的台座及衬板用铆钉缀合而成。平面形状为长方形，前端呈弧形，后端呈方形，长8、宽4.2厘米。底部铜质衬板上有条状纹印，应是带鞓腐蚀后残留的痕迹。纹样板前端装有台座，台座上装有平面呈楔形的、可转动式扣舌。纹样板的构图是头朝左的龙纹，左上角有张开双翼的禽鸟纹与之相对视。龙纹和禽鸟纹的轮廓内錾刻出细节纹样，如体毛、眼睛和钩爪等。龙纹的头顶伸出一角，角的内部两侧錾刻出线条；胴体用线条勾勒出羽翼和体毛；龙尾起于尻部，先下垂，后扬起和角部相接。除左前足残损外，其余三足均作钩爪状。禽鸟纹的胴体、双翼和尾部都錾刻出羽毛，爪部抽象化，与龙纹连为一体（图1，1）。

带头　1件。为系结时与带扣相对的部件，由边框、纹样板和衬板用铆钉组装而成。平面为长方形，一端呈弧形，另一端为方形。弧形一端中间有3颗铆钉孔。构图为完整的龙纹与另一龙首相对视，纹样板锈蚀严重，细节錾刻不详。

圭形銙　15件。由圭形銙板和底部悬挂的心形垂饰构成。銙板上下各有一颗铆钉，底部伸出的铜片向上对折作倒钩状，用来悬挂心形垂饰。背面有厚约0.1厘米的衬片，用两颗铆钉固定，衬片下部卡在倒钩和銙板之间。心形垂饰内卷作云纹状。銙板和心形垂饰表面鎏金未剥落处有“（（”状复线波纹。报告中仅有圭形銙背面的实测图，正面具体纹样不

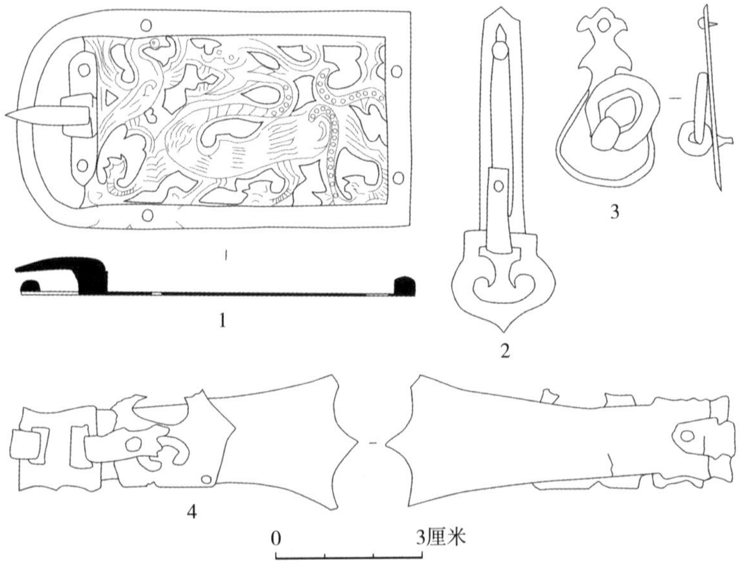

图 1　广州大刀山晋墓出土铜銙带
1.带扣　2.圭形銙　3.琵琶形銙　4.鉈尾

详（图1，2）。

琵琶形銙　1件。鎏金略有脱落，造型呈琵琶状，无纹饰。上下各有一颗铆钉，下面的铆钉帽为圈状，衔有可转动的圆环（图1，3）。

鉈尾　1件。鎏金脱落严重，由燕尾形、曰字形和圭形铜板三部分用铜片连接而成，展开长10.5厘米。圭形板施有左右对称的芝草纹，一边的纹样残损，四角有小孔，出土时和带扣、带头粘在一起（图1，4）。

（二）武汉熊家岭晋墓出土銙带

由带扣、圭形銙、琵琶形銙、带头构成，材质为鎏金铜。带扣、带头、琵琶形銙和完整的心形垂饰圭形銙各1件，残损的圭形銙板和心形垂饰共9件，此外还有1件残片，总共14件（表2）[13]。

带扣　1件。由纹样板、边框、台座和横梁等组成。带扣前端为弧形，后端为方形。根据报告记述，原有钩状扣舌[14]。纹样板的构图是头朝左的龙纹，左上角有张开双翼的禽鸟纹与之相对视。龙纹和禽鸟纹的轮廓内錾刻出各种部位的细节纹样，如体毛、眼睛和爪部。龙纹的头顶伸出一角，上面施以圆形凹陷的鱼子纹，锈蚀不清。颈部施以圆纹，胴体与颈部的交合处用流畅的线条勾勒出羽翼。由于锈蚀严重，禽鸟纹的细节样貌基本漫漶不清。纹样板的背面并不光滑、平整，局部凹凸不平。由于前端残缺，带扣边框仅剩4颗铆钉孔，边框上下两侧的铆钉处都以浮雕形式表现出金胜的纹样（图2，2）。

表 2　　熊家岭晋墓出土铜銙带

名称	部位	纹样	纵长	横宽	厚度	钉直径	备注
带扣	——	龙纹、禽鸟纹、圆纹、鱼子纹、胜形纹	4.2	（7.6）	纹样板 1 ~ 1.2	2 ~ 3	缺损
					边框 1 ~ 3		
带头	——	龙纹、鱼子纹、圆纹、胜形纹	4.2	7.4	纹样板 1 ~ 1.3	2 ~ 3	缺损
					边框 2.2 ~ 3		

续表 2

名称	部位	纹样	纵长	横宽	厚度	钉直径	备注
銙 1	圭形銙	葡萄纹、圆纹、锯齿纹	4.9	0.8	3 ~ 7	4	完整
	心形垂饰	复线波纹、圆纹	2.1	2.3	2		
銙 2	圭形銙	葡萄纹、圆纹、锯齿纹	（5）	0.9	3	3	缺垂饰
銙 3	圭形銙	葡萄纹、圆纹、锯齿纹	（4.7）	0.9	1 ~ 3	3	缺损
銙 4	圭形銙	葡萄纹、圆纹、锯齿纹	（4.5）	0.9	2 ~ 3.1	4	缺损
銙 5	圭形銙	葡萄纹、圆纹、锯齿纹	（4.8）	0.9	1 ~ 3	3.8	缺损
銙 6	圭形銙	葡萄纹、圆纹、锯齿纹	（5）	1	1 ~ 5	4	缺损
銙 7	圭形銙	葡萄纹、圆纹、锯齿纹	（4.1）	0.9	3	1.7	有裂痕
銙 8	心形垂饰	复线波纹、圆纹	2.3	2.2	2	——	——
銙 9	心形垂饰	复线波纹、圆纹	2.2	2.3	2	——	——
銙 10	心形垂饰	复线波纹、圆纹	（1.8）	（1.2）	2 ~ 2.5	——	缺损
銙 11	琵琶形銙	莲花纹、圆纹	3.8	1.8	1 ~ 2	3	完整
銙 12	残片	——	1.2	0.7	0.5	——	圭形銙板残片

说明：长宽单位为厘米，厚度与铆钉直径单位为毫米；（ ）内为残存值。

带头　1件。一端呈方形，一端呈弧形，是用铆钉将纹样板和边框缀合而成。纹样板近半已经残损，可以辨识纹样为龙纹与另一龙头部相对的构图。边框的铆钉处表现出胜形纹样（图2，1）。

心形垂饰圭形銙　仅存1件完整圭形銙。銙板呈圭形，正面錾刻出缠枝葡萄纹和圆纹，底部施以锯齿纹。横截面呈凹字形，底端伸出的铜片向上对折，用以悬挂心形垂饰，上下各有一颗铆钉。心形垂饰均施有复线波纹和圆纹，其中銙10残缺严重，其左下方突出的单叶纹饰上刻有圆纹，这在所有心形垂饰中较为独特（图2，3~12、14）。

琵琶形銙　1件。为完整的实心铜块，一端小、另一端大。上端用环绕铆钉的10个圆纹勾勒出莲蓬的形象，下端錾刻出六瓣莲花纹，花瓣之间点缀圆纹。上下端为圆形，中间用錾刻的线条相连（图2，13）。

如上所述，大刀山晋墓和熊家岭晋墓出土銙带，在部件组合方面，均由带扣、圭形銙、琵琶形銙、带头构成，前者多出1件鉈尾。这种组合形式，迄今在东亚地区晋式銙带的考古材料中较为少见。在纹样方面，两例銙带中带扣、带头的构图与细节表现基本相同，圭形銙也均有复线波纹。基于这些相似性，广州大刀山晋墓和武汉熊家岭晋墓所出銙带，应该是晋式銙带在东晋时期南方地区新产生的一种制作范式，笔者称作南方系。

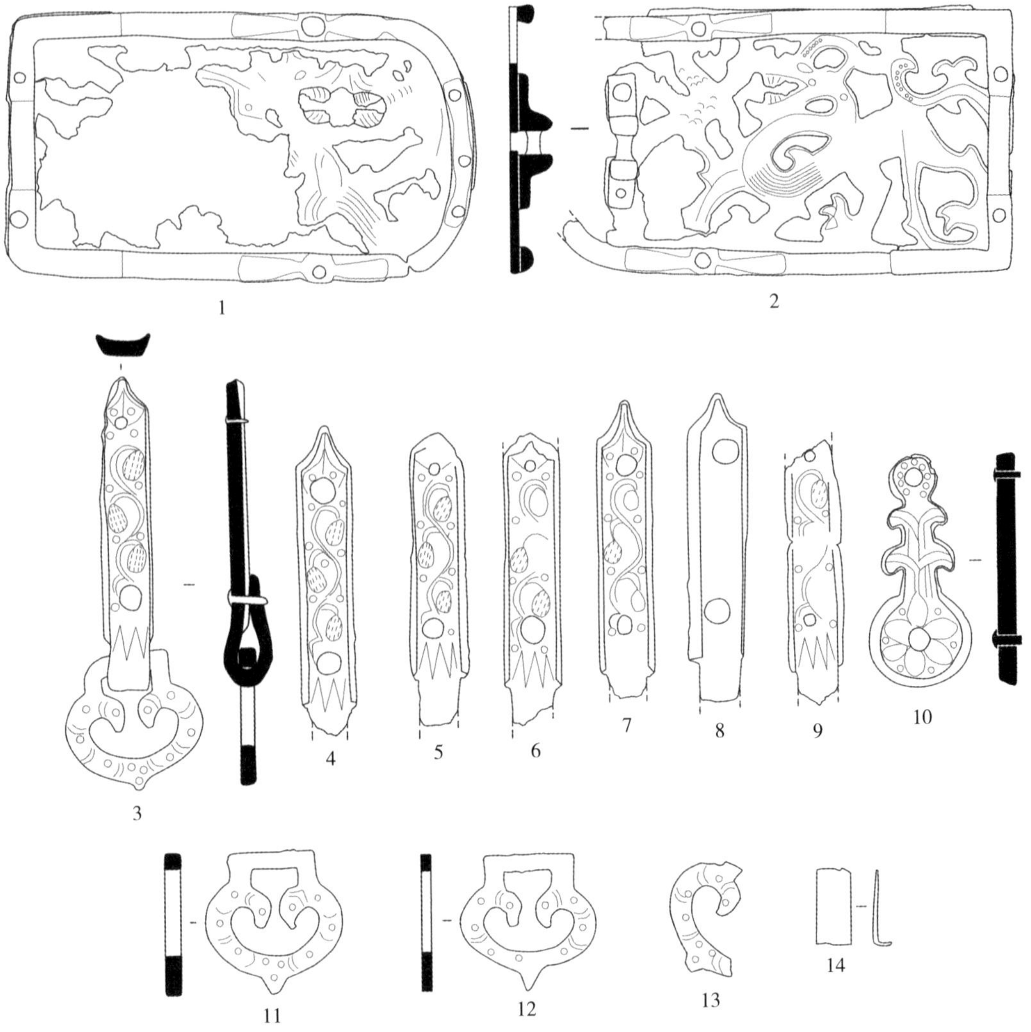

图 2　武汉熊家岭晋墓出土晋式铜銙带
1.带头　2.带扣　3～14.銙

三、銙带的比较与定位

通过对銙带部件的形制、纹样和组合特征分析，可以了解大刀山晋墓和熊家岭晋墓銙带的相似性。这种相似性可以通过与其他晋代銙带的比较得到印证。除广州和武汉外，中国境内两晋时期的銙带主要在河南郑洛地区、江苏宜兴和辽宁朝阳北票地区有所发现。

河南洛阳西郊24号西晋墓出土的鎏金铜銙带（M24：6），由带扣和胜形銙构成，共2个部件（图3，13、14）[15]。郑州上街西晋墓M2所出鎏金铜銙带（M2：18），由带扣、带头、山形銙、胜形銙构成，其中带扣和带头各1件、山形銙5件、胜形銙5件，共计12件（图3，1～12）[16]。虽然这两例带扣的形制和纹样题材与大刀山晋墓、熊家岭晋墓的带扣构图相同，胜形銙也有复线波纹，但是部件组合形式却迥然有别，山形銙和胜形銙是后两者所没

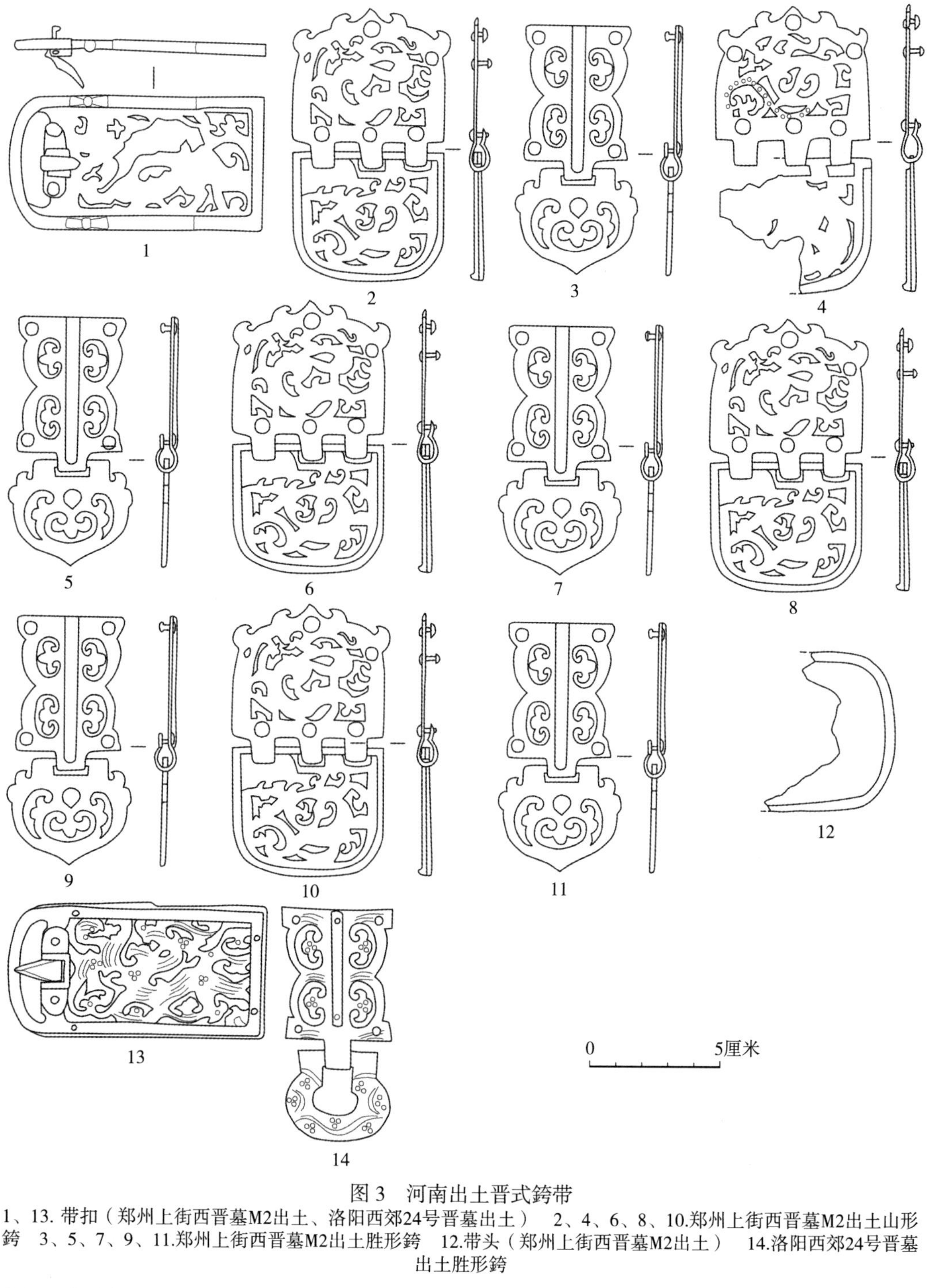

图3　河南出土晋式銙带

1、13. 带扣（郑州上街西晋墓M2出土、洛阳西郊24号晋墓出土）　2、4、6、8、10.郑州上街西晋墓M2出土山形銙　3、5、7、9、11.郑州上街西晋墓M2出土胜形銙　12.带头（郑州上街西晋墓M2出土）　14.洛阳西郊24号晋墓出土胜形銙

有的；錾刻的细节上也略有差异，如三个聚集的圆点纹使用较多。

江苏宜兴周处墓出土的银质銙带（M1：178），由带扣、带头、山形銙、胜形銙、鉈尾构

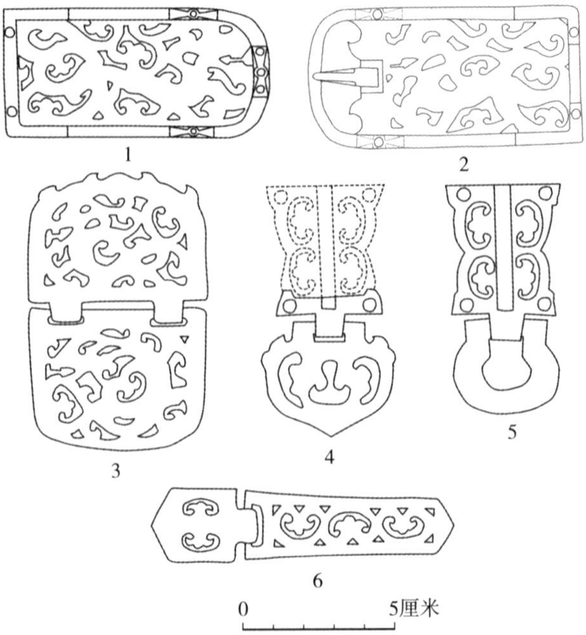

图4　宜兴周处墓出土晋式銙带（M1：178）
1.带头　2.带扣　3.山形銙　4.马蹄形垂饰胜形銙　5.心形垂饰胜形銙　6.鉈尾

成。其中带扣和带头各1件、山形銙5件、心形垂饰胜形銙5件、马蹄形垂饰胜形銙3件及鉈尾1件。较完整的部件有16件，残片数件[17]。除有鉈尾外，部件形制和组合形式与河南出土的銙带大同小异，但纹样题材则显然不同，带扣和带头的构图是单独的龙纹，尾部从尻部开始直接向后上方扬起。鉈尾由大小2件圭形板构成，饰有三叶纹。诸如此类，纹样的题材和细部表现与上述所有銙带都有着较大不同（图4，1～6）。

辽宁出土晋式銙带的墓葬，主要有北票喇嘛洞ⅡM275、ⅡM101、ⅡM266、朝阳袁台子一号东晋壁画墓、十二台乡砖厂88 M1和奉车都尉墓。北票喇嘛洞ⅡM275出土的鎏金铜銙带与ⅡM266出土的鎏金铁銙带，都由带扣、带头、山形銙、胜形銙构成（图5，1～9）[18]，部件的形制、组合形式和纹样与郑州上街西晋墓出土的同类器一致。北票喇嘛洞ⅡM101出土的鎏金铜銙带，是由带扣M101：18（图5，11）、带头M101：17（图5，10）构成，纹样构图虽和大刀山晋墓、熊家岭晋墓銙带一样，但爪部等一些部位仅具形态[19]。朝阳袁台子一号东晋壁画墓出土的银质銙带（M1：55），也是由带扣、带头构成（图5，13、14），部件背面附有铜衬板，纹样构图是对视的龙纹，龙纹抽象化较为严重[20]。朝阳十二台乡砖厂88 M1出土1件鎏金铜带扣（88M1：43），纹样题材是千秋万岁（图5，12）[21]。朝阳奉车都尉墓出土的銙带，是由银质带扣（图5，16）、带头（图5，15）、鉈尾（图5，17）构成，带扣和带头纹样为龙纹，周缘饰有锯齿纹。鉈尾由大小2件圭形板组成，透雕有龙纹和禽鸟纹[22]。该地区在东晋十六国时期是慕容鲜卑部落的核心区域，銙带部件的形制和组合特征与同时期的汉文化地区的同类器物不尽相同。

综上所述，不同时代和地域的晋式銙带有着不同的样貌，这应该与当时的历史背景存在内在关联。大刀山晋墓例与熊家岭晋墓例代表的是东晋南方系銙带，具有较强的同一性，与其他地区的同类器差异较大。这说明东晋时期南方地区相对独立，跨地区的文化交流或工匠迁徙比较缺乏。从已知墓主身份的墓葬来观察，晋式銙带在舆服制度中等级较高，往往通过纵横捭阖的国际政治或赏赐的方式完成文化传播的过程。

四、銙带的制作与使用

通过上述比较研究，可以得知大刀山晋墓与熊家岭晋墓出土銙带，在整个晋式銙带制作

图5　辽宁出土晋式銙带

1、11、12、14、16.带扣（喇嘛洞ⅡM275出土、喇嘛洞ⅡM101：18、十二台乡砖厂88M1：43、袁台子一号东晋壁画墓M1：55、奉车都尉墓出土）　2、4、6、8.喇嘛洞ⅡM275胜形銙　3、5、7.喇嘛洞ⅡM275出土山形銙　9、10、13、15.带头（喇嘛洞ⅡM275出土、喇嘛洞ⅡM101：17、袁台子一号东晋壁画墓M1：55、奉车都尉墓出土）　17.奉车都尉墓出土铊尾

群中有着较强的地域性。以下将从金属工艺和使用的视角出发，探讨两者的制作与使用。

（一）金属工艺

部件组装方面以带扣为例，两套带扣均用铆钉将台座安装在纹样板上，再将边框和纹样板固定在带鞓表面上。不同的是，大刀山晋墓例发现有衬板，推测置于带鞓背面起到加固作用（图6）[23]。

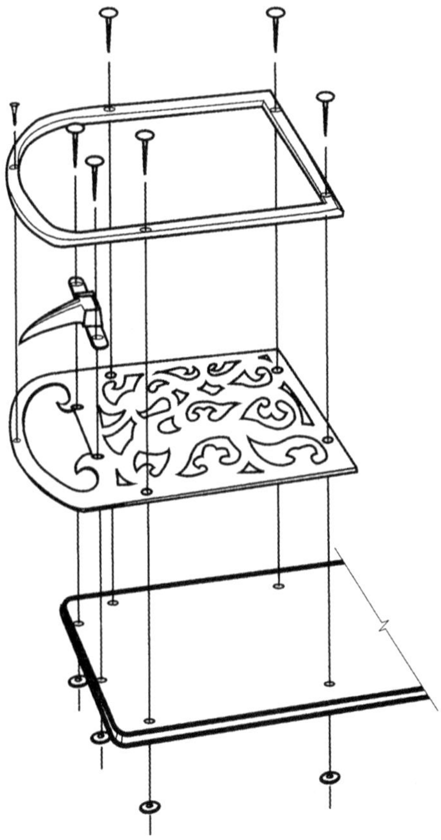

图 6　带扣的组装方式

銙带部件的成形方式，以熊家岭晋墓带扣的纹样板为例。在微距摄影下可以观察到带扣纹样板中龙纹胴体与颈部的内侧出现规整的凸起，即范线，由此推断纹样板为合范铸造而成，并且纹样板的背面不平整，有点状和条状凸起，应系铸造时温度较低或铜水质量差，使得充分填满陶范前便已凝固所致（图7）。考古材料中也发现该时期用以制作的装身金银器的铸范，如辽宁朝阳袁台子发现的魏晋时期涡纹耳坠的陶范[24]。可见采用范铸的方式进行装身具的制作，銙带并非孤例。

细节纹样的錾刻技法方面，以熊家岭晋墓銙带为例。通过錾痕分析可以观测到，各个部件的錾痕均以平面呈长方形的切口为主，长方形的錾痕等距相连，这应该是用錾子以垂直的角度在铜板表面进行雕刻的结果。熊家岭晋墓带扣纹样板的龙纹角部和大刀山晋墓带扣的尾部，錾刻有鱼子纹，应该是利用端部为球状的錾刀加工而成。琵琶形銙有少量凹字形錾痕，当与錾刀形状或錾刻方式相关。錾痕上有完整的镀金，推测为錾刻工序结束后再进行镀金（图8）。

关于带扣和带头边框的制作，日本学者依田香桃美曾对新山古坟出土晋式銙带的边框进行过复原实验，其将锻造完成的铜板进行切割加工，证明以锻造的方式可以制作成边框[25]。就熊家岭晋墓銙带的边框而言，可以看到带扣边框的右上角有整齐的切口，由此推测边框进行过切削加工，至于是铸造还是锻造成形须作进一步研究方可得知。

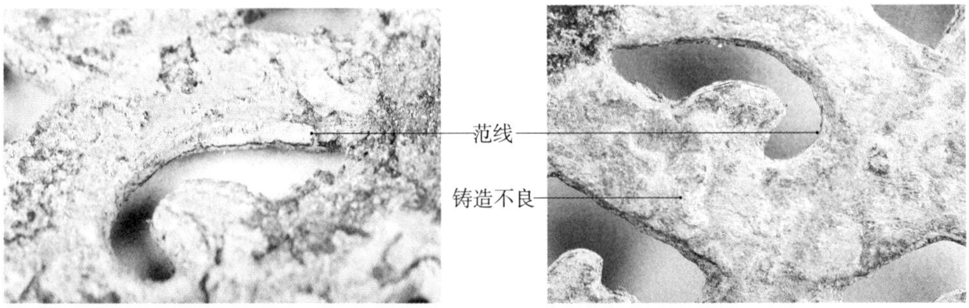

图 7　銙带的铸造痕迹

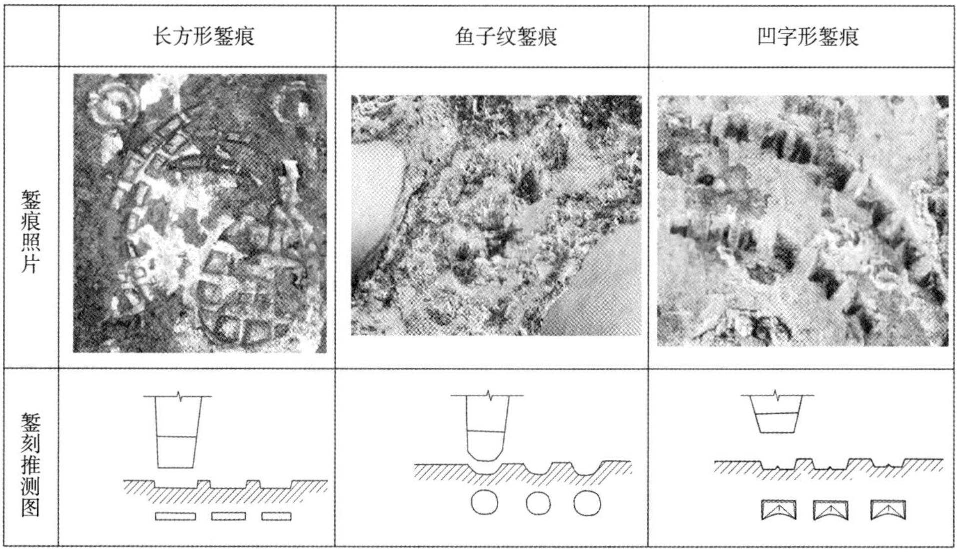

图 8　纹样的錾刻技法

（二）銙带的使用

根据扣舌的形状，这两套銙带有着不同的系结方式。第一种是扣舌呈钩状，如武汉熊家岭晋墓出土的銙带。根据刘森淼的复原图，带鞓从带扣边框的上面穿过D字形扣孔，然后钩状扣舌咬合带鞓的扣眼[26]。剩余的带鞓应该是从带扣的背面穿出，然后斜插进腰间。第二种是扣舌呈楔形，如广州大刀山晋墓出土的銙带。带鞓从带扣边框的下面穿过D字形扣孔，然后扣舌穿过扣眼进行固定。剩余的带鞓从带扣的表面掠过，然后斜插进腰间（图9，1、2）[27]。

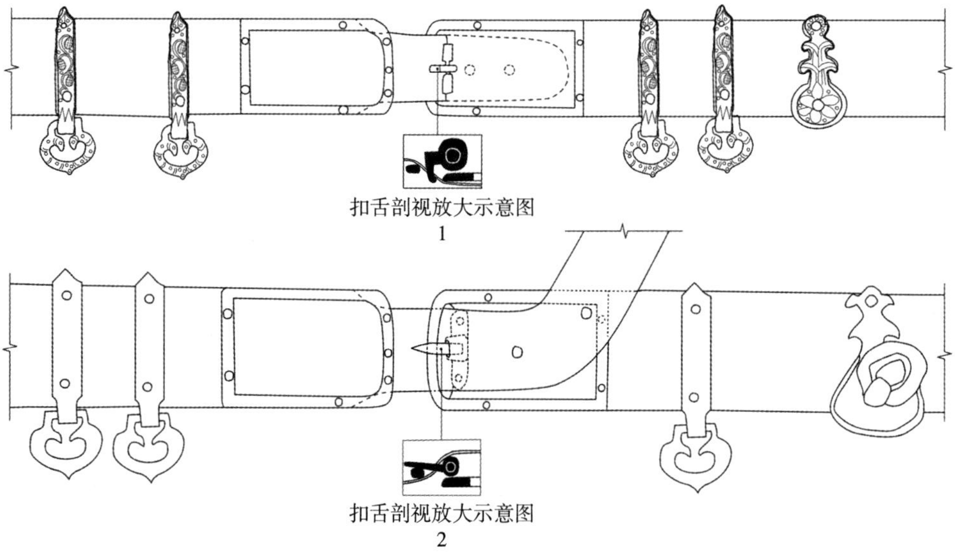

图 9　銙带的系结方式
1.武汉熊家岭晋墓例（87HXM14）　2.广州大刀山晋墓例

（三）晋式銙带的礼制属性

町田章认为这种带具是将军戎装的一部分，且具有标识等级身份的作用[28]。上海博物馆收藏了一件年代或为晋代的玉带扣，根据铭文可知，这类有纹样的銙带在魏晋时期名为“鲜卑头”，为少府卿所做的皇室用物[29]。疑为曹魏明帝高平陵的洛阳西朱村大墓，出土了类似衣物疏的铭文石牌，其中一件上写着“衮带金鲜卑头”[30]。由这些名称推测，鲜卑头应该与该类銙带有某种关联。出土晋式銙带，且墓主有明确身份的魏晋墓葬，如表3所示，墓主多为王室贵胄或者武将。

表 3　　晋式銙带及其使用者

墓葬名称	地点	时代	墓主	材质	资料来源
定县 M43	河北定州	东汉晚期	中山穆王	银	《文物》1973 年第 11 期
曹休墓	河南洛阳	曹魏	长平侯	铜	《文物》2011 年第 91 期
薛秋墓	江苏南京	东吴	折锋校尉	银	《文物》2008 年第 3 期
周处墓	江苏宜兴	晋元康七年（公元 297 年）	平西大将军	银	《考古学报》1957 年第 4 期
奉车都尉墓	辽宁朝阳	——	奉车都尉	鎏金铜	《文物》1994 年第 11 期
刘弘墓	湖南安乡	晋（公元 306 年）	镇南将军	银	《文物》1993 年第 11 期
梁猛墓	陕西西安	十六国时期	——	铜、银	《考古与文物》2018 年第 4 期

銙带出土时，一般被置于墓室中部或墓主的腰部，可确定为带具无疑。但从扣舌的坚韧性考虑，这类銙带并没有很强的实用性，或为权力身份的象征物，或为专门用于随葬的金属工艺品。

五、结　　语

广州西村大刀山晋墓和武汉汉阳熊家岭晋墓出土的鎏金铜銙带，其同一性说明了晋式銙带在东晋时期的南方地区产生了新的制作范式。晋室南渡后，东晋一方面继承了西晋时期中原地区带扣和带头的意匠，另一方面在新的社会格局中，酝酿出具有地域特征的支系。这种制作范式在部件形制上以圭形銙和琵琶形銙为显著特征，在纹样上创造了单瓣莲花纹和葡萄纹，在錾刻技法上出现了不同于其他晋式銙带的加工方式。带扣和带头上的龙纹，胴体较短，形似辟邪、天禄和虎纹。从魏晋南北朝的四神形象和南朝帝陵石像等材料观察而言，该时期的龙纹、虎纹和辟邪等造型确有诸多形似之处。而銙带背后的制作组织和思想形态也值得深思，特别是出现在金属器物上的莲花纹和葡萄纹，暗示着东晋与外来文化的互动。在魏晋南北朝时期，不同族群和地区使用的銙带均有不同风格，这两套銙带或有助于深化对该时期晋式銙带的认识。

附记：本项研究得到国家留学基金资助。在对熊家岭晋墓出土銙带的调查中，得到了武汉市博物馆以及王然教授的鼎力相助，兹致谢忱。

注　　释

[1] 胡肇椿：《廣州市西郊大刀山晉塚發掘報告》，《考古學雜誌》创刊号，1932 年。
[2] 刘森淼：《湖北汉阳出土的晋代鎏金铜带具》，《考古》1994 年第 10 期。

[3] 罗宗真:《江苏宜兴晋墓发掘报告——兼论出土的青瓷器》,《考古学报》1957 年第 4 期。
[4] [日]冈崎敬:《漢代における長安と洛陽—新中国の考古学的調査を中心として—》,《東洋史研究》1957 年 16(3)。
[5] 夏鼐:《晋周处墓出土的金属带饰的重新鉴定》,《考古》1972 年第 4 期。
[6] 田立坤:《朝阳前燕奉车都尉墓》,《文物》1994 年第 11 期。
[7] 刘森淼:《湖北汉阳出土的晋代鎏金铜带具》,《考古》1994 年第 10 期。
[8] [韩]朴淳發:《漢城百濟의中央과地方》,见《百濟研究論叢》1997 年第 5 辑;《漢城百濟의對外關係—國家成立期對外交涉의實狀과意義—》,《百濟研究》1999 年第 30 辑;《漢城期百濟對中交涉一例—夢村土城出土金銅銙帶金具追考—》,《湖西考古學》2004 年第 11 輯。
[9] [日]東潮:《晋式带金具と馬韓・百済》,《地域と古文化》,地域与古文化刊行会,2004 年;《倭と百済・南朝》,《倭と加耶の国際環境》,吉川弘文館,2006 年。
[10] [日]藤井康隆:《中国江南六朝の考古学研究》,六一書房,2014 年。
[11] 孙机:《中国古舆服论丛(增订本)》,上海古籍出版社,2013 年。
[12] 表 1 及图 1 由笔者绘制。
[13] 表 2 及图 2 由笔者绘制。
[14] 刘森淼:《湖北汉阳出土的晋代鎏金铜带具》,《考古》1994 年第 10 期。
[15] 河南省文化局文物工作队第二队:《洛阳晋墓的发掘》,《考古学报》1957 年第 1 期。图片由笔者依据原图绘制。
[16] 郑州市文物考古研究院:《河南郑州上街西晋墓发掘简报》,《文物》2019 年第 12 期。图片由笔者依据原图绘制。
[17] 夏鼐:《晋周处墓出土的金属带饰的重新鉴定》,《考古》1972 年第 4 期。图片依据该文献和注释 [11] 由笔者重绘。
[18] 图片采自辽宁省文物考古研究所:《三燕文物精粹》,辽宁人民出版社,2002 年。
[19] 辽宁省文物考古研究所等:《辽宁北票喇嘛洞墓地 1998 年发掘报告》,《考古学报》2004 年第 2 期。图片由笔者依据第 230 页原图绘制。
[20] 辽宁省博物馆文物队、朝阳博物馆文物队、朝阳县文化馆:《朝阳袁台子东晋壁画墓》,《文物》1984 年第 6 期。图片由笔者依据原图绘制。
[21] 辽宁省文物考古研究所、朝阳市博物馆:《朝阳十二台乡砖厂88M1 发掘简报》,《文物》1997 年第 11 期。图片由笔者在第 19 ~ 31 页原图基础上重绘。
[22] 田立坤:《朝阳前燕奉车都尉墓》,《文物》1994 年第 11 期。图片由笔者依据第 35 页原图绘制。
[23] 图片引用[日]藤井康隆:《中国江南六朝の考古学研究》第 139 页,六一書房,2014 年。
[24] 于俊玉、孙玉铁:《辽宁朝阳袁台子发现汉魏鲜卑牌饰陶范》,《北方文物》2009 年第 2 期。
[25] [日]依田香桃美:《珠城山、新山、石光山古墳出土金工品の復元作業》,《文化財と技術》第 1 号,2000 年;《財団法人由良大和古代文化研究協会研究紀要》第 6 集,由良大和古代文化研究协会,2002 年。
[26] 复原方案见刘森淼:《湖北汉阳出土的晋代鎏金铜带具》,《考古》1994 年第 10 期。图片由笔者依据方案重绘。
[27] 图片由笔者绘制。
[28] [日]町田章:《古代带金具考》,《考古学雑誌》第 56 卷第 1 号,1970 年。
[29] 王正书:《上博玉雕精品鲜卑头铭文补释》,《文物》1999 年第 4 期。
[30] 洛阳市文物考古研究院:《河南洛阳市西朱村曹魏墓葬》,《考古》2017 年第 7 期。

Comparative Study of the Gilded Copper Belt's Plaques Unearthed from the Tombs of the Eastern Jin Dynasty in Dadaoshan and Xiongjialing

Liu Dekai

KEYWORDS: Dadaoshan Tomb Xiongjialing Tomb Bronze Wares Belt's Plaques Eastern Jin Dynasty

ABSTRACT: Through the comparative analysis of the belt's plaques between Dadaoshan tomb and Xiongjialing tomb, which belong to the Eastern Jin Dynasty and unearthed from in Guangzhou City and Wuhan City, the identity of the two are revealed in terms of plaques' type and combined manner and patterns. In terms of shape, it is characterized by *Gui*-shaped plaque and *Pipa*-shaped plaque. In terms of pattern, single petal lotus and grape are unique in the Jin-type belt's plaques. This identity and uniqueness have distinct regional characteristics in Wei and Jin Dynasties's belt. Through the typological and micro trace analysis, the binding mode of belt's plaques can be restored, as well as the specific production process and chiseling techniques. Based on the above discussion, it can be concluded that the two are the new production patterns of the Jin-type belt's plaques in the southern region of the Eastern Jin Dynasty, and also the epitome that the struggle of different cultural forces under the background of social disorder.

（特约编辑 新 华）

四川资中西岩五代毗沙门天王大像窟考察

刘易斯

关键词： 四川资中西岩　石窟　毗沙门天王像　五代

内容提要： 通过实地调查，采用考古类型学和美术史图像学方法，对四川资中西岩五代毗沙门天王大像窟及其胁窟的造像内容和功能等进行全面分析可知，此窟造像群融合了以往四川各地区和不同类型毗沙门天王像因素，在朝廷与地方政权之间矛盾爆发节点和冲突激化要地，由资州刺史元弘习等一批后唐军政要员开凿供养。此大像窟与两侧胁窟形成组合关系，将中间守护神作为主要尊像供养，而将更高尊格的佛和菩萨作为其从属内容表现，成为极其罕见的文化现象，反映了施主希冀凭借毗沙门天王神威佑助其军事胜利的核心诉求，以及施主祈求诸菩萨救济以免除各种灾祸，乃至往生佛国净土的强烈愿望。

一、引　　言

资中西岩（又名御河沟）摩崖造像位于四川省内江市资中县重龙镇礁坛山村西北，北纬29° 47′ 35″、东经104° 49′ 50″，海拔340米（图1）[1]，地处沱江东岸一向南开口的半封闭山湾中，南北长500余米、东西宽约60米。造像分布在山湾的东、西砂岩崖面上（图版一三，1），绝大多数为摩崖龛像，少数为洞窟造像，窟龛总数近百个，集中开凿于晚唐五代前后。

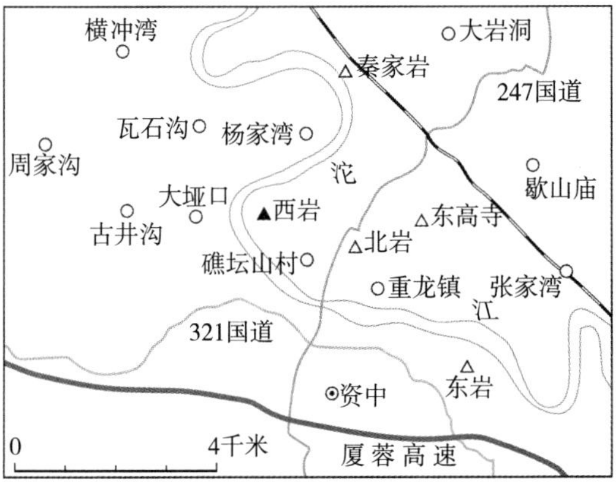

图1　资中西岩及周边摩崖造像分布图

毗沙门天王大像窟位于东崖中段（图版一三，2），是西岩四处大型窟龛造像之一。两侧各有一个体量较小的胁窟，形制与规模相近，而且对称配置，推测是基于大像窟有计划增建的，甚至可能是整体设计且一并开凿的（图2）。

大像窟呈矩形、平顶状，分为内、外窟两段。内窟口略小于外窟口，窟向285度，外窟高301、宽345厘米，内窟高272、

作者：刘易斯，北京市，100084，清华大学美术学院艺术史论系。

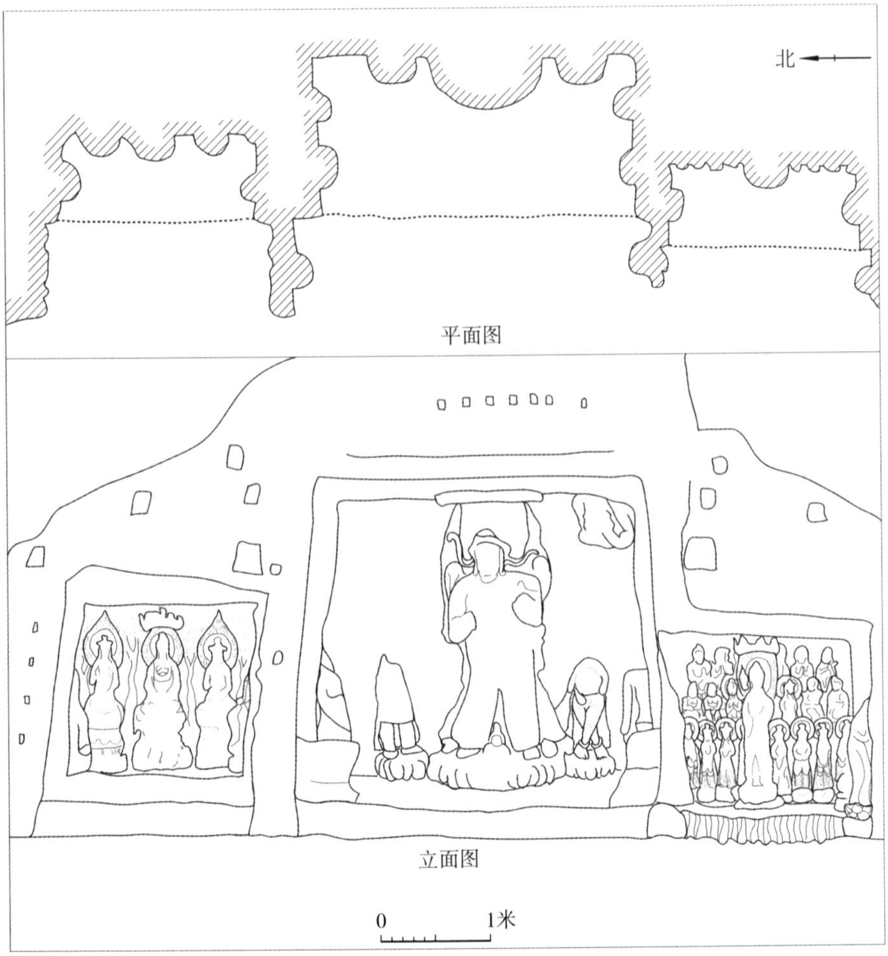

图2　资中西岩五代毗沙门天王大像窟及其胁窟平、立面图

宽318、进深145厘米，通体进深230厘米。如此规模的毗沙门天王窟龛造像，在四川乃至全国都非常少见。窟内造像均严重风化和被人为破坏，形态多已模糊不清。内窟后壁中央为高浮雕主尊天王像，其两侧共有七身眷属。外窟两侧各残存一台座，上部壁面刊刻造像碑记，碑文大部分尚存（图版一四，1～3），可知此窟由资州刺史元弘习主持，为五代后唐天成四年（公元929年）发愿开凿。

两侧胁窟造像也都严重风化。左胁窟窟向为285度，外窟高200、宽200厘米，内窟高167、宽180、进深74厘米，通体进深130厘米。内窟后壁中央高浮雕一立佛，两侧胁侍菩萨和药叉小像分三层而立，内窟两侧壁各为一立菩萨，外窟左侧壁存一立菩萨，右侧壁造像残损（以石窟自身为基准确立左右方向，下同）。右胁窟窟向为278度，外窟高202、宽213厘米，内窟高160、宽182、进深80厘米，通体进深160厘米。内窟后壁高浮雕一佛二菩萨坐像，两侧壁各为一倚坐菩萨、一立菩萨和三尊云上小坐佛。

当今学界对资中西岩摩崖造像的专门研究，仅见于胡文和对部分窟龛的记录[2]，其中包括毗沙门天王大像窟及其造像碑记。后来的研究者多引用其著录资料，来讨论毗沙门天王造像与军事形势的关联，以及此碑记内容与相关经文、高僧传记的对应关系[3]。然而，有关此毗沙门天王大像窟的造像复原、碑记内容与造像功能，以及二胁窟造像作用等基本问题，尚未得到充分阐释。

鉴于该窟关联当时重大政治、军事形势，以及上述研究的情况，本文将基于实地调查资料，再参考学界披露的资料，采用考古类型学和美术史图像学的方法，进一步阐述西岩毗沙门天王大像窟及其两胁窟的内涵。

二、西岩毗沙门天王大像窟造像

（一）主尊毗沙门天王像

本窟的主尊毗沙门天王像高212厘米，已严重风化，细节模糊不清，须充分利用现存遗迹，再结合相关经文描述，与同题材造像进行比较分析，从而能最大限度地复原其本来面目，并确定此像在整体造像系谱中的位置。自20世纪初叶以来，学界比较充分地阐释了丝路沿线诸地毗沙门天王信仰、图像的传播和发展[4]，为开展四川的相关研究提供了有利条件。目前，学界讨论过四川整体和一些局部地域的毗沙门天王像[5]，本文在统合资料的前提下，做必要的类型划分，进一步厘清四川毗沙门天王像整体发展脉络，以框定西岩实例在造像系谱中的位置。

四川现存毗沙门天王像多为雕刻于摩崖上的单独像龛。已知实例少许分布在川北，大多在川中与川东[6]，主要见于中晚唐，少量刻于五代、北宋。造像依主尊姿态可分为站立型和倚坐型。站立型出现于中唐，又可分为直立式（30例）和扭身立式（7例）。倚坐型出现于晚唐，又可分为正身倚坐式（6例）和单腿蜷坐式（11例）。倚坐型数量少且出现晚，往往脱离一般化造型，可视为站立型的发展形式。

西岩毗沙门天王大像形体符合扭身立式像的基本特征（图版一五，1），是已知扭身立式像出现位置最南、时代最晚实例，其余为岷江流域中晚唐的造作，见于邛崃石笋山中唐27号龛（图版一五，3），邛崃花置寺中唐2号龛、中晚唐12号龛外龛左壁附开小龛，夹江千佛岩晚唐8、17和107号龛（图版一五，2）[7]。但是，此像面朝右方，躯干扭向反方向，左手曲肘夹臂于体前捧塔，右手横叉腰侧，手臂和躯干分离度较低，而且有华盖，两肩出火焰，宝冠两侧细长缯带两次翻折，广袖结扎飘起，人字纹裙甲长及脚踝。这些细部表现与主流直立式像类似，而不同于其余扭身立式像。从主尊两脚中间和两侧突起的模糊痕迹判断，此像采用常见的脚踏三鬼造型，又不同于资中地区常出现的两侧鬼向上举，使天王双脚离地的表现，原初应该与其他地区直立式像和正身倚坐式像情况类似，即中间地天双手摊开或不露手，两侧夜叉鬼手托主尊两足或手臂于胸前交叉。

相关仪轨记载了毗沙门天王的样貌。如托名唐金刚智译《吽迦陀野仪轨》载："毗沙门天，身着七宝金刚庄严甲胄。其左手捧塔，右持三叉戟。其脚下踏三夜叉鬼，中主名地天，又名欢喜天，左右名使女，左名尼蓝婆女天，右名毗蓝婆神王"[8]。西岩毗沙门天王大像左手捧塔，此窟碑记也记述"镇国宝塔在掌"（见附录），而且脚下踏三夜叉鬼，与上述仪轨记载一致。在造像严重风化的情况下，其他造型细节难以与经典一一比较。

（二）内窟眷属

西岩毗沙门天王大像窟内窟后壁主尊两侧各一躯眷属像（图版一六，1、2），左右侧壁各两躯眷属像（图版一七，1、2），这些眷属原初身高大致相同，保存较完好者残高127厘米。内窟左侧壁顶部存一残破的合掌眷属像，横长75厘米，或为唐代不空译《北方毗沙门多闻宝藏天王神妙陀罗尼别行仪轨》中所述的，毗沙门天王所领兵众乾闼婆[9]。

后壁两侧眷属身在天王近旁，暗示三者紧密的关系。后壁右侧像着短裙甲和腿甲，基于托名唐代不空译《毗沙门仪轨》载“北方毗沙门天王第二子独健，领天兵救援安西”[10]，推测该戎装神将像可能是领兵作战的独健。后壁左侧眷属像，从腹前凸起痕迹观察，原作持袋表现。在敦煌石窟中，唐代毗沙门天王常伴有持袋或吐宝鼠且披虎皮的眷属[11]，该形象与天王附带的财神属性关系密切。唐代不空译《毗沙门天王经》载，天王命其子敕你娑给予祈请者财富，以供养三宝[12]。据此推测，后壁左侧持袋眷属像可能是敕你娑，与敦煌石窟披虎皮持袋者类似。

右壁外侧像残存广袖和笼裙，应为毗沙门天王眷属中最常见的捧物天女像，学界一般认为是能增长财富的吉祥天女。左壁外侧像残存裙甲、天衣和双脚间棍状物，此者应是在四川毗沙门天王像龛中仅见于沱江两岸和大足的拄斧神将眷属像。《毗沙门仪轨》载，那吒为“天王第三子”，托名唐代不空译《北方毗沙门天王随军护法仪轨》中，那吒则为天王“第三子之第二孙”，他领天兵护卫，且手持武器[13]，应作武将样貌。同时，唐代元友谅撰《汶川县唐威戎军制造天王殿记》载：“那吒捧塔以前峙，天女持花以凝睇”[14]，表明那吒和天女具有对应关系，由此判断窟内与天女像对称配置的神将像应为那吒，而非同样着戎装的独健。《毗沙门仪轨》所载“二十一日那吒与父王交塔日”说明[15]，那吒只是有时替天王捧塔，故左壁外侧那吒像并未作元友谅文中的捧塔表现。如此对称配置那吒、天女像是四川同类造像中最常见的眷属组合形式。

右壁内侧像着短裙，筋肉突出，双腿交叉而立，与此像类似的半裸表现，见于夹江千佛岩晚唐134、136和159号龛毗沙门天王眷属夜叉。《北方毗沙门多闻宝藏天王神妙陀罗尼别行仪轨》记述，夜叉为毗沙门天王所领兵众之一，能护卫众生[16]。左壁内侧像尚存广袖、袂衣、蔽膝，其广袖下缘鼓起，与前述夹江千佛岩实例老者的表现类似，区别于天女平滑广袖，原初应作老叟样貌。《毗沙门仪轨》记述婆薮仙[17]，应为天王眷属，其形象一般表现为老叟[18]，故推测左壁内侧老者像可能是婆薮仙。资中与夹江实例皆外侧那吒和天女成对，内侧婆薮仙与夜叉成对（图3），又通观同类造像的成对眷属，哪身在左或右并不固定，故两地眷属位置相反的情况可以理解。从以上对比可知，此窟眷属组合可能受夹江千佛岩晚

毗沙门天王 婆薮　　　夜叉 那吒　　　天女	独健　毗沙门天王　敕你娑 夜叉　　　婆薮 天女　　　那吒
夹江千佛岩晚唐 134、136、159 号龛	资中西岩五代毗沙门天王大像窟

图 3　夹江千佛岩与资中西岩毗沙门天王及其眷属组合关系示意图

唐同类造像因素影响。

（三）外窟造像

西岩毗沙门天王大像窟外窟侧壁各存一附属造像的底座（图版一八，1、2），左右残高分别为74和51厘米。引人注目的是，内窟造像无一具带头光者，而处在外窟相对独立位置的两尊像不仅具有硕大头光，且都有较高台座，显示其尊格非同一般。

此窟造像碑记述："毗沙门天王则酬愿之所造，观……，地藏凝然"。碑文在提及"毗沙门天王""真圣""天王""地藏"时，均在字前空一格，"观"字后虽然缺泐，但前空一格的做法应是显示观音菩萨的尊格。根据碑文中"怙地藏……序载难"一行对地藏菩萨功德的记载，可推测其前一行内容即观音菩萨功德。其中"弘誓海深……无刹不现……有苦皆除"，与后秦鸠摩罗什译《妙法莲华经・观世音菩萨普门品》中"弘誓深如海""无刹不现身""能灭诸有苦"的表述几乎相同[19]。根据右侧壁像裙裾、右腿垂的轻微痕迹和台座左侧残存的莲瓣推测，已缺失的两尊像很可能是半跏趺坐观音、地藏菩萨像。

观音、地藏菩萨组合造像在四川比较常见，作半跏趺坐表现在五代北宋之际一度流行于资中及周边地区[20]，作为毗沙门天王的附属造像表现在窟口者却仅此一例。《妙法莲华经・观世音菩萨普门品》云："应以毗沙门身得度者，（观世音菩萨）即现毗沙门身而为说法"[21]，可见两者有所关联。而且巴中南龛唐会昌六年（公元846年）93号"巴郡太守荥阳郑公新建天王记"碑[22]显示，95号观音像龛是94号毗沙门天王像龛的还愿造像。敦煌莫高窟藏经洞出土五代后唐长兴元年（公元930年）董文员供养绘卷[23]，并列表现观世音和毗沙门天王。另外，在莫高窟唐代103窟甬道南北壁，对称表现了地藏菩萨和毗沙门天王[24]。可见在当时信众造像时，毗沙门天王地位并不低于观音、地藏菩萨，而且前者与后二者分别形成组合关系，故西岩此窟造像组合虽然特殊，也在情理之中。

三、西岩毗沙门天王大像窟功能

（一）碑记内容

西岩毗沙门天王大像窟造像碑记刊刻于外窟两侧壁上部，长期以来经风雨侵蚀和捶拓磨损，碑文日益漫漶。两壁外侧碑文在清代已经多有磨灭，如今残缺更多。左壁碑文清代存27行，现存25行，每行约48字，字径约2.5厘米，幅面高107、残宽60厘米。右壁碑文清代存11行，今存10行，每行字数不等，字径2.5至4厘米，字距略大于左壁，幅面高105、残宽35厘米。

此碑早期拓本，目前仅见北京大学收藏未经刊录过的清代拓本[25]（图4；图5），可帮助识别和弥补今已不存的碑文。清道光二十六年（公元1846年）刘燕庭《金石苑》卷二《后唐毗沙门佛龛碑》，依碑记行款格式和存毁状况抄录碑文，存字略多于北京大学拓本。在目前可见三个《金石苑》影印版本中，《石刻史料新编》和《续修四库全书》本文字模糊不清，《西南考古文献》本影印清晰[26]。其后校录此碑文均参照《金石苑》，清光绪年间（公元1875～1908年）陆心源《唐文拾遗》录文未录施主名，1994年胡文和《四川道教、佛教石窟艺术》录文有脱误且略去右

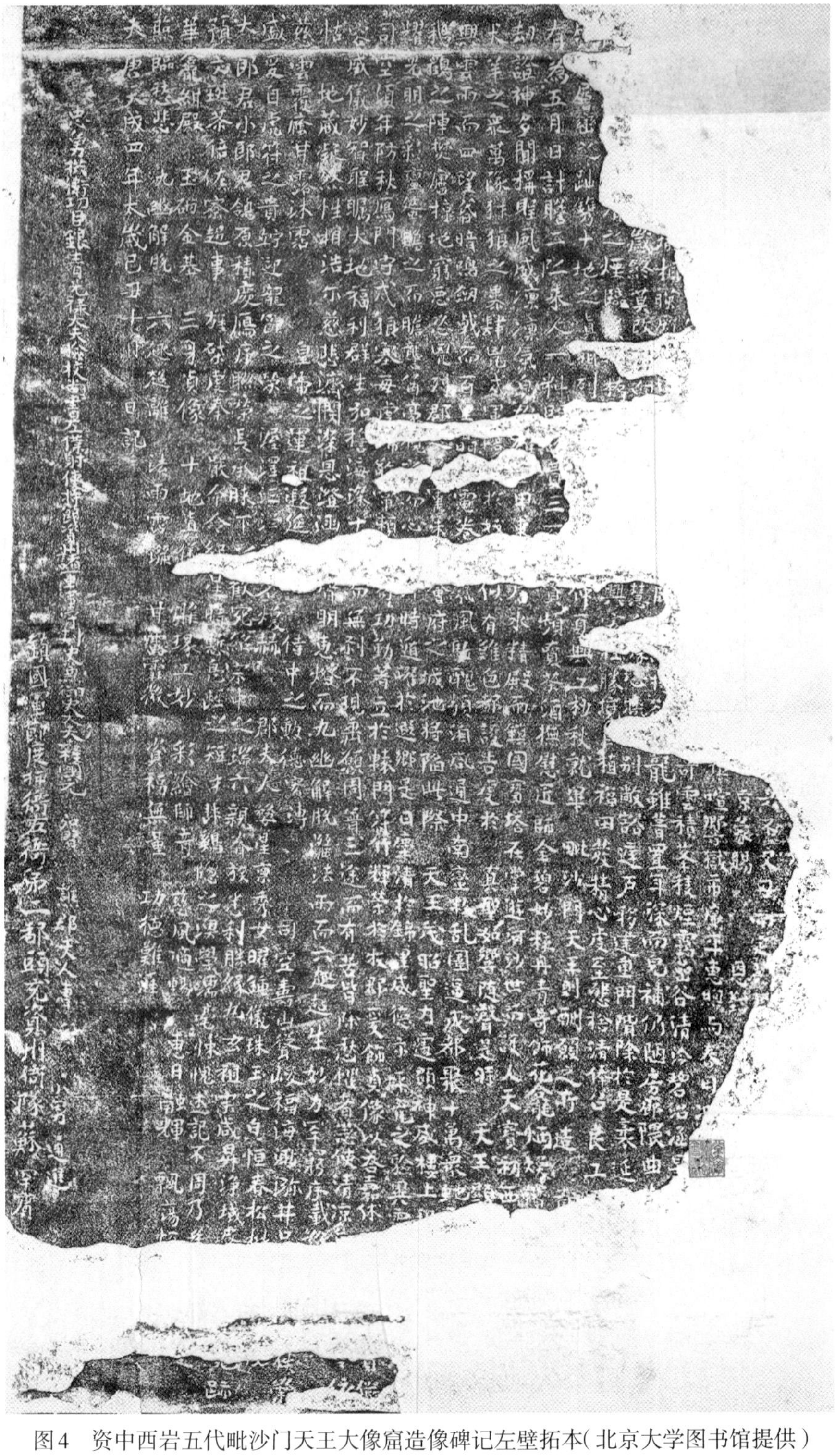

图4　资中西岩五代毗沙门天王大像窟造像碑记左壁拓本（北京大学图书馆提供）

图5　资中西岩五代毗沙门天王大像窟造像碑记右壁拓本（北京大学图书馆提供）

壁内容[27]，这两篇录文后来又被许多相关研究者引用，常有疏漏和不确之处。故笔者以现存碑记为底本，以北京大学拓本为主校本，《金石苑》为参校本，重新校订碑文附于文后。

碑文记录了开凿毗沙门天王大像窟的背景，天王以神通护佑国家、戡平战乱的传说，以及造像和相关施主情况。据碑记可知，此窟于五代后唐天成四年（公元929年）十月，由资州刺史元弘习主持开凿。

左壁左缘几行在清朝时就仅剩“兵不交刃而定”数字，推测此段缺泐文字意在颂扬毗沙门天王的神威与功德。同光三年（公元925年），后唐军队经三泉一战就灭亡前蜀，前蜀诸州守将或弃城溃逃或主动迎降，甚至修建桥梁和栈道以助后唐进攻[28]。此窟关联施主很可能参与或听闻此大捷，并认为天王的护佑使后唐军队不战而胜，故此发心造像。接下来描述西岩的清幽景致，且说明年深日久以致屋倾宇斜，遂加增修以成胜境。施主“舍清俸，召良工”，镌岩雕像，花费颇多，用五个月凿成此精妙庄严的大窟。施主以此至诚心意感念常年戍守雁门关的司空，称颂观音、地藏威德，为皇帝、侍中、司空、施主本人及其宗亲眷属祈福，同时号召文武官员虔心奉佛。

除了以上内容，碑文着墨最多的就是天宝初年在西北和咸通年间在成都发生战事时，毗沙门天王显现神通助唐军作战之事。碑记文字虽部分缺泐，但前一传说显然是《毗沙门仪轨》后记所述，天宝元年（公元742年）大石、康等五国围安西城之事[29]，学界已详细考证此事是编造[30]。唐代四川相关毗沙门碑记多提及该传说[31]，后来该传说又经穿凿附会，改变为其他地点和时间，且至少流传到元朝[32]。

后一传说即北宋赞宁撰《宋高僧传》卷二十七《智广传》所载，晚唐王建请智广以奇术协助修天王阁时言及的事情："先是咸通中，南蛮王及坦绰来围成都，府几陷。时天王现沙门形，高五丈许，眼射流光，蛮兵即退"[33]。历史上南诏屡犯蜀地，三至成都，其中唐大和三年（公元829年）南诏攻破成都，咸通十年（公元869年）和乾符元年（公元874年）成都得以保全[34]。此传说应是将前述发生于西北、流传于四川的传说，改换到唐与南诏的战事中，至少五代前期就已出现。

（二）碑记反映的造像功能

密教兴盛和不空弘法的活动，促使作为战神的毗沙门天王地位不断凸显，中晚唐时，其

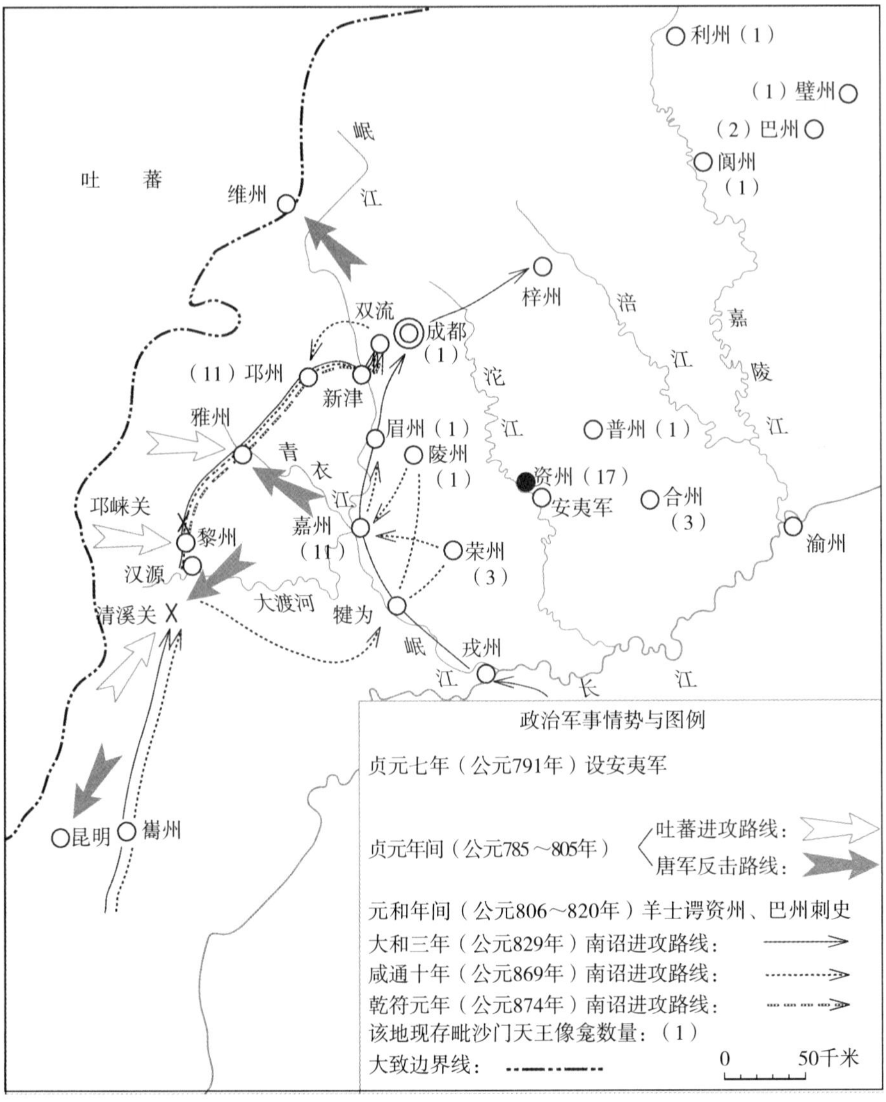

图6　中晚唐西南战事与现存毗沙门天王造像分布示意图

信仰被国家以制度植入军队并服务于战争[35]。此时西南烽火不息，贞元年间（公元785～805年）唐与吐蕃的西南地区之争进入白热化阶段[36]。贞元七年（公元791年），韦皋“建安夷军于资州，维制诸蛮”[37]。战后元和年间（公元806～820年），刺史羊士谔任职巴州、资州，颇有政绩[38]，在资州“城北隅”（可能指资中北岩）有“唐羊士谔为刺史撰并序”的毗沙门天王赞碑[39]，可知他提倡毗沙门天王信仰。之后又起前述南诏之战。对比唐朝西南战事与现存四川毗沙门天王造像的时空分布，可见两者重合颇多（图6）[40]。四川中晚唐时出现不少由军政要员供养的大型毗沙门天王窟龛造像[41]。此外，资中北岩唐咸通年（公元860～874年）前后龛像[42]，以及邛崃龙兴寺晚唐五代之际造像中[43]，各有一批风格相似的小型毗沙门天王像，应该是有组织的开凿活动所形成。这说明晚唐五代之际，四川毗沙门天王造像与军政活动有直接联系，在官方的支持和推动下，其信仰已经普及于当地民众之中。

资州在唐朝时已是西南重要军镇，沱江水路北通成都、南抵长江，陆路通成都、渝州（今重庆），还是重要井盐产地，乃各政权争夺的要地。“元弘习”是主持西岩毗沙门天王大像窟开凿的施主，其官职和造像时间、地点，与北宋薛居正等撰《旧五代史》卷三十八《明宗纪》所载“元习”吻合。后唐朝廷任命其为资州刺史，试图加强对蜀地的控制，其对手乃是拥有重兵、预谋反叛的东川董璋和西川孟知祥二节度使，造此窟时正值冲突爆发前夕。

同光三年（公元925年）前蜀灭亡，孟知祥接管西川军政，一直积聚钱粮，扩张势力并加强防御，以谋求割据。天成元年（公元926年），朝廷派人“督蜀犒军余钱送京师，且制置两川征赋。知祥怒，不奉诏”[44]。天成二年，“孟知祥发民丁二十万修成都城”，且“屡与董璋争盐利”[45]。天成“四年，……（朝廷）责知祥助礼钱一百万缗。知祥觉唐谋欲困己，辞不肯出”[46]。

后唐朝廷担心两川日久难制，故在天成元年以客省使“（李）严为西川都监，……朱弘昭为东川副使”，作二节度使的监军，但李严被孟知祥所斩，朱弘昭畏惧奔还[47]，后又派遣刘处让前往两川游说[48]。监军、怀柔不奏效则又改计策，当初后唐朝廷军队灭前蜀后，东归时“留精兵五千戍蜀，……用己所亲信分守两川管内诸州，每除守将，则以精兵为其牙队，……以备缓急”[49]。天成二年七月“壬戌，西川节度副大使、知节度使孟知祥加检校太尉兼侍中，东川董璋加爵邑，以左効义指挥使元习为资州刺史，右效义指挥使卢密为雅州

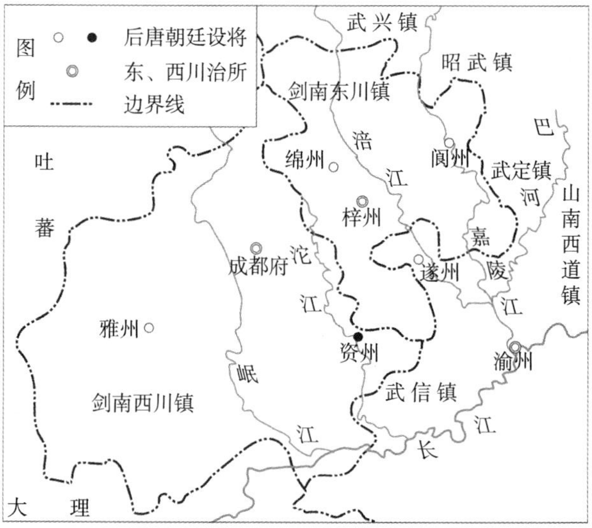

图7　后唐天成年间（公元926～930年）资州及周边政区示意图

（今雅安）刺史”[50]。又在天成四年十二月划出阆州（今阆中）、绵州（今绵阳）和遂州（今遂宁）之地，派遣忠于朝廷或与董、孟二人有矛盾的将领，出任刺史和节度使率兵镇守[51]。后唐朝廷欲以此监控并威慑董、孟二藩将，若有叛乱，可就地镇压（图7）[52]。

孟知祥之弟孟容弟时任资州税官，正值朝廷开始全力压缩两川藩将势力，他在天成四年九月“坐自盗抵死”[53]，这应是资州刺史元弘习受朝廷旨意所为。孟知祥失去能为他从东川获取大量税利的孟容弟，痛恨之情可想而知。尽管朝廷如此施压，孟知祥仍蓄意割据一方，以致非所情愿地与董璋联姻，合力抗拒后唐[54]，并于长兴元年（公元930年）先后反叛。天成四年十月，元弘习值董璋、孟知祥反叛前夕，在剑拔弩张的两川前线造护国佑军的毗沙门天王，想必早已厉兵秣马，激励将士，准备一战了。

与元弘习共同开窟的主要施主，还有右壁碑文中未详记其名的李姓检校司空，可能是早年跟随李克用征战、辅佐数君的宿将李承约。后唐“庄宗即位（公元923年），（李承约）授检校司空，……天成中（公元926～930年），……拜黔南节度使”，在西南地区政绩斐然[55]，他的官职与活动的时间、地点均符合西岩造像工程的相关记载。另外，王姓施主所任检校尚书左仆射亦是军中要职。碑记所载施主以各阶层军官为主，当是后唐朝廷在此要地用兵之故，而从北方来到偏远资州。他们希望得到毗沙门天王庇护，戡平西南边疆。

此窟凸显毗沙门天王的军事护佑功能，外窟的观音和地藏菩萨意在现世和地狱拯救，既体现了对施主生前的现世关照，又使其死后免受地狱之苦。

四、西岩毗沙门天王大像窟两胁窟造像的内容与作用

（一）左胁窟

西岩毗沙门天王大像窟的左胁窟造像为药师经变。学界已基本弄清四川药师经变内容及其依据经典[56]，药师信仰非常强调现世利益[57]，可使信众疾病得以治愈，根性保持善良，并获得安全、温饱等保障。此窟右侧壁已经残缺，内窟后壁中间为药师佛，高104厘米，两侧壁为东方净土世界的日光和月光二上首菩萨像，高90厘米。佛与二菩萨之间浮雕三层小像，上、中层高约50厘米，下层高约70厘米。中层药师佛两侧的胁侍菩萨不见于经典，应该是受到药师造像中替药师佛持杖的菩萨影响所添加，上、中层为《药师经》所载“荷负一切有情，为作义利，饶益安乐”的十二药叉大将，下层为引导信众净土往生的八大菩萨[58]（图版一九，1）。

外窟左侧壁现存一身菩萨像，高95厘米（图版一九，2），右侧壁原初应有一身对称配置的菩萨，推测二菩萨像原初与同崖面、相同构图的26号药师经变窟外窟侧壁二捧钵立菩萨像表现类似[59]。资中北岩100号龛二菩萨亦捧钵而立（图版二〇，1），题记：“敬造药师琉璃光佛一身，并药王、药上一龛，右弟子罗元靖愿恶节患疢除退，及家口平安，大中十二年（公元858年）闰二月八日□□过毕，弟子供养”[60]。东晋帛尸梨蜜多罗译《佛说灌顶拔除过罪生死得度经》载从属药师佛的八大菩萨名号，药王、药上菩萨为其中二者[61]。南朝宋畺良耶舍译《佛说观药王、药上二菩萨经》载二菩萨施药、发愿的功德，以及信众通

过持咒、观想，得到治病除障等好处[62]，这与药师佛的功能相通。西岩毗沙门天王大像窟左胁药师经变窟外窟菩萨像应该也是药王、药上菩萨。

四川的药师经变像龛流行于唐宋之际的川中和川东，呈现日光、月光菩萨地位趋于显著，且信仰内涵逐渐复杂的趋势，大体可分三类。其一，主要为岷江流域中晚唐以及资中西岩五代实例[63]，没有表现日光、月光菩萨。其二，资中西岩五代毗沙门天王大像窟左胁窟和前述26号窟处于中间过渡阶段，在一佛二上首菩萨之间配置次要尊像，并增加药王、药上菩萨。其三，主要为大足五代、北宋之际实例，着重表现药师佛与日光、月光菩萨，而十二药叉大将、八大菩萨位置日渐下降[64]，并与诸佛、地藏菩萨、佛顶尊胜陀罗尼经幢组合[65]。

同时，除安岳千佛寨中唐96号龛外，四川药师经变龛像绝少表现《药师经》反映现世利益的十二大愿和九横死内容，故其作为东方药师净土表现的意涵也不能忽视。八大菩萨可引导净土往生，唐玄奘译《药师琉璃光如来本愿功德经》载，信众以持戒的善根，“愿生西方极乐世界无量寿佛所，听闻正法。而未定者，若闻世尊药师琉璃光如来名号，临命终时，有八菩萨，乘神通来，示其道路，即于彼界种种杂色众宝华中，自然化生”[66]，其余诸本《药师经》也有类似记载。《佛说观药王、药上二菩萨经》载，闻、诵、持药王、药上菩萨咒者，“命欲终时，十方诸佛皆悉来迎，随意往生他方净国”，又同经云：“若观此二菩萨身相者，……生净佛土”[67]。可见药王、药上菩萨与药师经变组合，亦强调引导净土往生意涵。结合开窟背景分析，西岩毗沙门天王大像窟左胁药师经变窟，体现了施主希望以此功德祛病除障，以及远离五代西南战乱并往生净土的意图。

（二）右胁窟

西岩毗沙门天王大像窟的右胁窟造像风化严重，只能据残存迹象推测原初内容。内窟后壁为一佛二菩萨坐像，主尊佛残坐高72厘米，二菩萨残坐高58厘米，其间壁面表现宝树（图版二〇，2）。左右侧壁的外侧各一身倚坐菩萨像，坐高80厘米，左像左手持一钵，右侧对应破损像原来也应该持钵，两像上方左右各表现三佛坐于云朵上。左右壁内侧各有一身菩萨立像，高70厘米，处于从属位置，应为倚坐菩萨的胁侍菩萨。该窟外窟两壁雕刻供养人像，左侧壁上、中层男供养人像身着典型五代服饰，说明此窟确实开凿于五代（图版二一，1、2）。

四川摩崖造像常以崖壁面对方向为正方向（南方或假想南方），那么同一崖壁左侧为东方，右侧为西方。左胁药师经变窟代表东方净土世界，以此推测对应的右胁窟可能代表西方净土世界，其内窟后壁一佛二菩萨应为西方三圣，即阿弥陀佛和观世音、大势至菩萨。成对倚坐持钵菩萨像流行于五代的川东，安岳圆觉洞五代40号龛主尊佛两侧倚坐持钵菩萨像分别有“势至”“观音”题记，同崖面的五代34、35号龛，亦将施弥陀定印的阿弥陀佛与倚坐持钵菩萨像组合配置[68]，其余倚坐持钵实例见于大足，皆作日光、月光菩萨表现在药师经变中。西岩毗沙门天王大像窟右胁窟侧壁成对倚坐持钵菩萨像与安岳实例存在关联，有可能是重复表现观世音、大势至菩萨。两侧壁云上六尊佛应代表后秦鸠摩罗什译《佛说阿弥陀经》中赞叹阿弥陀佛功德的东南西北上下六方恒沙诸佛[69]。此窟以阿弥陀佛、诸菩萨、宝树和六方佛简洁地表现出西方净土世界的景象。

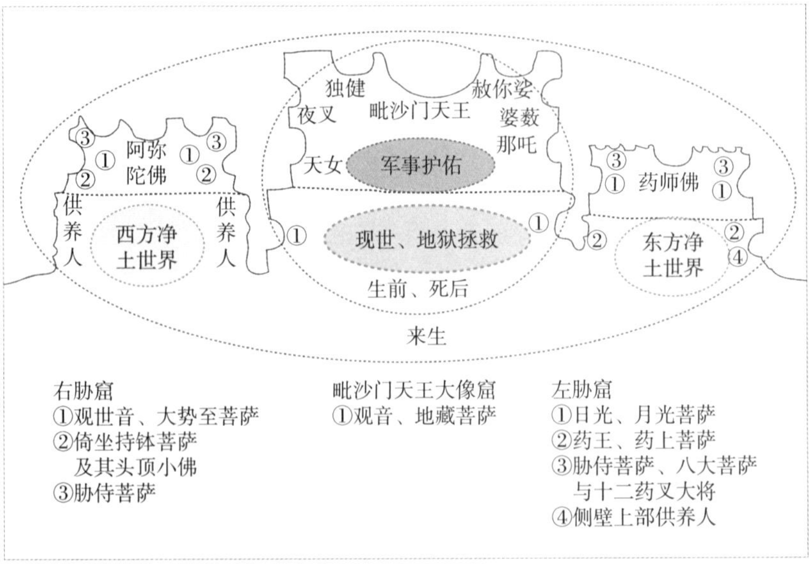

图 8　资中西岩五代毗沙门天王大像窟及其胁窟尊像配置示意图

五、结　　语

资中西岩五代毗沙门天王大像窟，由资州刺史元弘习等一批后唐军政要员，在后唐朝廷与东、西川节度使冲突激化的核心地区和战争爆发的时间节点开凿。窟内碑记重点记述了天王在西北和西南战事中以神威助战的传说，真切地反映了施主们希冀战神毗沙门天王佑助其取得军事胜利的核心诉求。此窟以一躯原初庄严华丽的扭身立式毗沙门天王大像为主尊，内窟天王眷属像分别是独健、敇你娑、夜叉、婆薮仙、那吒和天女，具有护卫和给予财富的功能，外窟观音、地藏菩萨组合，反映了施主祈求菩萨救济的愿望。左胁窟为代表东方净土世界的药师经变，右胁窟推测为代表西方净土世界的西方三圣。信仰者既可往生药师佛所在的东方净土，又可在诸菩萨引领下往生西方净土（图8）。将守护神作为中心尊像供养，而以佛、菩萨为附属内容配置在两侧的做法，在佛教造像历史上十分罕见。正是极其特殊的时空和政治背景，才导致如此不寻常的文化现象。

附录：资中西岩五代毗沙门天王大像窟造像碑记

此题为笔者所加，原碑记榜题无存。本文以现存碑记为底本，以北京大学藏清代拓本为主校本，以《金石苑》抄文为参校本，重录碑记。底本不存而见于校本的文字置于“（）”中，其中依《金石苑》补字用下划线“例”标出。缺泐而能确知字数者用“□”代表，缺泐不明字数者用“……”代表，漫漶难辨文字用“例”表示，文字转行处加“/”，碑记空格处录文亦相应空格。

外窟左壁碑记：

（……□□□……/……兵不交刃而定……／……京蒙赐　　恩对……／……权）喧响狱市（廉平惠煦与春日熙）……／……（奇，云）积峰楞，烟霭岩谷，清

（涔碧沼，涵……/……垅相映竹……将欲□龙）虽，葺置年深而貌补仍（陋，房廊隈曲）……/……岁终莫改□而……（慧□心机□别）敞豁，庭户移建，重门阶（除，于是衮）延……/……（清）之（烟临溪□）桥……兴□（在胜境，巨）植福田。发精心，虔至恳，舍清（俸），召良工……/（□□□层峦之趾，镌）十地之真（相。列）……仲夏兴工，杪（秋）就毕。 毗沙门天王则酬愿（之所）造，（观）……/（有为）五月日计瞻二□来人一料（问约费三万□）□，频买茶酒，（抚）慰匠师。金碧妙妆，丹青奇饰，（花龛）炳焕。（宝）……/（劫证）神，多闻称圣，风威凛凛，气貌（雄雄，□甲束□），居水精殿而（镇）国宝塔在掌，游河沙世而护（人。天）宝初，（西）……/……（犬羊之众）万队，豺狼之暴肆凶，戎军（陪□于□□）似有难色，都护告虔于 真圣。如响随声，（是时）， 天王（显）……/兴（云雨而）四望昏暗，鸣剑戟而（百里晶□）。电卷□（气），风（驱）丑类。洎咸通中，南（蛮致）乱，围逼成都。聚十万众蛇……/鹅鹳之阵，焚庐掠地，穷恶恣凶，（列）郡（之将）军未□，（会）府（之）城池将陷。此际， 天王茂昭圣力，遂显神威楼上（现）……/（耀）光明之彩。蛮蚤瞻之而胆詟，（酋豪视之而心□，即）时（遁）跃于遐乡。是日尘清于锦里，威德示平凶之验，异（灵……功……）/司空顷年防秋雁门，守戍狼塞，每□□（敬常赖□□），功（勤）著立于辕门，符竹辉荣于（牧郡）。爰饰贞像，以答嘉休……（□俨）……/容，威仪妙智。圣瞩大地，福利群生。弘誓（海深，十□而）无（刹）不现，（垂愿周普，三）途而（有）苦皆除。愁惧者悉使清凉……（依）……/怙。 地藏凝然，性相浩尔，慈悲济悯，（深恩）澄涵（□智，）明（惠灯）而九（幽）解脱，（洒）法雨而六趣超生。妙（力罕穷序载难）……/慈云覆荫，甘露沐沾。 （皇帝）之运，（祖遐）延□。 侍中之（勋德）宏（溥）， 司空寿（山耸峻，福海）渺弥。井（邑……秩崇）……/（盛）爰自虎符之贵，伫迎龙节之荣，□渥（泽汪洋，□名）焕赫。 郡夫人，婺星禀（秀），女曜钟（仪），珠玉之身，恒春松（桂）……/大郎君、小郎君，鸰原积庆，雁（序联）荣，长承（膝）下（之欢，宛绍）宗中之瑞。六亲眷族，悉利胜缘；九（玄）祖宗，咸升净域。（处）……（□迹）……/预文班（忝）倍，佐寮（趋）事， （旌棨虔）奉， （严命令，纪星时。惭凫胫）之（短才，非鸡窗）之（澳学），濡毫悚愧，述记不周。乃（为）……/（华龛绀）殿， 玉砌金基。 三（身贞）像， 十地真（仪。 雕）琢工（妙， 彩绘师）奇。 慈风适畅， 惠日（融）辉。 （飘荡恒）……/（照临愁悲）。 九幽解脱， 六（趣超离）。 法（雨沾洒， 甘露霏微。 资福无量， 功德难涯）。/大唐天成四年太岁己丑十月□日记。/忠勇拱（卫）功臣、银青光禄大（夫、检校尚书左仆射、使持节、资）州诸军（事）守、刺史（兼）御史大夫、上柱（国）元 （弘）习， 谯郡夫人（曹氏，小男通进。）/镇国军节度押衙、左衙第二都头、充资州衙队（苏）军宾。

外窟右壁碑记：

就粮右厢崇勇指挥使、金紫光禄大夫、检校司空兼御史大夫、上柱国李，/就粮左厢耀武指挥使、金紫光禄大夫、检校尚书左仆射兼御史大夫、上柱国王，/左都押衙杜幸佟，　右都押衙吴行逢，/安夷军右教练使、使补土客都虞侯裴（耽），/摄录事参军刘空定（礼），　摄司法参军（张）　咏，/随军李　象德，　摄磐石县令冯　铢，/（孔）目院/都（勾）官何　羽宾，　军州孔目官　王景延，/□□前八县都押、寺僧行越，/（勾当）军将蒋　延章，/（晋城□□□茶□□行，/……景思）、高（平）。

附记：本文完稿于2019年4月。除注明出处者，文中线图均由笔者绘制，摄影和测量由笔者与历次调查同行成员合作完成，他们是清华大学李静杰教授及其研究生朱己祥、孙明利、吴禹力、李秋红、王德路，首都博物馆邢鹏老师，以及四川大学研究生刘人铭。导师李静杰教授悉心指导并提供诸多宝贵资料。谨致谢忱！

注　释

[1] 分布图绘制参考了国家文物局:《中国文物地图集·四川分册(上)》第234页,文物出版社,2009年。

[2] a. 胡文和:《四川道教、佛教石窟艺术》第49～51页,四川人民出版社,1994年。

b. 胡文和、胡文成:《巴蜀佛教雕刻美术史(下)》第272～275页,巴蜀书社,2015年。

[3] [日]大岛幸代:《成都寶曆寺の創建と發展》,见《仏教美術からみた四川地域》,白峰社,2007年。

[4] a. [日]源丰宗:《兜跋毘沙門天像の起源》,《佛教美術》第15册,1930年。

b. [日]田边胜美:《毘沙門天王像の起源》,山喜房佛书林,2006年。

[5] a. 樊珂:《四川地区毗沙门天王造像研究》,四川大学硕士学位论文,2007年。

b. [日]大岛幸代:《四川地域の毘沙門天像:形式にみる四川的特徵について》,见《早稲田大学大学院文学研究科紀要》第55辑第3分册,2010年。

c.[日]大岛幸代著,许旻译:《夹江千佛岩摩崖造像的毗沙门天王龛》,见《四川夹江千佛岩唐代佛像艺术研究》,四川人民出版社,2017年。

[6] 本文所述四川包括1997年划为独立行政区的重庆市,将长江以北、绵阳一线以南的岷江两岸和沱江以西地域称为川中地区,沱江以东至嘉陵江两岸地域称为川东地区,岷江、沱江、涪江和嘉陵江四条大江上游称为川北地区。

[7] a. 四川省文物考古研究院、西安美术学院:《夹江千佛岩:四川夹江千佛岩古代摩崖造像考古调查报告》,文物出版社,2012年。

b. 卢丁、雷玉华、[日]肥田路美:《中国四川唐代摩崖造像:蒲江、邛崃地区调查研究报告》,重庆出版社,2006年。

[8] 《大正藏》第21册,第235页上。

[9] 《大正藏》第21册,第230页上。

[10] 《大正藏》第21册,第228页中。

[11] 敦煌研究院:《中国石窟·安西榆林窟》第228页,文物出版社,1997年。

[12] 《大正藏》第21册,第215页中。

[13] a.《大正藏》第21册,第228页中。

b.《大正藏》第21册,第224页下、第225页上。

[14] 龙显昭:《巴蜀佛教碑文集成》第40页,巴蜀书社,2004年。

[15] 《大正藏》第21册，第228页中。

[16] 《大正藏》第21册，第230页上。

[17] 《大正藏》第21册，第228页下。

[18] （宋）从义撰：《法华经三大部补注》卷二《天台三大部补注卷》载："画婆薮仙作皤然一叟者，盖听声之误也"，《卍续藏》第28册，第150页下。

[19] 《大正藏》第9册，第51页下。

[20] ［日］肥田路美：《关于四川地区的地藏、观音并列像》，见《2005年重庆大足石刻国际学术研讨会论文集》，文物出版社，2007年。

[21] 《大正藏》第9册，第57页中。

[22] 四川省文物管理局、成都文物考古研究所、北京大学中国考古学研究中心、巴州区文物管理所：《巴中石窟内容总录》第146页，巴蜀书社，2006年。

[23] 中国国家博物馆藏。如常主编：《世界佛教美术图说大词典·绘画3》第1092页，佛光山宗委会，2013年。

[24] 敦煌研究院：《敦煌石窟内容总录》第40页，文物出版社，1996年。

[25] 北京大学图书馆古籍特藏库，典藏号A142479，缪荃孙艺风堂旧藏。

[26] a.新文丰出版公司编辑部：《石刻史料新编》第1辑第9册，第6351、6352页，新文丰出版公司，1982年。

b.续修四库全书编纂委员会、复旦大学图书馆古籍部：《续修四库全书》史部金石类第894册，第677、678页，上海古籍出版社，2003年。

c.罗二虎：《西南考古文献》第2卷，第477～480页，兰州大学出版社，2003年。

[27] a.（清）陆心源：《唐文拾遗》卷六十三《后唐毗沙门佛龛碑》第818、819页，文海出版社，1979年。

b.胡文和：《四川道教、佛教石窟艺术》第49、50页，四川人民出版社，1994年。

[28] 《资治通鉴》卷二百七十三、卷二百七十四《后唐纪》详载此事，后唐所以能灭前蜀，除自身军力强大外，更因前蜀帝王衍荒淫无道，政权内部离心离德。

[29] 《大正藏》第21册，第228页中。

[30] ［日］松本文三郎著，金申译：《兜跋毗沙门天考》，《敦煌研究》2003年第5期。

[31] a.龙显昭：《巴蜀佛教碑文集成》第40页，巴蜀书社，2004年。

b.仁寿牛角寨中唐N–Y1–001–1号毗沙门天王龛T1号题记，见四川省文物考古研究所、西北大学文化遗产学院、仁寿县文化广电新闻出版局：《仁寿牛角寨石窟：四川仁寿牛角寨石窟考古调查报告》第11页，文物出版社，2018年。

[32] ［日］冈田健：《東寺毗沙門天像：羅城門安置説と造立年代に関する考察（上）》，《美術研究》总第370号，1998年。

[33] （北宋）赞宁撰，范祥雍点校：《宋高僧传》卷二十七《智广传》第687页，中华书局，1987年。

[34] 《旧唐书》卷一百六十三《杜元颖传》，《新唐书》卷二百二十二《南蛮传》，《资治通鉴》卷二百四十四、卷二百五十二《唐纪》等详载其始末。

[35] a.吕建福：《中国密教史》，中国社会科学出版社，2011年。相关内容可参阅该书第四章第四节。

b.梁亚伟：《唐代佛教与军事》，西北大学硕士论文，2014年。相关内容可参阅该文第一章第四节。

[36] 《新唐书》卷一百五十八《韦皋传》与《资治通鉴》卷二百三十三、卷二百三十六《唐纪》详载此事。

[37] a.（南宋）王象之撰，李勇先点校：《舆地纪胜》卷一百五十七《资州》第4736页，四川大学出版社，2005年。后面注释中此书版本信息同此。

b.《新唐书》卷一百五十八《韦皋传》。

[38] a.《旧唐书》卷一百三十七《吕温传》载：元和三年（公元808年）宪宗以“羊士谔资州刺史”。

b.《舆地纪胜》卷一百八十七《巴州》第5485页：羊士谔“元和中（公元806～820年）为侍御史，以事失吉甫，贬巴州刺史”。

c.（唐）孟简：《建南镇碣记》载：羊士谔“出为巴州刺史。持逸群之才略，瘳疲人之疾苦，理行居最，再移资州，如巴之政。今复为洋州，课绩大著。……（元和）十年十月十日建”。（清）董诰等：《全唐文》第6221页，中华书局，1983年。

[39] 《舆地纪胜》卷一百五十七《资州》第4742页。

[40] 示意图绘制参考了相关史料记载，以及谭其骧：《中国历史地图集》第5册第65、66页，中国地图出版社，1982年。

[41] 诸如，巴中南龛唐会昌六年（公元846年）94号龛施主为“巴郡太守荥阳郑公”、唐乾符四年（公元877年）65号龛施主为化城县令赵荐凡，大足北山佛湾中晚唐3号龛、唐乾宁二年（公元895年）5号龛施主为永昌军寨的创建人，即“使持节都督昌州诸军事、守昌州刺史、充昌普渝合四州都指挥、静南军使”韦君靖。规模较大的窟龛有乐山凌云寺大佛两侧中唐毗沙门天王龛、邛崃石荀山中唐27号龛、通江赵巧岩唐景福元年（公元892年）1号龛、荣县龙洞晚唐17号龛、自贡二佛寺中晚唐33号龛。

[42] 分别为资中北岩46、48、49、50和56号龛。49和50号龛中间龛柱上题记：“敬造北方天王一躯，弟/子当州都虞侯冯元庆，愿/合家大小平安。/咸通六年（公元865年）四月/十八日庆过毕”。“北方天王”即毗沙门天王，此例是判断单腿蜷坐式像身份为毗沙门天王的关键证据。这些造像位置相近、风格类似，应是在短期内由冯元庆这样的中下层军人团体开凿。

[43] 其中一例有唐大中九年（公元855年）题记，依报告层位年代判定，另外几件无纪年毗沙门天王像应该为晚唐五代之际遗物。参见成都文物考古研究所、邛崃市文物管理局：《四川邛崃龙兴寺：2005～2006年考古发掘报告》第104～107、312、313页，文物出版社，2011年。

[44] 《新五代史》卷六十四《后蜀世家》。

[45] 《资治通鉴》卷二百七十六《后唐纪》。

[46] 《新五代史》卷六十四《后蜀世家》。

[47] 《资治通鉴》卷二百七十五《后唐纪》。

[48] a.《新五代史》卷四十七《刘处让传》载：“庄宗即位，为客省使，常使四方，多称旨”。

b.广元千佛崖唐222号龛内龛龛门左上方装彩题记：“东川官告使、客省副使、……刘处让。大唐天成二年（公元927年）十二月一日，自东川加平章事（即董璋，笔者注）回，……”。参见四川省文物管理局、成都文物考古研究所、北京大学中国考古学研究中心、广元千佛崖石刻艺术博物馆：《广元石窟内容总录·千佛崖卷》上卷，第221页，巴蜀书社，2014年。

[49] 《新五代史》卷六十四《后蜀世家》。

[50] a.《旧五代史》卷三十八《明宗纪》。

b.前揭大岛幸代《成都寶暦寺の創建と發展》猜测元弘刁是朝廷指派官员，用以牵制藩帅，但其人没有注意到这则关键史料。

[51] a.《新五代史》卷六十四《后蜀世家》载：“以夏鲁奇为武信军节度使，分东川之阆州为保宁军，以李仁矩为节度使，又以武虔裕为绵州刺史。仁矩与东川董璋有隙，而虔裕重诲表兄”。

b.《资治通鉴》卷二百七十六《后唐纪》载：“朝廷又使武信节度使夏鲁奇治遂州城隍，缮甲兵，益兵戍之”。

[52] 示意图绘制参考了相关史料记载，以及前揭《中国历史地图集》第5册第91页。

[53] 《资治通鉴》卷二百七十六《后唐纪》。

[54] 《新五代史》卷六十四《后蜀世家》载："由是璋与知祥皆惧，以谓唐将致讨。自璋镇东川，未尝与知祥通问，于是璋始遣人求婚以自结。而知祥心恨璋，欲不许，以问赵季良，季良以谓宜合从以拒唐，知祥乃许"。

[55] 《旧五代史》卷九十《李承约传》。

[56] 胡文和：《四川摩崖造像中的〈药师变〉和〈药师经变〉》，《文博》1988年第2期。

[57] 姚崇新：《净土的向往还是现世的希冀？——中古中国药师信仰内涵再考察》，《敦煌吐鲁番研究》第十五卷，2015年。

[58] （唐）玄奘译：《药师琉璃光如来本愿功德经》，《大正藏》第14册，第406、408页中。

[59] 胡文和：《四川摩崖造像中的〈药师变〉和〈药师经变〉》，《文博》1988年第2期。据该文描述，资中西岩26号窟外窟二菩萨像作捧钵而立表现。笔者实地调查时，左侧像已被盗凿，右侧像破损严重，钵已不见。

[60] 王熙祥：《资中重龙山摩崖造像内容总录》，《四川文物》1989年第3期。

[61] 《大正藏》第21册，第533页下。

[62] 《大正藏》第21册，第660～666页。

[63] a. 见于夹江牛仙寺唐贞元三年（公元787年）83号药师经变龛、眉山法宝寺唐文德二年（公元889年）药师经变龛。前者外龛右侧壁题记中原有"贞元三年"字样，笔者调查时已不存，参见周华杰：《夹江新发现的唐代摩崖造像》，《四川文物》1988年第2期。后者题记有"文德二年岁在己酉正月"字样，即龙纪元年。

b. 见于资中西岩五代3、7、9号龛。

[64] 见于夹江千佛岩晚唐五代之际150号龛，大足北山佛湾五代38、190、255、256、278号龛和北宋147号龛，以及佛耳岩北宋9、12号龛，资中南岩寺北宋药师经变龛。

[65] 见于大足北山佛湾后蜀广政十八年（公元955年）279号龛、后蜀广政十七年281号龛。

[66] 《大正藏》第14册，第406页中。

[67] 《大正藏》第21册，第661、666页。

[68] 成都文物考古研究所、北京大学中国考古学研究中心等：《四川安岳县圆觉洞摩崖石刻造像调查报告》，见《南方民族考古》第九辑，科学出版社，2013年。

[69] 《大正藏》第12册，第347页中下。

An Investigation of a Vaiśravaṇa Grotto in the Five Dynasties at Xiyan of Zizhong County, Sichuan

Liu Yisi

KEYWORDS: Xiyan of Zizhong County, Sichuan Grotto Statue of Vaiśravaṇa Five Dynasties

ABSTRACT: This paper focuses on Five Dynasties Vaiśravaṇa Grotto at Xiyan, Zizhong, Sichuan, basing on field investigation, and adopting the methods of archaeological typology and iconography of art history. This grotto conflates the image factors from different regions in Sichuan and various types of Vaiśravaṇa statues. Several key military and political figures of the Later Tang court, including Yuan Hongxi, the provincial governor of Zizhou, directed to excavate this grotto in a conflicting time and at a core area, when and where conflicts were escalating among central government and local authorities. This grotto and two symmetrically flanked grottoes had been planned as a group. It is an extremely rare cultural case that the guardian deity placed in center as the main deity, while Buddhas and bodhisattvas, who should be more noble, are subordinate. On one hand, this design meets the needs that doners' military activities could be protected by the miracle of Vaiśravaṇa. On the other hand, it emphasizes the relief of bodhisattvas, in order to extricate donors from all kinds of evils, and even the keen desire to reborn in the Pure Land of Buddha.

（特约编辑 新 华）

安徽蚌埠市双墩一号春秋墓白土功用研究

孙　升　阚绪杭　任一龙　杨玉璋　赵兰会

关键词： 安徽蚌埠　双墩一号春秋墓　白土　科技考古

内容提要： 安徽蚌埠双墩一号春秋墓中对白土的大量使用，显示出别具一格的墓葬风貌，表现出较为独特的考古学文化现象。为了解并掌握双墩一号春秋墓所用白土的实际功用与使用目的，首先对白土形貌与微观显微结构进行了观察；其次对白土成分（XRF）与物相（XRD）进行了分析，同时还对白土的土力学性能进行了相关土工试验；再结合田野实地调查与实验数据综合分析。结果显示，双墩一号墓地白土相关的物理与力学性能较差，不宜于作为防潮或结构材料。白土的使用是一种有意行为，具有明显的目的。白土很可能来自附近河流在历史上河漫滩或阶地，具有就地、就近、就便取材的特点。白土或出于尚白的文化意义而被用作装饰性材料。

一、前　言

安徽蚌埠双墩一号春秋墓位于蚌埠市区淮河以北3公里处的淮上区小蚌埠镇双墩村，安徽省文物考古研究所与蚌埠市博物馆于2006～2008年对双墩墓进行了抢救性考古发掘。双墩一号春秋墓为圆形竖穴土坑墓，墓口直径20.2、墓坑深7.5米，在墓坑2米下有宽1.8米的生土二层台。圆形封土堆底大顶小，高9、底径60米，呈馒头形状。封土结构为堆筑，具有早期建筑的特征，是目前淮河流域见到的时代最早的墓葬封土堆之一，墓道壁和底部全部用厚约3厘米的白泥抹平（图1；图2）[1]。该墓葬形制独特，五花土放射线、土丘、土偶与土墙等复杂的墓葬现象，从未出现于之前的考古史中，墓葬的内涵丰富、寓意深刻，为研究墓葬形制结构和埋葬制度、习俗提供了新资料，是先秦考古的一个重大新发现，极大地丰富了中国墓葬考古学的内容。该墓葬的发掘证明了春秋时期淮河中游地区确有钟离古国存在，填补了有关钟离国历史和考古学文化的空白，为研究钟离国的地望和历史、钟离国君世系关系及其考古学文化特征等提供了不可多得的珍贵材料，起到了补史证史的重要作用[2]。为确定墓葬中出现的白土的成分、结构及其土力学性能，了解其具体的实用功效，对双墩一号墓葬白土进行了相关

作者：孙升，合肥市，230052，安徽建筑大学建筑与规划学院。
阚绪杭、任一龙，合肥市，230061，安徽省文物考古研究所。
杨玉璋，合肥市，230026，中国科学技术大学科技史与科技考古系。
赵兰会，蚌埠市，233000，蚌埠市博物馆。

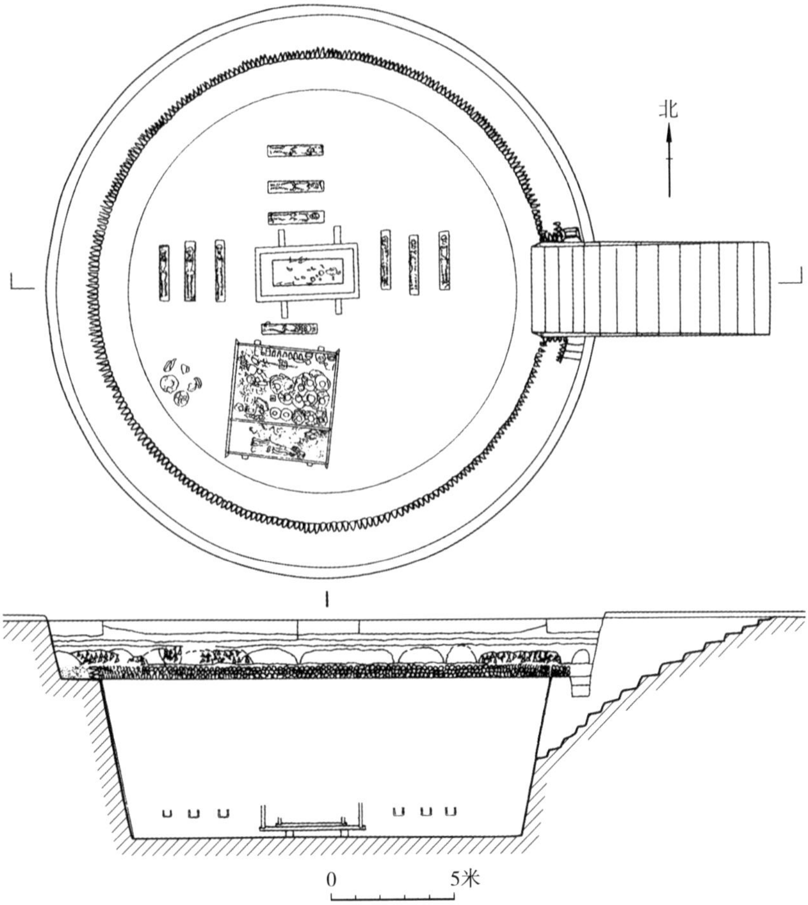

图1　双墩一号墓平面、剖视图

图2　双墩一号墓白土墓壁复原图

测试分析及实验，结合实验结果以及对双墩墓族属及文化分析，探讨白土最终的使用目的与意义。

二、实验测试

（一）实验样品

实验分析所取的白色土壤样品来自双墩一号春秋墓墓坑壁层的白土（BBSD），同时选取了对比分析样，分别取自几处安徽省文物考古研究所近年来在蚌埠及合肥地区发掘的墓地，其与蚌埠双墩一号墓的共同点在于墓葬内均出现白土。对比样品分别来源于蚌埠市禹会区禹会村遗址（BBYH）、蚌埠市固镇大楼村本地所出白色土壤（BBDLF）、蚌埠市固镇大楼村墓地（BBDL）以及合肥市肥西县出口工业园M55、M56中白色土壤（FXT）（表1）。根据参考土壤分布资料及野外实际的调查与发掘，安徽省内的这几处白土均位于河流附近，周边出现有大面积的白土地层。

表1　样品来源

样品来源	双墩一号墓地白土	蚌埠禹会白土	蚌埠固镇大楼村非墓区白土	蚌埠固镇大楼村墓地白土（汉代）	合肥市肥西县M55、M56中白土（汉代）
样品编号	BBSD	BBYH	BBDLF	BBDL	FXT
出土地点	双墩一号墓垫层白土	禹会祭祀台白土	距墓地约1.5～2公里处一绵延数公里的带状白土区，白土层距地面10余厘米	大楼村墓地的抹壁白土，发现于墓室以及墓道，厚度约2厘米	肥西工业园墓地白土，白土层覆盖整个墓区
样品外观	干燥状态下为灰白色，呈大块状，质地较为坚硬，表面有细腻感。湿土轻拍时，水自然析出	干燥状态下为块状，较为坚硬，外观呈灰白色	干燥状态下为深灰白色，表面有大颗粒面积的铁锈色斑点，较为坚硬	干燥状态下为块状，呈灰白色，有少量铁锈色斑点	干燥状态下呈灰白色，块状，质地坚硬，表面颗粒感较强，有少量铁锈色斑
遗址区位	距淝河2～3公里；距淮河3～4公里	距淮河1公里以内	距浍河1公里以内	距浍河1公里以内	距派河2～3公里

（二）实验方法

1.形貌与岩相

双墩一号墓白土样品在干燥状态下外观为灰白色，呈大块状，质地坚硬。为进一步进行观察与分析，选取部分土壤样品制备成岩相薄片，并在偏光显微镜下进行了观测。

2.X-射线荧光光谱分析（XRF）

X-射线荧光光谱分析工作在中国科学技术大学理化实验科学中心完成，测试仪器为日本SHIMADZU公司所生产的XRF-1800X射线荧光光谱仪。主要技术参数：X射线管靶为铑靶；X射线管压最大为60千伏；X射线管电流最大值150毫安；元素检测范围从Be～U；检测浓度范围为10-6～100%；最小分析微区直径250微米。

3.X射线衍射分析（XRD）

物相测试仪器为荷兰PANalytical公司X"pert PRO型多晶X射线衍射仪。其工作条件的最大管压60千伏，最大管流55毫安，最大功率1.8KW，2θ最大范围为0.4～160度，测试精度为0.001°/步。黏土的峰主要集中于低角度范围，峰较密集，因此，本次采用慢速步进扫描，扫描范围为3～80度。测试工作在中国科学技术大学理化实验中心完成。样品分别为蚌埠双墩一号墓白土、蚌埠禹会村白土、蚌埠固镇大楼村墓地白土以及合肥市肥西县M55、M56中白土。

4.土工试验

所用方法及流程参照现行国家标准《土工试验方法标准》[3]执行，测试在安徽建筑大学土木学院土木工程实验室完成。

（1）界限含水率试验　首先，将几处墓葬白色土壤样品风干后，分别过0.55毫米筛。接下来，分别取200克代表性土样，将这些试样放在玻璃板上，用纯水将土样调成均匀膏状后放入调土皿，浸润过夜。最后，将制备好的样品填入试样杯中，使用联合测定仪进行测定。该液、塑限联合测定仪试样杯为圆锥形，质量为76克，锥角读数为30度，试样杯内径40、高30毫米。

（2）击实试验　将所取双墩一号墓坑壁白色土壤样品按照标准方法进行处理，样品采用湿法制备土样，采用重型击实，击实筒内径152、高116毫米，击锤质量为4.5公斤，锤底直径51、落距457毫米，击实层数5层，每层击数56次。

（3）无侧限抗压强度试验　样品经过处理之后，进行无侧限抗压强度试验。所用设备为应变控制式无侧限压缩仪，其轴向位移计为量程10毫米，分度值准确度为全量程0.2%的位移传感器。

三、测试结果与讨论

（一）白土形貌及岩相分析

双墩一号墓白土、蚌埠大楼村墓地白土、蚌埠大楼村非墓区白土、合肥肥西工业园白土、蚌埠禹会白土具有较为接近的颜色，表面含有少量的铁锈色斑。一般来讲，影响土壤颜色的主要因素有：有机质、矿物质、水分和生物活动等。土壤的颜色与其有机质的含量和含水的高低有关。无论是有机质、腐殖质还是水，其在土壤中含量越高，则土壤的颜色越深，反之则颜色越浅。本次实验采用了烧失法对双墩一号墓地所出白土进行了有机质测定，结果显示白土中有机质含量极低，仅为0.9%，这一结果，与中国科学院南京土壤研究所负责运行的中国土壤数据库中所载安徽淮河流域地区白色土壤的有机质含量在1%以下的数据相符合。

双墩一号墓、蚌埠禹会、蚌埠大楼村墓地、蚌埠大楼村非墓区以及合肥肥西工业园这几处地点距离河道较近，且周围地层中均有白土出现。根据岩相照片显示，双墩一号墓、蚌埠禹会、蚌埠大楼村墓地、蚌埠大楼村非墓区以及合肥肥西工业园这几处白土中均存在大量石英颗粒。石英矿物在自然界中常见于岩石、河流沉积物、土壤、沙漠之中，石英化学性能稳定，是一种难以风化的矿物，其颗粒硬度较高，耐酸耐磨损程度高，在河流沉积物中，经过水流冲刷搬运磨蚀后的石英都有较好的磨圆形态，多为半浑圆状。岩相显微照片显示，不同样品中的石英颗粒大小不一，有着明显的对比，最大粒径在200微米左右，最小的不到10微米，大部分石英颗粒均具有较好的磨圆形态，但也存在呈现尖锐棱角形态的颗粒。双墩一号墓白土中的石英颗粒形态呈次圆或圆状，粒径十分细小，但也存在个别相对粒径较大且具有机械破碎特征的石英颗粒（图3）；蚌埠禹会白土整体看来颗粒度较为细致，但也有大的石英颗粒分布（图4）；蚌埠固镇大楼村的两处白土中的石英颗粒较大，且具有一定的磨蚀形态（图5）；合肥肥西工业园白土中石英颗粒细小，磨蚀程度较高（图6）。通过对比这几处不同白土样品的岩相照片，可以看出双墩一号墓的白土中石英颗粒与禹会白土和肥西白土中的石英颗粒粒径相近，明显小于大楼村两处白土中的石英颗粒粒径。此外，双墩白土中的石英颗粒具有机械破碎特征，这显示出有可能受到来自外力的机械破坏。因此，双墩一号墓壁抹的白土，可能以本地所出的沉积白土，经人工过筛后使用于墓葬之中。

（二）XRF成分分析

利用XRF测得的样品成分数据列于表中（表2）。根据数据可知，样品中的主要成分有SiO_2，此外也含有部分Al_2O_3和Fe_2O_3以及少量的MgO、K_2O、Na_2O和CaO。土壤颜色除有机质外，主要受土壤的化学组成与矿物组成影响。土壤中如果含有石英、高岭土、石灰或者水溶性盐类这几种组分，其颜色的深浅受这些组分的影响，如果组分含量较多，则土壤颜色发白。XRF结果表明，白土主要由大量Si、Al、Mg、K、Na等元素的浅色组分构成，因而反映出较浅的颜色；而白土表面的一些锈斑是由于土壤中的铁红色所致，与赤铁矿或者水化赤铁矿在土壤中聚集有关[4]。总体来看，铁、锰等致色元素较少。

表 2　　样品的成分（Wt%）

样品编号	SiO_2	Al_2O_3	Fe_2O_3	MgO	K_2O	Na_2O	CaO
BBSD	79.9988	9.0847	3.0367	2.6241	1.8422	1.6902	0.5992
BBYH	73.2867	14.1793	3.1498	4.0675	2.2824	1.09	0.8199
BBDL	70.9351	14.0459	4.8644	4.7252	2.2323	1.1051	1.0109
FXT	82.3646	8.4213	2.4942	1.9539	1.5528	1.6741	0.4553

（三）XRD物相分析

XRD分析结果见图3～6。几处墓葬所出白土中均检测出较高含量的SiO_2，其中蚌埠双墩一号春秋墓墓坑壁白土和禹会村白土的XRD图中显示，除SiO_2外，还含有少量高岭土（Kaolinite）；蚌埠固镇大楼村墓地白土与合肥市肥西县M55、M56中白土的XRD图中，高岭土的衍射峰并不十分显著，且低角度也未出现明显的衍射峰。因此，根据图谱可以判断，样品中的黏土矿物含量较少。

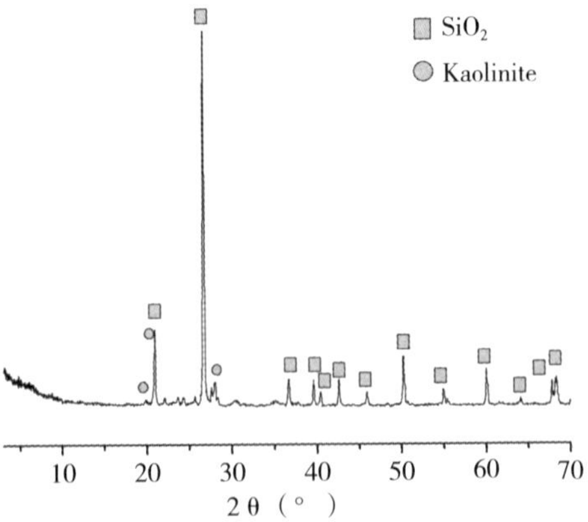

图 3　双墩一号墓白土 XRD 分析图

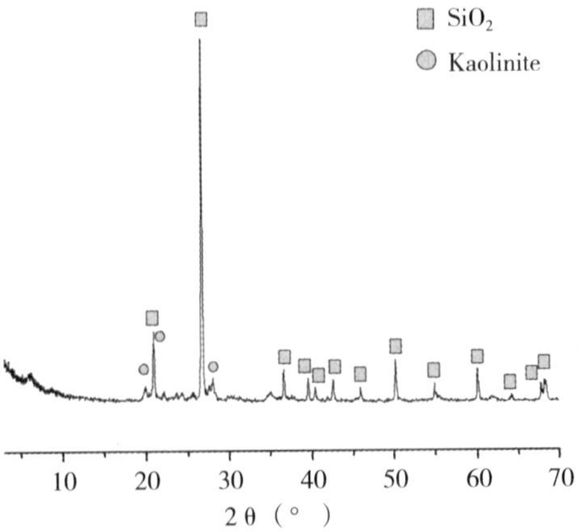

图 4　禹会村白土 XRD 分析图

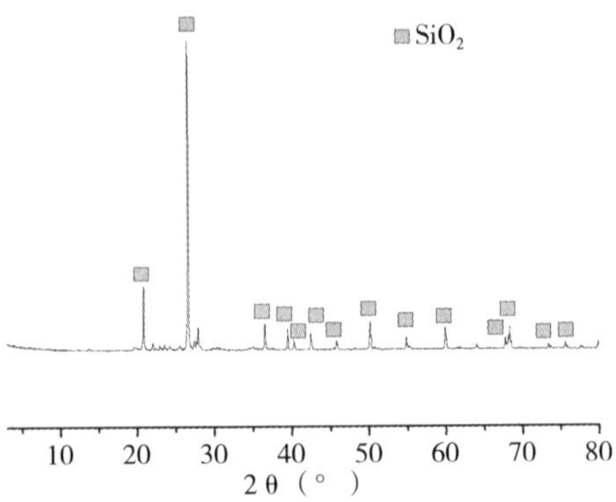

图 5　蚌埠固镇大楼村墓地 XRD 分析图

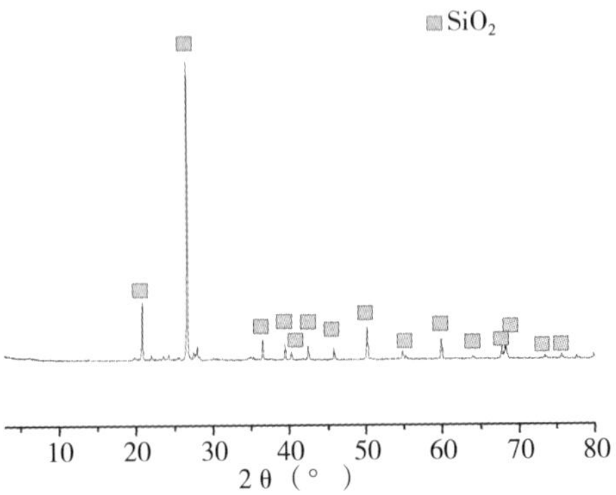

图 6　肥西县 M55、M56 中白土 XRD 分析图

根据蚌埠双墩一号墓墓壁白土的XRF与XRD数据，从分析结果来看，其与长沙马王堆汉墓出土的用于防潮防湿的白膏泥的物质构成有着明显区别[5]。白膏泥具有很强的吸湿性，其使用目的是防止水渗到墓室中去，以此来保证墓室内的干燥，防止墓室内尸体和随葬用品腐烂变质。但白膏泥中含有大量色泽白中透青、质地软、但黏性较大的高岭土，而在双墩墓地白土中SiO_2含量远远高于白膏泥，高岭土仅微量存在；此外，白土的成分也与常用来保持墓葬干燥所用的石灰成分完全不同，XRF数据显示，白土中Ca含量微乎其微；最后，白土的物质构成与古代较高级别墓葬中常用的具有防潮防湿、减缓微生物侵蚀的青膏泥有着明显不同[6]。总之，单从化学成分与物相上来看，白土与以往所熟知的各种用于墓葬防潮防湿的材料有着较大差别。

（四）土力学分析

首先，按照现行土工试验国家标准中的试验方法对双墩一号墓白土的界限含水率试验，根据塑性指数计算公式$I_p=w_L-w_p$。其中I_p为塑性指数；w_L为液限（%）；w_p为塑限（%），分别将试验数据带入取得最终结果，双墩墓地白土样品其塑性指数为9.905。根据《建筑地基基础设计规范》中的对地基土分类[7]，塑性指数小于等于10的土应为粉土土质。粉土的隔水与含水性能较差且渗水性强。因此，以数据与当代标准角度来看，显然，墓中所用白土并不是一种良好的防潮或防渗材料。根据现有考古发掘资料，从新石器时代开始，在多个地区的不同文化时期均发现有使用“白灰面”作为建筑防潮涂料[8]，其被认为是一种有意使用[9]。

其次，在春秋时期，还出现了积石积炭墓[10]，如墓葬出于防潮或排水目的，选择所需要的材料，在此混淆白土与石灰作用显然是一种不太可能发生的低级错误，而积石积炭墓也同样有着明显的优势。显然，双墩一号墓中白土的使用存在两种情况：第一，当时对白土性能认知有限，出于防潮或表面加固目的；第二，已经对白土性能有着明确认识，即不是出于防潮与加固目的，而是有着其他的文化象征意义之类的重要用途。

无侧限抗压强度试验是三轴剪切试验的特例，对试样不施加周围压力，只施加轴向压力直至发生破坏，试样在无侧限压力条件下，剪切破坏时试样承受的最大轴向压力，称为无侧限抗压强度。按照土工试验国家标准要求进行无侧限抗压强度测试时，首先应进行击实试验，样品量需满足50公斤，同时，根据塑限预估最优含水率。受此次考古样品的量额限制，在进行了三组测试后，结合实际工作经验进行了预估与制样并测试。根据公式，将试验数据代入并计算，最终结果显示，样品在含水量较少的情况下，无侧限抗压强度可以达到195.668kpa；然而，一旦遇水，其抗压强度骤减，在含水量20.18%的情况下，其无侧限抗压强度仅为40.892kpa。因此，按照现有岩土规范，从客观实用角度讲，双墩一号墓墓壁与墓道中厚达数厘米的白土土力学性能较差，不适宜做地基或支撑材料。

总之，从白土的物理与力学性能上看，双墩一号墓白土是典型的粉性土，其水稳性差，毛细作用大，干燥时有较高强度，但随含水量的增加强度显著下降。这也意味着双墩一号墓白土透水性强，饱水性差，其防潮隔水功能有限，不能起到良好的支撑作用。因此，从地下墓葬防水防潮以及维系墓葬结构安全的角度来讲，其并不是理想的墓葬密封材料与地基材料。

（五）白土功能的文化含义分析

根据蚌埠双墩一号春秋墓出土青铜器所载：“唯正月初吉丁亥童（钟）麗（离）君柏择其吉金作其飤簠”，确定该墓葬与周代方国钟离有关[11]。但由于钟离国仅是周代存在于淮河中游的一个子爵小国，对该墓葬与众不同的圆形墓葬形制与白土的大量使用等特殊现象，很难与同时期墓葬比较而得出合理的推论。由于无法在墓葬类型上得到进一步的验证，那么从其色彩观感上进行分析，或许是解决谜题行之有效的方式。人类社会对色彩的选择是一种最为基本的文化特征，对色彩的审美需求一旦具备了社会性与宗教性，那将成为植根于族群的标志性因素。首先，有必要对双墩墓所处的时空坐标进行定位与分析，即通过溯源其区域文化的历史发展，才能了解并掌握其地域区系文化特征的脉络。

“钟离”二字最早见于《左传·成公十五年》：“冬十有一月，叔孙侨如会晋士燮、齐高无咎、宋华元、卫孙林父、郑公子鰌、邾人会吴于钟离”，“十一月，会吴于钟离，始通吴也”[12]。《左传·昭公四年》：“冬，吴伐楚，……楚沈尹射奔命于夏汭，咸尹宜咎城钟离，……彭生罢赖之师”。《水经注·淮水》中引用《世本》所言，应劭曰：“县，故钟离子国也，楚灭之以为县”[13]。《史记·楚世家》：“初，吴之边邑卑梁与楚边邑钟离小童争桑，两家交怒相攻，灭卑梁人。……吴王闻之大怒，亦发兵……遂灭钟离、居巢”。《吴越春秋·吴王寿梦传》：“寿梦元年，……鲁成公会于钟离，……寿梦曰：‘孤在夷蛮，徒以椎髻为俗，岂有斯之服哉！’”[14]。

根据以上信息可知钟离国的大体地理位置及其历史地位。钟离国地处江淮之间，其泯灭于吴楚两国争霸天下的扩张过程，成为不断被反复争夺的兵锋相接之地。然而，尽管此时钟离的重要性与日俱增，但依然被普遍认为是与吴越之地一样的夷蛮，以致一度统治钟离的君主——吴王寿梦也以此自嘲。至于钟离国的族属关系，由于传世文献中有关其记载仅只言片语，似不易找到直接且明确的记载，但经梳理，则可从以下文献记载中找到些许证据。

《后汉书·东夷列传》载：“夷有九种，曰畎夷、于夷、方夷、黄夷、白夷、赤夷、玄夷、风夷、阳夷”。据傅斯年研究，东夷分布在今山东全省境中，及河南省之东部，江苏之北部，安徽之东北角，或兼及河北省之渤海岸[15]。

东夷之外，记载上还有淮夷、南夷等。“西周金文所记淮夷、南淮夷、南夷、东夷皆指淮泗一带的诸夷；《豁钟》所记‘南夷、东夷具见廿又六邦’，则知诸夷所属有许多小邦。‘淮夷’与‘东夷’，其分别恐不甚大，‘东夷’指其在东土，‘淮夷’谓其在淮水之上”[16]。

淮夷、东夷为嬴姓，《世本》载：“……淮夷，嬴姓。……钟离，嬴姓也”[17]。钟离在《史记》中则又称“终黎”，《史记·秦本纪》载：“……大费拜受，……是为柏翳。舜赐姓嬴氏。……其后分封，以国为姓，有徐氏、郯氏、莒氏、终黎氏……”。伯益又被称为大费、柏翳、伯翳或单名益，其虽在文献记载中有所不同，但均为同一人，是为嬴氏先祖。《路史》卷十六载：“伯翳大费能驯鸟兽，知其语言，以服事虞、夏。始食于嬴，为嬴氏”[18]。《潜夫论·志氏姓》载：“其后列于诸侯，五世而称王，六世而始皇生于邯郸，故曰赵政。……皆皋陶之后也。钟离、运掩、菟裘……皆嬴姓也”[19]。《国语·郑语》载：“嬴，伯翳之后也。”《史记·夏本纪》载：“帝禹立，而举皋陶荐之，且授政焉，而皋陶卒，封皋陶之后于英、六，或在许。而后举益任之政”；“十年帝禹东巡狩，至于会稽而崩。以天下授益。三年之丧毕，益让帝禹之子启”。《史记·五帝本纪》正义：“皋陶，字庭坚，英、六二国，是其后也”。《史记志疑》载：“皋（陶）、（伯）益，同族而异支”[20]。后世也有称钟离为“终利”者。《元和姓纂》载：“终利，嬴姓，与秦同祖”[21]。

由以上资料可以得出，钟离为上古东夷族中皋陶胞族伯益之后，被分封于淮水流域，其与秦同源同祖，均为嬴氏。相比伯益，嬴氏更为古老的远古先祖则为少昊氏。《尚史》载：“秦嬴姓少昊之后也。”[22]《说文解字·女部》中对上古八大姓（姜、姬、姚、姒、姞、坛、妫、嬴）有解释，其指出嬴姓：“嬴，少昊氏之姓”[23]。《路史》卷四十六载：“淮夷右三十九国皆嬴姓。诸嬴为少昊后，不待较矣。……至有知伯翳为少昊之后者”。

显然，少昊氏为诸夷共同祖先。因此，其必然在一定程度上存在着共同的神祇信仰。与钟离相对比，东移之后的秦，虽然其后来的社会结构发生了巨大改变，但是依然保持着对远祖的崇敬。《汉书·郊祀志》载："秦襄公既侯，居西垂，自以为主少昊之神，作西畤，祠白帝"。由此可以推测，作为同宗同源的钟离，很可能也存在类似的信仰。

总体而言，钟离国地处江淮，地处东夷势力范围，其文化特征上或多或少残留东夷文化特点。上古东夷部族有着对太阳崇拜的自然崇拜，其远祖太皞、少皞（少昊）名称由来或都与太阳崇拜有关。太昊和少昊是传说时期东方夷人的较早阶段，他们之间既有密切联系，又有明显区别，应是同源[24]。根据康熙字典中的解释，皞意为白色，其在《广韵》与《类篇》分别是明和白貌的意思，又通"昊"、"皓"、"晧"和"颢"，其异体字为"暤"、"暭"、"皡"和"皥"[25]。《说文解字注》中对皓的解释为："（晧）日出皃。谓光明之皃也。天下惟絜白者最光明。故引申为凡白之称。又改其字从白作皓矣。"对暤解释为："（暤）晧旰也。晧皆本作暤。集韵、类篇从之。晧旰谓絜白光明之皃。旰同日出光倝倝之倝"[26]。总之，皞意为白而光明。在实际观测中，当太阳照耀大地，高度角达到一日中的最大值时，大气对光线的影响最小，此时感受到的最强光即是白色的复合日光。因此，先民由对太阳的崇拜，感受太阳光，认识日光为白光，到最后转化为崇白，是极为自然的。

此外，《山海经·西山经》载："长留之山，其神白帝少昊居之……实惟员神磈氏之宫，是神也，主司反景。"[27]郭璞注："日西入，则景反东照，主司察之"[28]。郝懿行疏："是神"、"元神"即少昊也[29]。从字意来看，少昊是主管日光反射的神仙，被尊为白帝。

综合上述资料记载，可以反映出东夷部族的崇白观是出于对自然与祖先神的敬畏尊崇而产生，与太阳崇拜和尚白有着密切关系。在近代自然科学奠基人牛顿用三棱镜分解人们普遍认为的白色太阳光之前，人类从未真正了解其性质，对其颜色成因的解释十分困难，曾产生过形形色色的争论，然而毋庸置疑的是，白日是全人类先民们对太阳及其光线最为朴素的感官经验认识。因而，双墩墓中大量采用白土，很明显是出于精神文化上的需要。白色不仅象征着对人间的映照，也反映出"事死如事生"的丧葬观。

蚌埠双墩一号墓平面呈圆形，在墓坑填土层中发现有"放射线形状"遗迹现象，这些线形由五花土呈扇面形向四周辐射（图7）[30]，其类似太阳光芒的抽象表达。

首先，可明显看到双墩一号墓中放射线形状遗迹的中心并非为圆，而似为钝三角的山形，其象征意义或可从以下文献中寻获些许线索。《山海经·西山经》载："泑山，神蓐收居之。……是山也，西望日之所入，其气员，神红光之所司也"。《文选·思玄赋》云："思九土之殊风兮，从蓐收而遂徂"。李善注引《山海经》："濛山神，西望日之所入，其气员，神光之所司"[31]。濛、蒙、卯、昧诸字，固皆一声之转。而且蒙之言阴间也，昧之言昏暝也，所谓蒙山昧谷，名义正相同[32]。《汉书·郊祀志》载："西方神明之墓也"。张晏注："神明，日也。日出东北，舍谓阳谷；日没于西，故曰墓，墓，濛谷也"。

从字面意思看，似乎泑山与濛山均可西望日之所入，且作为神祇蓐收所居以及红光所管理的地方。蓐收与红光不易辨析分明，历来有不同解释与看法。但无论二者关系与地位

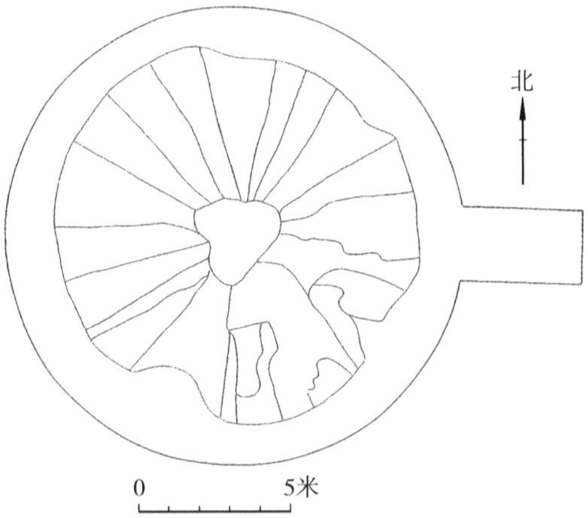

图7 M1“放射线形状”迹象示意图

如何，仍可以说明，存在有山西望，可观日之所入。除代表能观日落及光气样貌的自然现象外，亦可进一步想象，太阳完全消失之后，天地昏暗似为阴间。因此，该山形中心或为象征神祇所居（辖），能够西望日入，是代表进入阴间观察点，这不但符合墓地的定位，很可能也有着逝者死后神化的向往寓意。

其次，数道光芒环绕山形中心。同样根据“其气员，神红光之所司也”，郭璞将“其气员”解释为：“日形员，故其气象亦然也”。显然，此处的“员”通“圆”，其意即为太阳是圆形，太阳光在天空中所呈现出的形态也为圆形。圆形光气的形成原因与光线在进入大气时所产生折射和反射有关，日晕即为一种大气光学现象的鲜明典型。光芒环绕于山，大体是由于夕阳下落于山，光线斜入后，受大气层折射产生弯曲以及分解，除了产生红色霞光外，也与人们观察到原因而可能形成的圆形光气显露于山后这一现象有关。

最后，此处采用五花土而未用白土作为光芒象征，或许是表达光线暗淡的现象与意味。《楚辞·九辩》中有太阳和日光的描述：“白日晼晚其将入兮，明月销铄而减毁。”[33]很明显，日晚风云起，日光不再纯白，光气变化不断转暗，这不但是朴素的自然感观认知，而且具有极其鲜明的指代和象征意义。后世祭文《祭齐国献穆大长公主文》有言：“去白日之昭晰，归下泉之窈冥”[34]。显然，阴阳两相异，人们的丧葬观中表达了逝者对生的留恋与对永生的向往，而对死后去往昏暗幽晦的阴间，也有着强烈的情感表达与诉求，用扇形五花土作为日昳而光消的形象表达，也是合乎情理的。

综上所述，可以推测，东夷部族以少昊为远祖，其文化中存在对太阳的崇拜，也同样有尚白观。尽管东夷在此时早已泯灭于历史长河之中，但作为少昊氏传人的钟离，显然有着对族群基因以及其历史与文化要素的些许继承。对太阳的崇拜以及尚白，应是钟离对东夷部族文化的传承。

四、结　论

此次对蚌埠双墩一号春秋大墓内所用白土的分析与试验，结合对该墓主族群源流与文化特征的分析，为更加深入地研究这一独特建筑遗存的特点与考古学文化现象提供了十分有价值的信息。

第一，双墩一号墓所用白土物理性能较差，土力学性能偏低，既不具有良好的防水性能，也不具有良好的承载性能，说明白土不宜用于墓地防水、防潮目的或支撑材料。

第二，双墩一号墓使用白土是一种有意行为，但并非出于防潮目的。大致这一时期，对传统防潮材料——石灰的性能认识已经较为成熟，不太可能存在误用的可能性。对比参考《左传·成公二年》中的记载："宋文公卒，……用蜃炭"，显然在此之前，人们早已深入了解石灰性能，以及掌握烧制石灰的工艺。因而，白土的使用显然另有用意。

第三，通过对土壤地质资料检索比对及实地勘察，几处使用白土的墓葬均处在距离河道流域不远的位置，其周围存在大范围的白土层区，双墩一号墓也不例外。白土层的近距离存在，客观上为墓葬使用白土提供了丰富的资源保障及运输的便利性。此外，墓中白土比周边区域白土层中的白土显得更为纯净与细腻，说明在使用前进行了人为的二次筛选加工。因此，双墩墓白土来源及使用具有就地、就近、就便取材的特点。

第四，双墩一号墓白土的使用，体现了钟离国对东夷文化的部分继承，其与崇日、尚白的朴素自然观有着密切联系，且受此文化观、丧葬观、神鬼观以及审美观的影响，为达到"事死如事生"的美好期望与向往，在墓葬中采用具有象征意义的白土来进行装饰。

附记：本文得到教育部人文社会科学研究基金项目（编号19YJCZH145）资助。

注 释

[1] 安徽省文物考古研究所、蚌埠市博物馆：《安徽蚌埠双墩一号春秋墓发掘简报》，《文物》2010年第3期。

[2] 阚绪杭、周群、钱仁发、唐更生：《春秋钟离国墓的发掘收获》，《东南文化》2009年第1期。

[3] 《土工试验方法标准》GB/T50123–2019，中国计划出版社，2019年。

[4] a. 张凤荣：《土壤地理学》，中国农业出版社，2003年。

b. 黄昌勇：《土壤学》，中国农业出版社，2000年。

[5] 黄伯龄、赵惠敏、姬素荣等：《关于长沙马王堆汉墓白膏泥中的粘土矿物》，《地质科学》1975年第1期。

[6] 张志军：《秦始皇陵兵马俑文物保护研究》，陕西人民教育出版社，1998年。

[7] 《建筑地基基础设计规范》GB/T50007–2011，中国建筑工业出版社，2011年。

[8] a. 李乃胜、何努、汪丽华等：《新石器时期人造石灰的判别方法研究》，《光谱学与光谱分析》2011年第3期。

b. 陕西省考古研究院、白水县文物旅游局：《陕西白水县下河遗址仰韶文化房址发掘简报》，《考古》2011年第12期。

c. 方酉生、孙德萱、赵连生：《河南汤阴白营龙山文化遗址》，《考古》1980年第3期。

d. 安阳地区文物管理委员会：《汤阴白营发现一处龙山文化晚期聚落遗址》，《中原文物》1977年第1期。

e. 苗霞：《大汶口文化尉迟寺类型及其年代与分期》，《考古与文物》1998年第6期。

f. 王克林：《陶寺文化与唐尧、虞舜——论华夏文明的起源》，《文物世界》2001年第1期。

[9] a. 杨鸿勋：《仰韶文化居住建筑发展问题的探讨》，《考古学报》1975年第1期。

b. 中国科学院考古研究所：《梁思永考古论文集》，科学出版社，1959年。

c. 自然科学史研究所：《科技史文集》，上海科技出版社，1985年。

[10] 田伟：《试论两周时期的积石积炭墓》，《中国历史文物》2009年第2期。

[11] 安徽省文物考古研究所、蚌埠市博物馆：《安徽蚌埠双墩一号春秋墓发掘简报》，《文物》2010年第3期。

[12] 杨伯峻：《春秋左传注》（修订本），中华书局，2017年。

[13] （北魏）郦道元：《水经注》（明钞本），国家图书馆出版社，2018年。

[14] （汉）赵晔：《吴越春秋》，江苏古籍出版社，1999 年。
[15] 傅斯年：《夷夏东西说》，见《史料论略及其他》，辽宁教育出版社，1997 年。
[16] 陈梦家：《殷虚卜辞综述》，科学出版社，1956 年。
[17] 《世本》，中华书局，1985 年。
[18] （宋）罗泌：《路史》卷十六，商务印书馆，1979 年。
[19] （汉）王符：《潜夫论》，上海古籍出版社，1978 年。
[20] （清）梁玉绳：《史记志疑》，中华书局，1981 年。
[21] 《元和姓纂》，中华书局，2008 年。
[22] 《尚书》卷二十二。
[23] （汉）许慎撰，（清）段玉裁注，许惟贤整理：《说文解字注》，凤凰出版社，2007 年。
[24] 栾丰实：《太昊和少昊传说的考古学研究》，《中国史研究》2000 年第 2 期。
[25] （清）张玉书、（清）陈廷敬等：《康熙字典》，书同文数字化技术有限公司，2000 年。
[26] （汉）许慎撰，（清）段玉裁注，许惟贤整理：《说文解字注》，凤凰出版社，2007 年。
[27] 文清阁：《历代山海经文献集成》，西安地图出版社，2006 年。
[28] 袁珂：《山海经校注》，上海古籍出版社，1980 年。
[29] （清）郝懿行：《山海经笺疏》，巴蜀书社，1985 年。
[30] 阚绪杭、周群、钱仁发、王元宏：《春秋钟离君柏墓发掘报告》，《考古学报》2013 年第 2 期。
[31] （梁）萧统编，（唐）李善等注：《六臣注文选》，中华书局，1987 年。
[32] 董楚平：《楚辞译注》，上海古籍出版社，2006 年。
[33] （宋）司马光：《传家集》，吉林出版集团有限责任公司，2005 年。
[34] （宋）司马光：《传家集》卷八十，吉林出版集团有限公司，2005 年。

Research on the Utility of White Clay Unearthed in the Shuangdun No. 1 Tomb of Spring and Autumn Period in Bengbu, Anhui

Sun Sheng, Kan Xuhang, Ren Yilong, Yang Yuzhang, Zhao Lanhui

KEYWORDS: Bengbu, Anhui Shuangdun No. 1 Tomb of Spring and Autumn Period White Clay Archaeometry

ABSTRACT: The special circular layout of the Spring and Autumn Shuangdun No. 1 tomb, Bengbu, and the mixed fill, especially the extensive use of white clay in the fill, constitute an extreme complex phenomenon of relics, showing its unique burial culture. In order to understand and grasp the actual utility and purpose of the clay used in the Shuangdun No. 1 tomb of the Spring and Autumn period. Firstly, the clay morphology and microscopic microstructure were observed; Secondly, the clay composition (XRF) and physical phase (XRD) The geotechnical properties of the white soil were analyzed, and geotechnical tests were conducted on the white soil. The results show that the physical and mechanical properties of the white soil in Shuangdun No. 1 tomb are poor, and it is not suitable for use as a moisture-proof or structural material; the use of white clay is an intentional act with a clear anthropogenic purpose, and the source of the clay is likely to be from a nearby river in the historical river bank or terraces, it has the characteristics of local, nearby and easy access to materials; Finally, through the study of the Shuangdun No. 1 tomb clan and its cultural identity, it is the evident that white clay was used as a decorative paint or for its still-white cultural significance.

（特约编辑　新　华）

贾湖遗址出土绿松石器微孔工艺的实验考古研究

崔天兴　付建丽　赵　琪

关键词： 裴李岗时代　舞阳贾湖遗址　绿松石器　微孔工艺　实验考古

内容提要： 舞阳贾湖遗址出土了数十件孔径1～2毫米的微孔绿松石器。目前学界在史前钻孔工艺的微痕特征和实验考古方面做了较多研究，但对微孔工艺的技术策略还不甚清晰，因此本文进行了绿松石“微孔”工艺的模拟实验。此次实验选取质地良好的燧石块和竹管，并将燧石加工成直径1～2毫米的细钻头，分别进行桯钻法和管钻法实验。实验中做好记录工作，以便与贾湖遗址出土的微孔绿松石器做比较分析。实验结果显示：微孔工艺有两种技术路线，一是硬质细桯钻，但细钻头往往需要经过修整才能得到，得到的孔多呈喇叭状，孔壁可见明显的弧线；二是有机质管钻，钻头虽易得，但费时较长，同时由于加沙，孔壁弧线不明显。微孔工艺研究对理解史前人群对绿松石的利用策略和现代人行为演化具有重要的意义。

一、史前钻孔工艺的研究回顾

从世界范围来看，近东、北非以及撒哈拉地区最早发现使用装饰品的证据，出土装饰品的遗址有以色列的ES Skhul岩厦遗址（距今约135000～100000年）[1]、Qafzeh洞穴遗址（距今约100000～80000年）[2]，摩洛哥地区的Contrebandiers遗址（距今约122000～96000年）[3]、Ifrin' Ammar遗址（距今约83000年）[4]等。到了旧石器时代晚期的早段，欧洲、西伯利亚、澳大利亚等地有许多遗址发现有穿孔饰品，如年代距今32000年左右的澳大利亚西部海角（开普山脉西部山麓）的Mandu遗址出土22枚贝壳串珠[5]，距今30000年左右的Riwi遗址出土10枚角贝串珠[6]。

至旧石器时代晚期后段，中国、日本列岛及朝鲜半岛也都出现了穿孔技术产品，如莫斯科东北部伏尔加河上游的距今22000年的松希尔墓葬，在墓主身上发现有4903颗珠子，腰间有250颗钻孔的北极狐牙齿[7]。这一时期中国境内出土穿孔饰品的遗址有：山西朔县峙峪遗址出土有1件石墨磨制而成的穿孔装饰品[8]；山顶洞遗址出土有穿孔兽牙125件、骨坠4件、穿孔骨针1件、穿孔海蚶壳3件、穿孔石珠7件、穿孔小砾石1件、青鱼眼眶上骨1件[9]；

作者：崔天兴、付建丽、赵琪，郑州市，450001，郑州大学历史学院。

辽宁海城小孤山遗址出土有一批钻孔兽牙和3枚带孔的骨针[10]，通过显微镜观察骨针表面的痕迹发现小孤山的骨针是用刮、磨和钻孔的技术制成的[11]；河北虎头梁遗址出土的穿孔贝壳、鸵鸟蛋壳、鸟的管状骨制成的扁珠及穿孔石珠等[12]；水洞沟遗址出土有骨针和鸵鸟蛋壳串珠穿孔器[13]。从制作工艺上看，螺壳类、贝类装饰品的制孔方式主要为磨孔；兽骨类和石质类装饰品的加工工艺主要是用实心钻钻穿。进入新石器时代后，钻孔工艺产品更为常见。如贾湖遗址中出土的孔径在1～2毫米的绿松石器[14]，兴隆洼[15]、红山[16]、良渚[17]等遗址中出土的大量形式不同的穿孔玉器如琮、璧、管饰等。近年来，众多学者对钻孔工艺有所研究，主要体现在以下三方面。

一是对钻孔技术的专门研究。如邓聪对管钻技术的研究做了较全面的梳理，提出黄河、长江流域很可能早于7000多年前，就已经使用了辘轳机械，且在6000多年前，有可能辘轳机械已被应用到玉器的制作上，台湾地区在约4000年前，已存在辘轳管钻技术[18]。盛文嘉认为管钻是机械装置固定钻具后，进行360度高速机械式旋转运动[19]。

二是对钻孔工艺的微痕分析方面的研究。如张乐、张双全等对孙家洞遗址出土的一件存在非常规整穿孔的骨骼标本进行研究后发现，圆形穿孔应系被鬣狗啃咬[20]。王春雪、陈全家通过观察分析哈民忙哈遗址出土的管钻蚌饰品的孔壁与钻芯的壁面，认为哈民忙哈遗址的管钻技术是钻具360度旋转而成[21]。宋艳花、石金鸣通过对钻孔截面的分析后认为，应该是先从质地粗糙的内壁开始钻孔，钻透后再从外壁的突破口进行钻孔的修整[22]。杨益民、吴卫红等对薛家岗遗址新石器时代的穿孔玉器样品和西周倗国墓出土的石珠进行了显微CT扫描，结果显示在薛家岗遗址的样品中有管钻和实心钻[23]。

三是模拟实验方面的研究。如黄蕴平以石片（燧石质、石英质）为钻孔工具，采用对钻的方法对骨针进行了钻孔[24]。王春雪通过实验手段研究了古人类生产加工鸵鸟蛋皮串珠的生产路线及技术[25]。席永杰、张国强以自制的弓式手动钻为钻孔工具，在解玉沙的作用下，对一厚2厘米的岫岩软玉进行钻孔，孔径约8毫米 [26]。在《江苏丹徒磨盘墩遗址发掘报告》中，用遗址出土的2件细小的短身燧石钻做了三种实验，实验结果显示，所需时间均短[27]，但报告中没有提到钻孔后的孔径大小，实验过程也不够系统。崔天兴、张建通过管钻实验认为，外置引孔技术是非常有效的一种石器定孔工艺[28]。徐飞、邓聪等通过钻孔实验，复原了古代钻孔技术所使用的轮轴机械及加工动力系统[29]。黄可佳、王雪用竹管对一岫岩玉进行了模拟管钻，并对管钻后的孔和钻芯痕迹进行了观察[30]。

舞阳贾湖遗址出土了大量的穿孔绿松石饰品，也受到了学术界的广泛关注，陈星灿[31]、张弛[32]、庞小霞[33]、崔天兴[34]等学者对该遗址出土的绿松石器的形制、使用、利用策略、埋藏环境等做过较详细的研究。在《舞阳贾湖》报告中，记述的绿松石器的孔径为0.11～0.37厘米。其中，孔径为1～2毫米的微孔工艺的绿松石器有28件[35]，但报告未对其钻孔工艺，尤其是微孔工艺予以详细的描述和研究。在《裴李岗时代绿松石制品利用策略的模拟实验》一文中，曾尝试用桯钻法和管钻法进行钻孔实验，最后得到的最小孔径为3毫米[36]，未解决1～2毫米的孔是如何钻出来的这一问题。金属器具未发明之前，微孔工艺的选择和策略尚不甚清晰。

综上所述，钻孔工艺是现代人行为的重要象征，也受到了学术界的广泛关注，但学界对先民是如何在坚硬的玉石器上钻出1～2毫米“微孔”的工艺研究尚存不足。故笔者以贾湖遗址中出土的28件微孔绿松石器为参照对象，对史前绿松石器微孔工艺采取的桯钻和管钻两种方法进行复原，以期深入理解绿松石制作工艺和利用策略。

二、模拟实验研究

（一）实验设计

本次试验，将尝试制作一批细钻头来复原这种微孔。选取质地良好的燧石块和竹管，将其加工成直径1～2毫米的细钻头，分别进行桯钻法和管钻法实验。实验时，做好影像及数据的记录工作，以便与贾湖遗址出土的微孔绿松石器做比较分析。

（二）实验准备

实验仪器：超景深显微镜、照相机、游标卡尺、秒表。

实验材料：绿松石、细河沙、水、燧石（硬度为7）、手工钻（有效工作绳长40、木棍直径3厘米。转速n=v/π×d，v为线速度，线速度为运动路程除以时间，d为直径，π为圆周率，钻速单位为r/min）、55根直径1～2毫米的细竹管、台钳。

实验过程中记录的要素：孔径的大小、绿松石的厚度、所需时间、钻头尺寸、转速等。

（三）模拟实验过程

1.桯钻

桯钻实验共钻7枚绿松石，分别编号为S1～S7，详细操作步骤以S5为例说明如下。

（1）预制钻头　选取一块燧石置于石砧上，用一石锤砸击，但没有取得宽1～2毫米的钻头，最后在边角料中选择4根较细的燧石质钻头（图1，1）进行磨制加工，从而得到宽1毫米左右的细钻头，并分别编号为钻头1～4。

（2）固定绿松石及钻头　用台钳将S5固定（图1，2）。选用钻头1（长12、宽1～3、厚1～2毫米），将钻头1固定在手工钻钻夹头上。其他钻头作为备选，以供更换。

（3）定孔　钻孔前确定孔眼位置并做标记，

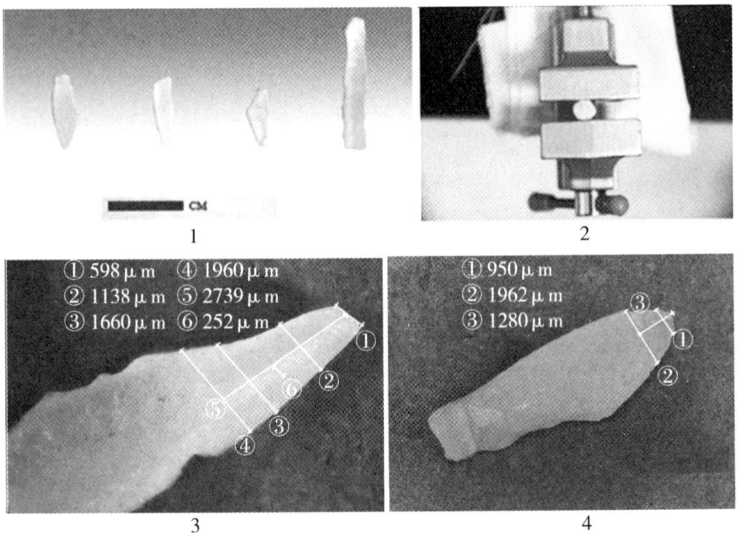

图1　S5、S7所用工具及微痕图片

1. 钻头　2. 固定绿松石于台钳　3.S7中经磨制修整且使用后的钻头（①为尖部磨圆痕迹，⑥为钻头远端磨制痕迹）　4. 使用后的钻头1-1

以做到有目标性的钻孔。

（4）钻孔　上述步骤准备完成后，开始钻孔。由于钻头1约呈尖锥状，为避免得到的孔眼过大，故采用双面对钻法，共耗时20分钟钻透，孔径一面约0.2、另一面约0.18厘米。

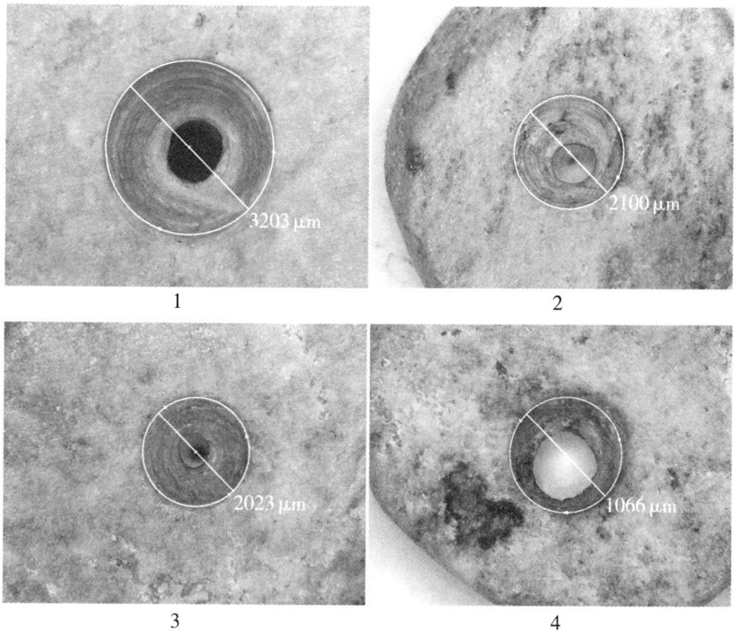

图2　实验样品的孔径大小和微痕特征
1.S2　2.S3　3.S5　4.S7

在实验过程中，选取10分钟，分别对每分钟的运动圈数进行计数，最后求运动圈数平均值。n1=126 r/min，n2=137 r/min，n3=124 r/min，n4=125 r/min，n5=135 r/min，n6=132 r/min，n7=133 r/min，n8=131 r/min，n9=132 r/min，n10=134 r/min，求得n平均=130.9 r/min。

手工钻的理论转速值：据转速n=距离/周长×t。钻杆周长为3.14×3≈9.42，故弓形钻的转速=40cm/9.42cm×1s≈4.2 r/s≈252 r/min。实际转速低于理论转速值252 r/min。

S1、S2、S3、S4、S6、S7的钻孔，方法步骤与S5相同，样品实验信息参见表1。

表1　**实验一中样品信息表**　（长度单位：厘米）

编号	钻头宽	绿松石厚	孔径	耗时（分钟）	备注
S1	0.1～0.28	0.6	一面0.22，一面0.32	43	双面钻，第一根钻头钻孔，孔径为1.1毫米，石钻头断裂，更换钻头多次，钻至深度约0.4毫米时，孔径扩至约3毫米，反面钻孔，至钻透；孔呈喇叭状，孔壁弧线较深；共消耗钻头7根
S2	0.1～0.3	0.7	一面0.33，一面0.22	40	双面钻，第一根钻头钻孔，孔径为1.2毫米，钻头断后，更换钻头钻孔；孔呈喇叭状，孔壁弧线较深且密集（图2，1）；共消耗钻头6根
S3	0.12～0.24	0.3	一面0.2，一面0.21	18	双面钻，孔眼呈喇叭形，孔壁弧线较深（图2，2）；孔呈倾斜状，应是钻孔时钻头未垂直向下；2根钻头钻透
S4	0.2～0.1	0.12	一面0.15，一面0.1	10	单面钻，孔呈喇叭形，弧线较深；1根钻头即钻透
S5	0.3～0.1	0.22	一面0.2，一面0.18	20	双面钻，孔呈喇叭状，弧线较深（图2，3）；1根钻头钻透（图1，3）
S6	0.1	0.2	一面0.13，一面0.11	14	双面钻，孔呈喇叭形，弧线较深；1根钻头钻透
S7	0.09	0.11	一面0.1，一面0.08	10	双面钻，孔呈喇叭形，弧线较深，一面呈倾斜状（图2，4）；1根钻头钻透（图1，4）

2.管钻

管钻实验共钻4枚绿松石，分别编号为S8～S11（表2），详细操作步骤以S11为例说明如下。

表 2　实验二中样品信息表　（长度单位：厘米）

编号	厚	消耗细竹管（根）	耗时（h）	孔径	备注
S8	0.2	15	20	一面 0.14，一面 0.1	双面钻，孔眼略呈喇叭状，弧线较浅，不清晰，内壁较光滑（图3，3）
S9	0.16	11	12	一面 0.16，一面 0.1	双面对钻，孔眼略呈喇叭状，内壁较光滑（图 3，4）
S10	0.13	10	11	一面 0.11，一面 0.08	双面对钻，孔眼略呈喇叭状，内壁较光滑（图 3，5）
S11	0.45	19	21	一面 0.17，一面 0.16	双面对钻，孔眼略呈喇叭状，一面内壁可见间断弧线，局部较光滑（图 3，6）

（1）固定绿松石　固定方法同实验一中S5，如图1，2。

（2）细竹管固定于手工钻头部　将一根直径约1.2毫米、长4厘米的竹管（图3，1）固定于钻夹头上。

（3）定孔　方法有两种。一是加磨料后直接拉动手工钻钻孔，S8就是用这种方法定孔的，但通过实验发现这一过程极慢。二是为了避免无效钻孔或跑孔，采用引孔技术[37]。用一尖部直径约1毫米的石质尖状器在S11表面钻出一浅凹窝（图3，2）。

（4）钻孔　钻孔的过程其实是一磨耗的过程，基本原理是手工钻

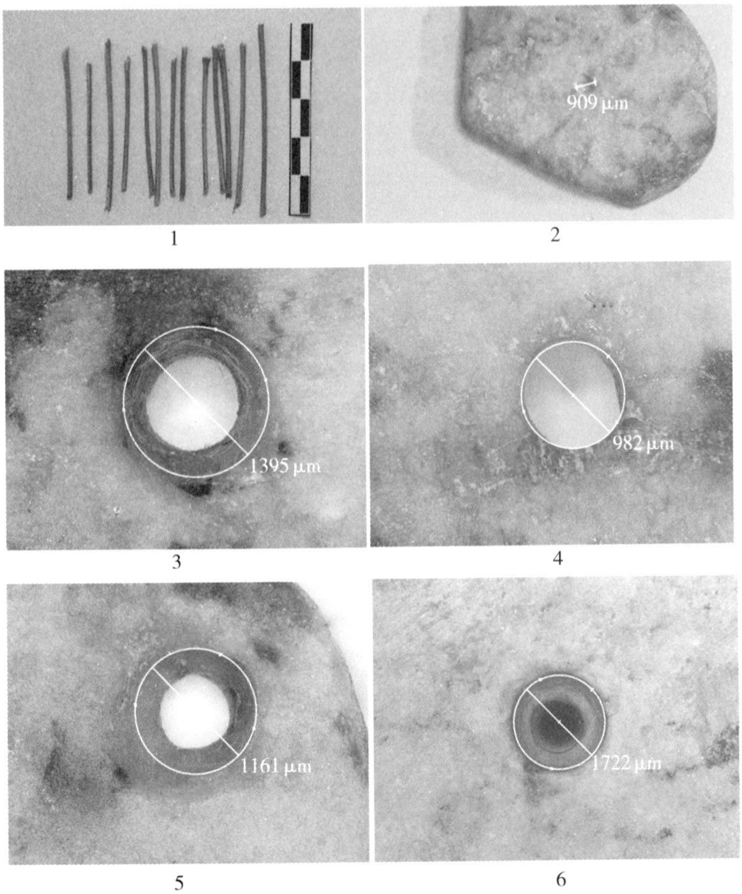

1　2　3　4　5　6

图 3　实验二所用工具及孔径尺寸
1. 准备的部分细竹管　2. 琢出的小凹窝　3.S8　4.S9　5.S10　6.S11

带动细竹管运动的同时，细竹管又带动细沙运动，使孔眼部分被消耗。

钻孔时沙粒被磨成细粉末后堵塞孔眼，故要及时清孔，这一过程实际为“加沙—拉手工钻—清孔”的反复循环，直至孔透。钻孔过程中细竹管也被消耗，主要体现在细竹管的断裂、钻头被沙磨毛、磨短等现象，所以也需更换细竹管。

从以上实验来看，细竹管钻出的孔呈喇叭状，主要有两个原因。第一，1毫米左右的细竹管太细，基本看不出其空心，竹管在钻孔过程中容易被磨圆或被沙子堵塞，故管钻相当于桯钻。第二，与所加沙有关，随着钻孔的深入，竹管继续裹挟着沙子在已钻好的孔壁处运动，造成扩孔。

三、实验结果与讨论分析

（一）贾湖遗址出土钻具及相关问题

1.贾湖遗址出土钻具

据《舞阳贾湖》[38]统计，钻头共发现8件，钻头直径1厘米以上，根据特征可分为两型。

A型：3件。钻头平面形状为圆形 。M303：3，脉石英岩，有使用痕迹。长6.3、钻头直径1.6厘米。T101③：20，石英脉岩（水晶），六方锥体，有使用痕迹。

B型：5件。扁锥形。其中绿色砂岩3件、石英六方锥（水晶）1件、脉石英岩1件，均有使用痕迹。上述3件标本的一端均被劈去一部分，报告认为是为固定钻杆。这8件钻帽的共同特征是，在器物平面上有一或两个磨圆度很好的锥状凹坑[39]。

从上述钻头和钻帽的形制上看，钻帽与钻头并不是直接接触的，两者间应有钻杆。故贾湖先民使用的钻具应由钻帽、钻杆、钻头、绳、拉杆五部分组合而成，基本示意图如图4，1所示。

2.实验所用钻孔工具

在实验中选用木棍、绳、燧石钻头的弓形钻（图4，2）、燧石钻头，可得到贾湖遗址、丹徒磨盘遗址出土资料的支持。

关于孔径与厚度，从表3中可以看出，贾湖遗址出土的绿松石制品最小的孔径为0.11毫米，其次为0.12、0.13毫米，其余均在0.14毫米以上。M58：12，孔径0.11、厚0.31毫米；M58：5，孔径0.12、厚0.61毫米；M58：3，孔径0.11、厚0.42毫米。这3件绿松石制品孔眼均

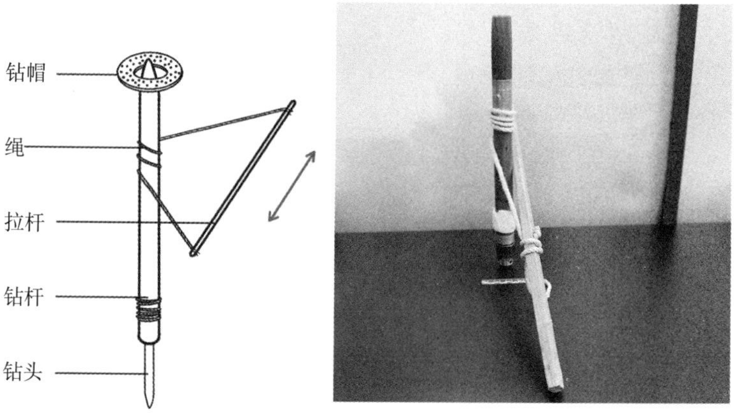

图4　两种钻对比图
1. 初步复原钻　2. 本实验所用手工钻

表 3　　贾湖遗址出土微孔绿松石器统计表（部分）　　（长度单位：厘米）

器号	厚	孔径	器号	厚	孔径
M249 ：4	0.4	0.2	M58 ：6	0.46	0.23
M259 ：5	0.37	0.2	M396 ：10	0.3 ～ 0.4	0.22
M243 ：3	0.27	0.12	M275 ：15	0.57	0.22
M243 ：4	0.3	0.14	M275 ：16	0.18	0.18
M58 ：12	0.31	0.11	M275 ：17	0.17	0.15
M58 ：3	0.42	0.11	M396 ：11	0.35 ～ 0.47	0.2
M58 ：5	0.61	0.12	M342 ：1	0.46 ～ 0.6	0.18 ～ 0.2
H115 ：16	0.25	0.17	T4 ③：5	0.2	0.2
M58 ：1	0.38	0.14	M121 ：3–1	0.2 ～ 0.3	0.18 ～ 0.2
M121 ：3–3	0.15 ～ 0.27	0.16	M121 ：3–2	0.2 ～ 0.3	0.18 ～ 0.2
M121 ：3–4	0.2 ～ 0.23	0.18 ～ 0.21	M121 ：3–5	0.16 ～ 0.19	0.17
M121 ：3–6	0.16	0.13	M121 ：3–7	0.14	0.13
M121 ：3–8	0.17	0.15	M121 ：3–9	0.12	0.14
M121 ：3–10	0.15	0.12	H127 ：19	0.21	0.14

说明：数据资料采自河南省文物考古研究所：《舞阳贾湖》，科学出版社，1999年。

开在边缘处，从报告公布的照片（图5，1、2；图6，2）看，其孔眼处厚度均不及报告中所说的实际厚度。实验一中S7孔径最小，孔径为0.08～0.1、厚0.11厘米；其次为S6，孔径为0.11～0.13、厚0.2厘米；S2孔径最大，为0.22～0.33、厚0.7厘米（见表1）。在实验二中，S10孔径最小，为0.11、厚0.13厘米；其次为S8，孔径0.14、厚0.2厘米（见表2）。

为了更直观表现其孔径与厚度，可制出以下散点图（图7）。由于表3中有7件绿松石制品的厚度与孔径的尺寸分布在一个区间内（如M121：3–4，厚度为0.2～0.23厘米，孔径为0.18～0.21厘米），故我们在散点图中未做出（从总体来看，其厚度与孔径的总体情况其他样品可涵盖）。但因实验产品数量较少，故尺寸数值分布于一区间内的，我们取其最大的孔径及厚度值。

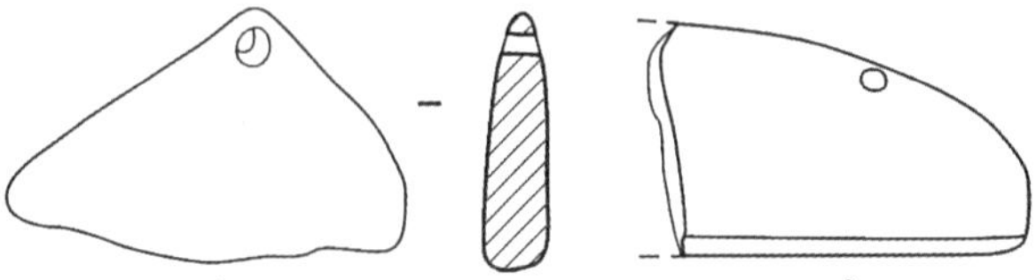

图 5　贾湖遗址出土绿松石制品

1.M58 ：12　2.M58 ：5（图片采自河南省文物考古研究所：《舞阳贾湖》图二九七，彩版二一、二四，科学出版社，1999 年）

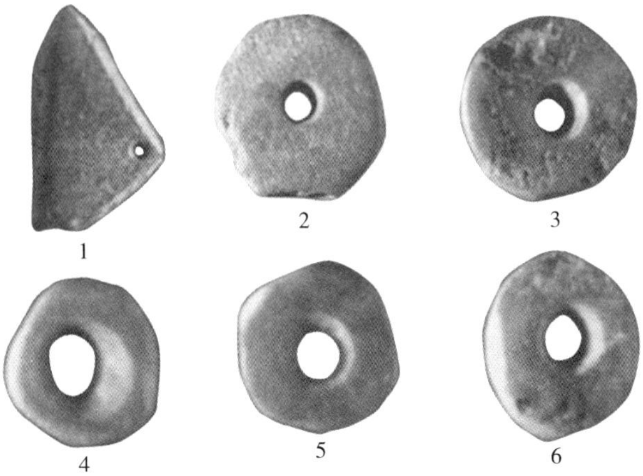

图 6　贾湖遗址出土绿松石制品

1.M121 ：3–7　2.M58 ：3　3.M121 ：3–1　4.M121 ：3–10　5.M121 ：3–6　6.M121 ：3–8（图片采自河南省文物考古研究所：《舞阳贾湖》图二九七，彩版二一、二四，科学出版社，1999 年）

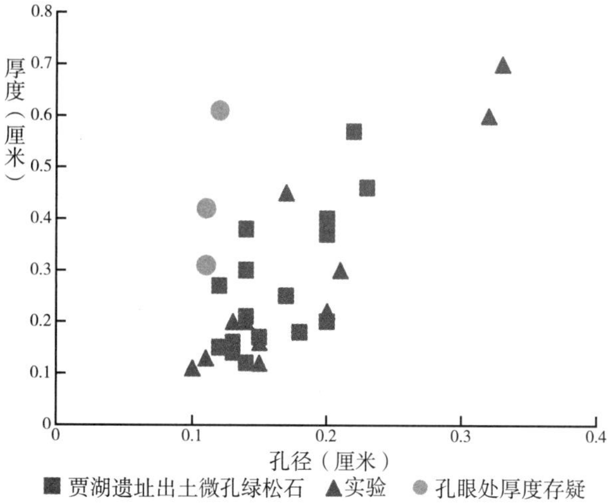

图7　孔径与厚度分布散点图

从以上散点图可以看出，除去位于散点图右上角的2件（S1、S2）实验产品以及图表左边的3件厚度存疑的产品外，其余实验产品与出土遗物的厚度及孔径较为一致，相差不大。

造成实验产品S1和S2与其他数据相差较大的原因有两个。一是实验刚开始时，实验者技术不熟练；二是石质细针状钻头（1～2毫米）不易得到，且石质钻头较脆，在绿松石较厚的情况下，需多次更换钻头，容易造成扩孔。

3.微观痕迹

（1）实验样品　实验中用了桯钻法和管钻法两种方式来钻孔，钻孔完成后，将其置于超景深显微镜下观察，可看到，桯钻法钻出的孔壁留有较深的弧线，呈喇叭状，如图8，1中的S2；而管钻法得到的孔往往内壁较光滑（图8，2、3），也呈喇叭状，但扩孔程度较实心钻者小，其原因在于1毫米左右的细竹管太细，基本看不出其空心，钻孔过程中竹管也容易被磨圆，最后使得管钻相当于桯钻；同时随着钻孔的深入，竹管继续裹挟着沙子在已钻好的孔壁处运动，造成扩孔，开口大底部小，呈喇叭状。

（2）考古出土样品　在《贾湖舞阳》报告中查找到以上28件考古出土微孔工艺绿松石样品的部分线图和高清照片（见图5；图6，1～6），这些孔多呈喇叭状，开口大底部小，弧线连续且较深（图8，4），与实验所得到的喇叭形孔、弧线较为一致（见图8，1）。

4.穿系方式

裴李岗时代绿松石器主要出土于墓葬中（约占73.3%），灰坑和地层中出土相对较少，分别约占13.9%和12.8%[40]。在微孔工艺绿松石器中，2件出土于灰坑，1件出土于地层，其余25件均出土于墓葬中，如M58[41]、M275[42]等出土的绿松石串饰，M249[43]、M243[44]出土的绿松石耳饰等。那么1～2毫米的微孔是用何种材料及方式穿系起来的呢？在史前时期可供利用的穿系材料有动物皮毛、长纤维植物等，如新疆七角井遗址发现的装饰品有以动物肌

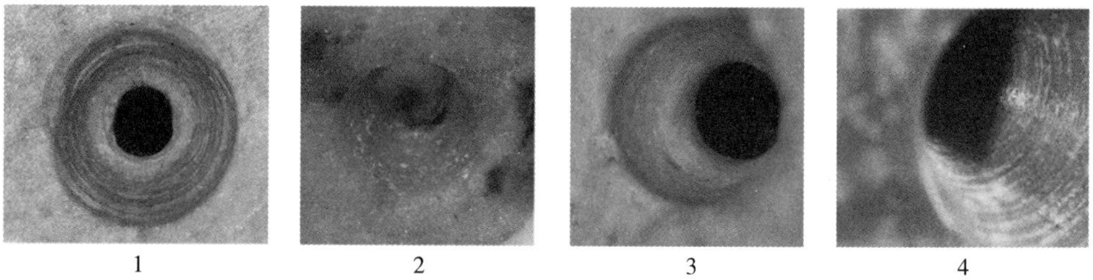

图8　实验产品及考古出土样品微观痕迹

1.S2孔眼形态　2.S10孔眼形态　3.S11孔眼形态　4.贾湖遗址出土M451：7（4采自河南省文物考古研究所：《舞阳贾湖》彩版四七，科学出版社，1999年）

腱作为穿系物的证据[45]，或将含长纤维且韧性好的植物，如荨麻、树皮、藤条等揉制成麻坯，再搓捻成绳。宋艳花在《柿子滩遗址穿孔饰品的穿系方式研究》一文中，通过对山西吉县柿子滩遗址中出土的30件穿孔饰品的穿孔位置和表面绳索压磨痕迹的观察分析，明确识别出了单绳单孔、单绳双孔、双绳单孔和多绳单孔四种穿系方式[46]。实验结束后，我们采用单绳单孔的方式将以上实验所得的绿松石（S1～S11）用一段经两股细麻线搓捻成的粗约0.8毫米的细绳穿系组成串饰（图9）。

图 9　用细绳穿系起来的绿松石

5.影响扩孔的因素

11个绿松石实验样品的钻孔均发现有扩孔现象，扩孔的主要因素有以下4个方面。

（1）力度　钻孔时不能往下压手工钻，否则因石质或细竹管钻头较细，极易折断；同时力道要轻，保持钻头部分与绿松石表面接触即可。

（2）稳定性　一是钻孔工具（如手摇钻）的控制，保持其垂直于绿松石表面，若在钻孔过程中刚开始保持其垂直，一段时间后没注意使其倾斜，则会造成扩孔。二是钻头的稳定性，由于钻头较细，若没固定牢固钻头，则会像在钻S1和S2的过程中一样，钻头断裂。

（3）钻头　直径1毫米左右的石质钻头直接砸击燧石不易得到，可对砸击后得到的边角料进行磨制修整，但钻头多一端粗一端细，故在钻孔开始时将最细的钻头尖部磨损完后，随着钻孔深度的加深，亦会造成扩孔。若钻头为细竹管，则扩孔现象与所加沙有关，因为随着钻孔的深入，竹管继续裹挟着沙子在已钻好的孔壁处运动，造成扩孔，即最后得到的孔眼均呈喇叭形。

（4）使用　先民在佩戴过程中形成的磨耗也容易造成孔变形，但这种扩孔导致的是单侧磨耗，与力度、稳定性、钻头等因素导致的扩孔很容易区分。

四、小　　结

实验结果显示，贾湖遗址出土的微孔工艺绿松石器可能使用两种技术策略。一是硬质细桯钻，但鉴于直径为1～2毫米石质细钻头易断，故不适合太厚（厚度大于0.4厘米）的绿松石器，但对薄（厚度约为0.3厘米以下）的绿松石器钻孔效果较好，且耗时较短，几十分钟即可完成（见表1）。同时一般需对砸击燧石得到的边角料等进行磨制修整才可获得直径为1～2毫米的细钻头，最后得到的孔壁往往留有较深的弧线，呈喇叭状（见图8，1）。二是有机质管钻，其不仅适用于薄的绿松石器，也适用于较厚的绿松石器，但缺点是费时。孔内壁较光滑，呈喇叭状（见图8，2、3），但扩孔程度较实心钻者小，其原因在于1毫米左右的细竹管太细，基本看不出其空心，钻孔过程中钻头容易被磨圆，最后使得管钻相当于桯钻；同时随着钻孔的深入，竹管继续裹挟着沙子在已钻好的孔壁处运动，造成扩孔，开口端大底端小，呈喇叭状。

实验中所用的钻具在转速、稳定性等方面与贾湖遗址出土遗存所复原的钻具在加工方式上可能相同（见图4，1），故实验样品可以支持与考古出土绿松石在微孔工艺方面的对比。实验过程显示，微孔工艺在钻孔的过程中受到力度、稳定性（手、工具）及耐心等方面的影响，尤其是稳定性（手、工具）及耐心十分重要。本次微孔工艺实验，由于实验者钻孔技术不熟练，得到的孔或过大，如S1、S2；或呈倾斜状或扩孔现象严重，如S3、S7。不及先民钻出的孔那样精致，但为今人更好地了解史前先民在绿松石器微孔工艺的钻孔介质及策略方面提供了帮助。

附记：本研究是郑州大学“线下一流课程”《史前考古学》、河南省南水北调总干渠新石器时代石器工业研究（项目批准号KT-201814）等项目的阶段性成果。

注　释

[1] Vabhaeren, M., d'Errico, F., Stringer, C., et al., Middle Paleolithic Shell Beads in Israel and Algeria, *Science*, Vol.312, 2006.

[2] Bar-Yosef Mayer, D.E., Bernard, V., Bar-Yosef, O., et al., Shell and Ochre in Middle Paleolithic Qafzeh Cave, Israel: Indications for Modern Behavior, *Journal of Human Evolution*, Vol.56, 2009.

[3] d'Errico, F., et al., Additional Evidence on the Use of Personal Ornaments in the Middle Paleolithic of North Africa, *Proceedings of the National Academy of Science*, Vol.38, 2009.

[4] Bouzouggar, A., Barton, N., Vanhaeren, M., et al., 82, 000-year-old Shell Beads from North Africa and Implications for Origins of Modern Human Behavior, *Proceedings of the National Academy of Science*, Vol.24, 2007.

[5] Morse, K., et al., Shell Beads from Mandu Creek Rock-shelter, Cape Range Peninsula, Western Australia, Dated Before 30, 000 B.P. *Antiquity*, Vol.67, 1993.

[6] Balme, J., Morse, K., et al., Shell Beads and Social Behaviour in Pleistocene Australia, *Antiquity*, Vol.80, 2006.

[7] ［英］罗宾·邓巴著，余彬译：《人类的演化》，上海文艺出版社，2016年。

[8] 贾兰坡、盖培等：《山西峙峪旧石器时代遗址发掘报告》，《考古学报》1972年第1期。

[9] 裴文中：《周口店山顶洞之文化（中文节略）》，《文物春秋》2002年第2期。

[10] 张镇洪、傅仁义、陈宝峰等：《辽宁海城小孤山遗址发掘简报》，《人类学学报》1985年第1期。

[11] 黄蕴平：《小孤山骨针的制作和使用研究》，《考古》1993年第3期。

[12] 盖培：《虎头梁旧石器时代晚期遗址发掘报告》，《古脊椎动物与古人类》1977年第4期。

[13] 陈福友、李锋、王惠民等：《宁夏水洞沟遗址第2地点发掘报告》，《人类学学报》2012年第4期。

[14] 河南省文物考古研究所：《舞阳贾湖》，科学出版社，1999年。

[15] 辽宁省文物考古研究所：《查海——新石器时代聚落遗址发掘报告》，文物出版社，2012年。

[16] 辽宁省文物考古研究所：《牛河梁——红山文化遗址发掘报告（1983～2003年度）》，文物出版社，2012年。

[17] 浙江省文物考古研究所：《良渚遗址群考古报告之一：瑶山》，文物出版社，2003年。

[18] 邓聪：《东亚史前玉器管钻技术试释》，见《海峡两岸古玉学会议彩色论文集》，台湾大学地质科学系

暨研究所，2007年。
[19] 盛文嘉：《关于长江下游地区新石器时代管钻技术的若干认识》，《南方文物》2013年第4期。
[20] 张乐、张双权、顾雪军、李璇：《河南栾川孙家洞遗址出土的穿孔标本》，《人类学学报》2017年第4期。
[21] 王春雪、陈全家、陈君等：《内蒙古哈民忙哈遗址蚌制品管钻技术初探》，见《边疆考古研究》第19辑，科学出版社，2016年。
[22] 宋艳花、石金鸣：《山西吉县柿子滩旧石器时代遗址出土装饰品研究》，《考古》2013年第8期。
[23] 杨益民、吴卫红、谢尧亭等：《古代玉器钻孔工艺的初步研究》，见《全国射线数字成像与CT新技术研讨会论文集》，2010年。
[24] 黄蕴平：《小孤山骨针的制作和使用研究》，《考古》1993年第3期。
[25] 王春雪、张乐、张晓凌、沈辰、高星：《中国旧石器时代晚期鸵鸟蛋皮串珠制作技术的模拟实验研究——以水洞沟遗址发现的鸵鸟蛋皮串珠为例》，《江汉考古》2011年第2期。
[26] 席永杰、张国强：《红山文化玉器线切割、钻孔技术实验报告》，《北方文物》2009年第1期。
[27] 张祖方、周晓陆、严飞：《江苏丹徒磨盘墩遗址发掘报告》，《史前研究》1985年第2期。
[28] 崔天兴、张建：《磨制（玉）石器定孔工艺的实验考古研究》，《华夏考古》2017年第4期。
[29] 徐飞、邓聪、叶晓红：《史前玉器大型钻孔技术实验研究》，《中原文物》2018年第2期。
[30] 黄可佳：《玉石器管钻工艺的动态模拟实验研究》，见《文化遗产与公众考古》第四辑，北京联合大学应用文理学院，2017年。
[31] 陈星灿：《裴李岗文化绿松石初探——以贾湖为中心》，见《新世纪的中国考古学》，科学出版社，2005年。
[32] 张弛：《社会权力的起源：中国史前葬仪中的社会与观念》，文物出版社，2015年。
[33] 庞小霞：《中国出土新石器时代绿松石器研究》，《考古学报》2014年第2期。
[34] 崔天兴、付建丽、聂晓莹：《裴李岗时代绿松石制品利用策略的模拟实验》，待刊。
[35] 河南省文物考古研究所：《舞阳贾湖》，科学出版社，1999年。
[36] 崔天兴、付建丽、聂晓莹：《裴李岗时代绿松石制品利用策略的模拟实验》，待刊。
[37] 崔天兴、张建：《磨制（玉）石器定孔工艺的实验考古研究》，《华夏考古》2017年第4期。
[38] 河南省文物考古研究所：《舞阳贾湖》，科学出版社，1999年。
[39] 河南省文物考古研究所：《舞阳贾湖》，科学出版社，1999年。
[40] 崔天兴、付建丽、聂晓莹：《裴李岗时代绿松石制品利用策略的模拟实验》，待刊。
[41] 河南省文物考古研究所：《舞阳贾湖》，科学出版社，1999年。
[42] 河南省文物考古研究所：《舞阳贾湖》，科学出版社，1999年。
[43] 河南省文物考古研究所：《舞阳贾湖》，科学出版社，1999年。
[44] 河南省文物考古研究所：《舞阳贾湖》，科学出版社，1999年。
[45] 苗普生、田卫疆：《新疆史纲》，新疆人民出版社，2004年。
[46] 宋艳花、石金鸣：《柿子滩遗址穿孔饰品的穿系方式研究》，《中原文物》2013年第1期。

The Experimental Archaeology Research on the Micropore Technology of Turquoise Products in Jiahu Site

Cui Tianxing, Fu Jianli, Zhaoqi

KEYWORDS: Peiligang Era Wuyang Jiahu Site Turquoise Micropore Technology Experimental Archaeology

ABSTRACT: Dozens of microporous turquoise products with holes ranging from 1 mm to 2 mm in diameter were unearthed during the Peiligang era. At present, scholars have done more research on the characteristics of micro-marks and experimental archaeology of prehistoric drilling techniques. But the technical strategy of microporous process is not very clear. Therefore, it is necessary to carry out the simulation experiment of turquoise "micropore" process. The results show that there are two ways to process micropores turquoise products. One is to drill with a hard bit, but it usually needs to be trimmed to get a fine bit. The other one is organic pipe drill; The bit is easy to get, but it takes a long time. Microporous technology is of great significance to understand the utilization strategy of turquoise and the evolution of modern human behavior in prehistoric population.

（特约编辑　新　华）

斯里兰卡贾夫纳阿莱皮蒂遗址2018年发掘简报

上海博物馆考古队　斯里兰卡中央文化基金会
凯拉尼亚大学

关键词：斯里兰卡　阿莱皮蒂遗址　瓷器　北宋　丝绸之路

内容提要：阿莱皮蒂遗址位于贾夫纳地区的凯茨岛，西临保克海峡，距现在海岸线约160米。2018年，上海博物馆与斯里兰卡中央文化基金会组成联合考古队，对该遗址进行了调查与发掘，确认该遗址主要堆积范围东西约25、南北约15米。此次发掘面积92.4平方米，出土遗物总计650多片，其中来自中国的瓷片超过600片。中国瓷器以广东窑口为主，西村、潮州窑为大宗，器形有碗、盘、盆、碟、壶等，另有部分青釉罐、盆。数量较多的还有一类青白瓷唇口碗，可能为广东或福建产品。此外，还发现9片耀州窑青釉碗残片和少量景德镇窑青白釉刻划花碗。这批货物可能从广州出发转运到三佛齐的某一港口，经斯里兰卡运往阿拉伯地区销售，在途经阿莱皮蒂时，遇到突发事故，破碎的器物就地抛弃，完整器则被抢救继续贸易。这批器物的废弃年代为北宋中晚期之际。

斯里兰卡是印度洋上的岛国，位于南亚次大陆南端，西北隔保克海峡与印度半岛相望。海上丝绸之路从中国沿海诸港出发，经过东南亚诸国，穿过印度洋，进入红海，抵达东非和欧洲，构建了一个世界性的贸易往来和文化交流网络。因为地处印度洋的中心、东西方海路航线的必经之地，所以斯里兰卡在古代海上贸易中具有重要的地位。

中国与斯里兰卡之间有2000多年的交往历史。公元5世纪，中国高僧法显曾在斯里兰卡学习两年。隋唐以后，两国交往频繁。特别是在15世纪初，明朝著名航海家郑和七下西洋，曾经多次到过斯里兰卡，扩大了两国贸易，增进了两国友谊。1911年，在斯里兰卡加勒发现的布施石碑，正是反映这一历史事件的重要实证。

一、遗址概况

阿莱皮蒂遗址位于贾夫纳地区呈西北-东南走向的狭长形的凯茨岛的南端，西临保克海峡，西距海岸线约160米。遗址所在地为低地平原，海拔3～4米，地表为浅黄色细沙，较为平坦，长有椰树等植物。遗址紧邻一条乡村公路，路北地势略高，保存较好，道路及路南地势较低，疑为晚期人类活动形成。

1977年，英国考古学家约翰·卡斯韦尔（John Carswell）在该地点因村民挖沙取土而发现了该遗址，并对其抢救性发掘了10平方米，出土了大量中国瓷器[1]。遗憾的是，由于当时条件所限，对于遗址的埋藏环境、范围与性质等问题都未能很好地解决，发掘材料缺乏详细的统计数据，未能完整发表，部分瓷器的产地也不明确，故该遗址具有进一步发掘与研究的价值，同时以前的发掘资料也有必要全面整理发表[2]。

二、发掘经过

经过上海博物馆与斯里兰卡中央文化基金会的友好协商，自2018年始，双方组成联合考古队，通过考古发掘、举办展览、人员交流等，共同研究斯里兰卡境内留下的反映海上丝绸之路的相关遗迹和遗物，探寻两国之间经济、文化与宗教的交流历史。2018年8月6日至9月14日，上海博物馆与斯里兰卡中央文化基金会组成联合考古队，对斯里兰卡北方重要港口城市贾夫纳进行了全面调查与重点发掘，取得了阶段性的成果。

2018年2月26日至3月7日，为今后选定合适的发掘地点，上海博物馆与斯里兰卡中央基金会组成联合调查队，对斯里兰卡中北部的沿海港口曼泰、贾夫纳、亭可马里以及阿努拉德普勒、波隆纳鲁瓦、雅巴忽瓦、康提等多个遗址及博物馆进行了前期调查与资料收集，其中阿莱皮蒂（Allaipiddy）遗址是重点调查对象之一。遗憾的是，因斯里兰卡内战，遗址的地貌与人口变化较大，加之此次调查时间较短，未能准确找到40多年前发掘的遗址点。考察结束后，我们嘱托斯方考古队员继续寻找该遗址。我们回国后不到两个月，就收到斯方发来的邮件，确认找到了当年发掘的遗址点，并采集了部分中国瓷器。这使我们增强了信心，立刻着手制定发掘计划，准备发掘器材，同时申请国家文物局专项资金支持并获得通过。考虑到天气因素，最后双方商定，于2018年8月6日至9月14日对阿莱皮蒂遗址进行正式考古发掘，这也是中国考古队第一次在斯里兰卡进行发掘。

根据前期调查情况，在紧贴道路北侧的断面上发现了少量的中国瓷器，但对遗址的分布范围、主要埋藏区尚不清楚。由于洛阳铲在沙地无法进行勘探，因此在发掘时利用修路形成的断坎，切出一个剖面，并在断面下紧邻道路的地方布设两条边长1米的正方形探沟，分别编号为unit 1、unit 4，以便观察地层的堆积情况。两条探沟发掘完成后，发现了少量的中国瓷器，因此我们决定在该区域扩大发掘面积。

我们使用电子全站仪确立遗址的象限坐标系，将拟发掘区域设为第一象限，同时测绘附近的道路、房屋等参考点，并对遗址进行航拍。探方布设依照遗址地形走向，平行于紧邻路面的断崖，同时也与不远处的海岸线平行。探方编号为2018JAⅠ＋探方号＋层位号，2018指发掘年度，J是Jaffna半岛的缩写，A是Allaipiddy遗址的缩写，I是第一象限，后面加四位数的探方号。在下文介绍遗物时，探方号前面的数字均省略。

此次工作时间为40天，主要内容包括对阿莱皮蒂遗址的发掘，对贾夫纳地区的调查和对凯茨堡（Kayts Fort）遗址的试掘，以及对阿莱皮蒂遗址出土器物的全面整理等。在工作期间，我们还举办了讲座，对斯方考古队员进行了全站仪、航空摄影、多视角三维重建等硬件与软件的使用培训，以及对中国陶瓷的介绍。本文主要介绍阿莱皮蒂遗址的发掘情况。

2019年12月，上海博物馆团队派出6人赴斯里兰卡，对2018年发掘出土的陶器、瓷器进行器物拍摄工作，项目团队携带了便携式X射线荧光光谱仪（XRF），对出土瓷器开展无损检测，同时还对器物的器形、胎、釉、纹饰、装烧工艺等进行文字记述，主要采集编撰报告的基础材料。

三、地层堆积与出土遗物

（一）地层堆积

此次发掘面积为92.4平方米，地层堆积分为4层[3]，土质、包含物相近，均为细沙，土色根据有机质含量的不同，距地表越近颜色越深，4层以上包含大量的树根，颜色较黑，4层及以下几乎没有植物根茎，为纯净的浅黄褐色沙土。土样全部用3毫米的筛子过筛，对绝大部分瓷片（筛选出的除外）都进行了三维坐标测定，每层遗物都进行了三维建模。除在地表下发现两个现代树坑外，未发现其他遗迹。通过此次发掘，确认遗址主要堆积范围东西约25、南北约15米，遗址东南部宽约7米的区域被1977年挖沙及现代道路破坏（图1；图版二二，1）。下面以ⅠT0301～T0306北壁剖面为例，介绍地层堆积情况（图2）。

第1层：地表为褐黄色沙土，干燥，生长有较密的椰树及其他植被。

第2层：褐黄色沙土层，较干燥，水平状堆积，分布于发掘区。包含较多植物根茎和少量青白釉、青灰釉碗残片。厚7～16厘米。

第3层：浅褐黄色沙土层，较干燥，水平状堆积，分布于发掘区。包含较多植物根茎及较多的青白釉、青灰釉碗、盘残片，酱釉罐、盆残片等，主要分布在该层的底部。厚25～40厘米。

第4层：黄褐色沙土层，较湿润，水平状堆积，分布于发掘区。包含较少植物根茎及较多的青釉、青白釉、青灰

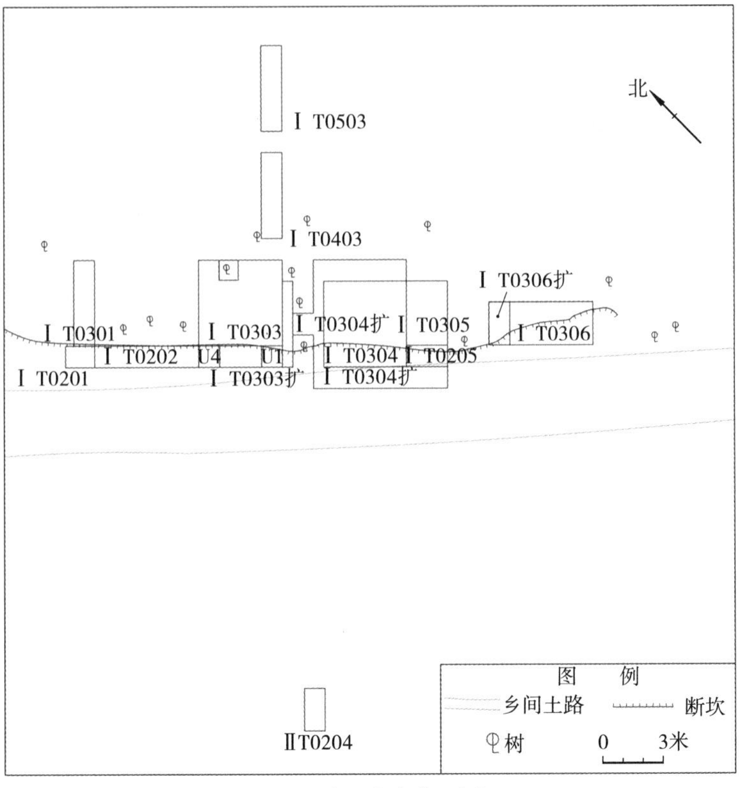

图1　遗址布方位置图

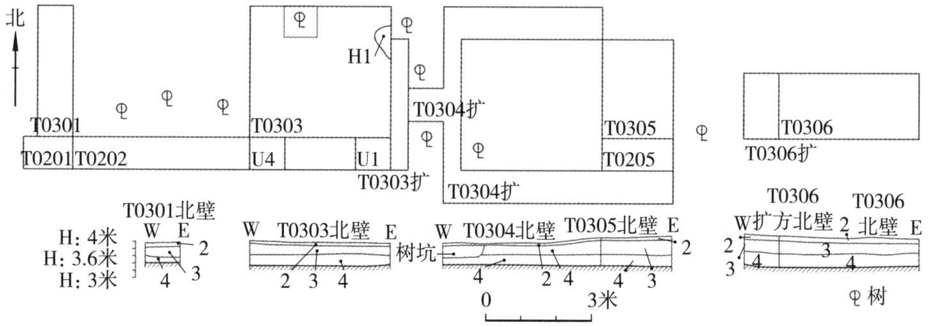

图 2　遗址地层堆积剖面图

1.褐黄色沙土　2.褐黄色沙土　3.浅褐黄色沙土　4.黄褐黄色沙土

釉罐、盆残片等，主要分布在该层的顶部。厚14～36厘米。

（二）出土遗物

出土遗物总计约650多片，主要分布在第3、4层的界面，中心区域分布较密集，边缘分布较稀疏（图版二二，2）。其中，来自中国的瓷片超过600片，另有少量本地及印度的刻划纹陶片，以及可能来自马来半岛或印度尼西亚的细陶军持残片。来自中国的瓷器以广东窑口为主，西村、潮州窑为大宗，器形有碗、盘、盆、碟、壶等，另有部分青釉罐、盆。数量较多的还有一类青白瓷唇口碗，可能为广东或福建产品。此外，还发现9片耀州窑青瓷碗残片，根据碗底的不同，推测至少属于3件器物。

出土遗物堆积主要集中在第3、4层的界面，较为密集，被纯沙覆盖，尽管在发掘时根据土色划分了地层，但土色的区分只是因为距地表越近、包含植物根茎的有机质越多导致，土质未见有区别，而且出土的器物，有多件器物是由上、下层位的瓷片拼合。在分类整理出土器物时，上、下层位的器物器形、纹饰都相同，未见早晚关系。因此，该遗址的地层划分不具有相对年代的早晚关系，此简报也就没有按地层分层介绍遗物，而是依照器物的胎、釉及工艺特征所反映的产地来分成七个器物群介绍。

1.A群瓷器

器类有碗、盆、壶，釉色有青白釉、青灰釉和青釉。

青白釉碗　根据口、底及纹饰的变化，可分为六型。

A型：15件。花口、撇口，内壁深剔刻花卉纹和篦纹，器表无刻花，釉面有开片。T0304③：43，残口、腹。折沿，修口较薄，浅弧腹，足墙内斜削，上宽下窄。外素面（图版二三，1）。T0304③：62，白胎，青白釉，釉面光亮。折沿，折腹，圈足，修足平切，足墙内斜削，上宽下窄。外壁花口下刻棱线，内底深刻花卉纹和浅篦纹。口径15、圈足径6、高4厘米（图3，12；图版二三，2）。T0303③：75，白胎，青白釉，釉面光亮。折腹，圈足，修足斜削，足墙内斜削，上宽下窄。外素面，内底深刻花卉纹和浅篦纹。圈足径6.5、残高3.1厘米（图3，9；图版二三，3）。T0205④：11，白胎，青白釉闪黄，釉面光亮。折沿，折腹，圈足，修足平切。足端有釉。外壁花口下刻棱线，内壁刻花卉纹和划篦纹。口径16、圈足径5.5、高3.9厘米（图3，1；图版二三，4）。

B型：9件。花口，划花，内壁有S形纹及篦纹，外壁无刻花。T0303④：93，残口、腹。白胎，青白釉，釉面光亮。口微撇，修口较薄，折腹。口径15、残高2.5厘米（图3，2；图版二三，5）。

C型：1件（T0303③：81）。白胎，青白釉，釉面光亮。圆唇，浅弧腹。内、外壁刻花卉纹和篦划纹。口径18、残高2.9厘米（图4，5；图版二三，6）。

D型：17件。浅灰白胎，青灰白釉，釉层较薄，釉面无开片。宽唇口，弧腹，矮圈足。素面无纹。T0303③：40，口径12、残高2.6厘米（图3，11；图版二四，1）。T0303④：161，残口。口径17、残高5.5厘米（图4，6；图版二四，2）。

E型：9件。小唇口，矮圈足。T0303④：137，浅灰白胎，青灰釉，釉层较薄，釉面无开片，内壁满施釉，外壁施半釉。唇口，弧腹。素面无纹。露胎处可见修坯痕。口径12、圈足径5、高3.8厘米（图3，7；图版二四，3）。T0305④：14，口径10、圈足径4、高3.8厘米（图3，8；图版二四，4）。

F型：1件（T0303④：157）。白胎，青白釉，蚀釉，除足墙及外底皆满釉。敞口，弧腹，修口圆润，浅矮圈足，足端平切，外底有旋痕。外壁无纹，内壁细刻卷草纹。口径14、圈足径6、高3.3厘米（图3，10；图版二四，5）。

青灰釉折沿盆　75件。圆唇，宽折沿，弧腹，内底坦平，饼足微内凹。T0304③：20，残底。灰白胎，略生烧。淡青釉，薄釉，胎釉结合较紧密，略生烧发白，一侧施釉至饼足，一侧不及足。饼足内收，足外端有修坯痕，平底，底部见一圈挖足凹槽。圈足径9.5、残高3.3厘米（图3，3）。T0304④：137，残件。灰白胎。淡青釉，薄釉，釉面有细小开片，胎釉结合较紧密，施釉不及圈足，底部无釉。宽折沿，足内收，圈足外端有修坯痕，平底内凹，足部有跳刀痕。内外壁各有弦纹一道。口径32、圈足径10.3、高8厘米（图4，3；图版二四，6）。T0303④：119，残件。灰白胎。青黄釉，薄釉，釉面有细小开片，胎釉结合较紧密。宽折沿。内壁有弦纹一道。口径32、残高6厘米（图4，2；图版二五，1）。T0304④：165，残口。灰白胎，淡青釉，薄釉，胎釉结合较紧密，釉面多见黑点。宽折沿，弧腹。

壶　多为残片，据1977～1978年简报进行了复原分类，根据胎釉、器形及纹饰特征分为四型。

A型：7件。T0304③：32，残底。白胎，灰青釉，釉面有细小开片，施釉不及底，圈足及外底无釉。弧腹，近底处内收，圈足。腹部剔刻竖向凸棱，外底及圈足内外侧均可见修坯痕，外壁近足处留有三处线条痕。圈足径9、残高6厘米（图4，7；图版二五，2）。T0303④：129，颈部残片。浅黄胎，釉色白中泛黄，釉面有细小开片，略生烧，剥釉。细长颈，外部残留把手粘接痕，底部可见接胎痕。颈部直径5、残高4.2厘米（图3，5；图版二五，3）。

B型：7件。灰白胎，青白釉。T0303④：91，流残件。有细小开片，有部分剥釉，流与壶身相接处积釉较厚。流较长，流口平切，由宽变窄，线条流畅。与壶身粘接。流长14.3厘米（图4，1）。T0303④：132，肩部残片。流釉。肩部圆鼓。刻莲瓣纹、弦纹及竖向凸

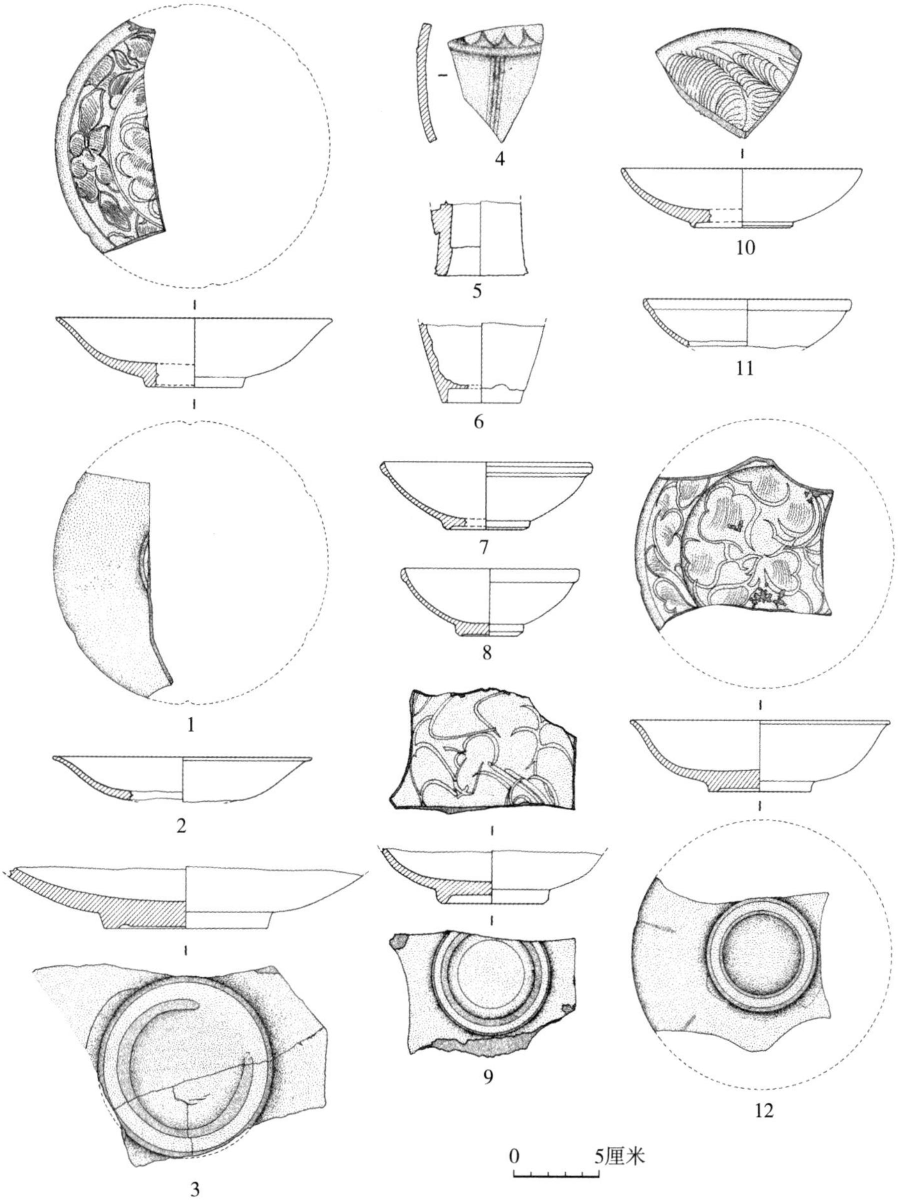

图3　A群瓷器

1、9、12.A型碗（T0205④：11、T0303③：75、T0304③：62）　2.B型碗（T0303④：93）　3.折沿盆（T0304③：20）　4.B型壶（T0303④：132）　5.A型壶（T0303④：129）　6.D型壶（T0304③：18）　7、8.E型碗（T0303④：137、T0305④：14）　10.F型碗（T0303④：157）　11.D型碗（T0303③：40）

棱，内壁可见拉坯痕。残宽5.4、残高6.7厘米（图3，4；图版二五，4）。

C型：12件。T0304④：114，执壶。灰胎，青釉，流釉，剥釉严重，有细密小开片，施釉不及底，内壁无釉。子口微侈，长颈，溜肩，弧腹，平底微内凹。肩部置对称双系，一侧贴双泥条把手，另一侧流残。肩部饰数周弦纹，腹部剔刻六道竖向凸棱，底部有少量黑斑。口径10.2、腹径16.6、底径11.4、高26.6厘米（图4，4；图版二五，5）。

D型：1件（T0304③：18）。残底。灰白胎，黑褐釉，施釉至足上端1厘米处。圈足，足端平切，内足墙及外底有细密旋痕。内壁可见拉坯痕。圈足径4.5、残高4.4厘米（图3，6；图版二五，6）。

2.B群瓷器

器类有碗、盏、盘、壶，釉色有青白釉、褐釉。

碗　根据口、底及纹饰的变化，可分为九型。

A型：37件。青白釉素面高足碗。T0304③：50，残底。浅黄胎，釉色白中泛黄，釉面

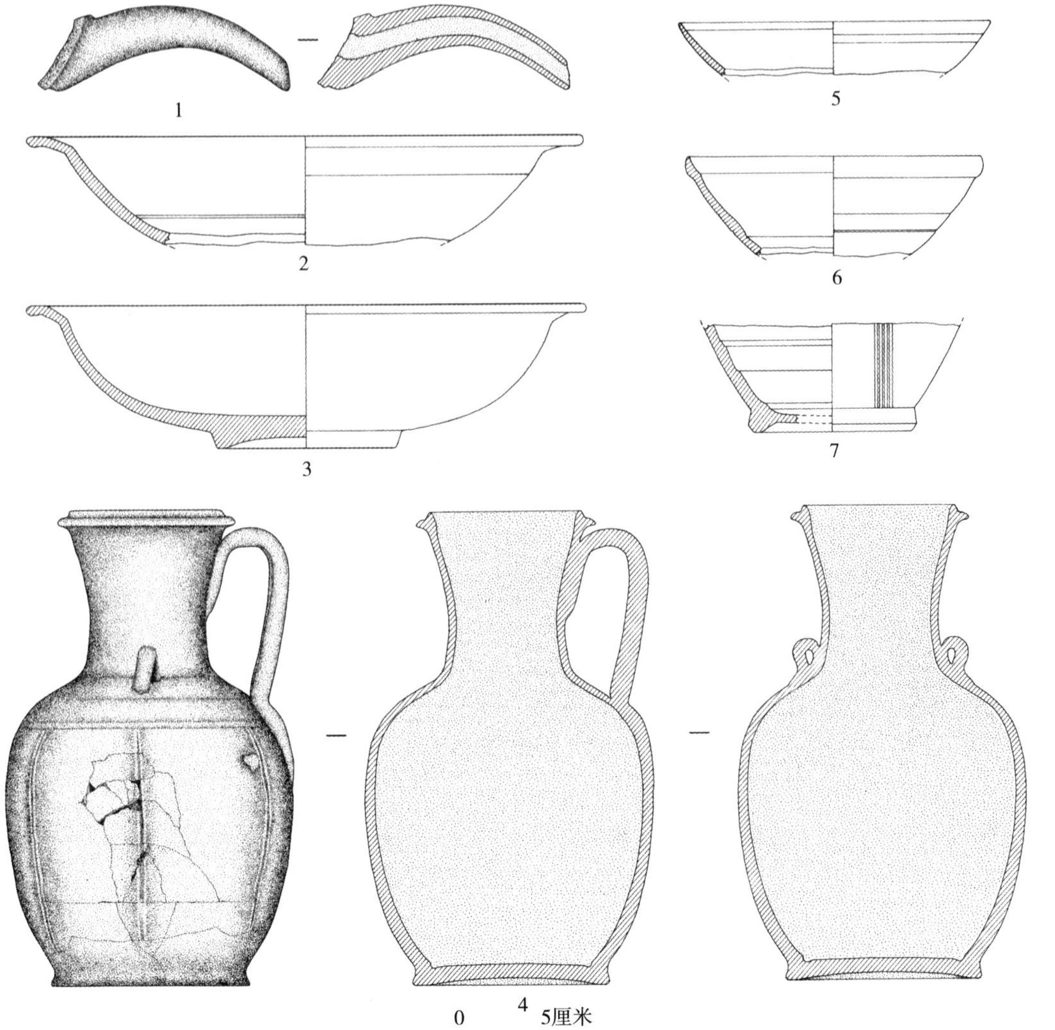

图4　A群瓷器

1.B型壶（T0303④：91）　2、3.折沿盆（T0303④：119、T0304④：137）　4.C型壶（T0304④：114）　5.C型碗（T0303③：81）　6.D型碗（T0303④：161）　7.A型壶（T0304③：32）

有细小开片，略生烧，剥釉，内外壁均满釉，外底无釉，足墙内侧挂半釉。深弧腹，高圈足，内底微凸起。近足处有弦纹一道，外底及圈足内侧可见修坯痕。圈足径9、残高6.5厘米（图5，3；图版二六，1）。T0304③：51，残花口。浅黄胎，釉色白中泛黄，釉面有细小开片，略生烧。花口，撇口（图版二六，2）。T0303④：116，残底。白胎，青白釉，胎釉结合紧密，釉面有细小开片，内外壁均满釉，外底无釉，足墙内侧挂半釉，部分可见流釉痕。深弧腹，高圈足。外底及圈足内侧可见修坯痕。圈足径10、残高6.2厘米（图5，2）。

B型：3件。内刻花卉，间刻篦纹，外刻蕉叶。浅黄胎，釉色白中泛黄，釉面有细小开片，略生烧，内外壁施釉及底，外底无釉。弧腹，圈足。足墙自上而下由宽变窄。T0304③：9，残件。口微撇。圈足径6.5、残高5.3厘米（图5，10；图版二六，3）。T0304③：19，残底。残口径12.6、圈足径5、残高5.5厘米（图5，6；图版二六，4）。

C型：3件。外刻条纹，内划花。T0304④：41，残口。浅黄胎，釉色白中泛青绿，釉面有细小开片。口微撇，弧腹。内壁有弦纹一道，弦纹下划花卉纹。口径18、残高6厘米（图

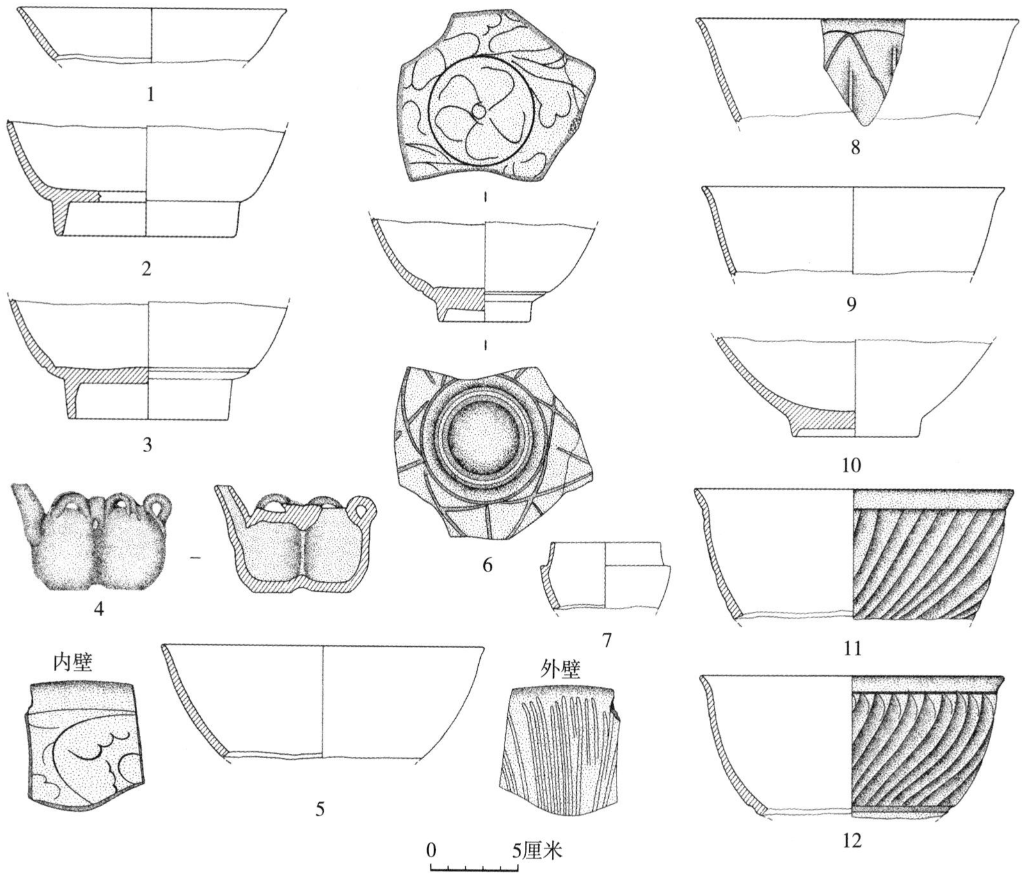

图5　B群瓷器

1.I型碗（T0201④：1）　2、3.A型碗（T0303④：116、T0304③：50）　4.双联壶（T0304④：120）　5.C型碗（T0304④：41）　6、10.B型碗（T0304③：19、T0304③：9）　7.盒（T0304③：37）　8、9.G型碗（T0304③：54、T0303④：103）　11、12.H型碗（T0304④：68、T0304④：76）

5，5；图版二六，5）。

D型：1件（SF：42）。撇口碗，内刻划S纹、篦纹。浅黄胎，釉色白中泛黄，釉面有细小开片，略生烧。弧腹。外壁刻弦纹（图版二六，6）。

E型：1件（SF：6）。外刻花。浅黄胎，釉色白中泛黄，釉面有细小开片，略生烧。花口外撇，弧腹。外壁刻花卉纹，间刻篦纹，内壁无纹。残长4.3、残宽3.9厘米（图版二七，1）。

F型：3件。外刻花，内划花。T0303③：8，残腹。浅黄胎，釉色白中泛黄，釉面有细小开片，略生烧。弧腹。内壁有弦纹一道，弦纹下划花卉纹，间刻篦纹，外壁刻菊瓣纹（图版二七，2）。

G型：4件。青白釉蕉叶纹高足碗。残口。浅黄胎，釉色白中泛黄，釉面有细小开片，略生烧。撇口，深弧腹。外壁刻蕉叶纹。T0304③：54，口径18、残高5.6厘米（图5，8；图版二七，3）。T0303④：103，口径17、残高4.7厘米（图5，9）。

H型：19件。菊瓣纹高足碗。SF：34，残底。白胎，青白釉，胎釉结合紧密，釉面有细小开片，内外壁均满釉，外底无釉，足墙内侧挂釉，外底近圈足处带釉。深弧腹，高圈足。外壁刻划菊瓣纹，内底有窑粘，内底心微凸。T0303③：77，残底。白胎，青白釉，胎釉结合紧密，釉面有细小开片，内外壁均满釉，外底无釉。高圈足（图版二七，4）。T0304④：68，残口。浅黄胎，釉色白中泛黄，釉面有细小开片。撇口，深弧腹。外壁刻划菊瓣纹。口径18、残高7厘米（图5，11）。T0304④：76，残口。浅灰白胎，青灰釉，釉面有细小开片，釉色不均匀，生烧部分釉色泛黄。撇口，深弧腹。外壁刻划菊瓣纹。口径17、残高7.6厘米（图5，12；图版二七，5）。

I型：1件（T0201④：1）。大花口碗。白胎，青白釉，略生烧，釉层较薄，釉面无开片。花口，腹部也呈花瓣形。素面无纹。口径15、残高2.9厘米（图5，1；图版二七，6）。

盏　根据器形的不同，可分为二型。

A型：15件。青灰釉小盏，高圈足。SF：43，浅灰白胎，青灰釉，釉层较薄，釉面无开片，内壁满釉，外壁施釉及底，外底无釉。敞口，弧腹。素面无纹。露胎处可见修坯痕（图版二八，1）。

B型：3件。青灰釉盏，较A型盏略大。白胎，釉色淡青，薄釉，胎釉结合紧密。弧腹。T0304④：151，残腹（图版二八，2）。T0306①：50，残腹。

盘　根据口、底及纹饰的变化，可分为三型。

A型：1件（SF：28）。弦纹盘。浅黄胎，釉色白中泛黄，釉面有细小开片。撇口，浅弧腹。内壁饰两道弦纹（图版二八，3）。

B型：1件（T0304③：258）。青白釉刻花盘，篦纹。白胎，釉色青白，有开片。敞口，内壁划花（图版二八，5）。

C型：3件。白胎，青白釉，釉面有开片，内外壁均满釉。素面。敞口，弧腹。T0304④：95，残口。青白釉闪青，略生烧，修口方圆，外沿微凸。T0304④：97，残口。修口方圆，外沿微凸（图版二八，4）。

双联壶　1件（T0304④：120）。灰白胎，褐釉，施釉不及底，内壁无釉，有小开片。两件壶身拼接，壶体相通，平底，顶部中心及一壶口各贴花一朵。条状六系，一侧置流，一侧置把。壶底径2.2、连体宽7.6、壶高5.7厘米（图5，4；图版二八，6）。

盒　1件（T0304③：37）。白胎，外壁施青白釉，布满小开片。子口，瓜棱腹稍弧。口径6、残高3.7厘米（图5，7；图版二九，1）。

3.C群瓷器

青灰釉唇口碗　112件。唇口，弧腹，矮圈足。T0304③：21，残件。白胎，釉色青灰，薄釉，胎釉结合紧密，施釉不及底。宽唇口，浅弧腹，内底面凹陷，内心微凸。腹、底连接处有修整曲面，矮圈足，足墙斜削一刀，浅挖足斜削一刀，见细密弦纹。外壁有跳刀痕，修足不平整。口径15.6、圈足径6.2、高6厘米（图6，8；图版二九，2）。T0303③：47，残件。白胎，釉色青黄，薄釉，满布细密开片。胎釉结合紧密，施釉不及底。宽唇口，浅弧腹，内底面凹陷，内心有一戳印痕，外壁有两周弦纹。矮圈足，足墙斜削一刀，浅挖足斜削一刀，见细密弦纹。外壁有跳刀痕，修足不平整。口径16、圈足径7、高6.2厘米（图6，9；图版二九，3）。T0303③：166，残件。白胎，釉色青灰，薄釉，胎釉结合紧密，施釉不及底。宽唇口，浅弧腹，内底面凹陷。矮圈足，足墙斜削一刀，浅挖足斜削一刀，见细密弦纹。外壁有跳刀痕，修足不平整。口径16.5、圈足径6.5、高6.4厘米（图6，1；图版二九，4）。

4.D群瓷器

包含褐釉盆和褐釉罐。

盆　11件。灰胎，青釉。T0304④：59，残口。胎见夹心层，剥釉严重，有细密小开片，外施半釉，内壁满釉。厚圆唇，弧腹。口部有泥点状支烧痕迹。口径51.4、底径26、高26厘米（图7，3；图版二九，5）。T0306④：19，残底。内壁施釉不匀，外壁满釉，剥釉严重。弧腹，平底微内凹。底径21、残高8.4厘米（图6，3；图版二九，6）。SF：2，残口。内外壁施釉，唇部无釉。尖圆唇外卷，弧腹。口径51、残高7.3厘米（图7，2；图版三〇，1）。T0304③：111，残腹。外壁施半釉，见施釉分界线，内壁满釉，有细密小开片。弧腹。外壁划斜线两道（图版三〇，2）。

罐　无可复原器，根据器形及纹饰的变化，可分为五型。

A型：49件。无刻花腹片。残腹。灰胎，青釉，外壁施釉，有细密小开片。弧腹。T0303③：61（图版三〇，3）、T0303④：121，见夹心层，剥釉严重，内壁见薄刷釉痕。T0306④：16，内壁刷釉，剥釉严重。T0306④：26，内壁刷釉（图版三〇，4）。

B型：4件。带系腹片。灰胎，青釉，外壁施釉，有细密小开片，内壁无釉。T0306④：6，残肩，溜肩，肩部横向贴系。剥釉。残宽17.9、残高13.3厘米（图6，2；图版三〇，5）。T0305④：15，残系，贴系。残宽7.7、残高4.1厘米（图6，7；图版三〇，6）。

C型：2件。四系小罐。T0304④：152，灰胎，青釉，剥釉严重，有细密小开片，施釉不及底，内壁无釉。厚圆唇，溜肩，鼓腹，平底微内凹，肩部对称置四系。器身拉坯明显，

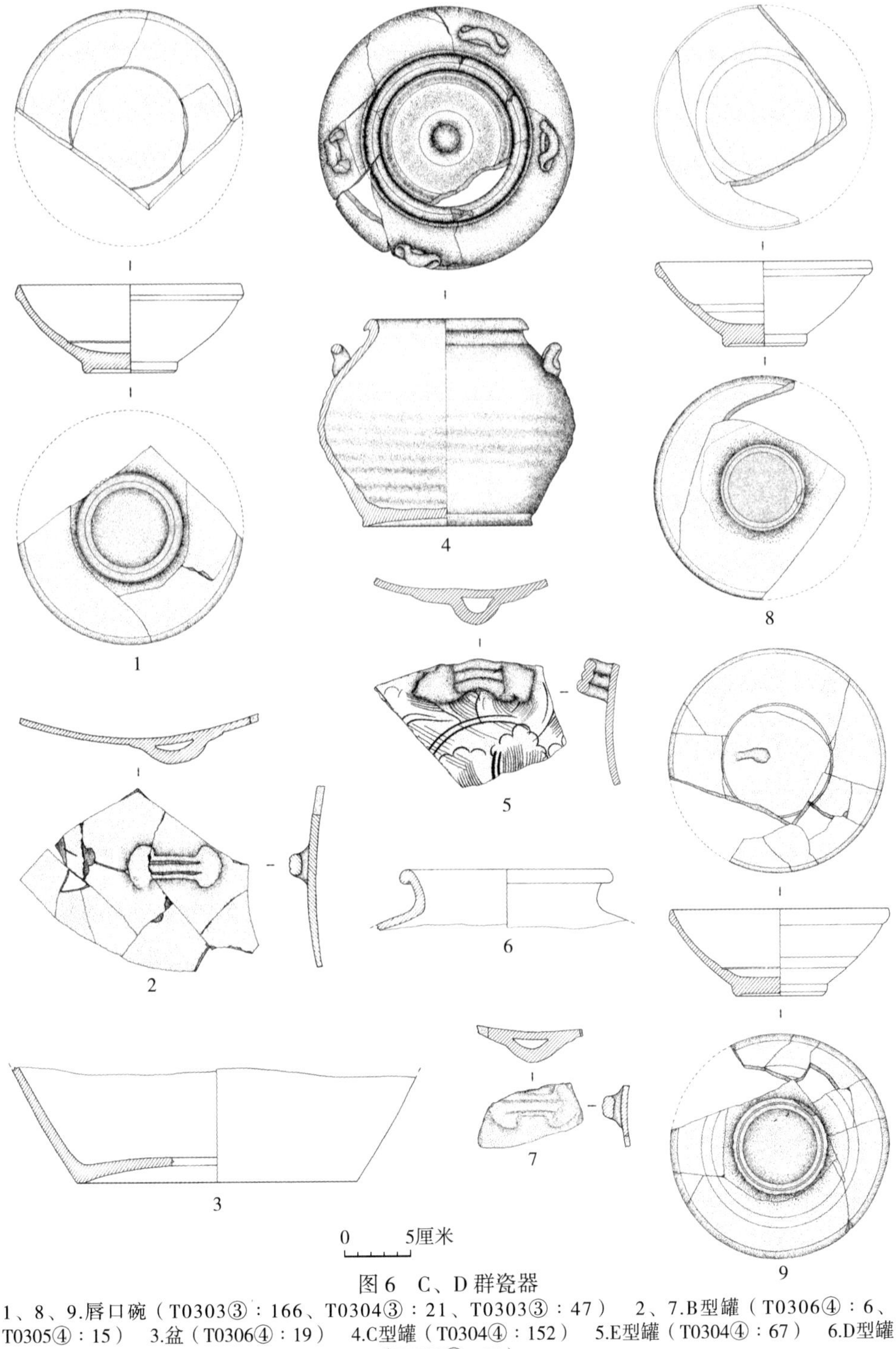

图6 C、D群瓷器

1、8、9.唇口碗（T0303③：166、T0304③：21、T0303③：47） 2、7.B型罐（T0306④：6、T0305④：15） 3.盆（T0306④：19） 4.C型罐（T0304④：152） 5.E型罐（T0304④：67） 6.D型罐（T0203④：39）

口、底部有叠烧痕。口径12.2、腹径19、底径12.5、高15厘米（图6，4；图版三一，2）。

D型：1件（T0203④：39）。矮颈罐。灰胎，厚胎，青釉，外壁施釉，有细密小开片，内口沿施釉，有流釉现象，整体剥釉严重。厚圆唇外翻，短颈，鼓肩。口径15、残高4.5厘米（图6，6；图版三一，4）。

E型：9片。薄胎刻花罐腹片。灰胎，青釉，有细密小开片，SF：24，残腹。外壁施釉不及底，内壁有刷釉痕，剥釉严重。弧腹。外壁饰波曲纹。T0304④：67，残系。外壁施釉，内壁有刷釉痕。贴系。外壁划花、篦纹。残宽13.8、残高9.3厘米（图6，5；图版三一，3）。

5.E群瓷器

耀州窑青釉碗　9件。T0306④：1，残口。灰白胎，釉色青中泛黄，开片细密。敞口微撇，浅弧腹，修口利落，口沿细方。内壁模印缠枝花，模印清晰。外壁口沿下方有弦纹一周，外划折扇纹。口径17、残高3.2厘米（图8，4；图版三一，1）。T0306④：15，残件。灰白胎，釉色青中泛黄，略生烧，釉微蚀，开片细密。敞口微撇，浅弧腹，修口利落，口沿细方。内壁模印缠枝花，底心模印缠枝菊，模印清晰。外壁口沿下方有弦纹一周，外划折扇纹（图版三一，5）。T0306④：21，残口、腹。灰白胎，釉色青中泛黄，略生烧，釉微蚀，开片细密。敞口微撇，浅弧腹，口沿斜削一刀，修口利落，角度略平，口沿稍厚。内壁模印缠枝花，模印清晰。外壁口沿下方有弦纹一周，外划折扇纹。T0306④：23，残口。灰白胎，釉色青中略泛黄，釉面光亮，有开片。敞口微撇，浅弧腹，口沿斜削一刀，修口利落，角度略平，口沿略方。内壁模印缠枝花，模印清晰。外壁口沿下方有弦纹一周，外划折扇纹，较疏朗。T0306④：25，残口、腹。灰白胎，釉色青中泛黄，釉面光亮，有开片。敞口微撇，浅弧腹，口沿斜削一刀，修口利落，角度较锐利，口沿尖薄。内壁模印缠枝花，模印清晰。外壁口沿下方有弦纹一周，外划折扇纹（图版三一，6）。T0306④：28，残底。灰白胎，釉色青中略泛黄，釉面光亮，有开片，除足端外皆满釉。圈足，足墙直，修足利落，平切，足墙内见修足旋痕一周，外底有修足旋痕。内底模印菊花纹，清晰可辨（图版三二，1）。

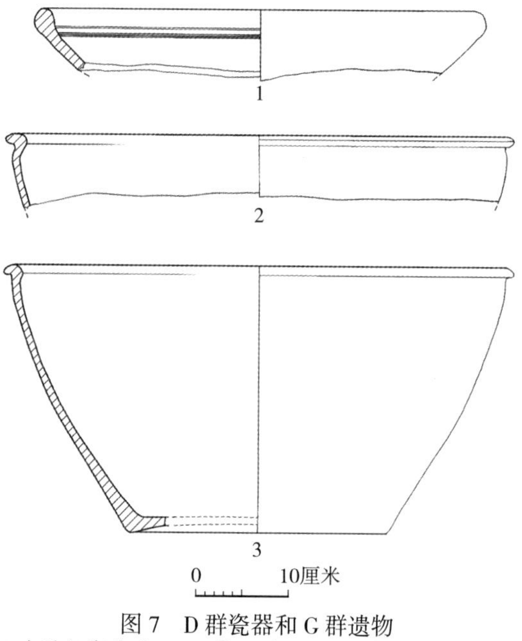

图7　D群瓷器和G群遗物
1.夹砂红陶盆（T0305②：1）　2、3.瓷盆（SF：2、T0304④：59）

6.F群瓷器

碗　根据器形及纹饰的变化，可分为二型。

A型：11件。刻花，外菊瓣，内花卉带篦纹。白胎，青白釉，釉面有开片，内外壁均满釉，外底无釉，足墙内侧挂半釉。弧腹，圈足。足墙自上而下由宽变窄，足端较窄，外底可见支烧痕。T0304③：58，残底。圈足径7、残高5.3厘米（图8，1；图版

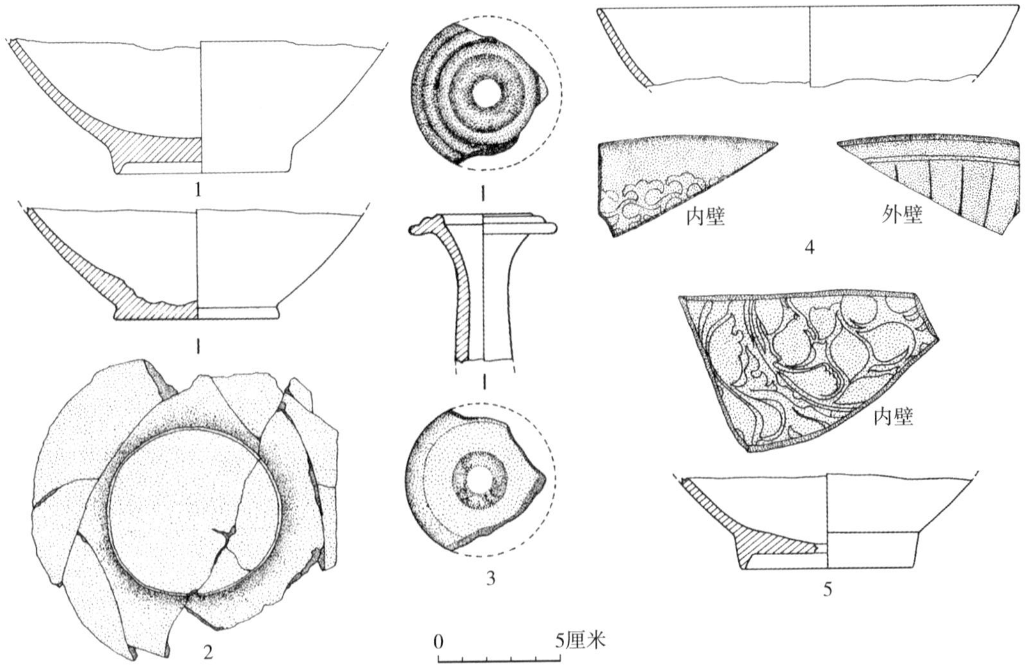

图8　E、F群瓷器和G群陶器
1、5.A型瓷碗（T0304③：58、T0303④：146）　2、3.夹细砂红衣陶军持（T0203③：30、T0303③：184）　4.耀州窑青釉碗（T0306④：1）

三二，2）。T0303④：146，残。敞口。圈足径7、残高4厘米（图8，5；图版三二，3）。

B型：1件（T0304②：105）。白胎，青白釉，胎釉结合紧密，釉面有部分开片，口沿处微蚀釉。口微撇，弧腹。内壁饰弦纹一道，弦纹下划花卉纹，间刻篦纹，外壁刻菊瓣纹（图版三二，4）。

7.G群陶器

包含军持和盆，分为夹砂陶和泥质陶两类。

红衣泥质陶军持　T0303③：37，灰白胎，表面施红陶衣，刻划纹。残宽3.4、残高3.2厘米（图版三二，5）。

夹细砂红衣陶军持　T0303③：184，浅黄色夹细砂陶。圆唇，折沿，细长颈。沿面有两周弦纹。口径6、残高5.8厘米（图8，3；图版三二，6）。T0203③：30，残底。浅黄色夹细砂陶。弧腹，饼形底。内壁有多道轮旋痕。底径6.8、残高4.5厘米（图8，2）。

夹砂红陶盆　T0305②：1，厚圆唇，弧腹。内、外壁刻划斜线纹及数周弦纹。口径44、残高6厘米（图7，1）。

四、结　　语

（一）遗址的埋藏性质

当代考古学的发展，早已超越了单纯的器物类型学研究，更加重视对遗址的埋藏学研究。不仅记录遗迹与遗物本身，也更加注意探究二者之间的组合关系与埋藏环境，以及其背后人与自然的作用。此次发掘特别注意遗物的埋藏环境，重点关注前人发掘没有解决的问题。

阿莱皮蒂遗址所在的凯茨岛为低地平原，土壤贫瘠，并无淡水河流，海岸线变化缓慢。遗址距现代海岸线约160米，被纯沙覆盖，包含物中极少见有潮滩上常见的贝壳。出土的瓷器基本都是干净的碎片，多数可以拼合，未发现使用痕迹，少有完整器，也没有海水浸泡后形成的凝结物。碎片棱角尖锐，磨圆度差，显示当时废弃后并没有经过海水的搬运。上述现象可说明，这批器物当时的埋藏环境是距海岸不远的陆地，与现在的埋藏环境变化不大。

发掘中未见有仓库、码头等聚落遗迹，器物面貌单纯，各窑口器物年代相近，很可能是一次性集中抛弃形成，可能是一批船货。如果以上推测无误，结合埋藏条件，则该遗址应该不是船货弃置的第一现场。阿莱皮蒂遗址周边的海域海水较浅，很大的可能是货船遇到极端天气搁浅在近岸处，船员将货物抢救到岸上不远处，经过拣选，破碎的器物就地丢弃，完好的再重新包装运走。

（二）器物的产地与年代

阿莱皮蒂遗址出土遗物以中国陶瓷为主，另有少量东南亚及斯里兰卡本地陶器。通过比对本次发掘出土的遗物，与1977年发掘、现藏于贾夫纳考古博物馆的出土遗物，可以确认大部分器形都相同。关于这批器物的产地，最早的发掘者认为大部分器物来自中国沿海地区的窑址，包括浙江的上虞、黄岩、温州，福建的泉州，广东的潮州和西村，青白瓷则来自江西的景德镇，另有一件北方青瓷则来自河南临汝窑[4]。近年刘未对中国东南沿海及东南亚沉船所见的宋元贸易陶瓷进行了编年与产地推定，认为阿莱皮蒂遗址“所出主要为广州西村窑青灰釉瓷、青白釉瓷、酱油陶，潮州笔架山窑和福建窑场青白釉瓷，景德镇窑青白釉瓷，以及耀州窑青釉瓷”[5]。

我们在赴斯里兰卡发掘前，先去了广东、福建调查窑址与博物馆藏品，对相关窑址的产品有了初步的认识。2019年，又对发掘出土的瓷器进行了成分检测，基本认同刘未对该遗址出土中国瓷器产地的推定。

上述按群分类介绍器物，实际上代表了我们对产地的初步判断。A群瓷器，其中青灰釉折沿盆可以确定为西村窑产品。其余从胎釉判断，也类似西村窑产品。B群瓷器，与潮州窑产品相类[6]，其中的H型碗[7]、双联壶见于潮州窑[8]。C群瓷器，为一类青灰釉、矮圈足、唇口碗，数量较多，其产地可能为福建或广东。D群的褐釉盆与罐，应该是广东产品。E群青釉碗，为耀州窑产品。F群瓷器可能为景德镇窑产品。G群陶器中的军持，为马来半岛或印度尼西亚产品，夹砂陶盆为印度和斯里兰卡本地产品。

关于这批遗物的年代，约翰·卡斯韦尔认为是在公元1100年左右[9]，刘未推定在北宋后期（约1060～1100年）[10]。以上根据器物推断的年代，大致无误。若从当时的历史背景出发，或许对这批遗物所反映的贸易网络有更深刻的理解。

公元9世纪后，斯里兰卡多次受到南印度注辇国的入侵。1070年，斯里兰卡国王带领军队收复了古都阿努拉德普拉，结束了注辇国长达70多年的统治，然后将首都迁往波隆纳鲁瓦。这一时期，作为阿努拉德普勒的外贸港——曼泰港处于衰落状态，主要对外港口转移到东部的亭可马里，通过一条河流连接首都波隆纳鲁瓦。阿莱皮蒂遗址所在的西北地区，当时已经远离政治、经济中心，应该没有消费这批高端商品的能力，在斯里兰卡内陆的首都和寺院也没有出土相似的器物。而在阿莱皮蒂南部的曼泰港，发现了少量类似的广东产青白瓷[11]，在埃及的福斯塔特遗址，则出土过与阿莱皮蒂遗址相似的耀州窑青瓷和广东青白瓷[12]。因此，这批器物的目的地应该不是斯里兰卡本国，而可能是更远的阿拉伯地区。

11世纪上半叶，三佛齐王国与注辇国是两个海上贸易强国，控制着东西方海上贸易的通道。1025年，注辇打败三佛齐，夺得了海上霸权。直到1076年后，三佛齐吉打城“地主大首领”地华伽罗由于血缘关系回到注辇国继承王位，三佛齐王国又全面控制印度洋的交通航线。史载熙宁十年（1077年），地华伽罗遣使入贡宋朝，此后于元丰二年（1079年）、元丰五年（1082年）、元丰六年（1083年），在短时间内多次派人入贡，意在打通贸易环节，建立完整的贸易网络，赚取巨额利润[13]。

综上所述，结合历史背景，我们认为这批货物可能是从广州出发，转运到三佛齐的某个港口，经斯里兰卡再运往阿拉伯地区销售，不幸的是，在途经阿莱皮蒂的时候，遇到突发事故，破碎的器物就地抛弃，完整器则被运走，继续贸易。这批器物的废弃年代为北宋中晚期之际，正是当时东西方贸易繁盛的一个注解。

附记：此次发掘，上海博物馆考古队由6名队员组成，领队为陈杰，队员有王建文、冯雨程、陈洁、冯泽洲、郭荣成。斯里兰卡中央基金会共派出23名考古队员，其中斯方领队为斯里兰卡中央文化基金会主席Prishanta Gunawardhana，队员有Laxman、Priyantha、Thusitha、Namalgamuwa、Kusumpriya、Priya、Akilan、Kowthamy、Janani、Indika、Sampath、Indunil、Vineetha、Suranga、Kumari、Karunanayaka、Yasasmi、Wijekoon、Maduwanthi、Erandi、Lanka、Rukshila，此外还雇用了3名当地民工。文中插图由Indika绘制，照片由薛皓冰、王建文拍摄。本项目获得2018年“国家文物局斯里兰卡海丝史迹的考古调查和发掘”经费补助项目的支持。

执笔者　王建文

注　释

[1] John Carswell, Chinese Ceramics from Allaipiddy in Sri Lanka, A Ceramic Legacy of Asia's Maritime Trade:Song Dynasty Guangdong Wares and other 11th to 19th Century Trade Ceramics Found on Tioman Island, Malaysia, *The Southeast Asian Ceramic Society*, West Malaysia Chapter,1985:32–47.

[2] John Carswell, Chinese Ceramics from Allaipiddy in Sri Lanka, A Ceramic Legacy of Asia's Maritime Trade:Song Dynasty Guangdong Wares and other 11th to 19th Century Trade Ceramics Found on Tioman Island, Malaysia, *The Southeast Asian Ceramic Society*, West Malaysia Chapter, 1985:32–47.

[3] 根据中斯双方考古队员共同商议，以最小单位为发掘记录原则，地表面为一个活动面，定为第1层，以下地层依次顺编，符合斯方的考古记录传统。

[4] John Carswell, Chinese Ceramics from Allaipiddy in Sri Lanka.A Ceramic Legacy of Asia's Maritime Trade: Song Dynasty Guangdong Wares and other 11th to 19th Century Trade Ceramics Found on Tioman Island, Malaysia, *The Southeast Asian Ceramic Society*, West Malaysia Chapter,1985:32–47.

[5] 刘未:《中国东南沿海及东南亚地区沉船所见的宋元贸易陶瓷》,《考古与文物》2016年第6期。
[6] 广东省博物馆:《潮州笔架山宋代窑址发掘报告》,文物出版社,1981年。
[7] 李炳炎:《潮州窑》第52页图版12,汕头大学出版社,2004年。
[8] 李炳炎:《潮州窑》第45页图版38,汕头大学出版社,2004年。
[9] John Carswell, Chinese Ceramics from Allaipiddy in Sri Lanka, A Ceramic Legacy of Asia's Maritime Trade: Song Dynasty Guangdong Wares and other 11th to 19th Century Trade Ceramics Found on Tioman Island, Malaysia, *The Southeast Asian Ceramic Society*, West Malaysia Chapter, 1985:33.
[10] 刘未:《中国东南沿海及东南亚地区沉船所见的宋元贸易陶瓷》,《考古与文物》2016年第6期。
[11] John Carswell, Siran Deraniyagala, Alan Graham, Mantai—City by the Sea, LINDEN SOFT Verlag e.K., Aichwald Germany. 附录光盘 Chinese-White stoneware.
[12] [日]弓场纪知:《福斯塔特遗址出土的中国陶瓷——1998～2001年研究成果介绍》,《故宫博物院院刊》2016年第1期。
[13] a. 戴裔煊:《宋代三佛齐重修广州天庆观碑记考释——公元十一世纪中国与印度尼西亚友好往来贸易关系以及关于三佛齐和注辇国史的若干问题的研究》,《学术研究》1962年第2期。
b. [泰]黎道纲:《广州天庆观碑的争议》,见《泰境古国的演变与室利佛逝之兴起》,中华书局,2007年。

The Excavation of Allalppidi Site in Jaffna City of Sri–Lanka in 2018

Archaeological Team of Shanghai Museum
Central Cultural Fund of Sri–Lanka
University of Kelaniya

KEYWORDS: Sri-Lanka   Allalppidi Site   Porcelain   North Song Dynasty   Marine Road

ABSTRACT: Allalppidi site is located on kayts island of Jaffna area, bordering on the Palk Strait in the west and about 160 m away from the present coastline. In 2018, archaeological team jointly organized by Shanghai Museum and the Central Cultural Foundation of Sri-Lanka conducted survey and excavation to this site and confirmed that the main accumulation area of the site is about 25 m from east to west and 15 m from north to south. The excavation covers an area of 92.4 sq m, with more than 650 pieces of relics unearthed including more than 600 Chinese porcelain sherds. The porcelain sherds were mainly from Guangdong kiln. Xicun kiln and Chaozhou kiln took large proportion. The products contained bowl, plate, basin, small dish, pot, etc. There are still some celadon jars and basins. The greenish white bowl took large proportion, probably made in Guangdong or Fujian. Besides, 9 pieces of celadon bowl sherds from Yaozhou kiln and a few pieces of greenish white bowl from Jingdezhen kiln. The goods may be transferred from Guangzhou to a port in Samboja, passing Sri-Lanka, then transported to the Arab region for sale. On the way to Allalppidi, when there was an accident on the ship, the broken porcelain was discarded and the intact products were rescued and continued to trade. The dates of these products are estimated as late North Song Dynasty.

（特约编辑　新　华）

《考古学集刊》征稿启事

《考古学集刊》创刊于1981年，由中国社会科学院考古研究所主办、考古杂志社编辑，面向海内外征稿，每年出版一集，刊载考古调查与发掘报告及相关学术论文，常设栏目有“调查与发掘”、“研究与探索”、“考古与科技”、“考古学家与考古学史”、“实验考古”、“国外考古”和“学术动态”。欢迎海内外作者投稿。投稿时请注意如下事项。

（一）请登录“考古杂志社”网站（http://www.kgzzs.com），点击“作者投稿”进行投稿。

1.投稿方法：注册→登录→选择所投刊物→填写稿件标题→点击“添加附件”→点击“发送”。

2.注册信息必须真实有效。请按要求填写相关信息，以便联系。

3.请在文章正文后面附作者姓名、学位、职称、工作单位、联系电话、电子邮箱、通讯地址及邮政编码等基本信息。

4.稿件状态分为四种：“已投稿”、“审核中”、“退稿”和“拟刊用”。

（二）所投稿件须为作者独立研究完成的作品，充分尊重他人知识产权，无任何违法、违纪和违反学术道德的内容；文中引文、注释和其他资料，应逐一核对原文，确保准确无误；如使用了转引资料，应注明转引出处。

（三）投给本刊的稿件，应确保未一稿两投或多投，包括未局部改动后投寄其他报刊，且稿件主要观点或基本内容不得先于本刊在其他公开出版物（包括期刊、报纸、专著、论文集等）上发表。

（四）本刊实行双向匿名专家审稿制度。稿件正文中请勿出现作者个人信息，行文也请避免可能透露作者身份的信息。

（五）来稿审理期限一般不少于90个法定工作日。通过初审的稿件，本刊将在此期限内向作者寄送“拟用稿通知”或通过电话、电子邮件等通知作者。本刊有权对来稿做文字表述及其他技术性修改。

（六）稿件一经刊发，编辑部即会向作者支付稿酬，寄送样刊。出刊后还会将其编入《中国学术期刊网络出版总库》、CNKI系列数据库及国家哲学社会科学学术期刊数据平台等数据库，编入数据库的著作权使用费包含在编辑部所付稿酬之中。

（七）本刊对所刊稿件拥有长期专有使用权。作者如需将在本刊所刊发的文章收入其他公开出版物中发表，须事先征得本刊同意，并详细注明该文在本刊的原载刊期。

（八）本刊单篇稿件字数一般以1～3万字为宜。请提供500字以内的中文提要和3～5个关键词。有条件的作者请提供中文提要和关键词的英文译稿，供编辑参考。

《考古学集刊》编辑部

1.W7（西→东）

2.W1（东→西）

四川西昌市李家湾遗址新石器时代墓葬

图版二

1.M1（西→东）

2.A 型陶瓮（W4 ： 1）

3.Bb 型陶瓮（W1 ： 1）

4.Bb 型陶瓮（W7 ： 2）

5.Bb 型陶鼎（W6 ： 2）

1.M3（东→西）

2.M10（东→西）

四川西昌市李家湾遗址唐代墓葬

图版四

1.A 型鼎（M1 ：1）

4.B 型盆（M6 ：1）

2.Bb 型釜（M5 ：2）

5.A 型双耳罐（M2 ：1）

3.B 型双耳罐（M1 ：2）

6.A 型钵（M2 ：2）

四川西昌市李家湾遗址唐代墓葬出土陶器

1. 发掘现场（南→北）

2. 窑洞式作坊（西→东）

河南新乡市金灯寺明清时期窑址

图版六

1.D1（北→南）

2.D5（南→北）

河南新乡市金灯寺明清时期窑址

河南新乡市金灯寺明清时期窑址沉泥池（东→西）

图版八

1.A 型碗（T24 ②：1）

2.A 型碗底（T24 ②：1）

3.A 型碗（T85 ③：1）

4.A 型碗底（T85 ③：1）

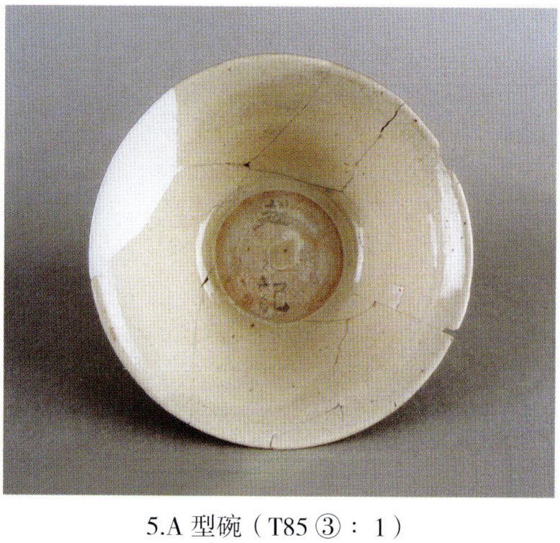

5.A 型碗（T85 ③：1）

6.A 型碗（T32 ④：1）

河南新乡市金灯寺明清时期窑址出土瓷器

图版九

1. 小碗（T64 ③ ： 1）

2. 小碗底（T64 ③ ： 1）

3.A型碗（G1 ： 1）

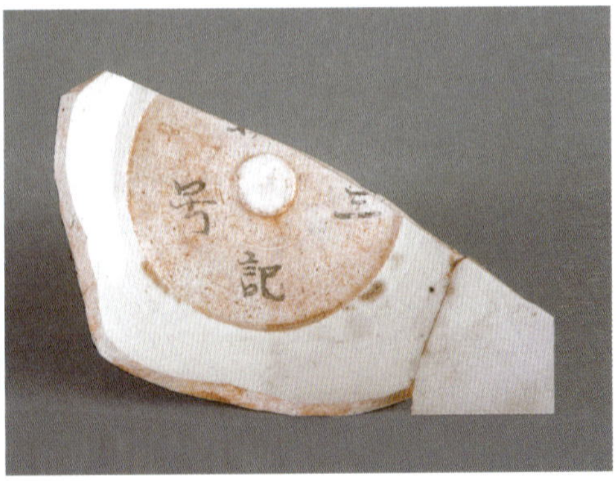

4.A 型碗底（G1 ： 1）

5. 灯盏（D1 ： 2）

6. 小缸（T36 ④ ： 4）

河南新乡市金灯寺明清时期窑址出土瓷器

图版一〇

1.Ba 型罐（T112③：1）

2. 镂孔罐（D2：1）

3.B 型炉（T103③：6）

河南新乡市金灯寺明清时期窑址出土陶器

4.B 型灯台（T78④：3）

5.B 型灯台（T109③：3）

1.B 型灯台（T78 ②：1）

2.B 型刮刀（D3 ：4）

3. 喷头（T31 ④：2）

4.Aa 型盆（T41 ③：2）

5.Ab 型盆（T56 ③：1）

河南新乡市金灯寺明清时期窑址出土陶器

图版一二

1.B 型转盘（T86③：3）

2. 模具（T39②：6）

3.B 型转盘（T59③：1）

4.Ac 型盆（T39②：4）

5.C 型刮刀（T26④：2）

6.Ac 型盆（T98③：1）

河南新乡市金灯寺明清时期窑址出土陶器

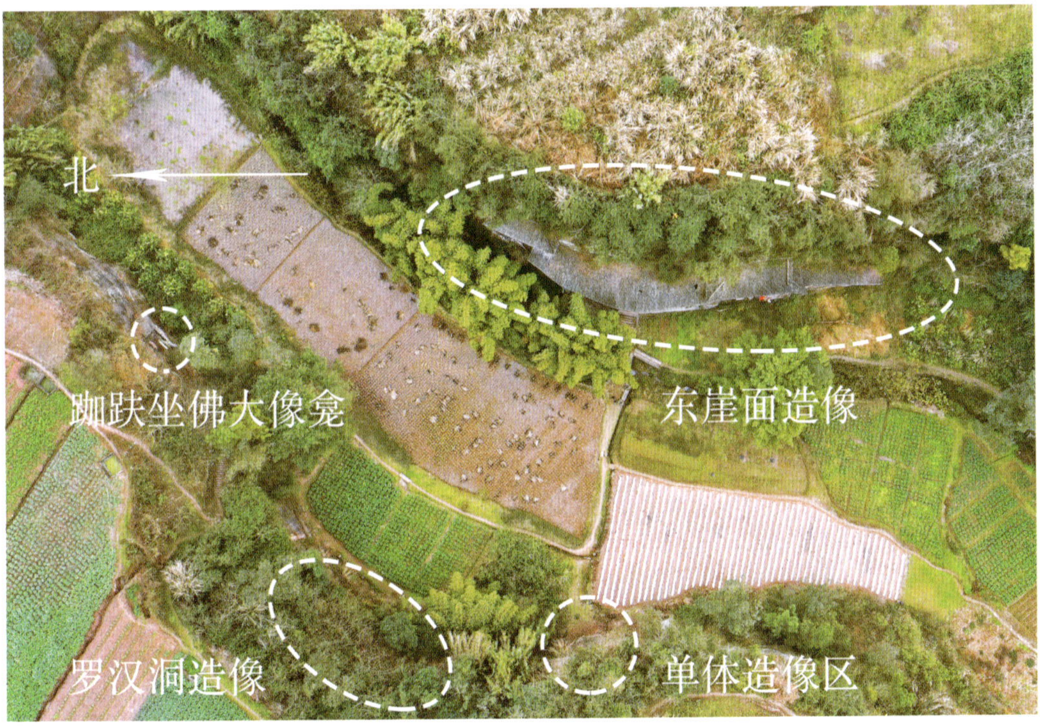

1. 造像分布情况（航拍）

2. 东崖面（西→东）

四川资中西岩摩崖造像

1. 后壁（西→东）

2. 右侧壁（南→北）

3. 左侧壁（北→南）

四川资中西岩五代毗沙门天王大像窟

1. 资中西岩五代毗沙门天王大像窟主尊

2. 夹江千佛岩晚唐107号龛（采自《夹江千佛岩》图版114）

3. 邛崃石荀山中唐27号龛（采自《中国四川唐代摩崖造像》第301页）

四川扭身立式毗沙门天王像典型实例对比

1. 右侧（西→东）

2. 左侧（西→东）

四川资中西岩五代毗沙门天王大像窟内窟后壁两侧眷属像

1. 左侧（北→南）

2. 右侧（南→北）

四川资中西岩五代毗沙门天王大像窟内窟左右侧壁眷属像

图版一八

1. 右侧（南→北）

2. 左侧（北→南）

四川资中西岩五代毗沙门天王大像窟外窟附属造像

1. 后壁（西→东）

2. 左侧壁（北→南）

四川资中西岩五代毗沙门天王大像窟左胁药师经变窟

1. 资中北岩唐大中十二年（公元858年）100号药师佛并药王、药上菩萨龛

2. 资中西岩五代毗沙门天王大像窟右肋窟

1. 右侧壁（南→北）

2. 左侧壁（北→南）

四川资中西岩五代毗沙门天王大像窟右胁窟

1. 发掘区（航拍）

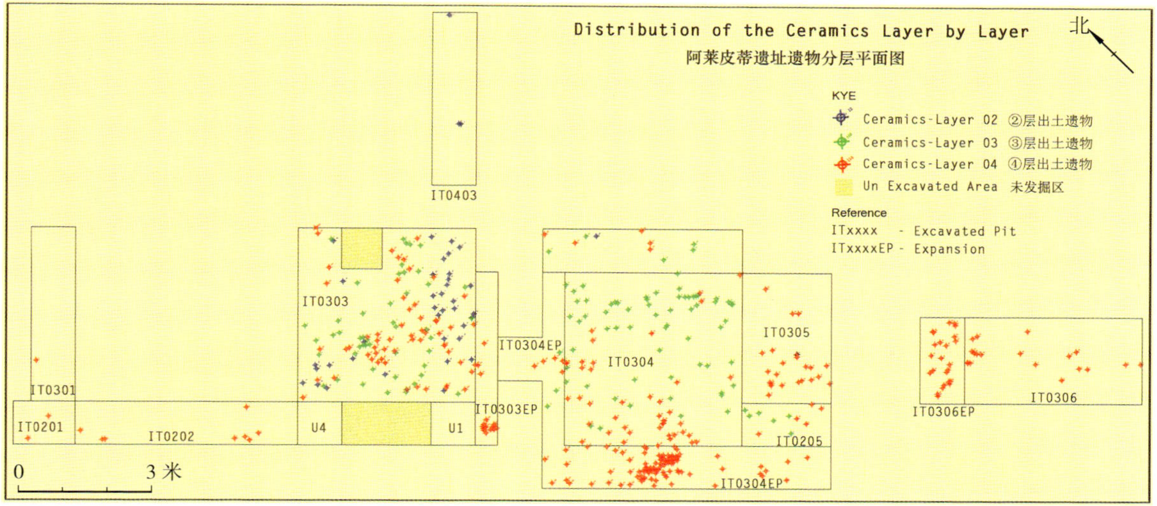

2. 出土遗物位置图

1.A 群 A 型青白釉碗（T0304 ③：43）

2.A 群 A 型青白釉碗（T0304 ③：62）

3.A 群 A 型青白釉碗（T0303 ③：75）

4.A 群 A 型青白釉碗（T0205 ④：11）

5.A 群 B 型青白釉碗（T0303 ④：93）

6.A 群 C 型青白釉碗（T0303 ③：81）

斯里兰卡贾夫纳阿莱皮蒂遗址出土瓷器

图版二四

1.A 群 D 型青白釉碗（T0303 ③：40）

2.A 群 D 型青白釉碗（T0303 ④：161）

3.A 群 E 型青白釉碗（T0303 ④：137）

4.A 群 E 型青白釉碗（T0305 ④：14）

5.A 群 F 型青白釉碗（T0303 ④：157）

6.A 群青灰釉折沿盆（T0304 ④：137）

斯里兰卡贾夫纳阿莱皮蒂遗址出土瓷器

1.A 群青灰釉折沿盆（T0303 ④：119）

2.A 群 A 型青釉壶（T0304 ③：32）

3.A 群 A 型青釉壶（T0303 ④：129）

4.A 群 B 型青釉壶（T0303 ④：132）

5.A 群 C 型青釉壶（T0304 ④：114）

6.A 群 D 型黑褐釉壶（T0304 ③：18）

斯里兰卡贾夫纳阿莱皮蒂遗址出土瓷器

图版二六

1.B 群 A 型青白釉高足碗（T0304 ③：50）

2.B 群 A 型青白釉高足碗（T0304 ③：51）

3.B 群 B 型青白釉圈足碗（T0304 ③：9）

4.B 群 B 型青白釉圈足碗（T0304 ③：19）

5.B 群 C 型青白釉碗（T0304 ④：41）

6.B 群 D 型青白釉撇口碗（SF ：42）

斯里兰卡贾夫纳阿莱皮蒂遗址出土瓷器

图版二七

1.B 群 E 型青白釉刻花碗（SF ：6）

2.B 群 F 型青釉刻花碗（T0303 ③：8）

3.B 群 G 型青白釉蕉叶纹碗（T0304 ③：54）

4.B 群 H 型菊瓣纹高足碗（T0303 ③：77）

5.B 群 H 型菊瓣纹碗（T0304 ④：76）

6.B 群 I 型青白釉花口碗（T0201 ④：1）

斯里兰卡贾夫纳阿莱皮蒂遗址出土瓷器

图版二八

1.B 群 A 型青灰釉盏（SF ：43）

2.B 群 B 型青灰釉盏（T0304 ④：151）

3.B 群 A 型弦纹盘（SF ：28）

4.B 群 C 型青白釉盘（T0304 ④：97）

5.B 群 B 型青白釉刻花盘（T0304 ③：258）

6.B 群双联壶（T0304 ④：120）

斯里兰卡贾夫纳阿莱皮蒂遗址出土瓷器

1.B 群青白釉盒（T0304 ③：37）

2.C 群青灰釉唇口碗（T0304 ③：21）

3.C 群青灰釉唇口碗（T0303 ③：47）

4.C 群青灰釉唇口碗（T0303 ③：166）

5.D 群褐釉盆（T0304 ④：59）

6.D 群褐釉盆（T0306 ④：19）

斯里兰卡贾夫纳阿莱皮蒂遗址出土瓷器

图版三〇

1.D 群褐釉盆（SF ：2）

2.D 群褐釉盆（T0304 ③：111）

3.D 群 A 型褐釉罐（T0303 ③：61）

4.D 群 A 型褐釉罐（T0306 ④：26）

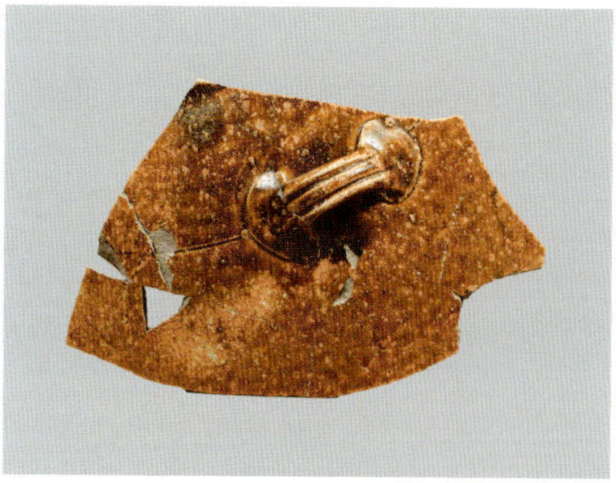

5.D 群 B 型褐釉罐（T0306 ④：6）

6.D 群 B 型褐釉罐（T0305 ④：15）

斯里兰卡贾夫纳阿莱皮蒂遗址出土瓷器

1.E 群耀州窑青釉碗（T0306④：1）

2.D 群 C 型四系小罐（T0304④：152）

3.D 群 E 型罐腹片（T0304④：67）

4.D 群 D 型矮颈罐（T0203④：39）

5.E 群耀州窑青釉碗（T0306④：15）

6.E 群耀州窑青釉碗（T0306④：25）

斯里兰卡贾夫纳阿莱皮蒂遗址出土瓷器

图版三二

1.E 群耀州窑青釉碗（T0306 ④：28）

2.F 群 A 型青白釉碗（T0304 ③：58）

3.F 群 A 型敞口瓷碗（T0303 ④：146）

4.F 群 B 型青白釉碗（T0304 ②：105）

5.G 群红衣泥质陶军持（T0303 ③：37）

6.G 群夹细砂红衣陶军持（T0303 ③：184）

斯里兰卡贾夫纳阿莱皮蒂遗址出土遗物